2021 全国勘察设计注册工程师
考 试 辅 导 用 书

Zhuce Daolu Gongchengshi Zhiye Zige
Zhuanye Kaoshi Anli Yibentong

注册道路工程师执业资格
专业考试案例一本通

刘江波◇主 编

何树芬 贺 炜 林万杰 刘 峰◇副主编

U0330642

人民交通出版社股份有限公司
北京

内 容 提 要

本书根据新版考试大纲、现行标准规范和历年考题编写而成。

本书按考试大纲编排章节,每一章均包含若干考点,每个考点根据实际情况设置"条文规定""规范条文解析""典型例题""考点分析"等模块,从不同角度分析考试出题点,并给出应对措施。精练到位的规范条文解析和举一反三的例题解答,覆盖大部分案例考点。编写团队将多年工程实践经验、教学科研经验、注册考试经验融进每一条分析、每一道例题,帮助考生迅速掌握道路专业案例考试涉及的核心知识和重点难点内容,达到事半功倍的复习效果。

本书适合参加注册土木工程师(道路工程)专业考试的考生使用,也可供相关工程技术人员参考。

图书在版编目(CIP)数据

2021 注册道路工程师执业资格专业考试案例一本通 /
刘江波主编. — 北京 : 人民交通出版社股份有限公司,
2021.4

ISBN 978-7-114-17206-9

Ⅰ.①2… Ⅱ.①刘… Ⅲ.①道路工程—资格考试—
自学参考资料 Ⅳ.①U41

中国版本图书馆 CIP 数据核字(2021)第 061451 号

全国勘察设计注册工程师考试辅导用书

书　　名:**2021 注册道路工程师执业资格专业考试案例一本通**
著 作 者:刘江波
责任编辑:李　坤
责任校对:刘　芹
责任印制:张　凯
出版发行:人民交通出版社股份有限公司
地　　址:(100011)北京市朝阳区安定门外外馆斜街 3 号
网　　址:http://www.ccpcl.com.cn
销售电话:(010)59757973
总 经 销:人民交通出版社股份有限公司发行部
经　　销:各地新华书店
印　　刷:北京鑫正大印刷有限公司
开　　本:787×1092　1/16
印　　张:35.75
字　　数:828 千
版　　次:2021 年 4 月　第 1 版
印　　次:2021 年 4 月　第 1 次印刷
书　　号:ISBN 978-7-114-17206-9
定　　价:128.00 元

(有印刷、装订质量问题的图书由本公司负责调换)

作 者 简 介

刘江波

  大型行业甲级设计院正高级工程师、道路专业总工程师,注册道路、岩土、造价、咨询工程师,省土木建筑学会常务理事、路桥分会主任,省工程技术人员职称(副高级、正高级)评审委员会评委。先后在省级交通设计院和市政设计院工作十余年,担任所长、专业总工程师。曾获省部级优秀勘察设计一等奖 3 项,二、三等奖共 5 项;担任多部省市级标准、规范和图集的主编(主审)。有丰富的公路和市政工程实践经验,且对注册工程师考试有深入的认识,注册道路专业考试成绩分别为 198 分(专业知识)和 98 分(专业案例)。开设微信公众号"注册道路研究室",利用自身技术优势为广大道路工程师提供帮助。

贺 炜

  长沙理工大学教授,博士生导师,注册岩土工程师,澳大利亚工程师协会会士、特许土木工程师。曾获中国公路学会一等奖 2 项,省科技进步一等奖 2 项、二等奖 1 项。为国内外多项重大工程提供技术咨询与服务,国内工程包括广东省虎门二桥坭洲水道桥(主跨 1688m)、深中通道伶仃洋大桥(主跨 1666m)、湖南省张花高速公路等,国外工程包括澳大利亚昆士兰州伊普斯维奇高速公路改造升级工程(Ipswich Motorway Upgrade)、印度尼西亚卡里巴鲁港(Kalibaru Port)地基处理工程等,具有扎实的理论功底和丰富的实践经验。

其 他

  其他作者均毕业于国内土木类名校,专业知识扎实,且从事路桥设计工作十余年,拥有注册岩土、造价(或咨询)工程师执业证书,2019 年均高分通过注册道路工程师专业考试。

前　言

　　注册土木工程师(道路工程)考试于2019年10月首次举办,就此拉开了道路工程领域勘察设计工程师考试、注册、执业的序幕。考试的举办,对从事道路工程规划、勘察、设计等工作的工程技术人员,大有裨益。复习备考的过程,是道路工程技术人员重新学习、梳理、拓展自己专业知识的过程,也是提升专业素养的过程。通过考试的筛选,让合格的工程师承担相应的技术工作,有助于提升工程建设质量和效率,对整个道路工程行业具有重大意义。

　　为帮助广大考生有效复习,人民交通出版社股份有限公司特组织相关高校和工程单位的专家编写了一套复习辅导用书,主要包括:《基础考试应试辅导》《基础考试复习题集》《专业考试应试辅导》《专业考试复习题集》和《专业考试案例一本通》。

　　本书为《专业考试案例一本通》,通过梳理规范条文,解答历年考题和典型例题,分析核心考点,帮助考生快速掌握专业案例考试涉及的核心知识和重点难点内容。

　　全书共分八章,按考试大纲编排章节。每一章均包含若干考点,每个考点根据实际情况下设"条文规定""规范条文解析""典型例题""考点分析"等模块。"条文规定"纳入公路和城市道路规范中相关核心条文,"规范条文解析"指出条文的应用范围和易混淆之处,"典型例题"提供多道题目及详细的解析以加深考生的理解,"考点分析"概括命题规律、重点难点、易错点和答题注意事项。精心编制的考点,可使考生复习时达到事半功倍的效果。各个考点相互独立,考生既可按章节顺序从前向后学习,也可挑选自己薄弱的章节重点学习,逐个突破。

　　值得一提的是,在"典型例题"模块,除了作者精心编制的例题外,还纳入了历年考题,并对部分考题进行了适当改编,以适应考试发展的趋势。此外,本书对规范条文的解读分析,对考生准备专业知识考试同样具有帮助。本书不仅是道路考生的必备辅导资料,也可供相关技术人员参考。

　　本书由"注册道路研究室"团队编写。团队由正高级工程师(总工程师)和教授(博士生导师)领衔,成员为设计院资深工程师和大学教师(均高分通过注册道路、岩土专业考试),确保了图书内容的准确性和实用性。

　　编写分工为:第一章,何树芬、刘江波;第二章,贺炜、刘思思、刘江波;第三章,刘峰、黄贤顺、刘江波、唐洪军、王振佳;第四章,林万杰、张飞进、刘江波、方敏;第五章,贺炜、刘思思、刘江波;第六章,刘江波、孙伟、何树芬;第七章,刘江波、何树芬、刘光海;第八章,林万杰、陈晶琳、何树芬、刘江波。全书由刘江波统稿。

　　在本书编写过程中,中交公路规划设计院有限公司、上海市政工程设计研究总院(集团)

有限公司等单位的多位专家提供了指导和帮助,人民交通出版社股份有限公司李坤编辑提出许多建议,并为出版付出了辛勤劳动,在此一并表示感谢!

考生在使用本书过程中,还应多参阅考试指定的各类标准、规范(规程)、大纲和教材,真正做到:考前胸中有丘壑,临场下笔如有神。

限于编写时间和作者水平,书中难免存在不足之处,请考生提出宝贵意见,以便修订时改进。作者微信号:zhucedaolu;QQ交流群:219616425;微信公众号及腾讯课堂培训课程:注册道路研究室。

编　者
2021 年 3 月

目　　录

4

第1章 路线工程

考点1 路网服务指数计算及公路功能类别确定

📖 **条文规定**

《公路路线设计规范》(JTG D20—2017)规定如下:

2.1.1 公路按照交通功能分为干线公路、集散公路和支线公路。干线公路分为主要干线公路和次要干线公路,集散公路分为主要集散公路和次要集散公路。

《公路路线设计规范》(JTG D20—2017)第2.1.1条条文说明规定如下:

(5)拟建项目或同一区域内存在主要控制点相近的两条以上公路时,应通过路网服务指数确定其功能类别。

路网服务指数为公路车公里比率与公路里程比率之比。路网服务指数越大,则公路功能类别越高。其计算方法为:规划区域内有 n 条公路,则第 $i(i=1,\cdots,n)$ 条公路的车公里比率 R_{VMT_i}、里程比率 R_{k_i} 及路网服务指数 R_i 按式(2-1)～式(2-3)计算。

车公里比率:
$$R_{\text{VMT}_i} = \frac{VKT_i}{\sum_i VKT_i} \times 100\% \tag{2-1}$$

里程比率:
$$R_{k_i} = \frac{K_i}{\sum_i K_i} \times 100\% \tag{2-2}$$

路网服务指数:
$$R_i = \frac{R_{\text{VMT}_i}}{R_{k_i}} \tag{2-3}$$

其中:VKT_i——路网中第 i 条公路的车公里(pcu·km),即该公路上通过的车辆数与平均行驶距离的乘积;

$\sum_i VKT_i$——规划区域内路网中所有公路的车公里之和(pcu·km);

K_i——第 i 条公路的里程(km);

$\sum_i K_i$——规划区域内路网中所有公路的总里程(km)。

(6)公路功能分类指标包括区域层次、路网连续性、交通流特性和公路自身特性等定性和定量指标。不同地区经济发展水平与地形、地貌差异直接影响到分类指标的选取。各地区可根据规划区的实际情况自行确定。推荐的公路功能分类量化指标如表2-2所示。

公路功能分类指标　　　　　　　　　　　　　　　　　表2-2

分类指标	功能分类				
	主要干线公路	次要干线公路	主要集散公路	次要集散公路	支线公路
适应地域与路网连续性	人口20万以上的大中城市	人口10万以上重要的市县	人口5万以上的县城或连接干线公路	连接干线公路与支线公路	直接对应于交通发生源

分类指标	功 能 分 类				
	主要干线公路	次要干线公路	主要集散公路	次要集散公路	支线公路
路网服务指数	≥15	10~15	5~10	1~5	<1
期望速度	80km 以上	60km 以上	40km 以上	30km 以上	不要求
出入控制	全部控制出入	部分控制出入或接入管理	接入管理	视需要控制横向干扰	不控制

📖 **典型例题**

例题 1-1

某规划区域内所有公路的总里程为 5020km,其中某两条公路的主要控制点相近,其里程、车公里比率如下表所示。当根据路网服务指数确定这两条公路的功能类别时,以下说法正确的是( )。

例题 1-1 表

序号	车公里比率(%)	里程(km)
1	5	15
2	6	25

(A)两条公路功能类别相同 　　(B)第 1 条公路功能类别高
(C)第 2 条公路功能类别高 　　(D)无法判断

解答

根据《公路路线设计规范》(JTG D20—2017)条文说明式(2-2)、式(2-3):

第 1 条公路:里程比率 $R_{k_1} = 15/5020 \times 100\% = 0.299\%$

路网服务指数 $R_1 = 5\%/0.299\% = 16.72$

第 2 条公路:里程比率 $R_{k_2} = 25/5020 \times 100\% = 0.498\%$

路网服务指数 $R_2 = 6\%/0.498\% = 12.05$

$R_1 = 16.72 > R_2 = 12.05$,路网服务指数越大,公路功能类别越高。

答案:B

例题 1-2

某规划区域内所有公路的总里程为 5020km,某公路里程长度为 25km,车公里比率为 6%,该公路连接 15 万人口城市,该公路应确定为( )功能类别的公路。

(A)主要干线公路 　　(B)次要干线公路
(C)主要集散公路 　　(D)次要集散公路

解答

根据《公路路线设计规范》(JTG D20—2017)条文说明式(2-2)、式(2-3):

里程比率 $R_k = 25/5020 \times 100\% = 0.498\%$

路网服务指数 $R = 6\%/0.498\% = 12.05$

查条文说明表 2-2,连接 15 万人口城市,功能分类应为次要干线公路。

答案:B

(1)《公路工程技术标准》(JTG B01—2014)对公路的功能类别规定与《公路路线设计规范》(JTG D20—2017)完全一致,路网服务指数的计算公式也在条文说明中。

(2)公路功能分类指标,包括区域层次、路网连续性、交通流特性和公路自身特性等定性指标,还包括定量指标。确定过程如下:区域划分,并抽象为节点→确定节点重要度→连接成公路网→确定功能分类(拟建项目或同一区域内存在主要控制点相近的两条以上公路时,应通过路网服务指数确定公路功能分类)。

考点2 公路等级及设计速度的选定

条文规定

《公路路线设计规范》(JTG D20—2017)规定如下:

2.1.2 公路根据交通特性及控制干扰的能力分为高速公路、一级公路、二级公路、三级公路及四级公路等五个技术等级。

2.2.2 公路技术等级选用应在论证确定公路功能的基础上,结合项目所在地区的综合运输体系、远景发展规划及设计交通量论证确定,并应遵循下列原则:

1 主要干线公路作为公路网中结构层次最高的主通道,应选用高速公路。

2 次要干线公路作为主要干线公路的补充,应选用一级及一级以上公路。

1)设计交通量达到15000辆小客车/日时,宜选用一级及一级以上公路。

2)设计交通量达到10000辆小客车/日时,且沿线纵横向干扰较大,宜选用一级公路。

3)设计交通量低于10000辆小客车/日时,可选用二级公路;当货车混入率较高时,宜间隔设置超车车道,减小纵向干扰。

3 主要集散公路连接干线公路与支线公路,宜选用一级公路、二级公路。

1)设计交通量达到15000辆小客车/日时,可选用一级公路。

2)设计交通量在5000~15000辆小客车/日时,可选用二级公路;设计交通量达到10000辆小客车/日,且沿线纵横向干扰较大时,宜选用一级公路。

3)设计交通量低于5000辆小客车/日时,宜选用二级公路。

4 次要集散公路服务于县乡区域交通,宜选用二级公路、三级公路。

1)设计交通量达到5000辆小客车/日时,宜选用二级公路。

2)设计交通量低于5000辆小客车/日时,宜选用三级公路。

5 支线公路宜选用三级公路、四级公路。当设计交通量达到5000辆小客车/日时,宜选用二级公路。

6 当既有公路不能满足功能需要时,应结合公路网发展规划,有计划地进行改建。

2.2.3 设计速度的选用应根据公路功能与技术等级,结合地形、工程经济、预期运行速度和沿线土地利用性质等因素综合论证确定,并应符合下列规定:

1 高速公路设计速度不宜低于100km/h,受地形、地质等条件限制时,可选用80km/h。

2 作为干线的一级公路,设计速度宜采用100km/h;受地形、地质等条件限制时,可采用80km/h。作为集散的一级公路,设计速度宜采用80km/h;受地形、地质等条件限制时,可采用60km/h。

3 高速公路和作为干线的一级公路的局部特殊困难路段,且因新建工程可能诱发工程地质病害时,经论证,该局部路段的设计速度可采用60km/h,但长度不宜大于15km,或仅限于相邻两互通式立体交叉之间的路段。

4 作为干线的二级公路,设计速度宜采用80km/h;受地形、地质等条件限制时,可采用60km/h。作为集散的二级公路,设计速度宜采用60km/h;受地形、地质等条件限制时,可采用40km/h。

5 三级公路设计速度宜采用40km/h;受地形、地质等条件限制时,可采用30km/h。

6 四级公路设计速度宜采用30km/h;受地形、地质等条件限制时,可采用20km/h。

2.2.4 同一公路项目可分段选用不同的技术等级。同一技术等级可分段选用不同的设计速度。不同技术等级、不同设计速度的设计路段之间应选择合理的衔接位置或地点,过渡应顺适,衔接应协调。

《公路路线设计规范》(JTG D20—2017)第2.2.4条条文说明规定如下:

同一设计速度的路段不宜过短。一般情况下高速公路一个设计路段的长度不宜小于15km,一级公路、二级公路一个设计路段的长度不宜小于10km。按照运行速度协调一致的原则,不同设计速度的路段相衔接处前后的运行速度变化应小于20km/h。

📖 典型例题

例题1-3

某地区拟建一条连接干线与支线的主要集散公路,该公路的设计交通量为11500pcu/d,且沿线纵横向干扰较大,则依据《公路路线设计规范》(JTG D20—2017),正常情况下该路宜选用的公路等级及设计速度为(　　)。

(A)一级公路,设计速度100km/h　　(B)一级公路,设计速度80km/h

(C)二级公路,设计速度80km/h　　(D)三级公路,设计速度40km/h

解答

(1)根据《公路路线设计规范》(JTG D20—2017)第2.2.2条第3款,设计交通量达到10000辆小客车/日,且沿线纵横向干扰较大时,宜选用一级公路。

(2)根据《公路路线设计规范》(JTG D20—2017)第2.2.3条第2款,作为集散的一级公路,设计速度宜采用80km/h。

答案:B

例题1-4

某地拟修建一条公路,该公路在路网中功能为次要干线公路,沿线纵横向干扰较大,预测年度的年平均日交通量为7500veh/d(其中,中型车占20%,大型车占10%,汽车列车占4.9%,拖拉机占0.1%),则依据《公路路线设计规范》(JTG D20—2017),正常情况下该路宜选用的公路等级及设计速度为(　　)。

(A)一级公路,设计速度100km/h　　(B)一级公路,设计速度80km/h

（C）二级公路,设计速度80km/h　　　　　（D）三级公路,设计速度40km/h

解答

（1）根据《公路工程技术标准》（JTG B01—2014）表3.3.2,车辆折算系数分别为:中型车1.5,大型车2.5,汽车列车4,拖拉机4。

（2）预测年度的年平均日交通量 = 7500 × (65% × 1 + 20% × 1.5 + 10% × 2.5 + 5% × 4) = 10500pcu/d。

（3）根据《公路路线设计规范》（JTG D20—2017）第2.2.2条第2款,次要干线公路作为主要干线公路的补充,应选用二级及二级以上公路。

设计交通量达到10000辆小客车/日,且沿线纵横向干扰较大时,宜选用一级公路。

（4）根据《公路路线设计规范》（JTG D20—2017）第2.2.3条,作为干线的一级公路设计速度宜采用100km/h。

答案:A

📖 考点分析

（1）公路技术等级与设计速度选择思路:根据路网规划、公路功能(主要依据)和年平均日交通量(标准车型),先确定公路技术等级,再选择适宜的设计速度。

（2）年平均日设计交通量,用于确定道路技术等级和设计速度时,采用双向交通量,单位为标准小客车(pcu/d),若题目提供的已知条件与之不一致时,应注意换算成双向的标准小客车。

（3）年平均日交通量(pcu/d)换算计算方法详见"考点3"。

考点3　设计交通量计算

1. 根据设计通行能力(服务交通量)计算年平均日交通量

📖 条文规定

《公路路线设计规范》（JTG D20—2017）第2.1.2条条文说明如下:

多车道公路远景年不同服务水平下的年平均日交通量,按式(2-4)计算:

$$AADT = \frac{C_D N}{KD} \tag{2-4}$$

式中:$AADT$——年平均日交通量(pcu/d);

$\quad C_D$——设计服务水平下单车道服务交通量;

$\quad K$——设计小时交通量系数,由当地交通量观测数据确定;

$\quad D$——方向不均匀系数;

$\quad N$——单方向车道数。

按照公路功能决定技术等级的原则,干线功能公路设计服务水平由三级提高至二级,而且设计小时交通量系数、方向分布系数均采用最不利数值,推算出高速公路、一级公路设计年平均日交通量下限值为15000辆/日。

双车道公路通行能力与设计交通量受双方向流量比、超车视距、管理水平、路侧干扰等多项因素的影响,故二级公路、三级公路、四级公路设计小时交通量应按整个断面交通量计算,而且设计通行能力与设计交通量的范围有一定的重叠交叉。其年平均日设计交通量应按式(2-5)计算:

$$AADT = C_D \times \frac{R_D}{K} \tag{2-5}$$

式中:$AADT$——年平均日设计交通量(pcu/d);

$\quad$ C_D——二级公路、三级公路、四级公路的设计通行能力;

$\quad$ R_D——二级公路、三级公路、四级公路的方向分布修正系数;

$\quad$ K——设计小时交通量系数,根据当地交通量观测数据确定。

按公式计算,设计推荐采用的双车道二级公路上限交通量15000辆/日,可作为双车道公路与多车道公路的交通量门槛值。单车道的四级公路考虑到当前公路建设的政策、各等级公路年平均日设计交通量范围的连续性等,其设计交通量为400pcu/d以下。二级公路、三级公路、四级公路年平均设计日交通量如表2-3所示。

二级公路、三级公路、四级公路的年平均日设计交通量 表2-3

公路等级	设计速度 (km/h)	设计通行能力 (pcu/d)	方向分布 修正系数	设计小时 交通量系数	年平均日设计 交通量(pcu/d)
二级公路	40~80	550~1600	0.88~1.0	0.09~0.19	5000~15000
三级公路	30~40	400~700	0.88~1.0	0.1~0.17	2000~6000
四级公路	20	<400	0.88~1.0	0.13~0.18	<2000

📖 规范条文解析

(1)《公路工程技术标准》(JTG B01—2014)第3.1条及条文说明与上述《公路路线设计规范》(JTG D20—2017)基本一致;《公路路线设计规范》(JTG D20—2017)条文说明表2-3中设计通行能力单位有误,pcu/d应为pcu/h,对应《公路工程技术标准》(JTG B01—2014)条文说明表3-1同样有误。

(2)《公路路线设计规范》(JTG D20—2017)条文说明式(2-4)中高速公路、一级公路,C_D单位:pcu/(h·ln),为高速公路、一级公路的设计服务水平下的单车道服务交通量。式(2-5)中二、三、四级公路,C_D单位:pcu/h(双向),对应二、三、四级公路的断面设计通行能力,这里设计通行能力是设计服务水平下的(双向双车道)服务交通量。

📖 典型例题

例题1-5(2019年真题)

某双向六车道高速公路,设计速度100km/h,其设计服务水平下单车道服务交通量$C_D = 1600$pcu/(h·ln),设计小时交通量系数$K=0.13$,方向不均匀系数$D=0.55$,该高速公路年平均日设计交通量是(　　)。

(A)44755pcu/d $\qquad\qquad$ (B)67133pcu/d

(C)73846pcu/d $\qquad\qquad$ (D)134265pcu/d

解答

根据《公路路线设计规范》(JTG D20—2017)条文说明式(2-4):

$AADT = C_D \times N/(K \times D) = 1600 \times 3/(0.55 \times 0.13) = 67133 \text{pcu/d}$

答案:B

例题 1-6

某双向两车道二级公路,设计速度 60km/h,其设计通行能力 $C_D = 1300 \text{pcu/h}$,设计小时交通量系数 $K = 0.15$,方向分布修正系数 $R_D = 0.92$,该二级公路年平均日设计交通量是( )。

(A)6900pcu/d   (B)7973pcu/d   (C)8666pcu/d   (D)9420pcu/d

解答

根据《公路路线设计规范》(JTG D20—2017)条文说明式(2-5):

$AADT = C_D \times R_D/K = 1300 \times 0.92/0.15 = 7973.3 \text{pcu/d}$

答案:B

📖 **考点分析**

(1)若题目中给出设计服务水平下的设计通行能力 C_D、车道数 N(仅限高速公路及一级公路)、设计小时交通量系数 K 等参数,可以反算年平均日设计交通量。

(2)年平均日设计交通量 $AADT$,在确定道路技术等级和设计速度时单位为 pcu/d,并且为双向的交通量,在题目提供的已知条件与之不一致时,应注意换算。

(3)服务交通量或通行能力计算(考点 4 同理)中关于各类名词术语较复杂,考生在解答此类题目时应重点注意各条件的单位,做好各单位的转换是解题关键,详见考点 4 的考点分析第 5 点。

2. 由平均日交通量计算设计小时交通量

📖 **条文规定**

《公路路线设计规范》(JTG D20—2017)规定如下:

3.3 设计小时交通量

3.3.1 公路设计小时交通量宜采用年第 30 位小时交通量,也可根据当地公路小时交通量的变化特征,采用年第 20～40 位小时之间最为经济合理时位的交通量。

3.3.2 高速公路、一级公路的设计小时交通量($DDHV$)应按式(3.3.2)计算:

$$DDHV = AADT \times D \times K \tag{3.3.2}$$

式中:$DDHV$——单向设计小时交通量(veh/h);

$AADT$——预测年度的年平均日交通量(veh/d);

D——方向不均匀系数(%),宜取 50%～60%,也可根据当地交通量观测资料确定;

K——设计小时交通量系数(%),为选定时位的小时交通量与年平均日交通量的比值。

3.3.3 二级公路、三级公路设计小时交通量(DHV)应按式(3.3.3)计算:

$$DHV = AADT \times K \tag{3.3.3}$$

式中:DHV——设计小时交通量(veh/h);

  $AADT$——预测年度的年平均日交通量(veh/d);

   K——设计小时交通量系数(%),为选定时位的小时交通量与年平均日交通量的比值。

3.3.4　新建公路的设计小时交通量系数可参照公路功能、交通量、地区气候、地形等条件相似的公路观测数据确定,缺乏观测数据地区可参照表3.3.4取值。改扩建公路的设计小时交通量系数宜结合既有公路的观测数据综合确定。

各地区的设计小时交通量系数　　　　　　　　表3.3.4

地区		华北	东北	华东	中南	西南	西北
		京、津、冀、晋、蒙	辽、吉、黑	沪、苏、浙、皖、闽、赣、鲁	豫、湘、鄂、粤、桂、琼	川、滇、黔、藏、渝	陕、甘、青、宁、新
近郊	高速公路(%)	8.0	9.5	8.5	8.5	9.0	9.5
	一级公路(%)	9.5	11.0	10.0	10.0	10.5	11.0
	二级公路、三级公路(%)	11.5	13.5	12.0	12.5	13.0	13.5
城间	高速公路(%)	12.0	13.5	12.5	12.5	13.0	13.5
	一级公路(%)	13.5	15.0	14.0	14.0	14.5	15.0
	二级公路、三级公路(%)	15.5	17.5	16.0	16.5	17.0	17.5

📖 **典型例题**

例题 1-7

甘肃地区某两城市间拟修建一条一级公路,已知预测年限的年平均日交通量为24000veh/d,方向不均匀系数取0.55,则根据《公路路线设计规范》(JTG D20—2017),该公路的设计小时交通量约为(　　)。

 (A)1900veh/h (B)1980veh/h (C)3600veh/h (D)13200veh/h

解答

根据《公路路线设计规范》(JTG D20—2017)表3.3.4,$K=0.15$。

根据《公路路线设计规范》(JTG D20—2017)第3.3.2条:

$DDHV=AADT \times K \times D=24000 \times 0.15 \times 0.55=1980$veh/h

答案:B

例题 1-8

辽宁某近郊地区拟修建一条二级公路,已知预测年限的年平均日交通量为7750veh/d,缺乏其他相关观测数据的情况下,该二级公路的设计小时交通量约为(　　)。

 (A)850veh/h (B)1050veh/h (C)1250veh/h (D)1500veh/h

解答

根据《公路路线设计规范》(JTG D20—2017)表3.3.4,$K=0.135$。

$DHV=AADT \times K=7750 \times 0.135=1046.25$veh/h,向上取整1050veh/h。

答案:B

（1）本考点其实就是年平均日交通量与设计小时交通量通过设计小时交通量系数 K 进行换算的计算公式。高速公路、一级公路有中央隔离,设计小时交通量为单向($DDHV$),公式中有方向不均匀系数 D。

（2）注意式（3.3.2）与式（3.3.3）中采用的是自然车辆,而《公路路线设计规范》（JTG D20—2017）条文说明中式（2-4）、式（2-5）采用的是标准车辆。

3. 根据交通量调查数据计算年平均日设计交通量

条文规定

《公路工程技术标准》（JTG B01—2014）规定如下:

3.3　交通量

3.3.1　新建和改扩建公路项目的设计交通量预测应符合下列规定:

1　高速公路和一级公路设计交通量预测年限为 20 年;二、三级公路设计交通量预测年限为 15 年;四级公路可根据实际情况确定。

2　设计交通量预测年限的起算年为该项目可行性研究报告中的计划通车年。

3.3.2　交通量换算采用小客车为标准车型。各汽车代表车型及车辆折算系数规定见表3.3.2。拖拉机和非机动车等交通量换算应符合下列规定:

各汽车代表车型及车辆折算系数　　　　　表 3.3.2

汽车代表车型	车辆折算系数	说　明
小客车	1.0	座位 ≤ 19 座的客车和载质量 ≤ 2t 的货车
中型车	1.5	座位 > 19 座的客车和 2t < 载质量 ≤ 7t 的货车
大型车	2.5	7t < 载质量 ≤ 20t 的货车
汽车列车	4.0	载质量 > 20t 的货车

1　畜力车、人力车、自行车等非机动车按路侧干扰因素计。

2　公路上行驶的拖拉机每辆折算为 4 辆小客车。

3　公路通行能力分析所要求的车辆折算系数应针对路段、交叉口等形式,按不同的地形条件和交通需求,采用相应的折算系数。

预测年限的年平均日交通量计算公式如下:

$$N_d = N_0 (1 + \gamma)^{n-1}$$

式中:N_d——预测年限的年平均日交通量(辆/d);

N_0——项目计划通车年的年平均日交通量(辆/d);

γ——年平均增长率(%);

n——交通量预测年限(年)。

规范条文解析

（1）第3.3.1条中体现的年平均日交通量为基于交通量调查得到交通量,调查得到的交通量一般为自然车辆(veh),年平均日交通量若用于公路等级选取,注意换算成标准小客车(pcu)。

（2）第3.3.2条中的车辆折算系数仅适用于观测（预测）自然车辆数转换成标准小客车数的计算。

典型例题

例题1-9（2020年真题）

某新建二级公路于2020年正式立项，计划于次年开工建设，建设期三年，下列关于该公路设计时拟采用的交通量预测年份，符合标准规范规定的是（　　）。

（A）2035年

（B）2036年

（C）2038年

（D）2043年

解答

根据《公路工程技术标准》（JTG B01—2014）第3.3.1条第2款，交通量预测年限的起算年为项目计划通车年。

所以交通量预测起算年为：2020 + 1 + 3 = 2024年

根据第3.3.1条1款，二级公路交通量的预测年限为15年。

该二级公路交通量预测的年份为：2024 + 15 − 1 = 2038年。

答案：C

例题1-10（2019年真题）

某公路车辆交通量观测数据见下表，则该公路交通量折算为小客车，合计是（　　）。

（A）5400pcu/d　　　　　　　　　　（B）5980pcu/d

（C）6180pcu/d　　　　　　　　　　（D）6505pcu/d

交通量观测数据　　　　　　　　　　　　　　　　例题1-10表

车　型		车辆交通量（veh/d）
客车	座位≤19座	800
	座位>19座	400
货车	载质量≤2t	650
	2t<载质量≤7t	700
	7t<载质量≤20t	400
	载质量>20t	520

解答

根据《公路工程技术标准》（JTG B01—2014）表3.3.2，座位≤19座客车和载质量≤2t货车的为小客车，折算系数为1.0；座位>19座客车和2t<载质量≤7t货车的为中型车，折算系数为1.5；7t<载质量≤20t货车的为大型车，折算系数为2.5；载质量>20t货车的为大型汽车列车，折算系数为4.0。

计算：$800 \times 1.0 + 400 \times 1.5 + 650 \times 1.0 + 700 \times 1.5 + 400 \times 2.5 + 520 \times 4.0 = 6180$pcu/d

答案：C

例题 1-11

国家发改委于 2017 年 1 月 1 日批复某新建高速公路项目的可行性研究报告,可行性研究报告中的计划通车年份为 2020 年 1 月 1 日。经调查,2015 年的年平均日交通量为 10000veh/d,其中大型车占 10%,中型车占 20%,汽车列车占 5%,交通量年增长率按 5% 计算,则该高速公路预测年限的年平均日交通量是(   )。

(A)32251pcu/d

(B)35377pcu/d

(C)45152pcu/d

(D)47409pcu/d

解答

(1)$n = 20$,$y = 5\%$,预测年限的起始年为计划通车年 2020 年,由 2015 年平均日交通量计算 2020 年(交通量预测起始年)平均日交通量:

$$N_0 = 10000 \times (1 + 0.05)^5 = 12763 \text{veh/d}$$

(2)高速公路交通量预测年限为 20 年,所以该高速公路交通量预测年限的年平均日交通量为:

$$N_d = 12763 \times (1 + 0.05)^{20-1} = 32251 \text{veh/d}$$

(3)由自然车辆(veh/d)换算成标准小客车(pcu/d)预测年度的年平均日交通量。

根据《公路工程技术标准》(JTG B01—2014)表 3.3.2,车辆折算系数分别为:中型车 1.5,大型车 2.5,汽车列车 4,拖拉机 4。

则预测年限的年平均日交通量 = $32251 \times (65\% \times 1 + 20\% \times 1.5 + 10\% \times 2.5 + 5\% \times 4)$ = 45152pcu/d。

答案:C

📖 **考点分析**

(1)根据调查年的年平均日交通量,推算交通量预测起算年(该项目的计划通车年)的年平均日交通量,根据公路等级选择交通量预测年限,进而计算预测年限的年平均日交通量。

(2)根据《公路工程技术标准》(JTG B01—2014)第 3.3.2 条,掌握如何将实际调查的交通量(非标准的自然车型 veh)换算成标准(小客车 pcu)交通量。

4. 城市道路设计交通量计算

📖 **条文规定**

《城市道路工程设计规范》(CJJ 37—2012)(2016 年版)规定如下:

3.5.1　道路交通量达到饱和状态时的道路设计年限为:快速路、主干路应为 20 年;次干路应为 15 年;支路宜为 10 ~ 15 年。

4.1.2　交通量换算应采用小客车为标准车型,各种车辆的换算系数应符合表 4.1.2 的规定。

车辆换算系数　　　　　　　　　　　　　　　　　　表4.1.2

车辆类型	小客车	大型客车	大型货车	铰接车
换算系数	1.0	2.0	2.5	3.0

11

例题 1-12(2019 年真题)

拟建城市快速路,设计速度 80km/h,远景年单向高峰小时预测交通量及其车型构成见下表。如果不考虑方向不均匀系数,那么远景年双向高峰小时预测交通量(pcu/h)是( )。

(A)4590 　　　　(B)5040 　　　　(C)9180 　　　　(D)10080

例题 1-12 表

车 辆 类 型	交通量(veh/h)
小客车	4250
大型客车	200
大型货车	60
铰接车	80
合计	4590

解答

根据《城市道路工程设计规范》(CJJ 37—2012)(2016 年版)第 4.1.2 条:大型客车换算系数为 2,大型货车换算系数为 2.5,铰接车换算系数为 3。

故远景双向高峰小时预测交通量 $= 2 \times (4250 \times 1 + 200 \times 2 + 60 \times 2.5 + 80 \times 3) = 10080$pcu/h。

答案:D

📖 考点分析

城市道路交通量换算采用的代表车型与公路不同,换算系数也不同,其他交通量计算方法与公路一致。

考点 4　公路服务水平和设计通行能力计算

📖 条文规定

《公路路线设计规范》(JTG D20—2017)规定如下:

3.2　服务水平

3.2.1　公路设计服务水平应根据公路功能、技术等级、地形条件等合理选用,并不低于表 3.2.1的规定。承担集散功能的一级公路或路段,设计服务水平可降低一级。公路长隧道及特长隧道路段、非机动车及行人密集路段、条件受限的互通式立体交叉匝道、分合流及交织区段,设计服务水平也可降低一级。

各级公路设计服务水平　　　　　　　　　　　　表 3.2.1

公路技术等级	高速公路	一级公路	二级公路	三级公路	四级公路
服务水平	三级	三级	四级	四级	—

3.2.2 各级公路的服务水平分级与服务交通量应符合表 3.2.2-1～表 3.2.2-3 的规定。

高速公路路段服务水平分级　　　　　　　　　　　　　表 3.2.2-1

服务水平	v/C 值	设计速度（km/h）		
		120	100	80
		最大服务交通量 [pcu/(h·ln)]	最大服务交通量 [pcu/(h·ln)]	最大服务交通量 [pcu/(h·ln)]
一	$v/C \leqslant 0.35$	750	730	700
二	$0.35 < v/C \leqslant 0.55$	1200	1150	1100
三	$0.55 < v/C \leqslant 0.75$	1650	1600	1500
四	$0.75 < v/C \leqslant 0.90$	1980	1850	1800
五	$0.90 < v/C \leqslant 1.00$	2200	2100	2000
六	$v/C > 1.00$	0～2200	0～2100	0～2000

注:v/C 是在基准条件下,最大服务交通量与基准通行能力之比。基准通行能力是五级服务水平条件下对应的最大服务交通量。

一级公路路段服务水平分级　　　　　　　　　　　　　表 3.2.2-2

服务水平	v/C 值	设计速度（km/h）		
		100	80	60
		最大服务交通量 [pcu/(h·ln)]	最大服务交通量 [pcu/(h·ln)]	最大服务交通量 [pcu/(h·ln)]
一	$v/C \leqslant 0.3$	600	550	480
二	$0.3 < v/C \leqslant 0.5$	1000	900	800
三	$0.5 < v/C \leqslant 0.7$	1400	1250	1100
四	$0.7 < v/C \leqslant 0.9$	1800	1600	1450
五	$0.9 < v/C \leqslant 1.0$	2000	1800	1600
六	$v/C > 1.0$	0～2000	0～1800	0～1600

二级、三级公路路段服务水平分级　　　　　　　　　　表 3.2.2-3

服务水平	延误率（%）	设计速度（km/h）										
		80				60				≤40		
		速度（km/h）	v/C			速度（km/h）	v/C			v/C		
			禁止超车区（%）				禁止超车区（%）			禁止超车区（%）		
			<30	30～70	≥70		<30	30～70	≥70	<30	30～70	≥70
一	≤35	≥76	0.15	0.13	0.12	≥58	0.15	0.13	0.11	0.14	0.12	0.10
二	≤50	≥72	0.27	0.24	0.22	≥56	0.26	0.22	0.20	0.25	0.19	0.15
三	≤65	≥67	0.40	0.34	0.31	≥54	0.38	0.32	0.28	0.37	0.25	0.20
四	≤80	≥58	0.64	0.60	0.57	≥48	0.58	0.48	0.43	0.54	0.42	0.35
五	≤90	≥48	1.00	1.00	1.00	≥40	1.00	1.00	1.00	1.00	1.00	1.00
六	>90	<48	—	—	—	<40	—	—	—	—	—	—

注:延误率为车头时距小于或等于5s的车辆数占总交通量的百分比。

13

3.4.1 高速公路、一级公路一条车道设计服务水平下的最大服务交通量应符合表 3.4.1-1 和表 3.4.1-2 的规定。

高速公路一条车道设计服务水平下的最大服务交通量　　　　表 3.4.1-1

设计速度(km/h)	120	100	80
二级服务水平的最大服务交通量[pcu/(h·ln)]	1200	1150	1100
三级服务水平的最大服务交通量[pcu/(h·ln)]	1650	1600	1500

一级公路一条车道设计服务水平下的最大服务交通量　　　　表 3.4.1-2

设计速度(km/h)	100	80	60
三级服务水平的最大服务交通量[pcu/(h·ln)]	1400	1250	1100
四级服务水平的最大服务交通量[pcu/(h·ln)]	1800	1600	1450

3.4.2 高速公路、一级公路路段的设计通行能力应按式(3.4.2-1)计算：

$$C_d = MSF_i \times f_{HV} \times f_p \times f_f \qquad (3.4.2\text{-}1)$$

式中：C_d——设计通行能力[veh/(h·ln)]；

MSF_i——设计服务水平下的最大服务交通量[pcu/(h·ln)]；

f_{HV}——交通组成修正系数，按式(3.4.2-2)计算；

$$f_{HV} = \frac{1}{1 + \sum P_i(E_i - 1)} \qquad (3.4.2\text{-}2)$$

P_i——车型 i 的交通量占总交通量的百分比；

f_f——路侧干扰修正系数，高速公路取 1.0，一级公路路侧干扰等级可按表 3.1.4 确定，路侧干扰修正系数可按表 3.4.2-1 选用；

E_i——车型 i 的车辆折算系数，按表 3.4.2-2 选取；

f_p——驾驶人总体特征修正系数，通过调查确定，通常在 0.95～1.00 之间。

路侧干扰修正系数　　　　表 3.4.2-1

路侧干扰等级	1	2	3	4	5
修正系数	0.98	0.95	0.90	0.85	0.80

高速公路、一级公路路段车辆折算系数　　　　表 3.4.2-2

汽车代表车型	交通量 [pcu/(h·ln)]	设计速度(km/h)		
		120	100	≤80
中型车	≤800	1.5	1.5	2.0
	800～1200	2.0	2.5	3.0
	1200～1600	2.5	3.0	4.0
	>1600	1.5	2.0	2.5
大型车	≤800	2.0	2.5	3.0
	800～1200	3.5	4.0	5.0
	1200～1600	4.5	5.0	6.0
	>1600	2.5	3.0	4.0
汽车列车	≤800	3.0	4.0	5.0
	800～1200	4.5	5.0	7.0
	1200～1600	6.0	7.0	9.0
	>1600	3.5	4.5	6.0

3.6.1 二级公路、三级公路设计服务水平下的最大服务交通量应按表3.6.1选用。

二级公路、三级公路设计服务水平下的最大服务交通量 　　　表3.6.1

公路技术等级	设计速度 （km/h）	基准通行能力 （pcu/h）	不准超车区比例 （%）	v/C	设计服务水平下的 最大服务交通量 （pcu/h）
二级公路	80	2800	<30	0.64	1800
	60	1400	30～70	0.48	650
	40	1300	>70	0.35	450
三级公路	40	1300	<30	0.54	700
	30	1200	>70	0.35	400

注：表内未列出的二级、三级公路其他不准超车区比例的情况，设计服务水平下的最大服务交通量应按表3.2.2-3选取 v/C 计算确定。

3.6.2 二级公路、三级公路的设计通行能力应按式(3.6.2)计算：

$$C_d = MSF_i \times f_{HV} \times f_d \times f_w \times f_f \qquad (3.6.2)$$

式中：C_d——设计通行能力(veh/h)；

MSF_i——设计服务水平下的最大服务交通量(pcu/h)；

f_{HV}——交通组成修正系数，按式(3.4.2-2)计算，式中车辆折算系数 E_i 按表3.6.2-1 取值；

f_d——方向分布修正系数，按表3.6.2-2取值；

f_w——车道宽度、路肩宽度修正系数，按表3.6.2-3取值；

f_f——路侧干扰修正系数，按表3.6.2-4取值，路侧干扰等级可按表3.1.4确定。

双车道公路路段内的车辆折算系数 　　　表3.6.2-1

汽车代表车型	交通量(veh/h)	设计速度(km/h)		
		80	60	40
中型车	≤400	2.0	2.0	2.5
	400～900	2.0	2.5	3.0
	900～1400	2.0	2.5	3.0
	≥1400	2.0	2.0	2.5
大型车	≤400	2.5	2.5	3.0
	400～900	2.5	3.0	4.0
	900～1400	3.5	5	7.0
	≥1400	2.5	3.5	3.5
汽车列车	≤400	2.5	2.5	3.0
	400～900	3.0	3.5	5.0
	900～1400	4.0	5.0	6.0
	≥1400	3.5	4.5	5.5

方向分布修正系数 　　　表3.6.2-2

方向分布（%）	50/50	55/45	60/40	65/35	70/30
修正系数	1.00	0.97	0.94	0.91	0.88

15

车道宽度、路肩宽度修正系数 表3.6.2-3

车道宽度(m)	3.0	3.25	3.5	3.75			
路肩宽度(m)	0	0.5	1.0	1.5	2.5	3.5	≥4.5
修正系数	0.52	0.56	0.84	1.00	1.16	1.32	1.48

路侧干扰修正系数 表3.6.2-4

路侧干扰等级	1	2	3	4	5
修正系数	0.95	0.85	0.75	0.65	0.55

《公路工程技术标准》(JTG B01—2014)规定如下:

1.0.8 公路改扩建时,应对改扩建方案和新建方案进行论证比选。采用改扩建方案时,应符合下列规定:

1 公路改扩建时机应根据实际服务水平论证确定,高速公路、一级公路服务水平宜在降低到三级服务水平下限之前,二、三级公路服务水平宜在降低到四级服务水平下限之前,四级公路可根据具体情况确定。

📖 规范条文解析 ▬▬▬▬▬▬▬▬▬

(1)第3.4.1条各表中的数值即为第3.2.2条各表对应的服务水平下的交通量。

(2)表3.4.2-2中查车辆折算系数的交通量单位 pcu/(h·ln)作者认为应为 veh/(h·ln),但是官方未做规范勘误,考题中给的题目若仍采用规范规定的单位 pcu/(h·ln),考生应随机应变。

(3)五级服务水平下的最大服务交通量 MSF_i 定义为基准通行能力;基准通行能力×饱和度(v/C) = 服务交通量(SF_i)(不同设计服务水平对应一个不同范围的饱和度 v/C,基准通行能力乘以饱和度最大值即该服务水平下的为最大服务交通量 MSF_i;否则,可以理解为服务交通量 SF_i);二、三级公路的饱和度 v/C 值与禁止超车区有关。此部分内容同《公路工程技术标准》(JTG B01—2014)附录A。

(4)《公路路线设计规范》(JTG D20—2017)第3.1.1条条文说明定义了三种通行能力:基准通行能力、设计通行能力、实际通行能力。该定义沿用的老规范,未做修改,实际上现行路线规范已经对老规范的通行能力计算公式进行了修改,老规范的设计通行能力 C_d 对应现行规范的 MSF_i,老规范的实际通行能力 C_r 对应现行规范的设计通行能力 C_d。由此可见,现行规范的通行能力定义需进行相应调整。

📖 典型例题 ▬▬▬▬▬▬▬▬▬

例题 1-13(2020 年真题)

某高速公路,设计速度120km/h,单车道的分车型交通量观测数据见下表,下列关于该公路目前的服务水平以及是否需要论证确定改扩建时机等的判断[基准通行能力为2200pcu/(h·ln)],

符合规范规定的是( )。

车　　型		分车型交通量(pcu/h)
客车	座位≤19 座	390
	座位>19 座	50
货车	载质量≤2t	100
	2t<载质量≤7t	150
	7t<载质量≤20t	60
	载质量>20t	150

(A)服务水平三级,宜论证确定改扩建时机等
(B)服务水平三级,无须改扩建时机等的论证
(C)服务水平二级,宜论证确定改扩建时机等
(D)服务水平二级,无须改扩建时机等的论证

解答

根据《公路工程技术标准》(JTG B01—2014)第 3.3.2 条,将自然车辆的交通量换算成标准小客车的交通量:

$1.0 \times (390 + 100) + 1.5 \times (50 + 150) + 2.5 \times 60 + 4.0 \times 150 = 1540$ pcu/(h·ln)

基准通行能力 2200pcu/(h·ln),则服务水平 $v/C = 1540/2200 = 0.7$。

查表 A.0.1-1 知 $0.5 < v/C ≤ 0.75$ 时,属于三级服务水平,且 0.7 接近于下限。

根据第 1.0.8 条第 1 款知,宜论证确定改扩建时机。

答案:A

例题 1-14

某二级公路,设计速度 80km/h,禁止超车区比例为 35%,路段交通量观测数据为 1680pcu/h,下列关于该公路目前的服务水平以及是否需要论证确定改扩建时机等的判断[基准通行能力参考《公路工程技术标准》(JTG B01—2014)],符合规范规定的是( )。

(A)服务水平四级,宜论证确定改扩建时机等
(B)服务水平四级,无须改扩建时机等的论证
(C)服务水平五级,宜论证确定改扩建时机等
(D)服务水平五级,无须改扩建时机等的论证

解答

根据《公路工程技术标准》(JTG B01—2014)附表 A,基准通行能力 2800pcu/h;$v/C = 1680/2800 = 0.60$,禁止超车区比例 35%,四级服务水平 v/C 为 $0.34 < v/C ≤ 0.6$,五级服务水平 v/C 为 $0.6 < v/C ≤ 1.0$,所以目前为四级服务水平下限,根据第 1.0.8 条第 1 款知,宜论证确定改扩建时机。

答案:A

例题 1-15(2020 年真题)

某省道网高速公路,按照设计速度 120km/h,双向六车道、三级服务水平的标准设计。交

通量预测分析结果显示:折算后的预测年交通量为1450pcu/（h·ln），大中型车占比分别是中型车30%、大型车4%、汽车列车2%，驾驶员总体特征修正系数取1。根据《公路路线设计规范》（JTG D20—2017），该公路的单向设计通行能力为（　　）。（取整数）

（A）974veh/h　　　　　　　　　　　　（B）1337veh/h

（C）2921veh/h　　　　　　　　　　　　（D）4010veh/h

解答

根据《公路路线设计规范》（JTG D20—2017）第3.4.2条：

$$C_d = MSF_i \times f_{HV} \times f_p \times f_f$$

由题意知 $f_p = 1.0$；$f_f = 1.0$；查3.4.1表 $MSF_i = 1650$pcu/（h·ln）

预测年交通量为1450pcu/（h·ln），查表3.4.2-2，$E_{中} = 2.5$；$E_{大} = 4.5$；$E_{列} = 6.0$。

$$f_{hv} = 1/[1 + 0.3 \times (2.5-1) + 0.04 \times (4.5-1) + 0.02 \times (6.0-1)] = 0.59$$

$$C_d = 1650 \times 0.59 \times 1.0 \times 1.0 = 974\text{pcu}/（h·ln）$$

双向六车道，单向三车道，设计通行能力为 $3 \times 974 = 2922$pcu/h。

答案：C

例题1-16

于2018年5月1日批复的某新建双向六车道高速公路项目的可行性研究报告中，计划通车年份为2019年5月1日。经调查，2018年的平均日交通量为12500veh/d，其中大型车占10%，中型车占20%，汽车列车占5%，交通量年增长率按5%计算，选定时设计小时交通量系数为0.135，方向不均匀系数为0.55，驾驶人总体水平较高，可采用0.98的修正系数，拟采用设计速度100km/h，三级服务水平，为满足交通需要，该高速公路单车道设计通行能力为（　　）。

（A）1600veh/（h·ln），满足　　　　　　（B）871veh/（h·ln），满足

（C）1600veh/（h·ln），不满足　　　　　　（D）871veh/（h·ln），不满足

解答

（1）单向设计小时交通量

高速公路交通量预测年限20年，预测起始年为2019年，交通量调查年为2018年，预测年的年平均日交通量为：$AADT = 12500 \times (1+0.05)^{21-1} = 33166.2$veh/d，取33167veh/d。

单向设计小时交通量 $DDHV = AADT \times D \times K = 33167 \times 0.135 \times 0.55 = 2462.6$veh/h，取整2463veh/h，单车道交通量为：$2463/3 = 821$veh/（h·ln）。

（2）设计通行能力

根据《公路路线设计规范》（JTG D20—2017）第3.4.2条：

$$C_d = MSF_i \times f_{HV} \times f_p \times f_f$$

高速公路 $f_f = 1.0$；已知 $f_p = 0.98$，查表3.4.1-1，得 $MSF_i = 1600$pcu/（h·ln）

交通量为821veh/（h·ln），查表3.4.2-2，中型车 $E_{中} = 2.5$；大型车 $E_{大} = 4.0$；汽车列车 $E_{列} = 5.0$，则

$$f_{HV} = 1/[1 + 0.20 \times (2.5-1) + 0.10 \times (4.0-1) + 0.05 \times (5.0-1)] = 1/1.8 = 0.5556$$

$$C_d = 1600 \times 0.5556 \times 0.98 \times 1.0 = 871.2\text{veh}/（h·ln），取整：871veh/（h·ln）$$

$C_d = 871$veh/h > 实际交通量821veh/（h·ln），满足交通需要。

答案：B

例题 1-17

某二级公路穿过村镇段,被交支路有少量车辆出入。设计速度为 60km/h,双向两车道 (2×3.75m),路基总宽为 10.5m(硬路肩与土路肩同宽),该路段预测交通量为 410veh/h,其中小型车占 62%,中型车占 21%,大型车占 15%,汽车列车占 2%,方向分布为 60/40,禁止超车区比例为 40%,四级服务水平,则该段公路的设计通行能力最接近的数值及能否满足交通需求情况为( )。

(A)275veh/h,能

(B)275veh/h,不能

(C)390veh/h,能

(D)390veh/h,不能

解答

根据《公路路线设计规范》(JTG D20—2017)第 3.6.2 条:

$$C_d = MSF_i \times f_{HV} \times f_d \times f_w \times f_f$$

(1)二级公路,设计速度 60km/h,查表 3.6.1 知 $MSF_i = 650$pcu/h。

(2)方向分布 60/40,查表 3.6.2-2 知 $f_d = 0.94$。

(3)车道宽 3.75m,双侧硬路肩宽度 =(10.5−2×3.75)/2 = 1.5m,查表 3.6.2-3 知 $f_w = 1.0$。

(4)根据路况描述,查《公路路线设计规范》(JTG D20—2017)表 3.1.4 知,该路段干扰等级为 3 级;查表 3.6.2-4 知 $f_f = 0.75$。

(5)交通量为 410veh/h,查表 3.6.2-1 知,中型车 $E_{中} = 2.5$,大型车 $E_{大} = 3.0$,汽车列车 $E_{列} = 3.5$,则

$$f_{HV} = 1/[1 + 0.21 \times (2.5 - 1) + 0.15 \times (3.0 - 1) + 0.02 \times (3.5 - 1)] = 0.6006$$

$$C_d = 650 \times 0.6006 \times 0.94 \times 1.0 \times 0.75 = 275\text{veh/h}$$

$C_d = 275$veh/h < 设计小时交通量 $DHV = 410$veh/h,无法满足交通需求。

答案:B

例题 1-18

题目同例题 1-17,但禁止超车区比例改为 25%,路段预测交通量改为 380veh/h,该段公路的设计通行能力最接近的数值及能否满足交通需求情况为( )。

(A)275veh/h,能

(B)275veh/h,不能

(C)390veh/h,能

(D)390veh/h,不能

解答

根据《公路路线设计规范》(JTG D20—2017)表 3.2.2-3:

设计速度 60km/h,禁止超车比例区域为 25%,对应的 $v/C = 0.58$(四级服务水平);

根据表 3.6.1,基准通行能力为 1400pcu/h,最大服务交通量 $MSF_i = 1400 \times 0.58 = 812$pcu/h;

交通量为 380veh/h,中型车 $E_{中} = 2.0$,大型车 $E_{大} = 2.5$,汽车列车 $E_{列} = 2.5$(查表 3.6.2-1);则

$$f_{HV} = 1/[1 + 0.21 \times (2.0 - 1) + 0.15 \times (2.5 - 1) + 0.02 \times (2.5 - 1)] = 0.6826$$

$$C_d = 812 \times 0.6826 \times 0.94 \times 1.0 \times 0.75 = 390\text{veh/h}$$

$C_d = 390$veh/h > 设计小时交通量 $DHV = 380$veh/h,满足交通需求。

答案:C

（1）高速公路、一级公路根据采用的三级（主要干线公路的高速公路可采用二级）服务水平及设计速度，查得对应的最大服务交通量 MSF_i[注意单位 pcu/(h·ln)，是每条车道的交通量]。

（2）二、三级公路根据不准超车区比例及设计速度查得对应的最大服务交通量 MSF_i（注意单位 pcu/h，并且是双向交通量）。要特别注意的是，若给出的条件在表中没有对应的不准超车区比例，则需要根据表3.2.2-3 查得 v/C 后，由表3.6.1 进行对应的基准通行能力自行计算，本考点例题即为此类情况。又例如：设计速度 80km/h，禁止超车比例区域为 50%，则对应的 $v/C = 0.6$（四级服务水平），则最大服务交通量 $MSF_i = 0.6 \times 2800 = 1680pcu/h$。

（3）设计通行能力 C_d（实际运行状态）为设计服务水平下的最大服务交通量 MSF_i（理想状态）与客观条件下相关影响系数的乘积。高速公路、一级公路影响系数包括：驾驶员的总体特征 f_p、路侧干扰 f_f（高速公路全封闭，无干扰，所以系数 f_f 为 1.0）；二、三级公路影响系数包括路侧干扰 f_f 和车道宽度、路肩宽度修正系数 f_w 及方向修正系数 f_d（双向行驶）。两公式中均含有的交通组成系数 f_{HV}，其实是由标准车辆换算成自然车辆的折算系数（注意这里车辆折算系数不仅与车型有关，还与设计速度及交通量有关）。

（4）道路的设计通行能力应大于或等于道路设计小时交通量，以满足交通需求（注意考点3 与考点4 题目的综合应用）。

（5）通行能力或交通量（考点3 同理）计算中关于各类名词术语较复杂，考生在解答此类题目时应重点注意各条件的单位，如 h(hour) 和 d(day) 要注意小时和天的转换；veh(vehicle) 和 pcu(passenger car unit) 要注意自然车辆和标准小客车的转换；并且注意是双向还是单向交通量，两者存在方向不均匀系数或者 2 倍的转换关系；注意/ln 就表示一条车道(lane)，与单向交通量的关系是乘以单向 N 条车道。

（6）城市道路的设计通行能力，可以直接根据设计速度查表得设计通行能力或者根据《城市道路工程设计规范》(CJJ 37—2012)(2016 年版)第 4.3.2 条条文说明，通过基本通行能力乘以综合影响系数后计算出设计通行能力（详见城市道路车道数计算章节）。

考点5　车道数（宽度）计算

1. 公路车道数计算

典型例题

例题 1-19

某高速公路，设计速度 120km/h，预测年限的年平均日交通量为 35380veh/d，该公路的交通流方向分布为 55/45，设计小时交通量系数为 9%，如该高速公路设计通行能力为 1180veh/(h·ln)，则该高速公路双向需要的车道数为（　　）。

（A）2　　　　　　（B）4　　　　　　（C）6　　　　　　（D）8

解答

根据《公路路线设计规范》(JTG D20—2017)第 3.3.2 条计算单向设计小时交通量。

$DDHV = AADT \times D \times K = 35380 \times 0.55 \times 0.09 = 1751\text{veh/h}$

所需车道数单向：$N \geqslant DDHV/C_d = 1751/1180 = 1.484$，取 $N = 2$；双向 $2N = 4$ 车道。

答案：B

例题 1-20

某一级公路，公路条件符合标准、交通状况基本正常、各类路侧干扰因素很少，设计速度 100km/h，采用三级服务水平，已知预测年限的单向设计小时交通量为 1500veh/h。代表车型及所占比例经调查后列入下表。该条公路上的驾驶员总体特征修正系数经调查确定为 0.98。则该一级公路至少需采用双向（　　）车道。

代表车型所占比例及车型说明 　　　　　　　　　　　　例题 1-20 表

车辆所占比例	说　　明
72%	座位≤19 座的客车，载质量≤2t 的货车
18%	座位>19 座的客车和 2t<载质量≤7t 的货车
8%	7t<载质量≤20 的货车
2%	载质量>21 的货车

（A）二　　　　　　（B）四　　　　　　（C）6 六　　　　　　（D）八

解答

根据《公路路线设计规范》(JTG D20—2017)第 3.4.2 条：

$C_d = MSF_i \times f_{HV} \times f_p \times f_f$

（1）初步拟定 4 车道，计算单车道设计小时通行能力：

①一级公路、三级服务水平，查表 3.4.1-1 知 $MSF_i = 1400$。

②单车道小时交通量为 $1500/2 = 750\text{veh/}(h \cdot ln)$。设计速度 100km/h，由表 3.4.2-2 查得对应的车辆折算系数，中型车 $E_{中} = 1.5$，大型车 $E_{大} = 2.5$，汽车列车 $E_{列} = 4.0$。

根据《公路路线设计规范》(JTG D20—2017)表 3.1.3，结合本题所给代表车型知，中型车占 18%，大型车占 8%，汽车列车占 2%；设计速度 100km/h，则

$f_{HV} = 1/[1 + 0.18 \times (1.5 - 1) + 0.08 \times (2.5 - 1) + 0.02 \times (4.0 - 1)] = 0.7874$

③根据《公路路线设计规范》(JTG D20—2017)表 3.1.4，道路干扰等级为 Ⅰ 级，则查表 3.4.2-1 知 $f_f = 0.98$。

$C_d = 1400 \times 0.7874 \times 0.98 \times 0.98 = 1059\text{veh/}(h \cdot ln)$

（2）单向车道数 $N = DDHV/C_d = 1500/1059 = 1.41$（取整为 2），双向四车道，符合假设。

答案：B

例题 1-21

题目同例题 1-20，预测年限的单向设计小时交通量改为 3300veh/h，应选择的双向车道数及对应的设计通行能力为（　　）。

（A）四，1090veh/(h · ln)　　　　　　（B）六，1090veh/(h · ln)

（C）六，966veh/(h · ln)　　　　　　　（D）八，845veh/(h · ln)

解答

根据《公路路线设计规范》(JTG D20—2017)第 3.4.2 条：

$C_d = MSF_i \times f_{HV} \times f_p \times f_f$

（1）初步拟定 4 条车道,计算对应的单车道设计小时通行能力为:

①单车道小时交通量为 3300/2 = 1650veh/（h·ln）;设计速度 100km/h,由表3.4.2-2查得对应的车辆折算系数,中型车 $E_{中}$ = 2.0,大型车 $E_{大}$ = 3.0,汽车列车 $E_{列}$ = 4.5,则

$$f_{HV} = 1/[1 + 0.18 \times (2.0 - 1) + 0.08 \times (3.0 - 1) + 0.02 \times (4.5 - 1)] = 0.7092$$

②其他条件不变,所以:C_d = 1400 × 0.7092 × 0.98 × 0.98 = 954veh/（h·ln）

（2）单向车道数 $N = DDHV/C_d$ = 3300/954 = 3.46（取整为4）,需双向八车道,不符合假设。

（3）拟定双向八车道,单车道小时交通量为 3300/4 = 825veh/（h·ln）

中型车 $E_{中}$ = 2.5,大型车 $E_{大}$ = 4.0,汽车列车 $E_{列}$ = 5.0。则

$$f_{HV} = 1/[1 + 0.18 \times (2.5 - 1) + 0.08 \times (4.0 - 1) + 0.02 \times (5.0 - 1)] = 0.6289$$

$$C_d = 1400 \times 0.6289 \times 0.98 \times 0.98 = 845veh/（h·ln）$$

$N = DDHV/C_d$ = 3300/845 = 3.9,取整为4,双向8车道符合假设。

答案:D

例题 1-22

某二级公路,四级服务水平,公路的两侧为农田,有少量自行车、行人出行或横穿公路,设计速度为80km/h,双向两车道（2×3.75m）,硬路肩及土路肩均采用《公路路线设计规范》（JTG D20—2017）关于路肩宽度规定值中的一般值,该路段预测交通量为1050veh/h,其中小型车占70%,中型车占18.5%,大型车占10%,汽车列车占1.5%,方向分布为55/45,禁止超车区比例为40%,试问按照规范要求,需要设置几条车道? 车道数是否能满足需求?（　　　）

(A)2 条,能　　　　(B)2 条,不能　　　　(C)4 条,能　　　　(D)4 条,不能

解答

（1）根据《公路路线设计规范》（JTG D20—2017）表 6.2.2 知,二级公路,应为双向两车道。

（2）根据《公路路线设计规范》（JTG D20—2017）第 3.6.2 条:

$$C_d = MSF_i \times f_{HV} \times f_d \times f_w \times f_f$$

①二级公路,设计速度80km/h,禁止超车比例40%,不符合表3.6.1的超车比例,需要按表3.2.2-3选取 v/C,经计算确定。查表3.2.2-3知,设计速度 v = 80km/h 时,四级服务水平下,v/C = 0.60,基准通行能力为2800pcu/h,所以四级服务水平下的最大服务交通量 MSF_i = 0.6 × 2800 = 1680pcu/h。

②方向分布55/45,查表3.6.2-2,f_d = 0.97。

③查《公路路线设计规范》（JTG D20—2017）表6.4.1,硬路肩宽度一般值为1.5m,则双侧硬路肩宽度为3.0m,查表3.6.2-3 知 f_w = (1.16 + 1.32)/2 = 1.24。

④根据《公路路线设计规范》（JTG D20—2017）表3.1.4:

由题意描述知,该路段干扰等级为2级。所以查表3.6.2-4 知 f_f = 0.85。

⑤查表3.6.2-1 得:$E_{中}$ = 2.0,$E_{大}$ = 3.5,$E_{列}$ = 4.0。则

$$f_{HV} = 1/[1 + 0.185 \times (2.0 - 1) + 0.10 \times (3.5 - 1) + 0.015 \times (4.0 - 1)] = 0.6757$$

$$C_d = 1680 \times 0.6757 \times 0.97 \times 1.24 \times 0.85 = 1160.6veh/h,取整 1160veh/h。$$

（3）C_d = 1085 > DHV = 1050veh/h,满足交通需求。

综合以上,双向两车道,车道数能满足要求。

答案:A

（1）高速公路、一级公路单向设计车道数 $N \geqslant$ 单向设计小时交通量/单车道设计通行能力（向上取整），交通量和通行能力的计算与考点3、考点4相同；应注意交通量和要求计算的车道数是单向还是双向。

（2）高速公路、一级公路车辆折算系数跟单车道小时交通量有关，所以设计通行能力也与单车道小时交通量有关。如果条件只给出了小时交通量，而非单车道小时交通量，需根据初步拟定的车道数进行计算，假如按照拟定的车道数满足不了交通要求时，需要重新拟定车道数，再进行计算。

（3）二、三级公路的车辆折算系数对应的都是2条车道（双向）的设计小时交通量，最大服务交通量及设计通行能力也是对应2条车道（双向）。

2. 城市道路车道数计算

📖 条文规定

《城市道路工程设计规范》（CJJ 37—2012）（2016年版）规定如下：

4.2.2 快速路基本路段一条车道的基本通行能力和设计通行能力应符合表4.2.2的规定。

快速路基本路段一条车道的通行能力 表4.2.2

设计速度（km/h）	100	80	60
基本通行能力（pcu/h）	2200	2100	1800
设计通行能力（pcu/h）	2000	1750	1400

4.2.3 快速路基本路段服务水平分级指标应符合表4.2.3的规定，新建道路应按三级服务水平设计。

快速路基本路段服务水平分级 表4.2.3

设计速度（km/h）	服务水平等级		密度 [pcu/(km·ln)]	平均速度（km/h）	负荷度 v/C	最大服务交通量 [pcu/(h·ln)]
100	一级（自由流）		≤10	≥88	0.40	880
	二级（稳定流上段）		≤20	≥76	0.69	1520
	三级（稳定流）		≤32	≥62	0.91	2000
	四级	（饱和流）	≤42	≥53	≈1.00	2200
		（强制流）	>42	<53	>1.00	—
80	一级（自由流）		≤10	≥72	0.34	720
	二级（稳定流上段）		≤20	≥64	0.61	1280
	三级（稳定流）		≤32	≥55	0.83	1750
	四级	（饱和流）	≥50	≥40	≈1.00	2100
		（强制流）	<50	<40	>1.00	—
60	一级（自由流）		≤10	≥55	0.30	590
	二级（稳定流上段）		≤20	≥50	0.55	990
	三级（稳定流）		≤32	≥44	0.77	1400
	四级	（饱和流）	≤57	≥30	≈1.00	1800
		（强制流）	>57	<30	>1.00	—

4.3.2 其他等级道路路段一条车道的基本通行能力和设计通行能力应符合表4.3.2的规定。

其他等级道路路段一条车道的通行能力 表4.3.2

设计速度(km/h)	60	50	40	30	20
基本通行能力(pcu/h)	1800	1700	1650	1600	1400
设计通行能力(pcu/h)	1400	1350	1300	1300	1100

《城市道路工程设计规范》(CJJ 37—2012)(2016年版)第4.3.2条条文说明规定如下:

4.3.2 路段一条车道的基本通行能力规定与《城市道路设计规范》(CJJ 37—1990)一致。设计通行能力受自行车、车道宽度、交叉口、车道数等的影响,《城市道路设计规范》(CJJ 37—1990)中道路分类系数为0.75~0.9,本次编制中道路分类系数统一采用0.8。

规范条文解析

(1)表4.2.3中,最大服务交通量单位"pcu/(km·h)"应为"pcu/(h·ln)",表4.3.2中基本通行能力和设计通行能力单位"pcu/(km·h)"应为"pcu/(h·ln)",部分版本的规范有误。

(2)对于快速路,基本通行能力即为四级(饱和流)服务水平对应的最大服务交通量;城市道路的设计通行能力即由基本通行能力乘以分类系数得到(可查表4.3.2得到或根据第4.3.2条条文说明计算得到);本规范关于设计通行能力的规定与《公路路线设计规范》(JTG D20—2017)不同,后者设计通行能力是对应服务水平下最大服务交通量进行几种影响系数的修正后的值(需计算)。

(3)表4.3.2中的路段设计通行能力为基本通行能力乘以道路分类系数所得,表中采用的道路分类系数是0.8。具体运用过程中,可根据道路现状运行情况(受自行车、交叉口影响情况等),采用修正后分类系数(即综合影响系数)。

典型例题

例题1-23(2019年真题)

拟建一条城市快速路,设计速度100km/h,经测远景年单向高峰小时交通量为5200pcu/h,那么,拟建道路需要的单向车道数应为(   )。

(A)3条   (B)4条   (C)6条   (D)8条

解答

根据《城市道路工程设计规范》(CJJ 37—2012)(2016年版)第4.2.2条表4.2.2,快速路一条车道设计通行能力,100km/h时对应数据为2000pcu/(h·ln),则$N \geqslant 5200/2000 = 2.6$,取整得3。

答案:A

考点分析

城市道路的通行能力和车道数计算相对简单,设计通行能力通过查《城市道路工程设计规范》(CJJ 37—2012)(2016年版)表4.2.2、表4.3.2即可直接取值。

3. 非机动车道宽度计算

条文规定

《城市道路工程设计规范》(CJJ 37—2012)(2016年版)规定如下:

4.4 自行车道

4.4.1 不受平面交叉口影响的一条自行车道的路段设计通行能力,当有机非分隔设施时,应取 1600 ~ 1800veh/h;当无分隔时,应取 1400 ~ 1600veh/h。

4.4.2 受平面交叉口影响的一条自行车道的路段设计通行能力,当有机非分隔设施时,应取 1000 ~ 1200veh/h;当无分隔时,应取 800 ~ 1000veh/h。

4.4.3 信号交叉口进口道一条自行车道的设计通行能力可取为 800 ~ 1000veh/h。

4.4.4 路段自行车服务水平分级标准应符合表4.4.4的规定,设计时宜采用三级服务水平。

路段自行车道服务水平分级 表4.4.4

指标 \ 服务水平	一级 (自由骑行)	二级 (稳定骑行)	三级 (骑行受限)	四级 (间断骑行)
骑行速度(km/h)	>20	20 ~ 15	15 ~ 10	10 ~ 5
占用道路面积(m^2)	>7	7 ~ 5	5 ~ 3	<3
负荷度	<0.40	0.55 ~ 0.70	0.70 ~ 0.85	>0.85

5.3.3 非机动车道宽度应符合下列规定:

1 一条非机动车道宽度应符合表5.3.3的规定。

一条非机动车道宽度 表5.3.3

车辆种类	自行车	三轮车
非机动车道宽度(m)	1.0	2.0

2 与机动车道合并设置的非机动车道,车道数单向不应小于2条,宽度不应小于2.5m。

3 非机动车专用道路面宽度应包括车道宽度及两侧路缘带宽度,单向不宜小于3.5m,双向不宜小于4.5m。

典型例题

例题1-24

拟建一条城市次干路,设计速度40km/h,慢行系统采用非机动车专用道。受平面交叉影响,自行车的预测远景年单向高峰小时交通量为2000veh/h。则拟建道路需要的单向非机动车道路面宽度最小宜取( )。

(A)2.5m (B)3.0m (C)3.5m (D)4.0m

解答

根据《城市道路工程设计规范》(CJJ 37—2012)(2016年版)第4.4.2条,受平面交叉口影响的一条自行车道设计通行能力为 1000 ~ 1200veh/h,则 $N \geq 2000/(1000 ~ 1200) = 2.00 ~ 1.67$,取整得2条。一条自行车道宽1.0m,$2 \times 1.0 = 2.0m$,根据《城市道路路线设计规范》(CJJ 193—2012)第5.3.2条第3款,两侧路缘带宽0.25m,则路面宽 $2.0 + 2 \times 0.25 = 2.5m$,根据《城市道路工程设计规范》(CJJ 37—2012)(2016年版)第5.3.3条第3款,非机动车道单向宽度不宜小于3.5m。

答案:C

例题1-25

拟建一条城市支路,设计速度30km/h,采用一块板断面形式,非机动车道与机动车道之间仅通过地面标线分隔,路口均采用平面交叉,通行能力受平面交叉影响,自行车的预测远景年单向高峰小时交通量为1600veh/h。则拟建道路需要的单向非机动车道宽度最小宜取(　　)。

(A)1.6m　　　　　(B)2.0m　　　　　(C)2.5m　　　　　(D)3.0m

解答

根据《城市道路工程设计规范》(CJJ 37—2012)(2016年版)第4.4.2条,无机非分隔设施,受平面交叉口影响的一条自行车道设计通行能力为800~1000veh/h,则$N \geqslant 1600/(800~1000)=2.0~1.6$,取整得2.0。一条自行车道宽1.0m,2×1.0=2.0m,根据《城市道路路线设计规范》(CJJ 193—2012)第5.3.2条第3款,路缘带宽0.25m,则2+2×0.25=2.5m。

答案:C

📖 **考点分析**

(1)自行车道数=高峰小时自行车量数/一条自行车道设计通行能力。

(2)注意计算宽度与第5.3.3条第2、3款规定的最小宽度进行比较,取大值。

4. 人行道宽度计算

📖 **条文规定**

《城市道路工程设计规范》(CJJ 37—2012)(2016年版)规定如下:

4.5　人行设施

4.5.1　人行设施的基本通行能力和设计通行能力应符合表4.5.1的规定。行人较多的重要区域设计通行能力宜采用低值,非重要区域宜采用高值。

人行设施基本通行能力和设计通行能力　　　　　　　　　　表4.5.1

人行设施类型	基本通行能力	设计通行能力
人行道[人/(h·m)]	2400	1800~2100
人行横道[人/(hg·m)]	2700	2000~2400
人行天桥[人/(h·m)]	2400	1800~2000
人行地道[人/(h·m)]	2400	1440~1640
车站码头的人行天桥、人行地道[人/(h·m)]	1850	1400

注:hg为绿灯时间。

4.5.2　人行道服务水平分级标准应符合表4.5.2的规定,设计时宜采用三级服务水平。

人行道服务水平　　　　　　　　　　表4.5.2

指标 \ 服务水平	一级	二级	三级	四级
人均占用面积(m²)	>2.0	1.2~2.0	0.5~1.2	<0.5
人均纵向间距(m)	>2.5	1.8~2.5	1.4~1.8	<1.4

服务水平 指标	一级	二级	三级	四级
人均横向间距(m)	>1.0	0.8~1.0	0.7~0.8	<0.7
步行速度(m/s)	>1.1	1.0~1.1	0.8~1.0	<0.8
最大服务交通量[人/(h·m)]	1580	2500	2940	3600

5.3.4 路侧带可由人行道、绿化带、设施带等组成(图5.3.4),路侧带的设计应符合下列规定:

1 人行道宽度必须满足行人安全顺畅通过的要求,并应设置无障碍设施。人行道最小宽度应符合表5.3.4的规定。

人行道最小宽度 表5.3.4

项　目	人行道最小宽度(m)	
	一般值	最小值
各级道路	3.0	2.0
商业或公共场所集中路段	5.0	4.0
火车站、码头附近路段	5.0	4.0
长途汽车站	4.0	3.0

《城市道路工程设计规范》(CJJ 37—2012)(2016 年版)第5.3.4 条条文说明规定如下:

1 人行道宽度指专供行人通行的部分,应满足行人通行的安全和顺畅。人行道宽度按下式计算:

$$W_p = \frac{N_w}{N_{w1}} \tag{3}$$

式中:W_p——人行道宽度(m);

N_w——人行道高峰小时行人流量(P/h);

N_{w1}——1m 宽人行道的设计通行能力[P/(h·m)]。

📖 **典型例题**

例题 1-26(2019 年真题)

位于重要地区的城市主干路,不考虑其他因素的干扰,预测路段单侧人行道交通量 6000P/h。该路段单侧需要的最小人行道宽度应定为(　　)。(计算结果取整数)

(A)2m　　　　(B)3m　　　　(C)4m　　　　(D)5m

解答

根据《城市道路工程设计规范》(CJJ 37—2012)(2016 年版)第5.3.4 条条文说明。

本题题意中 $N_w = 6000$P/h,N_{w1} 按第4.5.1 条规定行人较多的重要区域设计通行能力宜采用低值,查表4.5.1 知 N_{w1} 取 1800P/(h·m),代入公式 $W_p = 6000/1800 = 3.33$m,取整为4m。

答案:C

例题 1-27

位于非重要地区的城市支路,不考虑其他因素的干扰,预测路段单侧人行交通量 3000P/h。该路段单侧需要的最小人行道宽度应定为(　　)。(计算结果取整数)

（A）1.5m　　　　　　（B）2.0m　　　　　　（C）2.5m　　　　　　（D）3.0m

解答

根据《城市道路工程设计规范》（CJJ 37—2012）（2016 年版）第5.3.4条条文说明。

本题题意中 $N_w = 3000P/h$，N_{w1} 按第4.5.1条规定非重要区域设计通行能力宜采用高值，查表4.5.1知 N_{w1} 取 2100P/(h·m)，代入公式 $W_p = 3000/2100 = 1.476m$，取整为 1.5m。由表5.3.4知，各级道路的人行道最小宽度为 2.0m。

答案：B

📖 考点分析

（1）人行道宽度＝高峰小时人流量/1m 宽人行道设计通行能力。

（2）注意第4.5.1条中条件为"重要区域"与"非重要区域"对于行人设计通行能力的影响。

（3）计算值注意与表5.3.4中规定的最小值进行比较，两者选取大值。

考点6　路基宽度及建筑限界宽度计算

1.公路路基宽度计算

📖 条文规定

《公路路线设计规范》（JTG D20—2017）规定如下：

6.1.3　公路路基横断面中各组成部分宽度应根据公路技术等级、交通量与交通组成、横断面各组成部分的功能综合确定，并应符合下列规定：

1　公路路基宽度为车道宽度与路肩宽度之和。当设有中间带、加（减）速车道、爬坡车道、紧急停车带、错车道、超车道、侧分隔带、非机动车道（或慢车道）和人行道等时，应包括上述部分的宽度。

2　非机动车、行人密集公路和城市出入口的公路，可根据需要设置侧分隔带、非机动车道和人行道。

3　一级公路在慢行车辆较多时，可利用右侧硬路肩（宽度不足时应加宽）设置慢车道，并应在车道与慢车道之间设置隔离设施。

4　二级公路在慢行车辆较多时，可根据需要采用加宽硬路肩的方式设置慢车道，并应增加必要的交通安全设施，加强交通组织管理。

6.2.1　车道宽度应符合表6.2.1的规定，并应符合下列规定：

车 道 宽 度
表6.2.1

设计速度（km/h）	120	100	80	60	40	30	20
车道宽度（m）	3.75	3.75	3.75	3.50	3.50	3.25	3.00

1　八车道及以上公路在内侧车道（内侧第1、2车道）仅限小客车通行时，其车道宽度可采用3.5m。

2　以通行中、小型客运车辆为主且设计速度为80km/h及以上的公路，经论证车道宽度可采用 3.5m。

3　四级公路采用单车道时,车道宽度应采用 3.5m。

4　设置慢车道的二级公路,慢车道宽度应采用 3.5m。

5　需要设置非机动车道和人行道的公路,非机动车道和人行道等的宽度,宜视实际情况确定。

6.2.2　各级公路的基本车道数应符合表 6.2.2 的规定,并应符合下列规定:

各级公路的基本车道数　　　　　　　　　　表 6.2.2

公路技术等级	高速公路、一级公路	二级公路	三级公路	四级公路
车道数(条)	≥4	2	2	2(1)

1　高速公路和一级公路各路段车道数应根据设计交通量、设计通行能力确定,且应不小于四车道。当车道数增加时,应按双数、两侧对称增加。

2　二级公路、三级公路应为双车道。

3　四级公路一般路段应采用双车道,交通量小或工程特别艰巨的路段可采用单车道。

6.2.3　爬坡车道的设置应符合下列规定:

1　高速公路、一级公路以及二级公路在连续上坡路段设置爬坡车道时,其宽度不应小于 3.5m,且不大于 4.0m。六车道及以上的高速公路、一级公路可不设爬坡车道。

2　高速公路、一级公路的爬坡车道应紧靠车道的外侧设置。条件受限时,爬坡车道路段右侧硬路肩宽度应不小于 0.75m。

3　二级公路的爬坡车道应紧靠车道的外侧设置,可利用硬路肩宽度。当需保留原来供非汽车交通行驶的硬路肩时,该部分应移至爬坡车道的外侧。

6.2.5　四级公路路基宽度采用单车道时,应在不大于 300m 的距离内选择有利地点设置错车道,并使驾驶者能看到相邻两错车道之间的车辆。设置错车道路段的路基宽度应不小于 6.5m,有效长度应不小于 20m。

6.2.6　连续长、陡下坡路段,应结合交通安全性评价论证设置避险车道。避险车道应设置在长、陡下坡路段的右侧视距良好的适当位置,其宽度不应小于 4.50m。有条件时,宜在避险车道右侧平行设置救援车道。

6.3.1　高速公路、一级公路整体式路基断面必须设置中间带,中间带由两条左侧路缘带和中央分隔带组成,并应符合下列规定:

1　高速公路和作为干线的一级公路,中央分隔带宽度应根据公路项目中央分隔带功能确定。

2　作为集散的一级公路,中央分隔带宽度应根据中间隔离设施的宽度确定。

3　左侧路缘带宽度不应小于表 6.3.1 的规定。

左侧路缘带宽度　　　　　　　　　　表 6.3.1

设计速度(km/h)		120	100	80	60
左侧路缘带宽度(m)	一般值	0.75	0.75	0.50	0.50
	最小值	0.50	0.50	0.50	0.50

注:1. "一般值"为正常情况下的采用值。

2. 设计速度为 120km/h、100km/h 时,受地形、地物限制的路段或多车道公路内侧仅限小型车辆通行的路段,可论证采用"最小值"。

6.4.1 各级公路右侧路肩宽度应符合表6.4.1的规定,并应符合下列规定:

右侧路肩宽度　　　　　表6.4.1

公路技术等级(功能)		高速公路			一级公路(干线功能)	
设计速度(km/h)		120	100	80	100	80
右侧硬路肩宽度 (m)	一般值	3.00(2.50)	3.00(2.50)	3.00(2.50)	3.00(2.50)	3.00(2.50)
	最小值	1.50	1.50	1.50	1.50	1.50
土路肩宽度 (m)	一般值	0.75	0.75	0.75	0.75	0.75
	最小值	0.75	0.75	0.75	0.75	0.75

公路技术等级(功能)		一级公路(集散功能) 和二级公路		三级公路、四级公路		
设计速度(km/h)		80	60	40	30	20
右侧硬路肩宽度 (m)	一般值	1.50	0.75	—	—	—
	最小值	0.75	0.25	—	—	—
土路肩宽度 (m)	一般值	0.75	0.75	0.75	0.50	0.25(双车道)
	最小值	0.50	0.50			0.50(单车道)

注:1. 正常情况下,应采用"一般值";在设爬坡车道、变速车道及超车道路段,受地形、地物等条件限制路段及多车道公路特大桥,可论证采用"最小值"。

2. 高速公路和作为干线的一级公路以通行小客车为主时,右侧硬路肩宽度可采用括号内数值。

3. 高速公路局部设计速度采用60km/h的路段,右侧硬路肩宽度不应小于1.5m。

1 高速公路、一级公路应在右侧硬路肩宽度内设右侧路缘带,其宽度为0.50m。

2 二级公路的硬路肩可供非汽车交通使用。非汽车交通量较大的路段,可采用全铺的方式,以充分利用。

3 二级公路、三级公路、四级公路在路肩上设置的标志、防护设施等不得侵入公路建筑限界,必要时应加宽路肩。

6.4.2 高速公路、一级公路的左侧路肩应符合下列规定:

1 高速公路、一级公路的分离式路基,应设置左侧路肩,其宽度规定如表6.4.2所示。左侧硬路肩内含左侧路缘带,左侧路缘带宽度为0.50m。

高速公路、一级公路分离式路基的左侧路肩宽度　　　　　表6.4.2

设计速度(km/h)	120	100	80	60
左侧硬路肩宽度(m)	1.25	1.00	0.75	0.75
左侧土路肩宽度(m)	0.75	0.75	0.75	0.50

2 高速公路整体式路基双向八车道及以上路段,宜设置左侧硬路肩,其宽度应不小于2.5m。

3 高速公路分离式路基单幅同向四车道及以上的路段,左侧硬路肩宽度不宜小于2.5m。

6.4.3 紧急停车带的设置应符合下列规定:

1 高速公路和作为干线的一级公路的右侧硬路肩宽度小于2.50m时,应设紧急停车带。紧急停车带宽度应不小于3.50m,有效长度不应小于40m,间距不宜大于500m,并应在其前后设置不短于70m的过渡段。

2 高速公路、一级公路的特大桥、特长隧道,根据需要可设置紧急停车带,其间距不宜大于750m。

3 二级公路根据需要可设置紧急停车带,其间距宜按实际情况确定。

条文说明中关于中间带的图示如图6-2所示。

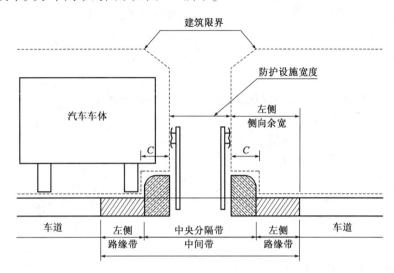

图6-2 采用波形梁护栏时中间带示意图(设有路缘石时)

📖 规范条文解析

(1)以上规范条文与《公路工程技术标准》(JTG B01—2014)第4.0.1条～第4.0.14条的规定基本一致,可对比学习。

(2)《公路路线设计规范》第6.4.3条对紧急停车带宽度的规定是"应不小于3.5m",而《公路工程技术标准》第4.0.6条规定"应为3.5m",二者不同。

(3)《公路路线设计规范》第6.2.3条对爬坡车道宽度规定"不应小于3.5m,且不大于4.0m""二级公路爬坡车道可利用硬路肩";而《公路工程技术标准》(JTG B01—2014)第4.0.8条规定"不应小于3.5m",且条文说明中规定"爬坡车道宽度内不含右侧硬路肩宽度"。

📖 典型例题

例题 1-28(2019 年真题)

某一级集散公路采用双向四车道,整体式横断面形式,中间带宽度采用3.5m,设计速度采用60km/h,计算一般情况下标准断面的路基宽度是( )。

(A)19.0m   (B)20.0m

(C)20.50m   (D)21.50m

解答

根据《公路路线设计规范》(JTG D20—2017)表6.4.1,$V=60$km/h 的一级集散公路,硬路肩和土路肩均为 0.75m,则

$B = 0.75 + 0.75 + 3.5 \times 2 + 3.5 + 3.5 \times 2 + 0.75 + 0.75 = 20.5$m

答案:C

例题 1-29（2020 年真题）

某市区至国道高速公路的连接线,交通组成以小汽车为主;设计采用设计速度 60km/h、双向四车道的一级公路(集散功能)标准,路基采用整体式路基形式,中央分隔带宽度为 2.50m。该路段路基标准横断面的一般宽度为(　　)。(取小数点后两位)

(A)18.50m　　　　　　　　　　(B)19.50m

(C)20.50m　　　　　　　　　　(D)21.50m

解答

根据《公路路线设计规范》(JTG D20—2017),设计速度 60km/h,

查表 6.2.1,车道宽 3.5m;

查表 6.3.1,左侧路缘带 0.5m;

查表 6.4.1,右侧硬路肩 0.75m,右侧土路肩 0.75m。

路基总宽度:

$0.75 + 0.75 + 2 \times 3.5 + 0.5 + 2.5 + 0.5 + 2 \times 3.5 + 0.75 + 0.75 = 20.50$m

答案:C

例题 1-30（2020 年真题）

某新建高速公路项目,设计速度 100km/h,双向八车道,整体式路基,内侧两车道仅限小客车通行,中央分隔带宽度为 2.0m,不设左侧硬路肩,该公路受限路段路基最小宽度可采用(　　)。(取小数点后一位)

(A)37.5m　　　　　　　　　　(B)38.5m

(C)39.0m　　　　　　　　　　(D)40.5m

解答

"内侧两车道仅限小客车通行"的隐含条件:以通行小客车为主。

根据《公路路线设计规范》(JTG D20—2017):

第 6.2.1 条,设计速度 100km/h,内侧两条小客车专用道宽 3.5m,其余车道宽 3.75m。

表 6.3.1 注 2,设计速度 100km/h,多车道公路内侧仅限小型车辆通行的路段,左侧路缘带可论证采用最小值 0.50m。

表 6.4.1 注 2,以通行小客车为主时,右侧硬路肩可以采用括号内数据,查表 6.4.1 得 2.5m。

查表 6.4.1,土路肩宽 0.75m。

路基最小宽度:$0.75 + 2.5 + 2 \times 3.75 + 2 \times 3.5 + 0.50 + 2 + 0.50 + 2 \times 3.5 + 2 \times 3.75 + 2.5 + 0.75 = 38.5$m

答案:B

例题 1-31

某一高速公路,采用整体式断面形式,双向六车道,中央分隔带宽 3m。局部约 4km 路段因用地条件受限,采用设计速度 80km/h,则根据《公路路线设计规范》(JTG D20—2017),该路段标准路基宽度最小宽度可为(　　);这样种情况下,需要间隔 500m 设置一处特殊断面,其对应的最小路基宽度为(　　)。

(A)31.00m/33.0m　　　　　　　(B)30.50m/33.50m

(C)31.00m/34.50m　　　　　　　　　(D)31.50m/35.00m

解答

根据《公路路线设计规范》(JTG D20—2017)表6.2.1、表6.4.1注1、第6.4.2条第2款，设计速度80km/h，车道宽度采用3.75m，右侧硬路肩可论证采用的最小值为1.5m，土路肩最小值为0.75m；查表6.3.1，左侧路缘带0.50m。

可论证采用的最小路基宽度：$0.75 + 1.5 + 3.75 \times 3 + 0.5 + 3.0 + 0.5 + 3.75 \times 3 + 1.5 + 0.75 = 31.00m$

由于路肩宽度小于2.5m，根据第6.4.3条1款，需每500m设置一处紧急停车带，停车带宽度最小为3.5m，则断面宽度为：$31.00 + 3.5 - 1.5 = 33.0m$。

答案：A

例题1-32

某一高速公路，采用分离式断面形式，单幅四车道，设计速度采用120km/h，则该高速公路的单幅路的一般路基宽度为(　　　)。

(A)20.75m　　　　　　　　　(B)22.00m

(C)23.25m　　　　　　　　　(D)24.5m

解答

根据《公路路线设计规范》(JTG D20—2017)：

查表6.2.1，设计速度为120km/h时，车道宽度为3.75m；

查表6.4.1，右侧硬路肩宽度为3.0m，土路肩宽度为0.75m；

第6.4.2条3款，左侧硬路肩宽度为2.5m，查表6.4.2，左侧土路肩宽度为0.75m。

则最小路基宽度为：

$0.75 + 2.5 + 3.75 \times 4 + 3.0 + 0.75 = 22.0m$

答案：B

📖 **考点分析**

(1)整体式路基宽度：中间带 + 车道宽 + 路肩；

分离式路基宽度：左侧路肩 + 车道宽 + 右侧路肩；

中间带 = 左侧路缘带 + 中央分隔带 + 左侧路缘带；路肩分为硬路肩和土路肩。

(2)注意题目中间带和中央分隔带(或中分带)的区别，中间带计算路基宽度无需加左侧路缘带宽度，中央分隔带不含左侧路缘带，所以计算路基宽度需要另外增加两侧的左侧路缘带宽度。

(3)车道宽度除根据设计速度查6.2.1外，还需注意表下面的特殊情况说明。

(4)对于平曲线半径小于250m的路段，需设置加宽，其横断面宽度计算应计入加宽值。

2. 公路建筑限界宽度计算

📖 **条文规定**

《公路路线设计规范》(JTG D20—2017)规定如下：

6.6 公路建筑限界

6.6.1 公路建筑限界范围内不得有任何障碍物侵入。公路标志、护栏、照明灯柱、电杆、管线、绿化、行道树以及跨线桥的梁底、桥台、桥墩等的任何部分也不得侵入公路建筑限界。

6.6.2 各级公路的建筑限界应符合图6.6.2的规定,并应符合下列规定:

1 设置加(减)速车道、紧急停车带、爬坡车道、错车道、慢车道、车道隔离设施等路段,行车道应包括该部分的宽度。

2 八车道及以上的高速公路(整体式),设置左侧硬路肩时,建筑限界应包括相应部分的宽度。

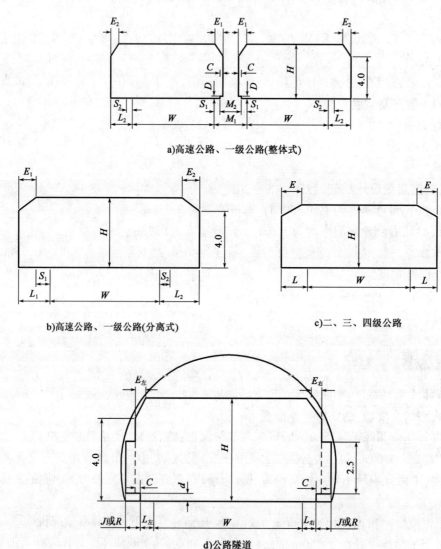

a)高速公路、一级公路(整体式)

b)高速公路、一级公路(分离式)

c)二、三、四级公路

d)公路隧道

图6.6.2 建筑限界(尺寸单位:m)

图中:W——行车道宽度;

L_1——左侧硬路肩宽度;

L_2——右侧硬路肩宽度;

S_1——左侧路缘带宽度；

S_2——右侧路缘带宽度；

L——侧向宽度，二级公路的侧向宽度为硬路肩宽度；三、四级公路的侧向宽度为路肩宽度减去 0.25m；设置护栏时,应根据护栏需要的宽度加宽路基；

$L_左$——隧道内左侧侧向宽度；

$L_右$——隧道内右侧侧向宽度；

C——当设计速度大于 100km/h 时为 0.5m,小于或等于 100km/h 时为 0.25m；

D——路缘石高度,小于或等于 0.25m；一般情况下,高速公路可不设路缘石；

M_1——中间带宽度；

M_2——中央分隔带宽度；

J——检修道宽度；

R——人行道宽度；

d——检修道或人行道高度；

E——建筑限界顶角宽度,当 $L \leqslant 1m$ 时,$E = L$；当 $L > 1m$ 时,$E = 1m$；

E_1——建筑限界左顶角宽度,当 $L_1 < 1m$ 时,$E_1 = L_1$；或 $S_1 + C < 1m$,$E_1 = S_1 + C$；当 $L_1 \geqslant 1m$ 或 $S_1 + C \geqslant 1m$ 时,$E_1 = 1m$；

E_2——建筑限界右顶角宽度,$E_2 = 1m$；

$E_左$——建筑限界左顶角宽度,当 $L_左 \leqslant 1m$ 时,$E_左 = L_左$；当 $L_左 > 1m$ 时,$E_左 = 1m$；

$E_右$——建筑限界右顶角宽度,当 $L_右 \leqslant 1m$ 时,$E_右 = L_右$；当 $L_右 > 1m$ 时,$E_右 = 1m$；

H——净空高度。

3 隧道最小侧向宽度应符合表 6.6.2 的规定。

隧道最小侧向宽度　　　　　　　　　　表 6.6.2

设计速度 （km/h）	高速公路、一级公路				二级公路、三级公路、四级公路				
	120	100	80	60	80	60	40	30	20
左侧侧向宽度 $L_左$（m）	0.75	0.75	0.50	0.50	0.75	0.50	0.25	0.25	0.50
右侧侧向宽度 $L_右$（m）	1.25	1.00	0.75	0.75	0.75	0.50	0.25	0.25	0.50

4 桥梁、隧道设置检修道、人行道时,建筑限界应包括相应部分的宽度。

5 高速公路、一级公路、二级公路的净高应为 5.00m；三级公路、四级公路的净高应为 4.50m。

6 人行道、自行车道、检修道与行车道分开设置时,其净高应为 2.50m。

7 路基、桥梁、隧道相互衔接处,其建筑限界应按过渡段处理。

6.6.4 公路净空高度应符合下列规定：

1 根据公路在路网中的地位与位置,同一公路应采用相同的净空高度。

2 三级公路、四级公路的路面采用沥青贯入、沥青碎石、沥青表面处治或砂石路面时,净空高度宜预留 20cm。

3 中央分隔带或路肩上设置桥梁墩台、标志立柱时,其前缘除不得侵入公路建筑限界外,且不得紧贴建筑物设置,应留有护栏缓冲变形的余宽。

4 凹形竖曲线上方设有跨线构造物时,其净高应满足铰接列车有效净高的要求,如图 6.6.4 所示。

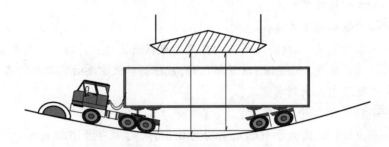

图 6.6.4　凹形竖曲线上方有效净空高度

5　公路下穿宽度较宽或斜交角度较大的跨线构造物时,其路面距跨线构造物下缘任一点的净高均应符合相应净空高度的规定。

📖 规范条文解析

(1)《公路路线设计规范》(JTG D20—2017)第 6.6 条与《公路工程技术标准》(JTG B01—2014)第 3.6 条内容基本一致,增加了公路隧道最小侧向宽度的详细规定;《公路路线设计规范》第 6.2 条 ~ 第 6.4 条与《公路工程技术标准》第 4.0.2 条 ~ 第 4.0.14 条基本内容一致。

(2)关于公路隧道建筑限界的详细规定,可参考《公路隧道设计规范》(JTG 3370.1—2018、JTG D70/2—2014)。

(3)车道隔离设施(如机非隔离栏杆)可进入建筑限界,城市道路同理。

(4)注意建筑限界中关于路缘石高度 D 小于或等于 25cm 的规定,主要考虑保证路缘石的高度不影响安全带宽度,即不影响侧向净宽[参考《城市道路路线设计规范》(CJJ 193—2012)第 3.0.8 条条文说明],当缘石高度不能保证车辆行驶的侧向净宽时,应考虑适当增加侧向净宽。

📖 典型例题

例题 **1-33**(2019 年真题,根据新规范改编)

某双车道四级公路,设计速度 30km/h,该公路路基平面的建筑限界横向总宽度为(　　)。

(A)3.75m　　　　　　　　　　(B)7.00m

(C)7.50m　　　　　　　　　　(D)8.25m

解答

根据《公路路线设计规范》(JTG D20—2017)第 6.6.2 条或《公路工程技术标准》(JTG B01—2014)第 3.6.1 条,四级公路的建筑限界为行车道宽度 + 两侧的侧向宽度,四级公路的侧向宽度为路肩宽度减去 0.25m。

由表 4.0.2 可查得设计速度为 30km/h 时,车道宽度应为 3.25m,本题为双车道,则总车道宽度应为 6.50m。

由表 4.0.5 可查得 $V = 30km/h$ 时,四级公路单侧土路肩宽度为 0.50m,则单侧侧向宽度为 $0.5 - 0.25 = 0.25m$。

则建筑限界横向总宽度为 $6.5 + 2 \times (0.5 - 0.25) = 7.00m$。

答案:B

例题 1-34(2019 年真题,根据新规范改编)

某高速公路设计标准为双向四车道,按方向设分离式隧道,设计速度 120km/h,隧道长度为 13km,考虑电缆沟排水沟等因素,左右侧检修道宽度为 1.0m,高度为 25cm,则隧道的建筑限界净宽为(　　)。

(A)11.50m
(B)11.0m
(C)10.75m
(D)10.25m

解答

根据《公路隧道设计规范》(JTG 3370.1—2018)表 4.4.1,高速公路设计速度为 120km/h,查得:$W = 3.75 \times 2m$,$L_L = 0.75m$,$L_R = 1.25m$,$J = 1.0m$。

隧道建筑限界净宽:$1.0 + 0.75 + 3.75 \times 2 + 1.25 + 1.0 = 11.5m$

答案:A

例题 1-35(2020 年真题)

某三级公路地处地形平缓的微丘区,设计速度 30km/h,路侧边坡坡度采用 1:7,未设护栏,路侧净区宽度满足安全性评价的要求,该公路建筑限界的横向总宽度应为(　　)。(取小数点后两位)

(A)7.00
(B)7.50
(C)8.00
(D)8.50

解答

根据《公路路线设计规范》(JTG D20—2017)表 6.2.1 查得设计速度 30km/h 时,车行道宽度为 3.25m;

三级公路,双向二车道,设计速度 30km/h 时,由表 6.4.1 查得路肩宽 0.5m;

根据第 6.6.2 条知侧向宽度 $L = 0.5 - 0.25 = 0.25$,故建筑限界宽度为:$0.25 + 2 \times 3.25 + 0.25 = 7.0m$。

答案:A

例题 1-36

某一分离式一级干线公路,设计速度 80km/h,单向三车道,则该分离式一级公路的最小路基宽度和建筑限界宽度是(　　)。

(A)16.0m,15.0m
(B)16.5m,15.0m
(C)16.75m,15.5m
(D)17.0m,16.0m

解答

根据《公路路线设计规范》(JTG D20—2017)表 6.2.1、表 6.4.1、表 6.4.2 或根据《公路工程技术标准》(JTG B01—2014)表 4.0.2、表 4.0.5-1、表 4.0.5-2,设计速度 80km/h,车道宽度采用 3.75m,左侧硬路肩 0.75m,左侧土路肩 0.75m;右侧硬路肩 3.0m,右侧土路肩 0.75m。

路基宽度:$0.75 + 0.75 + 3.75 \times 3 + 3.0 + 0.75 = 16.50m$

建筑限界宽度:$0.75 + 3.75 \times 3 + 3 = 15.0m$

答案:B

例题 1-37

某单向四级公路,设计速度 30km/h,则该路路基最小适宜宽度和建筑限界宽度是(   )。

(A)4.0m,4.0m　　(B)4.5m,4.0m　　(C)4.0m,4.5m　　(D)5.0m,5.0m

解答

根据《公路路线设计规范》(JTG D20—2017)第 6.2.1 条第 3 款,四级公路采用单车道时,车道宽度应采用 3.5m。

查表 5.0.2 知土路肩宽 0.5m,所以路基宽度:0.5 + 3.5 + 0.5 = 4.5m

侧向宽度:$L = 0.5 - 0.25 = 0.25$m

建筑限界宽度:0.25 + 3.5 + 0.25 = 4.0m

答案:B

例题 1-38(2020 年真题)

雪屯立交是拟新建省道 S106 公路项目上跨既有县道 X201 的分离式立交。S106 公路采用一级公路标准,设计速度 80km/h,双向四车道,一般路段路拱横坡坡度为 1.5%。交叉处主线位于半径为 2200m 的圆曲线上,超高为 2%,旋转轴如下图所示。县 X201 为三级公路,交叉处被交路中心高程为 1663.143m,段内纵坡为 0.0%;既有县道 X201 不做改建,立交桥桥下净空执行现行技术标准,并需另外为远期路面面层加铺预留 20cm。主线跨线桥为左右分幅方案,半幅桥宽 12.5m,其中桥面净宽 11.5m、两侧防撞墩为 50cm,左幅路缘带 25cm,设计高程位于左侧路缘带内侧(同超高旋转轴)。跨线桥采用 3×13m 空心板桥,预制板高 75cm,现浇层为 15cm 防水混凝土,桥面铺装为 12cm 沥青混凝土,如下图所示。

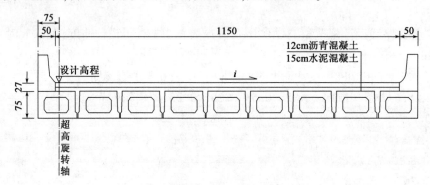

例题 1-38 图(尺寸单位:cm)

在主线纵坡的影响忽略不计的情况下,该主线跨线桥设计高程的最小值为(   )。(取小数点后三位)

(A)1669.036m　　(B)1669.039m　　(C)1669.093m　　(D)1669.098m

解答

县道 X201 为三级公路,根据《公路路线设计规范》(JTG D20—2017)第 6.6.2 条第 5 款,三级公路净高最小为 4.5m。

根据题意预留 0.2m 远期路面加铺空间,需要最小净高 4.5 + 0.2 = 4.7m。

桥梁结构厚度:0.75 + 0.15 + 0.12 = 1.02m。

右幅路设计高程位与超高旋转轴重合,超高横坡为 2%,则左幅路的圆曲线内侧桥底为最低点,其比超高旋转轴处的设计高程低,(11.5 - 0.25 + 0.5) × 0.02 = 0.235m。

由题意,设计轴线即为超高旋转轴线,所以跨线主线设计高程为:

$1663.143 + 4.7 + 1.02 + 0.235 = 1669.098m$

答案:D

例题 1-39

某 S231 一级公路(东—西走向),上跨某 X325 二级公路(西南—东北走向),拟采用分离式立交形式,夹角为 45°,如下图所示。立交处采用一跨梁桥结构形式(桥净跨同路基同宽),桥面(包括栏杆)总宽为 34.0m(双向六车道,中央分隔带宽 4m),桥面结构厚度为 100cm。S231 公路的设计速度为 80km/h,道路横坡为 2%,道路纵坡不计,设计线位于中央分隔带北边缘处;X325 二级公路设计速度为 60km/h,路基宽度采用一般值,道路横坡为 2.0%(硬路肩采用相同横坡),土路肩横坡度为 3%,设计线位于道路中心线处,若下穿处道路纵坡为 1%(北高南低),与 S231 设计线位相交处,X325 的设计高程为 356.72m,则 S231 在两设计线相交处的最小设计高程为( )。(取小数点后两位)

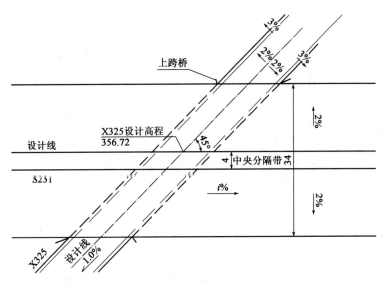

例题 1-39 图(尺寸单位:m)

(A)363.03m   (B)363.20m   (C)363.36m   (D)363.42m

解答

X325 为二级公路,根据《公路路线设计规范》(JTG D20—2017)第 6.6.2 条第 5 款,二级公路净高最小为 5.0m;根据第 6.6.4 条 5 款公路下穿宽度较宽或斜交角度较大的跨线构造物时,其路面距跨线构造物下缘任一点的净高均应符合相应净空高度的规定。

最不利点位于二级公路升坡方向的道路中心线对应的桥边缘处。

设计速度 60km/h,路基宽度采用一般值,车道宽 3.5m,硬路肩及土路肩均为 0.75m;桥面结构厚度为 1.0m;最小净高处(二级公路中线对应的跨线桥外边缘处),X325 二级公路设计高程为:

$(34 - 4)/2/\sin45° \times 1\% + 356.72 = 356.90m$

一级公路设计高程为:

$356.90 + 5.0 + 1.0 + 2\% \times (34 - 4)/2 = 363.20m$

由于不计纵坡,所以该桥中线处设计高程为363.20m。

答案:B

例题 1-40

题干同例题1-39,若S231公路在该跨线桥处的道路纵坡为3.5%(西高东低),其余条件均相同,则S231一级公路在两设计线相交处的最小设计高程为( )。(取小数点后两位)

(A)363.05m　　　　(B)363.90m　　　　(C)363.93m　　　　(D)364.14m

解答

X325为二级公路,根据《公路路线设计规范》(JTG D20—2017)第6.6.2条第5款,二级公路净高最小为5.0m。

设计速度60km/h,路基宽度采用一般值,车道宽3.5m,硬路肩及土路肩均为0.75m;桥面结构厚度为1.0m;根据第6.6.4条5款公路下穿宽度较宽或斜交角度较大的跨线构造物时,其路面距跨线构造物下缘任一点的净高均应符合相应净空高度的规定。

最不利点位于一级公路降坡方向、二级公路升坡方向的二级公路行车道边线与一级公路边线交汇处高程为:

$356.72 + (34 - 4)/2/\sin45° \times 1\% + 3.5/\tan45° \times 1\% - 3.5 \times 2\% = 356.897m$

一级公路在该点处高程为:

$356.897 + 5.0 + 1.0 = 362.897m$

该处对应的一级公路设计线位处高程为:

$362.897 + (34 - 4)/2 \times 2\% = 363.197m$

一级公路与二级公路设计线位相交处,一级公路的设计高程为:

$363.197 + (15 + 3.5/\sin45°) \times 3.5\% = 363.895m$

答案:B

考点分析

(1)建筑限界宽度:①高速公路、一级公路整体:余宽 C + 左侧路缘带 + 车道 + 右侧硬路肩;②高速公路、一级公路分离式:左侧硬路肩 + 车道 + 右侧硬路肩;③二、三、四级公路:侧向宽度 + 车道 + 侧向宽度;④公路隧道:检修道宽/人行道宽/余宽 + 左侧侧向宽 + 车道宽 + 右侧侧向宽 + 检修道宽/人行道宽/余宽,桥梁、隧道设置检修道、人行道时,建筑限界应包括相应部分的宽度。

(2)公路隧道建筑限界图中 C 值对应的虚线,相当于通行车辆需要保证的建筑限界净宽,该范围内限界高度为行车要求的净高。虚线至检修道(人行道)外边线,为满足行人要求的建筑限界净宽,该范围内限界高为行人要求的净高。

(3)理解建筑限界顶宽 E 尺寸,以不超过车行道外边线,并不大于1m为原则。

(4)重点要理解各组成部分含义,通过查表计算相加即可。理解侧向宽度 L 即为硬路肩宽度;若为三、四级公路,由于无硬路肩,其数值为土路肩宽度减去0.25m。

(5)公路建筑限界中的"侧向余宽"(路缘带 S_1 或 S_2 + 余宽 C)相当于城市道路建筑限界中的"侧向净宽"(路缘带 W_{mc} + 安全带 W_{sc}),是通行车辆在行车时,行车道两侧需要预留一定的富余宽度,即车道边线到障碍物之间的距离。所以这里公路里的"余宽 C"意义同城市道路里的"安全带宽度 W_{sc}"。

3. 城市道路路面宽度及建筑限界宽度计算

《城市道路路线设计规范》(CJJ 193—2012)规定如下:

3.0.8 道路建筑限界几何形状应为上净高线和两侧侧向净宽边线组成的空间界线(图 3.0.8),顶角宽度(E)不应大于机动车道或非机动车道的侧向净宽度(W_1)。道路建筑限界内不得有任何物体侵入。

3.0.9 道路净高应符合下列规定:

1 道路的最小净高应符合表 3.0.9 的规定。

道路的最小净高 表3.0.9

部 位	行驶车辆类型	最小净高(m)
机动车道	各种机动车	4.5
	小客车	3.5
非机动车道	自行车、三轮车	2.5
人行道	行人	2.5

5.3.1 机动车道宽度应符合下列规定:

1 一条机动车道最小宽度应符合表 5.3.1 的规定。

一条机动车道最小宽度 表5.3.1

车型及车道类型	设计速度(km/h)	
	>60	≤60
大型车或混行车道(m)	3.75	3.50
小客车专用车道(m)	3.50	3.25

2 机动车道路面宽度应为机动车道宽度及两侧路缘带宽度之和。

3 单幅路及三幅路采用中间分隔物或交通标线分隔对向交通时,机动车道路面宽度还应包括分隔物或交通标线的宽度。

5.3.2 非机动车道宽度应符合下列规定:

1 一条非机动车道最小宽度应符合表 5.3.2 的规定。

一条非机动车道最小宽度 表5.3.2

车辆种类	自行车	三轮车
非机动车道宽度(m)	1.0	2.0

2 非机动车道数宜根据自行车设计交通量与每条自行车道设计通行能力计算确定,车道数单向不宜小于 2 条。

3 非机动车道路面宽度应为非机动车道宽度及两侧各 0.25m 路缘带宽度之和。

4 非机动车专用道路,单向车道宽不宜小于 3.5m,双向车道宽不宜小于 4.5m,沿道路两侧设置的单向非机动车道宽度不宜小于 2.5m。

5.3.3 路侧带可由人行道、绿化带、设施带等组成,路侧带设置应符合下列规定:

1 人行道最小宽度应符合表5.3.3的规定。

人行道最小宽度   表5.3.3

项　　目	人行道最小宽度(m)	
	一般值	最小值
各级道路	3.0	2.0
商业或公共场所集中路段	5.0	4.0
火车站、码头附近路段	5.0	4.0
长途汽车站	4.0	3.0

2 绿化带宽度应符合现行行业标准《城市道路绿化规划与设计规范》(CJJ 75)的相关要求。车行道两侧的绿化应满足侧向净宽度的要求,并不得侵入道路建筑限界和影响视距。

3 设施带宽度应满足设置护栏、照明灯柱、标志牌、信号灯、城市公共服务设施等的要求。设施带内各种设施应综合布置,可与绿化带结合,但不应相互干扰。

5.3.4 分车带设置应符合下列规定:

1 分车带按其在横断面中的不同位置与功能,可分为中间分车带(简称中间带)及两侧分车带(简称两侧带);分车带应由分隔带及两侧路缘带组成(图5.3.4)。

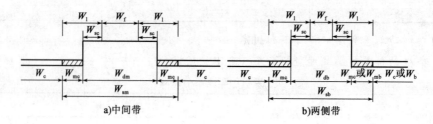

a)中间带   b)两侧带

图5.3.4 分车带

2 分车带最小宽度应符合表5.3.4的规定。

分车带最小宽度   表5.3.4

类　　别		中　间　带		两　侧　带	
设计速度(km/h)		≥60	<60	≥60	<60
路缘带宽度 W_{mc} 或 W_{mb}(m)	机动车道	0.50	0.25	0.50	0.25
	非机动车道	—	—	0.25	0.25
安全带宽度 W_{sc} (m)	机动车道	0.25	0.25	0.25	0.25
	非机动车道	—	—	0.25	0.25
设计速度(km/h)		≥60	<60	≥60	<60
侧向净宽度 W_l (m)	机动车道	0.75	0.50	0.75	0.50
	非机动车道	—	—	0.50	0.50
分隔带最小宽度(m)		1.50	1.50	1.50	1.50
分车带最小宽度(m)		2.50	2.00	2.50(2.25)	2.00

注:1. 侧向净宽度为路缘带宽度与安全带宽度之和。

   2. 括号内为一侧是机动车道,另一侧是非机动车道时的取值。

   3. 分隔带最小宽度值系按设施带宽度1m计的,具体设计应根据设施带实际宽度确定。

5.3.5 变速车道应符合下列规定：

1 车辆驶出或驶入主路、立交匝道及集散车道出入口处均应设置变速车道。

2 变速车道的宽度应与主路车道宽度相同。

5.3.6 集散车道可为单车道和双车道，每条集散车道的宽度宜为 3.5m。与主路间设有分隔设施的集散车道，其车道数不应少于 2 条。

5.3.7 辅助车道的宽度应与主路车道宽度相同。

5.3.8 路肩应符合下列规定：

1 采用边沟排水的道路应在路面外侧设路肩。

2 路肩最小宽度应符合表 5.3.8 的规定。

路肩最小宽度 表 5.3.8

设计速度（km/h）	100	80	60	50	40
保护性路肩最小宽度（m）	0.75	0.75	0.75（0.50）	0.50	0.50
有少量行人时的路肩最小宽度（m）	—		1.50		

注：括号内为主干路保护性路肩最小宽度的取值。

📖 规范条文解析

（1）旧版本的《城市道路工程设计规范》（CJJ 37—2012）表 5.3.5 中，中间带设计速度 ≥ 60km/h 的侧向净宽 W_1 为 1m，应为 0.75m，属于印刷错误；《城市道路路线设计规范》（CJJ 193—2012）表 5.3.4 的侧向净宽 W_1 为 0.75m，该表各数值准确。城市道路设计速度均小于或等于 100km/h，因此，$W_{sc} = 0.25$ 与《公路工程技术标准》（JTG B01—2014）"C" 的数值一致。

（2）第 5.3.2 条第 4 款中的非机动车道均指的路面宽度，包含两侧各 0.25m 的路缘带。

（3）各类宽度符号代表的意义见《城市道路工程设计规范》（CJJ 37—2012）（2016 年版）或《城市道路路线设计规范》（CJJ 193—2012）2.2 术语，为避免前后翻书对照，方便查图和查表，建议考生理解下列字母代表的英文意义：c-car，b-bicycle/both，p-pedestrian/pavement，r-red，m-medium/margin，l-lateral，s-safety，d-division，s-separation，a-aside，g-green，f-facility。

📖 典型例题

例题 1-41（2019 年真题）

根据下面城市道路隧道内建筑限界图，现拟建城市快速路，设计速度 60km/h，单向三车道隧道（2 条小客车专用道和 1 条大型车道），$E = W_1$，那么隧道内车行道路面宽度（W_{pc}）的最小尺寸为（   ）。

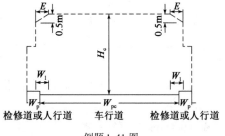

例题 1-41 图

（A）11.00m　　　　　（B）11.50m　　　　　（C）12.00m　　　　　（D）11.75m

解答

（1）根据《城市道路路线设计规范》（CJJ 193—2012）表5.3.1，城市快速路设计速度为60km/h时，小客车专用道宽度为3.25m，大型车道宽度为3.5m。

（2）根据《城市道路路线设计规范》（CJJ 193—2012）表5.3.4，两侧路缘带宽度均为0.5m。

（3）因此路面总宽度 = 0.5 + 2×3.25 + 3.5 + 0.5 = 11.0m。

答案：A

例题 1-42

题目条件同例题1-41，若 W_p 为2.0m，则该路的建筑限界宽度是（　　）。

（A）11.00m　　　　　（B）12.00m　　　　　（C）14.00m　　　　　（D）15.00m

解答

（1）小客车专用道宽度为3.25m，大型车道宽度为3.5m。

（2）路缘带宽0.5m。

（3）建筑限界宽 = 2.0 + 0.5 + 2×3.25 + 3.5 + 0.5 + 2.0 = 15.0m。

答案：D

例题 1-43（2019年真题）

拟建一条城市主干路，主路设计速度为60km/h，辅路设计速度为30km/h，规划红线宽50m，规划横断面形式为四幅路，如下图所示，两侧辅路各布置1条小客车专用道和非机动车道（自行车道），横断面布置中单侧辅路车行道（W_{pb}）的最小合理宽度为（　　）。

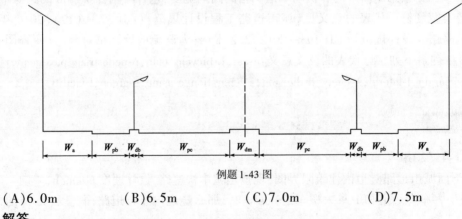

例题1-43图

（A）6.0m　　　　　（B）6.5m　　　　　（C）7.0m　　　　　（D）7.5m

解答

根据《城市道路路线设计规范》（CJJ 193—2012）：

（1）查表5.3.1，设计速度30km/h时，一条小客车专用车道的宽度应为3.25m。

（2）根据第5.3.1条第2款，机动车道路面宽度应包括行车道宽度及两侧路缘带宽度，查表5.3.4，路缘带宽度为0.25m。

（3）根据5.3.2条第2款，与机动车道合并设置的非机动车道，车道数单向不少于2条，宽度不应小于2.5m。

（4）W_{pb} = 0.25 + 3.25 + 2.5 = 6.00m。

答案：A

例题 1-44

题目条件同例题 1-43,则该单侧辅路的建筑限界宽度是(　　)。

(A)6.00m　　　(B)6.25m　　　(C)6.50m　　　(D)6.75m

解答

(1)小客车车道宽 3.25m,单侧路缘带宽 0.25m,与机动车合并设置的非机动车道宽 2.5m。

(2)查表 5.3.4 得安全带宽度 $W_{sc} = 0.25m$。

(3)建筑限界宽 $= 0.25 + 0.25 + 3.25 + 2.5 + 0.25 = 6.50m$。

答案:C

例题 1-45(2019 年真题)

城市道路立交范围内与主路设有分隔设施的集散车道,根据《城市道路路线设计规范》(CJJ 193—2012)规定,集散车道的设计速度为 40km/h,流量为 300pcu/h,那么集散道路的最小宽度是(　　)。

(A)4.0m　　　(B)6.5m　　　(C)7.0m　　　(D)7.5m

解答

(1)根据《城市道路工程设计规范》(CJJ 37—2012)(2016 年版)表 4.3.2,设计速度 $V = 40km/h$ 时,设计通行能力为 1300pcu/(h·ln);由车流量确定车道数 $N = 300/1300 = 0.23$,取 $N = 1$。

(2)根据《城市道路路线设计规范》(CJJ 193—2012)第 5.3.6 条,每条集散车道的宽度宜为 3.5m。与主路间设有分隔设施的集散车道,其车道数不应少于 2 条,所以车道数 $N_{最小} = 2$。

(3)根据《城市道路路线设计规范》(CJJ 193—2012)第 5.3.6 条,集散车道路面宽度为车行道宽度加两侧路缘带宽度,集散车道的设计速度为 40km/h,查表 5.3.4,单侧路缘带宽度为 0.25m。

(4)集散车道最小宽度为 $0.25 + 3.5m×2 + 0.25 = 7.5m$。

答案:D

例题 1-46(2020 年真题)

某城市主干路,设计速度为 50km/h,采用三幅路横断面形式,混行车道布置,对向车道之间设置底宽为 0.5m 的中间分隔护栏。已知道路设计年限末双向预测交通量为 33600pcu/d,高峰小时系数为 0.10,方向不均匀系数为 0.55,受平面交叉口等因素影响的综合修正系数取 0.50,则该道路基本路段的机动车道路面最小宽度应为(　　)。(取小数点后 1 位)

(A)15.0m　　　(B)15.5m　　　(C)22.0m　　　(D)22.5m

解答

参考《公路路线设计规范》(JTG D20—2017)(2016 年版)公式(3.3.2),单向设计交通量:

$DDHV = AADT × K × D = 33600 × 0.01 × 0.55 = 1848pcu/h$

根据《城市道路工程设计规范》(CJJ 37—2012)第 4.3.2 条条文说明,设计通行能力为基本通行能力与综合影响系数的乘积,综合影响系数为 0.5。

查表 4.3.2 知设计速度为 50km/h 时,基本通行能力为 1700pcu/(h·ln)。

设计通行能力为:$1700 × 0.5 = 850pcu/(h·ln)$

单向车道数 $N = 1848/850 = 2.17$,取单向三车道,双向六车道。

设计速度 50km/h 时,查表 5.3.2 和表 5.3.5 知:

一条机动车道宽 $3.5\mathrm{m}$,路缘带宽 $0.25\mathrm{m}$。

故机动车道路面宽度为: $0.25 + 3 \times 3.5 + 0.25 + 0.5 + 0.25 + 3 \times 3.5 + 0.25 = 22.5\mathrm{m}$

答案: D

📖 **考点分析**

(1)车行道建筑限界宽度 = (N 条车道宽 + 侧向净宽)或(路面宽 + 安全带宽)。

(2)人行道建筑限界宽度 = 人行道宽度。

(3)城市道路隧道内建筑限界,限界宽度由车行道限界宽度 + 人行道/检修道限界宽度两部分组成,净高也由两部分组成。

(4)不论公路还是城市道路,机动车道的宽度不仅与设计速度有关,还与通行车型有关。

(5)通过通行能力计算确定车道数,再计算路基路面或建筑限界宽度,加大考题难度的趋势是增强综合性,需要建立系统的知识体系,以灵活运用。

考点 7　平面线形的几何要素计算

1. 简单形(圆曲线)及其几何要素计算

📖 **基本知识**

如图 1-1 所示为简单形曲线,曲线要素计算如下:

切线长: $T = R \cdot \tan(\alpha/2)$

圆曲线长: $L = \dfrac{\pi}{180°}\alpha R$

外距: $E = R\left(\sec\dfrac{\alpha}{2} - 1\right)$

校正值: $J = 2T - L$

圆曲线有三个主点桩(ZY,QZ、YZ),其里程桩号计算如下:

直圆点: $\mathrm{ZY} = \mathrm{JD} - T$

圆直点: $\mathrm{YZ} = \mathrm{ZY} + L$

曲中点: $\mathrm{QZ} = \mathrm{YZ} - L/2$

校核交点里程: $\mathrm{JD} = \mathrm{QZ} + J/2$

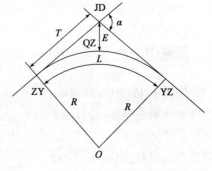

图 1-1　简单形

📖 **典型例题**

例题 1-47

某二级公路平面线形设计部分资料如下: $\mathrm{JD5} = \mathrm{K5} + 656.20$, $\mathrm{JD6} = \mathrm{K6} + 350.82$, $\mathrm{ZY5} = \mathrm{K5} + 602.20$, $\mathrm{YZ5} = \mathrm{K5} + 708.35$,则 JD5 与 JD6 间实际距离是(　　)。

(A)696.5　　　　　　　　　　　(B)658.8

(C)712.5　　　　　　　　　　　(D)722.9

解答

$T_5 = \text{JD5} - \text{ZY5} = 5656.20 - 5602.20 = 54.00\text{m}$

$L_5 = \text{YZ5} - \text{ZY5} = 5708.35 - 5602.20 = 106.15\text{m}$

$J_5 = 2T_5 - L_5 = 2 \times 54 - 106.15 = 1.85\text{m}$

交点 5、6 的距离 = JD6 − JD5 + J = 6350.82 − 5656.20 + 1.85 = 696.47m

答案:A

例题 1-48

某一级公路设计速度 100km/h,两相邻平曲线的交点分别是 JD4 和 JD5,两圆曲线间以直线径相连接。JD4 桩号 K4 + 632.56,α_4 右 = 12°00′00″,外距要求 22.033m,JD5 处平曲线转角 α_5 左 = 26°37′12″,JD5 处平曲线 ZY 点的桩号最合理为(　　)。

(A)K5 + 049.9 　　　　　　　　(B)K5 + 049.9

(C)K5 + 209.9 　　　　　　　　(D)K5 + 250.0

解答

$$E = R\left(\sec\frac{\alpha}{2} - 1\right) = 22.033\text{m}$$

解得:$R = 4000\text{m}$

$T = R \cdot \tan(\alpha/2) = 420.42\text{m}$

$$L = \frac{\pi}{180°}\alpha R = 837.76\text{m}$$

ZY 点桩号:K4 + 632.56 − T = K4 + 632.56 − 420.42 = K4 + 212.14

YZ 点桩号:K4 + 212.14 + L = K4 + 212.14 + 837.76 = K5 + 49.9

反向圆曲线之间的直线长度不小于 2V = 2 × 100 = 200m

JD5 处 ZY 点桩号至少应大于 K5 + 49.9 + 200 = K5 + 249.9

答案:D

📖 **考点分析**

(1)根据图示理解各圆曲线要素间的关系。

(2)基本形曲线中桩号与曲线要素之间的关系:ZH = JD − T 而 HZ ≠ JD + T。

(3)ZY + T = JD,JD + T = YZ + J。

2. 对称基本形及其几何要素计算

📖 **基本知识**

(1)回旋线

回旋线是曲率随曲线长度成比例变化的曲线。这一性质与前面驾驶员以匀速转动转向盘,汽车由直线驶入圆曲线或圆曲线驶入直线的轨迹线相符。其基本公式为:

$$rl = A^2$$

式中:r——回旋线上某点的曲率半径(m);

l——回旋线上某点到原点的曲线长(m);

A——回旋线参数(m)。

回旋线参数 A 表征回旋线曲率变化的缓急程度,在回旋线内 r 是随 l 的变化而变化的。在回旋线起点,曲率为零,曲率半径为无穷,但在回旋线终点处,$l = L_s$,$r = R$,则 $RL_s = A^2$,即

$$A = \sqrt{RL_s}$$

式中:R——回旋线所连接的圆曲线半径(m);

L_s——回旋线缓和曲线长度(m)。

(2)平曲线按"直线—回旋线 A_1—圆曲线—回旋线 A_2—直线"顺序的组合形式,且 $A_1 = A_2$ 时组成的曲线为对称基本形。

(3)对称基本形图形如图 1-2 所示。

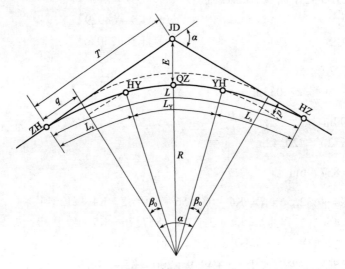

图 1-2　对称基本形

其几何元素的计算公式如下:

切线增长值:$q = \dfrac{L_s}{2} - \dfrac{L_s^3}{240R^2}$(m)

内移值:$p = \dfrac{L_s^2}{24R} - \dfrac{L_s^4}{2688R^3}$(m)

缓和曲线角:$\beta_0 = \dfrac{L_s}{2R} \cdot \dfrac{180°}{\pi}$(°)

切线长:$T = (R + p)\tan\dfrac{\alpha}{2} + q$(m)

平曲线长:$L = (\alpha - 2\beta_0)\dfrac{\pi}{180°}R + 2L_s$(m)

外距:$E = (R + p)\sec\dfrac{\alpha}{2} - R$(m)

切曲差(也称校正值):$J = 2T - L$(m)

$L_s = 2\beta_0 R\pi/180°$,$L_Y = (\alpha - 2\beta_0)R\pi/180°$,所以 $L_s : L_Y = 2\beta_0 : (\alpha - 2\beta_0)$

桩号 ZH = JD(桩号) − T

桩号 HY = ZH(桩号) + L_h

桩号 YH = HY(桩号) + L_Y

桩号 HZ = YH(桩号) + L_h

桩号 QZ = HZ(桩号) − L/2

桩号 JD = QZ(桩号) + J/2

📖 典型例题

例题 1-49

某道路有一个交点,偏角 $\alpha_1 = 14°26'00''$(右偏),圆曲线半径 $R = 1000$m,如第一回旋线、圆曲线及第二回旋线长度基本按 1:1:1 关系设计时,最有可能的回旋线长度是( )。

(A)130m (B)126m

(C)120m (D)110m

解答

$L_s = 2\beta_0 R\pi/180°$,$L_Y = (\alpha - 2\beta_0)R\pi/180°$,则 $L_s/L_Y = 2\beta_0/(\alpha - 2\beta_0)$

由条件知回旋线与圆曲线长度之比为 1:1,则 $2\beta_0/(\alpha - 2\beta_0) = 1/1$

即 $2\beta_0 = \alpha - 2\beta_0$;$\beta_0 = \alpha/4 = 14.4333°/4 = 3.6083°$

$L_{s1} = L_{s2} = 2\beta_0 R\pi/180° = 2 \times 3.6083° \times 1000 \times \pi/180° = 125.95$

$L_Y = (\alpha - 2\beta_0)R\pi/180° = (14.4333° - 2 \times 3.6083°) \times 1000\pi/180° = 125.95$m

$L_{s1} : L_Y : L_{s2} = 125.95 : 125.95 : 125.95 = 1:1:1$,回旋线长度取 126m,第一回旋线、圆曲线及第二回旋线长度近似符合 1:1:1 的关系。

答案:B

例题 1-50

某公路,设计速度 60km/h,某交点处曲线采用对称基本形,转角为 62.5°,拟采用的缓和曲线和圆曲线长度之比分别为 1:1.5,采用的圆曲线半径为 600m,则曲线长度和切线长度 T 分别是( )。

(A)392.79m,497.66m (B)916.30m,497.66m

(C)916.27m,400.5m (D)261.79m,400.5m

解答

由题意,回旋线和圆曲线长度之比分别为 1:1.5,则 $L_s : L_Y = 2\beta_0/(\alpha - 2\beta_0) = 1/1.5$,即 $\beta_0 = \alpha/5 = 12.5°$

$L_{s1} = L_{s2} = 2\beta_0 R\pi/180° = 2 \times 12.5° \times 600\pi/180° = 261.80$m

$L_Y = (\alpha - 2\beta_0)R\pi/180° = (62.5° - 2 \times 12.5°) \times 600\pi/180° = 392.70$

所以 $L = 2 \times 261.8 + 392.7 = 916.30$m

$p = \dfrac{L_s^2}{24R} - \dfrac{L_s^4}{2688R^3} = 4.7597 - 0.0081 = 4.75$m(第二项数据很小,一般情况下可省略)

$$q = \frac{L_s}{2} - \frac{L_s^3}{240R^2} = 130.900 - 0.2076 = 130.692\text{m}$$

$$T = (R+p)\tan\frac{\alpha}{2} + q = (600+4.752)\tan 31.25° + 130.900 = 497.66\text{m}$$

答案:B

例题 1-51

根据例题 1-50,若已知 JD 桩号为 K13+526.88m,则 ZH 点桩号及 HZ 点桩号为( )。

(A)K13+029.22,K14+024.54 　　　　(B)K13+029.22,K13+945.52

(C)K13+068.74,K13+945.52 　　　　(D)K13+068.74,K14+024.54

解答

$$ZH = JD - T = 13526.88 - 497.66 = 13029.22 = K13+029.22$$

$$HZ = ZH + L = 13029.22 + 916.30 = 13945.52 = K13+945.52$$

答案:B

📖 **考点分析**

(1)理解对称形曲线要素间的关系,并灵活运用。

(2)与简单形曲线同理,ZH(桩号)=JD(桩号)-T,而 HZ(桩号)≠JD(桩号)+T。

(3)对称基本形,回旋线长度与圆曲线长度之比即为其对应的转角之比,即 $2\beta_0:(\alpha-2\beta_0)$。

3. 常用线形组合及其几何要素计算

📖 **基本知识**

(1)对称基本形(平曲线按"直线—回旋线 A_1—圆曲线—回旋线 A_2—直线"顺序的组合形式,如图 1-3 所示),符合《公路路线设计规范》(JTG D20—2017)第 9.2.4 条第 1 款及第 9.2.4 条第 2 款。

(2)S 形(两个反向圆曲线用两段反向回旋线连接的组合形式,如图 1-4 所示),符合《公路路线设计规范》(JTG D20—2017)第 9.2.4 条第 3 款。

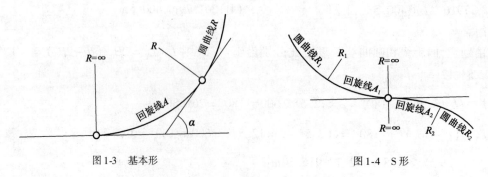

图 1-3　基本形　　　　　　　　　　　图 1-4　S 形

(3)卵形(用一个回旋线连接两个同向圆曲线的组合形式,如图 1-5 所示),符合《公路路线设计规范》(JTG D20—2017)第 9.2.4 条第 4 款。

（4）凸形（两个同向回旋线间不插入圆曲线而在曲率相同处径相连接的组合形式,如图1-6所示）,符合《公路路线设计规范》（JTG D20—2017）第9.2.4条第5款。

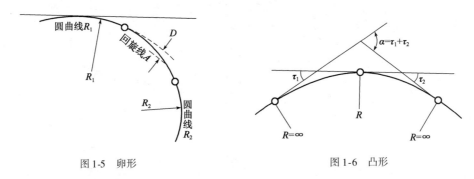

图1-5　卵形 　　　　　　　　　　图1-6　凸形

（5）复合形（大半径圆曲线与小半径圆曲线相衔接处,采用两个或两个以上的同向回旋线在曲率相同处径相连接组合而成,如图1-7所示）,符合《公路路线设计规范》（JTG D20—2017）第9.2.4条第7款。

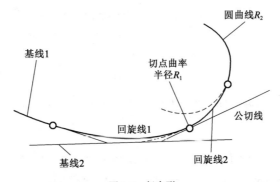

图1-7　复合形

（6）C形（两同向回旋线在曲率为零处径相连接的组合形式,如图1-8所示）,符合《公路路线设计规范》（JTG D20—2017）第9.2.4条第6款。

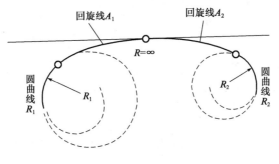

图1-8　C形

（7）复曲线（半径不同的同向圆曲线间无回旋线而直接径相相连,如图1-9所示）,符合《公路路线设计规范》（JTG D20—2017）第7.4.2条。

（8）回头曲线（山区道路为克服高差,在同一坡面上转角接近或大于180°,一般为主曲线和辅曲线组合的形式,如图1-10所示）,符合《公路路线设计规范》（JTG D20—2017）第7.10.3条。

51

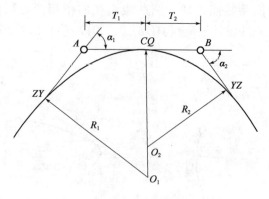

图 1-9　复曲线

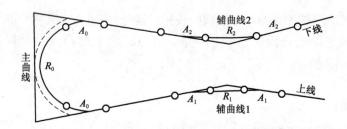

图 1-10　回头曲线

📖 典型例题

例题 1-52(S 形曲线)

某公路有两个交点间距为 407. 54m,JD1 的偏角 $\alpha_1 = 12°24'20''$(左偏),圆曲线半径 $R_1 = 1200m$,回旋线长度 $L_{s1} = 130m$;JD2 为右偏,$\alpha_2 = 15°32'50''$,回旋线长度 $l_{s2} = 135m$,将 JD1 和 JD2 组合成 S 形曲线,交点 2 的圆曲线半径为(　　　　)。

(A)869. 54m 　　　　　　　　　　　　(B)1236. 78m

(C)1058. 30m 　　　　　　　　　　　　(D)1354. 67m

解答

(1)计算 JD1 的切线长

$$p_1 = \frac{L_{s1}^2}{24R} = \frac{130^2}{24 \times 1200} = 0.587\text{m}$$

$$q_1 = \frac{L_{s1}}{2} - \frac{L_{s1}^3}{240R_1^2} = \frac{130}{2} - \frac{130^3}{240 \times 1200^2} = 65\text{m}$$

$$T_1 = (R_1 + p_1)\tan\frac{\alpha_1}{2} + q_1 = (1200 + 0.587)\tan\frac{12°24'20''}{2} + 65 = 195.484\text{m}$$

(2)计算 JD2 的曲线半径和缓和曲线长

由于 JD1 到 JD2 的距离为 407. 54m,把 JD1、JD2 设计成 S 形曲线,则

JD2 的切线长为:$T_2 = 407.54 - 195.484 = 212.056\text{m}$

JD2 的缓和曲线长为 135m,设 JD2 的半径为 R_2,则

$$T_2 = (R_2 + p_2)\tan\frac{\alpha_2}{2} + q_2 = \left(R_2 + \frac{135^2}{24 \times R_2}\right)\tan\frac{15°32'50''}{2} + \frac{135}{2} = 212.056$$

$R_2 = 1058.30\text{m}$

答案：C

例题 1-53（凸形曲线）

某公路线形设计时，交点桩号 K7 + 432.14 处，转角 $\alpha = 11°27'34''$，因受地形限制，经论证采用凸形曲线，回旋线拟采用相同设计参数 A，设计中拟采用的曲率半径 R 为 300m，则该平曲线 HZ 点桩号为（   ）。

（A）K7 + 492   （B）K7 + 522   （C）K7 + 552   （D）K7 + 592

解答

凸形曲线 $\alpha = 2 \times \beta$，$\beta = \dfrac{\alpha}{2} = \dfrac{11°27'34''}{2} = 5°43'47''$

$\beta = \dfrac{L_s}{2R} \cdot \dfrac{180°}{\pi} = \dfrac{L_s}{2 \times 300} \cdot \dfrac{180°}{\pi} = 5°43'47''$，$L_s = 60\text{m}$

$q = \dfrac{L_s}{2} - \dfrac{L_s^3}{240R^2} = \dfrac{60}{2} - \dfrac{60^3}{240 \times 300^2} = 29.99\text{m}$

$p = \dfrac{L_s^2}{24R} = \dfrac{60^2}{24 \times 300} = 0.5\text{m}$

$T = (R + p)\tan\dfrac{\alpha}{2} + q = (300 + 0.5)\tan\dfrac{11°27'34''}{2} + 29.99 = 60.14\text{m}$

ZH 点里程桩号：K7 + 432.14 − T = K7 + 432.14 − 60.14 = K7 + 372

HZ 点里程桩号：K7 + 372 + 2 × L_s = K7 + 372 + 2 × 60 = K7 + 492

答案：A

例题 1-54（复曲线）

JD9 与 JD10 构成不设缓和曲线的复曲线，JD9 的交点里程为 K5 + 020.05，$\alpha_9 = 59°14'20''$，$\alpha_{10} = 55°32'00''$，基线 $AB = 195.6\text{m}$，$R_9 = 180\text{m}$。则 JD10 平曲线处的 YZ 点里程是（   ）。

（A）K5 + 115.315   （B）K5 + 150.305

（C）K5 + 275.445   （D）K5 + 295.430

解答

$T_9 = R_9 \times \tan(\alpha_9/2) = 180 \times \tan(59°14'20''/2) = 102.335\text{m}$

$L_9 = R_9 \times \alpha_9 \times (\pi/180°) = 180 \times 59.2389° \times (\pi/180°) = 186.105\text{m}$

$T_{10} = AB - T_9 = 195.6 - 102.335 = 93.265\text{m}$

$T_{10} = R_{10} \times \tan(\alpha_{10}/2) = R_{10} \times \tan(55.533°/2) = 93.265\text{m}$，得 $R_{10} = 177.142\text{m}$

$L_{10} = R_{10} \times \alpha_{10} \times (\pi/180°) = 177.072 \times 55.533° \times (\pi/180°) = 171.625\text{m}$

YZ = JD9 − T_9 + L_9 + L_{10} = K5 + 020.05 − 102.335 + 186.105 + 171.625 = K5 + 275.445

答案：C

📖 **考点分析**

（1）两同向圆曲线间插入：0 条回旋线为复曲线，1 条回旋线为卵形曲线，≥2 条回旋线为复合曲线（衔接处曲率为 0 时为 C 形曲线）。两反向圆曲线间插入两条回旋线为 S 形曲线。

(2)S 形及 C 形曲线,隐含几何条件就是两交点的距离 AB 即为两平曲线切线之和($T_1 + T_2$),即 $AB = (T_1 + T_2)$。

(3)凸形曲线隐含几何条件是 $\alpha = 2\beta$。

考点8 由力的平衡公式计算圆曲线最小半径或超高

📖 **条文规定**

《公路工程技术标准》(JTG B01—2014)第4.0.17条、第4.0.18条条文说明规定如下:

(1)确定圆曲线最小半径的原则

本标准中规定的圆曲线最小半径是以汽车在曲线部分能安全而又顺适地行驶所需的条件而确定的。圆曲线最小半径的实质是汽车行驶在公路曲线部分时,所产生的离心力等横向力不超过轮胎与路面的摩阻力所允许的界限。根据车辆在弯道上行驶时的受力状况及各种力的几何关系,可推导出如下计算公式:

$$R = \frac{v^2}{127(\mu + i)} \tag{4-1}$$

式中:R——曲线半径(m);

v——车辆速度(km/h);

μ——横向力系数,极限值为路面与轮胎之间的横向摩阻系数;

i——路面的横向坡度。

本次修订,标准给出了直接影响行车安全性的圆曲线最小半径的两种值:即"最小值"和"不设超高最小半径"。公路线形设计时,应根据沿线地形等情况,合理选用不小于"最小值"圆曲线半径。在不得已情况下,方可使用"最小值"。

(2)确定圆曲线最小半径的"极限值"采用的横向力系数如表4-1所示。

圆曲线最小半径的横向系数及超高值   表 4-1

设计速度(km/h)	120	100	80	60	40	30	20
横向力系数	0.10	0.12	0.13	0.15	0.15	0.16	0.17
超高值(%)	6	6	6	6	6	6	6
	8	8	8	8	8	8	8
	10	10	10	10	10	10	10

(3)不设超高的圆曲线最小半径计算时横向力系数按 0.035~0.040 取用,并规定当路拱横坡为 1.5% 时,横向力系数采用 0.035;当路拱横坡为 2% 时,横向力系数采用 0.040,如表4-3所示。

不设超高的圆曲线最小半径(单位:m)   表 4-3

设计速度(km/h)	120	100	80	60	40	30	20
i 路拱≤2.0% $\mu = 0.035 \sim 0.040$	5500	4000	2500	1500	600	350	150
i 路拱>2.0% $\mu = 0.040 \sim 0.050$	7550	5250	3350	1900	850	450	200

（1）公路及城市道路规范中圆曲线各种限制半径均采用力的平衡公式 $R = \dfrac{v^2}{127(\mu + i)}$ 计算而得；城市道路的计算公式及各项参数取值规定见《城市道路路线设计规范》（CJJ 193—2012）第 6.3.2 条条文说明。

（2）力的平衡公式其实就是汽车行驶在曲线上所产生的离心力 $F_{离} = \dfrac{mV^2}{R}$，等于轮胎与路面摩擦力及汽车重力在倾斜地面上产生的水平分力的合力 $F_{向} = mg(\mu + i)$。设超高时汽车重力水平分力为向心力，所以 i 取"$+$"，不设超高时水平力分力为离心力，所以 i 取"$-$"。

典型例题

例题 1-55

某积雪冰冻地区的四级公路，设计速度为 30km/h，路拱横坡为双向 2%，横向力系数 μ 取 0.13，最大超高限制为 6%，则极限最小圆曲线半径是（　　）。

（A）20m　　　　　（B）30m　　　　　（C）38m　　　　　（D）65m

解答

根据《公路工程技术标准》（JTG B01—2014）第 4.0.17 条、第 4.0.18 条条文说明，汽车行驶在曲线上力的平衡公式，代入 $\mu = 0.13$，$v = 30$km/h，$i = 0.06$（设超高，i 取值为 $+$），可得

$$R = \frac{30^2}{127 \times (0.13 + 0.06)} = 37.3\text{m}$$

答案：C

例题 1-56

题干同例题 1-55，假定横向力系数 μ 仍取 0.13，则不设超高的最小圆曲线半径是（　　）。

（A）20m　　　　　（B）30m　　　　　（C）38m　　　　　（D）65m

解答

根据力的平衡公式，代入 $\mu = 0.13$，$v = 30$km/h，$i = 0.02$（不设超高，i 取值为 $-$），可得

$$R = \frac{30^2}{127 \times (0.13 - 0.02)} = 64.4\text{m}$$

答案：D

例题 1-57（2020 年真题）

某平原微丘区高速公路，设计速度为 120km/h，路拱横坡为 2%，若 $\mu = 0.04$，该项目不设超高的最小平面圆曲线半径计算值为（　　）。（计算结果取整）

（A）1889m　　　　　（B）5250m　　　　　（C）5669m　　　　　（D）5767m

解答

根据《公路工程技术标准》（JTG B01—2014）第 4.0.17 条、第 4.0.18 条条文说明，$R = \dfrac{v^2}{127(\mu + i)}$，道路横坡 2%，不设超高时，$i$ 取正负值：-0.02。

$$R = 120^2 / 127(0.04 - 0.02) = 5669\text{m}$$

答案：C

例题 1-58

某二级公路,设计速度为 80km/h,路拱横坡为双向 2%,横向力系数 μ 取 0.04,当圆曲线半径为 1000m 时,最小超高值应采用( )。

(A)1% (B)2% (C)3% (D)4%

解答

(1)根据《公路工程技术标准》(JTG B01—2014)第 4.0.17 条、第 4.0.18 条条文说明,汽车行驶在曲线上的力的平衡式,由 $\mu = 0.04$, $v = 80$km/h, $R = 1000$m,代入可得 $i = 0.010$。

(2)根据《公路路线设计规范》(JTG D20—2017)第 7.5.1 条第 2 款,各级公路最小超高值应与该公路直线部分的正常路拱横坡值一致,这里取 2%。

答案：B

例题 1-59 (2019 年真题)

拟建某城市快速路,设计速度为 100km/h, μ 取 0.067,圆曲线半径为 800m 时的最小超高值拟定为( )。(按百分数四舍五入取整)

(A)1% (B)2% (C)3% (D)4%

解答

根据《城市道路路线设计规范》(CJJ 193—2012)第 6.3.2 条条文说明,汽车行驶在曲线上的力的平衡式,由 $\mu = 0.067$, $v = 100$km/h, $R = 800$m,代入可得 $i = 0.031$。

答案：C

例题 1-60

拟建某城市快速路,设计速度为 100km/h, μ 取值范围为 0.067 ~ 0.10,则圆曲线半径为 550m 时的最大超高值拟定为( )。

(A)3% (B)6% (C)7.6% (D)8%

解答

由 $\mu_{\min} = 0.067$, $v = 100$km/h, $R = 600$m,代入可得 $i_{\max} = 7.6\%$。

根据《城市道路路线设计规范》(CJJ 193—2012)第 6.4.1 条,设计速度为 100km/h 时,最大超高横坡为 6%,所以取 $i_{\max} = 6\%$。此时根据力的平衡式,得 $\mu = 0.0832 < 0.10$,符合题意。

答案：B

考点分析

(1)设超高时 i 取" + ",不设超高时 i 取" – "。

(2)注意计算出来的超高值应与规范中规定的最大、最小超高值进行比较。若根据汽车行驶在圆曲线上的力平衡公式计算出来的超高值 i 小于道路横坡值,那么采用道路横坡 i 为该平曲线的最小超高值。

(3)汽车行驶在圆曲线上的力平衡式中,横向力系数 μ 的极限值是路面与轮胎之间的横向摩阻力系数(取值一般在0.17以下)。μ 的取值直接影响到乘客的舒适度,μ 值越小,乘客越舒适。所以根据力的平衡公式计算圆曲线半径时,一般 μ 值根据乘客舒适程度提前进行选定(未达到横向摩阻力系数的极限),然后根据力的平衡式计算出超高值,如果计算出来的超高值超过了规范规定值,需根据规范规定的最大超高,对设计采用的 μ 值进行调整(乘客的舒适感降低,但不超限值),以满足力的平衡式。

考点9　平面线形相关规范规定及计算

1. 公路平面线形规定及计算

📖 条文规定

《公路路线设计规范》(JTG D20—2017)规定如下:

7.2　直线

7.2.1　直线的长度不宜过长。受地形条件或其他特殊情况限制而采用长直线时,应结合沿线具体情况采取相应的技术措施。

7.2.2　两圆曲线间以直线径相连接时,直线的长度不宜过短,并应符合下列规定:

1　设计速度大于或等于60km/h时,同向圆曲线间最小直线长度(以 m 计)以不小于设计速度(以 km/h 计)的6倍为宜;反向圆曲线间的最小直线长度(以 m 计)以不小于设计速度(以 km/h 计)的2倍为宜。

2　设计速度小于或等于40km/h时,可参照上述规定执行。

7.3　圆曲线

7.3.1　各级公路平面不论转角大小,均应设置圆曲线。在选用圆曲线半径时,应与设计速度相适应。

7.3.2　圆曲线最小半径应根据设计速度,按表7.3.2确定。

7.3.3　圆曲线最大半径值不宜超过10000m。

圆曲线最小半径　　　　　　　　　　　　　　　　　　　　　　表7.3.2

设计速度(km/h)		120	100	80	60	40	30	20
圆曲线最小半径(一般值)(m)		1000	700	400	200	100	65	30
圆曲线最小半径 (极限值)(m)	$I_{max}=4\%$	810	500	300	150	65	40	20
	$I_{max}=6\%$	710	440	270	135	60	35	15
	$I_{max}=8\%$	650	400	250	125	60	30	15
	$I_{max}=10\%$	570	360	220	115	—	—	—

注:"一般值"为正常情况下的采用值;"极限值"为条件受限制时可采用的值;I_{max} 为采用的最大超高值;"—"为不考虑采用对应最大超高值的情况。

7.4　回旋线

7.4.1　高速公路、一级公路、二级公路、三级公路的直线同小于表7.4.1不设超高的圆曲线最小半径径相连接处,应设置回旋线。四级公路的直线同小于表7.4.1不设超高的圆曲线最小半径径相连接处,可不设置回旋线,但应设置超高、加宽过渡段。

不设超高的圆曲线最小半径 表7.4.1

设计速度(km/h)		120	100	80	60	40	30	20
不设超高圆曲线最小半径(m)	路拱≤2%	5500	4000	2500	1500	600	350	150
	路拱>2%	7500	5250	3350	1900	800	450	200

7.4.2 半径不同的同向圆曲线径相连接处,应设置回旋线。但符合下列条件可不设回旋线:

1 小圆半径大于表7.4.1规定时。

2 小圆半径大于表7.4.2规定,且符合下列条件之一者:

1) 小圆按最小回旋线长度设回旋线时,大圆与小圆的内移值之差小于0.10m时;

2) 设计速度大于或等于80km/h,大圆半径(R_1)与小圆半径(R_2)之比小于1.5时;

3) 设计速度小于80km/h,大圆半径(R_1)与小圆半径(R_2)之比小于2.0时。

复曲线中小圆临界圆曲线半径 表7.4.2

设计速度(km/h)	120	100	80	60	40	30
临界圆曲线半径(m)	2100	1500	900	500	250	130

3 回旋线最小长度应符合表7.4.3的规定。

回旋线最小长度 表7.4.3

设计速度(km/h)	120	100	80	60	40	30	20
回旋线最小长度(m)	100	85	70	50	35	25	20

注:四级公路为超高、加宽过渡段长度。

7.8 平曲线长度

7.8.1 平曲线最小长度应符合表7.8.1的规定。

平曲线最小长度 表7.8.1

设计速度(km/h)		120	100	80	60	40	30	20
平曲线最小长度(m)	一般值	600	500	400	300	200	150	100
	最小值	200	170	140	100	70	50	40

注:"一般值"为正常情况下的采用值;"最小值"为条件受限时可采用的值。

7.8.2 当路线转角小于或等于7°时,应设置较长的平曲线,其长度应大于表7.8.2中规定的"一般值"。当地形条件及其他特殊情况限制时,可采用表中的"最小值"。

公路转角小于或等于7°时的平曲线长度 表7.8.2

设计速度(km/h)	120	100	80	60	40	30	20
一般值	1400/Δ	1200/Δ	1000/Δ	700/Δ	500/Δ	350/Δ	280/Δ
最小值	200	170	140	100	70	50	40

注:表中Δ为路线转角值(°),当Δ<2°时,按Δ=2°计算。

7.10 回头曲线

7.10.2 两相邻回头曲线之间,应有较长的距离。由一个回头曲线的终点至下一个回头曲线起点的距离,设计速度为40km/h、30km/h、20km/h时,应分别不小于200m、150m、100m。

7.10.3 回头曲线各部分的技术指标应符合表7.10.3的规定。设计速度为40km/h的公路根据地形条件可选用35km/h或30km/h的回头曲线设计速度。

主线设计速度		40		30	20
回头曲线设计速度(km/h)	35	30	25		20
圆曲线最小半径(m)	40	30	20		15
回旋线最小长度(m)	35	30	25		20
超高横坡度(%)	6	6	6		6
双车道路面加宽值(m)	2.5	2.5	2.5		3.0
最大纵坡(%)	3.5	3.5	4.0		4.5

9.2 平面线形设计

9.2.2 直线的运用应符合下列要求:

1 直线的运用应注意同地形、环境的协调与配合。采用直线线形时,其长度不宜过长。

2 农田、河渠规整的平坦地区、城镇近郊规划等以直线条为主体时,宜采用直线线形。

3 特长、长隧道或结构特殊的桥梁等构造物所处的路段,以及路线交叉点前后的路段宜采用直线线形。

4 双车道公路为超车所提供的路段宜采用直线线形。

9.2.3 圆曲线的运用应符合下列要求:

1 设置圆曲线时应与地形相适应,宜采用超高为2%~4%对应的圆曲线半径。

2 条件受限制时,可采用大于或接近于圆曲线最小半径的"一般值";地形条件特殊困难而不得已时,方可采用圆曲线最小半径的"极限值",并应采取措施保证视距的要求。

3 设置圆曲线时,应同相衔接路段的平、纵线形要素相协调,使之构成连续、均衡的曲线线形,避免小半径圆曲线与陡坡相重合的线形。

4 当交点转角不得已小于7°时,应按规定设置足够长的曲线。

9.2.4 回旋线的运用应符合下列要求:

1 设计速度大于或等于60km/h时,回旋线应作为线形要素之一加以运用。回旋线—圆曲线—回旋线的长度以大致接近为宜。两个回旋线的参数值亦可以根据地形条件设计成非对称的曲线,但$A_1:A_2$不应大于2.0。

2 回旋线参数宜依据地形条件及线形要求确定,并与圆曲线半径相协调。在确定回旋线参数时,宜在下述范围内选定:$R/3 \leqslant A \leqslant R$,但:

1)当R小于100m时,A宜大于或等于R。

2)当R接近于100m时,A宜等于R。

3)当R较大或接近于3000m时,A宜等于$R/3$。

4)当R大于3000m时,A宜小于$R/3$。

3 两反向圆曲线径相衔接或插入的直线长度不足时,可用回旋线将两反向圆曲线连接组合为S形曲线。

1)S形曲线的两回旋线参数A_1与A_2宜相等。

2)当采用不同的回旋线参数时,A_1与A_2之比应小于2.0,有条件时以小于1.5为宜。当$A_2 \leqslant 200$时,A_1与A_2之比应小于1.5。

3)两圆曲线半径之比不宜过大,以$R_1/R_2 \leqslant 2$为宜(R_1为大圆曲线半径,R_2为小圆曲线半径)。

4 两同向圆曲线径相衔接或插入的直线长度不足时,可用回旋线将两同向圆曲线连接组合为卵形曲线。

1)卵形曲线的回旋线参数宜选 $R_2/2 \leqslant A \leqslant R_2$($R_2$ 为小圆曲线半径)。

2)两圆曲线半径之比,以 $R_2/R_1 = 0.2 \sim 0.8$ 为宜。

3)两圆曲线的间距,以 $D/R_2 = 0.003 \sim 0.03$ 为宜(D 为两圆曲线间的最小间距)。

5 受地形条件限制时,可将两同向回旋线在曲率相同处径相衔接而组合为凸形曲线。凸形曲线只有在路线严格受地形限制,且对接点的曲率半径相当大时方可采用。

1)凸形曲线的回旋线参数及其对接点的曲率半径,应分别符合容许最小回旋线参数和圆曲线最小半径的规定。

2)对接点附近的 $0.3v$(以 m 计;其中 v 为设计速度,按 km/h 计)长度范围内,应保持以对接点的曲率半径确定的路拱横坡度。

6 受地形条件或其他特殊情况限制时,可将两同向圆曲线的回旋线曲率为零处径相衔接而组合为 C 形曲线。C 形曲线仅限于地形条件特殊困难,路线严格受限制时方可采用。

7 受地形条件限制时,大半径圆曲线与小半径圆曲线相衔接处,可采用两个或两个以上同向回旋线在曲率相同处径相连接而组合为复合曲线。复合曲线的两个回旋线参数之比以小于1.5为宜。复合曲线在受地形条件限制,或互通式立体交叉的匝道设计中可采用。

📖 **规范条文解析**

(1)第 7 章关于平面线形主要规定了直线、回旋线、圆曲线、回头曲线的最小、最大长度或者最小、最大半径等基本技术指标规定;第 9 章主要规定了线形运用与组合时的一些规定及注意事项。

(2)公路相关规范中规定了三种圆曲线最小半径:①设超高最小半径(极限值),μ 采用《公路工程技术标准》(JTG B01—2014)附表 4-1 对应值(0.10 ~ 0.17;设超高,i 为正);②设超高圆曲线最小半径(一般值)(计算采用 μ 值为 0.05 ~ 0.06;设超高,i 为正);③不设超高圆曲线半径(计算采用 μ 值 0.035 ~ 0.04;不超高,i 为负)。只要满足了不设超高最小圆曲线半径,就满足不设缓和曲线的条件(设置与不设置缓和曲线之间产生位移量小于 0.2m),所以公路规范中无不设置缓和曲线最小圆曲线半径。

(3)公路相关规范中规定了三种曲线最小长度:缓和曲线最小长度、平曲线最小长度最小值及平曲线最小长度一般值。缓和曲线最小长度为 3s 行车的长度,平曲线最小长度最小值为凸曲线特殊情况下的线形组合的长度,数值是 2 倍缓和曲线长,而为了行车舒适规定平曲线最小长度一般值为平曲线最小长度最小值的 3 倍。

📖 **典型例题**

例题 1-61

新建一条双向两车道三级公路,拟定的设计速度为 40km/h,路拱采用 2% 的双向坡。某处平曲线转角角度为 10°,由于条件受限,只能采用《公路路线设计规范》(JTG D20—2017)规定的不设超高最小半径,则该平曲线长度为( )。

(A)100m (B)104.7m

(C)110.5m (D)112.6m

解答

根据《公路路线设计规范》(JTG D20—2017)表7.4.1,$R = 600m$。

$$L = R\alpha\pi/180° = 600 \times 10\pi/180° = 104.7m$$

答案:B

例题1-62

某一级公路设计速度为80km/h,路线上有两交点距离较近,设计成了不设回旋线的复曲线。已知小圆半径采用1000m,则大圆半径采用值最有可能是(　　)。

（A）1320.24m

（B）1520.10m

（C）1608.77m

（D）1650.33m

解答

根据《公路路线设计规范》(JTG D20—2017)第7.4.2条,小圆半径大于表7.4.2的规定。

设计速度大于或等于80km/h,大圆半径(R_1)与小圆半径(R_2)之比小于1.5时可以设计成复曲线;所以,$R_1 < 1.5 \times 1000 = 1500m$。

答案:A

例题1-63

某一级公路设计速度为100km/h,路拱横坡为2%,因地形条件受限,全线设有A、B、C、D四处不设回旋线的复曲线,采用的圆曲线半径不符合规范的是(　　)。

（A）$R_小 = 1500m$,$R_大 = 2102m$

（B）$R_小 = 1800m$,$R_大 = 2011m$

（C）$R_小 = 1800m$,$R_大 = 5000m$

（D）$R_小 = 3200m$,$R_大 = 5000m$

解答

(1)由《公路路线设计规范》(JTG D20—2017)表7.4.2知,A、B、C、D四组数据的最小圆曲线半径$R_小$均符合第7.4.2条第2款规定。

(2)A复曲线:$R_大/R_小 = 2102/1500 = 1.4013 < 1.5$,符合第7.4.2条第2款2)项的规定,A复曲线符合规范。

B复曲线:$R_大/R_小 = 2011/1800 = 1.17 < 1.5$,符合第7.4.2条第2款2)项的规定,B复曲线符合规范。

C复曲线:$R_大/R_小 = 5000/1800 = 2.78 > 1.5$,不符合第7.4.2条第2款2)项的规定。

检验C曲线的符合性:

$$L_{s最小} = 85m; P = \frac{85^2}{24 \times 1800} - \frac{85^2}{24 \times 5000} = 0.107m > 0.1m$$,不符合第7.4.2条第2款1)项规定,C复曲线不符合规范。

D复曲线:$R_大/R_小 = 5000/3200 = 1.56 > 1.5$,不符合第7.4.2条第2款2)项的规定。

检验D曲线的符合性:

$$L_{s最小} = 85m; P = \frac{85^2}{24 \times 3200} - \frac{85^2}{24 \times 5000} = 0.034m < 0.1m$$,符合第7.4.2条第2款1)项规定,D复曲线符合规范要求。

答案:C

例题 1-64(2019 年真题)

某高速公路,设计速度为 100km/h,某处平曲线转角为 4°,一般情况下,平曲线最小长度不应小于(　　)。

(A)170m　　　　(B)200m　　　　(C)300m　　　　(D)400m

解答

根据《公路路线设计规范》(JTG D20—2017)第 7.8.2 条,平曲线转角为 4°,小于 7°,$V =$ 100km/h,查表知,平曲线长度为 1200/Δ = 1200/4 = 300m。

答案:C

例题 1-65(2019 年真题)

某高速公路设计速度采用 100km/h,平曲线半径采用 2700m,回旋线参数 A 宜取为(　　)。

(A)1200m　　　　(B)1500m　　　　(C)900m　　　　(D)800m

解答

根据《公路路线设计规范》(JTG D20—2017)第 9.2.4 条第 2 款,当 R 较接近于 3000m 时,A 宜等于 $R/3$。

答案:C

例题 1-66

(1)在例题 1-65 题干及答案的条件下,若给出平曲线的交点转角为 13°,验证该平曲线是否符合《公路路线设计规范》(JTG D20—2017)第 9.2.4 条第 1 款的规定。

解答

根据《公路路线设计规范》(JTG D20—2017)第 9.2.4 条第 1 款规定,回旋线—圆曲线—回旋线的长度以大致接近为宜。

$$L_s = A^2/R = 900^2/2700 = 300m$$

$$\beta = \frac{L_s}{2R} \cdot \frac{180°}{\pi} = \frac{300}{2 \times 900} \times \frac{180°}{\pi} = 3.1831°;\alpha - 2\beta = 6.6338°$$

$$L_Y = (\alpha - 2\beta)R\pi/180° = 6.6338° \times 2700\pi/180° = 312.61m$$

$L_s:L_Y:L_s = 1:1.042:1$,回旋线—圆曲线—回旋线的长度大致接近,符合第 9.2.4 条第 1 款的规定。

答案:符合

(2)在例题 1-65 题干及答案的条件下,若给出平曲线的交点转角为 26°,验证是否符合第 9.2.4 条第 1 款的规定。

解答

$$L_s = 300m$$

$$\beta = 3.1831°,\alpha - 2\beta = 19.6338°$$

$$L_Y = (\alpha - 2\beta)R\pi/180° = 19.6338° \times 2700\pi/180° = 912.622m$$

$L_s:L_Y:L_s = 1:3.04:1$,回旋线—圆曲线—回旋线的长度不接近,不符合第 9.2.4 条第 1 款的规定。

答案:不符合

例题 1-67

某三级公路设计速度采用 30km/h,平曲线半径采用 120m,回旋线参数 A 宜取为(   )。

(A)80m   (B)120m   (C)300m   (D)500m

解答

根据《公路路线设计规范》(JTG D20—2017)第9.2.4条第2款,当 R 较接近于 100m 时,A 宜等于 R。

答案:B

例题 1-68

在例题 1-67 条件下,若给出转角 $\alpha = 30°$,则回旋线参数 A 宜取为(   )。

(A)50m   (B)60m   (C)90m   (D)150m

解答

(1)根据《公路路线设计规范》(JTG D20—2017)第7.4.3条,设计速度 $V = 30km/h$ 时,L_s 最小为 25m。则 $A_{min} = \sqrt{L_s \times R} = \sqrt{25 \times 120} = 54.77$,取整 55m。

(2)若取极限凸曲线,则 $\beta = 30°/2 = 15°$

$L_s = 2R\beta(\pi/180°) = 62.83m$

$A_{max} = \sqrt{L_s \times R} = \sqrt{62.83 \times 120} = 86.83m$

(3)若采用缓和曲线—圆曲线—缓和曲线接近,则

$\beta = 30°/4 = 7.5°$

$L_s = 2R\beta(\pi/180°) = 31.42m$

$A_{宜} = \sqrt{L_s \times R} = \sqrt{31.42 \times 120} = 61.40m$

综上所述:选项 A 小于 $A_{min} = 55m$,不符合规范。选项 C、D 大于 $A_{max} = 86.83m$,不符合规范。

答案:B

例题 1-69

下列四个平面线形图,符合规范要求的是(   )。

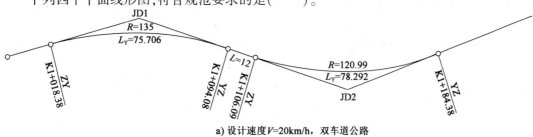

a) 设计速度 V=20km/h,双车道公路

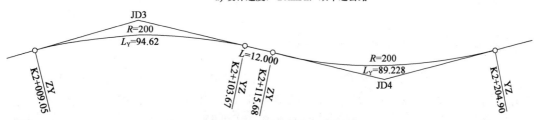

b) 设计速度 V=20km/h,双车道公路

例题 1-69 图

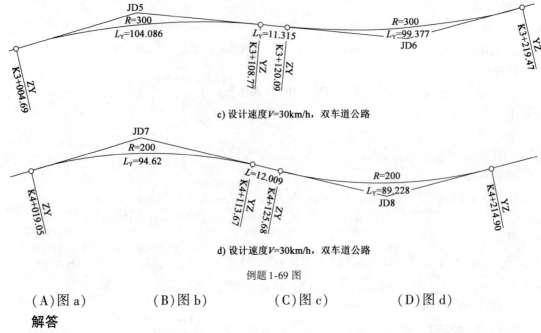

c) 设计速度V=30km/h，双车道公路

d) 设计速度V=30km/h，双车道公路

例题1-69 图

（A）图a）　　　　　（B）图b）　　　　　（C）图c）　　　　　（D）图d）

解答

根据《公路路线设计规范》（JTG D20—2017）第9.2.1条第7款，设计速度小于或等于40km/h的双车道公路，两相邻反向圆曲线无超高时可径相衔接，无超高有加宽应设置长度不小于10m的加宽过渡段。两相邻反向圆曲线设有超高时，地形条件特别困难路段的直线长度不得小于15m。

查表7.4.1知：除了选项B情况下，只需设置加宽不需要设超高外，其余情况均应设置超高。所以，两反向圆曲线长度除了选项B只需满足不小于10m的加宽过渡段，其余均应满足至少15m的超高过渡段，选项A、C、D均不符合规范要求。

答案：B

例题1-70（2019年真题）

某山区公路设计速度采用40km/h，某路段需要采用卵形曲线才能与地形很好吻合，小圆曲线半径采用80m，大圆曲线半径采用的合理区间是（　　　）。

（A）400～600m　　（B）100～400m　　（C）80～600m　　（D）80～150m

解答

根据《公路路线设计规范》（JTG D20—2017）第9.2.4条第4款，$R_{小}/R_{大} = 0.2 \sim 0.8$，故

$R_{大} = (80/0.2 \sim 80/0.8) = 400 \sim 100m$

答案：B

📖 **考点分析**

（1）与规范结合的平面线形类题目都是结合规范中对圆曲线最小半径、圆曲线最小长度、缓和曲线最小长度、直线段最小长度、组合线形的各技术指标规定进行计算。

（2）通过例题1-66可知，当半径较大时，第9.2.4条第1、2款的应用，需要结合转角大小，综合考虑才能得到更优线形。若题目中没有体现转角，可以根据题意选择1或者2款确定A

值,若已经给出了转角,需要 1、2 款综合考虑才可以得到更合理的线形。

（3）通过例题 1-68 可知,在半径较小的情况下,选取 A 时,若给出了转角,则需要结合缓和曲线最小、最大、最适宜三个条件综合考虑。不能仅通过第 9.2.4 条第 2 款得答案。

2.城市道路平面线形规定及计算

📖 条文规定

《城市道路路线设计规范》(CJJ 193—2012)规定如下:

6.2 直线

6.2.1 两相邻平曲线间的直线段最小长度应大于或等于缓和曲线最小长度。

6.2.2 两圆曲线间以直线径向连接时,直线的长度宜符合下列规定:

1 当设计速度大于或等于 60km/h 时,同向圆曲线间最小直线长度(以 m 计)不宜小于设计速度(以 km/h 计)数值的 6 倍;反向圆曲线间最小直线长度(以 m 计)不宜小于设计速度(以 km/h 计)数值的 2 倍。

2 当设计速度小于 60km/h 时,可不受上述限制。

6.3 平曲线

6.3.1 路线转角处应设置平曲线。当受现状道路红线或建筑物控制,设计速度小于或等于 40km/h 的路线转角位于交叉口范围内时,可不设置平曲线,但应保证交叉口范围直行车道的连续、顺直。

6.3.2 圆曲线设置应符合下列规定:

1 圆曲线最小半径应符合表 6.3.2 的规定。当地形条件受限制时,可采用设超高圆曲线最小半径的一般值;当地形条件特别困难时,可采用设超高圆曲线最小半径的极限值。

圆曲线最小半径 表 6.3.2

设计速度(km/h)		100	80	60	50	40	30	20
不设超高圆曲线最小半径(m)		1600	1600	600	400	300	150	70
设超高圆曲线最小半径(m)	一般值	650	400	300	200	150	85	40
	极限值	400	250	150	100	70	40	20

2 当设计速度大于或等于 40km/h 时,采用本规范表 7.2.1 机动车最大纵坡的下坡段尽头,其圆曲线半径应大于或等于不设超高的最小半径。当受条件限制而采用设超高最小半径时,应采取防护措施。

6.3.3 缓和曲线设置应符合下列规定:

1 缓和曲线应采用回旋线。

2 直线与圆曲线或大半径圆曲线与小半径圆曲线之间应设置缓和曲线。当圆曲线半径大于表 6.3.3-1 不设缓和曲线的最小圆曲线半径时,直线与圆曲线可直接连接。

不设缓和曲线的最小圆曲线半径 表 6.3.3-1

设计速度(km/h)	100	80	60	50	40
不设缓和曲线的最小圆曲线半径(m)	3000	2000	1000	700	500

3 当设计速度大于或等于 40km/h 时,半径不同的同向圆曲线连接处应设置缓和曲线。当受地形限制并符合下列条件之一时,可采用复曲线:

1)小圆半径大于或等于不设缓和曲线的最小圆曲线半径;

2)小圆半径小于不设缓和曲线的最小圆曲线半径,但大圆与小圆的内移值之差小于或等于0.1m;

3)大圆半径与小圆半径之比值小于或等于1.5。

4 当设计速度小于40km/h时,缓和曲线可采用直线代替,直线长度应满足缓和曲线最小长度的要求。

5 缓和曲线最小长度应符合表6.3.3-2的规定。当圆曲线按规定需设置超高时,缓和曲线长度还应大于超高缓和段长度。

缓和曲线最小长度 表6.3.3-2

设计速度(km/h)	100	80	60	50	40	30	20
缓和曲线最小长度(m)	85	70	50	45	35	25	20

6 缓和曲线参数A宜根据线形要求和地形条件确定,并应与圆曲线半径相协调,宜满足$R/3 \leq A \leq R$的要求。当圆曲线半径小于100m时,A宜接近R;当圆曲线半径大于3000m时,A宜接近$R/3$。

6.3.4 平曲线由圆曲线和两端缓和曲线组成,平曲线设置应符合下列规定:

1 平曲线与圆曲线最小长度应符合表6.3.4-1的规定。

平曲线与圆曲线最小长度 表6.3.4-1

设计速度(km/h)		100	80	60	50	40	30	20
平曲线最小长度(m)	一般值	260	210	150	130	110	80	60
	极限值	170	140	100	85	70	50	40
圆曲线最小长度(m)		85	70	50	40	35	25	20

注:"一般值"为正常情况下采用值;"极限值"为条件受限时采用值。

2 道路中心线转角α小于或等于7°时,设计速度大于或等于60km/h的平曲线最小长度还应符合表6.3.4-2的规定。

小转角平曲线最小长度 表6.3.4-2

设计速度(km/h)	100	80	60
平曲线最小长度(m)	1200/α	1000/α	700/α

注:表中的α为路线转角值(°),当α小于2°时,按2°计。

📖 规范条文解析

(1)《城市道路路线设计规范》(CJJ 193—2012)中第6.3.3条第3款关于复曲线的规定与《公路路线设计规范》(JTG D20—2017)第7.4.2.2条关于复曲线的规定相似,但前者无小圆临界圆曲线半径规定。

(2)《城市道路路线设计规范》(CJJ 193—2012)中规定了四种最小圆曲线半径,由小至大分别为:设超高最小圆曲线半径极限值(μ值采用0.14~0.16;设超高,i为"+")、设超高最小圆曲线半径一般值(μ值取0.067;超高,i为正)、不设超高最小圆曲线半径(μ值取0.067;不超高,i为"-")和不设缓和曲线最小圆曲线半径($0.288V^2$)。很明显,由于城市道路采用的μ值大于公路,所以相同设计速度下,同种最小圆曲线半径均比公路要小。所以为了满足设置与不设置缓和曲线之间产生位移量小于0.2m这个条件,单独规定了不设缓和曲线最小圆曲线半径(公路规范无此规定)。

（3）《城市道路路线设计规范》（CJJ 193—2012）回旋线最小长度计算方法详见第6.3.3条条文说明表8。

（4）城市道路相关规范规定了四种曲线最小长度：圆曲线长度最小值（公路规范无此规定）、缓和曲线长度最小值、平曲线长度最小值极限值（两倍缓和曲线）、平曲线最小长度一般值（两倍缓和曲线加一个圆曲线）。

（5）关于路线转角小于或等于7°时的平曲线长度规定，城市道路设计速度小于60km/h时，不再作小转角平曲线长度规定，所以《城市道路路线设计规范》（CJJ 193—2012）表6.3.4-2无设计速度60km/h以内的规定。

📖 典型例题

例题 1-71

某城市支路设计速度30km/h，全长2350m。有一处转点，转角为14°15′00″，平曲线长度按条件受限考虑，拟设置不设缓和曲线的圆曲线，如果采用计算公式，则圆曲线半径最小为（　　）；平曲线长度（　　）规范要求。

（A）130m，不满足　　（B）130m，满足　　（C）260m，不满足　　（D）260m，满足

解答

根据《城市道路路线设计规范》（CJJ 193—2012）第6.3.3条条文说明：

$R = 0.144V^2 = 0.144 \times 30^2 = 129.6m$，取整130m。为不影响驾驶员在视觉和行驶上的顺适，不设缓和曲线的最小半径值为式（4）计算值的2倍，不设缓和曲线的最小圆曲线半径计算值：$2R = 260m$。

$L = R\alpha\pi/180° = 260 \times 14.25°\pi/180° = 64.66m$

根据《城市道路路线设计规范》（CJJ 193—2012）表6.3.4-1，设计速度 $V = 30km/h$ 时，平曲线最小长度极限值为50m $<$ 64.66m，满足规范要求。

答案：D

例题 1-72

某城市主干路，设计速度60km/h。平面中JD2处转角为6°，若采用不设置缓和曲线的圆曲线半径1000m，平曲线长度按条件受限考虑，平面线形是否符合规范要求？若不符合，采用的最小圆曲线半径应为多少？（　　）

（A）符合　　　　　　　　　　　　（B）不符合，1110m

（C）不符合，1120m　　　　　　　　（D）不符合，1200m

解答

（1）$L = R\alpha\pi/180° = 1000 \times 6° \times \pi/180° = 104.72m$

根据《城市道路路线设计规范》（CJJ 193—2012）表6.3.4-1，设计速度为60km/h时，平曲线最小长度极限值为100m $<$ 104.7m，满足规范要求。

根据《城市道路路线设计规范》（CJJ 193—2012）表6.3.4-2，设计速度为60km/h时，平曲线最小长度 $L = 700/\alpha = 700/6 = 116.67m > 104.72m$，平曲线长度不够，不符合规范要求。

（2）根据 $L_{min} = R_{min}\alpha\pi/180° = 116.67$，得 $R_{min} = 116.67 \times 180°/6°\pi = 1114.15m$，向上取

整 1120m。

答案:C

例题 1-73(2020 年真题)

某城市主干路,设计速度为 60km/h,拟采用不设缓和曲线的圆曲线平面线形,道路设计中心线转角值为 5°48′36″。下列关于该圆曲线最小半径取值,符合规范规定的是( )。并请说明选择依据和理由。(百位数取整)

(A)300m   (B)600m

(C)1000m   (D)1200m

解答

根据《城市道路路线设计规范》(CJJ 193—2012),查表6.3.3-1,不设缓和曲线的最小圆曲线半径 $R_{min}=1000m$。

中心线转角 5°48′36″(5.81°)小于 7°,为小转角平曲线,查第6.3.4条第2款,有

$$L_{min}=700/5.81°=120.5m$$

此时对应的最小圆曲线半径 $R_{min}=120.5/(5.81°×\pi/180)=1188m$,取整为 1200m。

取 1000m 和 1200m 的大值,即 1200m。

答案:D

考点 10   全超高断面计算及超高缓和段、超高渐变率计算

1. 公路超高相关计算

📖 条文规定

《公路路线设计规范》(JTG D20—2017)规定如下:

7.5   圆曲线超高

7.5.1   圆曲线半径小于表7.4.1规定的不设超高圆曲线最小半径时,应在曲线上设置超高,并符合下列规定:

1   各级公路圆曲线部分的最大超高值应符合表7.5.1规定。

2   各级公路圆曲线部分的最小超高值应与该公路直线部分的正常路拱横坡度值一致。

各级公路圆曲线最大超高值   表 7.5.1

公路技术等级	高速公路、一级公路	二级公路、三级公路、四级公路
一般地区(%)	8 或 10	8
积雪冰冻地区(%)	6	
城镇区域(%)	4	

注:一般地区公路,圆曲线最大超高应采用8%;以通行中、小型客车为主的高速公路和一级公路,最大超高可采用10%。

7.5.2   二级公路、三级公路、四级公路接近城镇且混合交通量较大的路段,车速受到限制时,其最大超高值可按表7.5.2采用。

车速受限制时最大超高值					表 7.5.2
设计速度(km/h)	80	60	40	30	20
超高值(%)	6	4	2		

7.5.3 各圆曲线半径所设置的超高值应根据设计速度、圆曲线半径、公路条件、自然条件等经计算确定,必要时应按运行速度验算。

7.5.4 当路拱横坡度发生变化时,必须设置超高过渡段。其超高渐变率应根据旋转轴的位置按表 7.5.4 确定。

超 高 渐 变 率   表 7.5.4

设计速度(km/h)	超高旋转轴位置	
	中线	边线
120	1/250	1/200
100	1/225	1/175
80	1/200	1/150
60	1/175	1/125
40	1/150	1/100
30	1/125	1/75
20	1/100	1/50

7.5.5 超高过渡方式应符合下列规定:

1 对于无中间带的公路,当超高横坡度等于路拱坡度时,将外侧车道绕路中线旋转,直至超高横坡度;当超高横坡度大于路拱坡度时,应采用绕内侧车道边缘旋转、绕路中线旋转或绕外侧车道边缘旋转的方式。设计中应视情况确定:

1)新建工程宜采用绕内侧车道边缘旋转的方式;

2)改建工程可采用绕路中线旋转的方式;

3)路基外缘高程受限制或路容美观有特殊要求时,可采用绕外侧车道边缘旋转的方式。

2 对于有中间带的公路,应采用绕中间带的中心线旋转、绕中央分隔带边缘旋转或分别绕行车道中线旋转的方式,设计中应视情况确定:

1)有中间带的公路均可采用绕中央分隔带边缘旋转的方式;

2)中间带宽度较小的公路还可采用绕中间带中心线旋转的方式;

3)车道数大于4条的公路可采用分别绕行车道中线旋转的方式。

3 采用分离式路基断面的公路,其超高过渡方式宜按无中间带公路分别予以过渡。

7.5.6 超高过渡宜在回旋线全长范围内进行。当回旋线较长时,其超高过渡段应设在回旋线的某一区段范围内,超高过渡段的纵向渐变率不得小于1/330,全超高断面宜设在缓圆点或圆缓点处。

7.5.7 超高过渡宜采用线性过渡方式。

7.5.10 硬路肩超高方式应符合下列规定:

1 硬路肩超高值与相邻车道超高值相同时,其超高过渡段应与车道相同,且采用与车道相同的超高渐变率。

2 硬路肩超高值比相邻车道超高值小时,应先将硬路肩横坡过渡到与车道路拱坡度相同,再与车道一起过渡,直至硬路肩达到其最大超高横坡度。

6.5.5 硬路肩、土路肩横坡的设计应符合下列规定：

1 直线路段的硬路肩应设置向外倾斜的横坡，其坡度值应与车道横坡值相同。路线纵坡平缓，且设置拦水带时，其横坡值宜采用3%~4%。

2 曲线路段内、外侧硬路肩横坡的横坡值及其方向：当曲线超高小于或等于5%时，其横坡值和方向应与相邻车道相同；当曲线超高大于5%时，其横坡值应不大于5%，且方向相同。

3 硬路肩的横坡应随邻近车道的横坡一同过渡，其过渡段的纵向渐变率应控制在1/330~1/150之间。

4 土路肩的横坡：位于直线路段或曲线路段内侧，且车道或硬路肩的横坡值大于或等于3%时，土路肩的横坡应与车道或硬路肩横坡值相同；小于3%时，土路肩的横坡应比车道或硬路肩的横坡值大1%或2%。位于曲线路段外侧的土路肩横坡，应采用3%或4%的反向横坡值。

5 中型以上桥梁及隧道区段的硬路肩横坡值，应与车道相同。

《公路路线设计规范》(JTG D20—2017)第7.5.7条条文说明规定如下：

7.5.7 公路超高过渡宜采用线性过渡渐变的方式，过渡段长度与超高渐变率的关系如下式(7-3)：

$$L_c = \Delta_i \cdot B/P \tag{7-3}$$

式中：L_c——超高过渡段长度(m)；

Δ_i——超高横坡度与路拱坡度的代数差(%)；

B——超高旋转轴至行车道(设路缘带时为路缘带)外侧边缘的宽度(m)；

P——超高渐变率。

📖 **规范条文解析**

(1)渐变率最小为1/330，最大值与设计速度及旋转轴位置有关，其值可查表7.5.4获得。注意，当旋转轴位于中央分隔带边缘时，查表时对应旋转轴位置为"边线"而非"中线"。

(2)公路中 B 是旋转轴至行车道(设路缘带时为路缘带)外侧边缘的宽度(m)；城市道路超高公式中的 b 是旋转轴至路面边缘的宽度。

(3)公路超高计算时，硬路肩超高至5%不再参与旋转；道路内侧的土路肩若无硬路肩则与路面一致，若有硬路肩则与硬路肩超高坡度一致，道路外侧土路肩横坡度始终保持原横坡不变。

📖 **典型例题**

例题 1-74

某三级集散公路，设计速度为40km/h，不考虑通行铰接列车，路基设计高程采用路基边缘高程。路面宽7m，土路肩宽0.75m，路拱横坡为2%，土路肩横坡为4%。某平曲线半径选定为140m，超高横坡取6%，超高旋转轴绕边线旋转。QZ点的路基设计高程为100m，则该QZ点的路基外侧及内侧高程是(　　)。

(A)100m,99.99m　　　　　　　　(B)100.42m,99.99m

（C）100.42m,99.93m   （D）100.48m,99.93m

解答

计算图示如下(图示未加宽)。

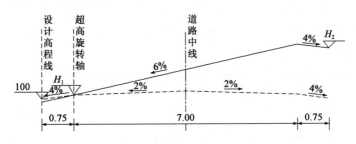

例题1-74 解图(尺寸单位:m)

（1）由题意知旋转轴处(未设超高、加宽时)设计高程:$H_1 = 100 + 0.75 \times 0.04 = 100.03$m。

（2）QZ点外侧设计高程:$H_2 = H_1 + 7.0 \times 0.06 - 0.75 \times 0.04 = 100.42$m。

（3）根据《公路路线设计规范》(JTG D20—2017)第7.6.1条第2款,不考虑通行铰接车,采用2类加宽值,由表7.6.1,查得加宽值为0.9m(双车道,内侧加宽)。

（4）设置了加宽、超高后,内侧设计高程:$H_3 = H_1 - 0.9 \times 0.06 - 0.75 \times 0.06 = 99.931$m。

答案:C

例题1-75

题干同例题1-74,若圆曲线两侧拟采用最小长度的回旋线,回旋线即为超高过渡段,请问其超高渐变率为(　　)。能否满足规范要求,若不能请计算最小回旋线长度。

（A）1/83.3;不满足规范,需最小回旋线42m

（B）1/125,满足规范

（C）1/150;满足规范

（D）1/83.3;不满足规范,需最小回旋线63m

解答

根据《公路路线设计规范》(JTG D20—2017),查表7.4.3知设计速度为40km/h时,回旋线长度最小长度为35m;

根据第7.5.7条条文说明,$L_c = \Delta_i \cdot B/P$,则

$P = \Delta_i \cdot B/L_c = (6\% - 0\%) \times 7.0/35 = 1/83.3$

查表7.5.4,设计速度为40km/h时,绕边线旋转,超高渐变率最大为1/100,所以需要最小回旋线长度为:

$L_c = (6\% - 0\%) \times 7.0/(1/100) = 42$m

答案:A

例题1-76

某二级集散公路(不考虑铰接列车通行),设计速度为60km/h,路面宽7m,硬路肩宽0.75m,土路肩宽0.75m,车道路拱横坡为2%,硬路肩横坡与车道坡度相同,土路肩横坡为3%。路基设计高程位于路中心线处,超高过渡绕中线旋转,某圆曲线半径为360m,超高坡度为6%,QZ点里程为K2 + 320.25,路基设计高程为100m。K2 + 320.25 的路基内侧和外侧的

高程分别为(   )。

(A)99.67m,100.25m   (B)99.67m,100.23m

(C)99.71m,100.25m   (D)99.71m,100.23m

解答

由《公路路线设计规范》(JTG D20—2017)第6.5.5条知,计算图示如下:

$$H_1 = 100 - 3.5 \times 0.06 - 1.5 \times 0.05 = 99.715m$$

$$H_2 = 100 + 3.5 \times 0.06 + 0.75 \times 0.05 - 0.75 \times 0.03 = 100.225m$$

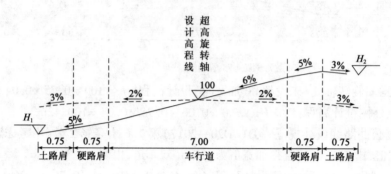

例题1-76解图(尺寸单位:m)

答案:D

例题1-77

题干同例题1-76,若圆曲线两侧拟采用70m长的回旋线,作为超高过渡段,若不考虑硬路肩请问其超高渐变率是多少?是否满足规范要求?(   )

(A)1/166;满足规范   (B)1/250,满足规范

(C)1/166;不满足规范   (D)1/250;不满足规范

解答

根据《公路路线设计规范》(JTG D20—2017)

根据第7.5.7条条文说明7.5.7,$L_c = \Delta_i \cdot B/P$,则

$$P_{max} = \Delta_i \cdot B/L_c = 3.5 \times (6\% + 2\%)/70 = 1/250$$

查表7.5.4,设计速度为60km/h时,绕中线旋转,超高渐变率最大为1/175,所以渐变率1/250满足规范要求。

答案:B

注:硬路肩同车行道同时旋转到5%的坡度后,不再继续参与旋转,实际硬路肩外边缘处的超高渐变率为:$4.25 \times (5\% + 2\%)/(70 \times 7/8) = 1/205.88$。

例题1-78

题干同例题1-77,若超高值由"6%"变为"5%",则车行道边与硬路肩边的超高渐变率$P_车$、$P_硬$分别为(   )。

(A)$P_车 = P_硬 = 1/285$ (B)$P_车 = P_硬 = 1/235$

(C)$P_车 = 1/285;P_硬 = 1/235$ (D)$P_车 = 1/235;P_硬 = 1/285$

解答

根据《公路路线设计规范》(JTG D20—2017),根据第7.5.7条条文说明,$L_f = \Delta_i \cdot B/P$,则

$$P_{车} = \Delta_i \cdot B/L_c = 3.5 \times (5\% + 2\%)/70 = 1/285$$

$$P_{硬} = 4.25 \times (5\% + 2\%)/70 = 1/235.3$$

答案:C

例题 1-79

某一级公路设计速度为 100km/h,其标准横断面如下图所示。有一弯道处,采用的圆曲线半径为 985m,超高计算时采用的横向力系数 μ 取值为 0.04。取缓和曲线长度为 150m,超高采用绕中央分隔带边缘旋转,其超高渐变率最接近(   )。

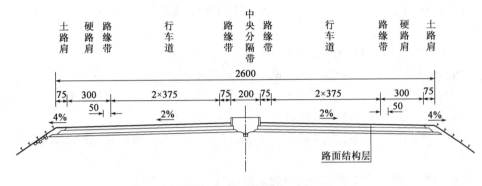

例题 1-79 图(尺寸单位:cm)

（A）1/150　　　　（B）1/175　　　　（C）1/220　　　　（D）1/285

解答

（1）$i = v^2/(127R) - \mu = 100^2/(127 \times 985) - 0.04 = 0.04$

坡度差:$\Delta t = 4\% - (-2\%) = 6\%$

（2）$B = 0.75 + 3.75 \times 2 + 0.5 = 8.75m$

（3）根据 $L_e = B \cdot \Delta i/P$,$150 = 8.75 \times 0.06/P$,得:$P = 1/285.7$

答案:D

例题 1-80

某一级干线公路,设计速度为 80km/h,路基宽度为 24.5m,车道宽度为 3.75m,中间带宽度为 3m,中央分隔带宽度为 2m,右侧路缘带宽度为 0.5m,路拱坡度为 2%,某转角处设置基本形平曲线,圆曲线半径 $R = 630m$。计算超高值时拟定横向力系数 μ 为 0.04,超高过渡方式为线性过渡,超高旋转轴为中央分隔带边缘,超高缓和段最小长度应为(   )。

（A）100m　　　　（B）102m　　　　（C）108m　　　　（D）115m

解答

（1）根据《城市道路路线设计规范》(CJJ 193—2012)第 4.0.17 条、第 4.0.18 条条文说明,汽车行驶在曲线上的力的公式,知:$i = v^2/(127R) - \mu = 80^2/(127 \times 630) - 0.04 = 0.04$。

（2）$\Delta i = 4\% - (-2\%) = 6\%$;$B = (3-2)/2 + 3.75 \times 2 + 0.5 = 8.5m$。

根据《公路路线设计规范》(JTG D20—2017)第 7.5.4 条,设计速度 80km/h,绕边线旋转,$P = 1/150$。

超高缓和段长:$L_{emin} = B \cdot \Delta i/P = 8.5 \times 0.06 \times 150 = 76.5m$

（3）查表 7.4.3 知设计速度为 80km/h 时,回旋线最小长度为 70m。

取超高缓和段长度和回旋线最小长度中两者的大值,即76.5m。

答案:B

例题 1-81

条件同例题1-80,已知该平曲线转角为32°,回旋线—圆曲线—回旋线设置方式为1:1:1,则超高缓和段可能的取值是( ),ZH点至HY点段超高缓和段终点宜设置在( )。

(A)100m,缓和曲线上某点   (B)150m,HY点

(C)170m,HY点   (D)176m,缓和曲线上某点

解答

$2\beta_0 : (\alpha - 2\beta_0) = 1 : 1$,得:$\beta_0 = 32°/4 = 8°$

$L_s = 2\beta_0 R\pi/180° = 2 \times 8° \times 630 \times \pi/180° = 175.92\text{m}$

根据《公路路线设计规范》(JTG D20—2017)第7.5.6条,超高渐变率不得小于1/330,则对应最大超高缓和段:$L_{emax} = B \cdot \Delta i/P = 8.5 \times 0.06 \times 330 = 168.3\text{m}$。

$L_{emax} = 168.3 < L_s = 175.92$,取 $L_{emax} = 168.3\text{m}$;$L_{emin} = 76.5\text{m}$,所以超高缓和段取值范围为76.5 ~ 168m。

超高缓和段长度小于回旋线长度,全超高断面宜设在缓圆点处。

答案:B

📖 考点分析

(1)计算高程时,明确路基设计高程位置(位于路基边缘、道路中心线处还是中央分隔带外侧)及超高旋转轴位置(位于道路中线处、车行道边缘处还是中央分隔带外侧),先由设计线处高程推算出旋转轴处高程,在整个超高过程中旋转轴处高程不变,而后计算其他部位的高程。

(2)根据《公路路线设计规范》(JTG D20—2017)第8.1.1条规定:新建高速公路和一级公路宜采用中央分隔带的外侧边缘高程;二级公路、三级公路、四级公路宜采用路基边缘高程,在设置超高、加宽路段为设超高、加宽前该处边缘高程。改建公路的路基设计高程宜按新建公路的规定执行,也可视具体情况而采用中央分隔带中线或行车道中线高程。所以当题目不给出设计高程位置时,就默认为路基边缘处为设计高程位置。很多教科书上有设置路基加宽后超高的计算标准公式(表格),这些标准公式默认无中央分隔带的设计高程是路基边缘高程。

(3)旋转轴在中央分隔带边缘时,超高旋转轴位于边线位置,不要误以为是位于中线位置。

(4)硬路肩超高至5%不再参与旋转。

(5)土路肩横坡度:内侧与行车道或硬路肩一致,外侧不参与超高。

(6)注意超高、加宽的综合运用(超高类题目,若半径小于250m,就要考虑加宽)。加宽部分路面横坡度同原路面,注意旋转轴相对位置不变。

(7)公路平曲线中的缓和曲线长度既要满足超高过渡段的要求,也要满足回旋线最小长度规定(见第7.4.3条),若出现类似题目,注意比较后进行取值(参考例题1-80和例题1-81)。

(8)注意超高题目中的隐含条件,超高渐变率最小为1/330。

2. 城市道路超高相关计算

📖 条文规定

《城市道路路线设计规范》(CJJ 193—2012)规定如下：

6.4 圆曲线超高

6.4.1 当圆曲线半径小于本规范表6.3.2中不设超高最小半径时，在圆曲线范围内应设超高，最大超高横坡度应符合表6.4.1的规定。当由直线段的正常路拱断面过渡到圆曲线上的超高断面时，必须设置超高缓和段。

最大超高横坡度 表6.4.1

设计速度(km/h)	100,80	60,50	40,30,20
最大超高横坡度(%)	6	4	2

注：积雪或冰冻地区的道路应根据实际情况适当折减。

6.4.2 超高的过渡方式应根据横断面形式、结合地形条件等因素决定，并应利于路面排水。对于单幅路及三幅路横断面形式，超高旋转轴宜采用中线，对于双幅路及四幅路，宜采用中间分隔带边缘线，使两侧车行道成为独立的超高横断面(图6.4.2)。

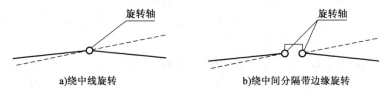

图6.4.2 超高过渡方式

6.4.3 当由直线上的正常路拱断面过渡到圆曲线上的超高断面时，必须在其间设置超高缓和段。超高缓和段长度应按下式计算：

$$L_e = b \cdot \Delta i / \xi \qquad (6.4.3)$$

式中：L_e——超高缓和段长度(m)；

b——超高旋转轴至路面边缘的宽度(m)；

Δi——超高横坡度与路拱坡度的代数差(%)；

ξ——超高渐变率，超高旋转轴与路面边缘之间相对升降的比率，应符合表6.4.3的规定。

最大超高渐变率 表6.4.3

设计速度(km/h)		100	80	60	50	40	30	20
超高渐变率ξ	绕中线旋转	1/225	1/200	1/175	1/160	1/150	1/125	1/100
	绕边线旋转	1/175	1/150	1/125	1/115	1/100	1/75	1/50

6.4.4 超高缓和段应满足路面排水要求，超高缓和段的纵向渐变率不得小于1/330。

6.4.5 超高缓和段应在缓和曲线全长范围内进行。当缓和曲线较长时，超高缓和段可设在缓和曲线的某一区段范围内。当设计速度小于40km/h时，超高缓和段可在直线段内进行。

6.4.6 超高缓和段长度与缓和曲线长度两者中应取大值作为缓和曲线的计算长度。

6.4.7 超高缓和段起终点处路面边缘应圆顺，不得出现竖向转折。

(1)《城市道路路线设计规范》(CJJ 193—2012)中超高渐变率 ξ 与公路中超高渐变率 P 意义相同。

(2)城市道路中 b 是超高旋转轴至路面边缘的宽度(m),而公路中 B 是旋转轴至行车道(设路缘带时为路缘带)外侧边缘的宽度(m)。

(3)注意超高渐变率最小值为 1/330(同公路)。

例题 1-82(2019 年真题)

拟建城市快速路的设计速度为 100km/h,单向机动车道路面宽度为 8.50m,标准路拱坡度为 2%,该工程平面设计线形中设 $R=800m$ 的圆曲线,已知圆曲线超高值为 2.0%,采用绕中间分隔带边缘旋转,那么,缓和曲线的最小计算长度为(   )。

(A)38.25m   (B)59.5m

(C)76.50m   (D)85.00m

解答

根据《城市道路路线设计规范》(CJJ 193—2012)第 6.4.6 条,超高缓和段长度与缓和曲线长度两者中应取大值作为缓和曲线的计算长度。

查表 6.3.3-2,$v=100km/h$ 时,缓和曲线最小长度应为 85.0m。

查表 6.4.3 知,设计速度为 100km/h,绕边缘旋转,超高渐变率 $\xi_{max}=1/175$,宽度为 8.5m。

超高横坡度与路拱横坡度的代数差为 2% – (-2%) = 4%;根据第 6.4.3 条计算超高缓和段长度:$L_{emin}=b \cdot \Delta i/\xi_{max}=8.5 \times 0.04 \times 175=59.5m$。

取 85.0m 与 59.5m 两者大值,即 85.0m。

答案:D

例题 1-83(2019 年真题)

拟建城市快速路,设计速度 $V=80km/h$,该路段某处平曲线的设计参数如下图所示,超高过渡方式按绕中间分隔带边缘旋转,该处平曲线设计中设计指标不符合规范规定的是(   )。

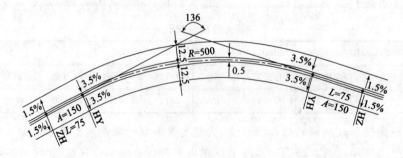

例题 1-83 图(尺寸单位:m)

(A)圆曲线半径   (B)缓和曲线长度

(C)超高值   (D)曲线转角

解答

根据《城市道路路线设计规范》(CJJ 193—2012)：

(1)查表 6.3.2,设计速度 80km/h,设超高圆曲线最小半径一般值为 400m,本题 $R = 500$m $>$ 400m,符合规范。

(2)查表 6.3.3-2,设计速度 80km/h,缓和曲线最小长度为 70m,图中的 75m 符合规范;查表 6.4.1,最大超高 6%,图中 3.5% 满足规范;查表 6.4.3,$\xi_{max} = 1/150$,按题意 $b = 12.25$m;$\Delta i = 3.5\% - (-1.5\%) = 5\%$,代入公式 $L_{emin} = b \cdot \Delta i / \xi_{max} = 12.25 \times 0.05 \times 150 = 91.875$m $>$ 75m,超高所需缓和曲线长度不足。

答案:B

例题 1-84(2020 年真题)

某城市快速路,设计速度为 80km/h,采用整幅式高架桥形式,桥梁路面宽度为 24.5m,标准路拱横坡为 2.0%,路段中设有一处 $R = 300$m 的圆曲线。已知绕中线旋转的圆曲线超高值为 4.0%,则该处缓和曲线的最小长度为( )。(计算结果取整)

(A)70m
(B)98m

(C)110m
(D)147m

解答

根据《城市道路路线设计规范》(CJJ 193—2012)第 6.3.3 条第 5 款表 6.3.3-2,缓和曲线长度最小值 $L_s = 70$m。

根据第 6.4.3 条,超高渐变率 $\varepsilon = 1/200$。

超高缓和段长度 $L_e = b \times \Delta i / \varepsilon = (24.5/2) \times (2\% + 4\%)/(1/200) = 147$m。

根据第 6.4.6 条,取 L_e 和 L_s 的大值 147m 为缓和曲线长度最小值。

答案:D

例题 1-85

某城市主干路,设计速度为 60km/h,某转角处采用基本形平曲线,平面布置及设计采用各技术指标见下图,超高为 2%,超高旋转轴位置设置在中央分隔带边线处,超高缓和段长即为缓和曲线长。则该设计图采用的技术指标不符合规范的是( )。

(A)圆曲线半径
(B)缓和曲线长度

(C)超高值
(D)超高缓和段长度

解答

根据《城市道路路线设计规范》(CJJ 193—2012)：

(1)查表 6.3.2,设计速度 60km/h,不设超高圆曲线最小半径一般值为 600m,超高最小半径一般值为 300m,本题 $R = 400$m 符合规范。

(2)查表 6.3.3-2,设计速度 60km/h,缓和曲线最小长度为 50m,图中的 $L_s = 110$m 符合规范;查表 6.4.3,$\xi_{max} = 1/125$,按题意 $b = 8$m;$\Delta i = 2.0\% - (-2.0\%) = 4\%$,代入公式 $L_{emin} = b \cdot \Delta i / \xi_{max} = 8 \times 0.04 \times 125 = 40$m $<$ 110m,超高所需缓和曲线长度足够。

(3)由第 6.4.4 条知,超高缓和段的纵向渐变率不得小于 1/330,即 $\xi_{min} = 1/330$。

由 $\xi = b \cdot \Delta i / L_e$,对应的超高缓和段长度 $L_{emax} = 330 \times 8 \times 0.04 = 105.6$m $<$ $L_s = 110$m(超高缓和段过长)。

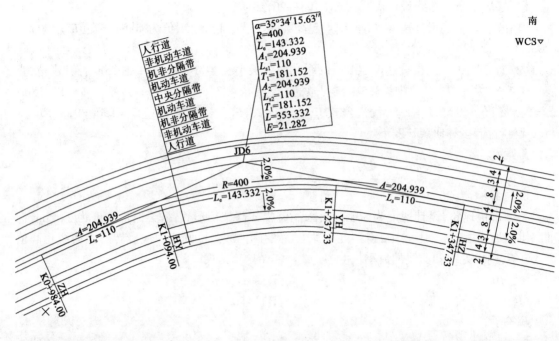

例题 1-85 图

答案：D

📖 **考点分析**

　　注意直线段长度、圆曲线长度、圆曲线半径、缓和曲线长度、超高值、加宽值、超高渐变段长度(缓和曲线长度能否满足设置超高)、超高渐变率大小等规范符合性的判别和综合运用。

考点 11　车道(圆曲线)加宽计算

1. 公路车道加宽计算

📖 **条文规定**

　　《公路路线设计规范》(JTG D20—2017)规定如下：

　　7.6.1　二级公路、三级公路、四级公路的圆曲线半径小于或等于250m时，应设置加宽。双车道公路路面加宽值应符合表7.6.1的规定，圆曲线加宽值应根据公路功能、技术等级和实际交通组成确定，并应符合下列规定：

　　1　作为干线的二级公路，应采用第3类加宽值。

　　2　作为集散的二级公路和三级公路，在考虑铰接列车通行时，应采用第3类加宽值；不考虑通行铰接列车时，可采用第2类加宽值。

　　3　作为支线的三级公路、四级公路可采用第1类加宽值。

4 有特殊车辆通行的专用公路应根据特殊车辆验算确定其加宽值。

双车道路面加宽值(m)   表 7.6.1

加宽类别	设计车辆	圆曲线半径(m)								
		200～250	150～200	100～150	70～100	50～70	30～50	25～30	20～25	15～20
第1类	小客车	0.4	0.5	0.6	0.7	0.9	1.3	1.5	1.8	2.2
第2类	载重汽车	0.6	0.7	0.9	1.2	1.5	2.0	—	—	—
第3类	铰接列车	0.8	1.0	1.5	2.0	2.7	—	—	—	—

注:单车道公路路面加宽值应为表列规定值的一半。

7.6.2 圆曲线上的路面加宽应设置在圆曲线的内侧。各级公路的路面加宽后,路基也应相应加宽。

7.6.3 双车道公路在采取强制性措施实行分向行驶的路段,其圆曲线半径较小时,内侧车道的加宽值应大于外侧车道的加宽值,设计时应通过计算分别确定。

7.6.4 加宽过渡段设置应符合下列规定:

1 设置回旋线或超高过渡段时,加宽过渡段长度应采用与回旋线或超高过渡段长度相同的数值。

2 不设回旋线或超高过渡段时,加宽过渡段长度应按渐变率为1:15且长度不小于10m的要求设置。

7.7.2 四级公路的超高、加宽过渡段长度应分别按超高和加宽的有关规定计算,取其较长者,但最短应符合渐变率为1:15且不小于10m的要求。

7.7.3 四级公路的超高、加宽过渡段应设在紧接圆曲线起点或终点的直线上。受地形条件或其他特殊情况限制时,可将超高、加宽过渡段的一部分插入曲线,但插入曲线内的长度不得超过超高、加宽过渡段长度的一半。不同半径的同向圆曲线径相连接构成的复曲线,其超高、加宽过渡段应对称地设在衔接处的两侧。

《公路路线设计规范》(JTG D20—2017)第7.6.5条条文说明规定如下:

7.6.5 加宽过渡段的渐变尽量保证变化自然、平滑,避免突变是安全行车的需要。加宽过渡的渐变方式可根据需要采用线性或高次抛物线方式。高速公路、一级公路及对路容有要求的其他公路通常采用四次抛物线渐变方式,渐变过程如式(7-4)所示;二级、三级、四级公路也有采用线性加宽渐变方式的,渐变过程如式(7-5)所示。

$$b_x = (4k^3 - 3k^4)b \qquad (7\text{-}4)$$
$$b_x = k \cdot b \qquad (7\text{-}5)$$
$$k = L_x/L$$

式中:L_x——任意桩号位置(任意点)距加宽过渡段起点的距离(m);

L——加宽过渡段的长度(m);

b——圆曲线上的全加宽值(m);

b_x——任意桩号位置(任意点)的加宽值(m)。

📖 典型例题

例题 1-86(2020年真题)

沿海某地疏港公路,交通组成以铰接列车、半挂车等为主,设计采用三级公路标准,设计速度为 40km/h。其中某路段平面设计为半径 220m 的圆曲线,该圆曲线路段一般路基横断面总宽度为(   )。(取小数点后两位)

(A)8.50m (B)8.90m

(C)9.10m (D)9.30m

解答

根据《公路路线设计规范》(JTG D20—2017),三级公路,查表 6.2.2 知为双向两车道公路;设计速度 40km/h,查表 6.2.1,车道宽 3.5m;查表 6.4.1,土路肩 0.75m;圆曲线半径 $R = 220m$,通行铰接列车,查表 7.6.1,采用第三类加宽,加宽值为双车道 0.8m。

路基总宽度为:

$0.75 + 0.8 + 2 \times 3.5 + 0.75 = 9.3m$

答案:D

例题 1-87

某三级集散公路在某交点处设置了一基本对称型线形,该处的圆曲线半径采用 $R = 100m$,最大加宽值采用 $b = 1.5m$,缓和曲线长度 $L_s = 45m$;若加宽过渡方式按线性,则该平曲线的缓和曲线上距 YH(HY)点 13.5m 处加宽值为(   )。

(A)0.15m (B)0.45m (C)1.05m (D)1.25m

解答

根据《公路路线设计规范》(JTG D20—2017)第 7.6.5 条条文说明式(7-5):

$L_x = 45 - 13.5 = 31.5m$

$k = L_x/L_s = 31.5/45 = 0.7$

$b_x = b \times k = 1.5 \times 0.7 = 1.05m$

答案:C

例题 1-88

某双向两车道二级干线公路,设计速度为 60km/h,某平曲线半径采用 $R = 190m$,该平曲线的 QZ 点桩号为 K5+220.56,已知 $L_y = 100m$,$L_s = 80m$,由于路容要求较高,加宽过渡采用四次抛物线方式,则桩号 K5+300.00 处加宽值是(   )。

(A)0.15m (B)0.25m (C)0.37m (D)0.53m

解答

二级干线公路,根据《公路路线设计规范》(JTG D20—2017)第 7.6.1-1 条,采用第三类加宽,查表 7.6.1 得 $b = 1.0m$。

根据 7.6.5 条文说明式(7-5):

$L_x = (K5+220.56) + 100/2 + 80 - (K5+300.00) = 50.56m$

$k = L_x/L_s = 50.56/80 = 0.632$

$b_x = (4k^3 - 3k^4) \times b = (4 \times 0.632^3 - 3 \times 0.632^4) \times 1.0 = 0.531m$

答案:D

例题 1-89

某支线四级公路,采用双向两车道,路面宽 6.5m,路基宽 7.0m,双向 2% 横坡,设计速度为

20km/h。在某弯道处采用转角半径 $R=60m$，经计算确定采用 2% 超高，超高旋转轴为道路中心线，平面未设置回旋线，则需最小渐变过渡段长度是(　　)。

(A)10m　　　　　(B)13m　　　　　(C)13.5m　　　　　(D)15m

解答

根据《公路路线设计规范》(JTG D20—2017)：

(1)查表 7.5.4，$P=1/100$；查第 7.5.7 条条文说明，$L_e = B \cdot \Delta i/P = 3.25 \times 0.04 \times 100 = 13m$。

(2)根据第 7.6.1 条第 4 款，作为支线的三、四级公路可采用第一类加宽；查表 7.6.1，加宽值 0.9m；根据第 7.7.2 条、第 7.6.4 条第 2 款，加宽渐变率最小为 1：15，得加宽过渡段最小值 $L_{min} = 0.9 \times 15 = 13.5m > 13.0m$，取 13.5m。

(3)根据第 7.7.2 条规定，取超高和加宽过渡段较长者，即 13.5m。

答案：C

2. 城市道路加宽计算

📖 **条文规定**

《城市道路路线设计规范》(CJJ 193—2012)规定如下：

6.5　圆曲线加宽

6.5.1　当圆曲线半径小于或等于 250m 时，应在圆曲线范围内设置加宽，每条车道加宽值应符合表 6.5.1 的规定。

圆曲线每条车道的加宽值(m)　　　　　　　　　　　　表 6.5.1

加宽类型	汽车前悬加轴距(m)	车型	圆曲线半径(m)								
			$200 < R \leqslant 250$	$150 < R \leqslant 200$	$100 < R \leqslant 150$	$80 < R \leqslant 100$	$70 < R \leqslant 80$	$50 < R \leqslant 70$	$40 < R \leqslant 50$	$30 < R \leqslant 40$	$20 < R \leqslant 30$
1	0.8 + 3.8	小客车	0.30	0.30	0.35	0.40	0.40	0.45	0.50	0.60	0.75
2	1.5 + 6.5	大型车	0.40	0.45	0.60	0.65	0.70	0.90	1.05	1.30	1.80
3	1.7 + 5.8 + 6.7	铰接车	0.45	0.60	0.75	0.90	0.95	1.25	1.50	1.90	2.75

6.5.2　圆曲线上的路面加宽应设置在圆曲线的内侧。当受条件限制时，次干路、支路可在圆曲线的两侧加宽。

6.5.3　圆曲线范围内的加宽应为不变的全加宽值，两端应设置加宽缓和段。

6.5.4　加宽缓和段的长度宜符合下列规定：

1　当设置缓和曲线或超高缓和段时，加宽缓和段长度应采用与缓和曲线或超高缓和段长度相同的数值。

2　当不设缓和曲线或超高缓和段时，加宽缓和段长度应按加宽侧路面边缘宽度渐变率为 1：15 ~ 1：30 计算，且长度不应小于 10m。

《城市道路路线设计规范》(CJJ 193—2012)条文说明规定如下：

根据汽车在圆曲线上行驶时的相对位置关系所需的加宽值 b_{w1} 和不同车速情况下的汽车摆动偏移所需的加宽值 b_{w2}(图 1)，每车道加宽值计算如下：

小客车、大型车的加宽值 b_w 为：

$$b_{\mathrm{w}} = b_{\mathrm{w1}} + b_{\mathrm{w2}} = \frac{a_{\mathrm{gc}}^2}{2R} + \frac{0.05V}{\sqrt{R}} \tag{9}$$

铰接车的加宽值 b_{w}' 为：

$$b_{\mathrm{w}}' = b_{\mathrm{w1}}' + b_{\mathrm{w2}}' = \frac{a_{\mathrm{gc}}^2 + a_{\mathrm{cr}}^2}{2R} + \frac{0.05V}{\sqrt{R}} \tag{10}$$

式中：a_{gc}——小客车、大型车轴距加前悬的距离，或铰接车前轴距加前悬的距离（m）；

a_{cr}——铰接车后轴距的距离（m）；

V——设计速度（km/h）；

R——设超高最小半径（m）。

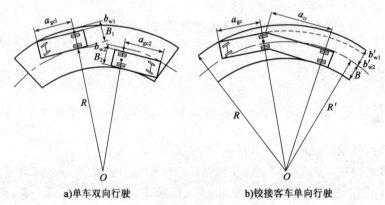

a)单车双向行驶　　　　　　　　　b)铰接客车单向行驶

图 1　圆曲线上路面加宽示意

📖 典型例题

例题 1-90（2019 年真题）

拟建设计速度为 30km/h 的城市支路，单幅路路面宽 3.5m，设双向两车道，其路段中设 $R=150$m 的圆曲线，那么按小客车标准的机动车道加宽值拟定为（　　　）。

（A）0.3m　　　　（B）0.35m　　　　（C）0.60m　　　　（D）0.7m

解答

根据《城市道路路线设计规范》（CJJ 193—2012）第 6.5.1 条，当圆曲线半径小于或等于 250m 时，应在圆曲线范围内设加宽，每条车道加宽值应符合表 6.5.1 的规定。

查表 6.5.1 可知，圆曲线半径为 150m 时，车型为小客车，加宽类型为 1 类，1 条车道的加宽值为 0.35m，则双向两车道应为 0.7m。

答案：D

例题 1-91

在例题 1-90 条件下，若该圆曲线两侧未设置缓和曲线，采用曲线内侧加宽，则加宽缓和段长度最小值应为（　　　）。

（A）10m　　　　（B）10.5m　　　　（C）21m　　　　（D）23m

解答

根据《城市道路路线设计规范》（CJJ 193—2012）第 6.5.4 条第 2 款，当不设缓和曲线或超高缓和段时，加宽缓和段长度应按加宽侧路面边缘宽度渐变率为 1∶15～1∶30 计算，且长度不应小于10m。则 $L = 0.7 \times 15 = 10.5\text{m} > 10\text{m}$，取 10.5m。

答案:B

例题 1-92

拟建设计速度为 30km/h 的城市支路,仅供小客车行驶。单幅路路面宽 3.5m,设双向两车道,其路段中设有一处 $R = 80\text{m}$ 的圆曲线。则根据计算公式确定该圆曲线处车道加宽值为（   ）。

（A）0.3m   （B）0.35m   （C）0.6m   （D）0.7m

解答

根据《城市道路路线设计规范》（CJJ 193—2012）第 6.5 条条文说明,小客车、大型车的加宽值 b_{w} 为:

$$b_{\text{w}} = b_{\text{w1}} + b_{\text{w2}} = \frac{a_{\text{gc}}^2}{2R} + \frac{0.05V}{\sqrt{R}}$$

查表 3.0.6(或表 6.5.1)知:

$a_{\text{ge}} = 0.8 + 3.8 = 4.6\text{m}$

$b_{\text{w}} = 4.6^2 / (2 \times 80) + 1.5 / \sqrt{80} = 0.132 + 0.1677 = 0.30\text{m}$

两个车道 $2 \times 0.30 = 0.6\text{m}$。

答案:C

例题 1-93（2020 年真题）

某城市支路设计速度为 20km/h,为单幅路,其中车行道宽 12.0m,由机动车道宽 2 × 3.5m、两侧非机动车道宽各 2.5m 组成。路段中设有一处 $R = 35\text{m}$ 的圆曲线,平曲线设计参数如下图所示,图中尺寸单位为 m,横坡度为 2.0%,超高过渡方式绕中线旋转,按小客车标准加宽。下列关于平曲线设计指标要素中,不符合规范规定的是（   ）。并请说明选择依据和理由。

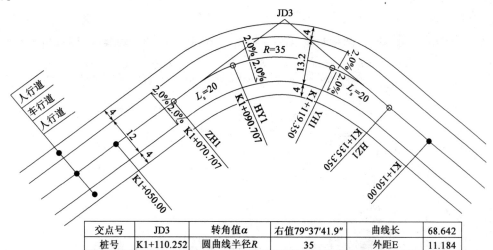

交点号	JD3	转角值 α	右值79°37′41.9″	曲线长	68.642
桩号	K1+110.252	圆曲线半径 R	35	外距 E	11.184
交点坐标 X	262.195	缓和曲线长度 L_{s1}	20	切线长度 T_1	39.544
交点坐标 Y	2617.277	缓和曲线长度 L_{s2}	20	切线长度 T_2	39.544

例题 1-93 图

（A）圆曲线加宽 （B）圆曲线超高

（C）超高缓和段长度 （D）圆曲线长度

解答

根据《城市道路路线设计规范》（CJJ 193—2012）。

选项 A：设计速度 20km/h 的城市支路，$R = 35$m 的圆曲线，查表 6.5.1 知，单车道加宽值为 0.6m；本题圆曲线加宽值（13.2 – 12）/2 = 0.6m，符合规范。

选项 B：设计速度 20km/h 时，查表 6.4.1，最大超高 2%，本图为 2%，圆曲线超高符合规范。

选项 D：查表 6.3.4-1，圆曲线最小长度为 20m，本图为 68.642 – 2×20 = 28.642m，圆曲线长度符合规范。

选项 C：查表 6.4.3，最大超高渐变率为 1/100，超高所需缓和段长

$$L_e = (3.5 + 2.5) \times (0.02 + 0.02)/(1/100) = 24m > 本图中 20m，不符合规范。$$

答案：C

考点分析

（1）城市道路加宽值可以直接查表得到，也可以根据条文说明中的公式来计算，具体根据题意进行选择。

（2）注意超高、加宽的综合运用（超高类题目，若半径小于 250m，就要考虑加宽）。

（3）若不设置超高和回旋线，则加宽缓和段的长度至少为 10m，并应满足最大 1:15 渐变率的要求。若设置超高缓和段或回旋线，则长度应与之相同。详见《公路路线设计规范》（JTG D20—2017）第 7.6.4 条及《城市道路路线设计规范》（CJJ 193—2012）第 6.5.4 条。

（4）圆曲线范围内加宽值为定值，圆曲线外加宽值渐变为零（由 YZ 点或 YH 点渐变）。渐变公式见《公路路线设计规范》（JTG D20—2017）第 7.6.5 条条文说明。

（5）高速公路、一级公路圆曲线半径一般大于 250m，无须加宽，因此公路路面加宽以双车道为准，单车道路面加宽为表规定值的一半；城市道路以每条车道的加宽值列表，双向 N 条车道，加宽值就应乘以 N。

（6）注意直线段长度、圆曲线长度、圆曲线半径、缓和曲线长度、超高值、加宽值、超高渐变段长度（缓和曲线长度能否满足设置超高）、超高渐变率大小等技术指标的综合运用，以判别道路图中以上技术指标的规范符合性（这样的考题更贴合工程实际）。

考点 12　纵断面相关计算

1. 竖曲线基本原理及几何要素计算

基本知识

1）竖曲线基本原理

汽车行驶在变坡点时，为了缓和因运动变化而产生的冲击和保证视距，必须插入竖曲线。竖曲线形式为圆曲线。

2）竖曲线要素计算公式

（1）竖曲线几何要素主要有：竖曲线切线长 T、曲线长 L 和外距 E，如图 1-11 所示。

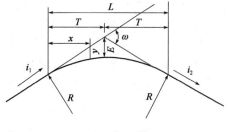

图 1-11　竖曲线要素

$$L = R\omega$$

$$T = \frac{L}{2}$$

$$E = \frac{T^2}{2R} = \frac{R\omega^2}{8} = \frac{T\omega}{4}$$

（2）竖曲线上任意点纵距 y 的计算如下：

$$y = \frac{x^2}{2R}$$

式中：y——计算点纵距（m）；

　　　x——计算点桩号与竖曲线起点的桩号差（m）；

　　　R——竖曲线半径（m）。

3）竖曲线上任意点设计高程的计算

（1）计算切线高程

$$H_1 = H_0 - (T - x)i_t$$

式中：H_0——变坡点高程（m）；

　　　H_1——计算点切线高程（m）；

　　　i_t——纵坡度（°）。

其余符号如图 1-11 所示。利用该式可以计算直坡段上任意点的设计高程。

（2）计算设计高程

$$H = H_1 \pm y$$

式中：H——设计高程（m）；

　　　"$\pm$"——当为凹形竖曲线时取"$+$"，当为凸形竖曲线时取"$-$"；

　　　其余符号意义同前。

 典型例题

例题 1-94

某条道路变坡点桩号 K25 + 460.00，高程为 780.72m，$i_1 = 0.8\%$，$i_2 = 5\%$，竖曲线半径 $R = 5000$m。则桩号 K25 + 400.00、K25 + 460.00 和 K25 + 500.00 处的设计高程分别为（　　）。

（A）780.44m，781.82m，783.14m　　　（B）779.88m，780.72m，781.82m

（C）780.24m，780.72m，781.82m　　　（D）79.88m，780.72m，783.1m

解答

$\omega = i_2 - i_1 = 5\% - 0.8\% = 4.2\% > 0$，凹曲线，则

$L = \omega \times R = 0.042 \times 5000 = 210$m，$T = L/2 = 105$m

$E = T^2/2R = 105^2/(2 \times 5000) = 1.1025$m

（1）桩号 K25 + 460.00 点竖曲线高程：780.72 + 1.1025 = 781.8225m

竖曲线起点桩号：K25 + 460 - 105 = K25 + 355

$X_1 = K25 + 400.00 - K25 + 355 = 45m$

$Y_1 = 45^2 / (2 \times 5000) = 0.2025m$

(2)桩号 K25 + 400.00 点高程:$780.72 - 60 \times 0.008 + 0.2025 = 780.4425m$

竖曲线终点桩号:$K25 + 460 + 105 = K25 + 565$

$X_2 = K25 + 565.00 - K25 + 500 = 65m$

$Y_2 = 65^2 / (2 \times 5000) = 0.4225m$

(3)桩号 K25 + 500.00 点高程:$780.72 + 40 \times 0.05 + 0.4225 = 783.1425m$

答案:A

例题 1-95

某三级公路,采用设计速度 40km/h,路基宽度为 8.5m,其中车行道宽 3.5m,两侧各0.75m 宽的土路肩,车行道采用 2% 的双面坡,土路肩采用 3% 单面坡。路基设计高程为路基边缘线,路段有一变坡点的高程为 199.55m,其相邻坡段的纵坡分别为 $i_1 = -3.2\%$,$i_2 = 1.8\%$。该变坡点处设有 2m 盖板涵,净高 1.5m,涵洞铺底高程 199.10m,盖板厚度 0.25m,要求涵洞顶面填土(含路面)高度至少保证 0.5m,竖曲线半径最小应是( )。

(A)5600m　　　　(B)5760m　　　　(C)5920m　　　　(D)6000m

解答

(1)坡度角 $\omega = i_2 - i_1 = 1.8\% - (-3.2\%) = 5.0\% > 0$,凹曲线。

(2)根据涵洞构造要求,确定路面最低设计高程 $H_{最低} = 199.10 + 1.5 + 0.25 + 0.5 = 201.35m$,外距 $E_{最小} = 201.35 - 199.55 = 1.80$。

(3)竖曲线半径:$R_{最小} = 8E_{最小} / \omega^2 = 8 \times 1.8 / 0.0025 = 5760m$

答案:B

例题 1-96

某城市次干路在接近桥头处设置了一变坡点,其桩号为 K10 + 155,设计高程为 321.34m,$i_1 = 3.5\%$,桥上坡度 $i_2 = 0.5\%$,桥头端点的桩号为 K10 + 260,要求桥头至少保证 30m 的直坡段,竖曲线的半径最大为( )。

(A)4400m　　　　(B)4600m　　　　(C)4800m　　　　(D)5000m

解答

$\omega = i_2 - i_1 = 0.5\% - 3.5\% = -3.0\% < 0$,凸曲线。

竖曲线终点桩号:$K10 + 260 - 30 = K10 + 230$

竖曲线切线长:$K10 + 230 - K10 + 155 = 75m$

$T = L/2 = R\omega/2 = 75$,故 $R = 150/0.03 = 5000m$

答案:D

例题 1-97(2020 年真题)

某改建城市道路,设计速度为 50km/h,路段中有一处横向穿越的构筑物,纵断面设计在构筑物中轴线处设置变坡点,变坡点高程为 5.73m,沿桩号前进方向相邻纵坡分别为 +2.0%、−1.8%。已知构筑物顶面高程为 2.26m,结构顶面最小覆土按 3.0m 控制。不考虑其他因素影响,计算构筑物中轴线处对应的竖曲线最大、最小半径值分别应为( )。(百位数取整)

竖曲线计算公式：$L = 2T = R \cdot |\omega|$，$\omega = i_2 - i_1$，$E = T^2/2R$

(A) 2600m, 900m   (B) 2600m, 1100m

(C) 2600m, 1400m   (D) 2600m, 2600m

解答

根据《城市道路路线设计规范》(CJJ 193—2012)。

根据题意 $E_{最大} = 5.73 - 2.26 - 3 = 0.47$m

$|\omega| = |-1.8\% - 2\%| = 0.038$

由 $E = T^2/2R$，$2T = R \cdot |\omega|$ 得 $E = R\omega^2/8$，所以 $R_{max} = 8E/\omega^2 = 8 \times 0.47/0.038^2 = 2603.9$m，取整 $R_{max} = 2600$m

查表 7.5.1，设计速度为 50km/h 时，竖曲线最小半径 $R_{min} = 900$m

查表 7.5.1，最小竖曲线长度 40m，则对应的竖曲线最小半径 $R_{min} = 40/0.038 = 1052.6$m，取两者大值 1052.6m(取整 1100m)。

答案：B

2. 最大、最小纵坡及竖曲线最小半径、最小长度的相关规定

条文规定

《公路路线设计规范》(JTG D20—2017)规定如下：

8.2.1 公路的最大纵坡应不大于表 8.2.1 的规定，并应符合下列规定：

最大纵坡   表 8.2.1

设计速度(km/h)	120	100	80	60	40	30	20
最大纵坡(%)	3	4	5	6	7	8	9

1 设计速度为 120km/h、100km/h、80km/h 的高速公路，受地形条件或其他特殊情况限制时，经技术经济论证，最大纵坡可增加 1%。

2 改扩建公路设计速度为 40km/h、30km/h、20km/h 的利用原有公路的路段，经技术经济论证，最大纵坡可增加 1%。

3 四级公路位于海拔 2000m 以上或积雪冰冻地区的路段，最大纵坡不应大于 8%。

8.2.2 设计速度小于或等于 80km/h 位于海拔 3000m 以上高原地区的公路，最大纵坡应按表 8.2.2 的规定予以折减。最大纵坡折减后小于 4% 时应采用 4%。

高原纵坡折减值   表 8.2.2

海拔高度(m)	3000~4000	4000~5000	5000 以上
纵坡折减(%)	1	2	3

8.2.3 公路纵坡不宜小于 0.3%。横向排水不畅的路段或长路堑路段，采用平坡(0%)或小于 0.3% 的纵坡时，其边沟应进行纵向排水设计。

8.2.4 桥上及桥头路线的纵坡应符合下列规定：

1 小桥处的纵坡应随路线纵坡设计。

2 桥梁及其引道的平、纵、横技术指标应与路线总体布设相协调，各项技术指标应符合路线布设的规定。大、中桥上的纵坡不宜大于 4%，桥头引道纵坡不宜大于 5%，引道紧接桥头部分的线形应与桥上线形相配合。

3 易结冰、积雪的桥梁,桥上纵坡宜适当减小。

4 位于城镇混合交通繁忙处的桥梁,桥上及桥头引道纵坡均不得大于3%。

8.2.5 隧道及其洞口两端路线的纵坡应符合下列规定:

1 隧道内的纵坡应大于0.3%并小于3%,但短于100m的隧道不受此限。

2 高速公路、一级公路的中、短隧道,当条件受限制时,经技术经济论证后,最大纵坡可适当加大,但不宜大于4%。

3 隧道内的纵坡宜设置成单向坡;地下水发育的隧道及特长、长隧道宜采用人字坡。

8.6.1 公路纵坡变更处应设置竖曲线,竖曲线可采用圆曲线或抛物线,其竖曲线最小半径与竖曲线长度应符合表8.6.1的规定。

竖曲线最小半径与竖曲线长度 表8.6.1

设计速度(km/h)		120	100	80	60	40	30	20
凸形竖曲线半径 (m)	一般值	17000	10000	4500	2000	700	400	200
	极限值	11000	6500	3000	1400	450	250	100
凹形竖曲线半径 (m)	一般值	6000	4500	3000	1500	700	400	200
	极限值	4000	3000	2000	1000	450	250	100
竖曲线长度 (m)	一般值	250	210	170	120	90	60	50
	极限值	100	85	70	50	35	25	20

注:表中所列"一般值"为正常情况下的采用值;"极限值"为条件受限制时,经技术经济论证后的采用值。

《城市道路路线设计规范》(CJJ 193—2012)规定如下:

7.2.1 道路最大纵坡应符合下列规定:

1 机动车道最大纵坡应符合表7.2.1的规定。

机动车道最大纵坡 表7.2.1

设计速度(km/h)		100	80	60	50	40	30	20
最大纵坡	一般值(%)	3	4	5	5.5	6	7	8
	极限值(%)	4	5	6	6	7	8	8

2 新建道路应采用小于或等于最大纵坡一般值;对改建道路、受地形条件或其他特殊情况限制时,可采用最大纵坡极限值。

3 除快速路外的其他等级道路,受地形条件或其他特殊情况限制时,经技术经济论证后,最大纵坡极限值可增加1.0%。

4 积雪或冰冻地区的快速路最大纵坡不应大于3.5%,其他等级道路最大纵坡不应大于6.0%。

5 海拔3000m以上高原地区城市道路的最大纵坡一般值可减小1.0%,当最大纵坡折减后小于4.0%时,仍可采用4.0%。

7.2.2 道路最小纵坡应符合下列规定:

1 道路最小纵坡不应小于0.3%;当特殊困难纵坡小于0.3%时,应设置锯齿形偏沟或采取其他排水措施。

2 特大桥、大桥、中桥的桥面最小纵坡不宜小于0.3%,且竖向高程最低点不应位于主桥范围内。

3 高架路的桥面最小纵坡不应小于0.5%;困难时不应小于0.3%,并应采取保证高架路纵横向及时排水的措施。

7.2.3　非机动车道最大纵坡不宜大于2.5%；困难时不应大于3.5%，并应按本规范表7.3.3规定限制坡长。

7.2.4　特大桥、大桥、中桥的桥面纵坡不宜大于4.0%，桥头引道纵坡不宜大于5.0%。

7.2.5　隧道内的道路最大纵坡不宜大于3.0%，困难时不应大于5.0%，隧道出入口外的接线道路纵坡宜坡向洞外。

📖 规范条文解析 ▬▬▬

（1）《公路工程技术标准》（JTG B01—2014）表4.0.22中竖曲线最小半径和最小长度即为《公路路线设计规范》（JTG D20—2017）表8.6.1中的"极限值"，本表中未列出"一般值"。

（2）《城市道路工程设计规范》（CJJ 37—2012）（2016年版）关于纵断面的技术指标的规定与《城市道路路线设计规范》（CJJ 193—2012）相同。

（3）该节内容一般按综合运用出题，例题及考点解析已列入后面纵断面指标的综合运用小节。

3. 最小坡长规定及最大坡长计算

📖 条文规定 ▬▬▬

《公路路线设计规范》（JTG D20—2017）规定如下：

8.3.1　公路纵坡的最小坡长应符合表8.3.1的规定。

最　小　坡　长　　　　　　　　　　　　　　　　表8.3.1

设计速度（km/h）	120	100	80	60	40	30	20
最小坡长（m）	300	250	200	150	120	100	60

8.3.2　各级公路的最大坡长应符合表8.3.2的规定。

不同纵坡的最大坡长（单位：m）　　　　　　　　　表8.3.2

设计速度（km/h）		120	100	80	60	40	30	20
纵坡坡度（%）	3	900	1000	1100	1200	—	—	—
	4	700	800	900	1000	1100	1100	1200
	5	—	600	700	800	900	900	1000
	6	—	—	500	600	700	700	800
	7	—	—	—	—	500	500	600
	8	—	—	—	—	300	300	400
	9	—	—	—	—	—	200	300
	10	—	—	—	—	—	—	200

8.3.3　各级公路的连续上坡路段，应根据载重汽车上坡时的速度折减变化，在不大于表8.3.2规定的纵坡长度之间设置缓和坡段。其设置应符合下列规定：

1　设计速度小于或等于80km/h时，缓和坡段的纵坡应不大于3%；设计速度大于80km/h时，缓和坡段的纵坡应不大于2.5%。

2　缓和坡段的长度应大于表8.3.1的规定。

《城市道路路线设计规范》(CJJ 193—2012)规定如下：

7.3.1 道路纵坡长度应符合下列规定：

1 机动车道纵坡的最小坡长应符合表7.3.1的规定,且应大于相邻两个竖曲线切线长度之和。

机动车道最小坡长　　　　　　　表7.3.1

设计速度(km/h)	100	80	60	50	40	30	20
坡段最小长度(m)	250	200	150	130	110	85	60

2 路线尽端道路起(讫)点一端可不受最小坡长限制。

3 当主干路与支路相交时,支路纵断面在相交范围内可视为分段处理,不受最小坡长限制。

4 对沉降量较大的加铺单面道路,可按降低一级的设计速度控制最小坡长,且应满足相邻纵坡坡差小于或等于5%的要求。

7.3.2 当纵坡大于本规范表7.2.1的一般值时,其最大坡长应符合表7.3.2的规定。道路连续上坡或下坡,应在不大于表7.3.2规定的纵坡长度之间设置纵坡缓和段。缓和段的坡度不应大于3.0%,其长度应符合本规范表7.3.1最小坡长的规定。

机动车道最大坡长　　　　　　　表7.3.2

设计速度(km/h)	100	80	60			50			40		
纵坡(%)	4	5	6	6.5	7	6	6.5	7	6.5	7	8
最大坡长(m)	700	600	400	350	300	350	300	250	300	250	200

7.3.3 当非机动车道的纵坡大于或等于2.5%时,其最大坡长应符合表7.3.3的规定。

非机动车道最大坡长　　　　　　　表7.3.3

纵坡(%)		3.5	3.0	2.5
最大坡长 (m)	自行车	150	200	300
	三轮车	—	100	150

📖 **典型例题**

例题1-98

设计速度为60km/h的二级公路,纵坡为6%时,最大坡长限制值为600m,纵坡为5%时,最大坡长限制值为800m。若某连续上坡路段,第一坡段纵坡坡度为6%,实际设计长度为400m,第二坡段纵坡坡度为5%,其设计长度不应超过(　　)。

(A)200m　　　　　(B)266m　　　　　(C)300m　　　　　(D)400m

解答

由题意知,$400/600 + X/800 \leq 1$,$X \leq 266.67$m,取整266m。

答案:B

📖 **考点分析**

(1)纵坡大于一定值时,对应一个最大坡长限制值(稳定坡长),以满足行车速度的稳定。若连续上坡路段设置了两个或两个以上的较大纵坡段,则各坡段长所占规定限制值长度的比例之和应小于或等于1(确保不同纵坡的加权平均后的坡长仍然满足稳定坡长),才可以满足行车速度的稳定。

(2)不同坡度对应的限制坡长见《公路路线设计规范》(JTG D20—2017)表8.3.2或者《城市道路路线设计规范》(CJJ 193—2012)表7.3.2。

4.平均纵坡计算

📖 条文规定

《公路路线设计规范》(JTG D20—2017)规定如下:

8.3.4　二级公路、三级公路、四级公路的越岭路线连续上坡或下坡路段,相对高差为200~500m时,平均纵坡应不大于5.5%;相对高差大于500m时,平均纵坡应不大于5%。任意连续3km路段的平均纵坡宜不大于5.5%。

8.3.5　高速公路、一级公路连续长、陡下坡路段的平均坡度与连续坡长不宜超过表8.3.5的规定;超过时,应进行交通安全性评价,提出路段速度控制和通行管理方案,完善交通工程和安全设施,并论证增设货车强制停车区。

连续长、陡下坡的平均坡度与连续坡长　　　　　　　　表8.3.5

平均坡度(%)	<2.5	2.5	3.0	3.5	4.0	4.5	5.0	5.5	6.0
连续坡长(km)	不限	20.0	14.8	9.3	6.8	5.4	4.4	3.8	3.3
相对高差(m)	不限	500	450	330	270	240	220	210	200

📖 典型例题

例题 1-99

某二级公路连续上坡路段,技术指标见下表,则该路段平均纵坡是(　　　)。

例题 1-99 表

坡度(%)	5	2.5	3	4.2
坡长(m)	420	500	780	1000

(A)3.66%　　　　(B)4.56%　　　　(C)2.68%　　　　(D)4.95%

解答

$H = 0.05 \times 420 + 0.025 \times 500 + 0.03 \times 780 + 0.042 \times 1000 = 98.9 \text{m}$

$L = 420 + 500 + 780 + 1000 = 2700 \text{m}$

$i_p = 98.9/2700 = 0.0366 = 3.66\%$

答案:A

例题 1-100

某山区公路,公路等级为四级,设计速度为30km/h。道路总长12.25km,为连续上坡路段,其中K0+000~K6+200段相对高差为310.0m。K6+200~K12+250段,相对高差为320.8m。该路平均纵坡是多少? 是否满足《公路路线设计规范》(JTG D20—2017)要求?

(　　　)

（A）5.0%,满足 （B）5.15%,不满足

（C）5.15%,满足 （D）5.3%,不满足

解答

根据《公路路线设计规范》(JTG D20—2017)第8.4.3条:

(1)K0+000~K6+200段

$L_1 = 6200\text{m}, h_1 = 310.0\text{m}, i_1 = 310.0/6200 = 5.0\%$

符合第8.3.4条的规定,相对高差为200~500m时,平均纵坡应不大于5.5%。

(2)K6+200~K12+250段

$L_2 = 12250 - 6200 = 6050\text{m}, h_2 = 320.8\text{m}, i_2 = 320.8/6050 = 5.3\%$

符合第8.3.4条的规定,相对高差为200~500m时,平均纵坡应不大于5.5%。

$L_总 = 12250\text{m}, h_总 = 310 + 320.8 = 630.8\text{m}, i_总 = 630.8/12250 = 5.15\%$

不符合第8.3.4条的规定,相对高差大于500m时,平均纵坡应不大于5.0%。

答案:B

例题1-101(2019年真题)

某山区二级公路项目,越岭段连续上坡,需要克服的相对高差为200~500m,该路段长度为4500m,该路线按规范要求能克服的最大高差是( )。

（A）225.0m （B）247.5m

（C）300.0m （D）350.0m

解答

根据《公路路线设计规范》(JTG D20—2017)第8.3.4条:二级公路、三级公路、四级公路的越岭路线连续上坡或下坡路段,相对高差为200~500m时,平均纵坡应不大于5.5%;$H = L \times i = 4500 \times 0.055 = 247.5\text{m}$。

答案:B

例题1-102

某山区二级公路项目,设计速度为80km/h,位于海拔4000~4500m的山区。越岭段连续上坡,需要克服的相对高差为200~500m,该路段长度为4500m,该路线按规范要求能克服的最大高差是( )。

（A）135m （B）180m （C）225m （D）247.5m

解答

根据《公路路线设计规范》(JTG D20—2017):

(1)根据表8.2.1,查得 $V = 80\text{km/h}, i_{max} = 5\%$。

(2)根据第8.2.2条,设计速度小于或等于80km/h,位于海拔3000m以上高原地区的公路,最大纵坡应按表8.2.2的规定予以折减。最大纵坡折减后小于4%时应采用4%。

查表得纵坡折减 $i_{折减} = 2\%, i_{折减后} = 5\% - 2\% = 3\%$(小于4%,取4%),$i_{折减后} = 4\%$。

(3)根据第8.3.4条,二级公路、三级公路、四级公路的越岭路线连续上坡或下坡路段,相对高差为200~500m时,平均纵坡应不大于5.5%。

(4)根据(3)和(2)取 $i_{最大} = 4\%, H = 4500 \times 0.04 = 180\text{m}$。

答案:B

（1）一定长度的路段连续上坡或下坡路段纵向所克服的总高差与路线总长度之比即为平均纵坡：$i_p = \sum H / \sum L$；$\sum H = \sum (L_1 \times i_1 + L_2 \times i_2 + \cdots + L_n \times i_n)$。

（2）求最大克服高差：$\sum H_{max} = \sum (L \times i_{pmax})$。

（3）注意规范中关于积雪、冰冻、高原等特殊条件对最大纵坡的影响规定。

5. 合成坡度计算

条文规定

《公路路线设计规范》（JTG D20—2017）规定如下：

8.5　合成坡度

8.5.1　公路最大合成坡度值不得大于表8.5.1的规定。

公路最大合成坡度　　　　　　　　　　　　　　　　表8.5.1

公路技术等级	高速公路、一级公路				二级公路、三级公路、四级公路				
设计速度（km/h）	120	100	80	60	80	60	40	30	20
合成坡度值（%）	10.0	10.0	10.5	10.5	9.0	9.5	10.0	10.0	10.0

8.5.2　当陡坡与小半径平曲线相重叠时，宜采用较小的合成坡度。下列情况其合成坡度必须小于8%：

1　冬季路面有结冰、积雪的地区；

2　自然横坡较陡峻的傍山路段；

3　非汽车交通量较大的路段。

8.5.3　各级公路最小合成坡度不宜小于0.5%。在超高过渡的变化处，合成坡度不应设计为0%。当合成坡度小于0.5%时，应采取综合排水措施，保证路面排水畅通。

《城市道路路线设计规范》（CJJ 193—2012）规定如下：

7.4　合成坡度

7.4.1　在设有超高的平曲线上，超高横坡度与道路纵坡度的最大合成坡度应符合表7.4.1的规定。

最大合成坡度　　　　　　　　　　　　　　　　表7.4.1

设计速度（km/h）	100,80	60,50	40,30	20
最大合成坡度（%）	7.0	7.0	7.0	8.0

典型例题

例题 1-103

某一级公路，采用设计速度100km/h，某路段设置4%的超高，该路段纵坡度为3.5%，请问该路段的合成坡度是多少？

解答

$$i = \sqrt{i_h^2 + i_z^2} = \sqrt{0.04^2 + 0.035^2} = 0.053 = 5.3\%$$

例题 1-104

某双向两车道的四级公路,设计速度 $V=30km/h$,约有 600m 段从一山体北侧通过,该段阴冷潮湿,冬季有结冰、积雪现象。因受地形限制,需采用设超高圆曲线半径,半径 $R=100m$。已知该路段道路已定道路纵坡为 4.5%,则可以采用的最大允许超高是( )。

(A)5.5%   (B)6.0%

(C)6.6%   (D)8.9%

解答

(1)根据《公路路线设计规范》(JTG D20—2017)第 8.5.2.1 条,冬季路面有结冰、积雪的地区,其合成坡度必须小于 8%,即 $i_{h最大}=8\%$,则

$$i_{n最大}=\sqrt{i_{h最大}^2-i_z^2}=\sqrt{0.08^2-0.045^2}=0.066=6.6\%$$

(2)根据《公路路线设计规范》(JTG D20—2017)表 7.5.1,结冰、积雪地区,其最大超高横坡应小于 6%。

故 $i_{n最大}=6\%$。

答案:B

📖 **考点分析**

(1)设有超高的平曲线上路线纵坡与超高横坡所组成的合成坡度 $i_h=\sqrt{i_n^2+i_z^2}$。

其中,i_n 为合成坡度(%);i_n 为超高横坡(%);i_z 为纵坡(%)。

(2)合成坡度需满足《公路路线设计规范》(JTG D20—2017)第 8.5 条或《城市道路路线设计规范》(CJJ 193—2012)表 7.4 的要求。

(3)注意积雪、冰冻、高原等特殊条件对超高及最大纵坡的影响及相关规定。

6.公路纵断指标的综合运用

📖 **典型例题**

例题 1-105

某一位于山区的一级公路,设计速度采用 80km/h,道路横坡为 2%,局部设计纵断图如下图所示,则从该图中能看出平面、纵断面和平纵组合设计不合理地方有( )处。

(A)1   (B)2   (C)3   (D)4

解答

根据《公路路线设计规范》(JTG D20—2017):

(1)查表 8.6.1 知,设计速度 80km/h,最小凸竖曲线半径一般值为 4500m,凹曲线半径一般值为 3000m,图中竖曲线半径均符合规范规定。

(2)查表 8.6.1 知,最小竖曲线长度一般值为 170m,图中最小为 $2\times86.25=172.50m$,符合规范要求。

(3)查表 8.2.1 知,设计速度 80km/h,最大纵坡为 5% 时,图中最大纵坡为 5%,符合规范。

(4)查表 8.3.2 知,设计速度 80km/h,纵坡 5% 时,最大坡长限制值为 700m,图中坡长750m,不符合规范要求。

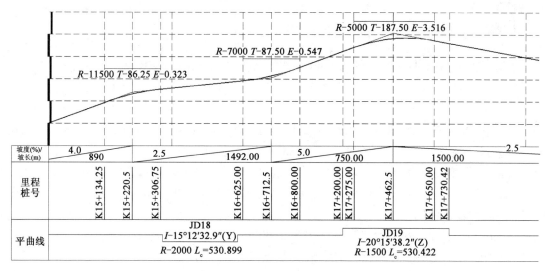

坡度(%)/坡长(m)	4.0				2.5				5.0				2.5
	890				1492.00				750.00			1500.00	
里程桩号	K15+134.25	K15+220.5	K15+306.75			K16+625.00	K16+712.5	K16+800.00	K17+200.00	K17+275.00	K17+462.5	K17+650.00	K17+730.42
平曲线		JD18 I-15°12'32.9"(Y) R-2000 L_c=530.899								JD19 I-20°15'38.2"(Z) R-1500 L_c=530.422			

例题 1-105 图

（5）查表 7.4.1，不设超高半径为 2500m，两处平曲线均应设置缓和曲线，该两处圆曲线均不符合规范。

综上所述，3 处不符合规范。

答案：C

例题 1-106

某一级公路，双向四车道，采用 2.0% 双面坡，设计速度为 100km/h。其中 K5+288.5 变坡点处，因地形条件受限，设计纵断面如下图，则该路段平面、纵断面和平纵组合设计中，不合理的地方有（　　）处。

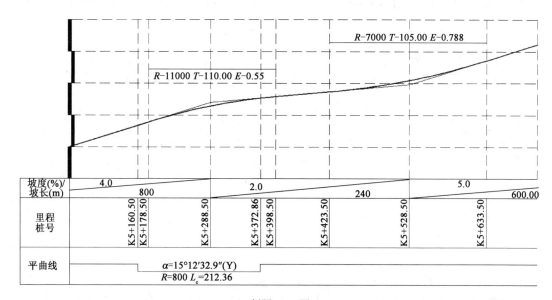

坡度(%)/坡长(m)	4.0			2.0				5.0	
	800			240				600.00	
里程桩号	K5+160.50	K5+178.50	K5+288.50	K5+372.86	K5+398.50	K5+423.50	K5+528.50		K5+633.50
平曲线		α=15°12'32.9"(Y) R=800 L_c=212.36							

例题 1-106 图

（A）1 处 　　　　　（B）2 处 　　　　　（C）3 处 　　　　　（D）4 处

解答

根据《公路路线设计规范》(JTG D20—2017):

(1)查表8.6.1知,设计速度100km/h,最小凸竖曲线半径一般值为10000m,凹曲线半径一般值为4500m,图中凸曲线半径为11000m,凹曲线半径为9000m,均符合规范要求。

(2)查表8.6.1知,最小竖曲线长度一般值为210m,图中最小为2×105=210m,符合规范要求。

(3)查表8.3.2知,设计速度100km/h,纵坡5%时,最大坡长为600m,图中为600m,纵坡为4%时,最大坡长为800m,图中纵坡长度800m均符合规范;根据第8.3.1条,设计速度为100km/h时,最小坡长为250m,这里两变坡点之间坡长只有240m,不符合规范要求。

(4)查表7.4.1,平曲线半径800m,小于不设超高最小半径4000m,需设置回旋线,该图未设置,不符合规范要求。

(5)根据第9.5.3条,设计速度大于或等于60km/h的公路,应注重路线平、纵线形组合设计;根据第9.5.2条条文说明,当平曲线半径小于2000m、竖曲线半径小于15000m时,平、竖曲线的相互对应对线形组合显得十分重要;根据第9.5.2条第1款,平纵线形宜相互对应,且平曲线宜比竖曲线长。本图不符合规范规定。

综上所述,3处不合理。

答案:C

7. 城市道路纵断指标的综合运用

📖 典型例题

例题1-107(2019年真题)

某城市道路设计速度$V=60$km/h,纵断面设计如下图所示,竖曲线半径$R=1600$m,图中尺寸单位为m,下列不符合规范要求的参数是(   )。(竖曲线长度取两侧纵坡的代数差与竖曲线半径相乘之积)

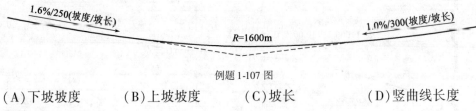

例题1-107 图

(A)下坡坡度   (B)上坡坡度   (C)坡长   (D)竖曲线长度

解答

根据《城市道路路线设计规范》(CJJ 193—2012)表7.2.1及第7.2.2条,得出选项A、B符合规范要求;根据表7.3.1、表7.3.2可得选项C正确;根据上坡为正,下坡为负,竖曲线长度$L=\omega \times R=[1.0\%-(-1.6\%)]\times 1600m=41.6$m,不符合表7.5.1的规定。

答案:D

例题1-108(2019年真题)

拟改建某城市主干路,设计速度采用60km/h,受地形条件限制,在圆曲线半径260m段设置4%超高值、6%纵坡、250m坡长,此段道路设计指标不满足规范规定的是(   )。

(A)圆曲线半径   (B)坡长

（C）纵坡度 （D）合成坡度

解答

根据《城市道路路线设计规范》（CJJ 193—2012）：

（1）第6.3.2条第1款：$v = 60\text{km/h}$时，$R = 260\text{m}$大于$R_{极限小} = 150\text{m}$，故选项A正确。

（2）第7.3.1条，$v = 60\text{km/h}$，最小坡长不小于150m；结合第7.3.2条最大坡长限制，纵坡为6%时，最大坡长不大于400m，故本题目坡长满足规范要求，故选项B正确。

（3）第7.2.1条第1、2款，$v = 60\text{km/h}$，改建道路可以采用极限值的6%，故选项C正确。

（4）合成坡度$i = \sqrt{i_h^2 + i_z^2} = \sqrt{0.04^2 + 0.06^2} = 0.072 = 7.2\% > 7.0\%$，不满足第7.4.1条要求，故D错误。

答案：D

例题 1-109

某冰冻地区的城市快速路，设计速度80km/h，横坡采用1.5%双面坡。受地形限制，在K3+538转点处，设置一半径为600m的基本形平曲线，圆曲线长度180m，平曲线总长400m。设置超高为5%。其中K2+980~K3+530段纵坡为3.6%，K3+530~K3+830段纵坡为−0.8%，采用的竖曲线半径为5000m，则该路段不符合规范要求的技术指标是（　　　）。

（A）平曲线半径及长度 （B）道路纵坡
（C）合成坡度 （D）纵坡及合成坡度

解答

根据《城市道路路线设计规范》（CJJ 193—2012）：

（1）查表6.3.2，设计速度80km/h，设超高最小半径一般值为400m，本设计采用半径600m，符合规范要求。

（2）查表6.3.4-1，平曲线最小长度及圆曲线最小长度均满足规范要求。

（3）查表7.2.2，机动车道最大纵坡4%。但根据第7.2.1条第4款，积雪、冰冻地区快速路最大纵坡不应大于3.5%，K2+980~K3+530段纵坡为3.6%，不符合规范要求。

（4）查表7.4.1，要求最大合成坡度为7%，但表注：积雪或冰冻地区道路合成纵坡应小于或等于6%。该路合成坡度$i = \sqrt{0.036^2 + 0.05^2} = 0.0616 = 6.16\% > 6.0\%$，不符合规范要求。

答案：D

📖 **考点分析**

（1）结合《公路路线设计规范》（JTG D20—2017）、《城市道路路线设计规范》（CJJ 193—2012）对道路最大纵坡、最小纵坡、高原纵坡折减、积雪冰冻地区纵坡限制、最小及最大坡长、凹曲线最小半径、凸曲线最小半径、竖曲线长度等主要技术参数的规定，进行此类题目的计算和是否符合规范要求的判定。注意与平曲线、超高、加宽、合成坡度规定相结合的计算及判定。

（2）城市道路一般设置非机动车道，应注意结合非机动车道最大纵坡及最大坡长的要求，相关规定见《城市道路路线设计规范》（CJJ 193—2012）第7.2.3条、第7.3.3条。

考点 13 平纵组合及线形与桥隧的配合

《城市道路路线设计规范》(CJJ 193—2012)规定如下：

8.1.2 线形组合设计应符合下列规定：

1 设计速度大于或等于 60km/h 的道路应强调线形组合设计，保证线形连续、指标均衡、视觉良好、安全舒适、景观协调。

2 设计速度小于 60km/h 的道路在保证行驶安全的前提下，宜合理运用线形要素的规定值。

3 不同等级道路和不同设计速度的路段之间应衔接过渡。

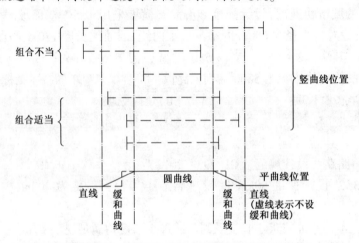

8.2.2 平纵线形组合应符合下列规定：

1 在凸形竖曲线的顶部或凹形竖曲线的底部，不应插入急转的平曲线或反向平曲线。

2 长直线不宜与陡坡或半径小且长度短的竖曲线组合；长的竖曲线不宜与半径小的平曲线组合。

3 长的平曲线内不宜包含多个短的竖曲线；短的平曲线不宜与短的竖曲线组合。

4 纵断面设计不应出现使驾驶员视觉中断的线形。

城市道路与公路规定基本一致，公路平纵组合的相关规定详见《公路路线设计规范》(JTG D20—2017)第 9.5.3 条。

例题 1-110(2020 年真题)

某城市主干路，设计速度为 60km/h，平曲线和竖曲线位置组合对应关系如下图所示。下列平纵线形组合符合规范规定的为(　　)。并说明选择依据和理由。

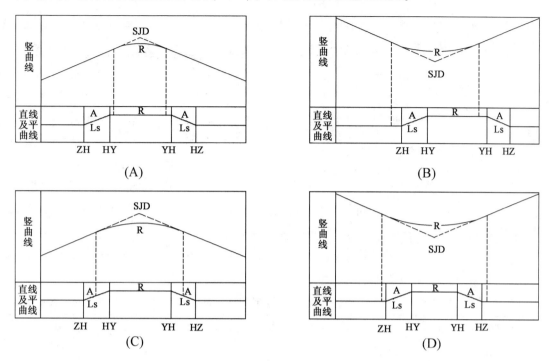

解答

根据《城市道路路线设计规范》(CJJ 193—2012)第8.1.2条第1款,设计速度大于或等于60km/h的道路应强调线形组合设计。

根据第8.1.2条第3款及图8.2.1,适当的线形组合应为,竖曲线两端位于平曲线的缓和曲线范围内。

答案:C

📖 考点分析

平面和纵断面的各技术指标应符合规范,平纵线形组合后也应符合规范要求,本节内容可以结合考点9、考点10、考点11和考点12出综合性很强的题目,应灵活系统掌握。

考点14　视距相关计算

1. 公路视距的相关规定及计算

📖 条文规定

《公路工程技术标准》(JTG B01—2014)条文说明规定如下:

4.0.15　视距(sight distance)是指在车辆正常行驶中,驾驶员从正常驾驶位置能连续看到公路前方行车道范围内路面上一定高度障碍物,或者看到公路前方交通设施、路面标线的最远距离。这里的距离是指沿车道中心线量得的长度(图4-7)。

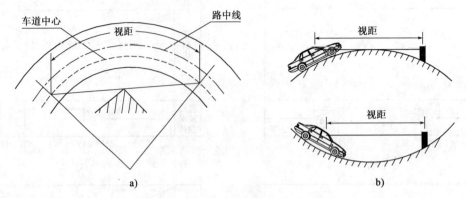

图4-7 公路平面视距和纵面视距示意图

《公路路线设计规范》(JTG D20—2017)规定如下:

7.9.1 高速公路、一级公路的视距应采用停车视距。高速公路、一级公路的一般路段,每条车道的停车视距应不小于表7.9.1的规定。

高速公路、一级公路停车视距　　　　　　　　表7.9.1

设计速度(km/h)	120	100	80	60
停车视距(m)	210	160	110	75

《公路工程技术标准》(JTG B01—2014)第7.9.1条~第7.9.5条条文说明规定如下:

7.9.1 停车视距由两部分组成:①驾驶者在反应时间内行驶的距离;②开始制动到刹车停止所行驶的距离,即制动距离。另外,应增加安全距离5~10m。通常按式(7-6)计算:

$$S_{停} = \frac{v}{3.6}t + \frac{(v/3.6)^2}{2gf_1} \tag{7-6}$$

式中:f_1——纵向摩阻系数,依车速及路面状况而定;

t——驾驶者反应时间,取2.5s(判断时间1.5s、运行时间1.0s)。

依上式计算,路面处于潮湿状态的小客车停车视距如表7-3所示。

潮湿状态下的停车视距　　　　　　　　表7-3

设计速度(km/h)	行驶速度(km/h)	f_1	计算值(m)	规定值
120	102	0.29	212.0	210
100	85	0.30	153.70	160
80	68	0.31	105.90	110
60	54	0.33	73.2	75
40	36	0.38	38.3	40
30	30	0.44	28.9	30
20	20	0.44	17.3	20

7.9.2 二级公路、三级公路、四级公路的视距应采用会车视距。受地形条件或其他特殊情况限制而采取分道行驶措施的路段,可采用停车视距。会车视距与停车视距应不小于表7.9.2的规定。

二级、三级、四级公路会车视距与停车视距 表7.9.2

设计速度(km/h)	80	60	40	30	20
会车视距(m)	220	150	80	60	40
停车视距(m)	110	75	40	30	20

7.9.3 二级公路、三级公路、四级公路双车道公路,应间隔设置满足超车视距的路段。具有干线功能的二级公路宜在3min的行驶时间内,提供一次满足超车视距要求的超车路段。超车视距最小值应符合表7.9.3的规定。

超车视距最小值 表7.9.3

设计速度(km/h)		80	60	40	30	20
超车视距最小值 (m)	一般值	550	350	200	150	100
	极限值	350	250	150	100	70

注:"一般值"为正常情况下的采用值;"极限值"为条件受限时可采用的值。

7.9.4 高速公路、一级公路以及大型车比例高的二级公路、三级公路的下坡路段,应采用下坡段货车停车视距对相关路段进行检验。各级公路下坡段货车停车视距应不小于表7.9.4的规定。

下坡段货车停车视距(单位:m) 表7.9.4

设计速度(km/h)		120	100	80	60	40	30	20
纵坡坡度 (%)	0	245	180	125	85	50	35	20
	3	265	190	130	89	50	35	20
	4	273	195	132	91	50	35	20
	5	—	200	136	93	50	35	20
	6	—	—	139	95	50	35	20
	7	—	—	—	97	50	35	20
	8	—	—	—	—	—	35	20
	9	—	—	—	—	—	—	20

7.9.5 各级公路的互通式立体交叉、服务区、停车区、客运汽车停靠站等各类出口路段应满足识别视距要求,并应符合下列规定:

1 不同设计速度对应的识别视距宜符合表7.9.5的规定。

识 别 视 距 表7.9.5

设计速度(km/h)	120	100	80	60
识别视距(m)	350(460)	290(380)	230(300)	170(240)

注:括号中为行车环境复杂、路侧出口提示信息较多时应采取的视距值。

2 受地形、地质等条件限制路段,识别视距可采用1.25倍的停车视距,但应进行必要的限速控制和管理措施。

《公路工程技术标准》(JTG B01—2014)规定如下:

B.0.1 货车停车视距

停车视距和货车停车视距对照如表B.0.1-1、表B.0.1-2所示。

高速公路、一级公路停车视距和货车停车视距　　　　　　表 B.0.1-1

设计速度（km/h）	120	100	80	60
停车视距（m）	210	160	110	75
货车停车视距（m）	245	180	125	85

二、三、四级公路停车视距和货车停车视距　　　　　　表 B.0.1-2

设计速度（km/h）	80	60	40	30	20
停车视距（m）	110	75	40	30	20
货车停车视距（m）	125	85	50	35	20

货车停车视距在下坡路段,应随坡度大小进行修正,其值如表 B.0.1-3 所示。

货车停车视距　　　　　　表 B.0.1-3

纵坡坡度（%）		设计速度（km/h）										
		120	110	100	90	80	70	60	50	40	30	20
下坡方向	0	245	210	180	150	125	100	85	65	50	35	20
	3	265	225	190	160	130	105	89	66	50	35	20
	4	273	230	195	161	132	106	91	67	50	35	20
	5	—	236	200	165	136	108	93	68	50	35	20
	6	—	—	—	169	139	110	95	69	50	35	20
	7	—	—	—	—	—	—	—	70	50	35	20
	8	—	—	—	—	—	—	—	—	—	35	20
	9	—	—	—	—	—	—	—	—	—	—	20

📖 规范条文解析

（1）视距是公路设计的主要技术指标之一,在道路的平面上和纵断面上都应保证必要的视距。公路视距数值相对从大到小为:超车视距、识别视距、会车视距、货车停车视距、停车视距。

（2）注意与《公路路线设计规范》（JTG D20—2017）第 10.3 节中引道视距（在数值上等于停车视距）、安全交叉停车视距、交叉口处通视三角形（停车视距构成的视距三角形）进行对比,详见交叉工程章节。

（3）高速公路、一级公路的视距应采用停车视距;二、三、四级公路视距采用会车视距（采取分道行驶措施的路段用停车视距）,二、三、四级双车道公路还应间隔设置满足超车视距要求的路段;各级公路在互通立交、服务区、停车区、客汽停靠站等出入口路段都应满足识别视距,受限路段采用 1.25 倍的停车视距。

（4）《公路路线设计规范》（JTG D20—2017）第 7.9.1 条条文说明中计算停车视距采用行驶速度 $V_行$,其取值规定如下:

$V_设 = 120 \sim 80$ km/h 时,行驶速度 $V_行$ 取 85% $V_设$。

$V_设 = 60 \sim 40$ km/h 时,行驶速度 $V_行$ 取 90% $V_设$。

$V_设 = 30 \sim 20$ km/h 时,行驶速度 $V_行$ 取 $V_设$。

（5）虽然《公路路线设计规范》（JTG D20—2017）第 7.9.1 条条文说明注明应增加安全距离 5 ~ 10m,从公式及表 7-3 中的计算结果可知,并未加这个安全距离;《城市道路路线设计规范》(CJJ 193—2012)则在计算公式中加了 5m 安全距离,且公式中未考虑纵坡影响。

（6）《公路工程技术标准》(JTG B01—2014)附录 B 对货车停车视距、识别视距进行了规定,对比《公路路线设计规范》(JTG D20—2017),增加了货车停车视距,下坡路段货车停车视距表的个别数值与《公路路线设计规范》(JTG D20—2017)也略有不同。

📖 典型例题

例题 1-111

某双向行驶的二级公路,设计速度为 80km/h,行驶速度取 85% 设计速度;路面与轮胎之间的纵向摩阻系数 f 取 0.35,驾驶员反应时间取 2.5s,则该公路设计应采用的视距为(   ),计算值是(   )。

（A）停车视距,100m   （B）停车视距,105m

（C）会车视距,100m   （D）会车视距,200m

解答

$V_{行} = 80 \times 0.85 = 68 \text{km/h}$

根据《公路路线设计规范》(JTG D20—2017)第 7.9.1 条条文说明:

（1）停车视距: $S_{停} = \dfrac{v}{3.6}t + \dfrac{(v/3.6)^2}{2gf_1}$

$S_{停} = 68 \times 2.5/3.6 + (68/3.6)^2/(2 \times 9.81 \times 0.35) = 47.22 + 51.96 = 99.18 \text{m}$

（2）为了安全,向上取整为 100m。

（3）根据《公路路线设计规范》(JTG D20—2017)第 7.9.2 条,二级、三级、四级公路的视距应采用会车视距。根据第 7.9.2 条条文说明:双向行驶的二级、三级、四级公路按相向的两辆汽车会车同时制动停车的视距考虑,所以会车视距一般应不小于对应设计速度下的停车视距的 2 倍。所以会车视距为 $2 \times 100 = 200 \text{m}$。

答案:D

例题 1-112（2019 年真题,根据新规范改编）

某具有干线功能的二级公路,设计速度采用 60km/h,间隔设置满足超车视距要求路段的间距宜小于(   )。

（A）1km   （B）3km   （C）4km   （D）5km

解答

根据《公路路线设计规范》(JTG D20—2017)第 7.9.3 条,具有干线功能的二级公路宜在 3min 的行驶时间内,提供一次满足超车视距要求的超车路段:60km/h × (3/60) = 3km。

答案:B

2. 城市道路视距的相关规定及计算

📖 条文规定

《城市道路路线设计规范》(CJJ 193—2012)规定如下:

6.6.1 各级道路的停车视距不应小于表 6.6.1 的规定值。

设计速度(km/h)	100	80	60	50	40	30	20
停车视距(m)	160	110	70	60	40	30	20

6.6.2 积雪或冰冻地区的停车视距应适当增长,并应根据设计速度和路面状况计算取用。

6.6.3 当对向行驶的车辆有会车可能时,应采用会车视距,其值应为本规范表6.6.1中停车视距的2倍。

6.6.4 平曲线内侧的路堑边坡、挡墙、绿化、声屏障、防眩设施等构筑物或建筑物均不得妨碍视线。

6.6.5 对设置平纵曲线可能影响行车视距路段,应进行视距验算。

6.6.6 对以货运交通为主的道路,应验算下坡段货车的停车视距。下坡段货车的停车视距不应小于表6.6.6的规定值。

下坡段货车停车视距(单位:m) 表6.6.6

设计速度(km/h)		100	80	60	50	40	30	20
纵坡度 (%)	0	180	125	85	65	50	35	20
	3	190	130	89	66	50	35	20
	4	195	132	91	67	50	35	20
	5	—	136	93	68	50	35	20
	6	—	—	95	69	50	35	20
	7	—	—	—	—	50	35	20
	8	—	—	—	—	—	35	20

《城市道路路线设计规范》(CJJ 193—2012)第6.6.1条条文说明规定如下:

停车视距(表10)由反应距离、制动距离及安全距离组成,按式(11)和式(12)计算:

$$S_s = S_r + S_b + S_a \tag{11}$$

式中:S_r——反应距离(m);

S_b——制动距离(m);

S_a——安全距离(m),取5m。

$$S_s = \frac{Vt}{3.6} + \frac{\beta_s V^2}{254(\mu_s \pm i)} + S_a \tag{12}$$

式中:V——设计速度(km/h);

t——反应时间,取1.2s;

β_s——安全系数,取1.2;

μ_s——路面摩擦系数,取0.4;

i——纵坡度(%),上坡为"+",下坡为"−"。

停 车 视 距 表10

设计速度 (km/h)	S_r (m)	S_b (m)	S_a (m)	S_s计算值 (m)	S_s采用值 (m)
100	33.34	118.00	5	156.34	160
80	26.67	75.52	5	107.26	110

设计速度 （km/h）	S_r （m）	S_b （m）	S_a （m）	S_s 计算值 （m）	S_s 采用值 （m）
60	20.00	42.48	5	67.52	70
50	16.67	29.50	5	51.17	60
40	13.33	18.88	5	37.21	40
30	10.00	10.62	5	25.62	30
20	6.67	4.72	5	16.39	20

《城市道路交叉口设计规程》（CJJ 152—2010）规定如下：

4.3.3　平面交叉口视距三角形范围内（图 4.3.3），不得有任何高出路面 1.2m 的妨碍驾驶员视线的障碍物。交叉口视距三角形要求的停车视距应符合表 4.3.3 的规定。

交叉口视距三角形要求的停车视距　　　　　　　　　　　表 4.3.3

交叉口直行车设计速度（km/h）	60	50	45	40	35	30	25	20	15	10
安全停车视距 S_s（m）	75	60	50	40	35	30	25	20	15	10

5.2.1　立交主线平面线形技术要求应与路段一致。在进出立交的主线路段，其行车视距宜大于或等于 1.25 倍的停车视距。

📖 规范条文解析

（1）《城市道路路线设计规范》（CJJ 193—2012）与《城市道路工程设计规范》（CJJ 37—2012）（2016 年版）均有停车视距计算公式，城市道路视距有停车视距、会车视距等，在城市道路设计中，主要考虑停车视距，如车行道上对向行驶的车辆有会车可能时，应采用会车视距，会车视距为停车视距的 2 倍。

（2）城市道路平面交叉口视距三角形也是用的停车视距，数值略有区别；城市道路立交的行车视距未规定识别视距，直接采用 1.25 倍停车视距。平交视距详见交叉工程章节。

（3）城市道路停车视距计算原理同公路，主要区别为：城市道路采用设计速度，公路采用运行速度；《城市道路路线设计规范》（CJJ 193—2012）的公式中含有纵坡影响，而公路和《城市道路工程设计规范》（CJJ 37—2012）（2016 年版）的公式中未考虑纵坡；城市道路停车视距计算公式中反应时间采用 1.2s，而公路停车视距公式中反应时间采用 2.5s；城市道路视距计算公式考虑了 5m 安全距离，公路的计算公式未考虑。

📖 典型例题

例题 1-113

某城市次干路，设计速度 40km/h，道路纵坡为 -3.5%（下坡），则制动距离是（　　　）。

（A）13.33m　　　　（B）18.88m　　　　（C）21m　　　　（D）40m

解答

根据《城市道路路线设计规范》（CJJ 193—2012）第 6.6.1 条条文说明，制动距离 $S_b = \dfrac{\beta_s V^2}{254(\mu_s \pm i)}$，则

$$S_b = 1.2 \times 40 \times 40/254(0.4 - 0.035) = 20.71m$$

答案：C

考点 15　平面宽度渐变的其他规定及计算

条文规定

《公路路线设计规范》(JTG D20—2017)规定如下：

9.4.3　整体式路基的中间带宽度宜保持等值。当中间带的宽度根据需要增宽或减窄时，应采用左右分幅线形设计。条件受限制，且中间带宽度变化小于 3.0m 时，可采用渐变过渡，过渡段的渐变率不应大于 1/100。

9.6.2　隧道洞口连接线与隧道线形设计应符合下列要求：

5　隧道洞口同路基的衔接应符合路线布设的有关规定；隧道内外路基宽度不一致时，应在隧道进口外设置不小于 3s 设计速度行程长度的过渡段，且过渡段的最小长度不应小于 50m。

典型例题

例题 1-114(2019 年真题)

某公路由于交通量，地形变形较大，在路基横断面设计中需要对横断面进行变宽设计，其中间带宽度由 5.5m 变化为 3.5m，路基中心线不变、条件受限时，过渡段最小长度不应小于（　　）。

(A)80m　　　　(B)100m　　　　(C)120m　　　　(D)200m

解答

根据《公路路线设计规范》(JTG D20—2017)第 9.4.3 条，中间分隔带变窄，条件受限时，过渡段的渐变率不应大于 1/100。由题意知，单侧路面宽度变化为 (5.5 – 3.5)/2 = 1m，故渐变段最小长度 = 1 × 100 = 100m。

答案：B

例题 1-115

某高速公路，设计速度 100km/h，某处设置一隧道，已知隧道外的路基标准宽度为 43m，进入隧道后的路基宽度变为 42m，则需要在隧道进口外设置至少（　　）的过渡段。

(A)50m　　　　(B)80m　　　　(C)85m　　　　(D)90m

解答

根据《公路路线设计规范》(JTG D20—2017)第 9.6.2 条第 5 款，隧道洞口同路基的衔接应符合路线布设的有关规定；隧道内外路基宽度不一致时，应在隧道进口外设置不小于 3s 设计速度行程长度的过渡段，且过渡段的最小长度不应小于 50m。

$L = 100 \times 3/3.6 = 83.33m$，向上取整 85m。

答案：C

第2章　路　基　工　程

考点1　路基工作区深度计算

《公路路基设计规范》(JTG D30—2015)规定如下：

2.1.5　路基工作区

汽车荷载通过路面传递到路基的应力与路基土自重应力之比大于0.1的应力分布深度范围。

3.2.1　路床厚度应根据交通量及其轴载组成确定。对特种轴载的公路,应单独计算路基工作区深度,确定路床厚度。

《公路路基设计规范》(JTG D30—2015)条文说明规定如下：

本次规范修订时,根据研究成果和工程实际情况,调整了路床的范围。轻、中等及重交通的公路路床厚度为0.8m,特重、极重交通的公路路床厚度为1.20m。对于特种轴载的公路,需要通过计算路基工作区深度来确定路床厚度。

对于路床的层位划分,从工程经济性考虑,上路床仍取为0~0.3m;下路床则按照交通荷载等级进行划分,对于轻、中、重交通公路仍为0.3~0.8m,对于特重、极重交通公路则修订为0.3~1.2m。

特种轴载的公路是指以运煤或运建筑材料等大型载重车为主的公路,需根据实际情况,经调查论证后单独选用轴载计算参数,计算确定路床厚度。

📖 典型例题

例题 2-1

某以大型载重车为主的公路路基为黏土,重度为18kN/m³,其与上方路面结构各层的厚度及力学参数如下表所示。已知交通设计荷载单侧轮重为70kN,则路基工作区深度为(　　　)。

例题 2-1 表

层　　位	材 料 名 称	厚度(cm)	回弹模量 E(MPa)
面层	AC-13	4	1400
	AC-20	5	1200
	AC-25	6	1000
基层	二灰碎石	30	600
底基层	石灰土	20	450
土基	黏土		65

(A)1.1　　　　　　(B)1.2　　　　　　(C)1.5　　　　　　(D)0.9

解答

根据《路基路面工程》(黄晓明,人民交通出版社股份有限公司,第6版,2020年12月)路基工作区深度简化计算公式(式中 n 值取为10,即规范规定的"附加应力/自重应力 = 0.1"):

$$Z_{\mathrm{a}} = \sqrt[3]{\frac{KnP}{\gamma}} = \sqrt[3]{\frac{0.5 \times 10 \times 70}{18}} = 2.689\mathrm{m}$$

路面当量换算厚度为:

$$h_{\mathrm{e}} = 0.04 \times \sqrt[2.5]{\frac{1400}{65}} + 0.05 \times \sqrt[2.5]{\frac{1200}{65}} + 0.06 \times \sqrt[2.5]{\frac{1000}{65}} + 0.3 \times \sqrt[2.5]{\frac{600}{65}} + 0.2 \times \sqrt[2.5]{\frac{450}{65}} = 1.640$$

路面结构底层以下的工作区深度:

$$h = Z_{\mathrm{a}} - h_{\mathrm{e}} = 2.689 - 1.640 = 1.049\mathrm{m}$$

答案:A

📖 考点分析

(1)路基工作区深度是由路面结构底部起算,不包含路面结构厚度。《公路路基设计规范》(JTG D30—2015)中仍然沿用传统路基层位概念——用上路床和下路床来近似界定路基工作区,并明确其技术要求、设计指标及相关技术措施。除"特种轴载"情况外,路床厚度可以基于交通量及轴载组成根据规范确定,无须计算。

(2)《公路路基设计规范》(JTG D30—2015)仅规定了路基工作区深度确定原则,即"附加应力/自重应力 = 0.1",但未明确给出计算方法。《路基路面工程》教材给出的近似方法较为实用,一般用于路基工作区的初步估算。

考点2　CBR 计算

📖 条文规定

《公路土工试验规程》(JTG E40—2007)规定如下:

5.2　一般采用贯入量为2.5mm时的单位压力与标准压力之比作为标准的承载比(CBR)。

即:

$$CBR = \frac{p}{7000} \times 100 \tag{T 0134-3}$$

式中:CBR——承载比(%),计算至0.1;

　　　p——单位压力(kPa)。

同时计算贯入量为5mm时的承载比:

$$CBR = \frac{p}{10500} \times 100 \tag{T 0134-4}$$

如贯入量为5mm时的承载比大于2.5mm时的承载比,则试验应重做。如结果仍然如此,则采用5mm时的承载比。

5.7　精密度和允许差。

如根据 3 个平行试验结果计算得的承载比变异系数 C_v 大于 12%，则去掉一个偏离大的值，取其余两个结果的平均值。如 C_v 小于 12%，且 3 个平行试验结果计算的干密度偏差小于 0.03g/cm³，则取 3 个结果的平均值。如 3 个试验结果计算的干密度偏差超过 0.03g/cm³，则去掉一个偏离大的值，取其两个结果的平均值。

承载比小于 100，相对偏差不大于 5%；承载比大于 100，相对偏差不大于 10%。

《公路路基设计规范》(JTG D30—2015)规定如下：

3.2.2 路床填料应均匀，其最小承载比应符合表 3.2.2 的规定。

路床填料最小承载比要求 表 3.2.2

路 基 部 位		路面底面以下深度(m)	填料最小承载比(CBR)(%)		
			高速公路、一级公路	二级公路	三、四级公路
上路床		0~0.3	8	6	5
下路床	轻、中等及重交通	0.3~0.8	5	4	3
	特重、极重交通	0.3~1.2	5	4	—

注：1. 该表 CBR 试验条件应符合现行《公路土工试验规程》(JTG E40)的规定。
　　2. 年平均降雨量小于 400mm 地区，路基排水良好的非浸水路基，通过试验论证可采用平衡湿度状态的含水率作为 CBR 试验条件，并应结合当地气候条件和汽车荷载等级，确定路基填料 CBR 控制标准。

3.2.3 路床应分层铺筑，碾压密实，并应符合下列要求：

1 填料最大粒径应小于 100mm。

2 压实度应符合表 3.2.3 的规定。

3 路床顶面横坡应与路拱横坡一致。

路床压实度要求 表 3.2.3

路 基 部 位		路面底面以下深度(m)	路床压实度(%)		
			高速公路、一级公路	二级公路	三、四级公路
上路床		0~0.3	≥96	≥95	≥94
下路床	轻、中等及重交通	0.3~0.8	≥96	≥95	≥94
	特重、极重交通	0.3~1.2	≥96	≥95	—

注：1. 表列压实度系按现行《公路土工试验规程》(JTG E40)重型击实试验所得最大干密度求得的压实度。
　　2. 当三、四级公路铺筑沥青混凝土和水泥混凝土路面时，其压实度应采用二级公路压实度标准。

3.2.4 路基应以路床顶面回弹模量为设计指标，以路床顶面竖向压应变为验算指标，并应符合下列要求：

1 路基在平衡湿度状态下，路床顶面回弹模量不应低于现行《公路沥青路面设计规范》(JTG D50)和《公路水泥混凝土路面设计规范》(JTG D40)的有关规定。

2 沥青路面路床顶面竖向压应变的计算值应满足沥青路面永久变形的控制要求。

3 水泥混凝土路面路床顶面竖向压应变可不作控制。

📖 典型例题

例题 2-2

某高速公路，承载比(CBR)试验成果：98 击、50 击、30 击干密度分别为 1.88g/cm³、

$1.80 \mathrm{g/cm^3}$、$1.71 \mathrm{g/cm^3}$，对应的 CBR 值分别为9%、5%、3%。如果施工现场压实度满足《公路路基设计规范》(JTG D30—2015)表3.2.3的最低要求，以下根据路床最小承载比要求判断正确的是(   )。(提示：最大干密度 $\rho_{\mathrm{dmax}} = 1.88 \mathrm{g/cm^3}$)

(A)可作为上路床和下路床填料

(B)可作为上路床填料，不能作为下路床填料

(C)不能作为上路床填料，可作为下路床填料

(D)不可作为上路床和下路床填料

解答

根据《公路路基设计规范》(JTG D30—2015)表3.2.3，高速公路最小压实度为96%，其对应的干密度 $\rho_{\mathrm{d}} = 1.88 \times 0.96 = 1.80 \mathrm{g/cm^3}$，其对应的 CBR 值为5%，满足表3.2.2中作为下路床填料的要求。

答案：C

例题 2-3

某高速公路路基工程项目，对路基填料现场取样进行 CBR 试验，试验结果见下表。试问按照《公路土工试验规范》(JTG E40—2007)确定的该路基土的 CBR 值最接近(   )。

例题 2-3 表

平均百分表读数 (0.01mm)	49.8	100.2	149.4	200.6	249.8	300.6	350.0	400.2	450.8	500.3	550.6	599.9
单位压力(kPa)	129	321	502	652	819	922	1000	1065	1100	1172	1218	1298

(A)9.63%　　　　(B)9.74%　　　　(C)10.32%　　　　(D)11.65%

解答

近似计算 $CBR_{2.5} = \dfrac{P_{2.5}}{7000} = \dfrac{819}{7000} \times 100\% = 11.70\%$，$CBR_5 = \dfrac{P_5}{10500} = \dfrac{1172}{10500} \times 100\% = 11.16\%$，由于 $CBR_5 < CBR_{2.5}$，可取 $CBR_{2.5}$ 作为该土的 CBR 值。

答案：D

例题 2-4

某公路工程，承载比(CBR)三次平行试验成果见下表。表中三次平行试验土的干密度满足规范要求，则据上述资料确定的 CBR 值应为(   )。

例题 2-4 表

贯入量(0.01mm)		100	150	200	250	300	400	500	750
荷载强度(kPa)	试件1	164	224	273	308	338	393	442	496
	试件2	136	182	236	280	307	362	410	460
	试件3	183	245	313	357	384	449	493	532

(A)4.0%　　　　(B)4.2%　　　　(C)4.4%　　　　(D)4.5%

解答

根据《公路土工试验规程》(JTG E40—2007)：

$$CBR_{2.5} = \frac{P}{7000} \times 100\%, CBR_{5.0} = \frac{P}{10500} \times 100\%$$

第一次：$CBR_{2.5} = 4.4\%, CBR_{5.0} = 4.2\%$；

第二次：$CBR_{2.5} = 4.0\%, CBR_{5.0} = 3.9\%$；

第二次：$CBR_{2.5} = 5.1\%, CBR_{5.0} = 4.7\%$；

三次试验中，$CBR_{5.0}$ 均不大于 $CBR_{2.5}$。

平均值 $\overline{x} = 4.5\%$，标准差 $s = \sqrt{\frac{1}{n-1}\sum_{i=1}^{n}(x_i - \overline{x})^2} = 0.56$

变异系数 $C_v = \frac{s}{\overline{x}} = \frac{0.56}{4.5} = 12.4\% > 12\%$

故应去掉偏离大的值（$CBR_{2.5} = 5.1\%$），取剩下两个值的平均值：

$CBR_{2.5} = (4.4 + 4.1)/2 = 4.2\%$

答案：B

📖 考点分析

（1）掌握干密度、压实度计算方法。

（2）计算时注意：

①取贯入量为 2.5mm 时的单位压力与标准压力之比作为材料的承载比。

②若贯入量为 5mm 时的承载比大于 2.5mm 时的承载比，则试验重做。如结果还是如此，则采用 5mm 时的承载比。

③检查试验结果的变异系数和干密度之差。

考点3　路基高度计算

📖 条文规定

《公路路基设计规范》（JTG D30—2015）规定如下：

3.1.3　沿河及受水浸淹的路基边缘高程，应高出表3.1.3规定设计洪水频率的计算水位加壅水高度、波浪侵袭高度及 0.5m 的安全高度之和。

路基设计洪水频率　　　　　　　　　　表3.1.3

公路等级	高速公路	一级公路	二级公路	三级公路	四级公路
路基设计洪水频率	1/100	1/100	1/50	1/25	按具体情况确定

注：区域内唯一通道的公路路基设计洪水频率可采用高一个等级公路的标准。

3.3.1　路堤高度应满足下列要求：

1　满足公路等级所对应的路基设计洪水频率及其设计洪水位。

2　路堤高度不宜小于中湿状态路基临界高度。

3　季节冻土地区，路堤高度不宜小于当地路基冻深。

3.3.2　路堤高度宜按式（3.3.2）计算确定。

$$H_{op} = MAX\{(h_{sw} - h_0) + h_w + h_{bw} + \Delta h, h_l + h_p, h_{wd} + h_p, h_f + h_p\} \quad (3.3.2)$$

式中：H_{op}——路堤合理高度(m)；

$\quad h_{gw}$——设计洪水位(m)；

$\quad h_0$——地面高程(m)；

$\quad h_w$——波浪侵袭高度(m)；

$\quad h_{bw}$——壅水高度(m)；

$\quad \Delta h$——安全高度(m)；

$\quad h_l$——中湿状态路基临界高度(m)；

$\quad h_p$——路面厚度(m)；

$\quad h_{wd}$——路基工作区深度(m)；

$\quad h_f$——季节冻土地区路基冻深(m)。

《公路工程水文勘测设计规范》(JTG C30—2015)规定如下：

10.4　浸水路基高度

10.4.1　浸水路基的高度，除应满足现行《公路路基设计规范》(JTG D30)规定的最小填土高度外，其边缘设计高程尚应高出下式计算值：

$$H_{min} = H_S + \sum \Delta h + 0.5 \quad (10.4.1)$$

式中：H_{min}——路基边缘最低高程(m)；

$\quad H_S$——设计水位(m)；

$\quad \sum \Delta h$——考虑壅水高度或水位降低值、波浪爬高、局部冲高、河湾超高、床面淤高等因素的总和(m)。

典型例题

例题 2-5(2019 年真题)

某沿河二级公路，受水浸淹，由水文计算得知，300 年一遇的洪水位为 29.8m，100 年一遇的洪水位为 28.6m，50 年一遇的洪水位为 26.8m，25 年一遇的洪水位为 24.0m。假定壅水高 0.6m；波浪侵袭高 1.2m，根据《公路工程技术标准》(JTG B01—2014)，路基边缘高程是(　　)。

(A)26.3m　　　　(B)28.6m　　　　(C)29.1m　　　　(D)30.9m

解答

根据《公路工程技术标准》(JTG B01—2014)表 5.0.2，二级公路设计洪水频率应采用 50 年一遇洪水位，其对应计算水位为 26.8m；根据第 5.0.3 条第 2 款，路基边缘高程 = 计算水位加壅水高 + 波浪侵垄高 + 0.5m 的安全高度 = 26.8m + 0.6m + 1.2m + 0.5m = 29.1m。根据《公路路基设计规范》(JTG D30—2015)第 3.1.3 条计算答案相同。

答案：C

例题 2-6(2020 年真题)

某二级公路，沿河路段受水浸淹，由水文计算得知，300 年一遇的激水位为 29.8m，100 年一遇的洪水位 28.6m，50 年一遇的洪水位 26.8m，25 年一遇的洪水位 24.0m。已知壅水高

0.6m,波浪侵袭高 1.2m,该二级公路在区域内是唯一的一条公路。该路段合适的路基边缘高程是(   )。

(A)28.6m   (B)29.1m   (C)30.4m   (D)30.9m

解答

根据《公路路基设计规范》(JTG D30—2015)第3.1.3条及表3.1.3,沿河及受水浸淹的路基边缘高程,应高出表3.1.3规定的设计洪水频率的计算水位加壅水高度、波浪侵袭高度及0.5m的安全高度之和。(注:区域内唯一通道的公路路基设计洪水频率可采用高一个等级公路的标准。)该题中二级公路在区域内是唯一的一条公路,因此路基设计洪水频率按高一级取值,对应的100年一遇的洪水位为28.6m,故

$$h = 28.6 + 0.6 + 1.2 + 0.5 = 30.9m$$

答案: D

例题 2-7(2020 年真题)

某集散一级公路,在沿某河段拟采用低线位路线方案,临河路段的水文地质调查表明:该河 $1/100$、$1/50$ 和 $1/25$ 的洪水频率,所对应的计算水位高程分别为85.21m、84.82m 和 84.12m,所对应的壅水高分别为 0.65m、0.45m 和 0.34m,所对应的波浪侵袭高分别为 0.45m、0.35m、0.26m。该路段纵坡设计中的路基最小控制边缘高程应是(   )。(取小数点后两位)

(A)85.62m   (B)86.12m   (C)86.31m   (D)86.81m

解答

根据《公路路基设计规范》(JTG D30—2015)第3.1.3条及表3.1.3,一级公路的路基设计洪水频率取 $1/100$,对应的计算水位高程为85.21m,对应的壅水高0.65m,对应的波浪侵袭高0.45m,安全高度为 0.5m,沿河及受水浸淹的路基边缘高程应高出 $85.21 + 0.65 + 0.45 + 0.5 = 86.81m$。

答案: D

例题 2-8

某二级公路位于季节冻土地区,路线为沿河线,路基宽度为12m,沥青混凝土路面,路面厚度为42cm, K8 +660 处的地面高程为253.67m。该处路基工作区深度为1.65m,中湿状态路基临界高度为2.84m,路基冻深1.59m。按设计洪水频率的计算水位高程255.82m,壅水高度为1.0m,波浪侵袭高度为0.3m。该路堤高度应不低于(   )。

(A)3.37m   (B)3.95m   (C)4.26m   (D)4.58m

解答

根据《公路路基设计规范》(JTG D30—2015)第3.3.2条:

$$(h_{sw} - h_0) + h_w + h_{bw} + \Delta h = (255.82 - 253.67) + 0.3 + 1.0 + 0.5 = 3.95m$$

$$h_1 + h_p = 2.84 + 0.42 = 3.26m$$

$$h_{wd} + h_p = 1.65 + 0.42 = 2.07m$$

$$h_f + h_p = 1.59 + 0.42 = 2.01m$$

取上述计算结果的最大值,可知该路堤高度不低于3.95m。

答案: B

（1）按设计洪水频率计算水位计算路基高程时，三本规范计算方法和结果一致。

（2）按《公路路基设计规范》（JTG D30—2015）第3.3.2条计算路堤高度时，应同时满足四个方面的要求，取计算结果的最大值。

考点4 平衡湿度下的路床顶面回弹模量计算

条文规定

《公路路基设计规范》（JTG D30—2015）规定如下：

3.2.5 新建公路路基回弹模量设计值 E_0 应按式（3.2.5-1）确定，并应满足式（3.2.5-2）的要求。

$$E_0 = K_s K_\eta M_R \tag{3.2.5-1}$$

$$E_0 \geq [E_0] \tag{3.2.5-2}$$

式中：E_0——平衡湿度状态下路基回弹模量设计值（MPa）；

$[E_0]$——路面结构设计的路基回弹模量要求值（MPa），应符合本规范第3.2.4条的有关规定；

M_R——标准状态下路基动态回弹模量值（MPa），按本规范第3.2.6条确定；

K_s——路基回弹模量湿度调整系数，为平衡湿度（含水率）状态下的回弹模量与标准状态下的回弹模量之比，按本规范第3.2.7条确定；

K_η——干湿循环或冻融循环条件下路基土模量折减系数，通过试验确定。初步设计时，非冰冻地区可根据土质类型、失水率确定，季节冻土区可根据冻结温度、含水率确定，折减系数可取0.7～0.95。非冰冻区粉质土、黏质土，失水率大于30%，取小值，反之取较大值；粗粒土取大值。季节冻土地区粉质土、黏质土冻结温度低于-15℃，冻前含水率高，取小值，反之取较大值；粗粒土取大值。

3.2.6 标准状态下路基回弹模量值应按下列方法确定：

1 路基填料的回弹模量应按附录A通过试验获得。

2 受试验条件限制时，可按附录B，根据土组类别及粒料类型由表B.1、表B.2查取回弹模量参考值。

3 初步设计阶段，也可按式（3.2.6-1）、式（3.2.6-2）由填料的 CBR 值估算标准状态下填料的回弹模量值：

$$M_R = 17.6 CBR^{0.64} \quad (2 < CBR \leq 12) \tag{3.2.6-1}$$

$$M_R = 22.1 CBR^{0.55} \quad (12 < CBR < 80) \tag{3.2.6-2}$$

3.2.7 新建公路路床应处于干燥或中湿状态。路基设计可按下列方法预估湿度状态，确定回弹模量湿度调整系数：

1 可按附录C的有关规定，根据路基相对高度、路基土组类别及其毛细水上升高度，确定路基干湿类型，并预估路基结构的平衡湿度。

2 路基回弹模量湿度调整系数可按附录 D 确定。

A.0.1 本试验方法适用于利用动三轴试验仪在规定的加载条件下测定路基土与粒料的动态回弹模量。

A.0.5 试验成果计算应符合下列规定：

1 应力幅值应按式(A.0.5-1)计算确定：

$$\sigma_0 = \frac{P_i}{A} \tag{A.0.5-1}$$

式中：σ_0——轴向应力幅值(MPa)；

P_i——最后 5 次加载循环中轴向试验荷载平均幅值(N)；

A——试件径向横截面面积,可取试件上下端面面积平均值(mm^2)。

2 应变幅值应按式(A.0.5-2)计算确定：

$$\varepsilon_0 = \frac{\Delta_i}{l_0} \tag{A.0.5-2}$$

式中：ε_0——可恢复轴向应变幅值(mm/mm)；

Δ_i——最后 5 次加载循环中可恢复轴向变形平均幅值(mm)；

l_0——位移传感器的量测间距(mm)。

3 动态回弹模量应按式(A.0.5-3)计算：

$$M_R = \frac{\sigma_0}{\varepsilon_0} \tag{A.0.5-3}$$

式中：M_R——路基土或粒料动态回弹模量(MPa)。

C.0.1 路基平衡湿度状况可依据路基的湿度来源分为潮湿、中湿、干燥等三类,并按下列条件判别路基湿度状态：

1 地下水或地表长期积水的水位高,路基工作区均处于地下水毛细润湿影响范围内,路基平衡湿度由地下水或地表长期积水的水位升降所控制,路基湿度状态可定为潮湿类路基。

2 地下水位很低,路基工作区处于地下水毛细润湿面之上,路基平衡湿度由气候因素所控制,路基湿度状态可定为干燥类路基。

3 中湿类路基的湿度兼受地下水和气候因素影响,路基工作区被地下水毛细润湿面分为上、下两部分,下部受地下水毛细润湿的影响,上部则受气候因素影响,如图 C.0.1 所示。

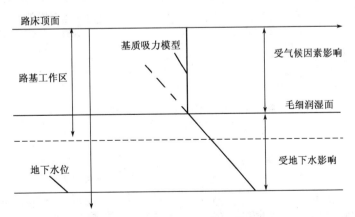

图 C.0.1 中湿类路基的湿度状况

D.0.1 潮湿类路基的回弹模量湿度调整系数可按表 D.0.1 查取。

潮湿类路基的回弹模量湿度调整系数　　　　表 D.0.1

土质类型	砂	细粒土质砂	粉质土	黏质土
路基工作区顶面	0.8~0.9	0.5~0.6	0.5~0.7	0.6~1.0
路基工作区底面	0.5~0.6	0.4~0.5	0.4~0.6	0.5~0.9

注:1. 砂的回弹模量调整系数,D_{60} 大时取高值,D_{60} 小时取低值。

2. 细粒土质砂的回弹模量调整系数,细粒含量大、塑性指数高时取低值,反之取高值。

3. 粉质土和黏质土的回弹模量调整系数,路基高度低时取低值,反之取高值。

D.0.2　干燥类路基的回弹模量湿度调整系数可按表 D.0.2 查取。

干燥类路基的回弹模量湿度调整系数　　　　表 D.0.2

土　组	TMI					
	−50	−30	−10	10	30	50
砂(S)	1.30~1.84	1.14~1.80	1.02~1.77	0.93~1.73	0.86~1.69	0.8~1.64
粉土质砂(SM)	1.59~1.65	1.10~1.26	0.83~0.97	0.73~0.83	0.70~0.76	0.70~0.76
黏土质砂(SC)						
低液限粉土(ML)	1.35~1.55	1.01~1.23	0.76~0.96	0.58~0.77	0.51~0.65	0.42~0.62
低液限黏土(CL)	1.22~1.71	0.73~1.52	0.57~1.24	0.51~1.02	0.49~0.88	0.48~0.81

注:1. 砂的回弹模量调整系数,D_{60} 大时(接近 2mm)取低值,D_{60} 小时(接近 0.25mm)取高值。

2. 粉土质砂、黏土质砂或细粒土的饱和度取值与细粒土含量和塑性指数相关,细粒土含量高、塑性指数大时取低值,反之取高值。

《城市道路路基设计规范》(CJJ 194—2013)规定如下:

4.2.1　路基干湿类型可采用分界稠度划分,并应符合表 4.2.1-1 的规定;当缺少资料时,也可根据路基相对高度,按表 4.2.1-2 确定。路基临界高度可按本规范附录 A 进行划分。

路基干湿状态的分界稠度值　　　　表 4.2.1-1

土质类别	干湿状态			
	干燥	中湿	潮湿	过湿
	$\omega_c \geqslant \omega_{c1}$	$\omega_{c1} > \omega_c \geqslant \omega_{c2}$	$\omega_{c2} > \omega_c \geqslant \omega_{c3}$	$\omega_c < \omega_{c3}$
土质砂	$\omega_c \geqslant 1.20$	$1.20 > \omega_c \geqslant 1.00$	$1.00 > \omega_c \geqslant 0.85$	$\omega_c < 0.85$
黏质土	$\omega_c \geqslant 1.10$	$1.10 > \omega_c \geqslant 0.95$	$0.95 > \omega_c \geqslant 0.80$	$\omega_c < 0.80$
粉质土	$\omega_c \geqslant 1.05$	$1.05 > \omega_c \geqslant 0.90$	$0.90 > \omega_c \geqslant 0.75$	$\omega_c < 0.75$

注:ω_{c1}、ω_{c2}、ω_{c3} 分别为干燥和中湿、中湿和潮湿、潮湿和过湿状态路基的分界稠度,ω_c 为路床顶面以下 80cm 深度内的平均稠度。

路基干湿状态的路基相对高度判定标准　　　　表 4.2.1-2

路基干湿类型	路基相对高度 H	一般特征
干燥	$H \geqslant H_1$	路基干燥、稳定,路面强度和稳定性不受地下水和地表积水的影响
中湿	$H_2 \leqslant H < H_1$	路基上部土层处于地下水或地表积水影响的过渡带区内
潮湿	$H_3 \leqslant H < H_2$	路基上部土层处于地下水或地表积水毛细影响区内
过湿	$H < H_3$	路基上部土层处于地下水或地表积水毛细影响区内

注:H_1、H_2、H_3 为路基干燥和中湿、中湿和潮湿、潮湿和过湿分界状态对应的临界高度。

例题 2-9（2020 真题）

某公路工程在初步设计阶段，其中一处大型取土场为河流阶地，取代表性土样进行室内试验，三组样测得的 CBR 值分别是 22.8、23.0、23.2，其路基回弹模量湿度调整系数取 0.85，冻融循环条件下路基土模量折减系数为 0.9，该取土场估算的标准状态下填料的回弹模量值为（　）。（取小数点后 1 位）

（A）94.8MPa　　　　（B）124.0MPa　　　　（C）130.9MPa　　　　（D）131.7MPa

解答

根据《公路路基设计规范》（JTG D30—2015）第 3.2.6 条，初步设计阶段路基回弹模量值可由填料的 CBR 值估算。

$$CBR = \frac{22.8 + 23.0 + 23.2}{3} = 23.0$$

$$M_R = 22.1 CBR^{0.55} = 22.1 \times 23.0^{0.55} = 124.0 \text{MPa}$$

答案：B

注：要求计算的是标准状态下的回弹模量，所以不需要乘湿度调整系数和路基土模量折减系数，题目给出这两个数据是个陷阱。

例题 2-10（2020 年真题）

某城市主干路位于Ⅳ3 自然区划，该道路某一路段横断面布置如下图所示，原地面高程为 3.60m，设计中央分隔带边线路面高程为 4.20m，机动车道路面结构厚度为 0.60m，非机动车道路面结构厚度为 0.35m，路基为粉质土，地下水埋深为 1.20m。下列关于该道路路基干湿类型、路基处理措施，符合规范规定的是（　）。并请说明选择依据和理由。

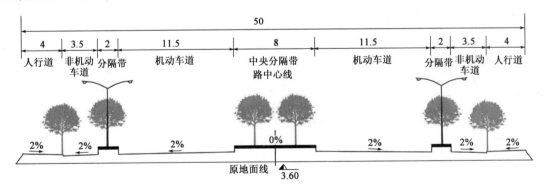

例题 2-10 图（尺寸单位：m）

（A）路基为干燥状态，不需要路基处
（B）路基为中湿状态，不需要路基处
（C）路基为潮湿状态，设置石灰土垫层
（D）路基为过湿状态，设置水泥土垫层

解答

根据《城市道路路基设计规范》（CJJ 194—2013）附录 A。

机动车道最右侧：

$H_0 = 4.2 - 3.6 - 0.6 - 11.5 \times 2\% + 1.2 = 0.97(\text{m})$

非机动车道最右侧：

$H_0 = 4.2 - 3.6 - 0.35 - (11.5 + 2 + 3.5) \times 2\% + 1.2 = 1.11(\text{m})$

取小值 $H_0 = 0.97\text{m}$

查附录 A 续表 A.0.1，粉质土 IV 3 区，$H_1 = 1.7 \sim 1.9\text{m}$，$H_2 = 1.2 \sim 1.3\text{m}$，$H_3 = 0.8 \sim 0.9\text{m}$，$H_3 < H_0 < H_2$，路基为潮湿类型，应设置石灰土垫层。

答案：C

例题 2-11

某公路干燥类路基，位于季节性冻土地区，路基土质为砂，TMI 值为 10，填料 CBR 值为 18%，如果施工现场的压实度为 96%，则路基回弹模量设计值为（　　　）。

（提示：调整系数取小值，折减系数取大值）

（A）72MPa　　　　（B）80MPa　　　　（C）96MPa　　　　（D）108MPa

解答

根据《公路路基设计规范》（JTG D30—2015）第 3.2.5 条、第 3.2.6 条、附录 D：

$M_R = 22.1 CBR^{0.55} = 22.1 \times 18^{0.55} = 108.3\text{MPa}$

查规范附录表 D.0.2，$K_s = 0.93$；查规范第 3.2.5 条，$K_\eta = 0.95$

$E_0 = E_s E_\eta M_R = 0.93 \times 0.95 \times 108.3 = 95.7\text{MPa}$

答案：C

例题 2-12

对某公路路基填料（最大粒径为 12mm）进行动三轴试验，试样直径 100mm，高 200mm，最后 5 次加载循环试验数据见下表，位移传感器的量测间距为 4.5mm，则该填料在标准状态下的回弹模量最接近（　　　）。

例题 2-12 表

序次	1	2	3	4	5
轴向荷载幅值 P（N）	161	165	157	186	167
轴向变形幅值 Δ_i（mm）	0.0021	0.0022	0.0015	0.0031	0.0024

（A）35MPa　　　　（B）42MPa　　　　（C）56MPa　　　　（D）65MPa

解答

根据《公路路基设计规范》（JTG D30—2015）附录 A：

$$\sigma_0 = \frac{P_i}{A} = \frac{161 + 165 + 157 + 186 + 167}{5 \times 3.14 \times 50^2} = 0.021\text{MPa}$$

$$\varepsilon_0 = \frac{\Delta_i}{l_0} = \frac{0.0021 + 0.0022 + 0.0015 + 0.0031 + 0.0024}{5 \times 4.5} = 5.02 \times 10^{-4}$$

$$M_R = \frac{\sigma_0}{\varepsilon_0} = \frac{0.021}{5.02 \times 10^{-4}} = 41.8\text{MPa}$$

答案：B

例题 2-13

某新建二级公路路基填料为中砂,承载比 $CBR=19\%$,场地地下水位与地面齐平,则按《公路路基设计规范》(JTG D30—2015)计算,该公路路基路床顶面的回弹模量设计值最接近( )。(折减系数取大值,调整系数取小值)

(A)85MPa　　　　(B)98MPa　　　　(C)112MPa　　　　(D)125MPa

解答

根据《公路路基设计规范》(JTG D30—2015)第 3.2.5 条、第 3.2.6 条、附录 D:

$M_R=22.1CBR^{0.55}=22.1\times19^{0.55}=111.6$ MPa

查规范附录表 D.0.1,$K_s=0.8$;查规范第 3.2.5 条,$K_\eta=0.95$

$E_0=K_sK_\eta M_R=0.8\times0.95\times111.6=84.8$ MPa

答案:A

例题 2-14

公路自然区划Ⅱ区某新建二级公路初步设计,K6+120~K7+520 段路基平均填筑高度为 2.20m,如下图所示。填料采用黏质土,CBR 值为 9.8% ,通过计算求得路基工作区深度为 1.56m,毛细润湿面距地表的高度为 1.55m。通过查表得到地下水毛细润湿面上、下部分路基回弹模量湿度调整系数分别为 0.91 和 0.5,冻融循环条件下路基土模量折减系数为 0.95。计算路基回弹模量设计值最接近( )。

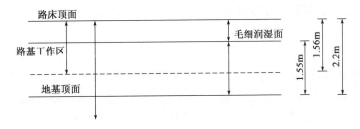

例题 2-14 图

(A)33MPa　　　　(B)48MPa　　　　(C)56MPa　　　　(D)63MPa

解答

根据《公路路基设计规范》(JTG D30—2015)第 3.2.5 条、第 3.2.6 条、第 C.0.1 条、第 D.0.1 条和第 D.0.2 条:

$M_R=17.6CBR^{0.64}=17.6\times9.8^{0.64}=75.84$ MPa

推算知,毛细润湿面上、下部分路基工作区的厚度分别为 0.65m 和 0.91m。

$K_s=K_{s1}\dfrac{h_1}{h}+K_{s2}\dfrac{h_2}{h}=0.91\times\dfrac{0.65}{1.56}+0.5\times\dfrac{0.91}{1.56}=0.67$

$E_0=K_sK_\eta M_R=0.67\times0.95\times75.84=48.3$ MPa

答案:B

例题 2-15(2019 年真题)

某季节性冻土地区的公路初步设计阶段,采用的路基填料 CBR 值是 8.0,路基回弹模量湿度调整取 0.85,冻融循环条件下路基土模量折减系数取 0.9,平衡状态下路基回弹模量设计值为(   )。

　　(A)51.0MPa
　　(B)53.1MPa
　　(C)56.6MPa
　　(D)66.6MPa

解答

根据《公路路基设计规范》(JTG D30—2015)第 3.2.6 条,$CBR=8.0\in(2,12]$,标准状态下路基动态回弹模量值:

$$M_R = 17.6CBR^{0.64} = 17.6 \times 8^{0.64} = 66.6\text{MPa}$$

平衡状态下的回弹模量设计值:

$$E_0 = K_s \times K_\eta \times M_R = 0.9 \times 0.85 \times 66.6 = 51\text{MPa}$$

答案:A

例题 2-16(2019 年真题)

某新建路基,平衡湿度(含水率)状态下的回弹模量为 60MPa,标准状态下的回弹模量为 80MPa,根据《公路路基设计规范》(JTG D30—2015),路基回弹模量湿度调整系数为(   )。

　　(A)0.56
　　(B)0.68
　　(C)0.75
　　(D)0.83

解答

根据《公路路基设计规范》(JTG D30—2015)第 3.2.5 条,路基回弹模量湿度调整系数 = 平衡湿度(含水率)状态下的回弹模量/标准状态下的回弹模量 $=60/80=0.75$。

答案:C

例题 2-17(2019 年真题)

某重交通的二级公路,粉质黏土地基,地下水位埋深 1.0m,低填路堤高 1.5m,填料为细沙土,路基不受洪水影响,沥青路面厚度为 0.6m,路床厚度为 0.8m。毛细水上升最大高度为 0.5m。根据《公路路基设计规范》(JTG D30—2015),该路床所处的湿度状态为(   )。

　　(A)干燥状态
　　(B)中湿状态
　　(C)潮湿状态
　　(D)过湿状态

解答

根据《公路路基设计规范》(JTG D30—2015)第 C.0.1 条第 3 款,地下水位很低,路基工作区处于地下水毛细润湿面之上,路基平衡湿度由气候因素所控制,路基湿度状态可定位干燥状态。

低填路堤高 1.5m,路面 + 路床 $=0.6+0.8=1.4$m,地下水位为 1.0m,毛细水上升最大高度为地面下 0.5m,未进入路床范围。

答案:A

📖 考点分析

　　(1)注意湿度调整系数 K_s、干湿循环或冻融循环折减系数 K_η 取高值还是低值的条件。

　　(2)《公路路基设计规范》(JTG D30—2015)及《公路沥青路面设计规范》(JTG D50—2017)对路基回弹模量采用动三轴法测定,老规范采用承载板测定的为静态回弹模量。

（3）中湿类路基按《公路路基设计规范》（JTG D30—2015）第 C.0.4 条进行计算，中湿类回弹模量湿度调整系数按第 D.0.3 条，用厚度加权计算。

（4）区分标准状态和平衡状态下的回弹模量。

（5）标准状态下路基的回弹模量确定的三种方法：

①《公路路基设计规范》（JTG D30—2015）附录 A。

②《公路路基设计规范》（JTG D30—2015）附录 B。

③由 CBR 计算而得。

考点5　土工泡沫塑料块轻质路堤计算

📖 条文规定

《公路路基设计规范》（JTG D30—2015）规定如下：

3.9.5　土工泡沫塑料轻质材料路堤设计应符合下列要求：

1　根据汽车荷载和上覆路基路面荷载等作用影响，在土工泡沫塑料块体与路面之间、多层土工泡沫塑料块体之间每隔 2~3m 或 4~6 层，应设置浇筑钢筋混凝土板和防渗土工布，钢筋混凝土板厚度宜为 0.10~0.15m。

2　土工泡沫塑料块体底部应设置砂砾垫层，厚度宜为 0.2~0.3m。必要时可在砂砾垫层上下界面铺设透水土工布。

3　土工泡沫塑料路堤设计应进行材料抗压强度验算。验算时，路面及钢筋混凝土板保护层产生的自重和活载作用于土工泡沫塑料层面的应力（图 3.9.5）可按式（3.9.5-1）计算，并应满足式（3.9.5-2）的要求。

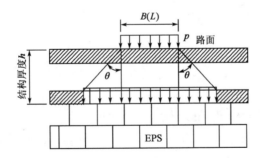

图 3.9.5　分布应力的近似简化计算

$$\sigma_z = \frac{p(1+\delta)}{(B+2h\tan\theta)(L+2h\tan\theta)} + \gamma h \qquad (3.9.5\text{-}1)$$

式中：σ_z——土工泡沫塑料块体上的应力值（kPa）；

　　　p——汽车轮载（汽车后轴重）（kN）；

　　　δ——冲击系数；一般为 0.3；

　　　h——路面及钢筋混凝土板的厚度（m）；

　　　B、L——汽车后轮着地宽度及长度（m）；

　　　θ——荷载分布角（°），混凝土路面取 $\theta=45°$，沥青混凝土路面取 $\theta=40°$；

γ——路面结构层及钢筋混凝土板的平均重度(kN/m^3)。

例题 2-18

某公路软基路堤采用土工泡沫塑料轻质路堤,路面采用混凝土结构,路面结构层厚度为 0.45m,重度为 $23kN/m^3$,已知汽车两后轮轴距为 1.4m,后轮着地宽度为 0.6m,长度为 0.2m,汽车荷载后轴重 140kN,冲击系数取 0.3,按《公路路基设计规范》(JTG D30—2015)计算,作用在土工泡沫塑料块体上的应力值最接近(   )。

(A)65kPa   (B)97kPa   (C)110kPa   (D)120kPa

解答

根据《公路路基设计规范》(JTG D30—2015)第 3.9.5 条:

$$\sigma_z = \frac{p(1+\delta)}{(B+2h\tan\theta)(L+2h\tan\theta)} + \gamma h$$

$$= \frac{70 \times (1+0.3)}{(0.6+2 \times 0.45 \times \tan45°) \times (0.2+2 \times 0.45 \times \tan45°)} + 23 \times 0.45 = 65.5kPa$$

答案:A

考点分析

注意《公路路基设计规范》(JTG D30—2015)式(3.9.5-1)中 p 应为"汽车后轴单侧轮重"。

考点6　边坡稳定性计算

1.直线滑动面边坡稳定计算

基本知识

直线法适用于砂土和土质砂(两者合称砂类土)的边坡稳定性验算,土的抗力以摩擦阻力为主,黏结力甚小,边坡破坏时,滑动破裂面近似平面。

如图 2-1 所示,填方边坡土楔体 ABD 沿破裂面 AD 滑动,其稳定系数 K 按式(2-1)计算。

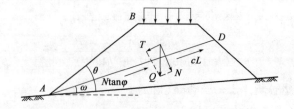

图 2-1　直线法验算边坡稳定性计算图示

$$K = \frac{R}{T} = \frac{Nf + cL}{T} = \frac{Q\cos\omega\tan\varphi + cL}{Q\sin\omega} \tag{2-1}$$

式中:ω——破裂面对水平面的倾角(°);

φ——填料的内摩擦角(°);

f——破裂面上土体的摩擦系数 $f = \tan\varphi$;

L——破裂面 AD 的长度(m);

N——破裂面的法向分力(kN);

T——破裂面的切向分力(kN);

c——破裂面上土体的黏结力(kPa);

Q——滑动体的重力(kN),包括车辆荷载。

$c = 0$ 时,$K = \tan\varphi / \tan\omega$。

以路堑边坡为例,不计行车荷载,计算图示如图 2-2 所示,分析如下:

令滑动面 $AD = L$,式(2-1)可改为:

$$K = f \cdot \cot\omega + \frac{cL}{W \cdot \sin\omega} \tag{2-2}$$

由图 2-2 可知,单位长度路基边坡滑动体 $\triangle ABD$ 的重力 W 的表达式为:

$$W = \frac{1}{2}\gamma L \frac{H}{\sin\alpha}\sin(\alpha - \omega) \tag{2-3}$$

由此可得:

$$K = f \cdot \cot\omega + \frac{2c}{\gamma H} \cdot \frac{\sin\alpha}{\sin(\alpha - \omega) \cdot \sin\omega} \tag{2-4}$$

令 $\dfrac{2c}{\gamma H} = a$,而 $f = \tan\varphi$,当进行边坡稳定性计算时,a、f 及 α 均为已知值。

$$K_{\min} = (2a + f) \cdot \cot\alpha + 2\sqrt{a(f + a)} \cdot \csc\alpha \tag{2-5}$$

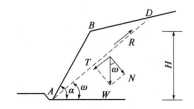

图 2-2   直线滑动面的计算图示

📖 典型例题

例题 2-19

某二级公路挖方边坡,边坡高度为 6m,边坡土的内摩擦角 $\varphi = 25°$,黏聚力 $c = 15\text{kPa}$,土的重度 $\gamma = 18\text{kN/m}^3$,若采用的边坡坡度为 $1:0.5$,稳定系数 K 为(　　　)。

(A)1.42　　　　　　　　　　　　(B)1.48

(C)1.53　　　　　　　　　　　　(D)1.59

解答

$\tan\alpha = \dfrac{1}{0.5} = 2$,$\alpha = \arctan 2 = 63°26'6''$,$\csc\alpha = 1.118$

$f = \tan 25° = 0.466$,$a = \dfrac{2 \times c}{\gamma \times h} = \dfrac{2 \times 15}{18 \times 6} = 0.278$

$$K = (2a + f) \times \cot\alpha + 2 \times \sqrt{a \times (f + a)} \times \csc\alpha$$

$$= (2 \times 0.278 + 0.466) \times 0.5 + 2 \times \sqrt{0.278 \times (0.278 + 0.466)} \times 1.118 = 1.53$$

答案:C

例题 2-20

西部地区某公路一路段有一由均质土体组成的路堤边坡,边坡相关参数如下图所示。已知其破裂面为直线型,土体黏聚力 $c = 10\text{kPa}$,内摩擦角 $\varphi = 20°$,滑坡体自重 $W = 1500\text{kN}$。滑动面对水平面的倾角 $\alpha = 22°$,则该边坡稳定性系数 F_s 最接近( )。

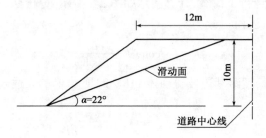

例题 2-20 图

(A)1.28   (B)1.38   (C)1.48   (D)1.58

解答

题目中已经说明为直线型,利用公式代入数据进行计算。

$$L = \frac{10}{\sin 22°} = 26.7\text{m}$$

$$F_s = \frac{W\cos\alpha\tan\varphi + cL}{W\sin\alpha}$$

$$= \frac{1500 \times \cos 22° \times \tan 20° + 10 \times 26.7}{1500 \times \sin 22°}$$

$$= 1.38$$

答案:B

例题 2-21

东部地区某新建一级公路,K6 + 100 ~ K10 + 255 处有一均匀土质挖方边坡,边坡坡率为 1:0.5,土的天然重度 $\gamma = 18\text{kN/m}^3$,黏聚力 $c = 20\text{kPa}$,内摩擦角 $\varphi = 25°$,如若保证最小的边坡安全系数 $K_{\min} = 1.25$,则允许的最大边坡高度最接近( )。

(A)8.88m   (B)9.99m   (C)10.10m   (D)11.11m

解答

$\cot\alpha = 0.5, \alpha = 63°26', \csc\alpha = 1.1181$

$f = \tan\varphi = \tan 25° = 0.4663$

代入下式:

$$K_{\min} = (2a + f) \cdot \cot\alpha + 2\sqrt{a(f + a)} \cdot \csc\alpha$$

则 $1.25 = (2a + 0.4663) \times 0.5 + 2\sqrt{a(0.4663 + a)} \times 1.1181$

得 $a = 0.20$

$$H_{max} \leqslant \frac{2c}{\gamma a} = \frac{2 \times 20}{18 \times 0.20} = 11.11\text{m}$$

反算边坡高度时,计算值需要解一元二次方程,如果计算器不能求解方程,则需要掌握一元二次方程的根的求解公式: $x = \dfrac{-b \pm \sqrt{b^2 - 4ac}}{2a}$,两个值进行取舍。

答案:D

2. 圆弧滑动面边坡稳定计算

📖 **条文规定**

《公路路基设计规范》(JTG D30—2015)规定如下:

3.6.9 路堤堤身稳定性、路堤和地基的整体稳定性宜采用简化 Bishop 法,稳定系数 F_s 按式(3.6.9-1)计算,计算图示见图 3.6.9。当地基为软弱或软土地基时,稳定系数计算方法及稳定性应满足本规范第 7.7 节的要求。

$$F_s = \frac{\sum [c_i b_i + (W_i + Q_i)\tan\varphi_i]/m_{\alpha i}}{\sum (W_i + Q_i)\sin\alpha_i} \tag{3.6.9-1}$$

式中: F_s——路堤稳定系数;

b_i——第 i 个土条宽度(m);

α_i——第 i 个土条底滑面的倾角(°);

c_i、φ_i——第 i 个上条滑弧所在土层的黏聚力和内摩擦角,依滑弧所在位置,取对应土层的黏聚力(kPa)和内摩擦角(°);

$m_{\alpha i}$——系数,按式(3.6.9-2)计算,式中各符号的意义同前;

$$m_{\alpha i} = \cos\alpha_i + \frac{\sin\alpha_i \tan\varphi_i}{F_s} \tag{3.6.9-2}$$

W_i——第 i 个土条重力(kN);

Q_i——第 i 个土条垂直方向外力(kN)。

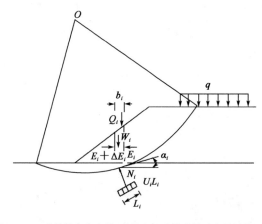

图 3.6.9 路堤堤身稳定性、路堤和地基的整体稳定性计算图示

例题 2-22

某公路高路堤边坡高 25m,如下图所示,填料的重度 $\gamma = 19.2kN/m^3$,黏聚力 $c = 42.5kPa$,

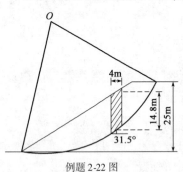

例题 2-22 图

内摩擦角 $\varphi = 15°$,在对该高路堤边坡进行稳定性分析时,某土条宽度为 4.0m,高度为 14.8m,已知土条底面与水平面的夹角为 31.5°,按《公路路基设计规范》(JTG D30—2015)计算,该土条的稳定系数为(　　)。

(A)0.70　　　(B)0.77　　　(C)0.91　　　(D)1.00

解答

根据《公路路基设计规范》(JTG D30—2015)第3.6.9条:

$$W = 4 \times 14.8 \times 19.2 = 1136.64kN/m$$

$$m_{\alpha i} = \cos\alpha_i + \frac{\sin\alpha_i\tan\varphi_i}{F_s} = \cos31.5° + \frac{\sin31.5° \times \tan15°}{F_s} = 0.853 + \frac{0.14}{F_s}$$

$$
\begin{aligned}
F_s &= \frac{\sum \dfrac{1}{m_{\alpha i}}[c_i b_i + (W_i + Q_i)\tan\varphi_i]}{\sum (W_i + Q_i)\sin\alpha_i} \\[2mm]
&= \frac{\dfrac{1}{0.853 + 0.14/F_s} \times (42.5 \times 4 + 1136.64 \times \tan15°)}{1136.64 \times \sin31.5°} = \frac{0.799}{0.853 + 0.14/F_s}
\end{aligned}
$$

解得:$F_s = 0.773$

答案:B

例题 2-23

某均匀黏性土中开挖一路堑,存在如右图所示的圆弧滑动面,其半径为 14m,滑动面长度 28m,通过圆弧滑动面圆心 O 的垂线将滑体分为两部分,坡内部分的土重 $W = 1450kN/m$,土体重心至圆心垂线距 $d_1 = 4.5m$,坡外部分土重 350kN/m,土体重心至圆心垂线距 $d_2 = 2.5m$。则在滑带土的内摩擦角 $\varphi = 0$ 情况下,该路堑极限平衡状态下的滑带土不排水抗剪强度 c 最接近(　　)。

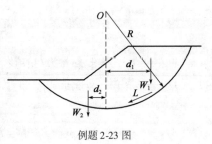

例题 2-23 图

(A)12.5kPa　　　(B)14.4kPa　　　(C)15.8kPa　　　(D)17.2kPa

解答

$$F_s = \frac{抗滑力矩}{滑动力矩} = \frac{W_2 d_2 + c \times L \times R}{W_1 d_1} = \frac{350 \times 2.5 + c \times 28 \times 14}{1450 \times 4.5} = 1.0$$

得 $c = 14.41kPa$

答案:B

例题 2-24

某一级公路路基高填方采用黏土进行填筑,用简单圆弧条分法进行稳定性分析时,圆弧的

半径 $R=50\text{m}$,第 i 土条的宽度为 2m,过滑弧的中心点切线和上条顶部与水平线的夹角均为 $20°$,如下图所示。土条的高度为 12m,已知土的天然重度 $\gamma=19.8\text{kN/m}^3$,黏聚力 $c=23\text{kPa}$,内摩擦角 $\varphi=28°$,则该土条的下滑安全系数最接近(　　)。

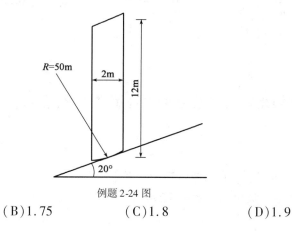

例题 2-24 图

(A)1.70　　　　　(B)1.75　　　　　(C)1.8　　　　　(D)1.9

解答

$W_i=12\times19.8\times2=475.2\text{kN}$

$\varphi_i=28°,c_i=23\text{kPa},\theta_i=20°$

$F_s=\dfrac{(475.2\tan28°+23\times2)/m_\alpha}{475.2\sin20°}$

$m_\alpha=\cos20°+\sin20°\tan28°/F_s=0.94+0.182/F_s$

求得:$F_s=1.76$

答案:B

例题 2-25

用简化 Bishop 法作黏土边坡稳定性分析。如下图所示,已知滑弧的半径 $R=30\text{m}$,第 i 土条的宽度为 2m,黏土的天然重度 $\gamma=20\text{kN/m}^3$,黏聚力 $c=20\text{kPa}$,内摩擦角 $\varphi=18°$,则该土条的边坡稳定性系数 F_s 与(　　)最为接近。

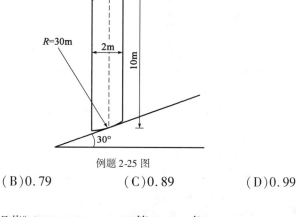

例题 2-25 图

(A)0.69　　　　　(B)0.79　　　　　(C)0.89　　　　　(D)0.99

解答

根据《公路路基设计规范》(JTG D30—2015)第 3.6.9 条:

$$F_s=\frac{\sum\left[c_ib_i+(W_i+Q_i)\tan\varphi_i\right]/m_{\alpha i}}{\sum(W_i+Q_i)\sin\alpha_i}$$

$$m_i = \cos\alpha_i + \frac{\sin\alpha_i \tan\varphi_i}{F_s}$$

开始迭代计算,令 $F_s = 1$,则 $m_i = 1.03$,$F_s^1 = 0.83$;

$F_s^1 = 0.83$,则 $m_i^1 = 1.06$,$F_s^2 = 0.80$;

$F_s^2 = 0.80$,则 $m_i^2 = 1.07$,$F_s^3 = 0.79$。

迭代完成。

答案:B

3. 路堤沿斜坡地基或软弱层滑动稳定性不平衡推力法计算

📖 条文规定

《公路路基设计规范》(JTG D30—2015)规定如下:

3.6.10 路堤沿斜坡地基或软弱层带滑动的稳定性分析可采用不平衡推力法,稳定系数 F_s 可按式(3.6.10-1)、式(3.6.10-2)计算,计算图示见图3.6.10。

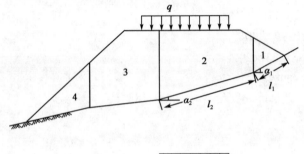

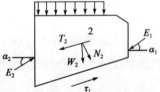

图3.6.10 路堤沿斜坡地基或软弱层带滑动稳定性计算图示

$$E_i = W_{Qi}\sin\alpha_i - \frac{1}{F_s}(c_i l_i + W_{Qi}\cos\alpha_i \tan\varphi_i) + E_{i-1}\psi_{i-1} \qquad (3.6.10\text{-}1)$$

$$\psi_{i-1} = \cos(\alpha_{i-1} - \alpha_i) - \frac{\tan\varphi_i}{F_s}\sin(\alpha_{i-1} - \alpha_i) \qquad (3.6.10\text{-}2)$$

式中:W_{Qi} ——第 i 个土条的重力与外加竖向荷载之和(kN);

α_i ——第 i 个土条底滑面的倾角(°);

c_i、φ_i ——第 i 个土条底的黏聚力(kPa)和内摩擦角(°);

l_i ——第 i 个土条底滑面的长度(m);

α_{i-1} ——第 $i-1$ 个土条底滑面的倾角(°);

E_{i-1} ——第 $i-1$ 个土条传递给第 i 个土条的下滑力(kN)。

用式(3.6.10-1)和式(3.6.10-2)逐条计算,直到第 n 条的剩余推力为零,由此确定稳定系数 F_s。

例题 2-26

某滑动边坡如下图所示,折线角 $\alpha_1 = 30°$,$\alpha_2 = 10°$,滑动面上的黏聚力、内摩擦角不变,$c = 10kPa$,$\varphi = 15°$,滑块 1 重力 $G_1 = 500kN/m$,$L_1 = 12m$,滑块 2 重力 $G_2 = 800kN/m$,$L_2 = 10m$,取安全系数 1.25,用不平衡推力法确定滑块 2 的下滑力为( )。

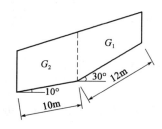

例题 2-26 图

（A）56.7kN （B）－56.7kN （C）0kN/m （D）80kN/m

解答

$$E_1 = W_1 \times \sin\alpha_1 - \frac{1}{F_s}(c \times L_1 + W_1 \times \cos\alpha_1 \times \tan\varphi)$$

$$= 500 \times \sin30° - \frac{1}{1.25} \times (10 \times 12 + 500 \times \cos30° \times \tan15°) = 61.18$$

$$\psi_1 = \cos(\alpha_1 - \alpha_2) - \frac{\tan\varphi}{F_s} \times \sin(\alpha_1 - \alpha_2)$$

$$= \cos(30° - 10°) - \frac{\tan15°}{1.25} \times \sin(30° - 10°) = 0.87$$

$$E_2 = W_2 \times \sin\alpha_2 - \frac{1}{F_s} \times (c \times L_2 + W_2 \times \cos\alpha_2 \times \tan\varphi) + \psi \times E_1$$

$$= 800 \times \sin10° - \frac{1}{1.25} \times (10 \times 10 + 800 \times \cos10° \times \tan15°) + 0.87 \times 61.18$$

$$= -56.75kN$$

计算值为负值,因此下滑力为零。

答案:C

例题 2-27

某三级公路陡坡路堤断面如下图所示,计算参数见下表,已知填料内摩擦角 $\varphi = 21°$,试按《公路路基设计规范》(JTG D30—2015)计算,该陡坡路堤最后一个条块在正常工况下的剩余下滑力为( )。

例题 2-27 表

条 块 编 号	下滑力（kN/m）	抗滑力（kN/m）
1	32.3	19
2	454	199
3	722	698
4	28.9	105

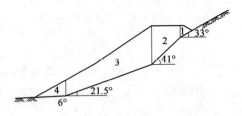

例题 2-27 图

(A)190kN　　　　(B)270kN　　　　(C)320kN　　　　(D)410kN

解答

根据《公路路基设计规范》(JTG D30—2015)第 3.6.10 条表 3.6.11,三级公路路堤正常工况下的稳定安全系数 $F_s = 1.25$,则

$$E_1 = W_{Qi}\sin\alpha_i - \frac{c_i l_i + W_{Qi}\cos\alpha_i\tan\varphi_i}{F_s} = 32.3 - \frac{19}{1.25} = 17.1\text{kN/m}$$

$$\psi_1 = \cos(\alpha_{i-1} - \alpha_i) - \frac{\sin(\alpha_{i-1} - \alpha_i)\tan\varphi_i}{F_s} = \cos(33° - 41°) - \frac{\sin(33° - 41°)\times\tan21°}{1.25}$$

$$= 1.033$$

$$E_2 = 454 - \frac{199}{1.25} + 17.1 \times 1.033 = 312.5\text{kN/m}$$

$$\psi_2 = \cos(41° - 21.5°) - \frac{\sin(41° - 21.5°)\times\tan21°}{1.25} = 0.84$$

$$E_3 = 722 - \frac{698}{1.25} + 312.5 \times 0.84 = 426.1\text{kN/m}$$

$$\psi_3 = \cos(21.5° - 6°) - \frac{\sin(21.5° - 6°)\times\tan21°}{1.25} = 0.88$$

$$E_4 = 28.9 - \frac{105}{1.25} + 426.1 \times 0.88 = 319.9\text{kN/m}$$

答案:C

4. 滑坡稳定性剩余下滑力传递系数法计算

📖 条文规定

《公路路基设计规范》(JTG D30—2015)规定如下:

7.2.2　滑坡稳定性分析应采用工程地质类比法和力学计算相结合的方法,并应符合下列要求:

5　滑坡剩余下滑力可采用传递系数法,按式(7.2.2-1)计算。条块作用力系如图 7.2.2 所示,当 $T_i < 0$ 时,应取 $T_i = 0$。当滑坡体最后一个条块的剩余下滑力小于或等于 0 时,滑坡稳定;当大于 0 时,滑坡不稳定。

$$T_i = F_s W_i \sin\alpha_i + \psi_i T_{i-1} - W_i \cos\alpha_i \tan\varphi_i - c_i L_i \quad\quad (7.2.2-1)$$

$$\psi_i = \cos(\alpha_{i-1} - \alpha_i) - \sin(\alpha_{i-1} - \alpha_i)\tan\varphi_i \quad\quad (7.2.2-2)$$

式中:T_i、T_{i-1}——第 i 和第 $i-1$ 滑块剩余下滑力(kN/m);

　　　　F_s——稳定安全系数;

W_i ——第 i 滑块的自重力(kN/m);

α_i、α_{i-1} ——第 i 和第 $i-1$ 滑块对应滑面的倾角(°);

ψ_i ——传递系数;

φ_i ——第 i 滑块滑面内摩擦角(°);

c_i ——第 i 滑块滑面岩土黏聚力(kN/m);

L_i ——第 i 滑块滑面长度(m)。

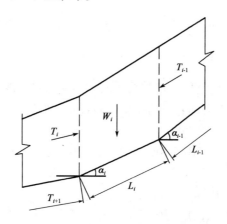

图 7.2.2 剩余下滑力计算图示

📖 典型例题

例题 2-28

某公路滑坡需做支挡设计,根据勘察资料,该滑坡体可分为 3 个条块,各条块的重量 G 及滑动面长度 l 见下表,滑动面倾角 α 见下图。已知滑动面的黏聚力 $c = 10\text{kPa}$,内摩擦角 $\varphi = 10°$,滑坡安全系数取 1.15,则第三块下部边界处每米宽土体的下滑力最接近(   )。

例题 2-28 表

条块编号	$G(\text{kN/m})$	$l(\text{m})$
1	500	11.03
2	900	10.15
3	700	10.79

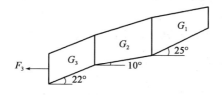

例题 2-28 图

(A)60kN/m   (B)70kN/m   (C)80kN/m   (D)90kN/m

解答

$\psi_1 = \cos(25° - 10°) - \sin(25° - 10°) \times \tan10° = 0.92$

$\psi_2 = \cos(10° - 22°) - \sin(10° - 22°) \times \tan10° = 1.014$

$T_1 = 1.15 \times 500 \times \sin25° - 500 \times \cos25° \times \tan10° - 10 \times 11.03 = 52.8 \text{kN/m}$

$T_2 = 1.15 \times 900 \times \sin10° + 0.92 \times 52.8 - 900 \times \cos10° \times \tan10° - 10 \times 10.15 = -29.5 \text{kN/m}$

取 $T_2 = 0$

$T_3 = 1.15 \times 700 \times \sin22° - 700 \times \cos22° \times \tan10° - 10 \times 10.79 = 79.22 \text{kN/m}$

答案:C

📖 考点分析

(1)行车荷载换算成当量土柱时,可按荷载的最不利布置条件计算。

(2)抗滑力矩与滑动力矩会随着滑动面变化,若最不利滑面未确定,则需要进行最不利滑动面搜索。

(3)《公路路基设计规范》(JTG D30—2015)第3.6.10条推荐的不平衡推力法,是针对路堤稳定性分析的隐式解,对于光滑连续的滑面,隐式解法可以无条件使用,当滑面为折线形时,转折点处倾角变化值需小于10°。

(4)《公路路基设计规范》(JTG D30—2015)第7.2.2条推荐的传递系数法,是针对滑坡稳定性分析的显式解,与第3.6.10条的隐式解公式有些类似,但是要注意其区别。

(5)对于竖向力 W_i,路堤包括了汽车荷载等外加竖向荷载,滑坡(路堑)仅包括了土体自重。

考点7 边坡锚固计算

1. 锚固力计算

📖 条文规定

《公路路基设计规范》(JTG D30—2015)规定如下:

5.5.4 预应力锚杆锚固力设计时,应根据边坡稳定性分析确定的边坡下滑力,按式(5.5.4)计算锚固力。

$$P_d = \frac{E}{\sin(\alpha + \beta)\tan\varphi + \cos(\alpha + \beta)} \tag{5.5.4}$$

式中:P_d——锚杆设计锚固力(kN);

E——边坡下滑力(kN);

α——锚杆与滑动面相交处滑动面倾角(°);

β——锚杆与水平面的夹角(°);

φ——滑动面内摩擦角(°)。

📖 典型例题

例题 2-29

在下图所示的二级公路岩石边坡中,上部岩体沿滑动面下滑,剩余下滑力为 $E = 1220 \text{kN}$,

为了加固此岩坡,采用预应力锚杆,滑动面倾角及锚杆的方向如下图所示。滑动面处的摩擦角为18°,则此锚杆的设计锚固力最接近于(　　)。

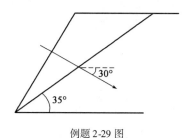

例题2-29 图

(A)1200kN　　　　　(B)1400kN　　　　　(C)1600kN　　　　　(D)1700kN

解答

根据《公路路基设计规范》(JTG D30—2015)第5.5.4条:

$$P_\mathrm{d} = \frac{E}{\sin(\alpha+\beta)\tan\varphi + \cos(\alpha+\beta)} = \frac{1220}{\sin(35°+30°) \times \tan18° + \cos(35°+30°)} = 1701\mathrm{kN}$$

答案:D

2. 预应力锚杆面积计算

📖 **条文规定**

《公路路基设计规范》(JTG D30—2015)规定如下:

5.5.5　预应力锚杆体设计时,锚杆体截面积应按式(5.5.5)计算。锚杆预应力筋的张拉控制应力 σ_con 应符合表5.5.5的规定。

$$A = \frac{K_1 P_\mathrm{d}}{F_\mathrm{ptk}} \tag{5.5.5}$$

式中:A——锚杆体截面积(m^2);

　　K_1——预应力筋截面设计安全系数,按表5.5.6-4选取;

　　F_ptk——锚杆体材料抗拉强度标准值(kPa)。

📖 **典型例题**

例题2-30

在二级公路岩石边坡中,上部岩体沿滑动面下滑,采用预应力锚杆,锚固力为1701kN,在边坡附近有重要保护对象,预应力锚杆按永久性锚杆考虑,杆体材料采用预应力钢绞线,单束钢绞线直径为15.2mm,抗拉强度标准值为1320N/mm^2,则锚杆杆体需要的钢绞线至少为(　　)束。

(A)12　　　　　(B)15　　　　　(C)16　　　　　(D)18

解答

根据《公路路基设计规范》(JTG D30—2015)第5.5.5条:

查表5.5.6-4,得 $K_1 = 2.0$

$$A = \frac{K_1 P_\mathrm{d}}{F_\mathrm{ptk}} = \frac{2 \times 1701}{1320 \times 10^3} = 2.578 \times 10^{-3}\,\mathrm{m}^2 = 2578\mathrm{mm}^2$$

$$n = \frac{4 \times 2578}{3.14 \times 15.2^2} = 14.2 \text{ 束}$$

答案:B

3. 预应力锚杆长度计算

📖 条文规定

《公路路基设计规范》(JTG D30—2015)规定如下:

5.5.6 预应力锚杆体长度设计应符合下列要求:

1 锚固体的承载能力由注浆体与锚孔壁的黏结强度、锚杆与注浆体的黏结强度及锚杆强度等三部分控制,设计时应取其小值。

2 预应力锚杆宜采用黏结型锚固体,地层与注浆体间黏结长度应按式(5.5.6-1)计算。

$$L_r = \frac{K_2 P_d}{\pi d f_{rb}} \qquad (5.5.6-1)$$

式中:L_r——地层与注浆体间黏结长度(m);

K_2——安全系数,按表5.5.6-4选取;

d——锚固段钻孔直径(m);

f_{rb}——地层与注浆体间黏结强度设计值(kPa),应通过试验确定,当不具备试验条件时可按表5.5.6-1、表5.5.6-2选用。

3 注浆体与锚杆体间黏结长度应满足式(5.5.6-2)的要求。

$$L_g = \frac{K_2 P_d}{n \pi d_g f_b} \qquad (5.5.6-2)$$

式中:L_g——注浆体与锚杆体间黏结长度(m);

d_g——锚杆体材料直径(m);

f_b——注浆体与锚杆体间黏结强度设计值(kPa),应通过试验确定,当不具备试验条件时,可按表5.5.6-3选用;

n——锚杆体根数(根)。

4 锚杆总长度由锚固段长度、自由段长度及外露段长度组成,各部分长度确定应满足下列要求:

1)在确定锚杆锚固段长度时,应分别对锚杆黏结长度L_r和L_g进行计算,实际锚固段长度应取L_r和L_g中的大值,且不应小于3m,也不宜大于10m;

2)锚杆自由段长度受稳定地层界面控制,在设计中应考虑自由段伸入滑动面或潜在滑动面的长度不小于1.0m,且自由段长度不得小于5.0m。

📖 典型例题

例题 2-31

某高速公路岩石边坡采用永久性预应力锚杆加固,锚杆设计锚固力为350kN,锚杆与水平方向的倾角为25°,锚孔直径d为108mm,锚杆采用3根ϕ16螺纹钢筋点焊成束,注浆材料选用M30水泥砂浆,砂浆与岩层间的黏结强度设计值为0.4MPa,按《公路路基设计规范》(JTG D30—2015),该预应力锚杆的锚固段长度最接近( )。(安全系数取2.0)

(A)3.2m　　　　(B)5.2m　　　　(C)6.5m　　　　(D)7.4m

解答

根据《公路路基设计规范》(JTG D30—2015)第5.5.6条:

(1)按地层与注浆体间黏结长度确定

$$L_r = \frac{K_2 P_d}{\pi d f_{rb}} = \frac{2 \times 350}{3.14 \times 0.108 \times 0.4 \times 10^3} = 5.16\text{m}$$

(2)按锚杆杆体与注浆体间黏结长度确定

3根钢筋点焊成束,M30水泥砂浆,查规范表5.5.6-3,$f_b = 0.7 \times 2.4 = 1.68$MPa

$$L_g = \frac{K_2 P_d}{n \pi d_g f_b} = \frac{2 \times 350}{3 \times 3.14 \times 0.016 \times 1.68 \times 10^3} = 2.76\text{m}$$

取锚固段长度为5.16m,满足3～10m范围要求,取大值,且满足要求。

答案:B

例题2-32(2020年真题)

某边坡拟采用预应力锚杆框架防护,锚杆位于稳定地层中的锚固段长度为6m,锚杆孔直径为13cm,土体与注浆体之间的黏结强度$f_{rb} = 400$kPa,注浆体与锚杆之间的黏结强度$f_b = 2400$kPa,注浆体为M30水泥砂浆,锚杆采用3根直径25mm的预应力螺纹钢筋,其抗拉强度标准值$f_{sk} = 785$MPa,预应力锚杆锚固体设计安全系数K_1、K_2都取2.0,根据《公路路基设计规范》(JTG D30—2015),每一根锚杆能够提供的轴向锚固力为(　　　)。(取小数点后1位)

(A)258.5kN　　　(B)489.8kN　　　(C)577.7kN　　　(D)1186.9kN

解答

根据《公路路基设计规范》(JTG D30—2015)式(5.5.5):

$$P_d = \frac{A f_{ptk}}{K_1} = \frac{3 \times 3.14 \times 0.025^2 \times 785 \times 10^3}{4 \times 2.0} = 577.7\text{kN}$$

根据《公路路基设计规范》(JTG D30—2015)式(5.5.6-1):

$$P_d = \frac{\pi d f_r L_r}{K_2} = \frac{3.14 \times 0.13 \times 400 \times 6}{2.0} = 489.8\text{kN}$$

根据《公路路基设计规范》(JTG D30—2015)式(5.5.6-2):

$$P_d = \frac{n \pi d_g f_b L_g}{K_2} = \frac{3 \times 3.14 \times 0.025 \times 2400 \times 6}{2.0} = 1695.6\text{kN}$$

根据《公路路基设计规范》(JTG D30—2015)第5.5.6条,锚固体的承载能力由注浆体与锚孔壁的黏结强度、锚杆与注浆体的黏结强度及锚杆强度三部分控制,设计时应取小值$P_d = 489.9$kN。

答案:B

📖 **考点分析**

(1)掌握边坡锚杆锚固力、锚杆面积、锚固段长度计算公式及参数意义。计算锚杆数量实际上是求锚杆面积。

（2）锚固体的承载能力由注浆体与锚孔壁的黏结强度、锚杆与注浆体的黏结强度及锚杆强度三个部分控制，设计时应取其小值，锚杆长度计算取其大值。

考点8　挡土墙构造要求

条文规定

《公路路基设计规范》（JTG D30—2015）规定如下：

5.4.3　挡土墙宜采用明挖基础。基础的埋置深度应符合下列要求：

1　基础最小埋置深度不应小于1.0m。风化层不厚的硬质岩石地基，基底应置于基岩未风化层以下。

2　受水流冲刷时，应按路基设计洪水频率计算冲刷深度，基底应置于局部冲刷线以下不小于1.0m。

3　当冻结深度小于或等于1.0m时，基底应在冻结线以下不小于0.25m，且最小埋置深度不应小于1.0m。冻结深度大于1.0m时，基础最小埋置深度不应小于1.25m，并应对基底至冻结线以下0.25m深度范围的地基土采取措施，防止冻害。

4　路堑挡土墙基底在路肩以下不应小于1.0m，并低于边沟砌体底面不小于0.2m。

5　基础位于稳定斜坡地面上时，前趾埋入深度和距地表的水平距离应满足表5.4.3的规定。位于纵向斜坡上的挡土墙，当基底纵坡大于5%时，基底应设计为台阶式。

斜坡地面基础埋置条件　　　　　　　　　　　　　　表5.4.3

土 层 类 别	墙趾最小埋入深度 h（m）	距地表水平距离 L（m）
硬质岩石	0.60	1.50
软质岩石	1.00	2.00
土层	≥1.00	2.50

5.4.4　挡土墙构造设计应符合下列要求：

1　应做好挡土墙与路基或其他构造物的衔接处理。挡土墙与路堤之间可采用锥坡连接，墙端应伸入路堤内不小于0.75m；路堑挡土墙端部应嵌入路堑坡体内，其嵌入原地层的深度，土质地层不应小于1.5m，风化软质岩层不应小于1.0m，微风化岩层不应小于0.5m。

2　墙身应设置倾向墙外且坡度不小于4%的排水孔，墙背应设置反滤层。排水孔的位置及数量应根据挡土墙墙背渗水情况合理布设，排水孔可采用管型材料，进水口应设置反滤层，并宜采用透水土工布。墙背反滤层宜采用透水性的砂砾、碎石，含泥量应小于5%，厚度不应小于0.50m。

典型例题

例题 2-33（2019年真题）

东北地区某高速公路，冻结深度为2.3m，重力式挡土墙，黏质土地基，挡土墙前趾冲刷，局部冲刷深度为1.5m，该挡土墙前趾基础埋置深度不应小于（　　　）。

（A）1.0m　　　　　　（B）1.25m　　　　　　（C）2.3m　　　　　　（D）2.5m

解答

根据《公路路基设计规范》(JTG D30—2015)第5.4.3条,基底应置于局部冲刷线以下不小于1.0m,基础埋深不应小于$1.5+1=2.5m$。冻结深度大于1.0m时,基础最小埋置深度不应小于1.25m。基于以上两点,基础埋深不应小于2.5m。

答案:D

📖 **考点分析**

关于挡土墙埋深等构造设计应熟悉《公路路基设计规范》(JTG D30—2015)第5.4节的内容。

考点9 挡土墙土压力计算

1. 朗肯土压力

📖 **基本知识**

朗肯土压力理论是朗肯(W. J. M. Rankine)于1857年提出的,它假定挡土墙背垂直、光滑,其后土体表面水平并无限延伸,这时土体内的任意水平面和墙的背面均为主平面(在这两个平面上的剪力为零),作用在该平面上的法向应力即为主应力。朗肯根据墙后土体处于极限平衡状态,应用极限平衡条件,导出了主动土压力和被动土压力计算公式。

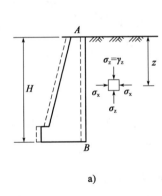 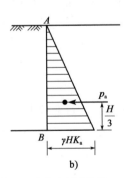 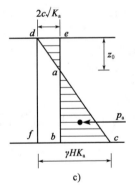

图2-3 朗肯土压力计算

无黏性土
$$p_a = \gamma z \tan^2\left(\frac{\pi}{4} - \frac{\varphi}{2}\right) \tag{2-6}$$

或
$$p_a = \gamma z K_a \tag{2-7}$$

黏性土
$$p_a = \gamma z \tan^2\left(\frac{\pi}{4} - \frac{\varphi}{2}\right) - 2c\tan\left(\frac{\pi}{4} - \frac{\varphi}{2}\right) \tag{2-8}$$

或
$$p_a = \gamma z K_a - 2c\sqrt{K_a} \tag{2-9}$$

以上式中:p_a——主动土压力强度(kPa);

$\quad K_a$——主动土压力系数,$K_a = \tan^2\left(\frac{\pi}{4} - \frac{\varphi}{2}\right)$;

$\quad \gamma$——土体重度(kN/m³);

c——土体黏聚力（kPa）；

φ——土体内摩擦角（°）；

z——计算点离土体表面深度（m）。

由式(2-6)可知，无黏性土中主动土压力强度 p_a 与深度 z 成正比，沿墙高的土压力强度呈三角形分布。作用在单位长度挡土墙上的土压力为：

$$E_a = \frac{1}{2}\gamma H^2 \tan^2\left(\frac{\pi}{4} - \frac{\varphi}{2}\right) = \frac{1}{2}\gamma H^2 K_a \tag{2-10}$$

土压力作用点在距墙底 $\dfrac{H}{3}$ 高度处。

由式(2-8)可知，黏性土中的土压力强度由两部分组成：一部分是由土体自重引起的土压力 $\gamma z K_a$，另一部分是由黏聚力引起的负侧压力 $2c\sqrt{K_a}$，其中负侧压力对墙背是拉应力，但实际上土与墙背在很小的拉应力作用下即会分离，故在计算土压力时，这部分应略去不计。

令式(2-9)为零即可求得：

$$z_0 = \frac{2c}{\gamma\sqrt{K_a}} \tag{2-11}$$

单位长度挡土墙上的主动土压力为：

$$E_a = \frac{1}{2}(H - z_0)\left(\gamma H K_a - 2c\sqrt{K_a}\right) \tag{2-12}$$

将式(2-11)代入式(2-12)得到：

$$E_a = \frac{1}{2}\gamma H^2 K_a - 2cH\sqrt{K_a} + \frac{2c^2}{\gamma} \tag{2-13}$$

主动土压力 E_a 作用点通过三角形的形心，即作用在离墙底 $\dfrac{H - z_0}{3}$ 高度处。

典型例题

例题 2-34

用朗肯土压力理论计算下图所示挡土墙主动土压力的大小、作用点并绘出分布图。

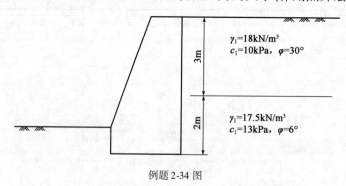

例题 2-34 图

（A）72.6，0.934　　　　　　　（B）78.9，0.754

（C）78.9，0.934　　　　　　　（D）72.6，0.754

解答

由图中土性参数可以计算得到：

$$K_{a1} = \tan^2\left(\frac{\pi}{4} - \frac{\pi/6}{2}\right) = 0.333$$

$$K_{a2} = \tan^2\left(\frac{\pi}{4} - \frac{\pi/30}{2}\right) = 0.811$$

$z = 0$ 处：$p_a\big|_{z=0} = \gamma_1 \times 0 \times K_{a1} - 2c\sqrt{K_{a1}} = -11.541\text{kPa}$

$z = 3\text{m}$ 处：上层土：$p_a\big|_{z=3\text{上}} = 18 \times 3 \times K_{a1} - 2 \times 10 \times \sqrt{K_{a1}} = 6.441\text{kPa}$

$z = 3\text{m}$ 处：下层土：$p_a\big|_{z=3\text{下}} = 18 \times 3 \times K_{a2} - 2 \times 13 \times \sqrt{K_{a2}} = 20.38\text{kPa}$

$z = 5\text{m}$ 处：$p_a\big|_{z=5} = (18 \times 3 + 17.5 \times 2) \times K_{a2} - 2 \times 13 \times \sqrt{K_{a2}} = 48.765\text{kPa}$

$$h_0 = \frac{2c}{\gamma\sqrt{K_{a1}}} = 1.925\text{m}$$

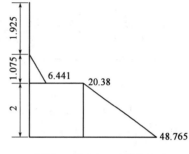

由此可以画出主动土压力分布图，如右图所示。

将分布图分为三块分别求面积：

$P_1 = 6.441 \times 1.075/2 = 3.462\text{kN/m}$

$P_2 = 20.38 \times 2 = 40.76\text{kN/m}$

$P_3 = (48.765 - 20.38) \times 2/2 = 28.385\text{kN/m}$

故主动土压力 $E_a = P_1 + P_2 + P_3 = 72.607\text{kN/m}$

则其作用点距离墙底位置为：

例题 2-34 解图（尺寸单位：m）

$$h = \frac{P_1 \times (1.075/3 + 2) + P_2 \times 1 + P_3 \times 2/3}{E_a} = 0.934\text{m}$$

答案：A

2. 库仑土压力

基本知识

库仑土压力理论是由库仑（C. A. Coulomb）于 1773 年建立的。它假定：

（1）挡土墙后土体为均匀各向同性无黏性土（$c = 0$）。

（2）挡土墙后产生主动或被动土压力时墙后土体形成滑动土楔，其滑裂面为通过墙踵的平面。

（3）将滑动土楔视为刚体。

库仑土压力的计算有多种图式，破裂面交于内边坡。

路基挡土墙因路基形式和荷载分布的不同，土压力有多种计算图式。以路堤挡土墙为例，按破裂面交于路基面的位置不同，可分为 5 种计算图式：破裂面交于内边坡，破裂面交于荷载的内侧、中部和外侧，以及破裂面交于外边坡。

破裂面交于内边坡时，如图 2-4 所示。

$$E_a = \frac{1}{2}\gamma H^2 K_a = \frac{1}{2}\gamma H^2 \frac{\cos^2(\varphi - \alpha)}{\cos^2\alpha\cos(\alpha + \delta)\left[1 + \sqrt{\dfrac{\sin(\varphi + \delta)\sin(\varphi - \beta)}{\cos(\alpha + \delta)\cos(\alpha - \beta)}}\right]^2} \tag{2-14}$$

式中：γ——墙后填土的重度（kN/m^3）；

$\quad\varphi$——填土的内摩擦角（°）；

$\quad\delta$——墙背与填土间的摩擦角（°）；

β——墙后填土表面的倾斜角(°);

α——墙背倾斜角(°),俯斜墙背 α 为正,仰斜墙背 α 为负;

H——挡土墙高度(m);

K_a——主动土压力系数。

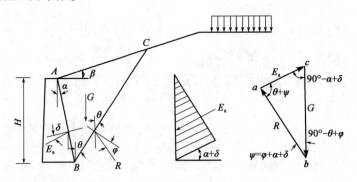

图 2-4　破裂面交于内边坡

土压力的水平和垂直分力为:

$$E_x = E_a \cos(\alpha + \delta)$$
$$E_y = E_a \sin(\alpha + \delta)$$

(2-15)

典型例题

例题 2-35

两挡土墙高均为 5m,如下图所示。土的重度 $\gamma = 17.5 \text{ kN/m}^3$,内摩擦角 $\varphi = 30°$,墙背摩擦角 $\delta = 20°$。则用库仑法计算图 a)、b)墙背 AB 所受的主动土压力之比为(　　　)。

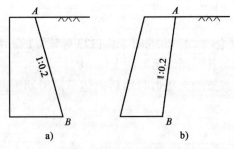

例题 2-35 图

(A)$1:1$　　　　(B)$1.25:1$　　　　(C)$1.5:1$　　　　(D)$1.75:1$

解答

$$E_a = \frac{1}{2} K_a \gamma H_2$$

$$K_a = \frac{\cos^2(\varphi - \alpha)}{\cos^2 \alpha \cos(\alpha + \delta) \left[1 + \sqrt{\dfrac{\sin(\varphi + \delta)\sin(\varphi - \beta)}{\cos(\alpha + \delta)\cos(\alpha - \beta)}} \right]^2}$$

图 a)有 $\varphi = 30°,\delta = 20°,\gamma = 17.5°,\beta = 0°,\alpha = \arctan 0.2 = 11.3°$;

图 b)有 $\varphi = 30°,\delta = 20°,\gamma = 17.5°,\beta = 0°,\alpha = -\arctan 0.2 = -11.3°$。

则图 a)、b)中,墙背 AB 所受的主动土压力之比为:

$$\frac{E_{a1}}{E_{a2}} = \frac{K_{a1}}{K_{a2}} = \frac{0.3889}{0.2228} = 1.7455$$

答案：D

例题 2-36

某一级公路重力式路堤挡土墙，如下图所示，挡土墙墙身高 4m，顶宽 1m，墙背仰斜坡度为 4∶1，墙后填土表面坡度为 1∶1.5，路基填料采用砂性土，其重度 $\gamma = 18\text{kN/m}^3$，内摩擦角 $\varphi = 35°$，填土与墙背间的摩擦角 $\delta = 17.5°$。则该挡土墙土压力水平和垂直分力最接近（　　）。

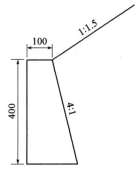

例题 2-36 图（尺寸单位：cm）

(A) 75.3kN，49.4kN　　　　　　　　　(B) 86.5kN，53.1kN

(C) 100.9kN，61.9kN　　　　　　　　　(D) 106.5kN，81.6kN

解答

墙背仰斜坡度 4∶1，墙背倾斜角 $\alpha = 14.04°$。

墙后填土表面坡度 1∶1.5，墙后填土表面的倾斜度 $\beta = 33.69°$。

$$K_a = \frac{\cos^2(\varphi - \alpha)}{\cos^2\alpha\cos(\alpha + \delta)\left[1 + \sqrt{\dfrac{\sin(\varphi + \delta)\sin(\varphi - \beta)}{\cos(\alpha + \delta)\cos(\alpha - \beta)}}\right]^2}$$

$$= \frac{\cos^2(35° - 14.04°)}{\cos^2 14.04° \times \cos(14.04° + 17.5°) \times \left[1 + \sqrt{\dfrac{\sin(35° + 17.5°) \times \sin(35° - 33.69°)}{\cos(14.04° + 17.5°) \times \cos(14.04° - 33.69°)}}\right]^2}$$

$$= 0.822$$

$$E_a = \frac{1}{2}\gamma H^2 K_a = \frac{1}{2} \times 18 \times 4^2 \times 0.822 = 118.37\text{kN}$$

$$E_x = E_a\cos(\alpha + \delta) = 118.37 \times \cos(14.04° + 17.5°) = 100.88\text{kN}$$

$$E_y = E_a\sin(\alpha + \delta) = 118.37 \times \sin(14.04° + 17.5°) = 61.92\text{kN}$$

答案：C

3. 挡土墙墙背车辆荷载换算

📖 条文规定

《公路路基设计规范》（JTG D30—2015）规定如下：

H.0.1　荷载应符合下列规定：

11　车辆荷载作用在挡土墙墙背填土上所引起的附加土体侧压力，可按式（H.0.1-3）换算成等代均布土层厚度计算：

$$h_0 = \frac{q}{\gamma} \qquad\qquad (\text{H.0.1-3})$$

式中：h_0——换算土层厚度(m)；

     q——车辆荷载附加荷载强度，墙高小于2m，取20kN/m²；墙高大于10m，取10kN/m²；墙高在2～10m之内时，附加荷载强度用直线内插法计算。作用于墙顶或墙后填土上的人群荷载强度规定为3kN/m²；作用于挡墙栏杆顶的水平推力采用0.75kN/m，作用于栏杆扶手上的竖向力采用1kN/m；

     γ——墙背填土的重度(kN/m³)。

典型例题

例题 2-37

某公路设置了一段挡土墙,墙高为12m,墙背填土的重度 $\gamma = 18.0\ \text{kN/m}^3$,车辆荷载作用在挡土墙墙背填土上所引起的附加土体侧压力换算成等代均布土层厚度为(　　)。

(A)0.667m　　　　(B)1.333m　　　　(C)0.556m　　　　(D)1.111m

解答

根据《公路路基设计规范》(JTG D30—2015)附录 H.0.1：

$$h_0 = \frac{q}{\gamma} = \frac{10}{18} = 0.556\text{m}$$

答案：C

例题 2-38

某公路路基挡土墙高8m,路面宽8m,墙背直立。填土面水平,填土重度 $\gamma = 20\text{kN/m}^3$,$\varphi = 30°$,$c = 0$。填土与墙背的摩擦角 $\delta = 15°$,计入车辆荷载,则挡土墙背主动土压力为(　　)。

(A)256kPa　　　　(B)223kPa　　　　(C)310kPa　　　　(D)350kPa

解答

根据《公路路基设计规范》(JTG D30—2015)附录 H.0.1：

(1)车辆荷载等代均布土层厚度：

墙高8m,在2～10m之间,插值得：

$$q = 10 + (20 - 10) \times \frac{10 - 8}{10 - 2} = 12.5\text{kN/m}^2$$

$$h_0 = \frac{q}{\gamma} = \frac{12.5}{20} = 0.625\text{m}$$

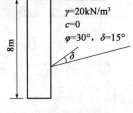

例题2-33 解图

(2)$\alpha = 0$,$\beta = 0$,$c = 0$ 时,采用库仑土压力简化公式计算：

$$
\begin{aligned}
K_a &= \frac{\cos^2\varphi}{\cos\delta\left[1 + \sqrt{\dfrac{\sin(\varphi+\delta)\sin\varphi}{\cos\delta}}\right]^2} \\[2ex]
&= \frac{\cos^2 30°}{\cos 15°\left[1 + \sqrt{\dfrac{\sin(30°+15°)\sin 30°}{\cos 15°}}\right]^2} \\[2ex]
&= 0.301
\end{aligned}
$$

$$E_a = \frac{1}{2}\gamma H^2 K_a + \gamma h_0 \cdot H K_a = \frac{1}{2} \times 20 \times 8^2 \times 0.301 + 20 \times 0.625 \times 8 \times 0.301 = 222.74\text{kPa}$$

答案:B

📖 考点分析

(1)朗肯土压力在计算路堤挡土墙时,还应计入填土面上的均布荷载 q,由于公路路基挡土墙计算一般不采用朗肯土压力计算,因此不展开讨论。

(2)公式 $K_a = \tan^2\left(\frac{\pi}{4} - \frac{\varphi}{2}\right)$ 即 $K_a = \tan^2\left(45° - \frac{\varphi}{2}\right)$,只不过前者以弧度为单位,后者以度为单位,为方便考试计算,建议用后者。

(3)采用库仑土压力理论计算时,墙背倾角俯斜为正,仰斜为负。

(4)《公路路基设计规范》(JTG D30—2015)的土压力采用库仑土压力计算,但是考试不会这么复杂,一般有两个以上的角度等于零。

例如:当 $\alpha = 0,\beta = 0$ 时,$E_a = \frac{1}{2}\gamma H^2 \dfrac{\cos^2\varphi}{\cos\delta\left[1 + \sqrt{\dfrac{\sin(\delta + \varphi)\sin\varphi}{\cos\delta}}\right]^2}$;

当 $\alpha = 0,\delta = 0,\beta = 0$ 时,可得出 $E_a = \frac{1}{2}\gamma H^2 \tan^2\left(45° - \frac{\varphi}{2}\right)$,与前述的朗肯总主动土压力公式完全相同。

(5)车辆荷载附加荷载强度在墙高 $2 \sim 10\text{m}$ 时,需用直线内插法计算。

考点10　挡土墙基底合力偏心距及压应力计算

📖 条文规定

《公路路基设计规范》(JTG D30—2015)规定如下:

H.0.2　基础设计与稳定性计算应符合下列要求:

1　基底合力的偏心距 e_0 可按下式计算:

$$e_0 = \frac{M_d}{N_d} \tag{H.0.2-1}$$

式中:M_d——作用于基底形心的弯矩组合设计值(MPa);

N_d——作用于基底上的垂直力组合设计值(kN/m)。

2　挡土墙地基计算时,各类作用(或荷载)组合下,作用效应组合设计值计算式中的作用分项系数,除被动土压力分项系数 $\gamma_{Q2} = 0.3$ 外,其余作用(或荷载)的分项系数规定均等于1。

3　基底压应力 σ 应按式(H.0.2-2)计算,位于岩石地基上的挡土墙可按式(H.0.2-3)、式(H.0.2-4)计算。基底合力的偏心距 e_0,对土质地基不应大于 $B/6$;岩石地基不应大于 $B/4$。基底压应力不应大于基底的容许承载力 $[\sigma_0]$;基底容许承载力值可按现行《公路桥涵地基与基础设计规范》(JTG D63)的规定采用,当为作用(或荷载)组合Ⅲ及施工荷载,且 $[\sigma_0] > 150\text{kPa}$ 时,可提高25%。

$$|e_0| \leqslant \frac{B}{6} \text{时,} \qquad \sigma_{1,2} = \frac{N_d}{A}\left(1 \pm \frac{6e_0}{B}\right) \qquad (\text{H.0.2-2})$$

$$e_0 > \frac{B}{6} \text{时,} \qquad \sigma_1 = \frac{2N_d}{3\alpha_1}, \sigma_2 = 0 \qquad (\text{H.0.2-3})$$

$$\alpha_1 = \frac{B}{2} - e_0 \qquad (\text{H.0.2-4})$$

式中：σ_1——挡土墙趾部的压应力(kPa)；

　　　σ_2——挡土墙踵部的压应力(kPa)；

　　　B——基底宽度(m)，倾斜基底为其斜宽；

　　　A——基础底面每延米的面积，矩形基础为基础宽度$B \times 1(\text{m}^2)$。

📖 **规范条文解析**

式(H.0.2-1)中M_d的单位 MPa 应为 kN(即 kN·m/m)，规范有误。

📖 **典型例题**

例题 2-39

某路段在土质地基上设置仰斜式路肩挡土墙，顶宽$B = 1.2\text{m}$，墙面与墙背平行，基底水平，已知$G = 158.4\text{kN}$，$Z_G = 1.35\text{m}$，$E_x = 62.56\text{kN}$，$E_y = 9.34\text{kN}$，$Z_x = 2.17\text{m}$，$Z_y = 1.74\text{m}$，如下图所示，基底容许承载力$[\sigma] = 196\text{kN/m}^3$，则基底偏心距及基底应力为(　　)。

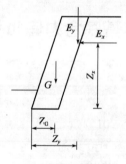

例题 2-39 图

(A)0.06,150,不满足　　　　　　　　(B)0.038,166,满足

(C)0.038,150,满足　　　　　　　　(D)0.06,166,不满足

解答

根据《公路路基设计规范》(JTG D30—2015)附录 H.0.2，基底合力偏心距e_0，对于土质地基不应大于$B/6$，基底压应力不应大于基底的容许承载力$[\sigma_0]$。

$$e_0 = \frac{B}{2} - \left(\frac{G \cdot Z_G + E_y Z_y - E_x Z_x}{G + E_y}\right) = 0.038 < B/6 = 0.2\text{m}（满足要求）$$

$$\sigma_1 = \frac{N_d}{A}\left(1 + \frac{6e_0}{B}\right) = \frac{158.4 + 9.34}{1.2} \times \left(1 + \frac{6 \times 0.038}{1.2}\right) = 166.34\text{kN/m}^2 < [\sigma] = 196\text{kN/m}^2（满$$

足要求）

$$\sigma_2 = \frac{N_d}{A}\left(1 - \frac{6e_0}{B}\right) = \frac{158.4 + 9.34}{1.2} \times \left(1 - \frac{6 \times 0.038}{1.2}\right) = 113.22\,\text{kN/m}^2 < [\sigma] = 196\,\text{kN/m}^2$$

答案:B

例题 2-40

某高速公路的重力式路肩墙,典型断面如下图所示,墙身高度 $H = 5\text{m}$,墙顶与墙趾的竖直距离 $h_1 = 0.19\text{m}$,$H_1 = 4.81\text{m}$,墙顶宽度为 1.0m,墙背和墙面均采用 $1:0.25$,墙背与竖直倾角 $\alpha = 14°$,倾斜基底采用 $1:5$;墙后填土为砂性土,填土重度 $\gamma_1 = 18\text{kN/m}^3$,内摩擦角 $\varphi = 36°$,墙背填土与墙背间的摩擦角 $\delta = 20°$;墙身自重 $G = 112.82\text{kN/m}$,墙身自重作用点到墙趾的水平距离 $Z_G = 1.08\text{m}$;主动土压力作用点到墙趾的垂直距离 $Z_x = 1.70\text{m}$,水平距离 $Z_y = 1.43\text{m}$。用库仑土压力理论计算得到每延米的总主动土压力 $E_a = 45.24\text{kN/m}$。则该挡土墙的基底合力的偏心距最接近( )。

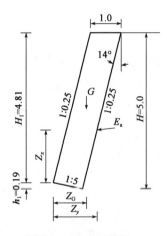

例题 2-40 图(尺寸单位:m)

(A)0.09m   (B)0.15m   (C)0.21m   (D)0.06m

解答

按地基计算,分项系数取 1,挡土墙顶宽 $b = 1\text{m}$,基底斜宽 $B = 0.48\text{m}$

$E_x = E_a\cos(\alpha + \delta) = 45.24 \times \cos(20° - 14°) = 44.99\,\text{kN/m}$

$E_y = E_a\sin(\alpha + \delta) = 45.24 \times \sin(20° - 14°) = 4.73\,\text{kN/m}$

$M_E = E_x\left(Z_y + \frac{h_1}{2}\right) - E_y\left(Z_x - \frac{b}{2}\right) = 44.99 \times \left(1.7 + \frac{0.19}{2}\right) - 4.73 \times \left(1.43 - 0.19 \times \frac{5}{2}\right)$

$\quad = 76.24\,\text{kN}$

$M_G = G\left(Z_G - \frac{b}{2}\right) = 112.82 \times \left(1.08 - 0.19 \times \frac{5}{2}\right) = 68.25\,\text{kN}$

$M_d = M_E - M_G = 76.24 - 68.25 = 7.987\,\text{kN}$

$\alpha_0 = \arctan(1/5) = 11.31°$

$N_d = (G + E_y)\cos\alpha_0 + E_x\sin\alpha_0 = (112.82 + 4.73) \times 0.981 + 44.99 \times 0.196 = 124.13\,\text{kN/m}$

$e_0 = \frac{M_d}{N_d} = \frac{7.987}{124.13} = 0.06\text{m}$

答案:D

例题 2-41（2020 年真题）

某路堤挡土墙，基础宽度为 3m，采用混凝土现浇而成，基底合力的偏心距 $e_0 = 0.6m$，作用于基底上的垂直力组合 Ⅱ 设计值 $N_d = 540kN$，依据地质勘查报告，挡墙处地基为岩石地基，其地基容许承载力为 540kPa，依据《公路路基设计规范》（JTG D30—2015）计算，该挡墙基底的最大压应力是多少？地基承载力能否满足设计要求？（   ）

(A)180kPa，满足要求　　　　　　　　(B)396kPa，满足要求

(C)400kPa，满足要求　　　　　　　　(D)600kPa，不满足要求

解答

根据《公路路基设计规范》（JTG D30—2015）附录 H.0.2，对于岩质地基有

$$\frac{B}{6} = \frac{3}{6} = 0.5m < e_0 = 0.6m < \frac{B}{4} = \frac{3}{4} = 0.75m$$

$$\alpha_1 = \frac{B}{2} - e_0 = \frac{3}{2} - 0.6 = 0.9m$$

$$\sigma_1 = \frac{2N_d}{3\alpha_1} = \frac{2 \times 540}{3 \times 0.9} = 400kPa < [\sigma_0] = 540kPa，满足要求$$

答案：C

📖 考点分析

(1)挡土墙地基计算时，除被动土压力分项系数为 0.3 外，其余作用的分项系数均等于 1。

(2)挡土墙基底倾斜时，B 为其斜宽。

考点 11　挡土墙抗滑动稳定计算

📖 条文规定

《公路路基设计规范》（JTG D30—2015）规定如下：

H.0.2　基础设计与稳定性计算应符合下列要求：

4　挡土墙的滑动稳定方程应满足式（H.0.2-5）的要求，抗滑稳定系数应按式（H.0.2-6）计算：

$$[1.1G + \gamma_{Q1}(E_y + E_x \tan\alpha_0) - \gamma_{Q2}E_p\tan\alpha_0]\mu + (1.1G + \gamma_{Q1}E_y)\tan\alpha_0 - \gamma_{Q1}E_x + \gamma_{Q2}E_p > 0$$

（H.0.2-5）

$$K_c = \frac{[N + (E_x - E'_p)\tan\alpha_0]\mu + E'_p}{E_x - N\tan\alpha_0}$$

（H.0.2-6）

式中：G——作用于基底以上的重力（kN），浸水挡土墙的浸水部分应计入浮力；

E_y——墙后主动土压力的竖向分量（kN）；

E_x——墙后主动土压力的水平分量（kN）；

E_p——墙前被动土压力的水平分量(kN),当为浸水挡土墙时,$E_p = 0$;

E'_p——墙前被动土压力水平分量的0.3倍(kN);

N——作用于基底上合力的竖向分力(kN),浸水挡土墙应计浸水部分的浮力;

α_0——基底倾斜角(°),基底为水平时,$\alpha_0 = 0$;

γ_{Q1}、γ_{Q2}——主动土压力分项系数、墙前被动土压力分项系数,可按表H.0.1-5的规定采用;

μ——基底与地基间的摩擦系数,当缺乏可靠试验资料时,可按表H.0.2-1的规定采用。

📖 **典型例题**

例题 2-42

下图所示的公路挡土墙高 $H = 6m$,墙体自重 450kN/m。墙后填土表面水平,作用有均布荷载$q = 20kPa$,墙背与填料间的摩擦角$\delta = 20°$,倾角$\alpha = 10°$,填料中砂的重度$\gamma = 18kN/m^3$,主动土压力系数$K_a = 0.377$,墙底与地基间的摩擦系数$\mu = 0.36$。则该挡土墙沿墙底的抗滑安全系数最接近( )。(不考虑水的影响)

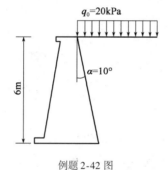

例题 2-42 图

(A)0.91　　　　　　　　　　(B)1.12

(C)1.33　　　　　　　　　　(D)1.51

解答

由 $K_c = \dfrac{[N + (E_x - E'_p)\tan\alpha_0]\mu + E'_p}{E_x - N\tan\alpha_0}$

其中 $E_a = \dfrac{1}{2}\gamma H^2 K_a + qHK_a = 0.5 \times 18 \times 6^2 \times 0.377 + 20 \times 6 \times 0.377 = 167.4$

$E_x = E_a\cos(\delta + \alpha) = 145$

$E_y = E_a\sin(\delta + \alpha) = 83.7$

$N = G + E_y = 533.7$

则 $K_c = \dfrac{(533.7 + 0) \times 0.36 + 0}{145} = 1.325$

答案:C

例题 2-43

某公路挡土墙自重200kN/m,经计算墙背主动土压力水平分力 $E_x = 200$kN/m,竖向分力

$E_y = 80\text{kN/m}$，被动土压力 $E_p = 100\text{kN/m}$，挡土墙基底倾角为 $15°$，基底摩擦系数为 0.65。按《公路路基设计规范》($\text{JTG D30}—2015$)，计算得抗滑移稳定性安全系数为（   ）。

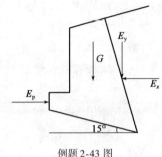

例题 2-43 图

(A)1.73   (B)1.51   (C)1.63   (D)1.93

解答

根据《公路路基设计规范》($\text{JTG D30}—2015$)附录 H.0.2：

(1) $N = G + E_y = 200 + 80 = 280\text{kN/m}$

$E'_p = 0.3 E_p = 0.3 \times 100 = 30\text{kN/m}$

(2) $K_c = \dfrac{[N + (E_x - E'_p)\tan\alpha_0]\mu + E'_p}{E_x - N\tan\alpha_0} = \dfrac{[280 + (200 - 30)\times\tan15°]\times 0.65 + 30}{200 - 280\times\tan15°} = 1.93$

答案：D

例题 2-44

某一级公路 K24 + 300 ~ K24 + 306 段需设置一重力式挡土墙，地面横坡为 $1:5$，地基为砂类土，地基允许承载力不小于 0.3MPa，基底与基底土的摩擦系数 $\mu = 0.40$，典型断面如右图所示。墙顶宽 1.0m，墙面坡度采用 $1:0.15$，墙背倾角 $\alpha = 11°$，墙趾至墙顶高 $H = 4.5\text{m}$，墙底倾斜角 $\alpha_0 = 8°$，填土表面倾角 $\beta = 6°$，填土重度 $\gamma = 18\text{kN/m}^3$，填土与墙背的摩擦角 $\delta = 15°$。经计算可得挡土墙每延米自重 $G = 192.6\text{kN/m}$，主动土压力 $E_a = 125.2\text{kN/m}$。则该挡土墙抗滑安全系数最接近（   ）。

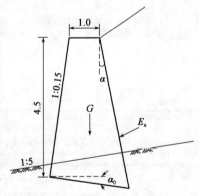

例题 2-44 图（尺寸单位：m）

(A)1.30   (B)1.33

(C)1.36   (D)1.39

解答

根据《公路路基设计规范》($\text{JTG D30}—2015$)第 H.0.2 条：

$E_x = E_a\cos(\delta + \alpha) = 125.2 \times \cos26° = 112.5\text{kN/m}$

$E_y = E_a\sin(\delta + \alpha) = 125.2 \times \sin26° = 54.9\text{kN/m}$

$K_c = \dfrac{(G + E_y + E_x\tan\alpha_0)\mu}{E_x - (G + E_y)\tan\alpha_0}$

$= \dfrac{(192.6 + 54.9 + 112.5\times\tan8°)\times 0.4}{112.5 - (192.6 + 54.9)\times\tan8°}$

$= 1.355$

答案:C

例题 2-45(2020 年真题)

某城市次干路道路两侧设重力式挡土墙,如下图所示,已知墙身重度 $\gamma = 23\text{kN/m}^3$,墙身截面积 $A = 4.06\text{m}^2$,墙后采用黏土回填,基底为碎石土,主动土压力 $E_a = 59.05\text{kN}$,水平分量 $E_h = 48.84\text{kN}$,垂直分量 $E_y = 33.19\text{kN}$,不考虑其他影响,则该重力式挡土基地滑动稳定系数 K_c 值及其稳定性为( )。并说明选择依据和理由。(不计被动土压力,计算结果取小数点后 2 位)

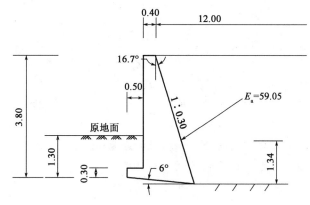

例题 2-45(尺寸单位:m)

(A)$K_c = 1.26$,挡土墙不稳定   (B) $K_c = 1.41$,挡土墙不稳定

(C)$K_c = 1.85$,挡土墙稳定   (D) $K_c = 2.03$,挡土墙稳定

解答

根据《城市道路路基规范》(CJJ 194—2013)第 6.4.7 条条文说明,查表 7,碎石土基底与地基之间的摩擦系数 μ_f 取 0.50,故

$$N = G + E_y = 23 \times 4.06 + 33.19 = 126.57\text{kN/m}$$

$$K_c = \frac{\left[N + (E_x - E'_p)\tan\alpha_0 \right]\mu_f + E'_p}{E_x - N\tan\alpha_0}$$

$$= \frac{\left[126.57 + 48.84 \times \tan6° \right] \times 0.50}{48.84 - 126.57 \times \tan6°} = 1.85$$

根据《城市道路路基规范》(CJJ 194—2013)表 6.4.7-2,支挡结构抗滑动安全系数不宜小于 1.3。本题中 $K_c = 1.85 > 1.3$,挡土墙稳定。

答案:C

📖 **考点分析**

(1)E'_p 为被动土压力水平分量的 0.3 倍。

(2)N 为基底上合力的竖向分力。

(3)E_x 和 E_y 的计算公式要记住。

考点 12 挡土墙抗倾覆稳定计算

📖 条文规定

《公路路基设计规范》(JTG D30—2015)规定如下：

H.0.2 基础设计与稳定性计算应符合下列要求：

5 挡土墙的倾覆稳定方程应满足式(H.0.2-7)的要求,抗倾覆稳定系数应按式(H.0.2-8)计算：

$$0.8GZ_G + \gamma_{Q1}(E_yZ_x - E_xZ_y) + \gamma_{Q2}E_pZ_p > 0 \quad (H.0.2-7)$$

$$K_0 = \frac{GZ_G + E_yZ_x + E_p'Z_p}{E_xZ_y} \quad (H.0.2-8)$$

式中：Z_G——墙身重力、基础重力、基础上填土的重力及作用于墙顶的其他荷载的竖向力合力重心到墙趾的距离(m)；

Z_x——墙后主动土压力的竖向分量到墙趾的距离(m)；

Z_y——墙后主动土压力的水平分量到墙趾的距离(m)；

Z_p——墙前被动土压力的水平分量到墙趾的距离(m)。

📖 典型例题

例题 2-46

某浆砌片石路肩挡土墙,墙身及路基断面尺寸如下图所示。$H=6m$,$\alpha=14°$,砌体重度 $\gamma_{砌}=23kN/m^3$,墙背摩擦角 $\delta=20°$,基底摩擦系数 $\mu=0.45$。破裂面角度 $\theta=26°$,已知该挡土墙 G 的作用点距离墙趾的水平距离 $Z_G=0.74m$,受到的主动土压力为 135.89kN/m,竖直方向分力和水平方向分力的作用点距离墙趾的水平距离 $Z_x=2.19m$ 和 $Z_y=1.55m$,现进行挡土墙抗滑移稳定性验算和抗倾覆稳定性的验算,下列说法正确的是(　　)。

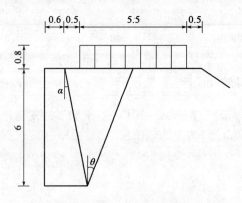

例题 2-46 图(尺寸单位:m)

(A)均满足要求

(B)抗滑移稳定性验算满足,抗倾覆稳定性验算不满足

(C)抗滑移稳定性验算不满足,抗倾覆稳定性验算满足

（D）均不满足要求

解答

挡土墙面积：

$$S = \frac{1}{2}(0.6 + 2.1) \times 6 = 8.1$$

挡土墙自重：

$$G_{砌} = S \times \gamma_{砌} = 8.1 \times 23 = 186.3$$

有 $\alpha_0 = 0°$

抗滑移稳定性验算：

$$(1.1G + \gamma_{Q1}E_y)\mu - \gamma_{Q1}E_x = [1.1 \times 186.3 + 1.4 \times 135.89 \times \sin(14° + 20°)] \times 0.45 - 1.4 \times$$
$$135.89 \times \cos(14° + 20°) = -17.6 < 0$$

故抗滑移稳定性不满足要求。

抗倾覆稳定性验算：

$$0.8GZ_c + \gamma_{Q1}(E_yZ_x - E_xZ_y) = 0.8 \times 186.3 \times 0.74 + 1.4 \times (75.99 \times 2.19 - 112.66 \times 1.55) =$$
$$98.8 > 0,故抗倾覆稳定性验算满足要求。$$

答案：C

例题 2-47

如下图所示为某公路挡土墙，墙面直立，墙顶面与土堤顶面齐平的重力式挡土墙高 3.0m，顶宽 1.0m，底宽 1.6m，已知墙背主动土压力水平分力 $E_x = 175\text{kN/m}$，竖向分力 $E_y = 55\text{kN/m}$，墙身自重 $G = 180\text{kN/m}$，若计墙前被动土压力 $E_p = 100\text{kN/m}$，$Z_p = 0.3\text{m}$，按《公路路基设计规范》（JTG D30—2015）计算，挡土墙抗倾覆稳定性系数为（　　）。

（A）1.30　　　　　（B）1.03　　　　　（C）1.17　　　　　（D）1.25

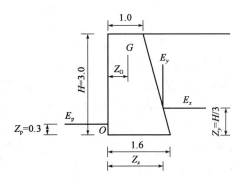

例题 2-47 图（尺寸单位：m）

解答

根据《公路路基设计规范》（JTG D30—2015）附录 H.0.2。

（1）挡土墙重力对墙趾力矩为：

$$GZ_G = \frac{1 \times 3}{1 \times 3 + \frac{1}{2} \times 3 \times 0.6} \times 180 \times \frac{1}{2} + \frac{\frac{1}{2} \times 3 \times 0.6}{1 \times 3 + \frac{1}{2} \times 3 \times 0.6} \times 180 \times \left(1 + \frac{1}{3} \times 0.6\right)$$

$$= 119.1\text{kN} \cdot \text{m/m}$$

$$(2)K_0 = \frac{GZ_G + E_y Z_x + E'_p Z_p}{E_x Z_y} = \frac{119.1 + 55 \times \left(1 + \frac{2}{3} \times 0.6\right) + 0.3 \times 100 \times 0.3}{175 \times \frac{3}{3}} = 1.17$$

答案:C

📖 考点分析

(1)解答时须注意,挡土墙力矩计算可以拆分为矩形或三角形分开计算。

(2)三角形分布的库仑主动土压力作用点位于距离墙底 $H/3$ 高度处,H 为挡土墙高度。

考点 13 重力式挡土墙轴心或偏心受压时的强度和稳定计算

📖 条文规定

《公路路基设计规范》(JTG D30—2015)规定如下:

H.0.3 重力式、半重力式挡墙计算应符合下列要求:

5 挡土墙构件轴心或偏心受压时,正截面强度和稳定按式(H.0.3-2)、式(H.0.3-3)计算。偏心受压构件除验算弯曲平面内的纵向稳定外,尚应按轴心受压构件验算非弯曲平面内的稳定。

计算强度时

$$\gamma_0 N_d \leqslant \frac{\alpha_k A R_a}{\gamma_f} \tag{H.0.3-2}$$

计算稳定时

$$\gamma_0 N_d \leqslant \frac{\psi_k \alpha_k A R_a}{\gamma_f} \tag{H.0.3-3}$$

式中:N_d——验算截面上的轴向力组合设计值(kN);

γ_0——重要性系数,按第 H.0.1 条采用;

γ_f——圬工构件或材料的抗力分项系数,按表 H.0.3-1 取用;

R_a——材料抗压极限强度(kN);

A——挡土墙构件的计算截面面积(m²);

α_k——轴向力偏心影响系数,按式(H.0.3-4)计算;

$$\alpha_k = \frac{1 - 256\left(\frac{e_0}{B}\right)^8}{1 + 12\left(\frac{e_0}{B}\right)^2} \tag{H.0.3-4}$$

e_0——轴向力的偏心距(m),按式(H.0.3-5)采用;挡土墙墙身或基础为圬工截面时,其轴向力的偏心距 e_0 应符合表 H.0.3-5 的规定;

$$e_0 = \left|\frac{M_0}{N_0}\right| \tag{H.0.3-5}$$

B——挡土墙计算截面宽度(m);

M_0——在某一类作用(或荷载)组合下,作用(或荷载)对计算截面形心的总力矩(kN·m);

N_0——某一类作用(或荷载)组合下,作用于计算截面上的轴向力的合力(kN);

ψ_k——偏心受压构件在弯曲平面内的纵向弯曲系数,按式(H.0.3-6)采用;轴心受压构件的纵向弯曲系数,可采用表 H.0.3-3 的规定;

$$\psi_k = \frac{1}{1 + a_s\beta_s(\beta_s - 3)\left[1 + 16\left(\dfrac{e_0}{B}\right)^2\right]} \qquad (\text{H}.0.3\text{-}6)$$

$$\beta_s = \frac{2H}{B} \qquad (\text{H}.0.3\text{-}7)$$

H——墙高(m);

a_s——与材料有关的系数,按表 H.0.3-4 采用。

 典型例题

例题 2-48

某一公路 M7.5 浆砌片石挡土墙如右图所示,墙高 $H = 4\text{m}$,墙顶宽 $b = 1.5\text{m}$,面坡垂直,背坡坡率 $1:0.25$,墙底宽 $B = 2.5\text{m}$,轴向力设计值 $N_d = 275.751\text{kN}$,偏心距 $e_0 = 0.291\text{m}$,片石抗压极限强度为 3MPa。则该挡土墙墙底处的正截面强度及稳定性为(　　)。

(A)正截面强度满足,稳定性满足

(B)正截面强度不满足,稳定性满足

(C)正截面强度满足,稳定性不满足

(D)正截面强度不满足,稳定性不满足

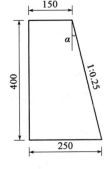

例题 2-48 图(尺寸单位:cm)

解答

$$\alpha_k = \frac{1 - 256\left(\dfrac{e_0}{B}\right)^8}{1 + 12\left(\dfrac{e_0}{B}\right)^2} = \frac{1 - 256 \times \left(\dfrac{0.291}{2.5}\right)^8}{1 + 12 \times \left(\dfrac{0.291}{2.5}\right)^2} = 0.860$$

$$\psi_k = \frac{1}{1 + \alpha_s\beta_s(\beta_s - 3)\left[1 + 16\left(\dfrac{e_0}{B}\right)^2\right]} = \frac{1}{1 + 0.002 \times 3.2 \times (3.2 - 3) \times \left[1 + 16 \times \left(\dfrac{0.291}{2.5}\right)^2\right]}$$

$$= 0.998$$

其中,$\beta_s = \dfrac{2H}{B} = \dfrac{2 \times 4}{2.5} = 3.2$,$\alpha_s$ 查表 H.0.3-4,由 M7.5 砂浆得 $\alpha_s = 0.002$。

$$1.0 \times 275.751 = 275.751 \leqslant \frac{0.86 \times 2.5 \times 3000}{2.310} = 2792.208\text{kN}$$

强度验算满足要求。

$$1.0 \times 275.751 = 275.751 \leqslant \frac{0.998 \times 0.86 \times 2.5 \times 3000}{2.310} = 2786.623\text{kN}$$

稳定性验算满足要求。

答案:A

考点分析

偏心受压构件除验算弯曲平面内的纵向稳定外,尚应按轴心受压构件验算非弯曲平面内的稳定。

考点14　锚定板土压力及拉杆计算

1.锚定板土压力计算

条文规定

《公路路基设计规范》(JTG D30—2015)规定如下:

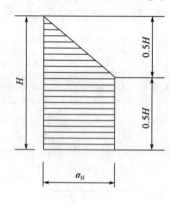

图H.0.6　恒载土压力分布图

H.0.6　锚定板挡土墙钢筋混凝土构件的承载能力极限状态计算、正常使用极限状态验算及构造要求等,除应按本规范的规定执行外,其他未列内容应按现行《公路钢筋混凝土及预应力混凝土桥涵设计规范》(JTG D62)的有关规定执行。

1　锚定板挡土墙的钢筋混凝土构件设计计算时,作用(或荷载)效应组合中,应按本规范第H.0.1条的规定计入结构重要性系数γ_0。

2　作用于锚定板挡土墙挡土板或墙面板上的恒载土压力按图H.0.6分布,其水平土压应力按式(H.0.6-1)计算:

$$\sigma_H = \frac{1.33E_x}{H}\beta \qquad (H.0.6\text{-}1)$$

式中:σ_H——恒载作用下墙底的水平土压应力(kPa);

E_x——按库仑理论计算的单位墙长上墙后主动土压力的水平分力(kN/m);

H——墙高,当为两级墙时,为上、下级墙高之和(m);

β——土压力增大系数,采用1.2~1.4;车辆荷载产生的土压力不计增大系数。

典型例题

例题 2-49

某三级公路采用肋柱式锚定板挡土墙,墙高 $H = 7.0\text{m}$,墙后填土重度 $\gamma = 17\text{kN/m}^3$,内摩擦角 $\varphi = 33°$,$c = 0$,填土与墙背间摩擦角 $\delta = 16°$。肋柱的水平间距为 2.0m,按《公路路基设计规范》(JTG D30—2015)计算,作用在墙面板上的土压力最接近(　　)。(土压力增大系数取1.3)

(A)210kN　　　　(B)250kN　　　　(C)277kN　　　　(D)302kN

解答

根据《公路路基设计规范》(JTG D30—2015)附录 H.0.6。

（1）按库仑理论计算主动土压力水平分力

$$K_a = \frac{\cos^2\varphi}{\cos\delta\left[1 + \sqrt{\dfrac{\sin(\delta+\varphi)\sin\varphi}{\cos\delta}}\right]^2} = \frac{\cos^2 33°}{\cos 16° \times \left[1 + \sqrt{\dfrac{\sin(16° + 33°)\sin 33°}{\cos 16°}}\right]^2} = 0.267$$

$$E_a = \frac{1}{2}\gamma H^2 K_a = \frac{1}{2} \times 17 \times 7^2 \times 0.267 = 111.21\text{kN/m}$$

$$E_x = E_a\cos\delta = 111.21 \times \cos 16° = 106.9\text{kN/m}$$

（2）墙面板土压力

$$\sigma_H = \frac{1.33 E_x}{H}\beta = \frac{1.33 \times 106.9}{7} \times 1.3 = 26.4\text{kPa}$$

$$E = \frac{7}{2} \times 26.4 + \frac{1}{2} \times \frac{7}{2} \times 26.4 = 138.6\text{kN/m}, 138.6 \times 2 = 277.2\text{kN}$$

答案：C

2. 拉杆计算

条文规定

《公路路基设计规范》（JTG D30—2015）规定如下：

5　拉杆设计计算应符合下列规定：

3）未计锈蚀留量的单根钢拉杆计算直径按式（H.0.6-2）计算。

$$d \geqslant 20\sqrt{\frac{10\gamma_0\gamma_{Q1}N_p}{\pi f_{sd}}} \qquad\qquad (\text{II}.0.6\text{-}2)$$

式中：d——单根钢拉杆的直径（mm）；

　　　N_p——拉杆的轴向拉力（kN）；

　　　f_{sd}——钢筋的强度设计值（MPa）；可按现行《公路钢筋混凝土及预应力混凝土桥涵设计规范》（JTG D62）的规定采用；

　　　γ_0——结构重要性系数，应符合表 H.0.1-1 的规定；

　　　γ_{Q1}——主动土压力荷载分项系数，应符合表 H.0.1-5 的规定。

6　锚定板面积应根据拉杆设计拉力及锚定板容许抗拔力，按式（H.0.6-3）计算：

$$A = \frac{N_p}{[p]} \qquad\qquad (\text{H}.0.6\text{-}3)$$

式中：A——锚定板的设计面积（m²）；

　　　$[p]$——锚定板单位面积的容许抗拔力（kPa）；应根据现场拉拔试验确定。当无条件进行现场拉拔试验时，可根据工点具体条件，参照经验数据确定。

典型例题

例题 2-50

某三级公路采用肋柱式锚定板挡土墙，如下图所示，墙高 $H = 7.0$m，墙后填土重度 $\gamma = 17$kN/m³，内摩擦角 $\varphi = 33°$，$c = 0$；填土与墙背间摩擦角 $\delta = 16°$。肋柱的水平间距为 2.0m，经计算,地面下 2m 处肋柱支点反力 $R = 210.8\text{kN}$,拉杆采用 25 锰硅热轧钢筋,抗拉强度设计值 $f_{sd} = 290\text{MPa}$,锚定板的容许抗拔承载力$[P] = 130\text{kN}$,按荷载组合Ⅲ考虑,荷载增大对挡土墙结构不利时,地面下 2m 处拉杆钢筋的直径及锚定板面积 M 接近(   )。(钢拉杆考虑锈蚀量)

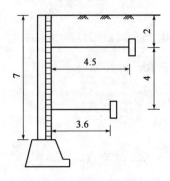

例题 2-50 图(尺寸单位:m)

(A)35mm,1.6m²   (B)32mm,1.4m²   (C)27mm,1.3m²   (D)24mm,0.9m²

解答

根据《公路路基设计规范》(JTG D30—2015)附录 H.0.6:

查规范表 H.0.1-1, $\gamma_0 = 1.0$;查规范表 H.0.1-5, $\gamma_{Q1} = 1.3$

$$d \geqslant 20\sqrt{\frac{10\gamma_0\gamma_{Q1}N_p}{\pi f_{sd}}} = 20 \times \sqrt{\frac{10 \times 1.0 \times 1.3 \times 210.8}{3.14 \times 290}} = 34.7\text{mm}$$

$$A = \frac{N_p}{[P]} = \frac{210.8}{130} = 1.62\text{m}^2 > 0.5\text{m}^2$$

答案:A

📖 **考点分析**

锚定板土压力计算需要熟练掌握库仑主动土压力的求解。

考点 15   加筋土挡土墙计算

1. 加筋体内部土压力系数

📖 **条文规定**

《公路路基设计规范》(JTG D30—2015)规定如下:

H.0.7 加筋土挡土墙可分为有面板加筋土挡土墙和无面板加筋土挡土墙。当无面板反包式土工格栅加筋坡面与水平面夹角小于 70° 时,应按现行《公路土工合成材料应用技术规范》(JTG/T D32)的有关规定进行设计计算。加筋坡面与水平面夹角大于或等于 70° 的无面板加筋土挡土墙、有面板加筋土挡土墙应按下列规定进行设计计算:

4 加筋体内部稳定验算时,土压力系数按下式计算:

当 $z_i \leqslant 6\text{m}$ 时

$$K_i = K_j \left(1 - \frac{z_i}{6} \right) + K_a \frac{z_i}{6} \qquad (\text{H}.0.7\text{-}1)$$

当 $z_i > 6\text{m}$ 时

$$K_i = K_a \qquad (\text{H}.0.7\text{-}2)$$

$$K_j = 1 - \sin\varphi \qquad (\text{H}.0.7\text{-}3)$$

$$K_a = \tan^2 \left(45° - \frac{\varphi}{2} \right) \qquad (\text{H}.0.7\text{-}4)$$

式中:K_i——加筋体内深度 z_i 处土压力系数;

K_j——静止土压力系数;

K_a——主动土压力系数;

z_i——第 i 单元筋带结点至加筋体顶面的垂直距离(m);

φ——填料内摩擦角(°)。

📖 典型例题

例题 2-51

如下图所示加筋土挡土墙,拉筋间水平及垂直间距均为 0.4m,填料重度为 19kN/m^3,内摩擦角为 35°,则深度 4m 处的土压力系数为(　　　)。

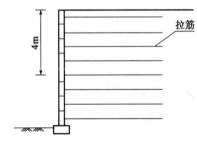

例题 2-51 图

(A)0.32　　　　　(B)0.43　　　　　(C)0.28　　　　　(D)0.21

解答

$K_j = 1 - \sin\varphi = 1 - \sin 35° = 0.426$,$K_a = \tan^2 \left(45° - \dfrac{35°}{2} \right) = 0.271$

$z_i = 4\text{m} < 6\text{m}$,$K_i = K_j \left(1 - \dfrac{z_i}{6} \right) + K_a \dfrac{z_i}{6} = 0.426 \times \left(1 - \dfrac{4}{6} \right) + 0.271 \times \dfrac{4}{6} = 0.323$

答案:A

2.面板水平土压力

📖 条文规定

《公路路基设计规范》(JTG D30—2015)规定如下:

5　作用于墙面板上的水平土压应力 $\sum \sigma_{\text{E}i}$ 按下式计算:

$$\sum \sigma_{\text{E}i} = \sigma_{zi} + \sigma_{ai} + \sigma_{bi} \qquad (\text{H}.0.7\text{-}5)$$

式中:σ_{zi}——加筋土填料作用于深度 z_i 处墙面板上的水平土压应力(kPa);

σ_{ai}——车辆(或人群)附加荷载作用于深度 z_i 处墙面板上的水平土压应力(kPa);

σ_{bi}——加筋体顶面以上填土重力换算均布土厚所引起的深度 z_i 处墙面板上的水平土压应力(kPa)。

典型例题

例题 2-52

如下图所示的公路加筋土路堤墙,高 10m,拉筋间的水平间距与垂直间距分别为 0.8m 和 0.4m,填料重度 $\gamma = 19kN/m^3$,综合内摩擦角 $\varphi = 35°$,路堤墙上填土高 $H' = 2.5m$,边坡坡率为 1:2,墙顶以上堤坡脚至加筋面板的水平距离 $a = 1m$。路基边缘至面板的距离 $b = 6m$,荷载换算土柱高 $h_0 = 2.4m$,路基宽度 $l_0 = 12m$,荷载扩散线进入非锚固区,按《公路路基设计规范》(JTG D30—2015)计算,深度 6m 处的水平应力为( )。

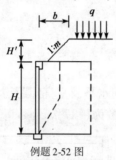

例题 2-52 图

(A)55.2kPa　　　　(B)50.3kPa　　　　(C)42.8kPa　　　　(D)48.4kPa

解答

(1)6m 处,$K_a = \tan^2\left(45° - \dfrac{35°}{2}\right) = 0.271$

(2)填料产生的水平土应力:

$\sigma_{zi} = 0.271 \times 19 \times 6 = 30.89kPa$

路堤墙顶部填土产生的水平土压力:

$$h_1 = \frac{1}{2}\left(\frac{H}{2} - b_b\right) = \frac{1}{2} \times \left(\frac{10}{2} - 1\right) = 2m < H' = 2.5m$$

$h_1 = 2m$

$\sigma_{bi} = 0.271 \times 19 \times 2 = 10.3kPa$

荷载产生的水平土压力:

$z_i + H' = 6 + 2.5 < 2b = 2 \times 6 = 12m$

$L_{ci} = L_c + H' + z_i = 12 + 2.5 + 6 = 20.5m$

$\sigma_{fi} = \gamma h_0 \dfrac{L_c}{L_{ci}} = 19 \times 2.4 \times \dfrac{12}{20.5} = 26.69kPa$

$\sigma_{ai} = 0.271 \times 26.69 = 7.23kPa$

$\sum \sigma_{Ei} = \sigma_{zi} + \sigma_{ai} + \sigma_{bi} = 30.89 + 7.23 + 10.3 = 48.42kPa$

答案: D

3.筋带抗拔稳定(拉筋长度)计算

《公路路基设计规范》(JTG D30—2015)规定如下:

5.4.10 有面板加筋土挡土墙设计应符合下列要求:

4 在满足抗拔稳定条件下,拉筋长度应符合下列规定:

1)墙高大于3.0m时,拉筋长度不应小于0.8倍墙高,且不小于5m。当采用不等长的拉筋时,同长度拉筋的墙段高度不应小于3.0m。相邻不等长拉筋的长度差不宜小于1.0m;

2)墙高小于3.0m时,拉筋长度不应小于3.0m,且应采用等长拉筋;

3)采用预制钢筋混凝土带时,每节长度不宜大于2.0m。

9 一个筋带结点的抗拔稳定性按公式(H.0.7-8)验算:

$$
\begin{cases}
\gamma_0 T_{i0} \leqslant \dfrac{T_{pi}}{\gamma_{R1}} \\[2mm]
T_{i0} = \gamma_{Q1} T_i \\[2mm]
T_{pi} = 2f' \sigma_i b_i L_{\alpha i} \\[2mm]
T_i = (\sum \sigma_{Ei}) s_x s_y
\end{cases}
\qquad (\text{H.0.7-8})
$$

计算筋带抗拔力时,不计基本可变荷载的作用效应。

式中: γ_0 ——结构重要性系数,按表H.0.1-1采用;

T_{i0} —— z_i 层深度处的筋带所承受的水平拉力设计值(kN);

T_i —— z_i 层深度处的筋带所承受的水平拉力;

$\sum \sigma_{Ei}$ ——在 z_i 层深度处,面板上的水平土压应力(kPa);

γ_{Q1} ——加筋体及墙顶填土主动土压力或附加荷载土压力的分项系数,按表H.0.1-5采用;

T_{pi} ——永久荷载重力作用下, z_i 层深度处,筋带有效长度所提供的抗拔力(kN);

γ_{R1} ——筋带抗拔力计算调节系数,按表H.0.7-1采用;

s_x ——筋带结点水平间距(m);

s_y ——筋带结点垂直间距(m);

f' ——填料与筋带间的似摩擦系数,由试验确定,无可靠试验资料时,可参照表H.0.7-2采用;

b_i ——结点上的筋带总宽度(m);

$L_{\alpha i}$ ——筋带在稳定区的有效锚固长度(m)。

例题 2-53

如下图所示,某高速公路工程支挡结构采用加筋土挡土墙。复合土工带拉筋间的水平间距与垂直间距分别为0.8m和0.4m,土工带宽10cm。填料重度为18kN/m³,综合内摩擦角为32°。拉筋与填料间的摩擦系数为0.26,加筋体上坡面填土换算等代均布土厚度为2.0m,荷载组合为Ⅲ类,根据《公路路基设计规范》(JTG D30—2015),按照内部稳定性验算深度6m处的最短拉筋长度为(   )。

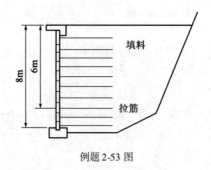

例题2-53 图

(A)5.1m   (B)4.5m   (C)5.9m   (D)6.4m

解答

(1)计算非锚固长度:

$$b_H = 0.3H = 0.3 \times 8 = 2.4m$$

$$H_2 = b_H \tan\left(45° + \frac{\varphi}{2}\right) = 2.4 \times \tan\left(45° + \frac{32°}{2}\right) = 4.33m$$

$$H_1 = H - H_2 = 8 - 4.33 = 3.67m$$

$$L_0 = \frac{2b_H}{H_2} = \frac{2 \times 2.4}{4.33} = 1.11m$$

(2)计算有效锚固长度:

$$z_i = 6m,取 K_i = K_a = \tan^2\left(45° - \frac{32°}{2}\right) = 0.31$$

6m处: $\sum \sigma_{Ei} = \sigma_{zi} + \sigma_{ai} + \sigma_{bi} = (18 \times 6 + 18 \times 2) \times 0.31 = 44.64kPa$

$$T_i = (\sum \sigma_{Ei})s_x s_y = 44.64 \times 0.8 \times 0.4 = 14.28kN$$

高速公路,墙高>5m,查表取 $\gamma_0 = 1.05$,荷载组合为Ⅲ类,查表取 $\gamma_{R1} = 1.30$,查表取主动土压力分项系数 $\gamma_{Q1} = 1.30$。

锚固长度: $L_{ai} = \frac{\gamma_0 \gamma_{R1} \gamma_{Q1} T_i}{2f'\sigma_i b_i} = \frac{1.05 \times 1.30 \times 1.30 \times 14.28}{2 \times 0.26 \times (18 \times 6 + 18 \times 2) \times 0.1} = 3.38m$

(3)拉筋总长度: $L = L_{ai} + L_0 = 3.38 + 1.11 = 4.49m$

(4)根据构造要求,墙高大于3.0m时,拉筋最小长度宜大于0.8倍墙高,且不小于5m,故本题拉筋长度应取0.8H=6.4m。

答案:D

📖 **考点分析**

(1)加筋土挡土墙的土压力分布以距墙顶深6m为分界点。

(2)墙面板上的水平土压力由加筋土填料、车辆或人群附加荷载、加筋体顶面以上填土重力三个方面的作用组成。

(3)公式(H.0.7-6)的等代均布土层厚度与扩散宽度的具体计算比较复杂,详见《公路挡土墙设计与施工技术细则》(人民交通出版社)。

考点 16　溶洞距路基安全距离计算

1. 溶洞顶板岩层上无覆土层

📖 **条文规定**

《公路路基设计规范》(JTG D30—2015)规定如下：

7.6.3　溶洞距路基的安全距离应符合下列规定：

1　对位于路基两侧的溶洞，应判定其对路基的影响。对开口的溶洞，可参照自然边坡来判别其稳定性及其对路基的影响；对地下溶洞，可按坍塌时的扩散角（图7.6.3）、式(7.6.3-1)计算确定溶洞距路基的安全距离。

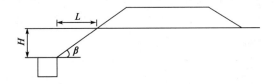

图 7.6.3　溶洞安全距离(L)计算示意图

$$L = H\cot\beta \tag{7.6.3-1}$$

$$\beta = \frac{45° + \dfrac{\varphi}{2}}{K} \tag{7.6.3-2}$$

式中：L——溶洞距路基的安全距离(m)；

　　　H——溶洞顶板厚度(m)；

　　　β——坍塌扩散角(°)；

　　　K——安全系数，取 1.10 ~ 1.25，高速公路、一级公路应取大值；

　　　φ——岩石内摩擦角(°)。

📖 **典型例题**

例题 2-54

对于开口的岩溶地貌可参照自然边坡来判别其稳定性及其对路基的影响。若有一溶洞顶板厚度为 2m，安全系数为 1.2，岩石内摩擦角为 45°，则溶洞距路基的安全距离为（　　）。

（A）1.24m　　　　（B）1.58m　　　　（C）1.34m　　　　（D）1.48m

解答

根据《公路路基设计规范》(JTG D30—2015)式(7.6.3-1)和式(7.6.3-2)：

$$L = H\cot\beta$$

$$\beta = \frac{45° + \dfrac{\varphi}{2}}{K}$$

式中：H——溶洞顶板厚度(m)；

β——坍塌扩散角($^\circ$);

K——安全系数,取 1.10～1.25(高速公路、一级公路应取最大值);

φ——岩石内摩擦角($^\circ$)。

依题意代入公式中,可算得安全距离为 1.34m。

答案:C

2. 溶洞顶板岩层上有覆土层

📖 条文规定

《公路路基设计规范》(JTG D30—2015)规定如下:

7.6.3 溶洞距路基的安全距离应符合下列规定:

2 溶洞顶板岩层上有覆盖土层时,岩土界面处用土体稳定坡率(综合内摩擦角)向上延长坍塌扩散线与地面相交,路基边坡坡脚应处于距交点不小于5m以外范围。

3 路基坡脚处于溶洞坍塌扩散的影响范围之外,该溶洞可不作处理。

此时的安全距离计算如图 2-5 所示。

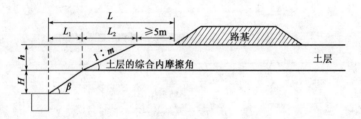

图 2-5 溶洞安全距离计算示意图

$$L \geqslant \frac{H}{\tan\beta} + hm + 5 \ \text{或} \ L \geqslant \frac{H}{\tan\beta} + \frac{h}{\tan\varphi_1} + 5$$

📖 典型例题

例题 2-55

某高填方路堤公路选线时发现某段路堤附近有一溶洞,如下图所示,溶洞顶板岩层厚度为2.5m,岩层上覆土层厚度为3.0m,顶板岩土内摩擦角为40°,上覆土层的稳定坡率为 1:1.2,对一级公路安全系数取 1.25,根据《公路路基设计规范》(JTG D30—2015),该路堤坡脚与溶洞间的最小安全距离 L 不小于(   )。

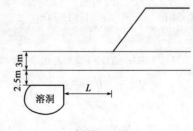

例题 2-55 图

(A)4.0m   (B)11.0m   (C)16.0m   (D)17.0m

解答

根据《公路路基设计规范》(JTG D30—2015)第7.6.3条:

$$\beta = \frac{45° + \dfrac{\varphi}{2}}{K} = \frac{45° + \dfrac{40°}{2}}{1.25} = 52°$$

$$L \geq \frac{H}{\tan\beta} + hm + 5 = \frac{2.5}{\tan 52°} + 3 \times 1.2 + 5 = 10.55\text{m}$$

答案: B

📖 **考点分析**

计算溶洞距路基的安全距离时先看溶洞顶板岩层上是否有覆土层,再根据规范公式计算。

考点17　软土地基沉降计算

📖 **条文规定**

《公路路基设计规范》(JTG D30—2015)规定如下:

7.7.2　地基沉降计算应符合下列要求:

1　对用于计算沉降的压缩层,其底面应在附加应力与有效自重应力之比不大于0.15处。

2　行车荷载对沉降的影响,对于高路堤可忽略不计。

3　主固结沉降 S_c 应采用分层总和法计算。

4　总沉降 S 宜采用沉降系数 m_s 与主固结沉降按式(7.7.2-1)计算:

$$S = m_s S_c \tag{7.7.2-1}$$

式中: m_s——沉降系数,与地基条件、荷载强度、加荷速率等因素有关;其范围值为 1.1 ~ 1.7,
应根据现场沉降监测资料确定,也可按式(7.7.2-2)估算;

$$m_s = 0.123\gamma^{0.7}(\theta H^{0.2} + vH) + Y \tag{7.7.2-2}$$

θ——地基处理类型系数,地基用塑料排水板处理时取0.95 ~ 1.1,用粉体搅拌桩处理
时取0.85;一般预压时取0.90;

H——路堤中心高度(m);

γ——填料重度(kN/m³);

v——加载速率修正系数,加载速率在 20 ~ 70mm/d 之间时,取 0.025;采用分期加载,
速率小于 20mm/d 时取 0.005;采用快速加载,速率大于 70mm/d 时取 0.05;

Y——地质因素修正系数,满足软土层不排水抗剪强度小于25kPa、软土层的厚度大于
5m、硬壳层厚度小于2.5m 三个条件时, $Y = 0$,其他情况下可取 $Y = -0.1$。

5　总沉降也可由瞬时沉降 S_d、主固结沉降 S_c 及次固结沉降 S_s 之和计算,即:

$$S = S_d + S_c + S_s \tag{7.7.2-3}$$

6　任意时刻地基的沉降量,考虑主固结随时间的变化过程,按下式计算:

$$S_t = (m_s - 1 + U_t)S_c \tag{7.7.2-4}$$

或 $$S_t = S_d + S_c U_t + S_s \tag{7.7.2-5}$$

式中:U_t——地基平均固结度,采用太沙基一维固结理论解计算;对砂井、塑料排水板等竖向排水体处理的地基,固结度按巴隆给出的太沙基—伦杜立克固结理论轴对称条件固结方程在等应变条件下的解计算。

📖 **典型例题**

例题 2-56

某公路路堤位于软土地区,路基中心高度为3.5m,路基填料重度为20kN/m³,填土速率约为0.04m/d。路线地表下0~2.0m为硬塑状黏土,2.0~8.0m为流塑状软土,软土不排水抗剪强度为18kPa,路基地基采用常规预压方法处理,用分层总和法计算的地基主固结沉降量为20cm。如公路通车时软土固结度达到70%,根据《公路路基设计规范》(JTG D30—2015),则此时的地基沉降量最接近( )。

(A)9cm   (B)19cm   (C)29cm   (D)39cm

解答

根据《公路路基设计规范》(JTG D30—2015)式(7.7.2-2)和式(7.7.2-4),有
$$m_s = 0.123 \gamma^{0.7}(\theta H^{0.2} + vH) + Y$$
常规预压时 $\theta = 0.9$,则
$$m_s = 0.123 \times 20^{0.7} \times (0.9 \times 3.5^{0.2} + 0.025 \times 3.5) + 0 = 1.246$$
地基沉降量为:
$$S_t = (m_s - 1 + U_t)S_c = (1.246 - 1 + 0.7) \times 20 = 18.92\text{cm}$$
答案:B

例题 2-57(2019 年真题)

某软基厚度10m,设计采用一般预压处理,地基处理类型系数取0.9,路堤中心填高4m,路基填料重度 $v = 18\text{kN/m}^3$,加载速率修正系数 $v = 0.025$,地质因素修正系数 $Y = -0.1$,计算得土固结沉降为50cm,根据《公路路基设计规范》(JTG D30—2015),固结度达到75%时沉降量最接近的值是( )。

(A)38cm   (B)42cm   (C)46cm   (D)48cm

解答

根据《公路路基设计规范》(JTG D30—2015)第7.7.2条:
$$m_s = 0.123 v^{0.7}(\theta H^{0.2} + vH) + Y = 0.123 \times 18^{0.7} \times (0.9 \times 4^{0.2} + 0.025 \times 4) + (-0.1) = 1.098$$
$$S_t = (m_s - 1 + U_t)S_c = (1.098 - 1 + 0.75) \times 50 = 42.39\text{cm}$$
答案:B

例题 2-58(2020 年真题)

某软土地基厚12m,设计采用塑料排水板处理,地基处理类型系数取1.05,公路路堤中心填高4m,路基填料重度 $\gamma = 18\text{kN/m}^3$,加载速率修正系数 $v = 0.025$,地质因素修正系数 $Y = -0.1$,主固结沉降66cm,根据《公路路基设计规范》(JTG D30—2015)不考虑行车荷载的影响,估算的软基总沉降量为( )。(取小数点后1位)

（A）75.9cm　　　　（B）79.2cm　　　　（C）84.5cm　　　　（D）89.1cm

解答

根据《公路路基设计规范》（JTG D30—2015）第7.7.2条：

$$m_s = 0.123\gamma^{0.7}(\theta H^{0.2} + vH) + Y$$

$$= 0.123 \times 18^{0.7}(1.05 \times 4^{0.2} + 0.025 \times 4) - 0.1$$

$$= 1.28$$

$$S = m_s S_c = 1.28 \times 66 = 84.5\text{cm}$$

答案：C

📖 **考点分析**

（1）公路地基计算沉降的压缩层，底面应在附加应力与有效自重应力之比不大于0.15处。

（2）在前三个条件均满足时，$Y = 0$，否则 $Y = -0.1$。

（3）任意时刻地基的沉降量，考虑主固结随时间的变化过程，按第7.7.2条进行计算。

考点18　粒料桩计算

1. 复合地基抗剪强度计算

📖 **条文规定**

《公路路基设计规范》（JTG D30—2015）规定如下：

7.7.7　粒料桩处理地基设计应符合下列要求：

4　粒料桩复合地基的路堤整体抗剪稳定系数计算时，复合地基内滑动面上的抗剪强度可采用复合地基抗剪强度 τ_{ps}，并按式（7.7.7-1）计算。

$$\tau_{ps} = \eta\tau_p + (1 - \eta)\tau_s \tag{7.7.7-1}$$

式中：η——桩土面积置换率；

τ_p——桩体抗剪强度（kPa）；

τ_s——地基土抗剪强度（kPa）。

📖 **典型例题**

例题 2-59

某公路采用振冲粒料桩处理，桩料为砂砾，桩径为0.6m，等边三角形布桩，桩距1.5m，对该复合地基的路堤进行整体抗剪稳定性分析时，已知地基土抗剪强度 $\tau_s = 25\text{kPa}$，滑动面处桩体的抗剪强度 $\tau_p = 90.96\text{kPa}$，滑动面倾角 $\alpha = 30°$，根据《公路路基设计规范》（JTG D30—2015），则复合地基内滑动面上的抗剪强度与（　　）最为接近。

（A）14.35kPa　　　　　　　　　　（B）34.56kPa

（C）65.34kPa　　　　　　　　　　（D）114.56kPa

解答

根据《公路路基设计规范》(JTG D30—2015)第 7.7.7 条。

等边三角形布桩：$\eta = 0.907 \left(\dfrac{D}{B}\right)^2 = 0.907 \times \left(\dfrac{0.6}{1.5}\right)^2 = 0.145$

复合地基抗剪强度：$\tau_{ps} = \eta \tau_p + (1 - \eta) \tau_s = 0.145 \times 90.96 + (1 - 0.145) \times 25 = 34.56 \text{kPa}$

答案：B

例题 2-60（2020 年真题）

某公路在粉土地基路段，采用碎石桩处理，碎石桩正方形布置，间距为 1.5m，碎石桩的直径为 50cm，桩土面积置换率为 0.087，粉土的抗剪强度 $\tau_s = 50 \text{kPa}$，碎石桩的抗剪强度 $\tau_p = 160 \text{kPa}$，依据《公路路基设计规范》(JTG D30—2015)计算，该复合地基的抗剪强度为（　　）。（取小数点后 1 位）

(A)50.0kPa　　　　(B)59.6kPa　　　　(C)69.1kPa　　　　(D)88.3kPa

解答

根据《公路路基设计规范》(JTG D30—2015)第 7.7.7 条，复合地基抗剪强度：

$$\tau_{ps} = \eta \tau_p + (1 - \eta \tau_s) = 0.087 \times 160 + (1 - 0.087) \times 50 = 59.6 \text{kPa}$$

答案：B

2. 粒料桩桩长深度内地基沉降

📖 **条文规定**

《公路路基设计规范》(JTG D30—2015)规定如下：

7.7.7　粒料桩处理地基设计应符合下列要求：

5　粒料桩桩长深度内地基的沉降 S_z 应按式(7.7.7-2)计算。

$$S_z = \mu_s S \qquad\qquad (7.7.7\text{-}2)$$

$$\mu_s = \frac{1}{1 + \eta(n - 1)} \qquad\qquad (7.7.7\text{-}3)$$

式中：μ_s——桩间土应力折减系数；

　　　n——桩土应力比，宜经试验工程确定；无资料时，n 可取 2～5；当桩底土质好，桩间土质差时取高值，否则取低值；

　　　S——粒料桩桩长深度内原地基的沉降。

📖 **典型例题**

例题 2-61

某公路路堤位于软土地区，路基地基采用碎石桩处理，桩径 $d = 0.6\text{m}$，桩长 $l = 12\text{m}$，正三角形布桩，桩距为 1.6m，桩土应力比 $n = 3.0$，未处理前，桩长深度范围内地基土沉降量为 23cm，按《公路路基设计规范》(JTG D30—2015)，处理后碎石桩长范围内地基的沉降量最接近（　　）。

(A)14cm　　　　(B)17cm　　　　(C)18cm　　　　(D)20cm

解答

根据《公路路基设计规范》(JTG D30—2015)第7.7.7条。

(1)面积置换率

$$\eta = 0.907\left(\frac{d}{s}\right)^2 = 0.907 \times \left(\frac{0.6}{1.6}\right)^2 = 0.128$$

(2)处理后桩长范围沉降

$$\mu_s = \frac{1}{1 + \eta(n-1)} = \frac{1}{1 + 0.128 \times (3-1)} = 0.796$$

$$S_z = 0.796 \times 23 = 18.3\text{cm}$$

答案:C

📖 **考点分析**

等边三角形布置时,一根桩分担的处理地基面积的等效圆直径 $d_e = 1.05S$,正方形布置时,$d_e = 1.128S$,桩土面积置换率 $\eta = d^2/d_e^2$,由此计算得到:

(1)等边三角形布桩:$\eta = 0.907\left(\frac{D}{B}\right)^2$;

(2)正方形布桩:$\eta = 0.785\left(\frac{D}{B}\right)^2$。

式中,$d = D$,为桩身直径;$S = B$,为桩间距(中到中距离)。不同的规范采用不同的符号,考生应重点理解置换率的含义,在各类复合地基计算中均为最重要的参数。

考点 19　加固土桩计算

1.复合地基抗剪强度计算

📖 **条文规定**

《公路路基设计规范》(JTG D30—2015)规定如下:

7.7.8　加固土桩处理地基设计应符合下列要求:

3　加固土桩复合地基的路堤整体抗剪稳定系数计算时,复合地基内滑动面上的抗剪强度应采用复合地基抗剪强度 τ_{ps},并按式(7.7.7-1)计算。

4　加固土桩的抗剪强度以90d龄期的强度为标准强度,可按钻取试验路段的原状试件测得无侧限抗压强度 q_u 的一半计算;也可按设计配合比由室内制备的加固土试件测得的90d无侧限抗压强度 q_u 乘以折减系数0.30求得。

$$\tau_{ps} = \eta\tau_p + (1-\eta)\tau_s \tag{7.7.7-1}$$

📖 **典型例题**

例题 2-62

某公路路堤位于软土地区,路基地基采用水泥土搅拌桩处理,桩径 $d = 0.5\text{m}$,桩长 $l =$

15m，正三角形布桩，桩距为1.2m，地基土不排水抗剪强度$c=23.6$kPa，按配合比室内制备的加固土试块90d龄期无侧限抗压强度$q=1.2$MPa，复合地基潜在滑动面如下图所示，按《公路路基设计规范》（JTG D30—2015），复合地基滑动面的抗剪强度最接近（　　）。

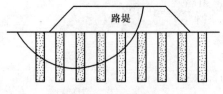

例题2-62 图

（A）77kPa　　　　　（B）164kPa　　　　　（C）209kPa　　　　　（D）220kPa

解答

根据《公路路基设计规范》（JTG D30—2015）第7.7.7条。

（1）面积置换率

等边三角形布桩 $\eta=0.907\left(\dfrac{d}{s}\right)^2=0.907\times\left(\dfrac{0.5}{1.2}\right)^2=0.157$

（2）滑动面抗剪强度

水泥土搅拌桩桩体抗剪强度 $\tau_p=0.3q=0.3\times1.2\times10^3=360$kPa

$\tau_{ps}=\eta\tau_p+(1-\eta)\tau_s=0.157\times360+(1-0.157)\times23.6=76.4$kPa

答案：A

2. 复合压缩模量

📖 **条文规定**

《公路路基设计规范》（JTG D30—2015）规定如下：

7.7.8　加固土桩处理地基设计应符合下列要求：

6　复合压缩模量E_{ps}应按式（7.7.8）计算：

$$E_{ps}=\eta E_p+(1-\eta)E_s \tag{7.7.8}$$

式中：E_p——桩体压缩模量（MPa）；

E_s——土体压缩模量（MPa）。

📖 **典型例题**

例题2-63

某公路路基采用搅拌桩处理，桩径为0.5m，正方形布桩，桩距1.0m，桩长10m，已知地基土压缩模量$E_s=3$MPa，搅拌桩的压缩模量$E_p=200$MPa。则根据《公路路基设计规范》（JTG D30—2015）计算的复合地基压缩模量为（　　）。

（A）35MPa　　　　　（B）45MPa　　　　　（C）42MPa　　　　　（D）50MPa

解答

根据《公路路基设计规范》（JTG D30—2015）第7.7.8条。

（1）正方形布桩，$\eta=0.785\left(\dfrac{D}{B}\right)^2=0.785\times\left(\dfrac{0.5}{1.0}\right)^2=0.196$

$(2) E_{ps} = \eta E_p + (1-\eta) E_s = 0.196 \times 200 + (1-0.196) \times 3 = 41.6 \text{MPa}$

答案:C

考点分析

(1)计算加固土桩复合地基的路堤整体抗剪稳定性系数时,复合地基内滑动面上的抗剪强度应采用复合地基抗剪强度。

(2)加固区的沉降计算采用复合压缩模量。

考点20 红黏土计算

条文规定

《公路路基设计规范》(JTG D30—2015)规定如下:

7.8.1 红黏土与高液限土路基设计应遵循下列原则:

1 路线通过红黏土或高液限土地区,应查明红黏土或高液限土分布范围、成因类型、土体的结构层次特征、垂直分带及其湿度状态、土体中裂隙分布特征、地下水分布规律、物理力学性质及胀缩性等。

2 红黏土可根据液塑比与界限液塑比之间关系,以及复浸水特性,按表7.8.1进行分类。液塑比、界限液塑比可按式(7.8.1-1)、式(7.8.1-2)计算。

$$I_r = \frac{w_L}{w_P} \tag{7.8.1-1}$$

$$I'_r = 1.4 + 0.0066 w_L \tag{7.8.1-2}$$

式中:I_r——液塑比;

I'_r——界限液塑比;

w_L——液限(%);

w_P——塑限(%)。

典型例题

例题 2-64

某红黏土的天然含水率为51%,塑限为35%,液限为55%,则该红黏土复浸水特征类别为( )。

(A)Ⅰ类 　　　(B)Ⅱ类 　　　(C)Ⅰ类及Ⅱ类 　　　(D)无法判断

解答

$I_r = \dfrac{w_L}{w_P} = \dfrac{55}{35} = 1.57$,$I'_r = 1.4 + 0.0066 w_L = 1.4 + 0.0066 \times 55 = 1.76$

$I_r < I'_r$,复浸水类别为Ⅱ类。

答案:B

考点 21 膨胀土地基变形量计算

1. 基于固结试验的膨胀土地基变形量

📖 **条文规定** ━━━━━━━━━━━━━━━━

《公路路基设计规范》(JTG D30—2015)规定如下：

7.9.3 膨胀土地基变形量预测应符合下列要求：

1 挡土墙等构造物基础、低路堤基底为膨胀土地基时，可按式(7.9.3-1)或式(7.9.3-2)对膨胀土地基变形量进行计算。

2 基于固结试验的膨胀土地基变形量可按式(7.9.3-1)计算：

$$\rho = \sum_{i=1}^{n} \frac{C_s z_i}{(1+e_0)_i} \lg\left(\frac{\sigma'_f}{\sigma'_{sc}}\right)_i \tag{7.9.3-1}$$

式中：ρ——地基变形量(mm)；

e_0——初始孔隙比；

σ'_{sc}——由恒体积试验中校正的膨胀压力(kPa)；

σ'_f——最后有效应力(kPa)；

C_s——膨胀指数；

z_i——第 i 层土的初始厚度(mm)。

📖 **典型例题** ━━━━━━━━━━━━━━━━

例题 2-65

广西百色一乐业公路($K58+100,1.6 \sim 1.85m$)膨胀路段进行土恒体积固结试验，初始孔隙比 $e=0.61$，膨胀指数 $C_s=0.05$，恒体积试验中校正的膨胀压力 $\sigma'_{sc}=250kPa$，最后有效应力为 35kPa，试验场地膨胀土的活动区深度为 3.6m，则该膨胀土地基的变形总量为(　　)。

(A)85mm (B)95mm

(C)102mm (D)75mm

解答

$$\rho = \sum_{i=1}^{n}\Delta z_i = \sum_{i=1}^{n}\frac{\Delta e_i}{(1+e_0)_i}z_i = \sum_{i=1}^{n}\frac{C_i z_i}{(1+e_0)_i}\lg\left(\frac{\sigma'_f}{\sigma'_x}\right)_i$$

$$= \frac{0.05 \times 3.6}{1+0.61} \times \lg\frac{35}{250} = 95mm$$

答案：B

2. 基于收缩试验的膨胀土地基变形量

📖 **条文规定** ━━━━━━━━━━━━━━━━

《公路路基设计规范》(JTG D30—2015)规定如下：

7.9.3 膨胀土地基变形量预测应符合下列要求：

3 基于收缩试验的膨胀土地基变形量可按式(7.9.3-2)计算:

$$\rho = \sum_{i=1}^{n} \Delta z_i = \sum_{i=1}^{n} \frac{C_w \Delta w_i}{(1 + e_0)_i} z_i \qquad (7.9.3-2)$$

$$C_w = \frac{\Delta e_i}{\Delta w_i} \qquad (7.9.3-3)$$

式中:C_w——非饱和膨胀土体积收缩指数;

Δe_i——第 i 层土的孔隙比的变化;

Δw_i——第 i 层土的含水率变化。

📖 典型例题

例题 2-66

试验场地位于百乐二级公路白色西北乐村,属丘陵地,试验点为一小山丘。试验场地膨胀土的活动区深度为 3.6m。膨胀土的三相收缩试验得出的体积收缩指数 $C_w = \dfrac{\Delta e}{\Delta w} = 0.0211$,膨胀土的物理力学性质如下表所示,试验点膨胀土地基变形计算模式如下图所示,假定场区膨胀土土层是均匀的,按一层土来考虑,则该场地膨胀土地基总变形为(　　)。

百乐路 K58+100 试验膨胀土物理力学性质　　　　　　例题 2-66 表

取样地点	取样深度（m）	含水率（%）	湿密度（g/cm³）	干密度（g/cm³）	饱和度（%）	液限（%）	塑限（%）	塑性指数（%）	缩限（%）	孔隙比	c（kPa）	φ（°）
K58+100	0.9~1.1	21.3	1.97	1.63	83	50.3	23.9	26.4	19.4	0.72	22.6	27.8

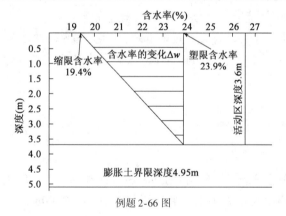

例题 2-66 图

(A)85mm　　　　　　　　　　　　(B)90mm

(C)108mm　　　　　　　　　　　　(D)99mm

解答

$$\rho = \sum_{i=1}^{n} \Delta z_i = \sum_{i=1}^{n} \frac{C_w \Delta w_i}{(1 + e_0)_i} z_i = \frac{0.0211 \times (23.9 - 19.4)/2}{1 + 0.72} \times 3.6 = 99 \text{mm}$$

答案:D

📖 考点分析

计算膨胀土地基变形量时,注意区分基于固结试验还是收缩试验。

考点22 黄土计算

1. 自重湿陷量计算

条文规定

《公路路基设计规范》(JTG D30—2015)规定如下:

7.10.4 湿陷性黄土地基设计应判别地基湿陷类型,计算地基湿陷量,确定地基湿陷等级,并应符合下列要求:

1 黄土地区场地湿陷类型应根据实测自重湿陷量或室内压缩试验累计的计算自重湿陷量判定。当实测或计算自重湿陷量不大于70mm时,应定为非自重湿陷性黄土场地;当实测或计算自重湿陷量大于70mm时,应定为自重湿陷性黄土场地。

2 湿陷性黄土场地自重湿陷量应按式(7.10.4-1)计算:

$$\Delta_{zs} = \beta_0 \sum_{i=1}^n \delta_{zsi} h_i \tag{7.10.4-1}$$

式中:Δ_{zs}——湿陷性黄土场地自重湿陷量(mm);

δ_{zsi}——第 i 层土的自重湿陷系数;

h_i——第 i 层土的厚度(mm);

β_0——因地区土质而异的修正系数;当缺乏实测资料时,陇西地区取1.50,陇东—陕北—晋西地区取1.20,关中地区取0.90,其他地区可取0.50。

《公路工程地质勘察规范》(JTG C20—2011)规定如下:

自重湿陷量的计算值 Δ_{zsi},应自天然地面算起,当挖、填方的厚度和面积较大时,应自设计地面算起,至其下非湿陷性黄土层的顶面为止,其中自重湿陷系数 δ_{zs} 小于0.015的土层不应累计计算。

典型例题

例题 2-67

宝鸡某黄土地区修建一条二级公路,勘察时3号探井的土工试验资料见下表,场地地面水平,探井的高程为 ±0.00,该路段为挖方,路基设计高程为 −2.00m,则该场地的自重湿陷量计算值最接近( )。

例题 2-67 表

土样编号	取样深度(m)	δ_s	δ_{zs}
3-1	1.5	0.085	0.032
3-2	2.5	0.059	0.013
3-3	3.5	0.076	0.022
3-4	4.5	0.028	0.012
3-5	5.5	0.094	0.031
3-6	6.5	0.091	0.075

土 样 编 号	取样深度(m)	δ_s	δ_{zs}
3-7	7.5	0.071	0.060
3-8	8.5	0.039	0.012
3-9	9.5	0.002	0.001
3-10	10.5	0.001	0.008

(A)94mm　　　　(B)110mm　　　　(C)170mm　　　　(D)180mm

解答

宝鸡属于关中地区,$\beta_0 = 0.9$。起算点取设计地面高程 -2.0m,δ_{zs} 小于 0.015 的土层不计入。

$$\Delta_{zs} = \beta_0 \sum_{i=1}^{n} \delta_{zsi} h_i = 0.9 \times 1000 \times (0.022 + 0.031 + 0.075 + 0.060) = 169.2\text{mm}$$

答案:C

2. 地基湿陷量计算

📖 **条文规定**

《公路路基设计规范》(JTG D30—2015)规定如下:

3　湿陷性黄土的地基湿陷量应按式(7.10.4-2)计算:

$$\Delta_s = \sum_{i=1}^{n} \beta \delta_{si} h_i \qquad (7.10.4\text{-}2)$$

式中:Δ_s——地基的总湿陷量(mm);

　　　δ_{si}——第 i 层土的湿陷系数;

　　　β——考虑地基土受水浸湿可能性和侧向挤出等因素的修正系数;当缺乏实测资料时,基底下 $0 \sim 5\text{m}$ 深度内取 $\beta = 1.5$,基底下 $5 \sim 10\text{m}$ 深度内取 $\beta = 1.0$。

《公路工程地质勘察规范》(JTG C20—2011)规定如下:

总湿陷 Δ_s 的计算值:初勘阶段应自地面以下 1.5m 算起,详勘阶段应自基础底面算起;在非自重湿陷性黄土场地,应累计计算至基底以下 10.0m(或地基压缩层)深度为止;在自重湿陷性黄土场地,对大桥、特大桥、高墩桥等重要建筑物应累计计算至非湿陷性黄土层顶面为止;对其他构筑物,当基础底面下的湿陷性土层厚度大于 10m 时,其累计深度可根据所在地区确定,陇西、陇东和陕北地区不应小于 15m,其他地区不应小于 10m,其中湿陷系数 δ_s(10m 以下为 δ_{zs})小于 0.015 的土层不应累计。

📖 **典型例题**

例题 2-68

某一黄土塬(因土质地区而异的修正系数取 $\beta_0 = 0.5$)上进行场地初步勘察,在一探井中取样进行黄土湿陷性试验,成果如下表所示。则该探井处的总湿陷量 Δ_s 为(　　)。(不考虑地质分层)。

取样深度(m)	自重湿陷系数 δ_{zs}	湿陷系数 δ_s
1.00	0.032	0.044
2.00	0.027	0.036
3.00	0.022	0.038
4.00	0.020	0.030
5.00	0.001	0.012
6.00	0.005	0.022
7.00	0.004	0.020
8.00	0.001	0.006

(A)21cm　　　　(B)18cm　　　　(C)27cm　　　　(D)25cm

解答

(1)自重湿陷量:

$$\Delta_{zs} = \beta_0 \sum_{i=1}^{n} \delta_{zsi} h_i = 0.5 \times (0.032 \times 1.5 + 0.027 \times 1.0 + 0.022 \times 1.0 + 0.020 \times 1.0) = 58.5\text{mm} < 70\text{mm}$$

(2)总湿陷量:

$$\Delta_s = \sum_{i=1}^{n} \beta \delta_{si} h_i = 1.5 \times (0.036 \times 1.0 + 0.038 \times 1.0 + 0.030 \times 1.0 + 0.022 \times 1.0) + 1.0 \times$$

$0.02 = 209\text{mm}$

答案:A

3. 场地湿陷等级判定

📖 **条文规定**

《公路路基设计规范》(JTG D30—2015)规定如下:

4 湿陷性黄土地基的湿陷等级,应根据地基各层累计的总湿陷量和计算自重湿陷量的大小等因素按表 7.10.4 确定。

湿陷性黄土地基的湿陷等级　　　　　　　　　　　表 7.10.4

湿陷类型		非自重湿陷性场地	自重湿陷性场地	
计算自重湿陷量 Δ_{zs} (mm)		$\Delta_{zs} \leq 70$	$70 < \Delta_{zs} \leq 350$	$\Delta_{zs} > 350$
总湿陷量 Δ_s (mm)	$\Delta_s \leq 300$	I(轻微)	II(中等)	—
	$300 < \Delta_s \leq 700$	II(中等)	II(中等)或III(严重)	III(严重)
	$\Delta_s > 700$	II(中等)	III(严重)	IV(很严重)

注:当总湿陷量 $\Delta_s > 600\text{mm}$、计算自重湿陷量 $\Delta_{zs} > 300\text{mm}$ 时,可判为III级,其他情况可判为II级。

📖 **典型例题**

例题 2-69

某公路位于陇西地区的湿陷性黄土场地,地层情况为:0～12.5m 为湿陷性黄土,12.5m 以下为非湿陷性土。探井资料如下表所示,假设场地地层水平、均匀,地面高程为 ±0.000,根据《公路路基设计规范》(JTG D30—2015)的规定,则湿陷性黄土地基的湿陷等级为(　　)。

取样深度(m)	δ_s	δ_{zs}
1	0.076	0.011
2	0.070	0.013
3	0.065	0.016
4	0.055	0.017
5	0.050	0.018
6	0.045	0.019
7	0.043	0.020
8	0.037	0.022
9	0.011	0.010
10	0.036	0.025
11	0.018	0.027
12	0.014	0.016
13	0.006	0.010
14	0.002	0.005

(A)Ⅰ级　　　　(B)Ⅱ级　　　　(C)Ⅲ级　　　　(D)Ⅳ级

解答

(1)自重湿陷量计算：

陇西地区：$\beta_0 = 1.5$

$\Delta_{zs} = \beta_0 \sum_{i=1}^{n} \delta_{zsi} h_i = 1.5 \times (0.016 \times 1 + 0.017 \times 1 + 0.018 \times 1 + 0.019 \times 1 + 0.020 \times 1 + 0.022 \times 1 + 0.025 \times 1 + 0.027 \times 1 + 0.016 \times 1) = 0.27\text{m} > 70\text{mm}$，为自重湿陷性场地。

(2)湿陷量计算：

自重湿陷性场地，计算深度至非湿陷性黄土层的顶面。

即计算到 12.5m 处(基底下 11.0m 处)。

1.5~6.5m 段：$\beta = 1.5$

6.5~11.5m 段：$\beta = 1.0$

11.5m 以下：$\beta = \beta_0 = 1.5$

$\Delta_s = \sum_{i=1}^{n} \beta \delta_{si} h_i = 1.5 \times (0.070 \times 1 + 0.065 \times 1 + 0.055 \times 1 + 0.050 \times 1 + 0.045 \times 1) + 1.0 \times (0.043 \times 1 + 0.037 \times 1 + 0.036 \times 1 + 0.018 \times 1) + 1.5 \times 0.016 \times 1 = 0.05855\text{m} = 585.5\text{mm}$

(3)由 $70 < \Delta_{zs} \leqslant 350, 300 < \Delta_s \leqslant 700$，可判断场地等级为Ⅱ级或Ⅲ级。

由 $\Delta_{zs} < 300\text{mm}, \Delta_s < 600\text{mm}$，可判断场地湿陷等级为Ⅱ级。

答案：B

4. 湿陷性黄土最小处理深度

条文规定

《公路路基设计规范》(JTG D30—2015)规定如下：

7.10.5　湿陷性黄土地基处理设计应符合下列要求：

1 高速公路、一级公路通过湿陷性黄土和压缩性较高的黄土地段时,可根据路堤高度、受水浸湿的可能性、湿陷后危害程度和修复的难易程度,按表7.10.5-1确定湿陷性黄土地基最小处理深度。

湿陷性黄土地基最小处理深度　　　　　表7.10.5-1

路 堤 高 度	湿陷性等级与特征							
	经常流水(或浸湿可能性大)				季节性流水(或浸湿可能性小)			
	Ⅰ	Ⅱ	Ⅲ	Ⅳ	Ⅰ	Ⅱ	Ⅲ	Ⅳ
高路堤(>4m)	2~3	3~5	4~6	6	0.8~1	1~2	2~3	5
零填、挖方路基、低路堤(≤4m)	0.8~1	1~1.5	1.5~2	3	0.5~1.0	0.8~1.2	1.2~2.0	2

注:1. 与桥台相邻路基、高挡土墙路基(墙高大于6m),宜消除地基的全部湿陷量或穿透全部湿陷性土层。
　　2. 挖方路基湿陷性黄土地基最小处理深度,从路床顶面起计算。

📖 **典型例题**

例题 2-70

晋西地区新建一级公路,路面总厚80cm,K7+370~K7+650为受水浸湿可能性小的挖方段,初步设计勘探时地基为湿陷性黄土,经计算湿陷性黄土场地自重湿陷量为320mm,地基总湿陷量为710mm,按照《公路路基设计规范》(JTG D30—2015),该路段湿陷性黄土地基的最小处理深度(从路床顶面起计算)为(　　)。

（A）0.5~1.0m　　　　（B）0.8~1.2m　　　　（C）1.2~2.0m　　　　（D）2.0~2.8m

解答

根据《公路路基设计规范》(JTG D30—2015)第7.10.4条:

$\Delta_{zs} > 70mm$,判断为自重湿陷性场地;

$\Delta_s > 600mm$,$\Delta_{zs} > 300mm$,查表7.10.4,判断为Ⅲ级(严重)。

查表7.10.5-1,挖方路基湿陷性黄土地基的最小处理深度从路床顶面起计算为1.2~2.0m。

答案:C

📖 **考点分析**

(1)《公路工程地质勘察规范》(JTG C20—2011)对于自重或总湿陷量计算深度起算点、计算土层等进行了具体规定,计算过程中应特别注意。

(2)《公路工程地质勘察规范》(JTG C20—2011)与《公路路基设计规范》(JTG D30—2015)对于湿陷等级判定完全一致。

考点23　盐渍土计算

1. 盐渍土分类

📖 **条文规定**

《公路路基设计规范》(JTG D30—2015)规定如下:

7.11.2 盐渍土可根据含盐性质和盐渍化程度按表7.11.2-1、表7.11.2-2进行分类。

盐渍土按含盐性质分类 表7.11.2-1

盐渍土名称	离子含量比值	
	Cl^-/SO_4^{2-}	$(CO_3^{2-} + HCO_3^-)/(Cl^- + SO_4^{2-})$
氯盐渍土	>2	—
亚氯盐渍土	1~2	—
亚硫酸盐渍土	0.3~1.0	—
硫酸盐渍土	<0.3	—
碳酸盐渍土	—	>0.3

注:离子含量以1kg土中离子的毫摩尔数计(mmol/kg)。

📖 **典型例题**

例题 2-71

某公路路基通过盐渍土地区,在粗颗粒盐渍土地段地表1.0m深度内分层取样,含盐成分如下表所示,按《公路路基设计规范》(JTG D30—2015),该盐渍土应属于( )。

例题2-71 表

取样深度(m)	盐分摩尔浓度(mmol/1000g)		通过10mm筛孔土的分层含盐量(%)
	$c(Cl^-)$	$c(SO_4^{2-})$	
0~0.05	89.31	103.10	20.16
0.05~0.25	24.09	21.28	7.38
0.25~0.50	5.72	14.06	5.33
0.50~0.75	5.46	12.21	3.02
0.75~1.00	5.31	11.89	2.79

(A)氯盐渍土   (B)亚氯盐渍土

(C)亚硫酸盐渍土   (D)硫酸盐渍土

解答

根据《公路路基设计规范》(JTG D30—2015)第7.11.2条。

按化学成分分类:

$$D = \frac{(Cl^-)}{(SO_4^{2-})} = \frac{89.31 \times 0.05 + 24.09 \times 0.20 + (5.72 + 5.46 + 5.31) \times 0.25}{103.10 \times 0.05 + 21.28 \times 0.20 + (14.06 + 12.21 + 11.89) \times 0.25} = 0.71$$

查规范表7.11.2-1,为亚硫酸盐渍土。

答案:C

2. 盐渍化程度分类

📖 **条文规定**

《公路路基设计规范》(JTG D30—2015)规定如下:

7.11.2 盐渍土可根据含盐性质和盐渍化程度按表7.11.2-1、表7.11.2-2进行分类。

盐渍土按盐渍化程度分类　　　　　　　　　　　表7.11.2-2

盐渍土类型	细粒土土层的平均含盐量（以质量百分数计）		粗粒土通过1mm筛孔土的平均含盐量（以质量百分数计）	
	氯盐渍土及亚氯盐渍土	硫酸盐渍土及亚硫酸盐渍土	氯盐渍土及亚氯盐渍土	硫酸盐渍土及亚硫酸盐渍土
弱盐渍土	0.3~1.0	0.3~0.5	2.0~5.0	0.5~1.5
中盐渍土	1.0~5.0	0.5~2.0	5.0~8.0	1.5~3.0
强盐渍土	5.0~8.0	2.0~5.0	8.0~10.0	3.0~6.0
过盐渍土	>8.0	>5.0	>10.0	>6.0

注：离子含量以100g干土内的含盐总量计。

《公路工程地质勘察规范》(JTG C20—2011)规定如下：

8.4.9 盐渍土的工程地质评价应符合下列规定：

1 易溶盐平均含盐量$\overline{DT}$，应按式(8.4.9-1)计算：

$$\overline{DT} = \frac{\sum_{i=1}^{n} h_i DT_i}{\sum_{i=1}^{n} h_i} \tag{8.4.9-1}$$

式中：DT_i——第i层土的含盐量(%)；

　　　　h_i——第i层土的厚度(cm)；

　　　　n——分层取样的层数。

📖 典型例题

例题 2-72

某公路路基通过盐渍土地区，在粗粒盐渍土地段地表1.0m深度内分层取样，含盐成分如下表所示，按《公路路基设计规范》(JTG D30—2015)，该盐渍土应属于(　　　　)。

例题 2-72 表

取样深度（m）	盐分摩尔浓度（mmol/1000g）		通过1mm筛孔土的分层含盐量（%）
	$c(Cl^-)$	$c(SO_4^{2-})$	
0~0.05	89.31	103.10	20.16
0.05~0.25	24.09	21.28	7.38
0.25~0.50	5.72	14.06	5.33
0.50~0.75	5.46	12.21	3.02
0.75~1.00	5.31	11.89	2.79

(A)弱盐渍土　　　　　　　　　　　(B)中盐渍土
(C)强盐渍土　　　　　　　　　　　(D)过盐渍土

解答

按含盐量分类:

$$\overline{DT} = \frac{\sum\limits_{i=1}^{n} h_i \cdot DT_i}{\sum\limits_{i=1}^{n} h_i} = \frac{20.16 \times 0.05 + 7.38 \times 0.20 + (5.33 + 3.02 + 2.79) \times 0.25}{1.0} = 5.27\%$$

查规范表 7.11.2-2,为强盐渍土。

答案:C

3. 盐渍土地基失陷量计算

📖 **条文规定**

《公路路基设计规范》(JTG D30—2015)规定如下:

7.11.3 盐渍土地基应进行盐胀性和溶陷性评价,并应符合下列要求:

2 地下水位埋深小于 3.0m 或存在经常性地表水浸湿的盐渍土路段,应按式(7.11.3)计算溶陷量,进行地基溶陷性评价。各级公路地基溶陷量应符合表 7.11.3-2 的规定。

$$\Delta S = \sum_{i}^{n} \delta_i h_i \qquad (7.11.3)$$

式中:ΔS——地基溶陷量(mm);

$\quad \delta_i$——地基中第 i 层土的溶陷系数(%);

$\quad h_i$——地基中第 i 层土厚度(mm);

$\quad n$——溶陷影响深度的计算土层数。

盐渍土地基溶陷性指标 表 7.11.3-2

公路等级	高速公路、一级公路	二级公路	三、四级公路
溶陷量 ΔS(mm)	<70	<150	<400

《公路工程地质勘察规范》(JTG C20—2011)规定如下:

8.4.9 盐渍土的工程地质评价应符合下列规定:

2 盐渍土地基分级溶陷量 Δ,应按式(8.4.9-2)计算:

$$\Delta = \sum_{i=1}^{n} \delta_i h_i \qquad (8.4.9-2)$$

式中:δ_i——第 i 层土的溶陷系数(%);

$\quad h_i$——第 i 层土的厚度(cm);

$\quad n$——基础底面(初勘自地面下 1.5m 算起)以下至 10m 深度范围内全部溶陷性盐渍土层数。

3 盐渍土的溶陷等级应按表 8.4.9-1 划分。

盐渍土的溶陷等级 表 8.4.9-1

溶陷等级	I	II	III
分级溶陷量 Δ(cm)	$7 < \Delta \leqslant 15$	$15 < \Delta \leqslant 40$	$\Delta > 40$

例题 2-73

某二级公路位于盐渍土地区,地下水埋深 2m,初勘时经测试得出所含易溶盐为石盐(NaCl)和无水芒硝(Na_2SO_4),测试结果见下表,则该公路地基的溶陷量为(   )。

例题 2-73 表

取样深度(m)	盐分摩尔浓度(mmol/1000g)		溶陷系数 δ_i	含盐量(%)
	$c(Cl^-)$	$c(SO_4^{2-})$		
0~1	35	80	0.040	13.408
1~2	30	65	0.035	10.985
2~3	15	45	0.030	7.268
3~4	5	20	0.025	3.133
4~5	3	5	0.020	0.886
5~7	1	2	0.015	0.343

(A)123mm   (B)135mm   (C)149mm   (D)156mm

解答

$$\Delta = \sum_{i=1}^{n} \delta_i h_i = 0.035 \times 500 + 0.030 \times 1000 + 0.025 \times 1000 + 0.020 \times 1000 + 0.015 \times 2000$$
$$= 122.5mm$$

答案:A

考点分析

(1)盐渍土可根据含盐量性质和盐渍化程度进行分类,其中粒子含量为粒子浓度乘以取样深度。

(2)盐渍土的具体计算(如溶陷计算+层数 n 等)要特别注意《公路工程地质勘察规范》(JTG C20—2011)的规定。

考点 24   多年冻土计算

条文规定

《公路路基设计规范》(JTG D30—2015)规定如下:

7.12.4   低温高含冰量冻土地段路基设计应符合下列要求:

2   路基中设置的隔热材料厚度应根据热阻等效按式(7.12.4)确定,但不宜小于60mm,宽度宜与路面面层相同。其埋设深度应由其强度与公路等级决定,宜埋设在路基顶面下0.30~0.35m 深处。

$$d_x = K \frac{d_s \lambda_e}{\lambda_s} \tag{7.12.4}$$

式中: d_x、d_s——隔热材料板与等效土体的厚度(mm);

λ_e、λ_s——隔热材料板与等效土体的导热系数;

K——安全系数;隔热材料用于路基时,K 取 $1.5 \sim 2.0$;隔热材料用于路基边坡时,K 取 $1.2 \sim 1.5$。

3 路基中设置的隔热材料,应具有良好的阻热性能与足够的强度,导热系数宜小于 $0.029W/(m \cdot K)$,吸水率宜小于 0.5%,抗压强度宜大于 $600kPa$。

📖 **典型例题**

例题 2-74

某公路位于低温高含冰量冻土路段,在路基中设隔热材料,采用聚苯乙烯泡沫塑料板,导热系数为 $0.025W/(m \cdot K)$,等效土体导热系数为 $0.91W/(m \cdot K)$,等效土体厚度为320cm,安全系数取小值,则隔热材料板厚度为( )。

(A)50mm (B)60mm (C)132mm (D)145mm

解答

$$d_x = K\frac{d_s\lambda_e}{\lambda_s} = 1.5 \times \frac{3200 \times 0.025}{0.91} = 132mm$$

$132mm > 60mm$,取 $132mm$。

答案:C

📖 **考点分析**

路基中设置的隔热材料厚度应根据热阻等效按规范求解,注意隔热材料厚度的计算结果应与最小厚度 60mm 对比。

考点 25 雪崩最大锋面高度计算

📖 **条文规定**

《公路路基设计规范》(JTG D30—2015)规定如下:

7.14.10 雪崩防治工程设计应符合下列要求:

3 挡雪栅栏可用于防治雪崩路径运动区坡度较缓的区域的雪崩。挡雪栅栏宜设置多排,强度应通过雪崩冲击力验算,栅栏高度应大于雪崩雪运动中锋体高度1.0m。

条文说明

3 挡雪栅栏一般采用木质或金属等材料,通常设置在坡度较缓的雪崩路径运动区。栅栏要有较高的强度,要埋置一定的深度,具有一定的稳定性和抵抗雪崩的冲击力。

雪崩的最大锋面高度,可按下式计算:

$$h = \frac{FH}{bL} \tag{7-10}$$

式中: h——雪崩最大锋面高度(m);

F——集雪区面积(m^2);

H——集雪区最大积雪深度(m);

b——沟槽宽度(m);

L——集雪区长度(m)。

📖 **典型例题**

例题 2-75

某公路工程遭遇雪崩,已知集雪区面积$F = 500m^2$,最大积雪深度$H = 1.5m$,沟槽$b = 4m$,集雪区长度$L = 80m$,根据《公路路基设计规范》(JTG D30—2015),则雪崩的最大锋面高度为( )。

（A）3.25m　　　　　　　　　　（B）2.89m

（C）2.55m　　　　　　　　　　（D）2.34m

解答

$$h = \frac{FH}{bL} = \frac{500 \times 1.5}{4 \times 80} = 2.34m$$

答案:D

📖 **考点分析**

雪崩最大锋面高度求解方法见《公路路基设计规范》(JTG D30—2015)条文说明。

考点 26　采空区计算

1. 采空区处理长度

📖 **条文规定**

《公路路基设计规范》(JTG D30—2015)规定如下:

1)采空区的厚度较大时,处理长度应增加覆岩移动角的影响宽度,沿公路轴向的采空区处理长度可按式(7.16.5-1)计算确定:

$$L = L_0 + 2h\cot\alpha + H_{上}\cot\beta + H_{下}\cot\gamma \qquad (7.16.5\text{-}1)$$

式中:L——沿公路轴向的采空区处理长度(m);

L_0——沿公路中线方向采空区长度(m);

$H_{上}$——上山方向采空区上覆岩层厚度(m);

$H_{下}$——下山方向采空区上覆岩层厚度(m);

α——松散层移动角$(°)$;

β——上山方向采空区上覆岩层移动角$(°)$;

γ——下山方向采空区上覆岩层移动角$(°)$。

例题 2-76

拟对某高速公路采空区进行处治设计,各计算参数如下图所示。根据《公路路基设计规范》(JTG D30—2015),计算得该采空区处治长度 L 为(　　)。

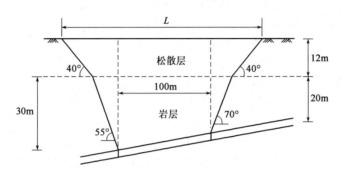

例题 2-76 图

(A)148m　　　　　　(B)157m　　　　　　(C)165m　　　　　　(D)173m

解答

根据《公路路基设计规范》(JTG D30—2015)第 7.16.5 条:

$$L = L_0 + 2h\cot\alpha + H_\text{上}\cot\beta + H_\text{下}\cot\gamma$$

$$= 100 + 2 \times 12 \times \cot 40° + 20 \times \cot 70° + 30 \times \cot 55°$$

$$= 156.9\text{m}$$

答案:B

2. 采空区处理宽度

条文规定

《公路路基设计规范》(JTG D30—2015)规定如下:

2)处理宽度由路基底面宽度、围护带宽度、采空区覆岩影响宽度三部分组成,水平岩层可按式(7.16.5-2)计算;倾斜岩层且路线与岩层走向垂直,路线上每点的宽度可按水平岩层计算;倾斜岩层且路线与岩层走向平行时,可按式(7.16.5-3)计算;倾斜岩层且路线与岩层走向斜交时,可按式(7.16.5-4)计算:

$$B = D + 2d + 2(h\cot\alpha + H\cot\delta) \tag{7.16.5-2}$$

$$B = D + 2d + 2h\cot\alpha + H_\text{上}\cot\beta + H_\text{下}\cot\gamma \tag{7.16.5-3}$$

$$B = D + 2d + 2h\cot\alpha + H_\text{上}\cot\beta' + H_\text{下}\cot\gamma' \tag{7.16.5-4}$$

$$\cot\beta' = \sqrt{\cot^2\beta\cos^2\theta + \cot^2\delta\sin^2\theta} \tag{7.16.5-5}$$

$$\cot\gamma' = \sqrt{\cot^2\gamma\cos^2\theta + \cot^2\delta\sin^2\theta} \tag{7.16.5-6}$$

式中:B——垂直于公路轴线的水平方向宽度(m);

D ——公路路基底面宽度(m);

d ——路基围护带一侧的宽度(m),一般取10m;

H ——采空区上覆岩层厚度(m);

h ——松散层厚度(m);

δ ——走向方向采空区上覆岩层移动角(°);

β' ——上山方向采空区上覆岩层斜交移动角(°);

γ' ——下山方向采空区上覆岩层斜交移动角(°);

θ ——围护带边界与矿层倾向线之间所夹的锐角(°)。

典型例题

例题 2-77

拟对某高速公路采空区进行处治设计,已知路线与岩层走向斜交为25°,走向方向采空区上覆岩层移动角 $\delta = 50°$,围护带边界与矿层倾向线夹角 $\theta = 30°$,其他各计算参数如下图所示。根据《公路路基设计规范》(JTG D30—2015),该采空区处治宽度 B 为( )。

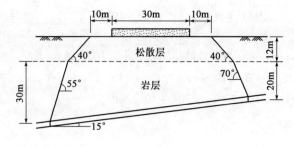

例题 2-77 图

(A)148m　　　　　(B)157m　　　　　(C)120m　　　　　(D)111m

解答

根据《公路路基设计规范》(JTG D30—2015)第 7.16.5 条。

(1)倾斜岩层,且线路与岩层走向斜交,按下式计算:

$$\cot\beta' = \sqrt{\cot^2\beta\cos^2\theta + \cot^2\delta\sin^2\theta} = \sqrt{\cot^2 70°\cos^2 30° + \cot^2 50°\sin^2 30°} = 0.525$$

$$\cot\gamma' = \sqrt{\cot^2\gamma\cos^2\theta + \cot^2\delta\sin^2\theta} = \sqrt{\cot^2 55°\cos^2 30° + \cot^2 50°\sin^2 30°} = 0.737$$

(2) $B = D + 2d + 2h\cot\alpha + H_{\text{上}}\cot\beta' + H_{\text{下}}\cot\gamma'$

$$= 30 + 2 \times 10 + 2 \times 12 \times \cot 40° + 20 \times 0.525 + 30 \times 0.737$$

$$= 111.2\text{m}$$

答案:D

3. 采空区处理深度

条文规定

《公路路基设计规范》(JTG D30—2015)规定如下:

3)处治范围位于采空区边界以内时,其处治深度应为地面至采空区底板以下不小于3m;处

184

治范围位于采空区边界外侧至岩层移动影响范围以内时,其处治深度应按式(7.16.5-7)计算:

$$h_t = H - l\tan\delta_外 + h' \tag{7.16.5-7}$$

式中:h_t——采空区边界外侧岩层移动影响范围的处治深度(m);

H——采空区埋深,即上覆岩层厚度(m);

l——注浆孔距采空区边界的距离(m);

h'——影响裂隙带以下的处治深度,宜取20m;

$\delta_外$——采空区边界外侧上覆岩层移动影响角(°)。

📖 **典型例题**

例题 2-78

拟对某公路采空区进行处治,如下图所示,处治范围位于采空区边界外侧至岩层移动影响范围以内,上覆岩层厚度为45m,注浆孔距采空区边界的距离为30m,采空区边界外侧上覆岩层移动影响角为35°,则处治深度为( )。

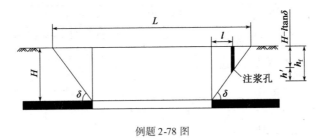

例题 2-78 图

(A)44m   (B)57m   (C)30m   (D)51m

解答

$h_t = H - l\tan\delta + h' = 45 - 30 \times \tan35° + 20 = 44\text{m}$

答案:A

📖 **考点分析**

(1)采空区处理长度、宽度、深度计算方法与公式,可查《公路路基设计规范》(JTG D30—2015),应理解各计算参数的意义。

(2)注意区别倾斜岩层计算方法。

考点 27　季节冻土计算

📖 **条文规定**

《公路路基设计规范》(JTG D30—2015)规定如下:

7.19.2　季节冻土的冻胀性分类应符合下列要求:

1　冻胀等级应根据平均冻胀率的大小按表7.19.2-1确定。

平均冻胀率 η(%)	冻胀等级	冻胀类别	平均冻胀率 η(%)	冻胀等级	冻胀类别
η≤1	I	不冻胀	6<η≤12	IV	强冻胀
1<η≤3.5	II	弱冻胀	η>12	V	特强冻胀
3.5<η≤6	III	冻胀			

2　平均冻胀率按式(7.19.2)计算:

$$\eta = \frac{z}{H_d} \times 100 (\%)$$
$$(7.19.2)$$

式中:z——土的冻胀值(mm);

H_d——土的冻结深度(mm),不包括冻胀量。

3　季节冻土的冻胀性分类应符合表7.19.2-2的规定。

季节冻土与季节融化层土的冻胀性分级　　　　　　表7.19.2-2

土 的 名 称	冻前天然含水率 w (%)	冻前地下水位距设计冻深的最小距离 h_w(m)	平均冻胀率 η (%)	冻胀等级	冻胀类别
碎(卵)石,砾、粗、中砂(粒径小于0.075mm的颗粒含量不大于15%),细砂(粒径小于0.075mm的颗粒含量不大于10%)	不饱和	不考虑	η≤1	I	不冻胀
	饱和含水	无隔水层	1<η≤3.5	II	弱冻胀
	饱和含水	有隔水层	3.5<η	III	冻胀
	w≤12	>1.0	η≤1	I	不冻胀
		≤1.0	1<η≤3.5	II	弱冻胀
	12<w≤18	>1.0			
		≤1.0	3.5<η≤6	III	冻胀
	w>18	>0.5			
		≤0.5	6<η≤12	IV	强冻胀
粉砂	w≤14	>1.0	η≤1	I	不冻胀
		≤1.0	1<η≤3.5	II	弱冻胀
	14<w≤19	>1.0			
		≤1.0	3.5<η≤6	III	冻胀
	19<w≤23	>1.0			
		≤1.0	6<η≤12	IV	强冻胀
	w>23	不考虑	η>12	V	特强冻胀
粉土	w≤19	>1.5	η≤1	I	不冻胀
		≤1.5	1<η≤3.5	II	弱冻胀
	19<w≤22	>1.5			
		≤1.5	3.5<η≤6	III	冻胀
	22<w≤26	>1.5			
		≤1.5	6<η≤12	IV	强冻胀
	26<w≤30	>1.5			
		≤1.5	η>12	V	特强冻胀
	w>30	不考虑			

土 的 名 称	冻前天然含水率 w（%）	冻前地下水位距设计冻深的最小距离 h_w（m）	平均冻胀率 η（%）	冻胀等级	冻胀类别
黏质土	$w \leqslant w_P + 2$	>2.0	$\eta \leqslant 1$	I	不冻胀
		≤2.0	$1 < \eta \leqslant 3.5$	II	弱冻胀
	$w_P + 2 < w \leqslant w_P + 5$	>2.0			
		≤2.0	$3.5 < \eta \leqslant 6$	III	冻胀
	$w_P + 5 < w \leqslant w_P + 9$	>2.0			
		≤2.0	$6 < \eta \leqslant 12$	IV	强冻胀
	$w_P + 9 < w \leqslant w_P + 15$	>2.0			
		≤2.0	$\eta > 12$	V	特强冻胀

注:1. w_P 为土的塑限含水率(%); w 为冻前天然含水率在冻层内的平均值。

2. 盐渍化冻土不在表列。

3. 塑性指数大于 22 时,冻胀性降低一级。

4. 粒径小于 0.005mm 的颗粒含量大于 60% 时为不冻胀土。

5. 碎石类土当填充物大于全部质量的 40% 时,其冻胀性按填充物土的类别判定。

6. 隔水层指季节冻结层底部及以上的隔水层。

📖 典型例题

例题 2-79

某公路位于季节性冻土地区,冻土层为黏土层,测得地表冻胀前高程为 160.670m,上层冻前天然含水率为 30%,塑限为 22%,液限为 45%,其粒径小于 0.005mm 的颗粒含量小于 60%。当最大冻深出现时,场地最大冻土层厚度为 2.8m,地下水位埋深为 3.5m,地面高程为 160.850m。按《公路路基设计规范》(JTG D30—2015),该土层的冻胀类别为（   ）。

（A）弱冻胀 　　　　　　　　　　（B）冻胀

（C）强冻胀 　　　　　　　　　　（D）特强冻胀

解答

（1）地表冻胀量 $z = 160.850 - 160.670 = 0.18$m

（2）冻胀率 $\eta = \dfrac{z}{H_d} \times 100\% = \dfrac{0.18}{2.8 - 0.18} \times 100\% = 6.9\%$

（3）冻胀类型判别: $h_w = 3.5 - 2.8 = 0.7$m

$22 + 5 = 27 < w < 22 + 9 = 31$

判定为Ⅳ级强冻胀。

$I_p = 45 - 22 = 23 > 22$,应降一级,Ⅳ级强冻胀修正为Ⅲ级冻胀。

答案: B

📖 考点分析

（1）各类深度按图 2-6 理解。

（2）塑性指数大于 22 时,冻胀类别降一级。

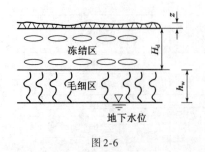

图 2-6

考点 28　行车道路面渗水量计算

📖 **条文规定**

《公路排水设计规范》(JTG/T D33—2012)规定如下:

5.1.3　路面内部排水设计应符合以下规定:

1　路面内部排水系统中各种排水设施的设计排泄量均应不小于路面表面水渗入量的2倍,下游排水设施的泄水能力应超过上游排水设施的泄水能力。

5.1.5　行车道路面表面水渗入路面结构的量,可按路面类型分别由下列公式计算确定:

水泥混凝土路面
$$Q_\mathrm{p} = K_\mathrm{c}\left(n_\mathrm{z} + n_\mathrm{h}\frac{B}{L_\mathrm{c}}\right) \tag{5.1.5-1}$$

沥青路面
$$Q_\mathrm{p} = K_\mathrm{a}B \tag{5.1.5-2}$$

式中: Q_p——纵向每延米行车道路面表面水渗入量$[\mathrm{m^3/(d \cdot m)}]$;

　　　K_c——每延米水泥混凝土路面接缝或裂缝的表面水设计渗入率$[\mathrm{m^3/(d \cdot m)}]$,可取为$0.36\mathrm{m^3/(d \cdot m)}$;

　　　K_a——每平方米沥青路面的表面水设计渗入率$[\mathrm{m^3/(d \cdot m^2)}]$,可取为$0.15\mathrm{m^3/(d \cdot m^2)}$;

　　　B——单向坡度路面的宽度(m);

　　　L_c——水泥混凝土路面的横缝间距(即板长)(m);

　　　n_z——B范围内纵向接缝的条数(包括路面与路肩之间的接缝);对不设置中央分隔带的双向横坡路段,公路路脊处的接缝(全幅中间接缝)按0.5条计;对设置中央分隔带的非超高路段,路面与中央分隔带间的接缝按1条计;

　　　n_h——L_c范围内横向接缝和裂缝的条数。

📖 **典型例题**

例题 2-80

某一公路为双向四车道水泥混凝土路面,没有设置中央分隔带,行车道宽为 $2 \times 3.75\mathrm{m}$,单向纵向缝3条(2条纵向接缝,1条同路肩相接接缝),横向接缝间距5m,渗入率为$0.36\mathrm{m^3/(d \cdot m)}$,路面无纵向和横向裂缝,安全系数取3。则纵向每延米该路面表面水渗入量为(　　)。

(A)4.9　　　　　(B)4.3　　　　　(C)5.1　　　　　(D)3.8

解答

$$Q_p = K_c \left(n_z + n_h \frac{B}{L_c} \right) = 3 \times 0.36 \times \left(2.5 + 1 \times \frac{2 \times 3.75}{5} \right) = 4.32 \text{m}^3/(\text{d} \cdot \text{m})$$

答案:B

例题 2-81(2020 年真题)

某公路为双幅四车道,采用沥青路面,半幅路面为单向坡,行车道路面宽为 9m,纵向每延米半幅行车道路面表面水渗入量为(   )。

(A)1.2m³/(d·m)   (B)1.35m³/(d·m)

(C)1.5m³/(d·m)   (D)1.65m³/(d·m)

解答

根据《公路排水设计规范》(JTG D33—2012)第 5.1.5-2 条,沥青路面 $Q_P = K_a B = 0.15 \times 9 = 1.35 \text{m}^3/(\text{d} \cdot \text{m})$。

答案:B

例题 2-82

某公路为沥青混凝土路面,单向坡度路面宽 10m,横坡为 1.5%,面层下设置 15cm 厚的沥青处治碎石排水基层,根据《公路排水设计规范》(JTG/T D33—2012),则排水基层设计渗透系数最小值接近(   )。

(A)833m/d   (B)966m/d   (C)1266m/d   (D)1667m/d

解答

(1)根据《公路排水设计规范》(JTG/TD33—2012)式(5.1.5-2),沥青路面表面水渗入量:

$$Q_P = K_a \cdot B = 0.15 \times 10 = 1.5 \text{m}^3/(\text{d} \cdot \text{m})$$

(2)排水基层泄水能力:

$$Q_{cb} \geqslant 2Q_P = 2 \times 1.5 = 3.0 \text{m}^3/(\text{d} \cdot \text{m})$$

(3)《公路排水设计规范》(JTG/TD33—2012)式(5.3.3),排水基层设计渗透系数:

$$K_b \geqslant \frac{Q_{cb}}{H_b i_h} = \frac{3.0}{0.15 \times 0.012} = 1667 \text{m/d}$$

答案:D

📖 **考点分析**

对于不设置分隔带的双向横坡路段,纵向接缝条数需加上公路路脊处的接缝。

考点 29　排水基层厚度计算

📖 **条文规定**

《公路排水设计规范》(JTG/T D33—2012)规定如下:

5.3.3　排水基层厚度 H_b 应根据所需排放的水量和基层材料的渗透系数,通过式(5.3.3)

计算确定,并满足最小厚度的要求。采用沥青处治碎石时,最小厚度不得小于 60mm;采用水泥处治碎石时,最小厚度不得小于 80mm;采用级配碎石时,最小厚度不得小于 120mm。排水基层的宽度应根据面层施工需要确定,宜超出面层宽度 300~900mm。

$$H_b \geq \frac{Q_{cb}}{k_b i_h} \tag{5.3.3}$$

式中:Q_{cb}——纵向每延米排水基层的泄水能力[m³/(d·m)];

k_b——排水基层设计渗透系数(m/d);

i_h——基层横坡。

《公路水泥混凝土路面设计规范》(JTG D40—2011)规定如下:

4.4.9 开级配沥青稳定碎石或水泥稳定碎石排水基层的计算厚度应满足排除表面水设计渗入量的需要。排水基层的设计厚度宜依据计算厚度按 10mm 向上取整后再增加 20mm。

📖 典型例题

例题 2-83

某高速公路采用沥青混凝土路面,面层下设置透水性水泥稳定碎石,渗沟系数为 1414m/d,路线纵坡为 1%,横坡为 2%,纵向每延米排水基层的泄水能力为 3.35m³/(d·m),则排水基层的厚度为(   )。

(A)9cm   (B)10cm   (C)11cm   (D)12cm

解答

$$H_b \geq \frac{Q_{cb}}{k_b i_h} = \frac{3.35}{1414 \times 0.02} = 0.118m$$

取 $H_b = 12cm$

答案:D

例题 2-84

某公路为双向四车道水泥混凝土路面,水泥混凝土板长 × 板宽为 5m × 3.75m,设置中央分隔带,行车道宽为 3.75m,K1+000~K1+350 段为直线段,横坡为 2%,单向共有纵向缝 3 条(2 条纵向接缝,1 条同路肩相接缝),纵缝间距为 3.5m,横向接缝间距为 5m,路面接缝的渗入率为 0.36m³/(d·m),该段路面无纵向和横向裂缝。面层下设置开级配的水泥处治碎石排水基层,渗透系数 1375m/d,根据《公路排水设计规范》(JTG/T D33—2012),排水基层的厚度最小值接近(   )。

(A)110mm   (B)120mm   (C)130mm   (D)140mm

解答

根据《公路排水设计规范》(JTG/T D33—2012)第 5.1.3 条、第 5.1.5 条。

K1+000~K1+350 段为直线段,则该段无超高,单向坡行车道路面宽为 2×3.75=7.5m,设置中央分隔带,路面与中央分隔带的接缝按 1 条算,即 $n_z = 3$。

$$Q_p = K_c \left(n_z + n_h \frac{B}{L_c} \right) = 0.36 \times \left(3 + 1 \times \frac{2 \times 3.75}{5} \right) = 1.62m^3/(d·m)$$

$$Q_{cb} \geqslant 2Q_p = 2 \times 1.62 = 3.24 \text{m}^3/(\text{d} \cdot \text{m})$$

$$H_b \geqslant \frac{Q_{cb}}{k_b i_h} = \frac{3.24}{1375 \times 0.02} = 0.118\text{m} > 80\text{mm}$$

根据《公路水泥混凝土路面设计规范》(JTG D40—2011)第4.4.9条,取 $H_b = 140\text{mm}$。

答案:D

注:如果不考虑《公路水泥混凝土路面设计规范》(JTG D40—2011)第4.4.9条,则 $H_b = 120\text{mm}$,选 B。

例题 2-85(2020 年真题)

某高速公路采用水泥混凝土路面,并采用开级配沥青稳定碎石基层,经分析计算,该排水基层的计算厚度为295.5mm,其设计厚度宜选择( )。

(A)300mm   (B)310mm   (C)320mm   (D)330mm

解答

根据《公路水泥混凝土路面设计规范》(JTG D40—2011)第4.4.9条,开级配沥青稳定碎石或水泥稳定碎石排水基层的计算厚度应满足排除表面设计渗入量的需要。排水基层的设计厚度宜依据计算厚度按10mm向上取整后再增加20mm。本题中为295.5mm,取整为300mm,再增加20mm,厚度为320mm。

答案:C

📖 **考点分析**

注意设计厚度应根据相关规定对计算厚度进行调整。

考点30 渗入水在路面结构内的渗流时间计算

📖 **条文规定**

《公路排水设计规范》(JTG/T D33—2012)规定如下:

5.3.4 渗入水在路面结构内的最大渗流时间,冰冻地区不应超过1h,其他地区不应超过2h。渗入水在排水基层内的渗流时间可按式(5.3.4-1)计算确定:

$$T \approx 0.69 \frac{n_e L_t}{k_b J_0} \tag{5.3.4-1}$$

其中 $$L_t = B\sqrt{1 + \frac{i_z^2}{i_h^2}} \tag{5.3.4-2}$$

式中:T——渗流时间(h);

n_e——排水基层的有效空隙率;

L_t——渗流路径长(m);

k_b——排水基层的渗透系数(m/s);

J_0——路面合成坡度;$J_0 = \sqrt{i_z^2 + i_h^2}$;

i_z——基层纵坡。

例题 2-86

某高速公路采用沥青混凝土路面,面层下设置透水性水泥稳定碎石,渗沟系数为 1.636cm/s,有效孔隙率为15%,路线纵坡为1%,横坡为2%,单向坡度路面宽11m,则渗入水在排水基层中的渗流时间为( )。

(A)0.88h　　　　(B)0.98h　　　　(C)1.12h　　　　(D)1.28h

解答

$$L_t = B\sqrt{1 + \frac{i_z^2}{i_h^2}} = 11 \times \sqrt{1 + \frac{0.01^2}{0.02^2}} = 12.30\text{m}$$

$$J_0 = \sqrt{i_z^2 + i_h^2} = \sqrt{0.01^2 + 0.02^2} = 0.022$$

$$T = 0.69\frac{n_e L_t}{k_b J_0} = 0.69 \times \frac{0.15 \times 12.3}{1.636 \times 10^{-2} \times 0.022} = 3537\text{s} = 0.98\text{h}$$

答案:B

例题 2-87

广东某一级公路,采用沥青混凝土路面,为了防止自由水渗入下层的二灰稳定土结构,拟在二灰稳定土结构之上设置排水基层,采用沥青处治碎石。已知单向路面宽度为12m,横坡为2%,纵坡为0.5%,排水基层的有效孔隙率为20%,设计渗透系数 $k_b = 1800$m/d,则渗入水在路面结构内的最大渗流时间是多少?是否满足规范要求?( )

(A)0.046h<2h,满足　　　　　　(B)0.046h<1h,满足

(C)1.107h<2h,满足　　　　　　(D)1.107h<1h,不满足

解答

$$L_t = B\sqrt{1 + \frac{i_z^2}{i_h^2}} = 12 \times \sqrt{1 + \frac{0.005^2}{0.02^2}} = 12.37\text{m}$$

$$J_0 = \sqrt{i_z^2 + i_h^2} = \sqrt{0.005^2 + 0.02^2} = 0.02$$

$$T = 0.69\frac{n_e L_t}{k_b J_0} = 0.69 \times \frac{0.2 \times 12.37}{0.0208 \times 0.0206} = 1.107\text{h}$$

答案:C

(1)渗入水在路面结构内的最大渗流时间计算方法可查《公路排水设计规范》(JTG/T D33—2012),需清楚各计算参数的含义。

(2)最大渗流时间,冰冻区不超过1h,其他地区不超过2h。

考点 31　设计径流量计算

《公路排水设计规范》(JTG/T D33—2012)规定如下：

9.1.1　路界内各项排水设施所需排泄的设计径流量可按式(9.1.1)计算确定。

$$Q = 16.67\psi q_{p,t}F \qquad (9.1.1)$$

式中：Q——设计径流量(m^3/s)；

　　$q_{p,t}$——设计重现期和降雨历时内的平均降雨强度(mm/min)；

　　ψ——径流系数；

　　F——汇水面积(km^2)。

📖 典型例题

例题 2-88

某地区修建一级公路，选用沥青混凝土路面，单侧路面和路肩横向排水的宽度为 11.25m，坡度为 2%，出水口间距为 50m，路线纵坡为 1%，5 年重现期和 5min 降雨历时的标准降雨强度为 3.5mm/min，则设计径流量为(　　)。

(A)0.0212m³/s　　(B)0.0313m³/s　　(C)0.0149m³/s　　(D)0.0356m³/s

解答

$F = 50 \times 11.25 = 562.5m^2 = 562.5 \times 10^{-6}km^2$

$\psi = 0.95$

$Q = 16.67\psi q_{p,t}F = 16.67 \times 0.95 \times 3.5 \times 562.5 \times 10^{-6} = 0.0313m^3/s$

答案：B

例题 2-89

广西百色地区修一条高速公路，路基总宽度为 33.50m，中央分隔带宽度为 3.50m，路面采用沥青混凝土路面，路拱横坡为 2%，路线纵坡为 1%。拟在路肩外边缘设置拦水带，拦水带间距为 50m。则 5min 降雨历时的拦水带出水口设计径流量最接近(　　)。

(A)0.0287m³/s　　(B)0.0359m³/s　　(C)0.0401m³/s　　(D)0.0431m³/s

解答

根据《公路排水设计规范》(JTG/T D33—2012)第 9.1.1 条。

汇水面积和径流系数：

$$F = 50 \times \frac{33.5 - 4.5}{2} \times 10^{-6} = 750 \times 10^{-6}km^2$$

查表 9.1.8，$\psi = 0.95$；

查表 9.1.2，设计重现期 5 年；

按所在地区，查图 9.1.7-1，得 5 年重现期和 10min 降雨历时的标准降雨强度为 $q_{5,10} =$

2.7mm/min。查表9.1.7-1,重现期转换系数为 $c_p = 1.0$。查图9.1.7-2,得该地区 60min 降雨强度转换系数 $c_{60} = 0.45$;查表9.1.7-2,得 5min 降雨历时转换系数为 $c_t = 1.25$。

降雨强度：$q_{p,t} = c_p c_t q_{5,10} = 1.0 \times 1.25 \times 2.7 = 3.375\text{m}$

径流量：$Q = 16.67\psi q_{p,t}F = 16.67 \times 0.95 \times 3.375 \times 750 \times 10^{-6} = 0.0401\text{m}^3/\text{s}$

答案：C

📖 考点分析

(1)设计径流量计算过程可参考《公路排水设计规范》(JTG/T D33—2012)图9.1.9。

(2)设计径流量公式(9.1.1)各参数的求解见后面考点。

考点32　汇流历时计算

1. 坡面汇流历时

📖 条文规定

《公路排水设计规范》(JTG/T D33—2012)规定如下：

9.1.3　计算路面表面排水时,单向三车道及以下的路面汇流历时可取 5min;单向三车道以上的路面汇流历时可按式(9.1.4)计算确定,可不计沟管内汇流历时。

9.1.4　坡面汇流历时可按式(9.1.4)计算确定。

$$t_1 = 1.445\left(\frac{sL_p}{\sqrt{i_p}}\right)^{0.467} \quad (L_p \leqslant 370\text{m}) \tag{9.1.4}$$

式中：t_1——坡面汇流历时(min)；

L_p——坡面流的长度(m)；

i_p——坡面流的坡度；

s——地表粗度系数,按地表情况查表9.1.4确定。

地表粗度系数 s　　　　　　　　　　　　　　　　　表9.1.4

地 表 状 况	粗度系数 s	地 表 状 况	粗度系数 s
沥青路面、水泥混凝土路面	0.013	牧草地、草地	0.40
光滑的不透水地面	0.02	落叶树林	0.60
光滑的压实土地面	0.10	针叶树林	0.80
稀疏草地、耕地	0.20		

📖 典型例题

例题 2-90

湖北荆州地区修建一条二级公路,选用水泥混凝土路面,路线一侧为硬化路堑边坡,坡度为 $1:0.2$,坡面流长度为 15m,设置矩形边沟,则该边坡的汇流历时为(　　　　)。

（A）1.1min　　　　（B）1.5min　　　　（C）1.9min　　　　（D）0.46min

解答

$$t_1 = 1.445 \left(\frac{sL_p}{\sqrt{i_p}} \right)^{0.467} = 1.445 \times \left(\frac{0.013 \times 15}{\sqrt{1/0.2}} \right)^{0.467} = 0.46\text{min}$$

答案：D

2. 沟管汇流历时

📖 条文规定

《公路排水设计规范》（JTG/T D33—2012）规定如下：

9.1.5　计算沟管内汇流历时时，应在断面尺寸、坡度变化点或者有支沟（支管）汇入处分段，分别计算各段的汇流历时，再叠加而得，可按式（9.1.5-1）计算确定。当沿程有旁侧入流时，第一段沟管的平均流速可用该段沟管的末断面流速乘折减系数0.75计算，其余各段可用上、下端断面流速的平均值计算。

$$t_2 = \sum_{m=1}^{n} \left(\frac{l_m}{60v_m} \right) \tag{9.1.5-1}$$

式中：t_2——沟管内汇流历时（min）；

n、m——分段数和分段序号；

l_m——第 m 段的长度（m）；

v_m——第 m 段沟管的平均流速（m/s），可按式（9.2.3）计算确定，也可按式（9.1.5-2）近似估算；

$$v_m = 20i_m^{0.6} \tag{9.1.5-2}$$

i_m——第 m 段沟管的平均坡度。

📖 典型例题

例题 2-91

某地区修建一级公路，选用浆砌片石矩形边沟，底宽 0.4m，高为 0.6m，设计水深 0.4m，坡度为 2% 的边沟长 120m，则该边沟的汇流历时为（　　　）。

（A）1.1min　　　　（B）1.5min　　　（C）1.9min　　　　（D）2.1min

解答

计算对象为路堑边坡，取 $i_m = 0.02$。

$v_m = 20i_m^{0.6} = 20 \times 0.02^{0.6} = 1.91\text{m/s}$

$t_2 = \sum_{m=1}^{n} \left(\frac{l_m}{60v_m} \right) = \frac{120}{60 \times 1.91} = 1.05\text{min}$

答案：A

📖 考点分析

（1）注意区分边坡汇流历时与沟管汇流历时的计算方法，计算沟管内汇流历时时，应在断面尺寸、坡度变化点或有支沟汇入处分段，分别计算各段的汇流历时，再进行叠加。

（2）坡面流的坡度为正切值，如坡率$1:0.2$，$i_p=5$。

考点 33　降雨强度计算

条文规定

《公路排水设计规范》（JTG/T D33—2012）规定如下：

9.1.7　当地缺乏自记雨量计资料时，可利用标准降雨强度等值线图和有关转换系数，按式（9.1.7）计算降雨强度。

$$q_{p,t} = c_p c_t q_{5,10} \qquad (9.1.7)$$

式中：$q_{5,10}$——5年重现期和10min降雨历时的标准降雨强度（mm/min），按公路所在地区，由图9.1.7-1查取；

c_p——重现期转换系数，为设计降雨重现期降雨强度q_p与标准重现期降雨强度q_5的比值（q_p/q_5），按公路所在地区由表9.1.7-1查取；

c_t——降雨历时转换系数，为降雨历时t的降雨强度q_t与10min降雨历时的降雨强度q_{10}的比值（q_t/q_{10}），按公路所在地区的60min转换系数c_{60}，由表9.1.7-2查取，c_{60}可由图9.1.7-2查取。

重现期转换系数 c_p　　　　　　　　　　　　　　　　　　　表9.1.7-1

地　　　区	重现期 P（年）			
	3	5	10	15
海南、广东、广西、云南、贵州、四川东、湖南、湖北、福建、江西、安徽、江苏、浙江、上海、台湾	0.86	1.00	1.17	1.27
黑龙江、吉林、辽宁、北京、天津、河北、山西、河南、山东、四川西、西藏	0.83	1.00	1.22	1.36
内蒙古、陕西、甘肃、宁夏、青海、新疆　非干旱区	0.76	1.00	1.34	1.54
内蒙古、陕西、甘肃、宁夏、青海、新疆　干旱区*	0.71	1.00	1.44	1.72

注：* 干旱区约相当于5年一遇10min降雨强度小于0.5mm/min的地区。

降雨历时转换系数 c_t　　　　　　　　　　　　　　　　　　表9.1.7-2

c_{60}	降雨历时 t（min）										
	3	5	10	15	20	30	40	50	60	90	120
0.30	1.40	1.25	1.00	0.77	0.64	0.50	0.40	0.34	0.30	0.22	0.18
0.35	1.40	1.25	1.00	0.80	0.68	0.55	0.45	0.39	0.35	0.26	0.21
0.40	1.40	1.25	1.00	0.82	0.72	0.59	0.50	0.44	0.40	0.30	0.25
0.45	1.40	1.25	1.00	0.84	0.76	0.63	0.55	0.50	0.45	0.34	0.29
0.50	1.40	1.25	1.00	0.87	0.80	0.68	0.60	0.55	0.50	0.39	0.33

条文说明

降雨强度等值线图是依据5年重现期10min降雨历时绘制而成的。

重现期转换系数表 c_p，由各地代表性变差系数 c_v 按频率曲线计算用表计算得出，线型为皮尔逊Ⅲ型。c_{60} 图由《中国年最大 10 分钟点雨量均值、变差系数等值线图》及《中国年最大 1 小时、6 小时点雨量均值、变差系数等值线图》的有关图表计算绘制。

历时转换系数 c_t 与历时 t 的关系，在双对数纸上呈上凸形曲线。以 c_{60} 为参数绘制 c_t-c_{60}-t 曲线，5min 降雨历时转换系数 c_5 变幅很小，且与 c_{60} 无关，因此采用单一值。3min 降雨转换系数 c_3 系根据全国综合的 c_t-t 关系曲线外推估计而得。

📖 典型例题

例题 2-92

胶东地区修建二级公路，按路界内坡面排水计算，降雨历时取为 5min，则降雨强度为（　　）。

（A）3.36mm/min　　（B）3.58mm/min　　（C）4.12mm/min　　（D）4.53mm/min

解答

查《公路排水设计规范》（JTG/T D33—2012）表 9.1.2，设计降雨重现期为 10 年，由表 9.1.7-1 得 $c_p = 1.22$

查图 9.1.7-1，得 $q_{5,10} = 2.2$

查图 9.1.7-2，得 $c_{60} = 0.4$，查表 9.1.7-2，得 $c_t = 1.25$

$q_{p,t} = c_p c_t q_{5,10} = 1.22 \times 1.25 \times 2.2 = 3.355$mm/min

答案：A

📖 考点分析

（1）注意查《公路排水设计规范》（JTG/T D33—2012）图 9.1.7-1 和查图 9.1.7-2 时可能存在误差，考试题目可能会直接给出具体数值。

（2）降雨历时 $t = t_1 + t_2$；t 越大，降雨历时转换系数 c_t 越小，即设计径流量越小。

考点 34　沟管平均流速计算

📖 条文规定

《公路排水设计规范》（JTG/T D33—2012）规定如下：

9.2.3　沟或管内的平均流速 v 可按式（9.2.3）计算。

$$v = \frac{1}{n} R^{\frac{2}{3}} I^{\frac{1}{2}} \tag{9.2.3}$$

式中：n——沟壁或管壁的粗糙系数，可按表9.2.3查取；

R——水力半径（m），各种沟或管的水力半径计算式可参考附录B；

$$R = \frac{A}{\rho}$$

ρ——过水断面湿周（m）；

I——水力坡度,无旁侧入流的明沟,水力坡度可采用沟的底坡;有旁侧入流的明沟,水力坡度可采用沟段的平均水面坡降。

沟壁或管壁的粗糙系数 n

表 9.2.3

沟或管类别	n	沟或管类别	n
塑料管(聚氯乙烯)	0.010	土质明沟	0.022
石棉水泥管	0.012	带杂草土质明沟	0.027
水泥混凝土管	0.013	砂砾质明沟	0.025
陶土管	0.013	岩石质明沟	0.035
铸铁管	0.015	植草皮明沟(流速0.6m/s)	0.050 ~ 0.090
波纹管	0.027	植草皮明沟(流速1.8m/s)	0.035 ~ 0.050
沥青路面(光滑)	0.013	浆砌片石明沟	0.025
沥青路面(粗糙)	0.016	干砌片石明沟	0.032
水泥混凝土路面(镘抹面)	0.014	水泥混凝土明沟(镘抹面)	0.015
水泥混凝土路面(拉毛)	0.016	水泥混凝土明沟(预制)	0.012

附录 B　各种沟管的水力半径和过水断面面积计算表

沟管水力半径和过水断面面积计算公式

断面形状	断　面　图	断面面积 A	水力半径 R
矩形		$A = bh$	$R = \dfrac{bh}{b+2h}$
三角形		$A = 0.5bh$	$R = \dfrac{0.5b}{1+\sqrt{1+m^2}}$
三角形		$A = 0.5bh$	$R = \dfrac{0.5b}{\sqrt{1+m_1^2}+\sqrt{1+m_2^2}}$
梯形		$A = 0.5(b_1+b_2)h$	$R = \dfrac{0.5(b_1+b_2)h}{b_2+h\left(\sqrt{1+m_1^2}+\sqrt{1+m_2^2}\right)}$
圆形	充满度 $a = H/2d$ $\varphi = \arccos(1-2a)$ φ 为弧度	$A = d^2\left(\varphi - \dfrac{1}{2}\sin2\varphi\right)$	$R = \dfrac{d}{2}\left(1 - \dfrac{\sin2\varphi}{2\varphi}\right)$

<table>
<tr><td colspan="7" align="right">表 B-2</td></tr>
<tr><td colspan="7" align="center">U 形排水沟水力半径和过水断面面积</td></tr>
<tr><td rowspan="2">形　式</td><td rowspan="2">断　面　图</td><td colspan="3">尺寸(m)</td><td rowspan="2">断面面积 A
（m²）</td><td rowspan="2">水力半径 R
（m）</td></tr>
<tr><td>b_1</td><td>b_2</td><td>h</td></tr>
<tr><td rowspan="8">U 形排水沟</td><td rowspan="8">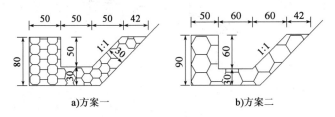</td><td>0.18</td><td>0.17</td><td>0.18</td><td>0.033</td><td>0.050</td></tr>
<tr><td>0.24</td><td>0.22</td><td>0.24</td><td>0.055</td><td>0.079</td></tr>
<tr><td>0.30</td><td>0.26</td><td>0.24</td><td>0.067</td><td>0.091</td></tr>
<tr><td>0.30</td><td>0.26</td><td>0.30</td><td>0.084</td><td>0.098</td></tr>
<tr><td>0.36</td><td>0.31</td><td>0.30</td><td>0.101</td><td>0.110</td></tr>
<tr><td>0.36</td><td>0.31</td><td>0.36</td><td>0.121</td><td>0.117</td></tr>
<tr><td>0.45</td><td>0.40</td><td>0.45</td><td>0.191</td><td>0.147</td></tr>
<tr><td>0.60</td><td>0.54</td><td>0.60</td><td>0.342</td><td>0.196</td></tr>
</table>

典型例题

例题 2-93

某地区修建一级公路,选用浆砌片石矩形边沟,底宽 0.4m,高 0.6m,水流深度为 0.4m,坡度为 2% 的边沟长 120m,则该边沟的平均流速为(　　　)。

（A）1.47m/s　　　　　（B）1.58m/s　　　　　（C）1.66m/s　　　　　（D）1.79m/s

解答

$$R = \frac{A}{\rho} = \frac{0.4 \times 0.4}{0.4 \times 3} = 0.133$$

$$v = \frac{1}{n} R^{\frac{2}{3}} I^{\frac{1}{2}} = \frac{1}{0.025} \times 0.133^{\frac{2}{3}} \times 0.02^{\frac{1}{2}} = 1.47\,\text{m/s}$$

答案:A

例题 2-94

某二级公路边沟设计,已知设计径流量 $Q = 0.409\text{m}^3/\text{s}$,采用浆砌片石明沟,沟底纵坡为 1% ,现有两种边沟尺寸方案,如下图所示,要求预留 0.1m 安全高度计算水深,则以下方案中,满足规范要求且经济合理是(　　　)。

a)方案一　　　　　　　b)方案二

例题 2-94 图　边沟尺寸(尺寸单位:cm)

（A）方案一　　　　　　　　　　　（B）方案二
（C）均不满足要求　　　　　　　　（D）均满足

解答

根据《公路排水设计规范》(JTG/T D33—2012)第 9.2.2 条、第 9.2.3 条、附录 B、表 9.2.3:

方案一：

$A = 0.5 \times (0.5 + 0.9) \times 0.4 = 0.28 \text{m}^2$

$R = 0.28/(0.5 + 0.4 + 0.5656) = 0.19$

$v = \dfrac{1}{n} R^{\frac{2}{3}} I^{\frac{1}{2}} = \dfrac{1}{0.025} \times 0.19^{\frac{2}{3}} \times 0.01^{\frac{1}{2}} = 1.322 \text{m/s}$

$Q_c = v \times A = 1.322 \times 0.28 = 0.37 < 0.409$，不符合规范要求。

可如以上步骤计算方案二，$Q_c = 0.647 \text{m}^3/\text{s}$，符合规范要求。

答案：B

📖 考点分析

沟管平均流速可根据《公路排水设计规范》（JTG/T D33—2012）进行计算，重点在于确定沟管形状，计算水力半径。

考点 35　浅沟泄水能力计算

📖 条文规定

《公路排水设计规范》（JTG/T D33—2012）规定如下：

9.2.4　浅沟可按以下要求计算其泄水能力：

1　单一横坡的浅三角形沟的泄水能力 Q_c 可按式（9.2.4-1）计算。

$$Q_c = 0.377 \dfrac{1}{i_h n} h^{\frac{8}{3}} I^{\frac{1}{2}} \tag{9.2.4-1}$$

式中：i_h——沟或过水断面的横向坡度；

h——沟或过水断面的水深（m）。

2　复合横坡浅三角形沟的泄水能力可按式（9.2.4-1）计算泄水能力乘以系数 ξ 求得，ξ 由式（9.2.4-2）确定。计算示意如图9.2.4所示。

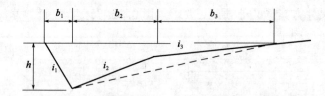

图9.2.4　双向开口且有变坡浅三角形沟过水断面计算图

3　其他深宽比小于 $1:6$ 的浅沟的泄水能力可取式（9.2.2）的计算泄水能力乘以1.2。

$$\xi = \left\{ 1 - (1 - \gamma) \left[(1 + \alpha\beta)^{-1} - (1 + \beta)^{-1} \right] \right\}^{\frac{5}{3}} \tag{9.2.4-2}$$

式中：α、β、γ——系数，其中 $\alpha = \dfrac{i_2}{i_3}$，$\beta = \dfrac{b_2}{b_3}$，$\gamma = \dfrac{b_1}{b_1 + b_2 + b_3}$。

条文说明

过水断面的水面宽度远大于水深，以及沟或过水断面的水深与沟的水面宽度之比小于1:6

时,水力半径不能充分反映这种断面的特性。因此,需要对公式进行修正。

📖 **典型例题**

例题 2-95

某公路纵坡为 1%,采用单一横坡的浅三角形土质边沟,边沟横坡为 $1:5$,沟深 0.2m,水深 0.1m,则边沟的泄水能力为(   )。

(A)0.0185m³/s   (B)0.0285m³/s   (C)0.0385m³/s   (D)0.0485m³/s

解答

$$Q_c = 0.377 \frac{1}{i_h n} h^{\frac{8}{3}} I^{\frac{1}{2}} = 0.377 \times \frac{1}{0.2 \times 0.022} \times 0.1^{\frac{8}{3}} \times 0.01^{\frac{1}{2}} = 0.0185 \text{m}^3/\text{s}$$

答案:A

📖 **考点分析**

浅沟泄水能力可根据《公路排水设计规范》(JTG/T D33—2012)进行计算,注意各计算参数意义,坡比等于坡度。

考点 36   凹曲线底部格栅泄水口泄水量计算

📖 **条文规定**

《公路排水设计规范》(JTG/T D33—2012)规定如下:

9.3.5   在凹形竖曲线底部的格栅式泄水口,其泄水量计算应符合以下规定:

1   当格栅上面的水深 h_i 小于 0.12m 时,泄水量 Q_0 可按式(9.3.5-1)计算。

$$Q_0 = 1.66 p_g h_i^{1.5} \tag{9.3.5-1}$$

式中: p_g——格栅的有效周边长,为格栅进水周边边长之和的一半(m)。

2   当格栅上面的水深 h_i 大于 0.43m 时,泄水量 Q_0 可按式(9.3.5-2)计算。

$$Q_0 = 2.96 S_i h_i^{0.5} \tag{9.3.5-2}$$

式中: S_i——格栅孔口净泄水面积的一半(m²)。

3   当格栅上的水深处于 0.12~0.43m 之间时,其泄水量介于式(9.3.5-1)和式(9.3.5-2)的计算结果之间,可按水深通过直线内插得到。

条文说明

在凹形竖曲线底部,泄水口有前后两个方向的进水。其水流状态同格栅上面的水深有关。当水深小于 0.12m 时,进入泄水口的水流为堰流状态,堰顶的长度大致等于格栅进水周边的边长。靠缘石或拦水带一侧的周边不计入内。当水深超过 0.43m 时,进入泄水口的水流呈孔口流状态,其泄水量同格栅的孔口净面积有关。而当水深处于 0.12~0.43m 之间时,由于紊流和其他干扰,进入泄水口的水流呈不确定状态,其泄水量在两种状态的泄水量之间,可按水深通过直线插值近似确定。

因为格栅孔口的空隙有可能被杂物堵塞,因此,规定进水周边边长和孔口净进水面积的有效值均按实际数值除以安全系数2后取用。

📖 **典型例题**

例题 2-96

在前后切线纵坡均为1%的竖曲线底部设置格栅式进水口,由前后方向流向进水口的流量均为$0.037\text{m}^3/\text{s}$。缘石的外露高度为0.15m,格栅的有效宽度取为0.4m,长度取为0.5m,孔口的净泄水面积为格栅面积的一半。则确定排泄设计流量时进水口处的水深为( )。

(A)0.08m   (B)0.09m

(C)0.15m   (D)0.11m

解答

进入泄水口的设计径流量 $Q_c = 2 \times 0.037 = 0.074\text{m}^3/\text{s}$

(1)先假设泄水口处的水流处于堰流状态

格栅的有效周边长 $p_g = 0.5 \times (2 \times 0.4 + 0.5) = 0.65\text{m}$

$0.074 = 1.66 \times 0.65 h_i^{1.5}$

可得格栅上的水深为 $h_i = 0.17\text{m} > 0.12\text{m}$,超过堰流的条件。

(2)再假设水流处于孔口流状态

格栅孔口的净泄水面积 $A_i = 0.5 \times 0.4 \times 0.5 \times 0.5 = 0.05\text{m}^2$

$0.074 = 2.96 \times 0.05 h_i^{0.5}$

可得格栅上的水深 $h_i = 0.25\text{m} < 0.43\text{m}$,小于孔口流的条件。因而,水流处于不确定状态。

(3)按直线插值方法确定水流深

$h_i = 0.12\text{m}$ 时,$Q_0 = 1.66 \times 0.65 \times 0.12^{1.5} = 0.045\text{m}^3/\text{s}$

$h_i = 0.43\text{m}$ 时,$Q_0 = 2.96 \times 0.05 \times 0.43^{0.5} = 0.097\text{m}^3/\text{s}$

设计流量 $Q_c = 0.074\text{m}^3/\text{s}$ 时,

$h_i = 0.12 + (0.43 - 0.12) \times (0.074 - 0.045)/(0.097 - 0.045) = 0.29\text{m}$

(4)选定格栅尺寸

此泄水口上的水深显然过大,超出了缘石或拦水带的高度。因而,需增加泄水口以提高泄水能力。现选用3个0.5m长的格栅,其有效宽度仍为0.4m。这样,格栅的有效周边长增为

$p_g = 0.5 \times (2 \times 0.4 + 1.5) = 1.15\text{m}$

$0.075 = 1.66 \times 1.15 h_i^{1.5}$

可得格栅上的水深 $h_i = 0.11\text{m}$,低于缘石的高度,符合要求。

答案:D

📖 **考点分析**

泄水量在格栅上面水深小于0.12m(堰流)或大于0.43m(孔口流)是采用不同的计算公式,中间值可根据两种方法的计算结果,通过直线内插得到。

考点 37 渗沟设计计算

1. 沟底设在不透水层上或不透水层内时渗沟计算

条文规定

《公路排水设计规范》(JTG/T D33—2012)规定如下：

9.4.1 渗沟沟底设在不透水层上或不透水层内,且不透水层的横向坡度较小时,可采用地下水自然流动速度近于零的假设,按式(9.4.1-1)～式(9.4.1-4)计算单位长度渗沟由沟壁一侧流入沟内的流量,如图9.4.1所示。当水由两侧流入渗沟内时,上述渗沟流量应乘以2。

$$Q_s = \frac{k_h(h_c^2 - h_g^2)}{2L_s} \quad\quad (9.4.1\text{-}1)$$

$$h_g = \frac{I_0}{2 - I_0}h_c \quad\quad (9.4.1\text{-}2)$$

$$L_s = \frac{h_c - h_g}{I_0} \quad\quad (9.4.1\text{-}3)$$

$$I_0 = \frac{1}{3000\sqrt{k_h}} \quad\quad (9.4.1\text{-}4)$$

式中: Q_s——单位长度渗沟一侧沟壁的地下水渗入量$[m^3/(s \cdot m)]$;

   h_c——含水层内地下水位的高度(m);

   h_g——渗沟内的水流深度(m);当渗沟底位于不透水层内,且渗沟内水面低于不透水层顶面时,按式(9.4.1-2)取用;

   k_h——含水层材料的渗透系数(m/s),见表6.2.5;

   L_s——地下水位受渗沟影响而降落的水平距离(m),可按式(9.4.1-3)确定;

   I_0——地下水位降落曲线的平均坡度,可按含水层材料的渗透系数由近似公式(9.4.1-4)估算。

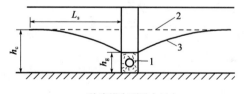
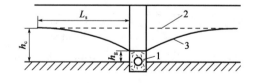

a)沟底设在不透水层上   b)沟底设在不透水层内

图9.4.1 不透水层坡度平缓时的渗沟流量计算
1-渗沟;2-地下水位;3-地下水降落曲线

典型例题

例题 2-97

某高速公路为填方路基,土质为粉砂土,渗透系数为 1×10^{-5} m/s,地下水位深0.5m,地面以下 1.1m 处为不透水层。为保证路基结构稳定性,在路堤两侧设置渗沟,降低地下水位 0.3m,渗沟沟底位于不透水层上,渗沟高 0.3m,渗沟的间距为 26m。则渗沟单侧的设计渗流量为(   )。

(A)$3.93 \times 10^{-7} \mathrm{m}^3/(\mathrm{s} \cdot \mathrm{m})$ (B)$5.33 \times 10^{-7} \mathrm{m}^3/(\mathrm{s} \cdot \mathrm{m})$

(C)$4.23 \times 10^{-7} \mathrm{m}^3/(\mathrm{s} \cdot \mathrm{m})$ (D)$4.73 \times 10^{-7} \mathrm{m}^3/(\mathrm{s} \cdot \mathrm{m})$

解答

$$I_0 = \frac{1}{3000\sqrt{k}} = \frac{1}{3000 \times \sqrt{1 \times 10^{-5}}} = 0.105$$

$$L_s = \frac{h_c - h_g}{I_0} = \frac{0.3}{0.105} = 2.857\mathrm{m}$$

$$Q_c = \frac{k_h(h_c^2 - h_g^2)}{2L_s} = \frac{1 \times 10^{-5} \times (0.6^2 - 0.3^2)}{2 \times 2.857} = 4.73 \times 10^{-7} \mathrm{m}^3/(\mathrm{s} \cdot \mathrm{m})$$

答案:D

2. 沟底距不透水层顶面较远时渗沟计算

条文规定

《公路排水设计规范》(JTG/T D33—2012)规定如下:

9.4.2 渗沟沟底距不透水层顶面较远时,位于含水层内的单位长度渗沟的流量 Q_s 可按式(9.4.2)计算确定,如图 9.4.2 所示。

$$Q_s = \frac{\pi k_h h_s}{2\ln\left(\frac{2L_s}{L_l}\right)} \tag{9.4.2}$$

式中:L_l——两相邻渗沟间距之半(m);

h_s——渗沟位置处地下水位的下降幅度(m)。

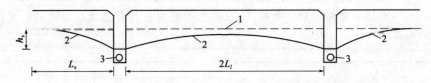

图 9.4.2 渗沟沟底距不透水层顶面较远时渗沟流量的计算
1-原地下水位;2-降低后地下水位;3-渗沟

典型例题

例题 2-98

某高速公路经过低洼地,地下水位深 0.5m,土质为粉砂土,渗透系数为 $1 \times 10^{-5} \mathrm{m/s}$。为保证地基稳定性,须降低地下水位,在路堤两侧设置渗沟,渗沟沟底距离不透水层顶面较远,渗沟的间距为 26m,渗沟位置处地下水降低量为 1.92m。则渗沟的设计渗流量为(   )。

(A)$2.93 \times 10^{-5} \mathrm{m}^3/\mathrm{s}$ (B)$3.33 \times 10^{-5} \mathrm{m}^3/\mathrm{s}$

(C)$2.23 \times 10^{-5} \mathrm{m}^3/\mathrm{s}$ (D)$3.85 \times 10^{-5} \mathrm{m}^3/\mathrm{s}$

解答

$$I_0 = \frac{1}{3000\sqrt[3]{k}} = \frac{1}{3000 \times \sqrt[3]{1 \times 10^{-5}}} = 0.1054$$

$$L_s = \frac{h_s}{I_0} = \frac{1.92}{0.1054} = 18.245\text{m}$$

$$Q_s = \frac{\pi k_h h_s}{2\ln\left(\dfrac{2L_s}{L_l}\right)} = \frac{3.14 \times 1 \times 10^{-5} \times 1.92}{2 \times \ln\left(\dfrac{2 \times 18.245}{13}\right)} = 0.0000293\text{m}^3/\text{s}$$

答案：A

3. 渗沟水力计算

📖 **条文规定**

《公路排水设计规范》（JTG/T D33—2012）规定如下：

9.4.4 渗沟水力计算应符合以下规定：

1 盲沟（填石渗沟）泄水能力 Q_c 应按式（9.4.4-1）计算。

$$Q_c = w k_m \sqrt{i_z} \tag{9.4.4-1}$$

式中：w——渗透面积（m^2）；

k_m——紊流状态时的渗流系数（m/s），当已知填料粒径 d（cm）和孔隙率 n（%）时，按式（9.4.4-2）计算，也可参考表 9.4.4 确定。

$$k_m = \left(20 - \frac{14}{d}\right)n \cdot \sqrt{d} \tag{9.4.4-2}$$

📖 **典型例题**

例题 2-99

某一级公路在路堑边沟下设置矩形填石渗沟，已知渗沟宽 0.5m，沟底纵坡 $i=3\%$，设计流量为 $0.01\text{m}^3/\text{s}$，采用平均粒径为 5cm 的碎石作为渗沟填料，碎石的空隙率 $n=0.45$。根据《公路排水设计规范》（JTG/T D33—2012），碎石填料的高度最接近（   ）。

（A）0.4m   （B）0.5m   （C）0.6m   （D）0.7m

解答

根据《公路排水设计规范》（JTG/T D33—2012）第 9.4.4 条：

$$k_m = \left(20 - \frac{14}{d}\right)n \cdot \sqrt{d} = \left(20 - \frac{14}{5}\right) \times 0.45 \times \sqrt{5} = 17.3\text{cm/s} = 0.173\text{m/s}$$

根据 $Q_c = w k_m \sqrt{i_z}$，有

$0.01 = 0.5 \times h \times 0.173 \times \sqrt{0.03}$，得 $h = 0.67\text{m}$

也可以直接查表 9.4.4，$k_m = 0.17\text{m/s}$，计算得 $h = 0.68\text{m}$

答案：D

4.渗沟埋置深度

📖 **条文规定**

《公路排水设计规范》(JTG/T D33—2012)规定如下:

9.4.5 渗沟埋置深度 h_2 ,应按式(9.4.5)计算,如图9.4.5所示。

$$h_2 = Z + p + \varepsilon + f + h_3 - h_1 \tag{9.4.5}$$

式中: h_2 ——渗沟埋置深度(m);

  Z ——沿路基中线的冻结深度(m),非冰冻地区取0;

  p ——冻结地区沿中线处冻结线至毛细水上升曲线的间距,可取0.25m;非冰冻地区路床顶面至毛细水上升曲线的距离,可取0.5m;

  ε ——毛细水上升高度(m);

  f ——路基范围内水力降落曲线的最大高度(m),与路基宽度 B_0 及 I_0 有关,可近似取 $f = B_0/I_0$;

  h_3 ——渗沟底部的水柱高度(m),一般取0.3~0.4m;

  h_1 ——自路基中线顶高计算的边沟深度(m)。

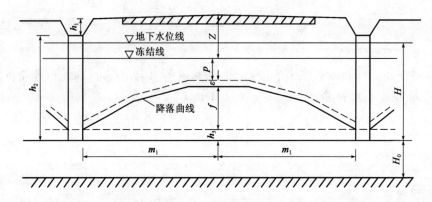

图9.4.5 渗沟埋置深度计算

H-地下水位高度;H_0-隔水层高度;m_1-渗沟边缘至路基中线的距离

📖 **规范条文解析**

注意规范中此处 f 的计算公式有误,应为 $f = B_0 L_0/2$ 。

📖 **典型例题**

例题 2-100

某季节冻土地区修建高速公路,路基宽24.5m,土路肩宽0.75m,路面横坡为2%,土路肩横坡为4%,路基填料为砂土, $I_0 = 0.02$,毛细水上升高度为0.9m,土的冻结深度为0.8m,边沟深度为0.6m,在边沟下设置盲沟,盲沟内水深0.35m,根据《公路排水设计规范》(JTG/T D33—2012),则盲沟的埋置深度最接近( )。

(A)1.0m   (B)1.3m   (C)1.7m   (D)2.0m

解答

根据《公路排水设计规范》(JTG/T D33—2012)第9.4.5条:

$$h_2 = Z + p + \varepsilon + f + h_3 - h_1$$

$$f = \frac{B_0}{2}I_0 = \frac{24.5}{2} \times 0.02 = 0.25\text{m}$$

$$h_1 = 0.75 \times 4\% + \left(\frac{24.5}{2} - 0.75\right) \times 2\% + 0.6 = 0.86\text{m}$$

$$\begin{aligned}
h_2 &= Z + p + \varepsilon + f + h_3 - h_1 \\
&= 0.8 + 0.25 + 0.9 + 0.25 + 0.35 - 0.86 = 1.69\text{m}
\end{aligned}$$

答案:C

📖 考点分析

(1)渗沟计算应注意根据已知条件选择正确的计算公式。

(2)注意采用公式(9.4.1)计算渗沟水时是单侧汇入还是双侧汇入,如果是双侧,渗流量还要乘以2。

第3章 路面工程

考点1 当量设计轴载累计作用次数计算

📖 条文规定

《公路沥青路面设计规范》(JTG D50—2017)规定如下:

A.2 交通数据调查

A.2.1 交通数据调查应包括交通量及增长率、方向系数、车道系数、车辆类型组成、轴组组成和轴重等。

A.2.2 公路初期交通量和其他参数可参照可行性研究报告等有关交通量预测资料,结合当地交通观测站的观测和统计资料,或通过实地设立站点进行观测和统计。

A.2.3 交通量的年平均增长率可依据公路等级和功能以及地区经济和交通发展情况等,通过调查分析确定。

A.2.4 方向系数宜根据不同方向上实测交通量数据确定,无实测数据时可在0.5~0.6范围内选取。

A.2.5 车道系数可按下列三个水平确定,改建设计应采用水平一,新建路面设计可采用水平二或水平三:

1 水平一,根据现场交通量观测资料统计设计方向不同车道上车辆的数量,确定车道系数。

2 水平二,采用当地的经验值。

3 水平三,采用表A.2.5推荐值。

车 道 系 数   表A.2.5

单向车道数	1	2	3	≥4
高速公路	—	0.70~0.85	0.45~0.60	0.40~0.50
其他等级公路	1.00	0.50~0.75	0.50~0.75	—

注:交通受非机动车和行人影响严重时取低限,反之取高值。

A.3.1 各类车辆当量设计轴载换算系数可按下列三个水平确定,高速公路和一级公路的改建设计应采用水平一,其他情况可采用水平二或水平三:

1 水平一,采用称重设备连续采集设计车道上车辆类型、轴型组成和轴重数据,按下列步骤分析各类车辆当量换算系数:

1)分别统计2类~11类车辆单轴单胎、单轴双胎、双联轴和三联轴的数量,除以各类车辆总量,按式(A.3.1-1)计算各类车辆中不同轴型平均轴数。

$$NAPT_{mi} = \frac{NA_{mi}}{NT_m} \qquad (A.3.1-1)$$

式中:$NAPT_{mi}$——m 类车辆中 i 种轴型的平均轴数;

$\quad NA_{mi}$——m 类车辆中 i 种轴型总数;

$\quad NT_m$——m 类车辆总数;

$\qquad i$——分别为单轴单胎、单轴双胎、双联轴和三联轴;

$\quad m$——表 A.1.2 所列 2 类~11 类车。

2)按式(A.3.1-2)计算 2 类~11 类车辆不同轴型在不同轴重区间所占的百分比,得到不同轴型的轴重分布系数,即轴载谱。确定轴载谱时,单轴单胎、单轴双胎、双联轴和三联轴应分别间隔 2.5kN、4.5kN、9.0kN 和 13.5kN 划分轴重区间。

$$ALDF_{mij} = \frac{ND_{mij}}{NA_{mi}} \qquad (A.3.1-2)$$

式中:$ALDF_{mij}$——m 类车辆中 i 种轴型在 j 级轴重区间的轴重分布系数;

$\quad ND_{mij}$——m 类车辆中 i 种轴型在 j 级轴重区间的数量;

$\quad NA_{mi}$——m 类车辆中 i 种轴型的数量;

其他符号意义同式(A.3.1-1)。

3)按式(A.3.1-3)计算 2 类~11 类车辆各种轴型在不同轴重区间的当量设计轴载换算系数,计算时取各轴重区间中点值作为该轴重区间代表轴重。按式(A.3.1-4)计算各类车辆当量设计轴载换算系数:

$$EALF_{mij} = c_1 c_2 \left(\frac{P_{mij}}{P_s}\right)^b \qquad (A.3.1-3)$$

式中:P_s——设计轴载(kN);

$\quad P_{mij}$——m 类车辆中 i 种轴型在 j 级轴重区间的单轴轴载(kN),对双联轴和三联轴,为平均分配到每根单轴的轴载;

$\quad b$——换算指数。分析沥青混合料层疲劳和沥青混合料层永久变形时,$b=4$;分析路基永久变形时,$b=5$;分析无机结合料稳定层疲劳时,$b=13$;

$\quad c_1$——轴组系数,前后轴间距大于 3m 时,分别按单个轴计算;轴间距小于 3m 时,按表 A.3.1-1 取值;

$\quad c_2$——轮组系数,双轮组为 1.0,单轮时取 4.5。

轴组系数取值 表 A.3.1-1

设计指标	轮—轴型	c_1 取值
沥青混合料层层底拉应变、沥青混合料层永久变形量	双联轴	2.1
	三联轴	3.2
路基顶面竖向压应变	双联轴	4.2
	三联轴	8.7
无机结合料稳定层层底拉应力	双联轴	2.6
	三联轴	3.8

$$EALF_m = \sum_i \left[NAPT_{mi} \sum_j \left(EALF_{mij} \times ALDF_{mij} \right) \right] \qquad (A.3.1-4)$$

式中：$EALF_m$——m 类车辆的当量设计轴载换算系数；

$\qquad NAPT_{mi}$——m 类车辆中 i 种轴型的平均轴数；

$\qquad ALDF_{mij}$——m 类车辆中 i 种轴型在 j 级轴重区间的轴重分布系数；

$\qquad EALF_{mij}$——m 类车辆中 i 种轴型在 j 级轴重区间当量设计轴载换算系数，根据式(A.3.1-3)计算确定。

2 水平二和水平三，按式(A.3.1-5)确定各类车辆的当量设计轴载换算系数。式(A.3.1-5)中非满载车和满载车的比例和当量设计轴载换算系数，水平二时取当地经验值，水平三时取表 A.3.1-2和表 A.3.1-3 所列全国经验值。

$$EALF_m = EALF_{ml} \times PER_{ml} + EALF_{mh} \times PER_{mh} \qquad (A.3.1\text{-}5)$$

式中：$EALF_{ml}$——m 类车辆中非满载车的当量设计轴载换算系数；

$\qquad EALF_{mh}$——m 类车辆中满载车的当量设计轴载换算系数；

$\qquad PER_{ml}$——m 类车辆中非满载车所占的百分比；

$\qquad PER_{mh}$——m 类车辆中满载车所占的百分比。

A.4 当量设计轴载累计作用次数

A.4.1 根据本规范第 A.3 节确定的车辆当量设计轴载换算系数，按式(A.4.1)确定初始年设计车道日平均当量轴次 N_1。

$$N_1 = AADTT \times DDF \times LDF \times \sum_{m=2}^{11} (VCDF_m \times EALF_m) \qquad (A.4.1)$$

式中：$AADTT$——2 轴 6 轮及以上车辆的双向年平均日交通量(辆/d)；

$\qquad DDF$——方向系数；

$\qquad LDF$——车道系数；

$\qquad m$——车辆类型编号；

$\qquad VCDF_m$——m 类车辆类型分布系数；

$\qquad EALF_m$——m 类车辆的当量设计轴载换算系数。

A.4.2 应根据初始年设计车道日平均当量轴次 N_1、设计使用年限等，按式(A.4.2)计算设计车道上的当量设计轴载累计作用次数 N_e。

$$N_e = \frac{[(1+\gamma)^t - 1] \times 365}{\gamma} N_1 \qquad (A.4.2)$$

式中：N_e——设计使用年限内设计车道上的当量设计轴载累计作用次数(次)；

$\qquad t$——设计使用年限(年)；

$\qquad \gamma$——设计使用年限内交通量的年平均增长率；

$\qquad N_1$——初始年设计车道日平均当量轴次(次/d)。

📖 典型例题

例题 3-1(2019 年真题，根据新规范改编)

根据《公路沥青路面设计规范》(JTG D50—2017)，当以半刚性材料层的拉应力为设计指标进行轴载换算时，5 类车辆后轴的轴组系数为(　　　)。

(A)3 　　　　　(B)3.8 　　　　　(C)5 　　　　　(D)6

解答

根据《公路沥青路面设计规范》(JTG D50—2017)表 A.1.2,5 类车后轴为三联轴,查表 A.3.1-1,设计指标为无机结合料稳定层层底拉应力时,三联轴的轴组系数为 $c_1 = 3.8$。

答案:B

例题 3-2

根据《公路沥青路面设计规范》(JTG D50—2017),当以沥青混合料层层底拉应变为设计指标进行轴载换算时,按轴型组合分类为 4 类的车辆,2 联后轴的总轴载为 240kN,2 联后轴的当量设计轴载换算系数为(　　)。

(A)3.0　　　　　(B)3.8　　　　　(C)4.3　　　　　(D)5.6

解答

4 类车辆后轴为双轮组,2 联轴,$P_{mij} = 240/2 = 120$kN;根据《公路沥青路面设计规范》(JTG D50—2017)第 A.3.1 条,查表 A.3.1-1,设计指标为沥青混合料层层底拉应变时,2 联轴的轴组系数为 $c_1 = 2.1$。

$$EALF_{mij} = c_1 c_2 \left(\frac{P_{mij}}{P_s}\right)^b$$

$$= 2.1 \times 1.0 \times \left(\frac{120}{100}\right)^4$$

$$= 4.3$$

答案:C

例题 3-3

公路自然区划Ⅳ₁区新建高速公路,双向八车道,路基宽度为 42.00m,路面面层采用沥青混凝土,基层和底基层均采用水泥稳定碎石,根据 OD 分析,2 轴 6 轮及以上车辆的双向年平均日交通量为 5000 辆/d,交通量年平均增长率为 7%。根据对路段每辆车实际收集到的轴载组成数据,经统计分析后,得到如表所示的车辆类型分布系数。分析沥青混合料层层底拉应变和永久变形量时,设计年限内设计车道上的当量设计轴载累计作用次数 N_e 最接近(　　)。(非满载与满载车比例、方向系数取中值,车道系数取高值。)

车辆类型分布系数　　　　　　　　　　　　　　例题 3-3 表

车辆类型	2 类	3 类	4 类	5 类	6 类	7 类	8 类	9 类	10 类	11 类
车辆类型分布系数(%)	6.4	15.3	1.4	0	11.9	3.1	16.3	20.4	25.2	0

(A)1.62×10^7 次　　　　　　　　　　(B)4.08×10^7 次

(C)1.62×10^9 次　　　　　　　　　　(D)4.08×10^9 次

解答

根据《公路沥青路面设计规范》(JTG D50—2017)第 A.3.1 条、第 A.4.1 条和第 A.4.2 条。各类车辆当量设计轴载换算时可采用水平三。查表 A.3.1-2,并将 2 类~11 类车辆非满载与满载比例(取中值)填入下表中的第二行和第四行,查表 A.3.1-3 得对应沥青混合料层层底拉应变和永久变形量分析的 2 类~11 类车辆当量设计轴载换算系数,填入解表中的第三行和第五行。利用式(A.3.1-5)计算得到各类车辆的当量设计轴载换算系数,见下表第六行。由题意知,双向年平均日交通量 $AADTT = 5000$ 辆/d,方向系数 DDF 取 0.55,车道系数 LDF 取 0.5,代入式(A.4.1)得:

$$N_1 = AADTT \times DDF \times LDF \times \sum_{2}^{11}(VCDF_m \times EALF_m)$$
$$= 5000 \times 0.55 \times 0.5 \times 3.239 = 4454 \text{ 次}$$

$$N_e = \frac{[(1+\gamma)^t - 1] \times 365}{\gamma} N_1$$
$$= \frac{[(1+0.07)^{15} - 1] \times 365}{0.07} \times 4454$$
$$= 4.08 \times 10^7 \text{ 次}$$

计算数据和计算结果 例题 3-3 解表

车辆类型	2类	3类	4类	5类	6类	7类	8类	9类	10类	11类
非满载车百分比 PER_{ml}	0.85	0.9	0.65	0.75	0.55	0.7	0.45	0.6	0.55	0.65
非满载当量轴载换算系数 $EALF_{ml}$	0.8	0.4	0.7	0.6	1.3	1.4	1.4	1.5	2.4	1.5
满载车百分比 PER_{mh}	0.15	0.1	0.35	0.25	0.45	0.3	0.55	0.4	0.45	0.35
满载当量轴载换算系数 $EALF_{mh}$	2.8	4.1	4.2	6.3	7.9	6	6.7	5.1	7	12.1
当量设计轴载换算系数 $EALF_m$	1.1	0.77	1.925	2.025	4.27	2.78	4.315	2.94	4.47	5.21
$EALF_m \times VCDF_m$	0.07	0.118	0.027	0	0.508	0.086	0.703	0.60	1.126	0

答案:B

例题 3-4

公路自然区划 II_3 区新建二级公路,双向两车道,路基宽度为 12m,路面采用沥青混凝土路面,基层和底基层均采用水泥稳定碎石。根据 OD 分析,2 轴 6 轮及以上车辆的双向年平均日交通量为 2000 辆/d,交通量年平均增长率为 5.0%。根据对路段每辆车实际收集到的轴载组成数据,经统计分析后,得到如表所示的车辆类型分布系数。分析无机结合料稳定层层底拉应力时,设计年限内设计车道上的当量设计轴载累计作用次数 N_e 最接近( )。(非满载与满载车比例、方向系数取中值。)

车辆类型分布系数 例题 3-4 表

车辆类型	2类	3类	4类	5类	6类	7类	8类	9类	10类	11类
车辆类型分布系数(%)	22	23.3	2.7	0	8.3	7.5	17.1	8.5	10.6	0

(A)3.43×10^7 次   (B)5.64×10^7 次

(C)7.09×10^8 次   (D)1.13×10^9 次

解答

根据《公路沥青路面设计规范》(JTG D50—2017)第 A.3.1 条、第 A.4.1 条和第 A.4.2 条。各类车辆当量设计轴载换算时可采用水平三。查表 A.3.1-2,并将 2 类~11 类车辆非满载与满载比例(取中值),填入下表的第二行和第四行,查表 A.3.1-3 得对应无机结合料稳定层底拉应力分析的 2 类~11 类车辆当量设计轴载换算系数,填入下表的第三行和第五行。利用式(A.3.1-5),计算得到各类车辆的当量设计轴载换算系数,见下表第六行。由题意知,双向年平均日交通量 $AADTT=2000$ 辆/d,方向系数 DDF 取 0.55,车道系数 LDF 取 1.0,代入式(A.4.1)得:

$$N_1 = AADTT \times DDF \times LDF \times \sum_2^{11} (VCDF_m \times EALF_m)$$
$$= 2000 \times 0.55 \times 1.0 \times 177.63 = 195393 \ \text{次}$$

$$N_e = \frac{\left[(1+\gamma)^t - 1 \right] \times 365}{\gamma} N_1$$
$$= \frac{\left[(1+0.05)^{12} - 1 \right] \times 365}{0.05} \times 195393 = 1.13 \times 10^9 \ \text{次}$$

计算数据和计算结果 例题 3-4 解表

车辆类型	2 类	3 类	4 类	5 类	6 类	7 类	8 类	9 类	10 类	11 类
非满载车百分比 PER_{ml}	0.85	0.9	0.65	0.75	0.55	0.7	0.45	0.6	0.55	0.65
非满载当量轴载换算系数 $EALF_{ml}$	0.5	1.3	0.3	0.6	10.2	7.8	16.4	0.7	37.8	2.5
满载车百分比 PER_{mh}	0.15	0.1	0.35	0.25	0.45	0.3	0.55	0.4	0.45	0.35
满载当量轴载换算系数 $EALF_{mh}$	35.5	314.2	137.6	72.9	1505.7	553	713.5	204.3	426.8	985.4
当量设计轴载换算系数 $EALF_m$	5.75	32.59	48.36	18.68	683.1	171.3	399.8	82.14	212.85	346.52
$EALF_m \times VCDF_m$	1.27	7.593	1.31	0	56.70	12.85	68.37	6.98	22.56	0

答案:D

📖 考点分析

(1)各类车辆当量设计轴载的换算系数,轴组系数 c_1 在查表时,轮—轴型可根据车辆类型查《公路沥青路面设计规范》(JTG D50—2017)表 A.1.2 得到。

(2)车辆类型总共有 11 类,但是当量设计轴载累计作用次数计算时,不计入第 1 类车辆(2 轴 4 轮车辆)的作用次数。

(3)题目如果没有给出车辆类型分布系数,给出的是整体式、半挂式货车比例,应根据《公路沥青路面设计规范》(JTG D50—2017)表 A.2.6-1 先得出 TTC 的分类,再查表 A.2.6-2 得出车辆类型分布系数。

(4)当量设计轴载换算系数以及当量设计轴载累计作用次数计算前首先应明确验算的设计指标。对于不同的设计指标,式(A.4.2)计算的当量设计轴载累计作用次数对应有 5 个值,分别为:

①验算沥青混合料层层底拉应变时,对应的当量设计轴载累计作用次数为 N_{e1}。

②验算无机结合料稳定层层底拉应力时,对应的当量设计轴载累计作用次数为 N_{e2}。

③验算沥青混合料层永久变形量时,对应的当量设计轴载累计作用次数为 N_{e3}。

④验算路基顶面竖向压应变时,对应的当量设计轴载累计作用次数为 N_{e4}。

⑤用沥青混合料贯入强度验算永久变形量,控制车辙时,对应的当量设计轴载累计作用次数为 N_{e5}。

(5)车辆轴型分 7 类(常用 4 类),车辆类型分 11 类,车辆类型是由车辆轴型组合而成的。

考点2 沥青路面交通荷载等级确定

📖 条文规定

《公路沥青路面设计规范》(JTG D50—2017)规定如下:

3.0.3 路面设计应采用轴重为 100kN 的单轴—双轮组轴载作为设计轴载,计算参数按表 3.0.3确定。应根据路面结构设计使用年限,按本规范附录 A 确定当量设计轴载累计作用次数。

设计轴载的参数 表 3.0.3

设计轴载(kN)	轮胎接地压强(MPa)	单轮接地当量圆直径(mm)	两轮中心距(mm)
100	0.70	213.0	319.5

3.0.4 路面结构所承受的交通荷载应按表 3.0.4 进行分级。

设计交通荷载等级 表 3.0.4

设计交通荷载等级	极重	特重	重	中等	轻
设计使用年限内设计车道累计大型客车和货车交通量($\times 10^6$,辆)	≥50.0	50.0 ~ 19.0	19.0 ~ 8.0	8.0 ~ 4.0	<4.0

注:大型客车和货车为本规范附录 A 中表 A.1.2 所列的 2 类 ~ 11 类车。

📖 典型例题

例题 3-5(2019 年真题)

根据《公路沥青路面设计规范》(JTG D50—2017),公路沥青路面设计采用双轮组单轴载 100kN 作为设计轴载,该设计轴载的两轮中心距为( )。

(A)31.00cm   (B)31.50cm   (C)31.95cm   (D)32.995cm

解答

根据《公路沥青路面设计规范》(JTG D50—2017)表 3.0.3,设计荷载为 100kN,两轮中心距为 319.5mm(老规范为 $1.5d$,d 为单轮当量圆直径,计算结果相同)。

答案:C

例题 3-6

公路自然区划Ⅲ区新建一级公路,双向四车道,路面采用沥青混凝土路面,基层和底基层均采用水泥稳定碎石。根据 OD 分析,初始年设计车道大型客车和货车交通量为 3000 辆/d,交通量年平均增长率为 6%,试分析该公路交通荷载等级属于( )。

(A)特重   (B)重   (C)中等   (D)轻

解答

根据《公路沥青路面设计规范》(JTG D50—2017)第 3.0.2 条、第 3.0.4 条和第 A.4.2 条。本道路为一级公路,查表 3.0.2 可知,路面结构设计使用年限为 15 年。

$$N_e = \frac{\left[(1+\gamma)^t - 1 \right] \times 365}{\gamma} N_1$$

$$= \frac{\left[(1+0.06)^{15} - 1 \right] \times 365}{0.06} \times 3000$$

$$= 25.5 \times 10^6 \text{辆}$$

查表 3.0.4 可知,设计交通荷载等级为特重。

答案:A

📖 考点分析

(1)老规范的"标准轴载"已在《公路沥青路面设计规范》(JTG D50—2017)中改名为"设计轴载"。

(2)对于沥青混凝土路面设计交通荷载等级的确定,《公路沥青路面设计规范》(JTG D50—2017)是以设计使用年限内设计车道累计大型客车和货车交通量来确定的,未采用当量设计轴载累计作用次数,设计年限内交通量或累计轴次均采用式(A.4.2)。

考点 3　沥青路面路基顶面回弹模量计算

📖 条文规定

《公路沥青路面设计规范》(JTG D50　2017)规定如下:

3.0.2　新建沥青路面结构设计使用年限不应低于表 3.0.2 的规定,应根据公路等级、经济、交通荷载等级等因素综合确定。改建路面结构设计可根据工程实际情况选取适宜的设计使用年限。

路面结构设计使用年限(单位:年)　　　　　　　　　　　表 3.0.2

公　路　等　级	设计使用年限	公　路　等　级	设计使用年限
高速公路、一级公路	15	三级公路	10
二级公路	12	四级公路	8

5.2.1　路基顶面回弹模量的确定应符合现行《公路路基设计规范》(JTG D30)的有关规定。

5.2.2　路基顶面回弹模量应符合表 5.2.2 的规定。不满足要求时,应采取改变填料、设置粒料类或无机结合料稳定类路基改善层,或采用石灰或水泥处理等措施提高路基顶面回弹模量。

路基顶面回弹模量(单位:MPa)　　　　　　　　　　　表 5.2.2

交通荷载等级	极重	特重	重	中等、轻
回弹模量,不小于	70	60	50	40

📖 典型例题

例题 3-7

公路自然区划Ⅳ区某新建二级公路,采用沥青混凝土路面结构,基层和底基层均采用水泥稳定碎石。根据 OD 分析,初始年设计车道大型客车和货车交通量为 2100 辆/d,交通量年平均增长率为 6%,路基属于潮湿类路基,路基回弹模量湿度调整系数为 0.6,干湿循环或冻融循环条件下路基土模量折减系数为 0.85,则标准状态下路基动态回弹模量 M_R 应大于( )。

(A)112MPa (B)98MPa (C)86MPa (D)73MPa

解答

(1)根据《公路沥青路面设计规范》(JTG D50—2017)第 A.4.2 条:

$$N_e = \frac{\left[(1+\gamma)^t - 1\right] \times 365}{\gamma} N_1$$

$$= \frac{\left[(1+0.06)^{12} - 1\right] \times 365}{0.06} \times 2100$$

$$= 1.29 \times 10^7 \text{ 辆}$$

(2)根据《公路沥青路面设计规范》(JTG D50—2017)第 3.0.4 条,本道路设计交通荷载等级为重交通。

(3)根据《公路沥青路面设计规范》(JTG D50—2017)第 5.2.2 条,交通荷载等级为重交通时,路基顶面回弹模量不小于 50MPa。

(4)根据《公路路基设计规范》(JTG D30—2015)第 3.2.5 条:

$$E_0 = K_s K_\eta M_R$$

$$= 0.6 \times 0.85 \times M_R = 50$$

$$M_R = 98.0\text{MPa}$$

答案:B

📖 **考点分析**

(1)沥青路面路基顶面回弹模量计算,首先确定交通荷载等级,最后确定路基顶面回弹模量。

(2)路面规范中的路基顶面回弹模量是指路基规范中平衡湿度状态下并考虑干湿与冻融循环作用后的路基顶面回弹模量设计值 E_0,而 M_R 是指标准状态下路基动态回弹模量,注意路基和路面规范相结合的综合类考题。

考点4　沥青混合料贯入强度计算

📖 **条文规定**

《公路沥青路面设计规范》(JTG D50—2017)规定如下:

5.5.8　宜采用本规范附录 F 规定的单轴贯入试验方法测定沥青混合料贯入强度。无机结合料稳定类基层沥青路面、底基层采用无机结合料稳定类材料的沥青结合料类基层沥青路面和水泥混凝土基层沥青路面的沥青混合料贯入强度,宜满足式(5.5.8-1)的要求。

$$R_{\tau s_i} \geq \left(\frac{0.31\lg N_{e5} - 0.68}{\lg[R_a] - 1.31\lg T_d - \lg\psi_s + 2.50}\right)^{1.86} \quad (5.5.8\text{-}1)$$

式中：$[R_a]$——沥青混合料层容许永久变形量(mm)，根据公路等级，参照表3.0.6-1确定；

N_{e5}——设计使用年限内或通车至首次针对车辙维修的期限内，月平均气温大于0℃的月份，设计车道当量设计轴载累计作用次数，按本规范附录A计算；

T_d——设计气温(℃)，为所在地区月平均气温大于0℃的各月份气温平均值；

ψ_s——路面结构系数，根据式(5.5.8-2)计算：

$$\psi_s = (0.52h_a^{-0.003} - 317.59h_b^{-1.32})E_b^{0.1} \tag{5.5.8-2}$$

h_a——沥青混合料层的厚度(mm)；

h_b——无机结合料稳定层或水泥混凝土层的厚度(mm)；

E_b——无机结合料稳定层或水泥混凝土层的模量(MPa)；

$R_{\tau s}$——各沥青混合料层的综合贯入强度，根据式(5.5.8-3)确定：

$$R_{\tau s} = \sum_{i=1}^{n} w_{is}R_{\tau i} \tag{5.5.8-3}$$

$R_{\tau i}$——第 i 层沥青混合料的贯入强度(MPa)，根据本规范附录F所列方法试验确定，普通沥青混合料一般为0.4~0.7MPa，改性沥青混合料一般为0.7~1.2MPa；

n——沥青混合料层的层数；

w_{is}——第 i 层沥青混合料的权重，为第 i 层厚度中点剪应力与各层厚度中点剪应力之和的比值$\left(w_{is} = \dfrac{\tau_i}{\sum\limits_{i=1}^{n}\tau_i}\right)$。沥青混合料层为1层时，$w_1$ 取1.0；沥青混合料层2层时，自上而下，w_1 可取0.48，w_2 可取0.52；沥青混合料层为3层时，自上而下，w_1、w_2 和 w_3 可分别取0.35、0.42和0.23。

5.5.9　粒料类基层沥青路面和底基层采用粒料的沥青结合料类基层沥青路面，沥青混合料贯入强度宜满足式(5.5.9-1)的要求。

$$R_{\tau g} \geqslant \left(\frac{0.35\lg N_{e5} - 1.16}{\lg[R_a] - 1.62\lg T_d - \lg\psi_g + 2.76}\right)^{1.38} \tag{5.5.9-1}$$

式中：ψ_g——路面结构系数，根据式(5.5.9-2)计算：

$$\psi_g = 20.16h_a^{-0.642} + 820916h_b^{-2.84} \tag{5.5.9-2}$$

$R_{\tau g}$——路面各层沥青混合料的综合贯入强度，根据式(5.5.9-3)确定：

$$R_{\tau g} = \sum_{i=1}^{n} w_{ig}R_{\tau i} \tag{5.5.9-3}$$

w_{ig}——第 i 层沥青混合料的权重，为第 i 层厚度中点的剪应力与各层厚度中点剪应力之和的比值$\left(w_{ig} = \dfrac{\tau_i}{\sum\limits_{i=1}^{n}\tau_i}\right)$。沥青混合料层为1层时，$w_1$ 取1.0；沥青混合料层2层时，自上而下，w_1 可取0.44，w_2 可取0.56；沥青混合料层为3层时，自上而下，w_1、w_2 和 w_3 可分别取0.27、0.36和0.37；

其他符号意义同式(5.5.8-1)~式(5.5.8-3)。

F.2.2　贯入压头材质应为Q235不锈钢，其洛氏硬度HRC应在10~30之间。压头上部为长×宽×厚=50mm×50mm×10mm的薄板形；下部为圆柱体，对直径150mm试件，圆柱体直径×高=ϕ42mm×50mm，对直径100mm试件，圆柱体直径×高=ϕ28.5mm×50mm，如图F.2.2所示。

F.5.2 按式(F.5.2)计算标准高度沥青混合料的贯入强度。

$$R_\tau = f_\tau \sigma_p \qquad (F.5.2)$$

$$\sigma_p = \frac{P}{A}$$

式中：R_τ——贯入强度(MPa)；

σ_p——贯入应力(MPa)；

P——试件破坏时的极限荷载(N)；

A——压头横截面面积(mm^2)；

f_τ——贯入应力系数,对直径150mm试件,$f_\tau = 0.35$;对直径100mm试件,$f_\tau = 0.34$。

典型例题

例题 3-8

某高速公路位于公路自然区划Ⅳ区,双向六车道,路面采用三层沥青路面结构,其中,上面层为SMA13沥青玛蹄脂碎石混合料,厚40mm,中面层为AC16沥青混凝土,厚60mm,下面层为AC25沥青混凝土,厚80mm,基层为水泥稳定级配碎石,厚350mm,结构层模量为24000MPa,底基层为级配碎石。设计使用年限内,该地区月平均气温大于0℃的月份气温平均值为21.6℃,设计车道当量设计轴载累计作用次数为3.83×10^7次。试求满足该路面结构沥青混合料层容许永久变形量的贯入强度不应小于( )。

（A）0.66MPa （B）0.70MPa （C）0.77MPa （D）0.80MPa

解答

根据《公路沥青路面设计规范》(JTG D50—2017)第3.0.6条和第5.5.8条:

$$\psi_s = (0.52 h_a^{-0.003} - 317.59 h_b^{-1.32}) E_b^{0.1}$$

$$= (0.52 \times 180^{-0.003} - 317.59 \times 350^{-1.32}) \times 24000^{0.1}$$

$$= 1.022$$

查表3.0.6-1,$[R_a] = 15mm$

$$R_{\tau s} \geqslant \left(\frac{0.31 \lg N_{e5} - 0.68}{\lg[R_a] - 1.31 \lg T_d - \lg \psi_s + 2.5} \right)^{1.86}$$

$$= \left(\frac{0.31 \times \lg 38300000 - 0.68}{\lg[15] - 1.31 \times \lg 21.6 - \lg 1.022 + 2.5} \right)^{1.86}$$

$$= 0.77MPa$$

答案: C

例题 3-9

某高速公路位于公路自然区划Ⅳ区,双向六车道,路面采用三层沥青路面结构,其中,上面层为SMA13沥青玛蹄脂碎石混合料,厚40mm,中面层为AC16沥青混凝土,厚60mm,下面层为AC25沥青混凝土,厚80mm,基层为级配碎石,厚550mm。设计使用年限内,该地区月平均气温大于0℃的月份气温平均值为20.8℃,设计车道当量设计轴载累计作用次数为3.24×10^7次。满足该路面结构沥青混合料层容许永久变形量的贯入强度不应小于( )。

（A）0.68MPa （B）0.70MPa

（C）0.78MPa （D）0.80MPa

解答

根据《公路沥青路面设计规范》(JTG D50—2017)第3.0.6条和第5.5.9条：

$$\psi_g = 20.16h_a^{-0.642} - 820916h_b^{-2.84}$$
$$= 20.16 \times 180^{-0.642} + 820916 \times 550^{-2.84}$$
$$= 0.732$$

查表3.0.6-1，$[R_a] = 10\text{mm}$

$$R_{\tau s} \geqslant \left(\frac{0.35\lg N_{e5} - 1.16}{\lg[R_a] - 1.62\lg T_d - \lg\psi_s + 2.76} \right)^{1.38}$$

$$= \left(\frac{0.35 \times \lg 32400000 - 1.16}{\lg[10] - 1.62 \times \lg 20.8 - \lg 0.732 + 2.76} \right)^{1.38}$$

$$= 0.779\text{MPa}$$

答案：C

例题 3-10

某高速公路路面采用沥青混凝土，其中上面层采用4cm厚的沥青混合料。现场取芯后，通过室内单轴试验计算上面层的贯入强度，试件直径为100mm，试件破坏时的极限荷载为1800N，试件的贯入强度最接近(　　)。

（A）0.76MPa　　　　（B）0.96MPa　　　　（C）0.87MPa　　　　（D）1.10MPa

解答

根据《公路沥青路面设计规范》(JTG D50—2017)附录F，由F.2.2，对直径100mm试件，贯入压头直径为28.5mm，

$$\sigma_p = \frac{P}{A} = \frac{1800}{3.14 \times \dfrac{28.5^2}{4}} = 2.82\text{MPa}$$

$$f_\tau = 0.0012h + 0.22 = 0.268$$

由式(F.5.2)，

$$R_\tau = f_\tau \sigma_p = 0.268 \times 2.82 = 0.757\text{MPa}$$

由F.5.4，对于现场取芯试件，再乘以修正系数1.15，$0.757 \times 1.15 = 0.87\text{MPa}$

答案：C

📖 **考点分析**

（1）计算沥青混合料贯入强度时，首先应根据路面结构的类型选择采用的公式：当沥青混合料层（面层或基层，下同）之下为刚性和半刚性材料层时，采用式(5.5.8)；当沥青混合料层之下为粒料类材料层时，采用式(5.5.9)。

（2）沥青混合料贯入强度的计算是为了满足沥青混合料层容许变形永久量的验算，旨在控制沥青路面车辙；贯入强度为选做指标，一般采用动稳定度来控制。

（3）现行沥青设计规范中，针对不同的验算设计指标，设计轴载换算系数是不一样的，对应于不同的设计指标，设计轴载累计作用次数有 $N_{e1} \sim N_{e5}$ 共5种，此处应采用 N_{e5}。

（4）贯入强度计算时，贯入应力系数 f_τ 不能直接套用条文中的数值，要先判断试件高度为

100mm,否则应按式(F.5.3-1)或(F.5.3-2)计算确定。最后还要根据是否为现场取芯,若是则应乘以修正系数1.15。

考点5　沥青路面验算的交通、材料和环境参数

条文规定

《公路沥青路面设计规范》(JTG D50—2017)规定如下:

5.3.5　防冻层所用砂砾、碎石材料的最大粒径不应超过53.0mm。

5.3.7　粒料层的回弹模量在结构验算时应采用粒料回弹模量乘以湿度调整系数后得到,湿度调整系数可在1.6~2.0范围内选取。粒料回弹模量应取用最佳含水率和与压实度要求相应的干密度条件下的试验值。压实度要求应符合现行《公路路面基层施工技术细则》(JTG/T F20)的有关规定。

5.4.2　水泥稳定类材料水泥剂量宜为3.0%~6.0%。

5.4.4　无机结合料稳定类材料7d无侧限抗压强度代表值应符合表5.4.4的要求。

5.4.6　结构验算时,无机结合料稳定类材料弹性模量应乘以结构层模量调整系数0.5。

6.3.1　各设计指标对应的当量设计轴载累计作用次数,应根据交通参数调查分析结果和设计使用年限,按本规范附录A的规定计算确定。

6.3.2　路面结构验算时结构层模量取值应符合下列规定:

1　沥青面层采用20℃、10Hz条件下的动态压缩模量,沥青类基层采用20℃、5Hz条件下的动态压缩模量。

2　无机结合料稳定层采用经调整系数修正后的弹性模量。

3　粒料层采用经湿度调整的回弹模量,路基采用平衡湿度状态下并考虑干湿与冻融循环作用后的顶面当量回弹模量。

典型例题

例题 3-11(2019年真题,根据新规范改编)

某高速公路沥青路面设计采用砂砾防冻层,设计厚度为200mm,该垫层砂砾的最大粒径应不大于(　　)。

(A)53mm　　　　(B)80mm　　　　(C)100mm　　　　(D)120mm

解答

根据《公路沥青路面设计规范》(JTG D50—2017)第5.3.5条,防冻层所用砂砾、碎石材料的最大粒径不应超过53mm。

答案:A

例题 3-12(2019年真题,根据新规范改编)

某新建重交通高速公路沥青混凝土路面,采用水泥稳定碎石底基层,需确定其水泥剂量及7d无侧限抗压强度代表值。以下几个材料中,合适的为(　　)。

(A)水泥剂量为2.5%,7d无侧限抗压强度代表值为3.0MPa

（B）水泥剂量为 4% ,7d 无侧限抗压强度代表值为 4.0MPa

（C）水泥剂量为 5% ,7d 无侧限抗压强度代表值为 5.0MPa

（D）水泥剂量为 5% ,7d 无侧限抗压强度代表值为 6.0MPa

解答

根据《公路沥青路面设计规范》（JTG D50—2017）第 5.4.2 条、第 5.4.4 条,水泥稳定类材料水泥剂量宜为 3.0% ~6.0% ,重交通高速公路底基层 7d 无侧限抗压强度代表值为 2.5 ~4.5MPa。

答案：B

例题 3-13

公路自然区划Ⅳ区新建一条二级公路,拟采用沥青混凝土路面结构,设计交通荷载等级为重交通,面层采用双层沥青混凝土结构,基层采用水泥稳定碎石,其弹性模量为 24000MPa,底基层采用级配碎石,回弹模量为 220MPa。路面结构验算时,基层水泥稳定碎石的弹性模量应为（   ）。

（A）11000MPa　　　　（B）12000MPa　　　　（C）22000MPa　　　　（D）24000MPa

解答

根据《公路沥青路面设计规范》（JTG D50—2017）第 5.4.6 条及第 6.3.2 条第 2 款,结构验算时,无机结合料稳定类材料弹性模量应乘以结构层模量调整系数 0.5,因此基层水泥稳定碎石的弹性模量应为：$24000 \times 0.5 = 12000$MPa。

答案：B

例题 3-14

公路自然区划Ⅳ区新建一条二级公路,拟采用沥青混凝土路面结构,设计交通荷载等级为重交通,面层采用双层沥青混凝土结构,基层采用水泥稳定碎石,其弹性模量为 24000MPa,底基层采用级配碎石,回弹模量为 220MPa,湿度调整系数为 1.8。路面结构验算时,底基层级配碎石采用的回弹模量应为（   ）。

（A）110MPa　　　　（B）220MPa　　　　（C）338MPa　　　　（D）396MPa

解答

根据《公路沥青路面设计规范》（JTG D50—2017）第 5.3.7 条及第 6.3.2 条第 3 款,结构验算时,粒料层的回弹模量应采用粒料回弹模量乘以湿度调整系数后得到。

$220 \times 1.8 = 396$MPa

答案：D

📖 考点分析

（1）水泥稳定类材料水泥剂量宜为 3.0% ~6.0% ,7d 无侧限抗压强度也规定在一定范围,过多地增加水泥剂量,或者强度过高,会使无机结合料稳定类材料收缩开裂,进而导致路面反射裂缝增多,故按半刚性控制。

（2）无机结合料稳定层采用经调整系数修正后的弹性模量。

（3）粒料层的回弹模量与湿度相关,从施工阶段到通车阶段,湿度降低至湿度平衡状态,而回弹模量随之升高,因此规范引入模量湿度调整系数 1.6 ~2.0 予以调整。

考点6　既有路面结构层顶面当量回弹模量计算

《公路沥青路面设计规范》(JTG D50—2017)规定如下:

7.4.3　既有路面破损不严重且结构性能较好,采用直接加铺方案或铣刨至某一结构层再加铺方案时,应同时对既有路面结构层和加铺层进行结构验算。加铺层的设计参数应按新建路面结构确定。既有路面结构层的设计参数应按下列要求确定:

1　将既有路面简化为由沥青结合料类材料层、无机结合料稳定层或粒料层和路基组成的三层体系,利用弯沉盆反演或芯样实测的方法确定各层结构模量。

2　既有路面无机结合料稳定层弯拉强度,宜根据现场取芯实测的无侧限抗压强度按式(7.4.3)计算,无条件时,可根据既有路面整体强度、基层和面层损坏状况,结合当地经验确定。

$$R_s = 0.21R_c \tag{7.4.3}$$

式中:R_s——无机结合料稳定类材料试件的弯拉强度(MPa);

R_c——无机结合料稳定类材料试件的无侧限抗压强度(MPa)。

7.4.4　既有路面破损严重或结构性能不足时,无论采用直接加铺方案还是采用铣刨至某一结构层再加铺方案,均应对加铺层进行结构验算。加铺面层的设计参数应按新建路面结构确定。既有路面或铣刨后留用的路面结构层不再进行结构验算,其顶面当量回弹模量应按式(7.4.4)计算。

$$E_d = \frac{176pr}{l_0} \tag{7.4.4}$$

式中:E_d——既有路面结构顶面当量回弹模量(MPa);

p——落锤式弯沉仪承载板施加荷载(MPa);

r——落锤式弯沉仪承载板半径(mm);

l_0——落锤式弯沉仪承载板中心点弯沉值(0.01mm)。

例题3-15(2020年真题)

某高速公路既有沥青路面采用直接加铺的改建方案,现场取芯实测的既有路面水泥稳定层的无侧限抗压强度为3.0MPa,该既有路面水泥稳定层的弯拉强度是(　　)。

(A)0.57MPa (B)0.60MPa

(C)0.63MPa (D)0.66MPa

解答

根据《公路沥青路面设计规范》(JTG D50—2017)第7.4.3条第2款:

$R_s = 0.21R_c = 0.21 \times 3 = 0.63$MPa

答案:C

例题 3-16

公路自然区划Ⅲ区某改建二级公路,双向两车道,既有路面破损严重,采用直接加铺沥青方案进行改造。为了对加铺层进行结构验算,采用落锤式弯沉仪承载板对既有路面进行检测,中心点弯沉值为 320(0.01mm),则既有路面顶面当量回弹模量为( )。

(A)45MPa 　　　　　　　　　 (B)53MPa

(C)58MPa 　　　　　　　　　 (D)64MPa

解答

根据《公路沥青路面设计规范》(JTG D50—2017)第 7.4.4 条:

$$E_d = \frac{176pr}{l_0} = \frac{176 \times 0.707 \times 150}{320} = 58.3\text{MPa}$$

答案:C

📖 考点分析

(1)落锤式弯沉仪荷载为 50kN,荷载盘半径为 150mm,则

$$p = \frac{50 \times 10^{-3}}{3.14 \times 0.15^2} = 0.707\text{MPa}$$

(2)为提高解题速度,可直接将 $p = 0.707$MPa 代入计算。

考点7　沥青混合料层疲劳开裂寿命计算

📖 条文规定

《公路沥青路面设计规范》(JTG D50—2017)规定如下:

B.1.1　沥青混合料层的疲劳开裂寿命应根据路面结构分析得到的沥青混合料层层底拉应变,按式(B.1.1-1)计算。

$$N_{fl} = 6.32 \times 10^{15.96-0.29\beta} k_a k_b k_{T1}^{-1} \left(\frac{1}{\varepsilon_a}\right)^{3.97} \left(\frac{1}{E_a}\right)^{1.58} (VFA)^{2.72} \qquad (\text{B.1.1-1})$$

式中:N_{fl}——沥青混合料层疲劳开裂寿命(轴次);

　　　β——目标可靠指标,根据公路等级按表 3.0.1 取值;

　　　k_a——季节性冻土地区调整系数,按表 B.1.1 采用内插法确定;

　　　k_b——疲劳加载模式系数,按式(B.1.1-2)计算:

$$k_b = \left[\frac{1 + 0.3E_a^{0.43}(VFA)^{-0.85}e^{0.024h_a-5.41}}{1 + e^{0.024h_a-5.41}}\right]^{3.33} \qquad (\text{B.1.1-2})$$

　　　E_a——沥青混合料 20℃时的动态压缩模量(MPa);

　　　VFA——沥青混合料的沥青饱和度(%),根据混合料设计结果或按现行《公路沥青路面施工技术规范》(JTG F40)的有关规定确定;

h_a——沥青混合料层厚度(mm);

k_{T1}——温度调整系数,按本规范附录 G 确定;

ε_a——沥青混合料层层底拉应变(10^{-6});根据弹性层状体系理论,按本规范第 6.2.2 条的规定选取计算点,按式(B.1.1-3)计算:

$$\varepsilon_a = p \, \overline{\varepsilon_a} \qquad (B.1.1-3)$$

$$\overline{\varepsilon_a} = f\left(\frac{h_1}{\delta}, \frac{h_2}{\delta}, \cdots, \frac{h_{n-1}}{\delta}; \frac{E_2}{E_1}, \frac{E_3}{E_2}, \cdots, \frac{E_0}{E_{n-1}}\right)$$

$\overline{\varepsilon_a}$——理论拉应变系数;

p、δ——标准轴载的轮胎接地压强(MPa)和当量圆半径(mm);

E_0——路基顶面回弹模量(MPa);

$h_1, h_2, \cdots, h_{n-1}$——各结构层厚度(mm);

$E_1, E_2, \cdots, E_{n-1}$——各结构层模量(MPa)。

季节性冻土地区调整系数 k_a　　　　　　　　　　表 B.1.1

冻区	重冻区	中冻区	轻冻区	其他地区
冻结指数 F(℃·d)	≥2000	2000~800	800~50	≤50
k_a	0.60~0.70	0.70~0.80	0.80~1.00	1.00

B.1.2　沥青混合料层的疲劳开裂寿命应大于设计使用年限内设计车道的当量设计轴载累计作用次数。否则,应调整路面结构方案,重新验算,直至满足要求。

G.1.3　路面结构的温度调整系数,应根据式(G.1.3-1)~式(G.1.3-15)计算。

$$k_{Ti} = A_h A_E \hat{k}_{Ti}^{1+B_h+B_E} \qquad (G.1.3-1)$$

式中:　　k_{Ti}——温度调整系数;下标 $i=1$ 对应沥青混合料层疲劳开裂分析,$i=2$ 对应无机结合料稳定层疲劳开裂分析,$i=3$ 对应路基顶面竖向压应变分析;

$\hat{k}_{Ti}$——基准路面结构温度调整系数,按所在地查表 G.1.2 取用;

A_h, B_h, A_E, B_E——与面层、基层厚度和模量有关的函数,按式(G.1.3-2)~式(G.1.3-13)计算:

沥青混合料层疲劳开裂:

$$A_E = 0.76\lambda_E^{0.09} \qquad (G.1.3-2)$$

$$A_h = 1.14\lambda_h^{0.17} \qquad (G.1.3-3)$$

$$B_E = 0.14\ln(\lambda_E/20) \qquad (G.1.3-4)$$

$$B_h = 0.23\ln(\lambda_h/0.45) \qquad (G.1.3-5)$$

λ_E——面层与基层当量模量比,按式(G.1.3-14)计算:

$$\lambda_E = \frac{E_a^*}{E_b^*} \qquad (G.1.3-14)$$

λ_h——面层与基层当量厚度之比,按式(G.1.3-15)计算:

$$\lambda_h = \frac{h_a^*}{h_b^*} \qquad (G.1.3-15)$$

例题 3-17

公路自然区划 Ⅳ 区新建一级公路,双向六车道,路面结构采用沥青路面,表面层采用细粒式沥青混凝土 AC13,厚度为 4cm,中面层采用中粒式沥青混凝土 AC16,厚度为 6cm,下面层采用粗粒式沥青混凝土 AC25,厚度为 8cm。基层和底基层均采用无机结合料稳定层。沥青混合料 20℃时的动态压缩模量为 11000MPa,沥青饱和度为 67%,进行沥青混合料层的疲劳开裂分析时,疲劳加载模式系数为(　　)。

（A）0.443　　　　　（B）0.538　　　　　（C）0.618　　　　　（D）0.712

解答

根据《公路沥青路面设计规范》(JTG D50—2017)第 B.1.1 条:

$$k_b = \left[\frac{1 + 0.30 E_a^{0.43} (VFA)^{-0.85} e^{0.024h_a - 5.41}}{1 + e^{0.024h_a - 5.41}} \right]^{3.33}$$

$$= \left[\frac{1 + 0.3 \times 11000^{0.43} \times 67^{-0.85} \times e^{0.024 \times 180 - 5.41}}{1 + e^{0.024 \times 180 - 5.41}} \right]^{3.33}$$

$$= 0.618$$

答案:C

例题 3-18

某新建高速公路位于公路自然区划Ⅳ区,双向四车道,路面结构采用沥青路面,沥青混合料层厚度为 20cm,沥青混合料 20℃时的动态压缩模量为 10000MPa,沥青饱和度为 67%,基层为水泥稳定级配碎石。进行沥青混合料层的疲劳开裂分析时温度调整系数为 1.25,根据弹性层状体系理论计算得沥青混合料层层底拉应变为 102.1με。则该公路沥青混合料层疲劳开裂寿命最接近(　　)。

（A）2.96×10^6次　　　　　　　　（B）3.10×10^6次

（C）3.46×10^6次　　　　　　　　（D）3.85×10^6次

解答

根据《公路沥青路面设计规范》(JTG D50—2017)第 B.1.1 条:

$$k_b = \left[\frac{1 + 0.30 E_a^{0.43} (VFA)^{-0.85} e^{0.024h_a - 5.41}}{1 + e^{0.024h_a - 5.41}} \right]^{3.33}$$

$$= \left(\frac{1 + 0.3 \times 10000^{0.43} \times 67^{-0.85} \times e^{0.024 \times 200 - 5.41}}{1 + e^{0.024 \times 200 - 5.41}} \right)^{3.33}$$

$$= 0.482$$

查表 B.1.1,$k_a = 1.00$;查表 3.0.1,$\beta = 1.65$,则

$$N_{fl} = 6.32 \times 10^{15.96 - 0.29\beta} k_a k_b k_{Tl}^{-1} \left(\frac{1}{\varepsilon_a} \right)^{3.97} \left(\frac{1}{E_a} \right)^{1.58} (VFA)^{2.72}$$

$$= 6.32 \times 10^{15.96 - 0.29 \times 1.65} \times 1.00 \times 0.482 \times 1.25^{-1} \times \left(\frac{1}{102.1} \right)^{3.97} \times \left(\frac{1}{10000} \right)^{1.58} \times (67)^{2.72}$$

$$= 3.46 \times 10^6 \text{ 轴次}$$

答案:C

例题 3-19

郑州市郑开新区某新建一级公路,拟采用20cm沥青混凝土路面,当量模量为11000MPa,基层采用36cm+20cm水泥稳定级配碎石,当量模量为12000MPa,进行沥青混合料层疲劳开裂分析时,该路面结构的温度调整系数是(　　)。

(A) 0.63　　　　(B) 0.70　　　　(C) 0.82　　　　(D) 0.95

解答

根据《公路沥青路面设计规范》(JTG D50—2017)第G.1.3条,面层与基层的当量模量之比为:

$$\lambda_E \geqslant \frac{E_a^*}{E_b^*} = \frac{11000}{12000} = 0.917$$

$$\lambda_h \geqslant \frac{h_a^*}{h_b^*} = \frac{20}{36+20} = 0.357$$

沥青混合料疲劳开裂:

$$A_E = 0.76\lambda_E^{0.09} = 0.754$$

$$A_h = 1.14\lambda_h^{0.17} = 0.957$$

$$B_E = 0.14\ln\left(\frac{\lambda_E}{20}\right) = -0.459$$

$$B_h = 0.23\ln\left(\frac{\lambda_h}{0.45}\right) = -0.053$$

求温度调整系数,查表G.1.2,郑州地区基准路面结构温度调整系数为1.30,由公式(G.1.3-1),得

$$k_{Ti} = A_h A_E \hat{k}_{Ti}^{1+B_h+B_E} = 0.82$$

答案:C

📖 **考点分析**

(1)沥青混合料层的疲劳开裂寿命是指在设计轴载作用下,沥青混合料层层底因拉应变产生疲劳开裂时,设计轴载累计作用的轴次,并且应满足 $N_{f1} > N_{e1}$。

(2)沥青混合料层疲劳开裂寿命通过沥青混合料层层底拉应变控制,当有无机结合料层时,需通过其层底拉应力验算疲劳开裂,其以上各层不用再计算疲劳开裂,此类计算一般采用计算机程序,考生了解其计算理论即可。

(3)沥青混合料的沥青饱和度 VFA 的单位是%,代入公式时应为67而非0.67。

(4)《公路沥青路面设计规范》(JTG D50—2017)附录G的温度调整系数 k_{Ti} 在沥青混合料疲劳开裂、无机结合料稳定层疲劳开裂及路基顶面竖向压应变计算中均用到,计算温度调整系数 k_{Ti} 时,注意参数 A_E、A_h、B_E、B_h 的计算公式各不相同。

考点8　无机结合料稳定层疲劳开裂寿命计算

📖 **条文规定**

《公路沥青路面设计规范》(JTG D50—2017)规定如下:

B.2.1 无机结合料稳定层的疲劳开裂寿命应根据路面结构分析得到的各无机结合料稳定层层底拉应力,按式(B.2.1-1)计算。

$$N_{f2} = k_a k_{T2}^{-1} 10^{a - b\frac{\sigma_t}{R_s} + k_c - 0.57\beta}$$ (B.2.1-1)

式中:N_{f2}——无机结合料稳定层的疲劳开裂寿命(轴次);

k_a——季节性冻土地区调整系数,按表 B.1.1 确定;

k_{T2}——温度调整系数,根据本规范附录 G 确定;

R_s——无机结合料稳定类材料的弯拉强度(MPa);

a, b——疲劳试验回归参数,按表 B.2.1-1 确定;

k_c——现场综合修正系数,按式(B.2.1-2)确定;

$$k_c = c_1 e^{c_2(h_a + h_b)} + c_3$$ (B.2.1-2)

c_1, c_2, c_3——参数,按表 B.2.1-2 取值;

h_a, h_b——分别为沥青混合料层和计算点以上无机结合料稳定层厚度;

β——目标可靠指标,根据公路等级按表 3.0.1 取值;

σ_t——无机结合料稳定层的层底拉应力(MPa),根据弹性层状体系理论,按本规范第 6.2.2 条的规定选取计算点,按式(B.2.1-3)计算:

$$\sigma_t = p \bar{\sigma}_t$$ (B.2.1-3)

$$\bar{\sigma}_t = f\left(\frac{h_1}{\delta}, \frac{h_2}{\delta}, \cdots, \frac{h_{n-1}}{\delta}; \frac{E_2}{E_1}, \frac{E_3}{E_2}, \cdots, \frac{E_0}{E_{n-1}}\right)$$

$\bar{\sigma}_t$——理论拉应力系数;

其他符号意义同式(B.1.1-3)。

无机结合料稳定层疲劳破坏模型参数 表 B.2.1-1

材 料 类 型	a	b
无机结合料稳定粒料	13.24	12.52
无机结合料稳定土	12.18	12.79

现场综合修正系数 k_c 相关参数 表 B.2.1-2

材料类型	新建路面结构层或改建工程既有路面结构层		改建工程加铺层	
	无机结合料稳定粒料	无机结合料稳定土	无机结合料稳定粒料	无机结合料稳定土
c_1	14.0	35.0	18.5	21.0
c_2	-0.0076	-0.0156	-0.01	-0.0125
c_3	-1.47	-0.83	-1.32	-0.82

B.2.2 无机结合料稳定层的疲劳开裂寿命应大于设计使用年限内设计车道的当量设计轴载累计作用次数。否则,应调整路面结构组合或层厚,重新验算,直至满足要求。

G.1.3 路面结构的温度调整系数,应根据式(G.1.3-1)~式(G.1.3-15)计算。

$$k_{Ti} = A_h A_E \hat{k}_{Ti}^{1 + B_h + B_E}$$ (G.1.3-1)

式中： k_{Ti}——温度调整系数；下标 $i=1$ 对应沥青混合料层疲劳开裂分析， $i=2$ 对应无机结合料稳定层疲劳开裂分析， $i=3$ 对应路基顶面竖向压应变分析；

$\hat{k}_{Ti}$——基准路面结构温度调整系数，按所在地查表 G.1.2 取用；

A_h, B_h, A_E, B_E——与面层、基层厚度和模量有关的函数，按式（G.1.3-2）~ 式（G.1.3-13）计算：

无机结合料稳定层疲劳开裂：

$$A_E = 0.10\lambda_E + 0.89 \quad\quad\quad (G.1.3-6)$$
$$A_h = 0.73\lambda_h + 0.67 \quad\quad\quad (G.1.3-7)$$
$$B_E = 0.15\ln(\lambda_E/1.14) \quad\quad (G.1.3-8)$$
$$B_h = 0.44\ln(\lambda_h/0.45) \quad\quad (G.1.3-9)$$

📖 典型例题

例题 3-20

公路自然区划Ⅳ区新建一条高速公路，双向六车道，拟采用沥青路面结构，面层采用三层沥青混凝土，总厚度为 200mm，基层为 6% 水泥稳定碎石厚 360mm，底基层为级配碎石厚 200mm。无机结合料稳定层疲劳开裂分析时温度调整系数为 1.16，弯拉强度为 2.0MPa，根据弹性层状体系理论计算得无机结合料稳定层的层底拉应力为 0.23MPa。则该公路无机结合料层的疲劳开裂寿命最接近(   )。

(A) 2.75×10^9 轴次   (B) 2.90×10^9 轴次

(C) 3.35×10^9 轴次   (D) 3.85×10^9 轴次

解答

根据《公路沥青路面设计规范》（JTG D50—2017）第 B.2.1 条、第 3.0.1 条。

查表 B.2.1-2， $c_1 = 14.0$, $c_2 = -0.0076$, $c_3 = -1.47$，则

$k_c = c_1 e^{c_2(h_a+h_b)} + c_3 = 14.0 \times e^{-0.0076 \times (200+360)} - 1.47 = -1.27$

查表 B.2.1-1， $a = 13.24$, $b = 12.52$；查表 B.1.1, $k_a = 1.00$；查表 3.0.1, $\beta = 1.65$，则

$N_{f2} = k_a k_{T2}^{-1} 10^{a - b\frac{\sigma_1}{R_s} + k_c - 0.57\beta}$

$= 1.00 \times 1.16^{-1} \times 10^{13.24 - 12.52 \times \frac{0.23}{2} - 1.27 - 0.57 \times 1.65}$

$= 3.35 \times 10^9$ 轴次

答案：C

例题 3-21

公路自然区划Ⅳ区新建二级公路，拟采用沥青路面结构，面层采用二层沥青混凝土，总厚度为 120mm，基层为水泥粉煤灰稳定土，厚 320mm，底基层为级配碎石，厚 200mm。无机结合料稳定层疲劳开裂分析时温度调整系数为 1.14，弯拉强度为 2.0MPa，根据弹性层状体系理论计算得无机结合料稳定层的层底拉应力为 0.23MPa。则该公路无机结合料层的疲劳开裂寿命最接近(   )。

(A) 1.83×10^9 轴次   (B) 1.98×10^9 轴次

(C) 2.23×10^9 轴次   (D) 2.56×10^9 轴次

解答

根据《公路沥青路面设计规范》(JTG D50—2017)第 B.2.1 条、第 3.0.1 条。

查表 B.2.1-2，$c_1 = 35.0$，$c_2 = -0.0156$，$c_3 = -0.83$，则

$$k_c = c_1 e^{c_2(h_a + h_b)} + c_3 = 35.0 \times e^{-0.0156 \times (120 + 320)} - 0.83 = -0.79$$

查表 B.2.1-1，$a = 12.18$，$b = 12.79$；查表 B.1.1，$k_a = 1.00$；查表 3.0.1，$\beta = 1.04$，则

$$
\begin{aligned}
N_{f2} &= k_a k_{T2}^{-1} 10^{a - b\frac{\sigma_1}{R_s} + k_c - 0.57\beta} \\
&= 1.00 \times 1.14^{-1} \times 10^{12.18 - 12.79 \times \frac{0.23}{2} - 0.79 - 0.57 \times 1.04} \\
&= 1.83 \times 10^9 \text{ 轴次}
\end{aligned}
$$

答案：A

考点分析

（1）无机结合料层的疲劳开裂寿命是指在设计轴载作用下，无机结合料层层底因拉应力产生疲劳开裂时，设计轴载累计作用的轴次，并且应满足 $N_{f2} > N_{e2}$。

（2）计算时应首先明确基层是采用无机结合料稳定粒料还是无机结合料稳定土，然后再查表确定计算参数。

考点 9　路基顶面竖向压应变验算

条文规定

《公路沥青路面设计规范》(JTG D50—2017)规定如下：

B.4.1　路基顶面的容许竖向压应变应按式(B.4.1)计算确定。

$$[\varepsilon_z] = 1.25 \times 10^{4 - 0.1\beta} (k_{T3} N_{e4})^{-0.21} \tag{B.4.1}$$

式中：$[\varepsilon_z]$——路基顶面容许竖向压应变(10^{-6})；

　　　β——目标可靠指标，根据公路等级，按表 3.0.1 取值；

　　　N_{e4}——设计使用年限内设计车道上的当量设计轴载累计作用次数，按本规范附录 A 计算；

　　　k_{T3}——温度调整系数，按本规范附录 G 确定。

B.4.2　应按本规范第 6.2.2 条的规定选取计算点，根据弹性层状体系理论，按式(B.4.2)计算路基顶面竖向压应变。路基顶面竖向压应变应小于容许压应变值。否则，调整路面结构方案，重新验算，直至满足要求。

$$\varepsilon_z = p \, \overline{\varepsilon_z} \tag{B.4.2}$$

$$\overline{\varepsilon_z} = f\left(\frac{h_1}{\delta}, \frac{h_2}{\delta}, \cdots, \frac{h_{n-1}}{\delta}; \frac{E_2}{E_1}, \frac{E_3}{E_2}, \cdots, \frac{E_0}{E_{n-1}}\right)$$

式中：$\overline{\varepsilon_z}$——理论竖向压应变系数；其他符号意义同式(B.1.1-3)。

G.1.3　路面结构的温度调整系数，应根据式(G.1.3-1)～式(G.1.3-15)计算。

$$k_{Ti} = A_h A_E \hat{k}_{Ti}^{1+B_h+B_E} \qquad (G.1.3\text{-}1)$$

式中：　　　k_{Ti}——温度调整系数；下标 $i=1$ 对应沥青混合料层疲劳开裂分析，$i=2$ 对应无机结合料稳定层疲劳开裂分析，$i=3$ 对应路基顶面竖向压应变分析；

$\quad\quad\quad\hat{k}_{Ti}$——基准路面结构温度调整系数，按所在地查表 G.1.2 取用；

A_h,B_h,A_E,B_E——与面层、基层厚度和模量有关的函数，按式(G.1.3-2)～式(G.1.3-13)计算。

路基顶面竖向压应变：

$$A_E = 0.006\lambda_E + 0.89 \qquad (G.1.3\text{-}10)$$
$$A_h = 0.67\lambda_h + 0.70 \qquad (G.1.3\text{-}11)$$
$$B_E = 0.12\ln(\lambda_E/20) \qquad (G.1.3\text{-}12)$$
$$B_h = 0.38\ln(\lambda_h/0.45) \qquad (G.1.3\text{-}13)$$

 典型例题

例题 3-22

华南沿海城市海口市某新建二级公路，双向两车道，采用级配碎石基层沥青路面，面层与基层当量模量的比值为 0.75，当量厚度的比值为 0.25。进行公路路基顶面竖向压应变分析时，计算该路面结构的温度调整系数最接近(　　　)。

(A)0.89　　　　　(B)0.94　　　　　(C)0.97　　　　　(D)1.02

解答

根据《公路沥青路面设计规范》(JTG D50—2017)附录 G 第 G.1.2 条、第 G.1.3 条：

$A_E = 0.006\lambda_E + 0.89 = 0.006 \times 0.75 + 0.89 = 0.8945$

$A_h = 0.67\lambda_h + 0.70 = 0.67 \times 0.25 + 0.70 = 0.8675$

$B_E = 0.12\ln(\lambda_E/20) = 0.12 \times \ln(0.75/20) = -0.394$

$B_h = 0.38\ln(\lambda_h/0.45) = 0.38 \times \ln(0.25/0.45) = -0.2234$

查表 G.1.2，海口市路基顶面竖向压应变分析时基准温度调整系数为 1.65，则

$k_{Ti} = A_h A_E \hat{k}_{Ti}^{1+B_h+B_E}$

$\quad = 0.8675 \times 0.8945 \times 1.65^{1-0.394-0.2234}$

$\quad = 0.940$

答案：B

例题 3-23

海口市某新建二级公路，双向两车道，采用级配碎石基层沥青路面，进行公路路基顶面竖向压应变分析时，路面结构的温度调整系数为 0.94，设计使用年限内设计车道上的当量设计轴载累计作用次数为 6×10^6 次，则路基顶面的容许竖向压应变最接近(　　　)。

(A)358×10^{-6}　　　(B)376×10^{-6}　　　(C)386×10^{-6}　　　(D)396×10^{-6}

解答

根据《公路沥青路面设计规范》(JTG D50—2017)第 3.0.1 条，$\beta = 1.04$；附录 B 第 B.4.1 条、第 B.4.2 条：

$$[\varepsilon_z] = 1.25 \times 10^{4-0.1\beta}(k_{T3}N_{e4})^{-0.21}$$
$$= 1.25 \times 10^{4-0.1\times1.04}(0.94 \times 6 \times 10^6)^{-0.21}$$
$$= 376 \times 10^{-6}$$

答案：B

📖 **考点分析**

（1）路基顶面竖向压应变通过路基顶永久变形来控制，无刚性、半刚性基层或底基层时才计算。

（2）在计算温度调整系数 k_{T3} 时，参数 A_E、A_h、B_E、B_h 的计算应按对应的设计指标采用相应的公式计算。

考点 10 沥青面层低温开裂指数计算

📖 **条文规定**

《公路沥青路面设计规范》（JTG D50—2017）规定如下：

B.5.1 季节性冻土地区沥青面层，应按式（B.5.1）验算其低温开裂指数 CI。

$$CI = 1.95 \times 10^{-3}S_t \lg b - 0.075(T + 0.07h_a)\lg S_t + 0.15 \qquad (B.5.1)$$

式中：CI——沥青面层低温开裂指数；

  T——路面低温设计温度（℃），为连续 10 年年最低气温平均值；

  S_t——在路面低温设计温度加 10℃试验温度条件下，表面层沥青弯曲梁流变试验加载 180s 时蠕变劲度（MPa）；

  h_a——沥青结合料类材料层厚度（mm）；

  b——路基类型参数，砂 $b=5$，粉质黏土 $b=3$，黏土 $b=2$。

B.5.2 沥青面层的低温开裂指数值，应满足表 3.0.6-2 的要求。否则，应改变所选用的沥青材料，直至满足要求。

📖 **典型例题**

例题 3-24

某季节性冻土地区新建一条高速公路，双向六车道，沥青混凝土面层为三层结构，总厚度为 200mm，路基类型为粉质黏土，在路面低温设计温度加 10℃试验温度条件下，表面层沥青弯曲梁流变试验加载 180s 时蠕变劲度为 270MPa，路面低温设计温度为 -4℃，则沥青面层低温开裂指数最接近（   ）。

（A）-1.8   （B）-1.4   （C）1.8   （D）2.4

解答

根据《公路沥青路面设计规范》（JTG D50—2017）附录 B 第 B.5.1 条、第 B.5.2 条：

$$CI = 1.95 \times 10^{-3}S_t \lg b - 0.075(T + 0.07h_a)\lg S_t + 0.15$$

$$= 1.95 \times 10^{-3} \times 270 \times \lg 3 - 0.075 \times (-4 + 0.07 \times 200) \times \lg 270 + 0.15$$
$$= -1.4$$

答案:B

考点分析

按式(B.5.1)计算的沥青面层低温开裂指数不宜大于表3.0.6-2所列数值。若计算结果小于0,则表明理论上不会出现因低温导致的裂缝。

考点11　公路多年最大冻深计算

条文规定

《公路沥青路面设计规范》(JTG D50—2017)规定如下:

B.6.1　季节性冻土地区路基为中湿或潮湿状态时,应按式(B.6.1)计算公路多年最大冻深。

$$Z_{\max} = abcZ_d \qquad\qquad (B.6.1)$$

式中: $Z_{\max}$ ——公路多年最大冻深(mm);

Z_d ——大地多年最大冻深(mm),根据调查资料确定;

a ——大地冻深范围内路基、路面各层材料热物性系数,按表B.6.1-1确定;

b ——路基湿度系数,按表B.6.1-2确定;

c ——路基断面形式系数,根据表B.6.1-3按内插法确定。

路基、路面材料热物性系数 a　　　　　　　　　　　表 B.6.1-1

路基材料	黏质土	粉质土	粉土质砂	细粒土质砂、黏土质砂	含细粒土质砾(砂)
热物性系数	1.05	1.10	1.20	1.30	1.35
路面材料	水泥混凝土	沥青结合料类	级配碎石	二灰或水泥稳定粒料	二灰土及水泥土
热物性系数	1.40	1.35	1.45	1.40	1.35

路基湿度系数 b　　　　　　　　　　　表 B.6.1-2

干湿类型	干　燥	中　湿	潮　湿
湿度系数	1.0	0.95	0.90

路基断面形式系数 c　　　　　　　　　　　表 B.6.1-3

填挖形式和高(深)度	路基填土高度					路基挖方深度			
	零填	<2m	2~4m	4~6m	>6m	<2m	2~4m	4~6m	>6m
断面形式系数	1.0	1.02	1.05	1.08	1.10	0.98	0.95	0.92	0.90

典型例题

例题 3-25

某季节性冻土地区新建一条高速公路,双向六车道,根据调查资料大地多年最大冻深为600mm,路基填土高度为7m,路基干湿类型为中湿,大地冻深范围内路基、路面各层材料热物性系数加权平均值为1.24,则公路多年最大冻深为(   )。

（A）610mm
（B）724mm
（C）778mm
（D）810mm

解答

根据《公路沥青路面设计规范》(JTG D50—2017)第B.6.1条:

$$Z_{max} = abcZ_d$$
$$= 1.24 \times 0.95 \times 1.1 \times 600$$
$$= 778mm$$

答案:C

例题 3-26

某一级公路位于冻土地区,大地标准冻深为1.2m,路基处于干燥状态,路面结构为18cm沥青混凝土面层,(20+20)cm水稳碎石基层+18cm级配碎石底基层,路基填料为粉土质砂,填土高度为7m,则该公路的多年最大冻深为(   )。

（A）2.15m
（B）1.35m
（C）2.55m
（D）1.75m

解答

根据《公路沥青路面设计规范》(JTG D50—2017)表B.6.1-1,表B.6.1-2,表B.6.1-3可知:

$$a = \frac{1.35 \times 18 + 1.4 \times 40 + 1.45 \times 18 + 1.2 \times 44}{120} = 1.327$$

$$b = 1.0$$

$$c = 1.10$$

$$Z_{max} = abcZ_d = 1.327 \times 1.0 \times 1.10 \times 1.2 = 1.75m$$

答案:D

📖 **考点分析**

表B.6.1-1中列出了各种路基材料和路面材料的热物性系数a,当大地冻深范围内有不同材料层时,按厚度加权的方法计算当量热物性系数。

考点 12 沥青路面结构的验收弯沉值计算

📖 **条文规定**

《公路沥青路面设计规范》(JTG D50—2017)规定如下:

B.7.1 路基顶面验收弯沉值l_g,应按式(B.7.1)计算。

$$l_g = \frac{176pr}{E_0} \tag{B.7.1}$$

式中:l_g——路基顶面验收弯沉值(0.01mm);

p——落锤式弯沉仪承载板施加荷载(MPa);

r——落锤式弯沉仪承载板半径(mm);

E_0——平衡湿度状态下路基顶面回弹模量(MPa)。

B.7.2 宜采用落锤式弯沉仪进行路基验收,落锤式弯沉仪荷载为50kN,荷载盘半径应为150mm。路基顶面实测代表弯沉值l_0应符合式(B.7.2-1)的要求。

$$l_0 \leq l_g \tag{B.7.2-1}$$

式中:l_g——路基顶面验收弯沉值(0.01mm);

  l_0——路段内实测的路基顶面弯沉代表值(0.01mm),以1~3km为一评定路段,按式(B.7.2-2)计算:

$$l_0 = (\overline{l}_0 + \beta \cdot s)K_1 \tag{B.7.2-2}$$

  $\overline{l}_0$——路段内实测路基顶面弯沉平均值(0.01mm);

  s——路段内实测路基顶面弯沉标准差(0.01mm);

  β——目标可靠指标,根据公路等级按表3.0.1取值;

  K_1——路基顶面弯沉湿度影响系数,根据当地经验确定。

B.7.3 路表验收弯沉值l_a,应根据设计路面结构,采用弹性层状体系理论按式(B.7.3)计算。路面结构层参数应与路面结构验算时相同。路基顶面回弹模量应采用平衡湿度状态下路基顶面回弹模量乘以模量调整系数k_l。

$$l_a = p\,\overline{l}_a \tag{B.7.3}$$

$$\overline{l}_a = f\left(\frac{h_1}{\delta}, \frac{h_2}{\delta}, \cdots, \frac{h_{n-1}}{\delta}; \frac{E_2}{E_1}, \frac{E_3}{E_2}, \cdots, \frac{k_l E_0}{E_{n-1}}\right)$$

式中:$\overline{l}_a$——理论弯沉系数;

  k_l——路基顶面回弹模量调整系数,无机结合料稳定类基层沥青路面和水泥混凝土基层沥青路面,取0.5;粒料类基层沥青路面和沥青结合料类基层沥青路面,当采用无机结合料稳定底基层时,取0.5,否则取1.0;

  E_0——平衡湿度状态下路基顶面回弹模量(MPa)。

其他符号意义同式(B.1.1-3)。

B.7.4 路面交(竣)工时应对路表弯沉值进行检测。落锤式弯沉仪中心点弯沉代表值应符合式(B.7.4-1)要求:

$$l_0 \leq l_a \tag{B.7.4-1}$$

式中:l_a——路表验收弯沉值(0.01mm);

  l_0——路段内实测路表弯沉代表值(0.01mm),以1~3km为一个评定路段,按(B.7.4-2)计算:

$$l_0 = (\overline{l}_0 + \beta \cdot s)K_1 K_3 \tag{B.7.4-2}$$

  $\overline{l}_0$——路段内实测路表弯沉平均值(0.01mm);

  s——路段内实测路表弯沉标准差(0.01mm);

  β——目标可靠指标,根据公路等级按表3.0.1取值;

  K_1——路表弯沉湿度影响系数,根据当地经验确定;

  K_3——路表弯沉温度影响系数,按式(B.7.4-3)确定;

$$K_3 = e^{[9\times10^{-6}(\ln E_0 - 1)h_a + 4\times10^{-3}](20-T)} \tag{B.7.4-3}$$

  T——弯沉测定时沥青结合料类材料层中点实测或预估温度(℃);

h_a——沥青结合料类材料层厚度(mm);

E_0——平衡湿度状态下路基顶面回弹模量(MPa)。

典型例题

例题 3-27

公路自然区划Ⅳ区新建一条高速公路,双向六车道,拟采用沥青路面结构,路基施工完成后,采用落锤式弯沉仪进行路基验收,落锤式弯沉仪荷载为 50kN,荷载盘半径为 150mm,标准状态下路基动态回弹模量为 60MPa,路基湿度调整系数为 1,干湿循环或冻融循环条件下模量折减系数为 0.8,则路基顶面验收弯沉值为(   )。

(A)288(0.01mm) (B)295(0.01mm)

(C)311(0.01mm) (D)322(0.01mm)

解答

根据《公路沥青路面设计规范》(JTG D50—2017)第 B.7.1 条、第 B.7.2 条:

$$p = \frac{50 \times 10^3}{3.14 \times 0.15^2} = 0.707 \text{MPa}$$

$$E_0 = K_s M_R = 1 \times 60 = 60 \text{MPa}$$

$$l_g = \frac{176pr}{E_0}$$

$$= \frac{176 \times 0.707 \times 150}{60}$$

$$= 311(0.01\text{mm})$$

答案:C

例题 3-28(2019 年真题,根据新规范改编)

公路自然区划Ⅳ区新建高速公路,采用沥青路面结构,沥青面层总厚度为 180mm,平衡湿度状态下路基顶面回弹模量为 60MPa,路面竣工时采用落锤式弯沉仪对路表弯沉进行检测,以 2km 作为一个评定路段,测定时沥青结合料层中点实测温度为 25℃,路段内实测路表弯沉平均值为 16(0.01mm),标准差 $s = 2.1$,路表弯沉湿度影响系数为 0.9,则路段内实测路表弯沉代表值为(   )。

(A)14.8(0.01mm) (B)15.6(0.01mm)

(C)16.6(0.01mm) (D)17.8(0.01mm)

解答

根据《公路沥青路面设计规范》(JTG D50—2017)第 B.7.4 条:

$$K_3 = e^{[9 \times 10^{-6}(\ln E_0 - 1)h_a + 4 \times 10^{-3}](20 - T)}$$

$$K_3 = e^{[9 \times 10^{-6}(\ln 60 - 1) \times 180 + 4 \times 10^{-3}](20 - 25)}$$

$$= 0.95$$

$$l_0 = (\bar{l_0} + \beta \cdot s)K_1 K_3$$

$$= (16 + 1.65 \times 2.1) \times 0.9 \times 0.95$$

$$= 16.6(0.01\text{mm})$$

答案:C

例题 3-29

某二级公路,采用落锤式弯沉仪进行路基验收,落锤式弯沉仪荷载为50kN,荷载盘半径为150mm。已知平衡湿度状态下,路基顶面回弹模量为200MPa,弯沉湿度影响系数为1,路段内实测的路基顶面弯沉值如下表所示,则该路段验收弯沉值和实测弯沉值分别为多少(0.01mm)?是否满足验收要求?(   )

例题 3-29 表

测点	1	2	3	4	5
弯沉值(0.01mm)	40.9	37.4	41.2	42.5	38.6

(A)94,54,满足   (B)94,42,满足   (C)94,42,不满足   (D)94,54,不满足

解答

计算路基顶面验收弯沉值 l_g(0.01mm):

$$p = \frac{F}{\pi r^2} = \frac{50000}{\pi \times 0.15^2} = 0.71 \text{MPa}$$

$$l_g = \frac{176pr}{E_0} = \frac{176 \times 0.71 \times 150}{200} = 93.72(0.01\text{mm})$$

计算路段内实测的路基顶面弯沉代表值 l_0(0.01mm):

$$\bar{l}_0 = \frac{40.9 + 37.4 + 41.2 + 42.5 + 38.6}{5} = 40.12(0.01\text{mm})$$

$$s = \sqrt{\frac{\sum_{i=1}^{n}(l_i - \bar{l}_0)^2}{n-1}}$$

$$= \sqrt{\frac{(40.9-40.12)^2 + (37.4-40.12)^2 + (41.2-40.12)^2 + (42.5-40.12)^2 + (38.6-40.12)^2}{4}}$$

$$= 2.07(0.01\text{mm})$$

$$l_0 = (\bar{l}_0 + \beta \cdot s)K_1 = (40.12 + 1.04 \times 2.07) \times 1 = 42.27(0.01\text{mm})$$

满足 $l_0 \leqslant l_g$ 的要求。

答案:B

📖 **考点分析**

计算路基顶面验收弯沉时,E_0 为路基平衡湿度状态下的顶面回弹模量,只考虑湿度调整系数 K_s,不考虑干湿与冻融循环作用后的模量折减系数 K_η,即 $E_0 = K_s M_R$。E_0 的计算详见《公路路基设计规范》(JTG D30—2015)第3.2.5条。

考点 13　等效温度的计算

📖 **条文规定**

《公路沥青路面设计规范》(JTG D50—2017)规定如下:

G.2.1　分析沥青混合料层永久变形量时,沥青混合料层的等效温度应按式(G.2.1)

计算。

$$T_{\text{pef}} = T_{\xi} + 0.016h_a \qquad (\text{G.2.1})$$

式中:T_{pef}——沥青混合料层等效温度(℃);

h_a——沥青混合料层厚度(mm);

T_{ξ}——基准等效温度,按所在地查表 G.1.2 取用。

📖 典型例题

例题 3-30

广州市新建一级公路,双向四车道,采用水泥稳定级配碎石基层沥青路面,面层采用两层结构,上面层为 AC13 沥青混凝土,厚度为 40mm,模量为 10000MPa,下面层为 AC20 沥青混凝土,厚度为 60mm,模量为 9000MPa。分析沥青混合料层永久变形量时,沥青混合料层的等效温度应为(   )。

(A)23.4℃   (B)26.7℃

(C)27.7℃   (D)28.1℃

解答

根据《公路沥青路面设计规范》(JTG D50—2017)附录 G 中表 G.1.2,广州地区基准等效温度为 26.5℃,再根据式(G.2.1)计算如下:

$$T_{\text{pef}} = T_{\xi} + 0.016h_a$$
$$= 26.5 + 0.016 \times 100$$
$$= 28.1℃$$

答案:D

📖 考点分析

(1)计算沥青混合料层永久变形量时,在其他参数条件相同的情况下,不同地区气候条件下,其变形是不一样的,因此需引入等效温度进行修正。

(2)公式中 h_a 指的是所有沥青混合料层的厚度之和,注意单位为 mm。

考点 14　水泥路面交通荷载计算

📖 条文规定

《公路水泥混凝土路面设计规范》(JTG D40—2011)规定如下:

3.0.6　按疲劳断裂设计标准进行结构分析时,以 100kN 单轴—双轮组荷载作为设计轴载,对极重交通荷载等级的水泥混凝土路面,宜选用货车中占主要份额特重车型的轴载作为设计轴载。各级轴载作用次数 N_i,可按式(3.0.6)换算为设计轴载的作用次数 N_s。

$$N_s = \sum_{i=1}^{n} N_i \left(\frac{P_i}{P_s} \right)^{16} \qquad (3.0.6)$$

式中:P_i——第i级轴载重(kN),联轴按每一根轴载单独计;

   P_s——设计轴载重(kN);

   n——各种轴型的轴载级位数;

   N_i——i级轴载的作用次数;

   N_s——设计轴载的作用次数。

A.1 交通调查与分析

A.1.1 可利用当地交通量观测站的观测和统计资料,或者通过实地设立站点进行交通量观测和统计,获取所设计公路的初期年平均日交通量(双向)及其车辆类型组成数据,剔除2轴4轮及以下的客、货运车辆交通量,得到包括大型客车交通量在内的初期年平均日货车交通量(双向)。

A.1.2 2轴6轮及以上车辆交通量的方向分配系数应根据实际调查确定,如确有困难可在0.5~0.6范围内选用。

A.1.3 可依据设计公路的车道数,按表A.1.3确定2轴6轮及以上车辆交通量的车道分配系数。

2轴6轮及以上车辆交通量的车道分配系数 表A.1.3

单向车道数		1	2	3	≥4
车道分配系数	高速公路	—	0.70~0.85	0.45~0.60	0.40~0.50
	其他等级公路*	1.00	0.50~0.75	0.50~0.75	—

注:* 交通受非机动车和行人影响较严重的取低限,反之取高限。

初期年平均日货车交通量(双向)乘以方向分配系数和车道分配系数,即为设计车道的年平均日货车交通量(ADTT)。

A.2 轴载调查与分析

A.2.1 可通过实地设立站点进行各类车辆的轴型调查和轴重测定,或者利用该地区或相似类型公路已有称重站的车型、轴型和轴重测定统计资料,获取设计公路的车辆类型、轴型和轴重组成数据,以及最重轴载和货车中占主要份额特重车型轴载。

A.2.2 各类车辆按轴型称重和统计时,可采用以轴型为基础的轴载当量换算系数法计算分析设计车道使用初期的设计轴载日作用次数。随机统计3000辆2轴6轮及以上车辆中单轴、双联轴和三联轴等不同轴型出现的单轴次数,并分别称取其单轴轴重。可按单轴轴重级位统计整理后得到轴载谱,并按式(A.2.2-1)计算确定不同轴重级位的设计轴载当量换算系数。

$$k_{p,i} = \left(\frac{P_i}{P_s}\right)^{16} \tag{A.2.2-1}$$

式中:$k_{p,i}$——不同单轴轴重级位i的设计轴载当量换算系数;

   P_i——单轴级位i的轴重(kN);

   P_s——设计轴载的轴重(kN)。

依据单轴轴载谱和相应的设计轴载当量换算系数,可按式(A.2.2-2)计算得到设计车道使用初期的设计轴载日作用次数。

$$N_s = ADTT\frac{n}{3000}\sum_i(k_{p,i} \times p_i) \tag{A.2.2-2}$$

式中:N_s——设计车道的设计轴载日作用次数[轴次/(车道·日)];

238

$ADTT$——设计车道的年平均日货车交通量[辆/(车道·日)];

    n——随机调查3000辆2轴6轮及以上车辆中出现的单轴总轴数;

    p_i——单轴轴重级位i的频率(以分数计)。

A.2.3 以车辆类型为基础进行各种轴型的轴载称重和统计时,可采用车辆当量轴载系数法计算分析设计车道使用初期的设计轴载日作用次数。

可将2轴6轮及以上车辆分为整车、半挂和多挂3大类,每类车再按轴数细分,分别按车型称重后得到单轴轴载谱。可由式(A.2.2-1)和式(A.2.3-1)计算得到各类车辆的设计轴载当量换算系数。

$$k_{p,k} = \sum_i k_{p,i} p_i \qquad\qquad (A.2.3-1)$$

式中:$k_{p,k}$——k类车辆的设计轴载当量换算系数;

    p_i——k类车辆单轴轴重级位i的频率(以分数计)。

依据调查所得的车辆类型组成数据,可按式(A.2.3-2)计算确定设计车道使用初期的设计轴载日作用次数。

$$N_s = ADTT \times \sum_k (k_{p,k} \times p_k) \qquad\qquad (A.2.3-2)$$

式中:p_k——k类车辆的组成比例(以分数计)。

A.2.4 设计基准期内水泥混凝土路面设计车道临界荷位处所承受的设计轴载累计作用次数,应按式(A.2.4)计算确定。

$$N_e = \frac{N_s \times [(1+g_r)^t - 1] \times 365}{g_r} \times \eta \qquad\qquad (A.2.4)$$

式中:N_e——设计基准期内设计车道所承受的设计轴载累计作用次数(轴次/车道);

    t——设计基准期(a);

    g_r——基准期内货车交通量的年平均增长率(以分数计);

    η——临界荷位处的车辆轮迹横向分布系数,按表A.2.4选用。

车辆轮迹横向分布系数　　　　　　　　　　　　　表 A.2.4

公 路 等 级		纵缝边缘处
高速公路、一级公路、收费站		0.17 ~ 0.22
二级及二级以下公路	行车道宽 >7m	0.34 ~ 0.39
	行车道宽 ≤7m	0.54 ~ 0.62

注:车道、行车道较窄或者交通量较大时,取高值;反之,取低值。

📖 **规范条文解析**

表A.2.4的表注,部分版本的规范中规定为"车道、行车道较宽时取高值",描述有误,新版规范和本书已勘误。《城镇道路路面设计规范》(CJJ 169—2012)表3.2.4的表注描述同样有误,但是未见官方勘误。

📖 **典型例题**

例题3-31

公路自然区划Ⅳ区拟新建一条一级公路,双向四车道,行车道宽度较窄,路面拟采用水泥混凝土路面,基层选用水泥稳定碎石。经交通调查得知,设计车道使用初期的设计轴载日作用次数为 7000 次,交通量平均增长率为 5.5%。则设计基准期内水泥混凝土路面设计车道临界荷位处所承受的设计轴载累计作用次数为(   )。

(A)3.38×10^6 次

(B)3.38×10^7 次

(C)4.07×10^6 次

(D)4.07×10^7 次

解答

根据《公路水泥混凝土路面设计规范》(JTG D40—2011)第 3.0.1 条、第 3.0.7 条和第 A.2.4 条。

$$N_e = \frac{N_s \times \left[(1 + g_r)^t - 1 \right] \times 365}{g_r} \times \eta$$

式中:N_e——设计基准期内设计车道所承受的设计轴载累计作用次数(轴次/车道);

N_s——设计车道的设计轴载日作用次数[轴次/(车道·日)],根据题目取 7000;

t——设计基准期(a),按表 3.0.1,可知一级公路设计基准期为 30 年;

g_r——基准期内货车交通量的年平均增长率(以分数计),根据题目取 0.055;

η——临界荷位处的车辆轮迹横向分布系数,按表 A.2.4,取为 0.17~0.22,车道、行车道较窄或者交通量较大时,取高值,因此取 0.22。

$$N_e = \frac{7000 \times \left[(1 + 0.055)^{30} - 1 \right] \times 365}{0.055} \times 0.22$$

$$= 4.07 \times 10^7 \text{次}$$

答案:D

例题 3-32

公路自然区划Ⅳ区拟新建一条二级公路,双向两车道,路面宽度为 7m,路面拟采用水泥混凝土路面,基层选用水泥稳定碎石。根据工程可行性研究报告可知路段所在地区近期交通量组成与轴载换算,详见下表,表中交通量较大,为双向交通量,方向系数取 0.55,预测交通量 20 年内增长率均为 5%。则设计基准期内水泥混凝土路面设计车道所承受的设计轴载累计作用次数为(   )。

近期交通量组成与轴载换算   例题 3-32 表

车型分类	汽车车型	前轴重(kN)	后轴重(kN)	后轴数	后轴轮组数	日交通量(辆/d)
小客车	桑塔纳 2000	9	6.4	1	1	1300
中客车	江淮 AL6600	17.0	26.5	1	2	110
大客车	黄海 DD680	49.0	91.5	1	2	90
轻型货车	北京 BJ130	13.4	27.4	1	2	330
中型货车	东风 EQ140	23.6	69.3	1	2	240
大型货车	黄河 JN163	58.6	114.0	1	2	130
铰接挂车	东风 SP9250	50.7	113.3	3	2	40

240

(A)11.25×10^5 次   (B)7.38×10^6 次

(C)9.13×10^5 次   (D)8.08×10^6 次

解答

根据《公路水泥混凝土路面设计规范》(JTG D40—2011)第 3.0.6 条、第 A.1.2 条、第 A.1.3 条和第 A.2.4 条。

η 为临界荷位处的车辆轮迹横向分布系数,按表 A.2.4,取为 0.54~0.62。

需剔除 2 轴 4 轮及以下的客、货运车辆交通量,因此不计算小客车轴载。

方向分配系数取 0.55;车道分配系数取 1。设计车道各种车型车道平均日交通量分别为:中客车 60.5 辆/d;大客车 49.5 辆/d;轻型货车 181 辆/d;中型货车 132 辆/d;大型货车 71.5 辆/d;铰接挂车 22 辆/d。

根据式(3.0.6):

$$N_s = \sum_{i=1}^{n} N_i \left(\frac{P_i}{P_s} \right)^{16}$$

$$
\begin{aligned}
&= 60.5 \times \left[(17/100)^{16} + (26.5/100)^{16} \right] + 49.5 \times \left[(49/100)^{16} + \right.\\
&\quad \left. (91.5/100)^{16} \right] + 181 \times \left[(13.4/100)^{16} + (27.4/100)^{16} \right] +\\
&\quad 132 \times \left[(23.6/100)^{16} + (69.3/100)^{16} \right] + 71.5 \times \left[(58.6/100)^{16} + \right.\\
&\quad \left. (114/100)^{16} \right] + 22 \times \left[(50.7/100)^{16} + 3 \times (113.3/100)^{16} \right]
\end{aligned}
$$

$$= 1080 \text{ 次}$$

$$N_e = \frac{N_s \times \left[(1 + g_r)^t - 1 \right] \times 365}{g_r} \times \eta$$

$$= \frac{1080 \times \left[(1 + 0.05)^{20} - 1 \right] \times 365}{0.05} \times 0.62$$

$$= 8.08 \times 10^6 \text{ 次}$$

答案:D

📖 **考点分析**

(1)根据不同等级公路采用不同设计基准期 t。

(2)需剔除 2 轴 4 轮及以下的客、货运车辆交通量。

(3)N_s 如果没有直接给出数据,则根据式(A.2.2-2)或式(A.2.3-2)计算确定。

(4)注意表 A.2.4 的注,根据附注取高值或者低值。

考点 15 水泥路面交通荷载分级

📖 **条文规定**

《公路水泥混凝土路面设计规范》(JTG D40—2011)规定如下:

3.0.1 各级公路水泥混凝土路面结构的设计安全等级及相应的设计基准期、目标可靠指标与目标可靠度,应符合表3.0.1的规定。二级及二级以下公路路面结构破坏可能产生很严重后果时,可提高一级安全等级。

可靠度设计标准 表3.0.1

公路等级	高速	一级	二级	三级	四级
安全等级	一级		二级	三级	
设计基准期(a)	30		20	15	10
目标可靠度(%)	95	90	85	80	70
目标可靠指标	1.64	1.28	1.04	0.84	0.52

3.0.7　水泥混凝土路面设计车道在设计基准期内所承受的设计轴载累计作用次数应按附录A进行调查和分析,按设计基准期内设计车道临界荷位处所承受的设计轴载累计作用次数分为5级,分级范围见表3.0.7。

交通荷载分级 表3.0.7

交通荷载等级	极重	特重	重	中等	轻
设计基准期内设计车道承受设计轴载(100kN)累计作用次数 N_e(10⁴)	$>1 \times 10^6$	$1 \times 10^6 \sim 2000$	$2000 \sim 100$	$100 \sim 3$	<3

典型例题

例题 3-33

公路自然区划Ⅳ区拟新建一条高速公路,双向四车道,行车道宽度较小,路面拟采用水泥混凝土路面,基层选用水泥稳定碎石。经交通调查得知,设计车道使用初期的设计轴载日作用次数为6500次,交通量平均增长率为6%。则该道路交通荷载等级属于(　　　　)。

（A）极重交通荷载　　　　　　　（B）特重交通荷载
（C）重交通荷载　　　　　　　　（D）中等交通荷载

解答

根据《公路水泥混凝土路面设计规范》(JTG D40—2011)第3.0.1条、第3.0.7条和第A.2.4条。

η 为临界荷位处的车辆轮迹横向分布系数,按表A.2.4,取为0.17～0.22,车道、行车道较窄或者交通量较大时,取高值,因此取0.22。

$$N_e = \frac{N_s \times [(1+g_r)^t - 1] \times 365}{g_r} \times \eta$$

$$= \frac{6500 \times [(1+0.06)^{30} - 1] \times 365}{0.06} \times 0.22$$

$$= 4.12 \times 10^7 \text{ 次}$$

查表3.0.7可知,属于特重交通荷载。

答案: B

例题 3-34

若例题 3-33 中路床填料由细粒土组成,其余条件不变,则路面层结构以下设置合理的是( )。

　　(A)水泥稳定碎石基层 + 水泥稳定碎石底基层
　　(B)水泥稳定碎石基层 + 级配砾石底基层
　　(C)水泥稳定碎石基层
　　(D)水泥稳定碎石基层 + 级配碎石底基层

解答

特重交通荷载等级时,由第4.4.3条可知,基层下应设置底基层,因此 C 选项错误;上路床为细粒土,基层下设置粒料类底基层,因此 A 选项错误;再由表4.4.2-2,特重交通荷载等级应采用级配碎石,因此 B 错误。

　　答案:D

📖 **考点分析**

(1)结合前面的考点确定 N_s。

(2)交通荷载分级,沥青路面采用累计交通量,水泥路面采用累计轴次,均剔除了 2 轴 4 轮及以下车辆。

(3)注意表3.0.7中 N_e 的单位为 10^4,计算结果要除以 10^4 后查表3.0.7得到相应的交通荷载等级。

考点 16　季节性冰冻地区水泥路面结构层厚度计算

📖 **条文规定**

《公路水泥混凝土路面设计规范》(JTG D40—2011)规定如下:

3.0.9　在季节性冰冻地区,路面结构层的总厚度不应小于表3.0.9规定的最小防冻厚度。

水泥混凝土路面结构层最小防冻厚度(单位:m)　　　　　　表3.0.9

路基干湿类型	路基土类别	当地最大冰冻深度(m)			
		0.50~1.00	1.00~1.50	1.50~2.00	>2.00
中湿路基	易冻胀土	0.30~0.50	0.40~0.60	0.50~0.70	0.60~0.95
	很易冻胀土	0.40~0.60	0.50~0.70	0.60~0.85	0.70~1.10
潮湿路基	易冻胀土	0.40~0.60	0.50~0.70	0.60~0.90	0.75~1.20
	很易冻胀土	0.45~0.70	0.55~0.80	0.70~1.00	0.80~1.30

注:1.易冻胀土——细粒土质砾(GM、GC)、除极细粉土质砂外的细粒土质砂(SM、SC)、塑性指数小于12的黏质土(CL、CH)。

2.很易冻胀土——粉质土(ML、MH)、极细粉土质砂(SM)、塑性指数在12~22之间的黏质土(CL)。

3.冻深小或填方路段,或基、垫层采用隔温性能良好的材料,可采用低值;冻深大或挖方及地下水位高的路段,或基、垫层采用隔温性能稍差的材料,应采用高值。

4.冻深小于0.50m的地区,可不考虑结构层防冻厚度。

4.3 垫层

4.3.1 遇有以下情况时,应在基层或底基层下设置垫层:

1 季节性冰冻地区,路面结构厚度小于最小防冻厚度要求(表3.0.9)时,应设置防冻垫层,使路面结构厚度符合要求。

2 水文地质条件不良的土质路堑,路床土湿度较大时,宜设置排水垫层。

4.3.2 垫层应与路基同宽,厚度不得小于150mm。

4.3.3 防冻垫层和排水垫层宜采用碎石、砂砾等颗粒材料。

📖 典型例题

例题 3-35

新建一条二级公路位于季节性冰冻地区,某挖方路段路基属于中湿型塑性指数为15的低液限粉质黏土,当地最大冰冻深度为2.0m,设计拟定的水泥混凝土面层厚25cm,水泥稳定碎石基层厚20cm,级配碎石底基层厚20cm时,下列垫层厚度方案比较经济合理的是(   )。

(A)0cm   (B)15cm

(C)20cm   (D)25cm

解答

根据《公路水泥混凝土路面设计规范》(JTG D40—2011)第3.0.9条中表3.0.9,路基土的塑性指数为15,根据注2中湿路基很易冻胀土水泥混凝土路面结构层最小防冻厚度为0.60~0.85m,根据注3,本路段为挖方路基且当地最大冰冻深度为2.0m,故应选择上限值,即85cm。

水泥混凝土路面结构厚度为25 + 20 + 20 = 65cm。

根据《公路水泥混凝土路面设计规范》(JTG D40—2011)第4.3.1条,结构层最小防冻厚度超出面层和基层厚度的总厚度部分可用基层下的垫层(防冻层)来补足。因此路面总厚度小于防冻厚度要求时,应以垫层厚度补足,且垫层厚度不得小于15cm。垫层厚度为85 - 65 = 20cm。

答案:C

📖 考点分析

(1)注意表3.0.9的注,冻深小于0.5m的地区不考虑结构层防冻厚度;大于0.5m的地区,首先根据附注确定路基土类别,再根据附注3确定取高值还是低值。

(2)垫层最小厚度不得小于150mm。

(3)路基干湿类型判断参见路基章节,考试可能综合出题。

考点17 钢筋混凝土面层配筋计算

📖 条文规定

《公路水泥混凝土路面设计规范》(JTG D40—2011)规定如下:

6.2.1 钢筋混凝土面层的配筋量应按式(6.2.1)确定。

$$A_s = \frac{16L_s h\mu}{f_{sy}} \qquad (6.2.1)$$

式中：A_s——每延米混凝土面层宽(或长)所需的钢筋面积(mm^2)；

L_s——计算纵向钢筋时，为横缝间距(m)；计算横向钢筋时，为无拉杆的纵缝或自由边之间的距离(m)；

h——面层厚度(mm)；

μ——面层与基层之间的摩阻系数，按附录表 E.0.3-3 选用；

f_{sy}——钢筋的屈服强度(MPa)，按附录表 E.0.4 选用。

6.2.2 纵向和横向钢筋宜采用相同或相近的直径，直径差不应大于4mm。钢筋的最小直径和最大间距，应符合表6.2.2的规定。钢筋的最小间距宜为集料最大粒径的2倍。

钢筋最小直径和最大间距(单位:mm)　　　　　　　　　表6.2.2

钢筋类型	最小直径	纵向钢筋最大间距	横向钢筋最大间距
光圆钢筋	8	150	300
螺纹钢筋	12	350	600

6.2.3 钢筋布置应符合下列要求：

1 纵向钢筋应设在面层顶面下 1/3~1/2 厚度范围内，在不影响施工的情况下宜设在接近面层顶面下 1/3 厚度处。

2 横向钢筋应位于纵向钢筋之下。

3 纵向钢筋的搭接长度宜大于35倍钢筋直径，搭接位置应错开，各搭接端连线与纵向钢筋的夹角应小于60°。

4 边缘钢筋至纵缝或自由边的距离宜为 100~150mm。

混凝土面层与基层间摩阻系数经验参考值　　　　　　　　表 E.0.3-3

基层材料	取值范围	代表值
级配碎石、级配砾石或碎砾石	0.5~4.0	2.5
沥青混凝土、沥青碎石	2.5~15	7.5
无机结合料稳定粒料	3.5~13	8.9
贫混凝土、碾压混凝土	3.0~20	8.5

注:当基层不是沥青混合料，但基层与面层间设置沥青隔层时，摩阻系数按照沥青混合料基层时选取。

E.0.4 钢筋强度和弹性模量经验参考值见表 E.0.4。

钢筋强度和弹性模量经验参考值　　　　　　　　表 E.0.4

钢筋种类	钢筋直径 d(mm)	屈服强度 f_{sy}(MPa)	弹性模量 E_s(MPa)
HPB235	6~22	235	210000
HPB300		300	
HRB335	6~50	335	200000
HRB400		400	
HRB500		500	

例题 3-36

某二级公路,路面采用水泥混凝土面层,其中局部路段路面下埋设有地下设施,拟使用接缝设置传力杆的钢筋混凝土路面,钢筋混凝土面板横缝间距为 7m,面层厚 220mm,基层使用水泥稳定砂砾。钢筋使用 HPB235,直径为 16mm。则钢筋混凝土面层的纵向钢筋配筋量最接近(   )。

(A)933mm^2 (B)756mm^2

(C)687mm^2 (D)569mm^2

解答

根据《公路水泥混凝土路面设计规范》(JTG D40—2011)第 6.2.1 条、第 E.0.3 条和第 E.0.4 条。

$$A_s = \frac{16 L_s h \mu}{f_{sy}}$$

式中：L_s——计算纵向钢筋时,为横向间距,$L_s = 7m$;

　　　h——面层厚度,$h = 220mm$;

　　　μ——面层与基层之间的摩阻系数,按附录表 E.0.3-3 选用。基层使用水泥稳定砂砾,为无机结合料稳定粒料,$\mu = 8.9$;

　　　f_{sy}——钢筋的屈服强度,按附录 E 中表 E.0.4 选用。钢筋使用 HPB235,$f_{sy} = 235$。

$$A_s = \frac{16 L_s h \mu}{f_{sy}}$$

$$= \frac{16 \times 7 \times 220 \times 8.9}{235}$$

$$= 933.2 mm^2$$

答案:A

 考点分析

计算纵向钢筋时,L_s 为横缝间距(m);计算横向钢筋时,L_s 为无拉杆的纵缝或自由边之间的距离(m)。

考点 18　混凝土配合比设计时的试配弯拉强度计算

 条文规定

《公路水泥混凝土路面设计规范》(JTG D40—2011)规定如下:

7.5.5 混凝土配合比设计时的混合料试配弯拉强度的均值,应按式(7.5.5)确定。

$$f_m = \frac{f_r}{1 - 1.04c_v} + ts \tag{7.5.5}$$

式中:f_m——混凝土试配弯拉强度的均值(MPa);

f_r——混凝土弯拉强度标准值(MPa);

c_v——混凝土弯拉强度的变异系数,参照表3.0.2取用;

s——混凝土弯拉强度试验样本的标准差;

t——保证率系数,按样本数和判别概率参照表7.5.5确定。

变异系数 c_v 的范围 表3.0.2

变异水平等级	低	中	高
水泥混凝土弯拉强度	$0.05 \leqslant c_v \leqslant 0.10$	$0.10 < c_v \leqslant 0.15$	$0.15 < c_v \leqslant 0.20$
基层顶面当量回弹模量	$0.15 \leqslant c_v \leqslant 0.25$	$0.25 < c_v \leqslant 0.35$	$0.35 < c_v \leqslant 0.55$
水泥混凝土面层厚度	$0.02 \leqslant c_v \leqslant 0.04$	$0.04 < c_v \leqslant 0.06$	$0.06 < c_v \leqslant 0.08$

保 证 率 系 数 表7.5.5

公 路 等 级	判 别 概 率	样 本 数			
		6	9	15	20
高速公路	0.05	0.79	0.61	0.45	0.39
一级公路	0.10	0.59	0.46	0.35	0.30
二级公路	0.15	0.46	0.37	0.28	0.24
三、四级公路	0.20	0.37	0.29	0.22	0.19

📖 **典型例题**

例题 3-37

自然区划Ⅳ区新建一级公路,路面采用水泥混凝土面层,面层厚220mm,混凝土弯拉强度标准值为4.5MPa,基层使用水泥稳定砂砾。水泥混凝土路面施工前进行混凝土配合比设计时,混凝土弯拉强度试验样本的标准差为0.06,样本数为9个,变异系数为0.10,混合料试配弯拉强度的均值为(　　)。

(A)4.25MPa　　　　　　　　　　(B)4.68MPa

(C)5.04MPa　　　　　　　　　　(D)5.36MPa

解答

根据《公路水泥混凝土路面设计规范》(JTG D40—2011)第7.5.5条:

$$f_m = \frac{f_r}{1 - 1.04c_v} + ts$$

式中:f_m——混凝土试配弯拉强度的均值(MPa);

f_r——混凝土弯拉强度标准值(MPa),根据题目取4.5MPa;

c_v——混凝土弯拉强度的变异系数,参照表3.0.2,高速公路、一级公路的变异水平等级

宜为低级,根据题目取 0.1;

　　s——混凝土弯拉强度试验样本的标准差,根据题目取 0.06;

　　t——保证率系数,按样本数和判别概率参照表 7.5.5,查表 7.5.5 取 0.46。

$$f_m = \frac{f_r}{1 - 1.04c_v} + ts$$

$$= \frac{4.5}{1 - 1.04 \times 0.1} + 0.46 \times 0.06$$

$$= 5.04 \text{MPa}$$

答案:C

📖 考点分析

　　(1)如果题目未给出混凝土弯拉强度标准值,只给了交通荷载等级,可参照表 3.0.8 取值。

　　(2)变异系数根据第 3.0.2 条的规定在低、中、高中取值。

　　(3)《城镇道路路面设计规范》(CJJ 169—2012)式(6.4.2)与《公路水泥混凝土路面设计规范》(JTG D40—2011)式(7.5.5)相同。

　　(4)城镇道路荷载等级为轻交通时,混凝土的弯拉强度标准值不低于 4.5MPa,而公路为 4.0MPa,计算时要注意查表取值。

考点 19　旧混凝土面层的弯拉强度标准值

📖 条文规定

《公路水泥混凝土路面设计规范》(JTG D40—2011)规定如下:

8.4.2　旧混凝土面层的弯拉强度标准值可采用钻孔芯样的劈裂试验测定结果按式(8.4.2-1)和式(8.4.2-2)计算确定。

$$f_r = 1.87 f_{sp}^{0.87} \tag{8.4.2-1}$$

$$f_{sp} = \overline{f}_{sp} - 1.04 s_{sp} \tag{8.4.2-2}$$

上述式中:f_r——旧混凝土面层的弯拉强度标准值(MPa);

　　f_{sp}——旧混凝土面层的劈裂强度标准值(MPa);

　　$\overline{f}_{sp}$——旧混凝土面层的劈裂强度测定值的均值(MPa);

　　s_{sp}——旧混凝土面层的劈裂强度测定值的标准差(MPa)。

《城镇道路路面设计规范》(CJJ 169—2012)规定如下:

6.8.4　旧混凝土路面结构参数调查应符合下列规定:

2　旧混凝土面层弯拉强度的标准值可采用钻孔芯样的劈裂试验测定结果按下列公式计算确定:

$$f'_r = 0.621 f_{sp} + 2.64 \tag{6.8.4-2}$$

$$f_{sp} = \overline{f}_{sp} - 1.04 s_{sp} \tag{6.8.4-3}$$

式中: f'_r——旧混凝土弯拉强度标准值(MPa);

f_{sp}——旧混凝土劈裂强度标准值(MPa);

$\overline{f}_{sp}$——旧混凝土劈裂强度测定值的均值(MPa);

s_{sp}——旧混凝土劈裂强度测定值的标准差(MPa)。

例题 3-38

自然区划Ⅳ区拟对某旧混凝土路面进行改造,现状路面面层厚220mm,现状基层使用水泥稳定碎石。对现状旧路面采用钻孔芯样进行劈裂试验,劈裂强度测定值的均值为2.54MPa,劈裂强度测定值的标准差为0.08,则旧混凝土面层的弯拉强度标准值最接近( )。

(A)3.65MPa (B)3.88MPa

(C)4.08MPa (D)4.40MPa

解答

根据《公路水泥混凝土路面设计规范》(JTG D40—2011)第8.4.2条:

$\overline{f}_{sp}$为旧混凝土面层的劈裂强度测定值的均值,根据题目取2.54;

s_{sp}为旧混凝土面层的劈裂强度测定值的标准差,根据题目取0.08。

$$f_{sp} = \overline{f}_{sp} - 1.04 s_{sp}$$
$$= 2.54 - 1.04 \times 0.08$$
$$= 2.45 \text{MPa}$$
$$f_r = 1.87 f_{sp}^{0.87}$$
$$= 1.87 \times 2.45^{0.87}$$
$$= 4.08 \text{MPa}$$

答案:C

(1)如果题目未给出旧混凝土面层的劈裂强度测定值的均值和标准差,给出一系列劈裂强度测定数据,均值采用算术平均,方差 $s^2 = \left[(x_1 - x)^2 + (x_2 - x)^2 + \cdots + (x_n - x)^2 \right] / (n - 1)$,标准差 = 方差的算术平方根。

(2)公路与城镇道路旧混凝土劈裂强度标准值的计算公式相同,但是弯拉强度标准值的计算式略有不同,需注意区分。

考点20 旧混凝土面层的弯拉弹性模量标准值

《公路水泥混凝土路面设计规范》(JTG D40—2011)规定如下:

8.4.3 旧混凝土面层的弯拉弹性模量标准值可按式(8.4.3)计算确定。

$$E_c = \frac{10^4}{0.09 + \dfrac{0.96}{f_r}}$$

(8.4.3)

式中：E_c——旧混凝土面层的弯拉弹性模量标准值(MPa)；

f_r——旧混凝土面层的弯拉强度标准值(MPa)。

《城镇道路路面设计规范》(CJJ 169—2012)规定如下：

6.8.4 旧混凝土路面结构参数调查应符合下列规定：

3 旧混凝土面层弯拉弹性模量标准值可按下式计算：

$$E_c' = \frac{10^4}{0.0915 + \dfrac{0.9634}{f_r'}}$$

(6.8.4-4)

式中：E_c'——旧混凝土的弯拉弹性模量标准值(MPa)。

 典型例题

例题 3-39

自然区划Ⅳ区拟对某旧混凝土路面进行改造，现状路面面层厚 240mm，现状基层使用水泥稳定碎石。对现状旧路面采用钻孔芯样进行劈裂试验，劈裂强度测定值的均值为 2.16MPa，劈裂强度测定值的标准差为 0.07，则旧混凝土面层的弯拉弹性模量标准值最接近(　　)。

(A)24.4GPa

(B)27.7GPa

(C)29.4GPa

(D)30.9GPa

解答

根据《公路水泥混凝土路面设计规范》(JTG D40—2011)第8.4.3条：

$f_{sp} = \overline{f}_{sp} - 1.04 s_{sp} = 2.16 - 1.04 \times 0.07 = 2.09\text{MPa}$

$f_r = 1.87 f_{sp}^{0.87} = 1.87 \times 2.60^{0.87} = 3.55\text{MPa}$

$E_c = \dfrac{10^4}{0.09 + \dfrac{0.96}{f_r}} = \dfrac{10^4}{0.09 + \dfrac{0.96}{3.55}} = 27.7\text{GPa}$

答案：B

例题 3-40

题干同例题 3-39，道路为城市道路，那么旧混凝土面层的弯拉弹性模量标准值最接近(　　)。

(A)24.4GPa

(B)27.4GPa

(C)29.7GPa

(D)30.9GPa

解答

根据《城镇道路路面设计规范》(CJJ 169—2012)式(6.8.4-2)：

$f_{sp} = 2.16 - 1.04 \times 0.07 = 2.09\text{MPa}$

$f_r' = 0.621 f_{sp} + 2.64 = 0.621 \times 2.09 + 2.64 = 3.936\text{MPa}$

$$E'_c = \frac{10^4}{0.0915 + \dfrac{0.9634}{f'_r}} = \frac{10^4}{0.0915 + \dfrac{0.9634}{3.936}} = 29.738\text{GPa}$$

答案:C

📖 考点分析

旧混凝土面层弯拉强度标准值的计算见前面考点,但是要注意城市道路和公路计算略有不同。

考点21 旧混凝土路面基层顶面的当量回弹模量标准值

📖 条文规定

《公路水泥混凝土路面设计规范》(JTG D40—2011)规定如下:

8.4.4 旧混凝土路面基层顶面的当量回弹模量标准值,宜采用落锤式弯沉仪(设计荷载100kN、承载板半径150mm)量测板中荷载作用下的弯沉曲线,按式(8.4.4-1)和式(8.4.4-2)确定。

$$E_t = 100\text{e}^{3.60 + 24.03w_0^{-0.057} - 15.63SI^{0.222}} \tag{8.4.4-1}$$

$$SI = \frac{w_0 + w_{300} + w_{600} + w_{900}}{w_0} \tag{8.4.4-2}$$

上述式中: E_t——基层顶面的当量回弹模量标准值(MPa);

$\qquad\qquad$ SI——路面结构的荷载扩散系数;

$\qquad\qquad$ w_0——荷载中心处的弯沉值(μm);

w_{300}、w_{600}、w_{900}——分别为距离荷载中心300mm、600mm和900mm处的弯沉值(μm)。

当采用落锤式弯沉仪的条件受限时,也可选择在清除断裂混凝土板后的基层顶面进行梁式弯沉测量,而后按附录B[式(B.2.5)]反算,或者根据基层钻芯的材料组成及性能情况依经验确定。

📖 典型例题

例题3-41

自然区划Ⅳ区拟对某旧混凝土路面进行改造,现状路面面层厚240mm,现状基层使用水泥稳定碎石。采用落锤式弯沉仪(设计荷载100kN、承载板半径150mm)量测板中荷载作用下的弯沉曲线,荷载中心处的弯沉值为28μm,距离荷载中心300mm、600mm和900mm处的弯沉值分别为19μm、11μm和6μm,则旧混凝土路面基层顶面的当量回弹模量标准值最接近(　　)。

(A)9280MPa　　　　　　　　　　　(B)9990MPa

(C)10340MPa　　　　　　　　　　　(D)10990MPa

解答

根据《公路水泥混凝土路面设计规范》(JTG D40—2011)第8.4.4条:

$$SI = \frac{w_0 + w_{300} + w_{600} + w_{900}}{w_0}$$

$$= \frac{28 + 19 + 11 + 6}{28}$$

$$= 2.28$$

$$E_t = 100\ e^{3.6 + 24.03 w_0^{0.057} - 15.63 SI^{0.222}}$$

$$= 100 \times e^{3.6 + 24.03 \times 28^{-0.057} - 15.63 \times 2.28^{0.222}}$$

$$= 10994 \text{MPa}$$

答案:D

📖 考点分析

(1)该类型题目看上去比较简单,但是可能有陷阱。公路水泥路面一般情况下采用落锤式弯沉仪(荷载 100kN、承载板半径 150mm)量测板检测的数据,则采用式(8.4.4-1)和式(8.4.4-2)计算;如果采用贝克曼梁(后轴重 100kN 的车辆)弯沉检测的数据,则采用式(B.2.5-2)和式(B.2.5-3)计算。

(2)若在旧沥青路面上铺筑混凝土面层时,落锤式弯沉仪荷载为 50kN,承载板半径 150mm,E_t 则采用式(B.2.5-1)计算。

(3)注意对比公路沥青路面的相关考点,《公路沥青路面设计规范》(JTG D50—2017)B.7.2采用的设计荷载 50kN、荷载盘半径 150mm 的落锤式弯沉仪。

(4)《城镇道路路面设计规范》(CJJ 169—2012)式(6.5.1-12)、式(6.8.4-5)、式(6.8.4-6)与公路规范相同,计算过程是相通的。

考点 22　混凝土板应力分析力学模型的确定

📖 条文规定

《公路水泥混凝土路面设计规范》(JTG D40—2011)规定如下:

B.1.1　按基层和面层类型和组合的不同,路面结构分析可分别采用下述力学模型:

1　弹性地基单层板模型——适用于粒料基层上混凝土面层,旧沥青路面加铺混凝土面层;面层板底面以下部分按弹性地基处理。

2　弹性地基双层板模型——适用于无机结合料类基层或沥青类基层上混凝土面层,旧混凝土路面上加铺分离式混凝土面层;面层和基层或者新旧面层作为双层板,基层底面以下或者旧面层底面以下部分按弹性地基处理。

3　复合板模型——适用于两层不同性能材料组成的面层或基层复合板。旧混凝土路面上加铺结合式混凝土面层,两层不同性能材料组成的层间黏结的面层,作为弹性地基上的单层板或者弹性地基上双层板的上层板;无机结合料类基层或沥青类基层与无机结合料类底基层组成的基层,作为弹性地基上双层板的下层板。

B.1.2　混凝土面层板的临界荷位位于纵缝边缘中部。基层板的临界荷位与面层板相同。

例题 3-42

某地拟新建一条一级公路,经交通分析,属于重交通荷载等级,拟订路面结构组合如下:面层为水泥混凝土,基层为水泥稳定碎石,底基层为级配碎石,垫层为天然砂砾。进行结构分析时,该路面应采用的力学模型是(   )。

(A)弹性地基单层板模型   (B)复合板模型

(C)弹性地基双层板模型   (D)结合板模型

解答

根据《公路水泥混凝土路面设计规范》(JTG D40—2011)第 B.1.1 条,弹性地基双层板模型适用于无机结合料类基层或沥青类基层上混凝土面层,旧混凝土路面上加铺分离式混凝土面层;面层和基层或者新旧面层作为双层板,基层底面以下或者旧面层底面以下部分按弹性地基处理。

答案:C

考点分析

了解水泥混凝土路面设计理论与方法。旧沥青路面做基层和新建沥青柔性基层采用不同的力学模型;旧水泥混凝土板加铺水泥混凝土板,分离式和结合式采用不同的力学模型。

考点 23 弹性地基单层板的疲劳荷载应力计算

条文规定

《公路水泥混凝土路面设计规范》(JTG D40—2011)规定如下:

B.2.1 设计轴载在面层板临界荷位处产生的荷载疲劳应力应按式(B.2.1)确定。

$$\sigma_{pr} = k_r k_f k_c \sigma_{ps} \tag{B.2.1}$$

式中:σ_{pr}——设计轴载在面层板临界荷位处产生的荷载疲劳应力(MPa);

  σ_{ps}——设计轴载在四边自由板临界荷位处产生的荷载应力(MPa),按 B.2.2 条确定;

  k_r——考虑接缝传荷能力的应力折减系数,采用混凝土路肩时,$k_r = 0.87 \sim 0.92$(路肩面层与路面面层等厚时取低值,减薄时取高值);采用柔性路肩或土路肩时,$k_r = 1$;

  k_f——考虑设计基准期内荷载应力累计疲劳作用的疲劳应力系数,按 B.2.3 条确定;

  k_c——考虑计算理论与实际差异以及动载等因素影响的综合系数,按公路等级查表 B.2.1 确定。

综合系数 k_c   表 B.2.1

公路等级	高速公路	一级公路	二级公路	三、四级公路
k_c	1.15	1.10	1.05	1.00

B.2.2 设计轴载在四边自由板临界荷位处产生的荷载应力 σ_{ps} 应按式(B.2.2-1)计算。

$$\sigma_{ps} = 1.47 \times 10^{-3} r^{0.70} h_c^{-2} P_s^{0.94} \qquad (B.2.2-1)$$

$$r = 1.21 (D_c / E_t)^{1/3} \qquad (B.2.2-2)$$

$$D_c = \frac{E_c h_c^3}{12(1 - \nu_c^2)} \qquad (B.2.2-3)$$

上述式中：P_s——设计轴载的单轴重（kN）；

h_c、E_c、ν_c——混凝土面层板的厚度（m）、弯拉弹性模量（MPa）和泊松比；

r——混凝土面层板的相对刚度半径（m），按式（B.2.2-2）计算；

D_c——混凝土面层板的截面弯曲刚度（MN·m），按式（B.2.2-3）计算；

E_t——板底地基当量回弹模量（MPa），新建公路按 B.2.4 条确定，旧柔性路面上加铺混凝土面层按 B.2.5 条确定。

B.2.3 设计基准期内的荷载疲劳应力系数 k_f 应按式（B.2.3-1）计算。

$$k_f = N_e^{\lambda} \qquad (B.2.3-1)$$

式中：N_e——设计基准期内设计轴载累计作用次数，按附录 A 式（A.2.4）计算；

λ——材料疲劳指数，普通混凝土、钢筋混凝土、连续配筋混凝土，$\lambda = 0.057$；碾压混凝土和贫混凝土，$\lambda = 0.065$；钢纤维混凝土，按式（B.2.3-2）计算；

$$\lambda = 0.053 - 0.017 \rho_f \frac{l_f}{d_f} \qquad (B.2.3-2)$$

ρ_f——钢纤维的体积率（%）；

l_f——钢纤维的长度（mm）；

d_f——钢纤维的直径（mm）。

《城镇道路路面设计规范》（CJJ 169—2012）规定如下：

6.5.1 单层混凝土板荷载应力分析应按下列步骤进行：

3 标准轴载在四边自由板临界荷位处产生的荷载应力应按下列公式确定：

$$\sigma_{ps} = 0.077 \times r^{0.60} \times h^{-2} \qquad (6.5.1-2)$$

$$r = 0.537 h \left(\frac{E_c}{E_t} \right)^{1/3} \qquad (6.5.1-3)$$

式中：r——单层混凝土板的相对刚度半径（m）；

h——混凝土板的厚度（m）；

E_c——水泥混凝土的弯拉弹性模量（MPa）；

E_t——基层顶面的当量回弹模量（MPa）。

📖 典型例题

例题 3-43

南方地区新建一条二级公路，双向两车道，采用普通水泥混凝土面层，路面宽度 10.0m，厚度为 0.24m，弯拉强度要求为 4.5MPa，弹性模量和泊松比分别为 29GPa 和 0.15；基层选用级配碎石，厚 0.20m，弹性模量为 300MPa。路肩面层与行车道面层等厚并设拉杆相连。板底地基当量回弹模量为 110MPa。则路面板在临界荷位处产生的荷载应力最接近（ ）。

(A)1.583MPa　　(B)1.685MPa　　(C)1.775MPa　　(D)1.850MPa

解答

根据《公路水泥混凝土路面设计规范》（JTG D40—2011）第 B.1.1 条、第 B.2.1 条、第 B.2.2 条、第 B.2.3 条和第 E.0.3 条：

$$D_c = \frac{E_c h_c^3}{12(1 - \nu_c^2)} = \frac{29000 \times 0.24^3}{12 \times (1 - 0.15^2)} = 34.2 \text{MN} \cdot \text{m}$$

$$r = 1.21 \left(\frac{D_c}{E_t}\right)^{1/3} = 1.21 \times \left(\frac{34.2}{110}\right)^{1/3} = 0.82\text{m}$$

$$\sigma_{ps} = 1.47 \times 10^{-3} r^{0.70} h_c^{-2} P_s^{0.94}$$

$$= 1.47 \times 10^{-3} \times 0.82^{0.7} \times 0.24^{-2} \times 100^{0.94} = 1.685\text{MPa}$$

答案：B

例题 3-44

南方地区新建一条二级公路，双向两车道，采用普通水泥混凝土面层，路面宽度为 10.0m，厚度为 0.24m，弯拉强度要求为 4.5MPa，路肩面层与行车道面层等厚并设拉杆相连，基层选用级配碎石，厚 0.20m，弹性模量为 300MPa。设计基准期内设计车道设计轴载累计作用次数为 140 万次，路肩面层与行车道面层等厚并设拉杆相连。路面板在四边自由板临界荷位处产生的荷载应力为 1.685MPa，则设计轴载在面层板临界荷位处产生的荷载疲劳应力最接近（　　）。

（A）3.45MPa　　　　（B）3.55MPa　　　　（C）3.65MPa　　　　（D）3.75MPa

解答

根据《公路水泥混凝土路面设计规范》（JTG D40—2011）第 B.1.1 条、第 B.2.1 条、第 B.2.2 条、第 B.2.3 条和第 E.0.3 条：

采用混凝土路肩时，$k_r = 0.87 \sim 0.92$，路肩面层与路面面层等厚时取低值，取 0.87；k_c 按公路等级查表 B.2.1 确定，二级公路取 1.05，则

$$k_f = N_e^{0.057} = (140 \times 10^4)^{0.057} = 2.24$$

$$\sigma_{pr} = k_r k_f k_c \sigma_{ps} = 0.87 \times 2.24 \times 1.05 \times 1.685 = 3.45\text{MPa}$$

答案：A

📖 **考点分析**

（1）本考点为弹性地基单层板荷载应力计算，解题时首先应判断是否为单层板。

（2）P_s 为设计轴载，一般情况下以 100kN 单轴—双轮组荷载作为设计轴载。

（3）根据《公路水泥混凝土路面设计规范》（JTG D40—2011）第 3.0.6 条，对于极重交通荷载等级的水泥混凝土路面，宜选用货车占主要份额特重车型的轴载作为设计轴载。

（4）解题时应注意各参数的单位，混凝土路面计算时，厚度单位均为 m（沥青路面均为 mm）；混凝土面层弯拉弹性模量单位应将 GPa 换算为 MPa 代入计算。

（5）《城镇道路路面设计规范》（CJJ 169—2012）在临界荷位处产生的荷载疲劳应力计算公式（6.5.1-1）与《公路水泥混凝土路面设计规范》（JTG D40—2011）式（B.2.1）相同；荷载疲劳应力系数计算公式式（6.5.1-4）、式（6.5.1-5）与《公路水泥混凝土路面设计规范》（JTG D40—2011）式（B.2.3-1）、式（B.2.3-2）相同。关于四边自由板临界荷位处荷载应力 σ_{ps} 的计

算公式,城市道路和公路不同,已在本书中列出。

考点24　新建公路的板底地基当量回弹模量 E_t

📖 条文规定

《公路水泥混凝土路面设计规范》(JTG D40—2011)规定如下:

B.2.4　新建公路的板底地基当量回弹模量 E_t 应按式(B.2.4-1)计算。

$$E_t = \left(\frac{E_x}{E_0}\right)^{\alpha} E_0 \tag{B.2.4-1}$$

$$\alpha = 0.86 + 0.26\ln h_x \tag{B.2.4-2}$$

$$E_x = \sum_{i=1}^{n}(h_i^2 E_i)\Big/\sum_{i=1}^{n} h_i^2 \tag{B.2.4-3}$$

$$h_x = \sum_{i=1}^{n} h_i \tag{B.2.4-4}$$

上述式中: E_0 ——路床顶综合回弹模量(MPa);

　　α ——与粒料层总厚度 h_x 有关的回归系数,按式(B.2.4-2)计算;

　　E_x ——粒料层的当量回弹模量(MPa),按式(B.2.4-3)计算;

　　h_x ——粒料层的总厚度(m),按式(B.2.4-4)计算;

　　n ——粒料层的层数;

　　E_i 、 h_i ——第 i 结构层的回弹模量(MPa)与厚度(m)。

《城镇道路路面设计规范》(CJJ 169—2012)规定如下:

6.5.1　单层混凝土板荷载应力分析应按下列步骤进行:

5　新建道路的基层顶面当量回弹模量可按下列公式计算确定:

$$E_t = a h_x^b E_0 \left(\frac{E_x}{E_0}\right)^{1/3} \tag{6.5.1-6}$$

$$E_x = \frac{h_1^2 E_1 + h_2^2 E_2}{h_1^2 + h_2^2} \tag{6.5.1-7}$$

$$h_x = \left(\frac{12 D_x}{E_x}\right)^{1/3} \tag{6.5.1-8}$$

$$D_x = \frac{E_1 h_1^3 + E_2 h_2^3}{12} + \frac{(h_1 + h_2)^2}{4}\left(\frac{1}{E_1 h_1} + \frac{1}{E_2 h_2}\right)^{-1} \tag{6.5.1-9}$$

$$a = 6.22\left[1 - 1.51\left(\frac{E_x}{E_0}\right)^{-0.45}\right] \tag{6.5.1-10}$$

$$b = 1 - 1.44\left(\frac{E_x}{E_0}\right)^{-0.55} \tag{6.5.1-11}$$

式中: E_t ——基层顶面的当量回弹模量(MPa);

　　E_0 ——路床顶面的回弹模量(MPa);

　　E_x ——基层或垫层的当量回弹模量(MPa);

　　E_1 、 E_2 ——基层或垫层的回弹模量(MPa);

　　h_x ——基层或垫层的当量厚度(m);

D_x——基层或垫层的当量弯曲刚度(MN·m);

h_1、h_2——基层或垫层的厚度(m);

a、b——与 E_x/E_0 有关的回归系数。

📖 **典型例题**

例题 3-45

公路自然区划Ⅳ区新建一条二级公路,双向两车道,采用普通水泥混凝土面层厚度为 0.24m,弯拉强度要求为 4.5MPa,混凝土面层的弹性模量和泊松比分别为 29GPa 和 0.15;基层选用级配碎石,厚 0.20m,弹性模量为 300MPa。路床顶面综合回弹模量为 50MPa。则混凝土板底地基当量回弹模量最接近( )。

(A)110.4MPa　　　　(B)120.4MPa　　　　(C)127.8MPa　　　　(D)133.3MPa

解答

根据《公路水泥混凝土路面设计规范》(JTG D40—2011)第 B.2.4 条:

$$E_x = \sum_{i=i}^{n}(h_i^2 E_i) / \sum_{i=1}^{n} h_i^2 = 0.2^2 \times 300 / 0.2^2 = 300\text{MPa}$$

$$h_x = \sum_{i=1}^{n} h_i = 0.2\text{m}$$

$$\alpha = 0.86 + 0.26\ln h_x = 0.86 + 0.26 \times \ln 0.2 = 0.442$$

$$E_t = \left(\frac{E_x}{E_0}\right)^{\alpha} E_0 = \left(\frac{300}{50}\right)^{0.442} \times 50 = 110.4\text{MPa}$$

答案:A

例题 3-46

某城市支路,双向两车道,采用普通水泥混凝土面层厚度为 22cm,弯拉强度要求为 4.5MPa。基层选用级配碎石,厚 20cm,弹性模量 300MPa。路床顶面回弹模量按规范最小要求取值,则混凝土板底地基当量回弹模量为( )。

(A)110.4MPa　　　　(B)57.255MPa　　　　(C)78.2MPa　　　　(D)130.4MPa

解答

因面层为水泥混凝土,基层为级配碎石,为单层混凝土板。

根据《城镇道路路面设计规范》(CJJ 169—2012)第 4.1.2 条,城市支路的路床回弹模量 E_0 最小为 20MPa,根据第 6.5.1 条第 5 款,计算如下:

$$E_x = \frac{h_1^2 E_1 + h_2^2 E_2}{h_1^2 + h_2^2} = 300\text{MPa}$$

$$a = 6.22\left[1 - 1.51\left(\frac{E_x}{E_0}\right)^{-0.45}\right] = 6.22\left[1 - 1.51\left(\frac{300}{20}\right)^{-0.45}\right] = 3.44$$

$$b = 1 - 1.44\left(\frac{E_x}{E_0}\right)^{-0.55} = 1 - 1.44\left(\frac{300}{20}\right)^{-0.55} = 0.675$$

$$D_x = \frac{E_1 h_1^3 + E_2 h_2^3}{12} + \frac{(h_1 + h_2)^2}{4}\left(\frac{1}{E_1 h_1} + \frac{1}{E_2 h_2}\right)^{-1} = \frac{300 \times 0.2^3}{12} + \frac{0.2^2}{4} \times \left(\frac{1}{300 \times 0.2}\right)^{-1} =$$

$$0.8\text{MN·m}$$

$$h_x = \left(\frac{12D_x}{E_x} \right)^{1/3} = \left(\frac{12 \times 1.6}{300} \right)^{1/3} = 0.31748$$

$$E_t = ah_x^b F_0 \left(\frac{E_x}{E_0} \right)^{1/3} = 3.44 \times 0.2^{0.675} \times 20 \left(\frac{300}{20} \right)^{1/3} = 78.2127\text{MPa}$$

答案:C

📖 **考点分析**

(1)本考点为弹性地基单层板的板底地基当量回弹模量计算,解题时首先应根据基层和面层类型判断是否为单层板。

(2)如果题目中没有给出路床顶面综合回弹模量数值,公路可以参照《公路水泥混凝土路面设计规范》(JTG D40—2011)第4.2.2条取值。城镇道路可参照《城镇道路路面设计规范》(CJJ 169—2012)第4.1.2条取值。

考点25 旧沥青混凝土路面顶面的地基综合当量回弹模量

📖 **条文规定**

《公路水泥混凝土路面设计规范》(JTG D40—2011)规定如下:

B.2.5 在旧沥青混凝土路面上铺筑水泥混凝土面层时,原沥青混凝土路面顶面的地基综合当量回弹模量 E_t 可根据落锤式弯沉仪(荷载50kN、承载板半径150mm)的中心点弯沉的测定结果应按式(B.2.5-1),或根据贝克曼梁(后轴重100kN的车辆)的弯沉测定结果,按式(B.2.5-2)计算确定。

$$E_t = 18621/w_0 \tag{B.2.5-1}$$
$$E_t = 13739w_0^{-1.04} \tag{B.2.5-2}$$
$$w_0 = \bar{w} + 1.04s_w \tag{B.2.5-3}$$

上述式中:w_0——路段代表弯沉值(0.01mm),按式(B.2.5-3)计算;

$\bar{w}$——路段弯沉平均值(0.01mm);

s_w——路段弯沉的标准差(0.01mm)。

《城镇道路路面设计规范》(CJJ 169—2012)规定如下:

6.5.1 单层混凝土板荷载应力分析应按下列步骤进行:

6 在柔性路面上铺筑水泥混凝土面层时,旧柔性路面顶面的当量回弹模量可按下式计算确定:

$$E_t = 13739w_0^{-1.04} \tag{6.5.1-12}$$

式中:w_0——以后轴载100kN的车辆进行弯沉测定,经统计整理后得到的旧路面计算回弹弯沉值(0.01mm)。

📖 **典型例题**

例题3-47

拟对某旧沥青混凝土路面进行改造,现状沥青路面面层两层厚100mm,现状基层使用水泥稳定碎石。采用落锤式弯沉仪（设计荷载 50kN、承载板半径 150mm）量测板中荷载作用下的弯沉曲线，荷载中心处的弯沉值平均值为 35（0.01mm），标准差为 0.97，则原沥青混凝土路面顶面的地基综合当量回弹模量最接近（   ）。

（A）517.1MPa   （B）330.6MPa   （C）40340kPa   （D）3.299GPa

解答

根据《公路水泥混凝土路面设计规范》（JTG D40—2011）第 B.2.5 条：

$$w_0 = \bar{w} + 1.04\, s_w = 35 + 1.04 \times 0.97 = 36.0$$

$$E_t = 18621/\, w_0 = 18621/36.0 = 517.1\text{MPa}$$

答案：A

📖 **考点分析**

（1）本考点为弹性地基单层板荷载疲劳应力计算，解题时首先应判断是否为单层板。

（2）如果采用落锤式弯沉仪（设计荷载 50kN、承载板半径 150mm）量测板检测的数据，则采用式（B.2.5-1）和式（B.2.5-3）计算；如果采用贝克曼梁（后轴重 100kN 的车辆）弯沉检测的数据，则采用式（B.2.5-2）和式（B.2.5-3）计算；《公路水泥混凝土路面设计规范》（JTG D40—2011）第 8.4.4 条规定，旧混凝土路面基层顶面回弹模量在满足上述试验条件时，计算方法与之相同。

（3）《城镇道路路面设计规范》（CJJ 169—2012）式（6.5.1-12）与《公路水泥混凝土路面设计规范》（JTG D40—2011）式（B.2.5-4）相同。

考点 26　弹性地基单层板的最大荷载应力计算

📖 **条文规定**

《公路水泥混凝土路面设计规范》（JTG D40—2011）规定如下：

B.2.6　最重轴载在面层板临界荷位处产生的最大荷载应力，应按式（B.2.6）计算。

$$\sigma_{p,max} = k_r k_c \sigma_{pm} \qquad (B.2.6)$$

式中：$\sigma_{p,max}$——最重轴载 P_m 在面层板临界荷位处产生的最大荷载应力（MPa）；

σ_{pm}——最重轴载 P_m 在四边自由板临界荷位处产生的最大荷载应力（MPa），按式（B.2.2-1）计算，式中的设计轴载 P_s 改为最重轴载 P_m（以单轴计，kN）。

📖 **典型例题**

例题 3-48

南方地区新建一条二级公路，双向两车道，采用普通水泥混凝土面层，厚度为 0.24m，弯拉强度要求为 4.5MPa，弹性模量和泊松比分别为 29GPa 和 0.15；基层选用级配碎石，厚 0.20m，弹性模量为 300MPa。路肩面层与行车道面层等厚并设拉杆相连。板底地基当量回弹模量为 110MPa。最重轴载为 150kN，则路面板在临界荷位处产生的最大荷载应力最接近（   ）。

(A)1.67MPa (B)1.79MPa (C)1.98MPa (D)2.24MPa

解答

根据《公路水泥混凝土路面设计规范》(JTG D40—2011)第 B.1.1 条、第 B.2.1 条、第 B.2.2条、第 B.2.6条：

$$D_c = \frac{E_c h_c^3}{12(1 - \nu_c^2)} = \frac{29000 \times 0.24^3}{12 \times (1 - 0.15^2)} = 34.2 \text{MN} \cdot \text{m}$$

$$r = 1.21 (D_c / E_t)^{1/3} = 1.21 \times \left(\frac{34.2}{110}\right)^{1/3} = 0.82\text{m}$$

$$\sigma_{pm} = 1.47 \times 10^{-3} r^{0.70} h_c^{-2} P_m^{0.94}$$
$$= 1.47 \times 10^{-3} \times 0.82^{0.7} \times 0.24^{-2} \times 150^{0.94} = 2.46\text{MPa}$$

$$\sigma_{p,max} = k_r k_c \sigma_{pm} = 0.87 \times 1.05 \times 2.46 = 2.24\text{MPa}$$

答案：D

📖 **考点分析**

(1)本考点为弹性地基单层板荷载应力计算，解题时首先应判断是否为单层板。

(2)设计轴载改为最重轴载 P_m，按式(B.2.2-1)计算。

(3)在计算最重轴载在临界荷位处产生的最大应力时，不考虑疲劳应力系数 k_f，只考虑系数 k_r、k_c。

考点 27　弹性地基单层板温度应力

📖 **条文规定**

《公路水泥混凝土路面设计规范》(JTG D40—2011)规定如下：

B.3.1　在面层板临界荷位处产生的温度疲劳应力应按式(B.3.1) 计算。

$$\sigma_{tr} = k_t \sigma_{t,max} \qquad (B.3.1)$$

式中：σ_{tr}——面层板临界荷位处的温度疲劳应力(MPa)；

$\sigma_{t,max}$——最大温度梯度时面层板产生的最大温度应力(MPa)，按 B.3.2 条确定；

k_t——考虑温度应力累计疲劳作用的温度疲劳应力系数，按 B.3.4 条确定。

B.3.2　最大温度梯度时混凝土面层板最大温度应力 $\sigma_{t,max}$ 应按式(B.3.2)计算。

$$\sigma_{t,max} = \frac{\alpha_c E_c h_c T_g}{2} B_L \qquad (B.3.2)$$

式中：α_c——混凝土的线膨胀系数，根据粗集料的岩性按表 E.0.3-2 取用；

T_g——公路所在地 50 年一遇的最大温度梯度，查表 3.0.10 取用；

B_L——综合温度翘曲应力和内应力的温度应力系数，按 B.3.3 条确定。

B.3.3　综合温度翘曲应力和内应力的温度应力系数 B_L 应按式(B.3.3-1)计算。

$$B_L = 1.77e^{-4.48h_c} C_L - 0.131(1 - C_L) \qquad (B.3.3-1)$$

$$C_L = 1 - \frac{\sinh t \cos t + \cosh t \sin t}{\cos t \sin t + \sinh t \cosh t} \qquad (B.3.3-2)$$

$$t = \frac{L}{3r} \tag{B.3.3-3}$$

上述式中：C_L——混凝土面层板的温度翘曲应力系数，按式（B.3.3-2）计算；

L——面层板的横缝间距，即板长（m）；

r——面层板的相对刚度半径（m）。

B.3.4 温度疲劳应力系数 k_t 应按式（B.3.4）计算。

$$k_t = \frac{f_r}{\sigma_{t,max}} \left[a_t \left(\frac{\sigma_{t,max}}{f_r} \right)^{b_t} - c_t \right] \tag{B.3.4}$$

式中：a_t、b_t、c_t——回归系数，按所在地区的公路自然区划查表 B.3.4 确定。

回归系数 a_t、b_t 和 c_t 表 B.3.4

系　　数	公路自然区划					
	II	III	IV	V	VI	VII
a_t	0.828	0.855	0.841	0.871	0.837	0.834
b_t	1.323	1.355	1.323	1.287	1.382	1.270
c_t	0.041	0.041	0.058	0.071	0.038	0.052

水泥混凝土线膨胀系数经验参考值   表 E.0.3-2

粗集料类型	石英岩	砂岩	砾石	花岗岩	玄武岩	石灰岩
水泥混凝土线膨胀系数（10^{-6}/℃）	12	12	11	10	9	7

3.0.10 水泥混凝土面层的最大温度梯度标准值 T_g 可按公路所在地的公路自然区划按表 3.0.10 选用。

最大温度梯度标准值 T_g 表 3.0.10

公路自然区划	II、V	III	IV、VI	VII
最大温度梯度（℃/m）	83～88	90～95	86～92	93～98

注：海拔高时，取高值；湿度大时，取低值。

📖 典型例题

例题 3-49

公路自然区划IV区新建一条二级公路，拟采用普通水泥混凝土面层，初拟路面厚度为 0.24m，弯拉强度要求为 4.5MPa，弯拉弹性模量和泊松比分别为 29GPa 和 0.15；基层选用级配碎石，厚 0.20m，弹性模量 300MPa，混凝土面层板的相对刚度半径为 0.78。当地的粗集料以花岗岩为主，经交通调查属中等交通荷载等级。混凝土面板平面尺寸为 4.5m×3.5m，纵缝为设拉杆平缝形式。横缝为不设传力杆假缝形式，综合温度翘曲应力和内应力的温度应力系数为 0.465。则面板的最大温度应力最接近（　　　）。

（A）1.425MPa   （B）1.463MPa

（C）1.487MPa   （D）1.501MPa

解答

根据《公路水泥混凝土路面设计规范》(JTG D40—2011)第 B.3.2 条。

查表 E.0.3-2，花岗岩粗集料 α_c 取 10×10^{-6}；查表 3.0.10，Ⅳ区最大温度梯度标准值 T_g 取 88；根据题目，B_L 取 0.465，则

$$\sigma_{t,max} = \frac{\alpha_c E_c h_c T_g}{2} B_L$$

$$= \frac{10 \times 10^{-6} \times 29000 \times 0.24 \times 88}{2} \times 0.465$$

$$= 1.425 MPa$$

答案：A

📖 **考点分析**

(1)本考点为弹性地基单层板荷载应力计算，解题时首先应判断是否为单层板。

(2)如果题目没有综合温度翘曲应力和内应力的温度应力系数，则按式(B.3.3-1)计算。

(3)E_c 为混凝土面层的弯拉弹性模量，而非弯拉强度、抗压强度等，注意公式单位为 MPa，如果题目中未给出数据，则参照表 E.0.3-1 取值。

(4)h_c 为水泥混凝土面层板厚度，单位为 m。

(5)《城镇道路路面设计规范》(CJJ 169—2012)第 6.5.2 条关于单层混凝土板温度应力分析计算公式与公路基本相同，计算方法相通。

考点28　弹性地基双层板荷载应力计算

📖 **条文规定**

《公路水泥混凝土路面设计规范》(JTG D40—2011)规定如下：

B.4.1　面层板或上面层板的荷载疲劳应力 σ_{pr} 应按式(B.2.1)计算。其中，荷载疲劳应力系数 k_f、应力折减系数 k_r 和综合系数 k_c 的确定方法，与单层板的相同；设计轴载 P_s 在上层板临界荷位处产生的荷载应力 σ_{ps} 应按式(B.4.1-1)确定。

$$\sigma_{ps} = \frac{1.45 \times 10^{-3}}{1 + D_b/D_c} r_g^{0.65} h_c^{-2} P_s^{0.94} \tag{B.4.1-1}$$

$$D_b = \frac{E_b h_b^3}{12(1 - \nu_b^2)} \tag{B.4.1-2}$$

$$r_g = 1.21 \left[(D_c + D_b)/E_t \right]^{1/3} \tag{B.4.1-3}$$

上述式中：D_b——下层板的截面弯曲刚度(MN·m)，按式(B.4.1-2)计算；

　　h_b、E_b、ν_b——下层板的厚度(m)、弯拉弹性模量(MPa)和泊松比；

　　　　r_g——双层板的总相对刚度半径(m)，按式(B.4.1-3)计算；

　　h_c、D_c——上层板的厚度(m)和截面弯曲刚度(MN·m)，按式(B.2.2-3)计算。

B.4.2 贫混凝土或碾压混凝土基层板或者下面层板的荷载疲劳应力,应按式(B.4.2-1)计算。其中,疲劳应力系数 k_f 和综合系数 k_c 的确定方法与单层板的确定方法相同;设计轴载 P_s 在下层板临界荷位处产生的荷载应力应按式(B.4.2-2)计算。

$$\sigma_{bpr} = k_f k_c \sigma_{bps} \qquad (B.4.2-1)$$

$$\sigma_{bps} = \frac{1.41 \times 10^{-3}}{1 + D_c/D_b} r_g^{0.68} h_b^{-2} P_s^{0.94} \qquad (B.4.2-2)$$

上述式中:σ_{bpr}——下层板的荷载疲劳应力(MPa);

σ_{bps}——设计轴载 P_s 在下层板临界荷位处产生的荷载应力(MPa)。

《城镇道路路面设计规范》(CJJ 169—2012)规定如下:

6.5.3 双层混凝土板荷载应力分析应按下列步骤进行:

1 双层混凝土板的临界荷位为板的纵向边缘中部。标准轴载在临界荷位处产生的上层和下层混凝土板的荷载疲劳应力 σ_{pr1} 和 σ_{pr2},分别按式(6.5.1-1)计算确定;但结合式双层板仅需计算下层板的荷载疲劳应力 σ_{pr2}。其中,应力折减系数、荷载疲劳应力系数和综合系数的确定方法,与单层混凝土板完全相同。

2 标准轴载在临界荷位处产生的分离式双层板上层和下层的荷载应力或者结合式双层板下层的荷载应力,应按下列公式计算:

$$\sigma_{pr1} = 0.077 \, r_g^{0.60} \frac{E_{c1} h_{01}}{12 D_g} \qquad (6.5.3-1)$$

$$\sigma_{pr2} = 0.077 \, r_g^{0.60} \frac{E_{c2}(0.5h_{02} + h_x k_u)}{6 D_g} \qquad (6.5.3-2)$$

式中:σ_{pr1}、σ_{pr2}——双层混凝土板上层和下层的荷载应力(MPa);

E_{c1}、E_{c2}——双层混凝土板上层和下层的弯拉弹性模量(MPa);

h_{01}、h_{02}——双层混凝土板上层和下层的厚度(m);

h_x——下层板中面至结合式双层板中性面的距离(m);

k_u——层间结合系数,分离时,$k_u = 0$;结合式时,$k_u = 1$;

D_g——双层混凝土板的截面总刚度(MN·m);

r_g——双层混凝土板的相对刚度半径(m)。

3 下层板中面至结合式双层板中性面的距离可按下式计算:

$$h_x = \frac{E_{c1} h_{01}(h_{01} + h_{02})}{2(E_{c1} h_{01} + E_{c2} h_{02})} \qquad (6.5.6-3)$$

4 双层混凝土板的截面总刚度为上层板和下层板对各自中面的弯曲刚度以及由截面轴向力所构成的弯曲刚度三者之和,应按下式计算:

$$D_g = \frac{E_{c1} h_{01}^3}{12} + \frac{E_{c2} h_{02}^3}{12} + \frac{E_{c1} h_{01} E_{c2} h_{02}(h_{01} + h_{02})^2}{4(E_{c1} h_{01} + E_{c2} h_{02})} k_u \qquad (6.5.3-4)$$

5 双层混凝土板的相对刚度半径应按下式计算:

$$r_g = 1.23 \left(\frac{D_g}{E_t} \right)^{1/3} \qquad (6.5.3-5)$$

例题 3-50

南方地区新建一条一级公路,双向四车道,采用普通水泥混凝土面层,路面宽度为 10.0m,厚度为 0.24m,弯拉强度要求为 4.5MPa,弹性模量和泊松比分别为 29GPa 和 0.15;基层选用水泥稳定级配碎石,厚 0.20m,弹性模量 2200MPa,泊松比为 0.2。路肩面层与行车道面层等厚并设拉杆相连。板底地基当量回弹模量为 120MPa。则设计轴载 P_s 在上层板临界荷位处产生的荷载应力最接近(　　)。

（A）1.59MPa　　　　　　　　　　　　（B）1.62MPa

（C）1.66MPa　　　　　　　　　　　　（D）1.70MPa

解答

根据《公路水泥混凝土路面设计规范》(JTG D40—2011)第 B.4.1 条、第 B.4.2 条:

$$D_c = \frac{E_c h_c^3}{12(1 - \nu_c^2)} = \frac{29000 \times 0.24^3}{12 \times (1 - 0.15^2)} = 34.1 \text{MN} \cdot \text{m}$$

$$D_b = \frac{E_b h_b^3}{12(1 - \nu_b^2)} = \frac{2200 \times 0.20^3}{12 \times (1 - 0.2^2)} = 1.52 \text{MN} \cdot \text{m}$$

$$r_g = 1.21 \left(\frac{D_c + D_b}{E_t}\right)^{1/3} = 1.21 \times \left(\frac{34.1 + 1.52}{120}\right)^{1/3} = 0.807 \text{m}$$

$$\sigma_{ps} = \frac{1.45 \times 10^{-3}}{1 + D_b/D_c} r_g^{0.65} h_c^{-2} P_s^{0.94}$$

$$= \frac{1.45 \times 10^{-3}}{1 + \frac{1.52}{34.1}} \times 0.807^{0.65} \times 0.24^{-2} \times 100^{0.94}$$

$$= 1.59 \text{MPa}$$

答案:A

考点分析

(1)本考点为弹性地基双层板荷载应力计算,解题时首先应判断是否为双层板。

(2)D_c 为混凝土面板的截面弯曲刚度,如题目没有给出数值,则按式(B.2.2-3)计算。

(3)D_b 为下层板的截面弯曲刚度,如题目没有给出数值,则按式(B.4.1-2)计算。

(4)r_g 为双层板的总相对刚度半径,如题目没有给出数值,则按式(B.4.1-3)计算。

(5)下标 c 表示上层板,即上面混凝土板相关参数,下标 b 表示下层板相关参数。

(6)P_s 为设计轴载,一般情况下以 100kN 单轴—双轮组荷载作为设计轴载。根据《公路水泥混凝土路面设计规范》(JTG D40—2011)第 3.0.6 条,对于极重交通荷载等级的水泥混凝土路面,宜选用货车占主要份额特重车型的轴载作为设计轴载。

(7)关于双层板荷载应力计算,公路与城市道路计算公式区别较大,本书已作出对比。

考点 29　贫混凝土或碾压混凝土基层板或下面层板荷载疲劳应力计算

《公路水泥混凝土路面设计规范》(JTG D40—2011)规定如下：

B.4.2　贫混凝土或碾压混凝土基层板或者下面层板的荷载疲劳应力,应按式(B.4.2-1)计算。其中,疲劳应力系数 k_f 和综合系数 k_c 的确定方法与单层板的确定方法相同;设计轴载 P_s 在下层板临界荷位处产生的荷载应力应按式(B.4.2-2)计算。

$$\sigma_{bpr} = k_f k_c \sigma_{bps} \qquad (B.4.2-1)$$

$$\sigma_{bps} = \frac{1.41 \times 10^{-3}}{1 + D_c/D_b} r_g^{0.68} h_b^{-2} P_s^{0.94} \qquad (B.4.2-2)$$

上述式中: σ_{bpr} ——下层板的荷载疲劳应力(MPa);

σ_{bps} ——设计轴载 P_s 在下层板临界荷位处产生的荷载应力(MPa)。

例题 3-51

公路自然区划 V 区新建高速公路,设计基准期内设计车道标准荷载累计作用次数为 3.352×10^7 次,最重轴载 250kN。路面拟采用普通水泥混凝土面层,初拟路面厚度为 0.26m,弯拉强度要求为 5.5MPa,弯拉弹性模量和泊松比分别为 31GPa 和 0.15;基层选用碾压混凝土,厚 0.20m,弯拉弹性模量为 27GPa,泊松比为 0.15,面层与基层之间设置 40mm 厚的沥青混凝土夹层,底基层选用级配碎石。板底地基当量回弹模量为 120MPa。则碾压混凝土基层的荷载疲劳应力为(　　)。

(A)1.59MPa (B)1.82MPa

(C)2.16MPa (D)2.66MPa

解答

$$D_c = \frac{E_c h_c^3}{12(1 - \nu_c^2)} = \frac{31000 \times 0.26^3}{12 \times (1 - 0.15^2)} = 46.5\text{MPa}$$

$$D_b = \frac{E_b h_b^3}{12(1 - \nu_b^2)} = \frac{27000 \times 0.20^3}{12 \times (1 - 0.15^2)} = 18.4\text{MPa}$$

$$r_g = 1.21 \left(\frac{D_c + D_b}{E_t}\right)^{1/3} = 1.21 \times \left(\frac{46.5 + 18.4}{120}\right)^{1/3} = 0.986\text{m}$$

$$\sigma_{bps} = \frac{1.41 \times 10^{-3}}{1 + \dfrac{D_c}{D_b}} r_g^{0.68} h_b^{-2} P_s^{0.94}$$

$$= \frac{1.41 \times 10^{-3}}{1 + 46.5/18.4} \times 0.986^{0.68} \times 0.2^{-2} \times 100^{0.94} = 0.751\text{MPa}$$

$$k_f = N_e^\lambda = (3.352 \times 10^7)^{0.065} = 2.24$$

$$\sigma_{bpr} = k_f k_c \sigma_{bps} = 3.084 \times 1.15 \times 0.751 = 2.663\text{MPa}$$

答案:D

📖 考点分析

(1)本考点为弹性地基双层板荷载应力计算,解题时首先应判断是否为双层板。

(2)式(B.4.1-1)可用来计算上层板荷载疲劳应力,式(B.4.2-1)可用来计算下层板荷载疲劳应力。

(3)P_s 为设计轴载,一般情况下以 100kN 单轴—双轮组荷载作为设计轴载。根据《公路水泥混凝土路面设计规范》(JTG D40—2011)第 3.0.6 条,对于极重交通荷载等级的水泥混凝土路面,宜选用货车占主要份额特重车型的轴载作为设计轴载。

考点 30   弹性地基双层板最大荷载应力计算

📖 条文规定

《公路水泥混凝土路面设计规范》(JTG D40—2011)规定如下:

B.4.3   最重轴载在上层板临界荷位处产生的最大荷载应力应按式(B.2.6)计算。其中,应力折减系数 k_r 和综合系数 k_c 应按 B.2.1 条确定;最重轴载在四边自由板临界荷位处产生的最大荷载应力应按式(B.4.1-1)计算,式中的设计轴载 P_s 改为最重轴载 P_m(以单轴计,kN)。

📖 典型例题

例题 3-52

公路自然区划 V 区新建一条一级公路,双向四车道,采用普通水泥混凝土面层,设计基准期内设计轴载累计作用次数为 600×10^4 次,最重轴载为 160kN。面板厚度为 0.26m,弯拉强度要求为 5.0MPa,基层选用水泥稳定级配碎石,厚 0.20m,面板和基层的截面弯曲刚度分别为 43.5MN·m 和 1.52MN·m,路肩面层与行车道面层等厚并设拉杆相连。板底地基当量回弹模量为 120MPa。则最重轴载 P_m 在上层板临界荷位处产生的荷载应力最接近(   )。

(A)2.13MPa   (B)2.35MPa

(C)2.47MPa   (D)2.68MPa

解答

根据《公路水泥混凝土路面设计规范》(JTG D40—2011)第 B.2.1 条、第 B.4.1 条、第 B.4.3 条:

$$k_r = 0.87$$

$$k_c = 1.1$$

$$r_g = 1.21 \left(\frac{D_c + D_b}{E_t} \right)^{1/3} = 1.21 \times \left(\frac{43.5 + 1.52}{120} \right)^{1/3} = 0.873\text{m}$$

$$\sigma_{pm} = \frac{1.45 \times 10^{-3}}{1 + \dfrac{D_c}{D_b}} r_g^{0.65} h_b^{-2} P_m^{0.94}$$

$$= \frac{1.45 \times 10^{-3}}{1 + 1.52/43.5} \times 0.873^{0.65} \times 0.26^{-2} \times 160^{0.94} = 2.23\text{MPa}$$

$$\sigma_{p,max} = k_r k_c \sigma_{pm} = 0.87 \times 1.1 \times 2.23 = 2.13\text{MPa}$$

答案:A

📖 **考点分析**

(1)本考点为弹性地基双层板荷载应力计算,解题时首先应判断是否为双层板。

(2)设计轴载改为最重轴载 P_m,按式(B.4.1-1)计算。

(3)在计算最重轴载在临界荷位处产生的最大应力时,不考虑疲劳应力系数 k_f,只考虑系数 k_r、k_c,与单层板一致。

(4)混凝土板应力计算,包括复合板应力的计算等过程较复杂,考生应主要掌握计算原理和方法。

考点 31 水泥路面结构组合及接缝设计

📖 **条文规定**

《公路水泥混凝土路面设计规范》(JTG D40—2011)规定如下:

4.4.10 硬路肩采用混凝土面层时,基层的结构与厚度应与行车道相同。基层的宽度应比混凝土面层每侧宽出300mm(小型机具施工时)或650mm(滑模式摊铺机施工时)。

5.2.1 纵向接缝的布设应视路面总宽度、行车道及硬路肩宽度以及施工铺筑宽度而定:

1 一次铺筑宽度小于路面宽度时,应设置纵向施工缝。纵向施工缝应采用设拉杆平缝形式,上部应锯切槽口,深度宜为30~40mm,宽度宜为3~8mm,槽内应灌塞填缝料。其构造如图5.2.1a)所示。

2 一次铺筑宽度大于4.5m时,应设置纵向缩缝。纵向缩缝应采用设拉杆假缝形式,锯切的槽口深度应大于施工缝的槽口深度。采用粒料基层时,槽口深度应为板厚的1/3;采用半刚性基层时,槽口深度应为板厚的2/5。其构造如图5.2.1b)所示。

3 碾压混凝土面层一次摊铺宽度大于7.5m时,应设置纵向缩缝,缩缝构造如图5.2.1b)所示;钢纤维混凝土面层在摊铺宽度小于7.5m时,可不设纵向缩缝。

4 行车道路面与混凝土硬路肩之间的纵向接缝必须设置拉杆。

5.3.3 横向缩缝顶部应锯切槽口,设置传力杆时槽口深度宜为面层厚度的1/4~1/3,不设置传力杆时槽口深度宜为面层厚度的1/5~1/4。槽口宽度应根据施工条件、填缝料性能等因素而定,宽度宜为3~8mm,槽内应填塞填缝料。二级及二级以下公路的槽口可一次锯切成型。高速和一级公路槽口宜二次锯切成型,在第一次锯切缝的上部宜增设宽7~10mm的浅槽口,槽口下部应设置背衬垫条,上部应用填缝料灌填,其构造如图5.3.3所示。

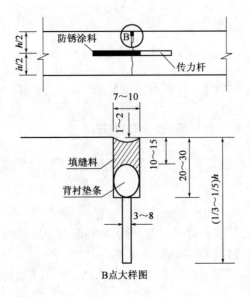

防锈涂料
传力杆
填缝料
背衬垫条
B点大样图

图 5.3.3　二次锯切槽口构造(尺寸单位:mm)

📖 典型例题

例题 3-53(2020 年真题)

某高速公路水泥混凝土路面面层采用滑模式摊铺机摊铺,单向含硬路肩的路面宽为 12m,硬路肩采用混凝土面层,则该路单向基层的宽度应采用(　　)。

(A)12.00m   (B)12.30m

(C)12.60m   (D)12.65m

解答

根据《公路水泥混凝土路面设计规范》(JTG D40—2011)第 4.4.10 条:

采用滑模式摊铺机摊铺时,基层宽度 = 12 + 0.65 = 12.65m

答案:D

例题 3-54(2020 年真题)

某高速公路水泥混凝土路面采用半刚性基层,半幅面层宽为 9000mm,板厚为 240mm,采用滑模式摊铺机一次性全宽摊铺,则该路面纵向缩缝切缝的槽口深度应为(　　)。

(A)80mm   (B)96mm

(C)102mm   (D)108mm

解答

根据《公路水泥混凝土路面设计规范》(JTG D40—2011)第 5.2.1 条第 2 款,采用半刚性基层时:

$$槽口深度 = \frac{2}{5} \times 240 = 96mm$$

答案:B

例题 3-55

某高速公路水泥混凝土路面横向缩缝采用假缝形式,交通荷载等级为重交通,板厚为240mm,则该路面横向缩缝顶部锯切槽口深度宜为(　　)。

(A)65mm　　　　　　　　　　　(B)55mm

(C)50mm　　　　　　　　　　　(D)45mm

解答

根据《公路水泥混凝土路面设计规范》(JTG D40—2011)第5.3.2条,重交通荷载等级的公路,横向缩缝应采用传力杆假缝形式。

第5.3.3条:设置传力杆时槽口深度宜为面层厚度的 1/4 ~ 1/3。

槽口深度 = 240 × (1/4 ~ 1/3) = 60 ~ 80mm

答案:A

例题 3-56(2020 年真题)

某高速公路水泥混凝土路面厚度为250mm,与隧道衔接的胀缝无法设置传力杆,也无法在磁邻隧道口的板端部内配置双层钢筋网,而只能采取在长度为6 ~ 10倍板厚的范围内逐渐增加板厚的措施,该措施实施后,毗邻隧道口的板端厚度可采用(　　)。

(A)270mm　　　　　　　　　　　(B)280mm

(C)290mm　　　　　　　　　　　(D)300mm

解答

根据《公路水泥混凝土路面设计规范》(JTG D40—2011)第5.5.1条,在隧道口的板端厚度增加20% ,即

$H = 250 × (1 + 0.2) = 300mm$

答案:D

📖 **考点分析**

此类考点对照规范条文解答即可,综合其他考点出题时应融会贯通。

考点 32　城镇道路轴载换算、累计当量轴次及交通等级计算

📖 **条文规定**

《城镇道路路面设计规范》(CJJ 169—2012)规定如下:

3.2.3　沥青路面轴载换算和设计交通量应符合下列规定:

1　沥青路面以设计弯沉值、沥青层剪应力和沥青层层底拉应变为设计指标时,各种轴载换算成标准轴载 P 的当量轴次 Na 应按下式计算:

$$N_a = \sum_{i=1}^{K} C_1 C_2 n_i \left(\frac{P_i}{P}\right)^{4.35} \tag{3.2.3-1}$$

式中:N_a——以设计弯沉值、沥青层剪应力和沥青层层底拉应变为设计指标时的当量轴次(次/d);

n_i——被换算车型的各级轴载作用次数(次/d);

　P——标准轴载(kN);

　P_i——被换算车型的各级轴载(kN);

　C_1——被换算车型的轴数系数;;

　C_2——被换算车型的轮组系数,双轮组为1.0,单轮组为6.4,四轮组为0.38;

　K——被换算车型的轴载级别。

当轴间距大于3m时,应按一个单独的轴载计算;当轴间距小于3m时,双轴或多轴的轴数系数应按下式计算:

$$C_1 = 1 + 1.2(m - 1) \tag{3.2.3-2}$$

式中:m——轴数。

2 沥青路面当以半刚性基层层底拉应力为设计指标时,各种轴载换算成标准轴载 P 的当量轴次 N_s 应按下式计算:

$$N_s = \sum_{i=1}^{K} C_1' C_2' n_i \left(\frac{P_i}{P}\right)^8 \tag{3.2.3-3}$$

式中:N_s——以半刚性基层的拉应力为设计指标时的当量轴次(次/d);

　C_1'——被换算车型的轴数系数;

　C_2'——被换算车型的轮组系数,单轮组为18.5,双轮组为1.0,四轮组为0.09。

以拉应力为设计指标时,双轴或多轴的轴数系数应按下式计算:

$$C_1' = 1 + 2(m - 1) \tag{3.2.3-4}$$

5 沥青路面设计车道分布系数宜依据道路交通组成、交通管理情况,通过实地调查确定,也可按表3.2.3选定。当上下行交通量或重车比例有明显差异时,可区别对待,可按上下行交通特点分别进行厚度设计。

设计车道分布系数　　　　　　　　　表3.2.3

车道特征	车道分布系数	车道特征	车道分布系数
单向单车道	1.00	单向三车道	0.50 ~ 0.80
单向两车道	0.65 ~ 0.95	单向四车道	0.40 ~ 0.70

6 沥青路面设计基准期内一个车道上的累计当量轴次应按下式计算:

$$N_e = \frac{[(1 + \gamma)^t - 1] \times 365}{\gamma} \cdot N_1 \cdot \eta$$

式中:N_e——设计基准期内一个车道上的累计当量轴次(次/车道);

　t——设计基准期(年);

　N_1——路面营运第一年单向日平均当量轴次(次/d);

　γ——设计基准期内交通量的年平均年增长率(%);

　η——设计车道分布系数。

3.2.4 水泥混凝土路面轴载换算和设计交通量应符合下列规定:

1 不同轴-轮型和轴载的作用次数换算为标准轴载的当量轴次应按下列公式计算:

$$N_c = \sum_{i=1}^{n} \delta_i N_i \left(\frac{P_i'}{100}\right)^{16} \tag{3.2.4-1}$$

$$\delta_i = 2.22 \times 10^3 P_i^{-0.43} \tag{3.2.4-2}$$

或　　　　　　　$$\delta_i = 1.07 \times 10^{-5} P_i^{-0.22} \tag{3.2.4-3}$$

或
$$\delta_i = 2.24 \times 10^{-8} P_i^{-0.22} \tag{3.2.4-4}$$

式中：N_c——标准轴载的当量轴次；

$\quad\quad P_i'$——单轴-单轮、单轴-双轮组或三轴-双轮组轴型 i 级轴载的总重(kN)；

$\quad\quad n$——轴型和轴载级位数；

$\quad\quad N_i$——各类轴型 i 级轴载的作用次数；

$\quad\quad \delta_i$——轴-轮型系数，单轴-双轮组时，$\delta_i = 1$；单轴-单轮时，按式(3.2.4-2)计算；双轴-双轮组时，按式(3.2.4-3)计算；三轴-双轮组时，按式(3.2.4-4)计算。

2 设计基准期内水泥混凝土面层临界荷位所承受的累计当量轴次应按下式计算：

$$N_e' = \frac{N_1'\left[\left(1+\gamma\right)^t - 1\right]\times 365}{\gamma}\eta_s \tag{3.2.4-5}$$

式中：N_e'——水泥混凝土路面设计基准期内临界荷位所承受的累计当量轴次(次)；

$\quad\quad N_1'$——水泥混凝土路面设计车道使用初期的当量轴载日作用次数(次/d)；

$\quad\quad \eta_s$——水泥混凝土路面临界荷位处的车辆轮迹横向分布系数，可按表3.2.4选用。

车辆轮迹横向分布系数 η_s 表3.2.4

道 路 等 级		纵缝边缘处
快速路、主干路		0.17 ~ 0.22
次干路及以下道路	行车道宽 >7m	0.34 ~ 0.39
	行车道宽 <7m	0.54 ~ 0.62

注：行车道较窄或者交通量大时，取高值；反之，取低值。

3.2.5 交通等级可根据累计轴次按表3.2.5的规定划分为4个等级。

交 通 等 级   表3.2.5

交 通 等 级	沥青路面	水泥混凝土路面
	累计当量轴次 N_e(万次/车道)	累计当量轴次 N_e'(万次/车道)
轻	<400	<3
中	400 ~ 1200	3 ~ 100
重	1200 ~ 2500	100 ~ 2000
特重	>2500	>2000

注：非机动车道、人行道级步行街路面结构应该轻型交通确定。

📖 规范条文解析

表 A.2.4 的表注，《城镇道路路面设计规范》(CJJ 169—2012)表3.2.4 的表注为行车道较宽时取高值，描述有误，本书已勘误，但是未见规范官方勘误。

📖 典型例题

例题 3-57

郑州市某快速路，沥青路面，设计基准期15年。交通量由多种车型组成，其中一种车型为整体式货车，前轴为单轴单轮组，轴重28.70kN，后轴为双轴双轮组，轴重93.8kN，该车型的各级轴载作用次数为550次/d。当以半刚性材料层的拉应力为设计指标时，该车型各级轴载换算成 BZZ—100 标准轴载的当量轴次(次/d)为( )。

(A)989

(B)1012

(C)1233

(D)1498

解答

根据《城镇道路路面设计规范》(CJJ 169—2012)公式(3.2.3-3):

$$N_s = \sum_{i=1}^{K} C_1' C_2' n_i \left(\frac{P_i}{P}\right)^8$$

$$= 1 \times 18.5 \times 550 \times \left(\frac{28.7}{100}\right)^8 + 3 \times 1 \times 550 \times \left(\frac{93.8}{100}\right)^8$$

$$= 989 \text{ 次}$$

答案:A

例题 3-58

某城市次干路,双向四车道,采用水泥混凝土路面。交通量由多种车型组成,其中一种车型为整体式货车,该车型前轴为单轴单轮组,轴重 40kN,后轴为双轴双轮组,各轴重 120kN,该车型的各级轴载作用次数为 250 次/d。则该车型不同轴-轮型和轴载的作用次数换算为标准轴载的当量轴次为( )次/d。

(A)4622   (B)13866   (C)1121   (D)970

解答

根据《城镇道路路面设计规范》(CJJ 169—2012)式(3.2.4-1)、式(3.2.4-2)、式(3.2.4-4),前轮为单轴单轮,后轴为三轴双轮,因此:

$$\delta_1 = 2.22 \times 10^3 P_1^{-0.43} = 2.22 \times 10^3 \times 40^{-0.43} = 454.43$$

$$\delta_2 = 1.07 \times 10^{-5} P_2^{-0.22} = 1.07 \times 10^{-5} \times 240^{-0.22} = 0.32 \times 10^{-5}$$

$$N_c = \sum_{i=1}^{n} \delta_i N_i \left(\frac{P_i'}{100}\right)^{16}$$

$$= 454.43 \times 250 \times (40/100)^{16} + 0.32 \times 10^{-5} \times 250 \times (240/100)^{16}$$

$$= 969.4 \text{ 次/d,取整 } 970。$$

答案:D

例题 3-59

某城市次干路,双向四车道,采用水泥稳定碎石基层、沥青面层。主要车型为某型号客车,其前轴为单轴单轮组,轴重 28kN,后轴为单轴双轮组,轴重 70kN,投入运营第一年单向日交通量为 2400 辆/d。经调查,交通量年平均增长率为 6.5%,根据累计当量轴次判断该交通量属于( )。

(A)轻交通   (B)中等交通   (C)重交通   (D)特重交通

解答

该道路为城市次干路,根据《城镇道路路面设计规范》(CJJ 169—2012)表 3.2.1 可知设计基准期为 $t = 15$ 年。

根据《城镇道路路面设计规范》(CJJ 169—2012)第 3.2.3 条:

沥青路面以设计弯沉值、沥青层剪应力和沥青层层底拉应变为设计指标时,各种轴载换算

272

成标准轴载 P 的当量轴次 N_a 计算方法如下：

由于前后轴均为单轴，故轴数系数均为 $C_1 = 1 + 1.2 \times (1 - 1) = 1$

前轴的轮组系数为 6.4，后轴的轮组系数为 1。

$$N_a = \sum_{i=1}^{K} C_1 C_2 n_i \left(\frac{P_i}{P}\right)^{4.35}$$

$$= 1 \times 6.4 \times 2400 \times (28/100)^{4.35} + 1 \times 1 \times 2400 \times (70/100)^{4.35}$$

$$= 569.1 \ \text{次/d}$$

道路为双向四车道，单向为两车道，根据表 3.2.3 可知，设计车道分布系数为 $0.65 \sim 0.95$。

根据式（3.2.3-5）：

$$N_e = \frac{[(1 + \gamma)^t - 1] \times 365}{\gamma} \cdot N_1 \cdot \eta$$

$$= \frac{[(1 + 0.065)^{15} - 1] \times 365}{0.065} \times 569.1 \times (0.65 \sim 0.95)$$

$$= 1.67 \times 10^6 \times (0.65 \sim 0.95)$$

$$= 3.24 \times 10^6 \sim 4.77 \times 10^6$$

即 $324 \sim 477$ 万次/车道；

根据表 3.2.5 属于中等交通。

当沥青路面以半刚性基层层底拉应力为设计指标时，各种轴载换算成标准轴 P 的当量轴次 N_s 计算方法如下：

由于前后轴均为单轴，故轴数系数均为 $C_1' = 1 + 2 \times (1 - 1) = 1$

前轴的轮组系数为 18.5，后轴的轮组系数为 1。

故前轴换算成标准轴载的当量轴次为：

$$N_s = 1 \times 18.5 \times \left(\frac{28}{100}\right)^8 = 6.99 \times 10^{-4} \ \text{次}$$

后轴换算成标准轴载的当量轴次为：

$$N_s = 1 \times 1 \times \left(\frac{70}{100}\right)^8 = 5.76 \times 10^{-2} \ \text{次}$$

则营运第一年，单向标准轴载作用次数 $= (6.99 \times 10^{-4} + 5.76 \times 10^{-2}) \times 2400 = 139.92$ 次

双向四车道，即单向两车道，车道分布系数为 $0.65 \sim 0.95$。

根据《城镇道路路面设计规范》（CJJ 169—2012）中式（3.2.3 - 5），可计算得到沥青路面设计基准期内一个车道上的累计当量轴次为：

$$N_e = \frac{[(1 + 0.065)^{15} - 1] \times 365}{0.065} \times 139.92 \times (0.65 \sim 0.95) = 8.03 \times 10^5 \sim 1.17 \times 10^6 \ \text{次}$$

$80.3 \sim 117$ 万次/车道，根据表 3.2.5 属于轻交通。

综上，按最不利情况考虑，为中等交通。

答案：B

考点分析

（1）计算沥青路面轴载换算时，注意区分设计指标的选取，若以设计弯沉值、沥青层剪应

力和沥青层层底拉应变为设计指标时,用式(3.2.3-1);若以半刚性基层层底拉应力为设计指标时,用式(3.2.3-3)。如果题目未明确告知,则需同时计算,综合判断,取不利值。

(2)确定沥青路面交通等级时,注意区分公路和城市道路的单位是不相同的,公路为辆,城市道路为轴次/车道。同时,城镇道路为4级,公路为5级(含极重)。

(3)城市道路中若未告知设计基准期或设计车道分布系数,则需查表取值。

考点 33　城镇沥青路面设计指标及计算

📖 条文规定

《城镇道路路面设计规范》(CJJ 169—2012)规定如下:

5.4.3　沥青路面路表设计弯沉值应根据道路等级、设计基准期内累计当量轴次、面层和基层类型按下式计算确定:

$$l_d = 600 N_e^{-0.2} A_c A_s A_b \qquad (5.4.3)$$

式中:A_c——道路等级系数,快速路、主干路为1.0,次干路为1.1,支路为1.2;

A_s——面层类型系数,沥青混合料为1.0,热拌、温拌或冷拌沥青碎石、沥青贯入式和沥青表面处治为1.1;

A_b——基层类型系数,无机结合料类(半刚性)基层为1.0,沥青类基层和粒料基层为1.6。

5.4.4　沥青路面材料的容许拉应变$[\varepsilon_R]$应按下列公式计算确定:

$$[\varepsilon_R] = 0.15 E_m^{-1/3} 10^{M/4} N_e^{-1/4} \qquad (5.4.4-1)$$

$$M = 4.84 \left(\frac{V_b}{V_b + V_a} - 0.69 \right) \qquad (5.4.4-2)$$

式中:M——沥青混合料空隙率与有效沥青含量的函数;

E_m——沥青混合料20℃动态回弹模量(MPa);

V_b——有效沥青含量(%),以体积比计;

V_a——空隙率(%)。

5.4.5　半刚性材料的容许抗拉强度应按下式计算:

$$[\sigma_R] = \frac{\sigma_s}{K_s} \qquad (5.4.5-1)$$

式中:σ_s——对水泥稳定类材料,为90d龄期的劈裂强度;对二灰稳定类和石灰稳定类材料,为180d龄期的劈裂强度;对水泥粉煤灰稳定材料,为龄期120d龄期的劈裂强度(MPa);

K_s——抗拉强度结构系数,应依据结构层的混合料类型按下列要求进行计算:

1)无机结合料稳定集料类的抗拉强度结构系数应按下式计算:

$$K_{sr} = 0.35 N_e^{0.11} / A_c \qquad (5.4.5-2)$$

2)无机结合料稳定细粒土类的抗拉强度结构系数应按下式计算:

$$K_{st} = 0.45 N_e^{0.11} / A_c \qquad (5.4.5-3)$$

5.4.6　沥青混面层材料的容许抗剪强度应按下式计算:

$$[\tau_R] = \frac{\tau_s}{K_r} \tag{5.4.6}$$

式中：τ_s——沥青面层材料的60℃抗剪强度(MPa)，可按附录C表C.1或附录D试验确定；

K_r——抗剪强度结构系数，对一般行驶路段 $K_r = 1.2/A_c$；对于交叉口和公交车停车站缓慢制动路段 $K_r = 0.39N_P^{0.15}/A_c$；

N_P——公交车停车站或交叉口设计基准期内同一位置停车的累计当量轴次。

5.4.7　路面质量验收时，应对沥青路面弯沉进行检测和验收，并应符合下列规定：

1　应在不利季节采用BZZ-100标准轴载实测轮隙中心处路表弯沉值，实测弯沉代表值应按下式计算：

$$l_0 = (\bar{l_0} + Z_a S)K_1 K_3 \tag{5.4.7-1}$$

式中：l_0——路段内实测弯沉代表值(0.01mm)；

$\bar{l_0}$——路段内实测弯沉平均值(0.01mm)；

S——路段内实测弯沉标准差(0.01mm)；

Z_a——与保证率有关的系数，快速路、主干路 $Z_a = 1.645$，其他等级道路沥青路面 $Z_a = 1.5$；

K_1——季节影响系数，可根据当地经验确定；

K_3——季节影响系数，可根据当地经验确定。

2　应在最后确定的路面结构厚度与材料模量，计算道路表面弯沉检测标准值 l_a，实测弯沉代表值应满足下式要求：

$$l_0 \le l_a \tag{5.4.7-2}$$

式中：l_a——路表面弯沉检测标准(0.01mm)，按最后确定的路面结构厚度与材模量计算的路表面弯沉值。

《城镇道路路面设计规范》(CJJ 169—2012)第5.4.7条条文说明规定如下：

当没有BZZ-100标准车测定时，可采用其他轴载的车辆测定。若用其他非标准轴载(轴载80～130kN的车辆测定时，应按照公式(10)将非标准轴载测得的弯沉值换算为标准轴载下的弯沉值。

$$\frac{l_{100}}{l_i} = \left(\frac{P_{100}}{P_i}\right)^{0.87} \tag{10}$$

式中：P_{100}、l_{100}——100kN标准轴载与其相对应的弯沉值；

P_i、l_i——非标准轴载与其相对应的弯沉值。

路表弯沉值以20℃为测定的标准状态，当沥青面层厚度小于或等于50mm时，不需要进行温度修正；当路面温度在20℃±2℃范围内时，也不进行温度修正；其他情况下测定弯沉值均应进行温度修正。温度修正可参考以下方法进行：

1　测定时沥青路面的平均温度按照公式(11)计算：

$$T = a + bT_0 \tag{11}$$

式中：T——测定时沥青面层的平均温度(℃)；

a——系数，$a = -2.65 + 0.52h$；

b——系数，$b = 0.62 - 0.08h$；

T_0——测定时路表面温度与前5d日平均温度的平均值之和(℃)；

h——沥青面层厚度(cm)。

2　沥青路面完成的温度修正系 K_3 按照公式(12)计算:

$$K_3 = \frac{l_{20}}{l_T} \tag{12}$$

式中:l_{20}——换算为20℃时沥青路面的弯沉值(0.01mm);

l_T——测定沥青表面层内平均温度为 T 时的弯沉值(0.01mm)。

当 $T \geq 20$℃时,$K_3 = e^{\left(\frac{1}{T} - \frac{1}{20}\right)}$;

当 $T \leq 20$℃时,$K_3 = e^{0.002(20-T)h}$。

典型例题

例题 3-60(2020 年真题)

某城市次干路,双向 4 条机动车道,拟采用沥青混凝土面层和水泥稳定碎石基层。经交通调查分析,路面营运第一年单向日平均当量轴次为2000 次/d,交通量年平均增长率为6%,车道分布系数为0.80,则该沥青路面的路表设计弯沉值为(　　)。(取小数点后 2 位)

(A)24.71(0.01mm)　　　　　　　　(B)27.18(0.01mm)

(C)39.53(0.01mm)　　　　　　　　(D)43.49(0.01mm)

解答

根据《城镇道路路面设计规范》(CJJ 169—2012)。

根据第 3.2.1 条,$t = 15$ 年。

根据第 3.2.3 条第 6 款:

$$N_e = \frac{\left[(1+\gamma)^t - 1\right] \times 365}{\gamma} \cdot N_1 \cdot \eta$$

$$= \frac{\left[(1+0.06)^{15} - 1\right] \times 365}{0.06} \times 2000 \times 0.8$$

$$= 13593166 \text{ 次/车道}$$

根据第 5.4.3 条:

$$l_d = 600N_e^{-0.2}A_c A_s A_b$$

$$= 600 \times 13593166^{-0.2} \times 1.1 \times 1.0 \times 1.0$$

$$= 24.71(0.01\text{mm})$$

答案:A

例题 3-61(2020 年真题)

某城市主干路,机动车双向六车道,拟采用沥青混凝土面层和石灰粉煤灰稳定碎石基层。经交通调查分析,路面营运第一年单向日平均当量轴次为 3000 次/d,交通量年平均增长率为7%,车道分布系数为0.65。已知石灰粉煤灰稳定碎石 180d 龄期劈裂强度为 0.7MPa,则半刚性基层的容许抗拉强度值为(　　)。(取小数点后 2 位)

(A)0.32MPa　　　　　　　　(B)0.35MPa

(C)0.38MPa　　　　　　　　(D)0.51MPa

解答

根据《城镇道路路面设计规范》(CJJ 169—2012)

根据第 3.2.1 条,$t = 15$ 年。

根据第 3.2.3 条第 6 款:

$$N_e = \frac{\left[(1+\gamma)^t - 1\right] \times 365}{\gamma} \cdot N_1 \cdot \eta$$

$$= \frac{\left[(1+0.07)^{15} - 1\right] \times 365}{0.06} \times 3000 \times 0.65$$

$$= 17885581 \text{ 次/车道}$$

根据第 5.4.3 条,$A_c = 1.0$。

根据第 5.4.5 条:

$$K_{sr} = \frac{0.35 N_e^{0.11}}{A_c}$$

$$= \frac{0.35 \times 17885581^{0.11}}{1.0}$$

$$= 2.20$$

$$[\sigma_R] = \frac{\sigma_s}{K_s} = \frac{160.09}{2.2} = 0.32 \text{MPa}$$

答案:A

例题 3-62

某城市次干路,采用沥青面层、水泥稳定碎石基层。水泥稳定碎石 90d 龄期的劈裂强度为 0.5MPa。设计基准期内一个车道上的累计当量轴次 350 万次,经计算该路面基层层底的最大拉应力 0.24MPa,试问水泥稳定碎石的容许抗拉强度,并判断该路面结构中水稳碎石层的最大拉应力是否满足要求。(　　)

(A)0.3MPa,满足要求　　　　　　　(B)0.500MPa,不满足要求

(C)0.3MPa,不满足要求　　　　　　(D)0.500MPa,满足要求

解析

根据《城镇道路路面设计规范》(CJJ 169—2012)中第 5.4.3 条:次干路的道路等级系数 $A_c = 1.1$。

由于水泥稳定碎石属于无机结合料稳定集料类,根据《城镇道路路面设计规范》(CJJ 169—2012)第 5.4.5 条,计算可得抗拉结构强度系数:

$$K_{sr} = \frac{0.35 N_e^{0.11}}{A_c} = \frac{0.35 \times (350 \times 10^4)^{0.11}}{1.1} = 1.669$$

根据《城镇道路路面设计规范》(CJJ 169—2012)第 5.4.5 条式(5.4.5-1),可计算得到水稳层的容许抗拉强度:

$$[\sigma_R] = \frac{\sigma_s}{K_s} = \frac{0.5}{1.669} = 0.3 \text{MPa}$$

根据《城镇道路路面设计规范》(CJJ 169—2012)中表 3.2.7 可知,次干路的目标可靠度为 85%,变异水平等级为中～高。再根据《城镇道路路面设计规范》(CJJ 169—2012)表 5.4.1 可知,可靠度系数最大为 1.10。

根据《城镇道路路面设计规范》(CJJ 169—2012)式(5.4.2-3):

$\gamma_a \sigma_m = 1.10 \times 0.24 = 0.264 \text{MPa} \leqslant [\sigma_R] = 0.3 \text{MPa}$

综上,水泥稳定碎石的容许抗拉强度为0.3MPa,且半刚性基层中的最大拉应力满足规范要求。

答案:A

例题3-63

某城市支路,沥青面层厚度4cm,竣工后在不利季节用BZZ-100标准轴载实测轮隙中心处路表弯沉值,测定时路表温度为20℃,下表为局部路段测点弯沉值:

例题3-63 表

测　　点	1	2	3	4	5
弯沉值(0.01mm)	39.3	38.7	41.1	42.7	43.8

根据上述条件,该路段实测路表弯沉值为(　　)。(假设季节影响系数和温度修正系数均为1)

(A)41.12(0.01mm)　　　　　　　　(B)44.38(0.01mm)

(C)38.7(0.01mm)　　　　　　　　　(D)43.8(0.01mm)

解析

根据《城镇道路路面设计规范》(CJJ 169—2012)第5.4.7条1款,支路的"与保证率有关的系数"$Z_a = 1.5$。

由于是在不利季节测定的,因此季节影响系数$K_1 = 1.0$,测定时的温度为20℃,因此也无需考虑温度修正,即温度修正系数$K_3 = 1.0$。因此,根据《城镇道路路面设计规范》(CJJ 169—2012)式(5.4.7-1)可计算得到该路段的实测路表弯沉值:

$$\bar{l}_0 = \frac{39.3 + 38.7 + 41.1 + 42.7 + 43.8}{5} = 41.12(0.01\text{mm})$$

$$S = \sqrt{\frac{\sum_{i=1}^{5}(l_i - \bar{l}_0)^2}{5-1}} = 2.1707$$

$$l_0 = (\bar{l}_0 + Z_a S)K_1 K_3 = (41.12 + 1.5 \times 2.1707) \times 1.0 \times 1.0 = 44.38(0.01\text{mm})$$

答案:B

例题3-64

某支路采用沥青路面,面层厚100mm。竣工后开展路面质量验收,在不利季节采用BZZ-100标准轴载实测轮隙中心处路表弯沉值,测定时路表温度11℃,前5d日气温分别为7℃、9℃、12℃、9℃、13℃,经分析得到路内实测路表弯沉平均值$\bar{l}_0 = 76(0.01\text{mm})$,路段内实测路表弯沉标准差$S = 7.7(0.01\text{mm})$,则实测弯沉代表值接近于(　　)。

(A)$l_0 = 0.989\text{cm}$　　　　　　　(B)$l_0 = 0.76\text{cm}$

(C)$l_0 = 1.0508\text{cm}$　　　　　　(D)$l_0 = 0.837\text{cm}$

解析

根据《城镇道路路面设计规范》(CJJ 169—2012)第5.4.7条条文说明,由于面层厚度大于

5cm 且测定时路表温度不在 $20℃±2℃$ 以内,因此需考虑温度修正:

$$a = -2.65 + 0.52h = -2.65 + 0.52 \times 10 = 2.55$$

$$b = 0.62 - 0.008h = 0.62 - 0.008 \times 10 = 0.54$$

$$T_0 = (7 + 9 + 12 + 9 + 13)/5 + 11 = 21℃$$

$$T = a + bT_0 = 2.55 + 0.54 \times 21 = 13.89℃$$

由于 $T = 13.89℃ \leqslant 20℃$,因此温度修正系数为:

$$K_3 = e^{0.002(20-T)h} = e^{0.002(20-13.89) \times 10} = 1.12998$$

由于是在最不利季节测定,因此无需考虑季节修正,即 $K_1 = 1.0$。

再根据《城镇道路路面设计规范》(CJJ 169—2012)式(5.4.7-1)可计算得到该路段的实测路表弯沉值:

$$l_0 = (\bar{l_0} + Z_a S)K_1 K_3 = (76 + 1.5 \times 7.7) \times 1.0 \times 1.12998 = 98.929(0.01\text{mm})$$

答案:A

📖 考点分析

(1)城镇道路沥青路面结构设计应满足结构整体刚度、沥青层或半刚性基层抗疲劳开裂和沥青层抗变形的要求。沥青路面结构设计指标的选用:①快速路、主干路和次干路应采用路表弯沉值、半刚性材料基层层底拉应力、沥青层剪应力或柔性基层沥青层层底拉应变作为设计指标;②支路可仅采用路表弯沉值为设计指标。

(2)沥青路面路表弯沉计算主要是根据道路等级、面层类型、基层类型 3 个系数的选取来确定。

(3)沥青混合料面层材料容许抗剪强度计算要注意一般行驶路段和缓慢制动路段抗剪结构参数的区别。

(4)路表实测弯沉值的计算,首先判断是否在不利季节,确定 K_1 的取值;然后根据测定温度是否在 $20℃±2℃$、路面厚度是否 $\leqslant 5cm$ 来判断是否进行温度修正,再进行计算。

考点 34 城镇道路路面特性

📖 条文规定

《城镇道路路面设计规范》(CJJ 169—2012)规定如下:

6.2.1 材料性能和面层厚度的变异水平可分为低、中和高三级。各变异水平等级主要设计参数的变异系数变化范围应符合表 6.2.1 的规定。

变异系数 c_v 的变化范围 表 6.2.1

变异水平等级	低级	中级	高级
水泥混凝土弯拉强度、弯拉弹性模量	$c_v \leqslant 0.10$	$0.1 < c_v \leqslant 0.15$	$0.15 < c_v \leqslant 0.20$
基层顶面当量回弹模量	$c_v \leqslant 0.25$	$0.25 < c_v \leqslant 0.35$	$0.35 < c_v \leqslant 0.55$
水泥混凝土面层厚度	$c_v \leqslant 0.04$	$0.04 < c_v \leqslant 0.06$	$0.06 < c_v \leqslant 0.08$

6.3.6　普通混凝土、钢筋混凝土、碾压混凝土与连续配筋混凝土面层所需的厚度,可按表6.3.6所列范围并满足计算要求。

水泥混凝土面层厚度的参考范围 表6.3.6

交通等级	特重			重		
道路等级	快速	主干	次干	快速	主干	次干
变异水平等级	低	中	低	中	低	中	低	中
面层厚度(mm)	≥260	≥250	≥240	≥240	≥230	≥220
交通等级	中			轻		
道路等级	次干		支路	支路		支路
变异水平等级	高	中	高	中	高	中
面层厚度(mm)	≥210	≥200	≥200	≥180	≥180

6.3.7　钢纤维混凝土面层的厚度应按钢纤维掺量确定;当钢纤维体积率为0.6%～1.0%时,其厚度宜为普通混凝土面层厚度的0.65～0.75倍。特重或重交通时,其最小厚度宜为180mm;中或轻交通时,其最小厚度宜为160mm。

📖 典型例题

例题3-65

某城镇主干路采用沥青路面,温度分区为3-2,交通荷载等级为重交通荷载。拟采用车辙试验的动稳定度来评价交叉口进口道路段中面层沥青混合料高温稳定性,则其动稳定度技术要求应不小于(　　)。

（A）1500 次/mm
（B）2000 次/mm
（C）2500 次 mm
（D）4000 次/mm

解答

根据《城镇道路路面设计规范》(CJJ 169—2012)第5.2.2条第3款及表5.2.2-3,交叉口进口道路段,应提高一个交通等级进行设计,为特重交通荷载,中面层3-2区,要求为2000次/mm。

答案:B

例题3-66

某城镇快速路交通荷载等级为重交通,其混凝土路面拟采用钢纤维混凝土面层,钢纤维体积率为0.9%,则该路面厚度宜为(　　),其对应的变异系数 c_v 变化范围为(　　)。

（A）160mm, $c_v ≤ 0.10$
（B）170mm, $c_v ≤ 0.04$
（C）180mm, $c_v ≤ 0.04$
（D）180mm, $0.25 < c_v ≤ 0.35$

解答

根据《城镇道路路面设计规范》(CJJ 169—2012)第6.2.1条、第6.3.6条、第6.3.7条及表6.3.6,快速路变异水平等级为低, $c_v ≤ 0.04$。钢纤维体积率为0.6%～0.9%时,面层厚度宜为普通混凝土面层厚度的0.65～0.75倍,则 $240 × (0.65 ～ 0.75) = 156 ～ 180$ m。

答案:C

考点分析

城镇路面该类考点较为简单,注意对应条文准确计算。

考点35 城镇钢筋混凝土路面配筋计算

条文规定

《城镇道路路面设计规范》(CJJ 169—2012)规定如下:

6.6.2 钢筋混凝土面层配筋应符合下列规定:

1 钢筋混凝土面层的配筋量应按下式确定:

$$A_s = \frac{16L_s h\mu}{f_{sy}} \tag{6.6.2}$$

式中:A——每延米混凝土面层宽(或长)所需的钢筋面积(mm^2);

L_s——纵向钢筋时,为横缝间距(m);横向钢筋时,为无拉杆的纵缝或自由边之间的距离(m);

h——面层厚度(mm);

μ——面层与基层之间的摩阻系数,基层为水泥、石灰或沥青稳定粒料时,可取1.8;基层为无结合料的粒料时,可取1.5;

f_{sy}——钢筋的屈服强度(MPa),宜按表6.6.2-1选用。

典型例题

例题3-67

某城市主干路,路面结构拟采用普通混凝土面层和水泥稳定砂砾基层。在局部路段,面层厚度为220mm,横缝间距9m,设置传力杆。若纵向钢筋选用HPB235,直径选用10mm,则每延米混凝土面层的纵向钢筋计算配筋量以及其实配合理的钢筋面积应近于( )。

(A)$243mm^2$,$523mm^2$ (B)$216mm^2$,$412mm^2$

(C)$243mm^2$,$334mm^2$ (D)$216mm^2$,$266mm^2$

解答

根据《城镇道路路面设计规范》(CJJ 169—2012)第6.6.2条,基层为水泥稳定砂砾时$\mu = 1.8$。再查表6.6.2-1,HPB235钢筋的屈服强度$f_{sy} = 235MPa$。

根据式(6.6.2),每延米混凝土面层所需的钢筋面积为:

$$A_s = \frac{16L_s h\mu}{f_{sy}} = \frac{16 \times 9 \times 220 \times 1.8}{235} = 242.66mm^2$$

根据每延米配筋量计算值,至少应配置根数242.66/78.5 = 3.09根。

再查表6.6.2-2,纵向钢筋最大间距为150mm,$A = 1000/150 \times 78.5 = 523mm^2$。

答案:A

(1)钢筋的配置根数应按照每延米配筋量和钢筋最大间距分别计算,取其中较大值。

(2)《城镇道路路面设计规范》(CJJ 169—2012)式(6.6.2)与《公路水泥混凝土路面设计规范》(JTG D40—2011)式(6.2.1)完全相同,但是要注意面层与基层之间的摩阻系数 μ 的取值有所不同。

考点36 城镇道路锯齿形边沟计算

《城市道路工程设计规范》(CJJ 37—2012)(2016年版)规定如下:

6.3.2 道路最小纵坡不应小于0.3%;当遇特殊困难纵坡小于0.3%时,应设置锯齿形边沟或采取其他排水设施。

《城市道路路线设计规范》(CJJ 193—2012)规定如下:

7.2.2 道路最小纵坡应符合下列规定:

1 道路最小纵坡不应小于0.3%;当特殊困难纵坡小于0.3%时,应设置锯齿形偏沟或采取其他排水措施。

《城镇道路路面设计规范》(CJJ 169—2012)规定如下:

9.2.5 锯齿形偏沟设计应符合下列规定:

1 当道路边缘线纵坡度小于0.3%时,可在道路两侧车行道边缘0.3m宽度范围内设锯齿形偏沟。锯齿形偏沟的缘石外露高度,在雨水口处宜为180~200mm,在分水点处宜为100~120mm,雨水口处与分水点处的缘石高差宜控制在60~100mm范围内。

2 缘石顶面纵坡宜与道路中心线纵坡平行。锯齿形偏沟的沟底纵坡可通过边沟范围内的道路横坡变化调整。条件困难时,可调整缘石顶面纵坡度。

3 锯齿形偏沟的分水点和雨水口应按下式计算:

$$S = (h_c - h_w)/(j_c - j) \tag{9.2.5-1}$$

$$S_c - S = (h_c - h_w)/(j + j_c') \tag{9.2.5-2}$$

式中:S_c——相邻雨水口的间距(mm);

S、$S_c - S$——分水点至雨水口的距离(mm);

j——道路中心线纵坡度;

j_c——S段偏沟底的纵坡度;

j_c'——S_c—S偏沟底的纵坡度;

h_c——雨水口处缘石外露高度(mm);

h_w——分水点处缘石外露高度(mm)。

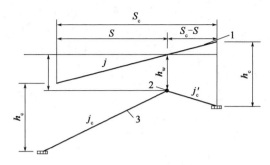

图 9.2.5　锯齿形偏沟计算
1-缘石顶线;2-分水点;3-路面边缘线

📖 **规范条文解析**

城市道路中线纵坡小于 0.3% 时,可在道路两侧车行道边缘设置锯齿形街沟。锯齿形街沟设置的方法是保持侧石顶面线与路中心线平行(即两者纵坡相等)的条件下,交替地改变侧石顶面线与平石(或路面)之间的高度,即交替地改变侧石外露于路面的高度。设置如图所示。

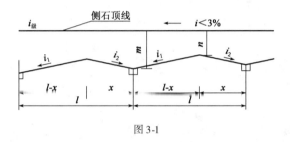

图 3-1

📖 **典型例题**

例题 3-68

某路段中线设计纵坡为 $+0.2\%$,车行道宽度为 14.0m,路拱横坡为 1.5% ,雨水口处缘石高 $m = 0.174$m,分水点处缘石高 $n = 0.144$m,锯齿形边沟采用的纵坡 $i_1 = i_2 = 0.4\%$ 。则雨水口的间距是( )。

(A)5m　　　　　　(B)10m　　　　　　(C)15m　　　　　　(D)20m

解答

根据《城镇道路路面设计规范》(CJJ 169—2012)式(9.2.5-1)、式(9.2.5-2):

$S = (0.174 - 0.144)/(0.4\% - 0.2\%) = 15$m

$S_c - S = (0.174 - 0.144)/(0.4\% + 0.2\%) = 5$m

$S_c = 15 + 5 = 20$m

答案:D

例题 3-69

某路段中线设计纵坡为 $+0.1\%$,车行道宽度为 20.0m,路拱横坡为 2.0% ,雨水口处缘石

高 $m = 0.20\mathrm{m}$，分水点处缘石高 $n = 0.15\mathrm{m}$，初拟雨水口的间距为 $30\mathrm{m}$，锯齿形边沟纵坡度 $i_1 = i_2$，则边沟纵坡是(   )。

(A)0.4%　　　　　　　　　　　(B)0.25%

(C)0.3%　　　　　　　　　　　(D)0.36%

解答

由题意知：$(0.2 - 0.15)/(i + 0.1\%) + (0.2 - 0.15)/(i - 0.1\%) = 30$

解得：$i = 0.36\%$

答案：D

第4章 桥涵工程

考点1 桥梁设计使用年限及安全等级

1. 设计基准期及使用年限

条文规定

《公路桥涵设计通用规范》(JTG D60—2015)规定如下:

1.0.3 公路桥涵结构的设计基准期为100年。

1.0.4 公路桥涵主体结构和可更换部件的设计使用年限不应低于表1.0.4的规定。

桥涵设计使用年限(单位:年)　　　　　　　　　　　表1.0.4

公路等级	主 体 结 构			可更换部件	
	特大桥 大桥	中桥	小桥 涵洞	斜拉索 吊索 系杆等	栏杆 伸缩装置 支座等
高速公路 一级公路	100	100	50	20	15
二级公路 三级公路	100	50	30		
四级公路	100	50	30		

1.0.5 特大、大、中、小桥及涵洞按单孔跨径或多孔跨径总长分类规定见表1.0.5。

桥梁涵洞分类　　　　　　　　　　　　表1.0.5

桥涵分类	多孔跨径总长 L(m)	单孔跨径 L_K(m)
特大桥	$L > 1000$	$L_K > 150$
大桥	$100 \leqslant L \leqslant 1000$	$40 \leqslant L_K \leqslant 150$
中桥	$30 < L < 100$	$20 \leqslant L_K < 40$
小桥	$8 \leqslant L \leqslant 30$	$5 \leqslant L_K < 20$
涵洞	—	$L_K < 5$

注:1. 单孔跨径系指标准跨径。

2. 梁式桥、板式桥的多孔跨径总长为多孔标准跨径的总长;拱式桥为两端桥台内起拱线间的距离;其他形式桥梁为桥面系行车道长度。

3. 管涵及箱涵不论管径或跨径大小,孔数多少,均称为涵洞。

4. 标准跨径:梁式桥、板式桥以两桥墩中线间距离或桥墩中线与台背前缘间距为准;拱式桥和涵洞以净跨径为准。

《城市桥梁设计规范》(CJJ 11—2011)(2019年版)规定：

3.0.2 桥梁按其多孔跨径总长或单孔跨径的长度,可分为特大桥、大桥、中桥和小桥等四类,桥梁分类应符合表3.0.2的规定。

桥梁按总长或跨径分类 表3.0.2

桥梁分类	多孔跨径总长 $L(m)$	单孔跨径 $L_0(m)$
特大桥	$L > 1000$	$L_0 > 150$
大桥	$1000 \geq L \geq 100$	$150 \geq L_0 \geq 40$
中桥	$100 > L > 30$	$40 > L_0 \geq 20$
小桥	$30 \geq L \geq 8$	$20 > L_0 \geq 5$

注:1.单孔跨径系指标准跨径。梁式桥、板式桥以两桥墩中线之间桥中心线长度或桥墩中线与桥台台背前缘线之间桥中心线长度为标准跨径;拱式桥以净跨径为标准跨径。

2.梁式桥、板式桥的多孔跨径总长为多孔标准跨径的总长;拱式桥为两岸桥台起拱线间的距离;其他形式的桥梁为桥面系的行车道长度。

3.0.8 桥梁结构的设计基准期应为100年。

3.0.9 桥梁结构的设计使用年限应按表3.0.9的规定采用。

桥梁结构的设计使用年限 表3.0.9

类　别	设计使用年限(年)	类　别
1	30	小桥
2	50	中桥、重要小桥
3	100	特大桥、大桥、重要中桥

注:对有特殊要求结构的设计使用年限,可在上述规定基础上经技术经济论证后予以调整。

典型例题

例题 4-1

某高速公路桥梁,主桥为三跨变截面预应力混凝土连续梁,跨径为60m+80m+60m,两端引桥各为10孔40m预应力混凝土小箱梁。本桥的规模属于(　　)。

(A)小桥 　　　　(B)中桥 　　　　(C)大桥 　　　　(D)特大桥

解答

根据《公路桥涵设计通用规范》(JTG D60—2015)第1.0.5条,桥梁跨径总长 = (60+80+60)+10×40+10×40 = 1000m,最大单孔跨径为80m。

多孔跨径总长等于1000m,属于大桥;最大单孔跨径80m,属于大桥。

答案:C

例题 4-2

某一级公路桥梁,采用混凝土预制结构,跨径为3×25m,关于设计基准期和主体结构设计使用年限正确的是(　　)。

(A)设计基准期150年,设计使用年限120年

(B)设计基准期100年,设计使用年限100年

(C)设计基准期100年,设计使用年限50年

（D）设计基准期 100 年，设计使用年限 30 年

解答

根据《公路桥涵设计通用规范》（JTG D60—2015）第 1.0.3 条，设计基准期为 100 年。

根据《公路桥涵设计通用规范》（JTG D60—2015）第 1.0.4 条及第 1.0.5 条，桥梁跨径总长 $= 3 \times 25 = 75\text{m}$，最大单孔跨径为 25m；属于中桥。

一级公路上中桥设计使用年限不应低于 100 年。

答案：B

例题 4-3

某城市快速路上的桥梁，采用混凝土预制结构，跨径为 $2 \times 10\text{m}$，关于设计基准期和主体结构设计使用年限正确的是（　　　）。

（A）设计基准期 150 年，设计使用年限 150 年

（B）设计基准期 100 年，设计使用年限 120 年

（C）设计基准期 100 年，设计使用年限 50 年

（D）设计基准期 50 年，设计使用年限 30 年

解答

根据《城市桥梁设计规范》（CJJ 11—2011）（2019 年版）第 3.0.8 条，设计基准期为 100 年。

根据《城市桥梁设计规范》（CJJ 11—2011）（2019 年版）第 3.0.2 条及第 3.0.9 条，桥梁跨径总长 $= 20\text{m}$，最大单孔跨径为 10m；属于小桥。

由于位于快速路上，该小桥为重要小桥，设计使用年限不应低于 50 年。

答案：C

2. 设计安全等级

📖 条文规定

《公路桥涵设计通用规范》（JTG D60—2015）规定如下：

公路桥涵结构设计安全等级　　　　　　　　　表 4.1.5-1

设计安全等级	破坏后果	适用对象
一级	很严重	(1)各等级公路上的特大桥、大桥、中桥； (2)高速公路、一级公路、二级公路、国防公路及城市附近交通繁忙公路上的小桥
二级	严重	(1)三、四级公路上的小桥； (2)高速公路、一级公路、二级公路、国防公路及城市附近交通繁忙公路上的涵洞
三级	不严重	三、四级公路上的涵洞

注：本表所列特大、大、中桥等系按本规范表 1.0.5 中的单孔跨径确定，对多跨不等跨桥梁，以其中最大跨径为准。

《城市桥梁设计规范》（CJJ 11—2011）（2019 年版）规定如下：

桥梁设计安全等级　　　　　　　　　　　　　表 3.0.14

安　全　等　级	结　构　类　型	类　　别
一级	重要结构	特大桥、大桥、中桥、重要小桥
二级	一般结构	小桥、挡土墙中桥
三级	次要结构	挡土墙、防撞护栏

注：1.表中所列特大、大、中桥等系按本规范表 3.0.2 中单孔跨径确定，对多跨不等跨桥梁，以其中最大跨径为准；冠以"重要"的小桥、挡土墙系指城市快速路、主干路及交通特别繁忙的城市次干路上的桥梁、挡土墙。

2.对有特殊要求的桥梁，其设计安全等级可根据具体情况另行确定。

📖 典型例题

例题 4-4

某高速公路桥梁，跨越现状 650m 河道，设计中主桥采用主跨为 160m 的矮塔斜拉桥，引桥采用 35m 的简支小箱梁，桥梁总跨径为 900m。关于该桥的分类及设计安全等级正确的是（　　）。

(A)特大桥，一级　　　　　　　　　　　(B)大桥，一级

(C)特大桥，二级　　　　　　　　　　　(D)大桥，二级

解答

根据《公路桥涵设计通用规范》（JTG D60—2015）第 1.0.4 条及第 1.0.3 条，设计基准期为 100 年。

根据《公路桥涵设计通用规范》（JTG D60—2015）第 1.0.5 条，桥梁跨径总长 900m，属于大桥；最大单孔跨径为 160m，属于特大桥。综合总跨径和最大单孔跨径，属于特大桥。

根据《公路桥涵设计通用规范》表 4.1.5-1，大桥、特大桥、中桥的设计安全等级均为一级。

答案：A

📖 考点分析

（1）必须把公路桥梁和城市桥梁区分，根据相应的规范条文考虑桥梁的分类、设计使用年限及安全等级。桥梁的安全等级与公路等级/道路等级密切相关，城市桥梁中特别注意冠以"重要"的小桥一般是指快速路、主干道及交通特别繁忙的次干路上的桥梁；公路中的重要中桥、重要小桥一般是指高速公路、一级公路上面的桥梁。

（2）桥梁的分类及安全等级是基础性问题，后续的结构计算中有关参数取值都要用到。只有弄清楚安全等级，结构重要性系数才能取对。

（3）设计基准期和使用寿命是两个不同的概念，千万不要认为设计寿命不能超过设计基准期。对于桥梁来说，设计基准期统一采用 100 年，但是设计使用寿命可以超过 100 年。

考点2　桥梁平面、纵断面及横断面布置

1. 桥梁全长

📖 **条文规定**

《公路桥涵设计通用规范》(JTG D60—2015)规定如下:

3.3.5　桥梁全长应按下列规定计算:

1　有桥台的桥梁为两岸桥台侧墙或八字墙尾端间的距离。

2　无桥台的桥梁为桥面系长度。

3.3.6　桥涵跨径在50m及以下时,宜采用标准化跨径。采用标准化跨径的桥涵宜采用装配式结构及机械化、工厂化施工。桥涵标准化跨径规定如下:0.75m、1.0m、1.25m、1.5m、2.0m、2.5m、3.0m、4.0m、5.0m、6.0m、8.0m、10m、13m、16m、20m、25m、30m、35m、40m、45m、50m。

📖 **典型例题**

例题 4-5

某一级公路桥梁,由主桥和引桥组成。主桥为三跨变截面预应力混凝土连续梁,跨径为70m + 100m + 70m,两端引桥各为5孔40m预应力混凝土小箱梁,桥台为肋板桥台,耳墙长度为3500mm,背墙厚度为400mm,主桥与引桥和两端的伸缩缝均为160mm。桥梁行车道净宽20.5m,全宽21.5m。与该桥的全长最为接近的是(　　)。

(A)640.16　　　　　　　　　　(B)640.96

(C)647.16　　　　　　　　　　(D)647.96

解答

根据《公路桥涵设计通用规范》(JTG D60—2015)第3.3.5条:

桥长 $= 2 \times (5 \times 40 + 70 + 100/2 + 0.16/2 + 0.4 + 3.5) = 647.96$m

答案:D

📖 **考点分析**

(1)桥梁全长概念要和跨径总长、计算跨径区分开来。计算跨径指的是支座之间的距离,是结构受力计算时采用的跨径;标准跨径一般指的是墩台中心之间的梁长;跨径总长是多孔跨径之和;桥梁全长是跨径总长加上桥台、伸缩缝等长度。

(2)有桥台的情况下,应考虑桥台、伸缩缝等因素。伸缩缝长度是否进入桥梁长度,要根据具体情况分析。例题4-5中,如果桥台处伸缩缝为80mm,就不应计入。特别注意,桥墩处采用了160mm的伸缩缝,意味着40m跨度在伸缩缝处预留的宽度为80mm(两联各80mm合起来就是160mm),对于桥台处采用160mm相当于一个桥台处空出来了80mm,两个桥台合计多出来160mm。

2. 桥梁平面布置

《公路桥涵设计通用规范》(JTG D60—2015)规定如下:

3.2.3 桥梁纵轴线宜与洪水主流流向正交。对通航河流上的桥梁,其墩台沿水流方向的轴线应与最高通航水位时的主流方向一致。当斜交不能避免时,交角不宜大于5°;当交角大于5°且斜桥正做时,墩(台)边缘净距宜按式(3.2.3)计算,其计算简图如图3.2.3所示。

$$l_a = \frac{l + b\sin\alpha}{\cos\alpha} \tag{3.2.3}$$

式中:l_a——相应于计算水位的墩(台)边缘之间的净距(m);

l——通航要求的有效跨径(m);

b——墩(台)的长度(m);

α——垂直于水流方向与桥纵轴线间的交角(°)。

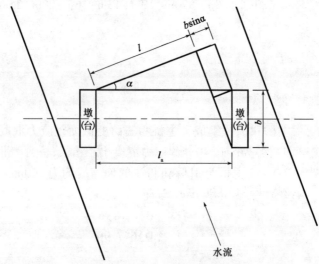

图3.2.3 墩(台)边缘净距计算简图

《城市桥梁设计规范》(CJJ 11—2011)(2019年版)规定如下:

4.0.4 通航河道的主流宜与桥梁纵轴线正交,如有困难时其偏角不宜大于5°,这是从船舶航行安全考虑。通航净宽及加宽值,对内河航道、通航海轮的航道可分别按现行《内河通航标准》(GB 50139)、《通航海轮桥梁通航标准》(JTJ 311)的有关规定计算确定。当桥位布置有困难,交角大于5°时,应加大通航孔的跨径。计算公式如下:

$$L_a = \frac{l + b\sin\alpha}{\cos\alpha} \tag{1}$$

式中:L_a——相应于计算水位的墩(台)边缘之间的净距(m);

l——通航要求的有效跨径(m)(应不小于由航迹带宽度与富裕宽度组成的航道有效宽度);

b——墩(台)的长度(m);

α——内河桥为垂直于水流主流方向与桥梁纵轴线间的交角(°),跨海桥为垂直于涨、落潮流主流方向与桥轴线间的大角(°)。

例题 4-6

某一级公路桥梁,跨越通航河流,桥轴线与水流方向交角为6°。河流通航净宽60m、净高8m。桥墩长8m、宽2m,为保证通航安全,该桥梁的通航孔最小跨径为(   )。

(A)61.2m   (B)63.2m

(C)60m   (D)68m

解答

根据《公路桥涵设计通用规范》(JTG D60—2015)第3.2.3条:

$$L_a = (60 + 8 \times \sin 6°)/\cos 6° = 61.2\text{m}$$

跨径为 $61.2 + 2 = 63.2\text{m}$

答案:B

(1)公路桥梁与城市桥梁的条款内容一致,但答题时应针对相应的规范进行答题。

(2)注意最小跨径应在墩台边缘净距的基础上加上一个墩台宽度。

3. 桥梁纵断面

《公路桥涵设计通用规范》(JTG D60—2015)规定如下:

3.4.3   桥下净空应根据计算水位(设计水位计入壅水、浪高等)或最高流冰水位加安全高度确定,并应符合下列规定:

1   当河流有形成流冰阻塞的危险或有漂浮物通过时,应按实际调查的数据,在计算水位的基础上,结合当地具体情况酌情留一定富余量,作为确定桥下净空的依据。对于有淤积的河流,桥下净空应适当增加。

2   通航或流放木筏的河流,桥下净空应符合通航标准或流放木筏的要求。有国防要求和其他特殊要求(如石油钻探船只)的航道,其通航标准应与有关部门具体研究确定。

3   在不通航或无流放木筏河流上及通航河流的不通航桥孔内,桥下净空不应小于表3.4.3的规定。

非通航河流桥下最小净空　　　　　　　　　　　　　　　　　　表3.4.3

桥梁的部位		高出计算水位(m)	高出最高流冰面(m)
梁底	洪水期无大漂流物	0.50	0.75
	洪水期有大漂流物	1.50	—
	有泥石流	1.00	—
支承垫石顶面		0.25	0.50
有铰拱拱脚		0.25	0.25

4 无铰拱的拱脚允许被设计洪水淹没,但不宜超过拱圈高度的 2/3,且拱顶底面至计算水位的净高不得小于 1.0m。

5 在不通航和无流筏的水库区域内,梁底面或无铰拱拱顶底面离开水面的高度不应小于计算浪高的 0.75 倍加上 0.25m。

《城市桥梁设计规范》(CJJ 11—2011)(2019 年版)规定如下:

非通航河流桥下最小净空表 表 3.0.5

桥梁的部位		高出计算水位(m)	高出最高流冰面(m)
梁底	洪水期无大漂流物	0.50	0.75
	洪水期有大漂流物	1.50	—
	有泥石流	1.00	—
支承垫石顶面		0.25	0.50
拱脚		0.25	0.25

《公路工程水文勘测设计规范》(JTG C30—2015)规定如下:

7.4.1 不通航河流的桥面设计高程应按下列规定计算:

1 按设计水位计算桥面最低高程时,应按下式计算:

$$H_{\min} = H_s + \sum \Delta h + \Delta h_j + \Delta h_0 \qquad (7.4.1\text{-}1)$$

式中:$H_{\min}$——桥面最低高程(m);

H_s——设计水位(m);

$\sum \Delta h$——考虑壅水、浪高、波浪壅高、河湾超高、水拱、局部股流壅高(水拱与局部股流壅高只取其大者)、床面淤高、漂流物高度等诸因素的总和(m);

Δh_j——桥下净空安全值(m),应符合表 7.4.1 的规定;

Δh_0——桥梁上部构造建筑高度(m),应包括桥面铺装高度。

不通航河流桥下净空安全值 Δh_j 表 7.4.1

桥梁部位	按设计水位计算的桥下净空安全值(m)	按最高流冰水位计算的桥下净空安全值(m)
梁底	0.50	0.75
支座垫石顶面	0.25	0.5
拱脚	0.25	0.25

注:1. 无铰拱的拱脚,可被洪水淹没,淹没高度不宜超过拱圈矢高的三分之二;拱顶底面至设计水位的净高不应小于 1m。

2. 山区河流水位变化大,桥下净空安全值可适当加大。

2 按设计最高流冰水位计算桥面最低高程时,应按下式计算:

$$H_{\min} = H_{SB} + \Delta h_j + \Delta h_0 \qquad (7.4.1\text{-}2)$$

式中:H_{SB}——设计最高流冰水位(m),应考虑床面淤高。

3 桥面设计高程不应低于式(7.4.1-1)和式(7.4.1-2)的计算值。

7.4.2 通航河流的桥面设计高程除应满足不通航河流的要求外,尚应符合下式要求:

$$H_{\min} = H_{tn} + H_M + \Delta h_0 \qquad (7.4.2)$$

式中:H_{tn}——设计最高通航水位(m);

H_M——通航净空高度(m)。

例题 4-7（2020 年真题）

通航河流的设计最高通航水位为 20.00m，设计水位为 25.00m，通航净空高度为 16.00m，壅水浪高等因素的影响高度为 0.50m，要求的桥下净空安全高度值为 0.50m，桥梁上部结构梁高 1.50m，平均桥面铺装厚度为 0.15m，该桥的桥面最低高程应该为（　　）。

（A）38.65m　　　　　　　　　（B）38.15m

（C）37.65m　　　　　　　　　（D）27.65m

解答

根据《公路工程水文勘测设计规范》（JTG C30—2015）第 7.4.1 条及第 7.4.2 条，不考虑通航时：

$$H_{min} = H_s + \sum \Delta h + \Delta h_j + \Delta h_0 = 25.00 + 0.50 + 0.50 + (1.50 + 0.15) = 27.65m$$

考虑通航时：

$$H_{min} = H_{tn} + H_M + \Delta h_0 = 20.00 + 16.00 + 1.50 + 0.15 = 37.65m$$

取大者，即 37.65m。

答案：C

例题 4-8（2020 年真题）

某城市主干路上一跨河桥，桥面横断面为单幅桥，桥面宽 24m，横坡采用双向横坡 1.5%，桥面为沥青混凝土铺装层（厚 10cm）、水泥混凝土铺装层（厚 10cm），主梁结构为 1.5m 高的等高简支 T 形梁，跨越河道为洪水期无大漂浮物、有泥石流的非通航河流，河道最高洪水位高程为 42.5m，河道范围内，道路中心线处桥面的最低设计高程值为（　　）。

（A）45.00m　　　　　　　　　（B）45.28m

（C）45.38m　　　　　　　　　（D）44.88m

解答

根据《城市桥梁设计规范》（CJJ 11—2011）（2019 年版）第 3.0.5 条第 2 款及表 3.0.5 得：

桥面中心线最低设计高程 = 最高洪水位高程 + 安全高度 + 结构层厚度

$$= 42.5 + 1.00 + (1.5 + 0.1 + 0.1 + 24/2 \times 0.015\%)$$

$$= 45.38m$$

答案：C

例题 4-9（2019 年真题）

不通航河流的设计水位高程为 26.00m，壅水、浪高等因素的影响高度为 0.50m，桥梁上部结构梁高 1.50m，平均桥面铺装厚度为 0.15m，不考虑桥面横坡的影响，桥面最低高程是（　　）。

（A）28.65m　　　（B）28.50m　　　（C）28.15m　　　（D）28.00m

解答

根据《公路工程水文勘测设计规范》（JTG C30—2015）第 7.4.1 条第 1 款，查表 7.4.1，安全高度值为 0.5m，则

$$H_{min} = H_s + \sum \Delta h + \Delta h_i + \Delta h_0 = 26 + 0.5 + 0.15 + 0.5 + 1.5 = 28.65m$$

答案：A

例题 4-10（2019 年真题）

某城市主干路桥梁跨越非通航河道,河道洪水期无大漂流物,不考虑浪高及流水,该河道百年一遇的洪水高程为 45.50m,各季最高流冰面高程为 44.00m,桥梁上部结构为等截面连续桥梁,则河道范围内桥底最小高程应为（　　）。

(A)46.50m　　　　(B)46.00m　　　　(C)45.50m　　　　(D)44.75m

解答

根据《城市桥梁设计规范》（CJJ 11—2011）（2019 年版）第 3.0.5 条,城市桥梁设计宜采用百年一遇的洪水频率。

梁底洪水期无大漂流物,非通航河流桥下最小净空高出计算水位 0.5m,高出最高流冰面 0.75m,则

45.5 + 0.5 = 46m

44.00 + 0.75 = 44.75m

取大者,故河道范围内桥底最小高程应为 46m。

答案:B

例题 4-11

某二级公路跨越河道,该河道没有通航要求,拟采用 5×30m 预应力混凝土简支转连续组合梁桥。经水文计算,1/50 的设计水位为 546.22m;1/100 的设计水位为 548.10m。最高流冰水位为 546.1m。考虑壅水、浪高等总影响高度为 1.1m。桥梁建筑高度为 1.85m。则按水文计算确定的桥面最低高程应为（　　）。

(A)549.17m　　　　　　　　　　(B)551.05m

(C)551.55m　　　　　　　　　　(D)549.05m

解答

根据《公路工程水文勘测设计规范》（JTG C30—2015）第 7.4.1 条第 1 款,查表 7.4.1,安全高度值为 0.5m,本桥为大桥,根据《公路桥涵设计通用规范》（JTG D60—2015）表 3.2.9 可知,二级公路大桥设计洪水频率为 1/100,则

$$H_{min} = H_s + \sum \Delta h_i + \Delta h_i + \Delta h_0$$
$$= 548.10 + 1.1 + 0.5 + 1.85$$
$$= 551.55m$$

答案:C

例题 4-12

某一级公路上设置 3×13m 石拱桥,1/50 设计洪水位为 122.35m,1/100 设计洪水位为 127.23m,不考虑壅水、波浪等高度。拱圈厚度为 0.6m,矢跨比为 1/4,拱上建筑高度为 0.9m,则该桥的最低桥面高程为（　　）。

(A)125.22m　　　　　　　　　　(B)126.98m

(C)128.23m　　　　　　　　　　(D)129.81m

解答

根据《公路桥涵设计通用规范》（JTG D60—2015）第 1.0.5 条,3×13m 石拱桥属于中桥,无铰拱。

根据《公路桥涵设计通用规范》(JTG D60—2015)第3.2.9条,一级公路中桥设计洪水频率为1/100,则设计水位为127.23m。

该桥矢高为13/4 = 3.25m,根据《公路工程水文勘测设计规范》(JTG C30—2015)表7.4.1注1,三分之一矢高为3.25/3 = 1.08 > 1.0m,所以该桥设计洪水位可位于2/3拱圈矢高处。

故最低桥面高程为:

127.23 + 1.08 + 0.6 + 0.9 = 129.81

答案:D

📖 考点分析

(1)非通航洪水位控制有垫石顶面和梁底双控,流冰面流水面双控。

(2)如果是通航控制,就是通航水位 + 通航(轮船)净空 + 主梁高度 = 设计高程。

(3)非通航河流桥下最小净空规定,《公路桥涵设计通用规范》(JTG D60—2015)与《城市桥梁设计规范》(CJJ 11—2011)(2019年版)一致,与《公路工程水文勘测设计规范》(JTG C30—2015)主要区别是:前者增加了洪水期有大漂流物、有泥石流这两种类型。

4. 桥梁横断面

📖 条文规定

《公路桥涵设计通用规范》(JTG D60—2015)规定如下:

7 桥涵设计车道数应符合表4.3.1-4的规定。横桥向布置多车道汽车荷载时,应考虑汽车荷载的折减;布置一条车道汽车荷载时,应考虑汽车荷载的提高。横向车道布载系数应符合表4.3.1-5的规定。多车道布载的荷载效应不得小于两条车道布载的荷载效应。

桥涵设计车道数   表4.3.1-4

桥面宽度 W(m)		桥涵设计车道数
车辆单向行驶时	车辆双向行驶时	
$W < 7.0$		1
$7.0 \leqslant W < 10.5$	$6.0 \leqslant W < 14.0$	2
$10.5 \leqslant W < 14.0$		3
$14.0 \leqslant W < 17.5$	$14.0 \leqslant W < 21.0$	4
$17.5 \leqslant W < 21.0$		5
$21.0 \leqslant W < 24.5$	$21.0 \leqslant W < 28.0$	6
$24.5 \leqslant W < 28.0$		7
$28.0 \leqslant W < 31.5$	$28.0 \leqslant W < 35.0$	8

横向车道布载系数   表4.3.1-5

横向布载车道数(条)	1	2	3	4	5	6	7	8
横向车道布载系数	1.20	1.00	0.78	0.67	0.60	0.55	0.52	0.50

8 大跨径桥梁上的汽车荷载应考虑纵向折减。当桥梁计算跨径大于150m时,应按表4.3.1-6规定的纵向折减系数进行折减。当为多跨连续结构时,整个结构应按最大的计算跨径考虑汽车荷载效应的纵向折减。

纵向折减系数

表 4.3.1-6

计算跨径 L_0 (m)	纵向折减系数	计算跨径 L_0 (m)	纵向折减系数
$150 < L_0 < 400$	0.97	$800 \leqslant L_0 < 1000$	0.94
$400 \leqslant L_0 < 600$	0.96	$L_0 \geqslant 1000$	0.93
$600 \leqslant L_0 < 800$	0.95	—	—

📖 典型例题

例题 4-13(2020 年真题)

一高速公路桥梁,采用整体式断面,桥面宽度为 3.00m(右侧硬路肩)+ 2×3.75m(行车道)+ 0.50m(左侧路缘带)+ 2.00m(中央分隔带)+ 0.50m(左侧路缘带)+ 2×3.75m(行车道)+ 3.00m(右侧硬路肩)= 24.00m,计算桥梁设计时所采用的汽车荷载多车道布载系数是（　　）。

(A)0.50　　　　　(B)0.52　　　　　(C)0.55　　　　　(D)0.78

解答

单侧桥面净宽 = 3.00 + 2×3.75 + 0.50 = 11m。

根据《公路桥涵设计通用规范》(JTG D60—2015)表 4.3.1-4,单向布置 3 条车道,故双向布置 6 条车道。

根据表 4.3.1-5 查取横向车道布载系数为 0.55。

答案:C

例题 4-14(2019 年真题)

某高速公路,主线桥梁采用上下行分离设置,单幅桥宽 15.25m,两侧均设 0.5m 宽的墙式护栏,桥梁车载荷载计算时,横向车道布载系数应取（　　）。

(A)0.78　　　　　(B)0.67　　　　　(C)0.60　　　　　(D)0.55

解答

桥面宽度 $W = 15.25 - 0.5 \times 2 = 14.25$m。

根据《公路桥涵设计通用规范》(JTG D60—2015)表 4.3.1-4,14m$\leqslant W = 14.25$m< 17.5m,车道数为 4,根据表 4.4.1-5 查取横向分布系数为 0.67。

答案:B

例题 4-15

某高速公路上跨径为 100m + 175m + 100m 的连续刚构桥,主线桥梁采用上下行分离设置,单幅桥宽 15.25m,两侧均设 0.5m 宽墙式护栏,桥梁车载荷载计算时,纵向折减系数为（　　）。

(A)1　　　　　(B)0.97　　　　　(C)0.96　　　　　(D)0.95

解答

根据《公路桥涵设计通用规范》(JTG D60—2015)表 4.3.1-6,本桥最大跨径为 175m,查表得,纵向系数为 0.97。

答案:B

(1)桥宽范围内布设的车道数,在结构计算中要严格根据规范条款执行;不能按照实际设计中的实际车道数划线执行。

(2)横向、纵向折减,主要用于桥梁整体计算中。特别注意单车道横向布载系数为1.2,匝道桥大部分是按单车道布载。

考点3　桥梁构造规定

📖 条文规定

《公路桥涵设计通用规范》(JTG D60—2015)规定如下:

3.3.6　桥涵跨径在50m及以下时,宜采用标准化跨径。采用标准化跨径的桥涵宜采用装配式结构及机械化、工厂化施工。桥涵标准化跨径规定如下:0.75m、1.0m、1.25m、1.5m、2.0m、2.5m、3.0m、4.0m、5.0m、6.0m、8.0m、10m、13m、16m、20m、25m、30m、35m、40m、45m、50m。

3.4.2　桥面人行道、自行车道和拦护设施的布置应符合下列规定:

1　高速公路上的桥梁不宜设人行道。一、二、三、四级公路上桥梁的桥上人行道和自行车道的设置,应根据需要而定,并应与前后路线布置协调。人行道、自行车道与行车道之间,应设护栏或路缘石等分隔设施。一个自行车道的宽度应为1.0m;当单独设置自行车道时,不宜小于两个自行车道的宽度。人行道的宽度宜为1.0m;大于1.0m时,按0.5m的级差增加。漫水桥和过水路面可不设人行道。

4　路缘石高度可取用0.25~0.35m。当跨越急流、大河、深谷、重要道路、铁路、主要航道,或桥面常有积雪、结冰时,其路缘石高度宜取用较大值。

《公路圬工桥涵设计规范》(JTG D61—2005)规定如下:

3.3.3　砂浆砌体抗压强度设计值规定如下:

2　块石砂浆砌体轴心抗压强度设计值f_{cd}应按表3.3.3-2的规定采用。

块石砂浆砌体的轴心抗压强度设计值f_{cd}(单位:MPa)　　　　　　表3.3.3-2

砌块强度等级	砂浆强度等级					砂浆强度
	M20	M15	M10	M7.5	M5	0
MU120	8.42	7.19	5.96	5.36	4.73	2.10
MU100	7.68	6.56	5.44	4.88	4.32	1.92
MU80	6.87	5.87	4.87	4.37	3.86	1.72
MU60	5.95	5.08	4.22	3.78	3.35	1.49
MU50	5.43	4.64	3.85	3.45	3.05	1.36
MU40	4.86	4.15	3.44	3.09	2.73	1.21
MU30	4.21	3.59	2.98	2.67	2.37	1.05

注:对各类石砌体,应按表中数值分别乘以下列系数:细料石砌体为1.5;半细料石砌体为1.3;粗料石砌体为1.2;干砌块石砌体可采用砂浆强度为零时的抗压强度设计值。

297

《公路钢筋混凝土及预应力混凝土桥涵设计规范》(JTG 3362—2018)规定如下：

3.1.2 公路桥涵受力构件的混凝土强度等级应按下列规定采用：

1 钢筋混凝土构件不低于C25；当采用强度标准值400MPa及以上钢筋时，不低于C30。

2 预应力混凝土构件不低于C40。

4.5.3 各类环境下混凝土强度等级最低要求应符合表4.5.3的规定。

混凝土强度等级最低要求

表4.5.3

构 件 类 别	梁、板、塔、拱圈、涵洞上部		墩台身、涵洞下部		承台、基础	
设计使用年限(年)	100	50、30	100	50、30	100	50、30
Ⅰ类-一般环境	C35	C30	C30	C25	C25	C25
Ⅱ类-冻融环境	C40	C35	C35	C30	C30	C25
Ⅲ类-近海或海洋氯化物环境	C40	C35	C35	C30	C30	C25
Ⅳ类-除冰盐等其他氯化物环境	C40	C35	C35	C30	C30	C25
Ⅴ类-盐结晶环境	C40	C35	C35	C30	C30	C25
Ⅵ类-化学腐蚀环境	C40	C35	C35	C30	C30	C25
Ⅶ类-磨蚀环境	C40	C35	C35	C30	C30	C25

9.1.1 普通钢筋和预应力钢筋的混凝土保护层厚度应满足下列要求：

1 普通钢筋保护层厚度取钢筋外缘至混凝土表面的距离，不应小于钢筋公称直径；当钢筋为束筋时，保护层厚度不应小于束筋的等代直径。

2 先张法构件中预应力钢筋的保护层厚度取钢筋外缘至混凝土表面的距离，不应小于钢筋公称直径；后张法构件中预应力钢筋的保护层厚度取预应力管道外缘至混凝土表面的距离，不应小于其管道直径的1/2。

3 最外侧钢筋的混凝土保护层厚度应不小于表9.1.1的规定值。

混凝土保护层最小厚度 c_{min} (单位:mm)

表9.1.1

构 件 类 别	梁、板、塔、拱圈、涵洞上部		墩台身、涵洞下部		承台、基础	
设计使用年限(年)	100	50、30	100	50、30	100	50、30
Ⅰ类-一般环境	20	20	25	20	40	40
Ⅱ类-冻融环境	30	25	35	30	45	40
Ⅲ类-近海或海洋氯化物环境	35	30	45	40	65	60
Ⅳ类-除冰盐等其他氯化物环境	30	25	35	30	45	40
Ⅴ类-盐结晶环境	30	25	40	35	45	40
Ⅵ类-化学腐蚀环境	35	30	40	35	60	55
Ⅶ类-磨蚀环境	35	30	45	40	65	60

注:1. 表中数值是针对各环境类别的最低作用等级、按本规范第4.5.3条要求的最低混凝土强度等级，以及钢筋和混凝土无特殊防腐措施规定的。

2. 对工厂预制的混凝土构件，其保护层最小厚度可将表中相应数值减小5mm，但不得小于20mm。

3. 表中承台和基础的保护层最小厚度，是针对基坑底无垫层或侧面无模板的情况规定的；对于有垫层或有模板的情况，保护层最小厚度可将表中相应数值减少20mm，但不得小于30mm。

9.1.4 当计算中充分利用钢筋的强度时,其最小锚固长度应符合表9.1.4的规定。

钢筋最小锚固长度 l_a

表9.1.4

钢筋种类		HPB300				HRB400、HRBF400、RRB400			HRB500		
混凝土强度等级		C25	C30	C35	≥C40	C30	C35	≥C40	C30	C35	≥C40
受压钢筋(直端)		45d	40d	38d	35d	30d	28d	25d	35d	33d	30d
受拉钢筋	直端	—	—	—	—	35d	33d	30d	45d	43d	40d
	弯钩端	40d	35d	33d	30d	30d	28d	25d	35d	33d	30d

注:1. d 为钢筋公称直径。
   2. 对于受压束筋和等代直径 $d_e \leqslant 28\text{mm}$ 的受拉束筋的锚固长度,应以等代直径按表值确定,束筋的各单根钢筋可在同一锚固终点截断;对于等代直径 $d_e > 28\text{mm}$ 的受拉束筋,束筋内各单根钢筋,应自锚固起点开始,以表内规定的单根钢筋的锚固长度的1.3倍,呈阶梯形逐根延伸后截断,即自锚固起点开始,第一根延伸1.3倍单根钢筋的锚固长度,第二根延伸2.6倍单根钢筋的锚固长度,第三根延伸3.9倍单根钢筋的锚固长度。
   3. 采用环氧树脂涂层钢筋时,受拉钢筋最小锚固长度应增加25%。
   4. 当混凝土在凝固过程中易受扰动时,锚固长度应增加25%。
   5. 当受拉钢筋末端采用弯钩时,锚固长度为包括弯钩在内的投影长度。

9.1.9 钢筋绑扎接头应符合下列要求:

1 受拉钢筋绑扎接头的搭接长度应不小于表9.1.9的规定;受压钢筋绑扎接头的搭接长度应不小于表9.1.9规定的受拉钢筋绑扎接头搭接长度的0.7倍。

受拉钢筋绑扎接头搭接长度

表9.1.9

钢筋种类	HPB300		HRB400,HRBF400,RRB400	HRB500
混凝土强度等级	C25	≥C30	≥C30	≥C30
搭接长度(mm)	40d	35d	45d	50d

注:1. d 为钢筋的公称直径(mm)。当带肋钢筋 $d > 25\text{mm}$ 时,其受拉钢筋的搭接长度应按表值增加5d采用;当带肋钢筋 $d < 25\text{mm}$ 时,搭接长度可按表值减少5d采用。
   2. 当混凝土在凝固过程中受力钢筋易受扰动时,其搭接长度应增加5d。
   3. 在任何情况下,受拉钢筋的搭接长度不应小于300mm;受压钢筋的搭接长度不应小于200mm。
   4. 环氧树脂涂层钢筋的绑扎接头搭接长度,受拉钢筋按表值的1.5倍采用。
   5. 受拉区段内,HPB300钢筋绑扎接头的末端应做成弯钩,HRB400、HRB500、HRBF400和RRB400钢筋的末端可不做成弯钩。

9.1.12 钢筋混凝土构件中纵向受力钢筋的最小配筋百分率应符合下列要求:

1 轴心受压构件、偏心受压构件全部纵向钢筋的配筋百分率不应小于0.5,当混凝土强度等级C50及以上时不应小于0.6;同时,一侧钢筋的配筋百分率不应小于0.2。当大偏心受拉构件的受压区配置按计算需要的受压钢筋时,其配筋百分率不应小于0.2。

2 受弯构件、偏心受拉构件及轴心受拉构件的一侧受拉钢筋的配筋百分率不应小于 $45f_{td}/f_{sd}$,同时不应小于0.2。

3 轴心受压构件、偏心受压构件全部纵向钢筋的配筋百分率和一侧纵向钢筋(包括大偏心受拉构件受压钢筋)的配筋百分率应按构件的毛截面面积计算。轴心受拉构件及小偏心受拉构件一侧受拉钢筋的配筋百分率应按构件毛截面面积计算。受弯构件、大偏心受拉构件的一侧受拉钢筋的配筋百分率为 $100A_s/(bh_0)$,其中 A_s 为受拉钢筋截面面积,b 为腹板宽度(箱形截面梁为各腹板宽度之和),h_0 为有效高度。当钢筋沿构件截面周边布置时,"一侧的受压钢筋"或"一侧的受拉钢筋"系指受力方向两个对边中的一边布置的纵向钢筋。

《城市桥梁设计规范》（CJJ 11—2011）（2019 年版）规定如下：

路缘石与护栏的设置要求　　　　　　　　　　表 6.0.7

等级	条　件	设置要求
一	符合下列设计与环境条件之一时： 1. 城市快速路； 2. 临空高度大于 6.0m 或水深大于 5.0m； 3. 跨越急流、重要道路、铁路、主要航道、轨道交通、水源保护区、人员密集区和人员通道等； 4. 特大悬索桥、斜拉桥、拱桥等缆索承重桥梁或跨海大桥	车行道外侧必须设置防撞护栏
二	符合下列设计与环境条件之一时： 1. 设计速度大于或等于 50km/h 的城市主干路或次干路； 2. 临空高度大于 3.0m 小于 6.0m 或水深大于 2.0m 小于 5.0m； 3. 跨越道路、桥梁等人工构筑物时； 4. 桥面常有积冰、积雪时	车行道外侧宜设置防撞护栏，当仅采用路缘石与人行道分隔时，路缘石高度不得小于 40cm，且人行道宽度不得小于 2m
三	其他有机动车行驶的城市桥梁	可采用路缘石与人行道、检修道分隔，路缘石高度宜取 25～35cm

注：路缘石高度不小于 40cm 时宜进行行人防跌落设计。

8.1.4　当立交、高架道路桥梁的下穿道路紧靠柱式墩或薄壁墩台、墙时，所需的安全带宽度应符合下列规定：

1　当道路设计行车速度大于或等于 60km/h 时，安全带宽度不应小于 0.50m；

2　当道路设计行车速度小于 60km/h 时，安全带宽度不应小于 0.25m。

📖 **典型例题**

例题 4-16（2019 年真题）

某近海或海洋氯化物环境预应力混凝土梁，设计使用年限为 50 年，根据《公路钢筋混凝土及预应力混凝土桥涵设计规范》（JTG 3362—2018），耐久性设计要求的混凝土强度等级应不低于（　　）。

（A）C25　　　　　　（B）C30　　　　　　（C）C35　　　　　　（D）C40

解答

根据《公路钢筋混凝土及预应力混凝土桥涵设计规范》（JTG 3362—2018）表 4.5.3，近海或海洋氯化物环境、设计使用年限为 50 年时混凝土强度等级最低要求为 C35；另外，根据第 3.1.2 条第 2 款，预应力混凝土构件强度等级不低于 C40，两者取高者。

答案：D

例题 4-17（2019 年真题）

某圬工小桥桥台基础采用干砌块石砌筑，根据当地料场情况选用半细料石砌体，砌体强度等级为 MU40，最接近计算结果的砌体轴心抗压强度设计值是（　　）。

（A）1.57MPa　　　（B）1.21MPa　　　（C）1.15MPa　　　（D）1.05MPa

解答

根据《公路圬工桥涵设计规范》(JTG D61—2005)第3.3.3条第2款中表3.3.3-2注,干砌块石抗压强度采用砂浆强度为零时的抗压强度设计值。根据表查询 Mu40 对用的砂浆强度为 0 的抗压强度为 1.21MPa。半细粒石砌体乘1.3的系数 = 1.3 × 1.21 = 1.57。

答案:A

例题 4-18

某Ⅰ类一般环境现浇钢筋混凝土梁,设计使用年限为 100 年,最外侧钢筋公称直径为28mm,混凝土最小保护层厚度为(   )。

(A)20mm   (B)25mm   (C)28mm   (D)30mm

解答

根据《公路钢筋混凝土及预应力混凝土桥涵设计规范》(JTG 3362—2018)表9.1.1,Ⅰ类一般环境、设计使用年限为 100 年的钢筋混凝土梁,混凝土最小保护层厚度为20mm,另外,根据第9.1.1条第1款,普通钢筋保护层厚度,不应小于钢筋公称直径,因此不应小于28mm,取大者,故本题混凝土最小保护层厚度为28mm。

答案:C

例题 4-19

某三级公路设计速度为40km/h,设置跨普通河流中桥一座,桥梁段采用2m宽人行道,桥梁防撞护栏防护等级采用二(B)级,根据《公路桥涵设计通用规范》(JTG D60—2015),该桥路缘石及护栏设置最合理的为(   )。

(A)路缘石高 10cm,人行道外侧设置防撞护栏

(B)路缘石高 15cm,人行道外侧设置防撞护栏

(C)路缘石高 20cm,人行道外侧设置组合护栏

(D)路缘石高 25cm,人行道外侧设置组合护栏

解答

根据《公路桥涵设计通用规范》(JTG D60—2015)第3.4.2条,规定路缘石高度可取 25 ~ 35cm。车速较低时在人行道外侧采用兼具车辆防撞和人行栏杆功能的组合护栏。

答案:D

例题 4-20

某城市次干路,设计速度为40km/h,该道路上的有一座跨径为20m的预应力混凝土小箱梁桥,桥梁临空高度为4m,桥梁横断面布置为 2.5m(人行道) + 15m(行车道) + 2.5m(人行道),行车道外侧不设置防撞护栏的情况下,该桥路缘石高度设置合理的为(   )。

(A)15cm   (B)25cm   (C)35cm   (D)45cm

解答

根据《城市桥梁设计规范》(CJJ 11—2011)(2019 年版)表 6.0.7,因临空高度为4m,为第二等级,当仅采用路缘石与人行道分隔时,路缘石高度应不小于40cm。

答案:D

例题 4-21

某城市主干路,设计速度为 50km/h,下穿城市快速路的高架桥梁,快速路高架桥梁上部结构采用 30m 的现浇大悬臂箱梁,下部结构采用花瓶墩。该主干路与花瓶墩之间最小的安全带宽度为(　　)。

(A)0.15m　　　　(B)0.25m　　　　(C)0.50m　　　　(D)1.0m

解答

根据《城市桥梁设计规范》(CJJ 11—2011)(2019 年版)第 8.1.4 条,设计速度小于 60km/h 时,最小的安全带宽度为 25cm。

答案:B

📖 **考点分析**

(1)桥梁构造规定主要包括混凝土强度等级、保护层厚度、钢筋锚固长度、钢筋连接和连接长度、最小配筋率等,应仔细查看相关内容,有表格的一定注意看表注。

(2)对于例题 4-19,《公路桥涵设计通用规范》(JTG D60—2015)第 3.4.2 条与《公路交通安全设施设计规范》(JTG D81—2017)第 6.3.4 条有矛盾,根据《公路桥涵设计通用规范》(JTG D60—2015),应该是路缘石高 25cm,人行道外侧设置护栏最合理;根据《公路交通安全设施设计规范》(JTG D81—2017)第 6.3.4 条第 1、6 项,设计速度小于或等于 60km/h,且防护等级为二(B)级的桥梁,路缘石高度为 15cm,不应超过 20cm。考生解答时注意看题目要求是采用哪本规范,根据《公路交通安全设施设计规范》(JTG D81—2017)解答时详见本书交通工程及沿线设施章节。

(3)城市桥梁路缘石与护栏设置要求与公路桥梁的差异:城市桥梁等级为一时行车道外侧必须设置防撞护栏;等级为二时宜设置防撞护栏,如仅采用路缘石与人行道分隔时,路缘石高度不小于 40cm,且人行道宽度不小于 2m;等级为三时,可采用路缘石与人行道分隔,路缘石高度为 25～35cm。公路路缘石高度取值范围为 25～35cm,该取值与桥梁等级无关,与临空面情况有关,与城市桥梁规范规定不一致。

(4)特别注意,当路缘石高度不小于 40cm 时,为保证行人不至于跌落到行车道造成交通安全事故,宜进行行人防跌落设计。

考点 4　公路桥梁荷载选择与计算

1. 车道荷载和车辆荷载

📖 **条文规定**

《公路桥涵设计通用规范》(JTG D60—2015)规定如下:

4.3.1　公路桥涵设计时,汽车荷载的计算图式、荷载等级及其标准值、加载方法和纵横向折减等应符合下列规定:

1　汽车荷载分为公路—Ⅰ级和公路—Ⅱ级两个等级。

2　汽车荷载由车道荷载和车辆荷载组成。桥梁结构的整体计算采用车道荷载;桥梁结构的局部加载、涵洞、桥台和挡土墙土压力等的计算采用车辆荷载。车道荷载与车辆荷载的作用不得叠加。

3 各级公路桥涵设计的汽车荷载等级应符合表 4.3.1-1 的规定。

各级公路桥涵的汽车荷载等级   表 4.3.1-1

公路等级	高速公路	一级公路	二级公路	三级公路	四级公路
汽车荷载等级	公路—Ⅰ级	公路—Ⅰ级	公路—Ⅰ级	公路—Ⅱ级	公路—Ⅱ级

1)二级公路作为集散公路且交通量小、重型车辆少时,其桥涵的设计可采用公路—Ⅱ级汽车荷载。

2)对交通组成中重载交通比重较大的公路桥涵,宜采用与该公路交通组成相适应的汽车荷载模式进行结构整体和局部验算。

4 车道荷载的计算图示如图 4.3.1-1 所示。

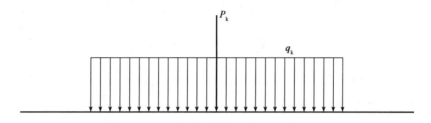

图 4.3.1-1 车道荷载

1)公路—Ⅰ级车道荷载均布荷载标准值为 $q_k = 10.5 \text{kN/m}$;集中荷载标准值 P_k 取值见表 4.3.1-2。计算剪力效应时,上述集中荷载标准值应乘以系数 1.2。

集中载 P_k 取值   表 4.3.1-2

计算跨径 L_0(m)	$L_0 \leqslant 5$	$5 < L_0 < 50$	$L_0 \geqslant 50$
P_k(kN)	270	$2(L_0 + 130)$	360

注:计算跨径 L_0,设支座的为相邻两支座中心间的水平距离;不设支座的为上、下部结构相交面中心间的水平距离。

2)公路—Ⅱ级车道荷载的均布荷载标准值 q_k 和集中荷载标准值 P_k 按公路—Ⅰ级车道荷载的 0.75 倍采用。

7 桥涵设计车道数应符合表 4.3.1-4 的规定。横桥向布置多车道汽车荷载时,应考虑汽车荷载的折减;布置一条车道汽车荷载时,应考虑汽车荷载的提高。横向车道布载系数应符合表 4.3.1-5 的规定。多车道布载的荷载效应不得小于两条车道布载的荷载效应。

8 大跨径桥梁上的汽车荷载应考虑纵向折减。当桥梁计算跨径大于 150m 时,应按表 4.3.1-6 规定的纵向折减系数进行折减。当为多跨连续结构时,整个结构应按最大的计算跨径考虑汽车荷载效应的纵向折减。

桥涵设计车道数   表 4.3.1-4

桥面宽度 W(m)		桥涵设计车道数
车辆单向行驶时	车辆双向行驶时	
$W < 7.0$		1
$7.0 \leqslant W < 10.5$	$6.0 \leqslant W < 14.0$	2
$10.5 \leqslant W < 14.0$		3

| 桥面宽度 W(m) | | 桥涵设计车道数 |
车辆单向行驶时	车辆双向行驶时	
14.0≤W<17.5	14.0≤W<21.0	4
17.5≤W<21.0		5
21.0≤W<24.5	21.0≤W<28.0	6
24.5≤W<28.0		7
28.0≤W<31.5	28.0≤W<35.0	8

横向车道布载系数 表4.3.1-5

横向布载车道数(条)	1	2	3	4	5	6	7	8
横向车道布载系数	1.20	1.00	0.78	0.67	0.60	0.55	0.52	0.50

纵向折减系数 表4.3.1-6

计算跨径 L_0(m)	纵向折减系数	计算跨径 L_0(m)	纵向折减系数
150<L_0<400	0.97	800≤L_0<1000	0.94
400≤L_0<600	0.96	L_0≥1000	0.93
600≤L_0<800	0.95	—	—

典型例题

例题 4-22(2020 年真题)

某三级公路桥梁,上部构造为计算跨径为 50m 的预应力混凝土箱梁,在计算其车道荷载的剪力效应时,集中荷载标准值 P_k 应取为( )。

(A)270kN　　　　(B)324kN　　　　(C)360kN　　　　(D)432kN

解答

根据《公路桥涵设计通用规范》(JTG D60—2015)表 4.3.1-1,三级公路汽车荷载等级采用公路—Ⅱ级。

根据 4.3.1 条第 4 款及表 4.3.1-2,得:

$P_k = 360 \times 0.75 \times 1.2 = 324$kN

答案:B

例题 4-23

公路桥涵设计时,采用的汽车荷载由车道荷载和车辆荷载组成,分别用于计算不同的桥梁构件。现需进行以下几种桥梁构件计算:①主梁整体计算;②主梁桥面板计算;③涵洞计算;④桥台计算。试判定这 4 种构件计算应采用( )汽车荷载模式,才符合《公路桥涵设计通用规范》(JTG D60—2015)的要求。

(A)①、③采用车道荷载,②、④采用车辆荷载

(B)①、②采用车道荷载,③、④采用车辆荷载

(C)①采用车道荷载,②、③、④采用车辆荷载

（D）①、②、③、④均采用车道荷载

解答

根据《公路桥涵设计通用规范》（JTG D60—2015）第 4.3.1 条 2 款，汽车荷载由车道荷载和车辆荷载组成。桥梁结构的整体计算采用车道荷载；桥梁结构的局部加载、涵洞、桥台和挡土墙土压力等的计算采用车辆荷载。

答案：C

📖 **考点分析**

（1）注意公路桥梁与城市桥梁的荷载存在差异。公路—Ⅰ级车辆荷载总重为 550kN，城—A 级车辆荷载总重为 700kN。

（2）注意整体计算采用车道荷载，局部计算采用车辆荷载，计算时应注意横向、纵向折减系数。

（3）除了桥梁的局部计算采用车辆荷载计算之外，桥台、涵洞、挡土墙也需要采用车辆荷载进行计算。

2. 简支梁承担的弯矩剪力计算

📖 **基本知识**

简支梁均布荷载 q 作用下跨中弯矩是 $ql^2/8$，集中力荷载 P 作用下跨中弯矩为 $Pl/4$。

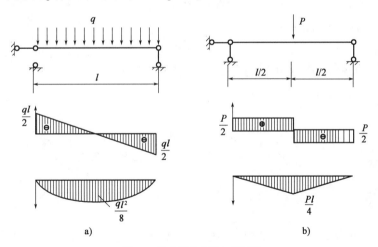

图 4-1　简支梁剪力图与弯矩图

📖 **典型例题**

例题 4-24

某简支梁桥，上部所有恒荷载为 150kN/m，计算跨径 20m，则恒荷载跨中弯矩标准值为（　　），每侧梁端恒荷载产生剪力标准值为（　　）。

（A）7500kN·m，1500kN　　　　（B）7500kN·m，3000kN

（C）3750kN·m，1500kN　　　　（D）3750kN·m，3000kN

解答

弯矩值：

$M = ql^2/8 = 150 \times 20^2/8 = 7500 \text{kN} \cdot \text{m}$

剪力值：

$V = ql/2 = 150 \times 20/2 = 1500 \text{kN}$

答案：A

例题 4-25

某简支梁桥，单车道，计算跨径 30m，则公路—1 级汽车荷载作用下梁跨中弯矩和每侧梁端剪力标准值（不考虑冲击系数）为（　　）。

(A)4297.5kN·m，649.8kN　　　　　(B)4297.5kN·m，517.5kN

(C)3581.25kN·m，621kN　　　　　(D)3750kN·m，517.5kN

解答

因为是单车道，查《公路桥涵设计通用规范》(JTG D60—2015)表 4.3.1-5，得布载系数为 1.2，查表 4.3.1-2，得

$P_k = 2 \times (30 + 130) = 320 \text{kN}$

汽车弯矩值

$M = $ 车道数 × 布载系数 × $(ql^2/8 + P_k l/4)$

　　$= 1 \times 1.2 \times (10.5 \times 30^2/8 + 320 \times 30/4)$

　　$= 4297.5 \text{kN} \cdot \text{m}$

此时集中荷载移动在跨中。

汽车剪力值

$V = $ 车道数 × 布载系数 × $(ql/2 + 1.2 \times P_k)$

　　$= 1 \times 1.2 \times (10.5 \times 30/2 + 1.2 \times 320)$

　　$= 649.8 \text{kN}$

此时集中荷载移动到了梁端处。

答案：A

📖 **考点分析**

(1)简支梁均布荷载 q 作用下跨中弯矩为 $ql^2/8$，集中力荷载 P 作用下跨中弯矩为 $Pl/4$。

(2)均布荷载和集中荷载作用直接叠加，但要注意计算剪力效应时要乘以 1.2 的系数。

考点 5　城市桥梁荷载计算

📖 **条文规定**

《城市桥梁设计规范》(CJJ 11—2011)(2019 年版)规定如下：

10.0.2　桥梁设计时，汽车荷载的计算图式、荷载等级及其标准值、加载方法和纵横向折

减等应符合下列规定：

    1 汽车荷载应分为城—A级和城—B级两个等级。

    2 汽车荷载应由车道荷载和车辆荷载组成。车道荷载应由均布荷载和集中荷载组成。桥梁结构的整体计算应采用车道荷载,桥梁结构的局部加载、桥台和挡土墙压力等的计算应采用车辆荷载。车道荷载与车辆荷载的作用不得叠加。

    3 车道荷载的计算(10.0.2-1)应符合下列规定：

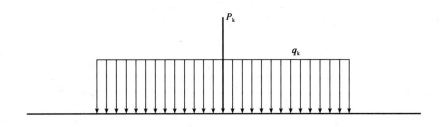

图 10.0.2-1　车道荷载

    1)城—A级车道荷载的均布荷载标准值(q_k)应为 10.5kN/m。集中荷载标准值(P_k)的选取：当桥梁计算跨径小于或等于 5m 时,$P_k = 270$kN;当桥梁计算跨径等于或大于 50m 时,$P_k = 360$kN;当桥梁计算跨径在 5～50m 之间时,P_k 值应采用直线内插求得。当计算剪力效应时,上述集中荷载标准值(P_k)应乘以 1.2 的系数。

    2)城—B级车道荷载的均布荷载标准值(q_k)和集中荷载标准值(P_k)应按城—A级车道荷载的 75% 采用。

    3)车道荷载的均布荷载标准值应满布于使结构产生最不利效应的同号影响线上;集中荷载标准值应只作用于相应影响线中一个最大影响线峰值处。

    4 车辆荷载的立面、平面布置及标准值应符合下列规定：

    1)城—A级车辆荷载的立面、平面、横桥向布置(图 10.0.2-2)及标准值应符合表 10.0.2 的规定。

城—A 级车辆荷载   表 10.0.2

车辆编号	单位	1	2	3	4	5
轴重	kN	60	140	140	200	160
轮重	kN	30	70	70	100	80
纵向轴距	m	3.6		1.2	6	7.2
每组车轮的横向中距	m	1.8	1.8	1.8	1.8	1.8
车轮着地的宽度×长度	m	0.25×0.25	0.6×0.25	0.6×0.25	0.6×0.25	0.6×0.25

    2)城—B级车辆荷载的立面、平面布置及标准值应采用现行行业标准《公路桥涵设计通用规范》(JTTG D60)车辆荷载的规定值。

    5 车道荷载横向分布系数、多车道的横向折减系数、大跨径桥梁的纵向折减系数、汽车荷载的冲击力、离心力、制动力及车辆荷载在桥台或挡土墙后填土的破坏棱体上引起的土侧压力等均应按现行行业标准《公路桥涵设计通用规范》(JTG D60)的规定计算。

307

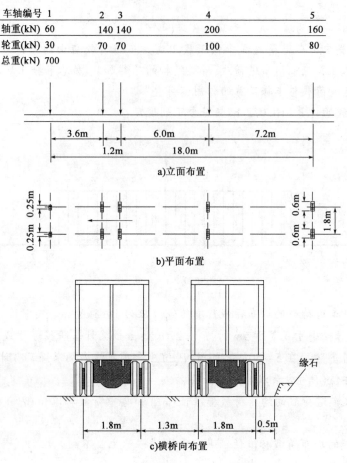

车轴编号	1	2	3	4	5
轴重(kN)	60	140	140	200	160
轮重(kN)	30	70	70	100	80
总重(kN)	700				

a)立面布置

b)平面布置

c)横桥向布置

图 10.0.2-2　城—A级车辆荷载立面、平面、横桥向布置

10.0.3　应根据道路的功能、等级和发展要求等具体情况选用设计汽车荷载。桥梁的设计汽车荷载应根据表 10.0.3 选用,并应符合下列规定:

桥梁设计汽车荷载等级

表 10.0.3

城市道路等级	快速路	主干路	次干路	支路
设计汽车荷载等级	城—A级 或城—B级	城—A级	城—A级 或城—B级	城—B级

1　快速路、次干路上如重型车辆行驶频繁时,设计汽车荷载应选用城—A级汽车荷载;

2　小城市中的支路上如重型车辆较少时,设计汽车荷载采用城—B级车道荷载的效应乘以 0.8 的折减系数,车辆荷载的效应乘以 0.7 的折减系数;

3　小型车专用道路,设计汽车荷载可采用城—B级车道荷载的效应乘以 0.6 的折减系数,车辆荷载的效应乘以 0.5 的折减系数。

10.0.4　在城市指定路线上行驶的特种平板挂车应根据具体情况按本规范附录 A 中所列的特种荷载进行验算。对既有桥梁,可根据过桥特重车辆的主要技术指标,按本规范附录 A 的要求进行验算。

对设计汽车荷载有特殊要求的桥梁,设计汽车荷载标准应根据具体交通特征进行专题论证。

10.0.5 桥梁人行道的设计人群荷载应符合下列规定：

1 人行道板的人群荷载按5kPa或1.5kN的竖向集中力作用在一块构件上，分别计算，取其不利者。

2 梁、桁架、拱及其他大跨结构的人群荷载（W）可采用下列公式计算，且W值在任何情况下不得小于2.4kPa：

当加载长度$L<20m$时：

$$W = 4.5 \times \frac{20 - w_p}{20} \qquad (10.0.5\text{-}1)$$

当加载长度$L \geq 20m$时：

$$W = \left(4.5 - 2 \times \frac{L - 20}{80}\right)\left(\frac{20 - w_p}{20}\right) \qquad (10.0.5\text{-}2)$$

式中：W——单位面积的人群荷载（kPa）；

L——加载长度（m）；

w_p——单边人行道宽度（m）；在专用非机动车桥上为1/2桥宽，大于4m时仍按4m计。

10.0.7 作用在桥上人行道栏杆扶手上的竖向荷载应为1.2kN/m；水平荷载应为2.5kN/m。两者应分别计算，且不应与其他可变作用叠加。立柱柱顶推力应为扶手水平荷载集度与柱间距的乘积。

A.0.2 当采用特种平板挂车特—160、特—220、特—300及特—420验算时，应按下列要求布载：

1 当纵向排列时，在同向一个路幅的机动车道内，全桥长度内应按行驶一辆特种平板挂车布载，前后应无其他车辆荷载。

2 横向布置应符合下列规定：

1）对不设置中间分隔带的机动车道或混合行驶车道的桥面，应居中行驶。当机动车道不多于二车道时，车辆外侧车轮中线至路缘带外侧的距离不应小于1m，且车辆应居中行驶，行驶范围不应大于6m（图A.0.2-1）。

当机动车道多于二车道时，车辆应居中行驶，行驶范围不应大于6m（图A.0.2-2）。

2）对设置中间分隔带的机动车道的桥面，中间分隔带两侧机动车道各为二车道时，车辆外边轮中线至路缘带边缘的距离不应小于1m，且车辆应居中行驶，行驶范围不应大于6m（图A.0.2-3）。

当中间分隔带两侧机动车道各为三车道或更宽时，车辆应居中行驶，行驶范围不应大于6m。

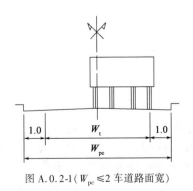

图A.0.2-1（$W_{pc} \leq 2$车道路面宽）

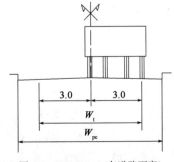

图A.0.2-2（$W_{pc} > 2$车道路面宽）

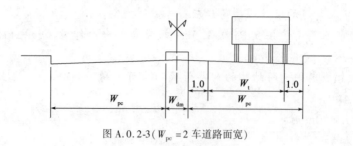

图 A.0.2-3（W_{pc} = 2 车道路面宽）

典型例题

例题 4-26

某城市一条小型汽车专用道路上的桥梁,采用单孔 40m 简支梁,计算跨径为 39.2m,冲击系数为 0.2,单向三车道,桥梁总宽 13m,其中行车道净宽 12m。该桥主梁截面在汽车荷载作用下最大弯矩标准值为（　　）。

（A）6745kN　　　　（B）7550kN　　　　（C）8345kN　　　　（D）11250kN

解答

根据《城市桥梁设计规范》（CJJ 11—2011）（2019 年版）第 10.0.2 条及第 10.0.3 条:

集中荷载 = $2 \times (130 + 39.2) = 338.8$kN,集中采用值为 $0.6 \times 0.75 \times 338.8 = 152.5$kN

均布荷载采用值为 $0.6 \times 0.75 \times 10.5 = 4.725$kN/m

$M = (1 + 0.2) \times (152.5 \times 39.2/4 + 4.725 \times 39.2 \times 39.2/8) \times 3 \times 0.78 = 6745$kN

答案:A

例题 4-27

某城市桥梁,孔跨布置为 5 孔 30m 小箱梁,双幅布置,单幅宽 20m,横向布置为 3m（非机动车道）+14m（车行道）+3m（非机动车道）。该桥需要通行特—220 的特种平板挂车。为保证桥梁安全,以桥梁中心线竖向为坐标轴,左负右正,特种车辆最左侧轮横向行驶范围为（　　）。

（A）（−3，−0.1）　　　　　　　　（B）（−3，0）

（C）（−3，3）　　　　　　　　　　（D）（0，3）

解答

根据《城市桥梁设计规范》（CJJ 11—2011）（2019 年版）附录第 A.0.2 条,横向轮布置为 $0.93 + 1.24 + 0.93 = 3.1$m,单向三车道,左轮布置为 $[-3,(3-3.1)] = (-3, -0.1)$。

答案:A

例题 4-28

某城市主干路的桥梁,采用 3 孔 30m 现浇箱梁,双幅布置,单幅宽度为 16m,单幅净宽 15m,无非机动车道及人行道。桥梁基频为 4.5Hz。自重在中跨跨中弯矩标准值为 8500kN·m,通行特种车辆特—300 时,特种车辆在桥梁中跨跨中弯矩标准值为 10000kN·m,在自重和特种作用下,验算桥梁承载能力极限状态时,桥梁基本组合设计值为（　　）。

（A）21004kN·m　　　（B）21624kN·m　　　（C）23120kN·m　　　（D）23360kN·m

解答

根据《城市桥梁设计规范》(CJJ 11—2011)(2019年版)附录第 A.0.3 条,重要性系数为 1.0,不考虑冲击作用,特种分项系数为 1.1,10000/(10000 + 8500) = 55.6%,属于 0.45 ~ 0.65 区间,提高 2%。

$$M = 1.0 \times 1.02 \times (1.2 \times 8500 + 1.1 \times 10000) = 21624 \text{kN} \cdot \text{m}$$

答案:B

考点分析

(1)注意不同的城市道路等级采用不同的荷载等级。除了主干路对应城—A,支路对应城—B 是明确的之外;快速路、次干路既可采用城—A,也可采用城—B。考题中,如果遇到快速路和次干路,要认真阅读题干,从题干信息中找出采用哪一种荷载等级。

(2)注意公路桥梁与城市桥梁的荷载存在差异。公路—Ⅰ级车辆荷载总重为 550kN,城—A 级车辆荷载总重为 700kN。

(3)公路的汽车荷载,只有公路—Ⅰ级和公路—Ⅱ级;取消了旧规范中的四级公路上重车较少时可以公路—Ⅱ级乘以 0.8(车道荷载)、0.7(车辆荷载)折减系数的规定。但是城市桥梁荷载,除了城—A、城—B 之外,保留了小汽车专用道的荷载折减系数,应重视小汽车专用道的荷载折减。

(4)应熟悉特种荷载的取值及分布范围。

考点6　桥梁上作用分类及代表值

条文规定

《公路桥涵设计通用规范》(JTG D60—2015)规定如下:

4.1.1　公路桥涵设计采用的作用分为永久作用、可变作用、偶然作用和地震作用四类,规定于表 4.1.1。

作 用 分 类　　　　　　　　　　　　　　表 4.1.1

序　号	分　类	名　称
1	永久作用	结构重力(包括结构附加重力)
2		预加力
3		土的重力
4		土侧压力
5		混凝土收缩、徐变作用
6		水浮力
7		基础变位作用
8	可变作用	汽车荷载
9		汽车冲击力
10		汽车离心力

序　号	分　类	名　称
11		汽车引起的土侧压力
12		汽车制动力
13		人群荷载
14		疲劳荷载
15	可变作用	风荷载
16		流水压力
17		冰压力
18		波浪力
19		温度(均匀温度和梯度温度)作用
20		支座摩阻力
21		船舶的撞击作用
22	偶然作用	漂流物的撞击作用
23		汽车撞击作用
24	地震作用	地震作用

4.1.2　公路桥涵设计时,对不同的作用应按下列规定采用不同的代表值:

1　永久作用的代表值为其标准值。永久作用标准值可根据统计、计算,并结合工程经验综合分析确定。

2　可变作用的代表值包括标准值、组合值、频遇值和准永久值。组合值、频遇值和准永久值可通过可变作用的标准值分别乘以组合值系数 ψ_c、频遇值系数 ψ_f 和准永久值系数 ψ_q 来确定。

3　偶然作用取其设计值作为代表值,可根据历史记载、现场观测和试验,并结合工程经验综合分析确定,也可根据有关标准的专门规定确定。

4　地震作用的代表值为其标准值。地震作用的标准值应根据现行《公路工程抗震规范》(JTG B02)的规定确定。

4.1.3　作用的设计值应为作用的标准值或组合值乘以相应的作用分项系数。

4.1.4　公路桥涵结构设计应考虑结构上可能同时出现的作用,按承载能力极限状态、正常使用极限状态进行作用组合,均应按下列原则取其最不利组合效应进行设计:

1　只有在结构上可能同时出现的作用,才进行组合。当结构或结构构件需做不同受力方向的验算时,则应以不同方向的最不利的作用组合效应进行计算。

2　当可变作用的出现对结构或结构构件产生有利影响时,该作用不应参与组合。实际不可能同时出现的作用或同时参与组合概率很小的作用,按表4.1.4规定不考虑其参与组合。

可变作用不同时组合表　　　　　　　　　　　　　表4.1.4

作用名称	不与该作用同时参与组合的作用
汽车制动力	流水压力、冰压力、波浪力、支座摩阻力
流水压力	汽车制动力、冰压力、波浪力
波浪力	汽车制动力、流水压力、冰压力
冰压力	汽车制动力、流水压力、波浪力
支座摩阻力	汽车制动力

3 施工阶段的作用组合,应按计算需要及结构所处条件而定,结构上的施工人员和施工机具设备均应作为可变作用加以考虑。组合式桥梁,当把底梁作为施工支撑时,作用组合效应宜分两个阶段计算,底梁受荷为第一个阶段,组合梁受荷为第二个阶段。

4 多个偶然作用不同时参与组合。

5 地震作用不与偶然作用同时参与组合。

📖 典型例题

例题 4-29

某一级公路跨河桥梁,上部结构采用单孔 40m 简支梁,下部结构采用柱式墩桩基础。设计墩柱时,永久作用需与以下可变作用组合:①汽车荷载;②汽车冲击力;③汽车制动力;④温度作用;⑤支座摩阻力;⑥流水压力;⑦冰压力。以下作用组合合理的是( )。

(A)永久作用 + ① + ② + ③ + ④

(B)永久作用 + ① + ② + ③ + ④ + ⑤

(C)永久作用 + ① + ② + ③ + ④ + ⑤ + ⑥

(D)永久作用 + ① + ② + ③ + ④ + ⑤ + ⑥ + ⑦

解答

根据《城市桥梁设计规范》(CJJ 11—2011)(2019 年版)第 4.1.4 条,制动力不与流水压力、冰压力、波浪力、支座摩阻力组合。

答案:A

例题 4-30

公路桥涵设计时,下列选项中关于作用于桥梁结构上的荷载分类,正确的是( )。

(A)恒载、活载以及其他附加荷载

(B)永久荷载、基本可变荷载、偶然荷载

(C)永久作用、可变作用、偶然作用、地震作用

(D)恒载、活载、温度力、地震力、船撞力、风力

解答

根据《城市桥梁设计规范》(CJJ 11—2011)(2019 年版)第 4.1.1 条及表 4.1.1,选项 C 正确。

答案:C

📖 考点分析

(1)作用在桥梁上的荷载分为四类:永久作用、可变作用、偶然作用和地震作用。对于非桥梁专业人员,要对照表 4.1.1 中的分类把各种作用理清楚,特别是荷载组合的计算题正确解题的前提是把永久作用和可变作用区分开来,荷载对应的各种系数取正确。

(2)各种荷载共同作用时,有些可以一起发生,有些不会一起发生。因此,荷载组合时,要注意表 4.1.4 中作用组合的要求。

(3)地震作用不与偶然作用同时参与组合,各种偶然作用也不同时参与组合。理由很简单,地震发生的概率很小,偶然作用发生的概率也很小,发生地震的同时发生偶然作用的概率基本为零。

考点7　冲击系数计算

《公路桥涵设计通用规范》(JTG D60—2015)规定如下:

4.3.2　汽车荷载冲击力应按下列规定计算:

1　钢桥、钢筋混凝土及预应力混凝土桥、圬工拱桥等上部构造和钢支座、板式橡胶支座、盆式橡胶支座及钢筋混凝土柱式墩台,应计算汽车的冲击作用。

2　填料厚度(包括路面厚度)大于或等于0.5m的拱桥、涵洞以及重力式墩台不计冲击力。

3　支座的冲击力,按相应的桥梁取用。

4　汽车荷载的冲击力标准值为汽车荷载标准值乘以冲击系数μ。

5　冲击系数μ可按下式计算:

当$f < 1.5\text{Hz}$时,　　　　　　　$\mu = 0.05$

当$1.5\text{Hz} \leqslant f \leqslant 14\text{Hz}$时,　　$\mu = 0.1767\ln f - 0.0157$　　　　　(4.3.2)

当$f > 14\text{Hz}$时,　　　　　　　$\mu = 0.45$

式中:f——结构基频(Hz)。

6　汽车荷载的局部加载及在T梁、箱梁悬臂板上的冲击系数采用0.3。

《公路桥涵设计通用规范》(JTG D60—2015)第4.3.2条条文说明规定如下:

桥梁的自振频率(基频)宜采用有限元方法计算。对于如下常规结构,当无更精确方法计算时,也可采用下列公式估算:

(1)简支梁桥

$$f_1 = \frac{\pi}{2l^2}\sqrt{\frac{EI_c}{m_c}} \qquad (4\text{-}3)$$

$$m_c = \frac{G}{g} \qquad (4\text{-}4)$$

式中:l——结构的计算跨径(m);

　　E——结构材料的弹性模量(Pa);

　　I_c——结构跨中截面的截面惯矩(m^4);

　　m_c——结构跨中处的单位长度质量(kg/m),当换算为重力计算时,其单位应为($\text{N} \cdot \text{s}^2/\text{m}^2$);

　　G——结构跨中处延米结构重力(N/m);

　　g——重力加速度,$g = 9.81\text{m/s}^2$。

(2)连续梁桥

$$f_1 = \frac{13.616}{2\pi l^2}\sqrt{\frac{EI_c}{m_c}} \qquad (4\text{-}5)$$

$$f_2 = \frac{23.651}{2\pi l^2}\sqrt{\frac{EI_c}{m_c}} \qquad (4\text{-}6)$$

计算连续梁的冲击力引起的正弯矩效应和剪力效应时,采用基频f_1;计算连续梁的冲击力引起的负弯矩效应时,采用基频 f_2。

例题 4-31

某公路桥梁由多跨简支梁组成,每孔跨径为 25m,计算跨径为 24m,若该桥箱梁混凝土强度等级采用 C40,弹性模量 $E_c = 3.25 \times 10^4$MPa,箱梁跨中横截面积 $A = 5.3m^2$,惯性矩 $I = 1.5m^4$,假设混凝土重度为 25kN/m³ 则公路—Ⅰ级汽车车道荷载的冲击系数 μ 与( )最为接近。

(提示:取重力加速度 $g = 10m/s^2$)

(A)0.08　　　　(B)0.18　　　　(C)0.28　　　　(D)0.38

解答

根据《公路桥涵设计通用规范》(JTG D60—2015)第 4.3.2 条条文说明计算简支梁桥的自振频率。

$$m = G/g = 5.3 \times 25 \times 1000/10 = 13250 \text{kg/m}$$

$$E_c I_c = 3.25 \times 10^{10} \times 1.5 = 4.875 \times 10^{10} \text{N} \cdot \text{m}^2$$

$$f_1 = \frac{\pi}{2 l^2}\sqrt{\frac{E_c I_c}{m_c}} = \frac{3.14}{2 \times 24^2}\sqrt{\frac{4.875 \times 10^{10}}{13250}} = 5.228 \text{Hz}$$

根据第 4.3.2 条第 5 款,有

$$\mu = 0.1767\ln f - 0.0157 = 0.1767 \times \ln 5.228 - 0.0157 = 0.276$$

答案:C

例题 4-32

某公路桥梁由多跨连续梁组成,每孔计算跨径为 24m,若该桥箱梁混凝土强度等级采用 C40,弹性模量 $E_c = 3.25 \times 10^4$MPa,箱梁跨中横截面积 $A = 5.3m^2$,惯性矩 $I = 1.5m^4$,假设混凝土重度为 25kN/m³,计算连续梁的冲击力引起的正弯矩效应和剪力效应时,计算基频与( )最为接近。

(提示:取重力加速度 $g = 10m/s^2$)

(A)7.22　　　　(B)10.18　　　　(C)5.23　　　　(D)2.48

解答

根据《公路桥涵设计通用规范》(JTG D60—2015)第 4.3.2 条条文说明计算连续梁桥的自振频率。

$$m = G/g = 5.3 \times 25 \times 1000/10 = 13250 \text{kg/m}$$

$$E_c I_c = 3.25 \times 10^{10} \times 1.5 = 4.875 \times 10^{10} \text{N} \cdot \text{m}^2$$

$$f_1 \frac{13.616}{2\pi l^2}\sqrt{\frac{E_c I_c}{m_c}} = \frac{13.616}{2 \times 3.14 \times 24^2}\sqrt{\frac{4.875 \times 10^{10}}{13250}} = 7.22$$

答案:A

例题 4-33

某公路桥梁由多跨简支梁组成,每孔跨径 25m,计算跨径 24m,若该桥箱梁混凝土强度等级采用 C40,弹性模量 $E_c = 3.25 \times 10^4$ MPa,箱梁跨中横截面积 $A = 5.3 \text{m}^2$,惯性矩 $I = 1.5 \text{m}^4$,对箱梁翼缘板进行局部加载,其冲击系数 μ 为(   )。

(提示:取重力加速度 $g = 10 \text{m/s}^2$)

(A)0.08   (B)0.18   (C)0.28   (D)0.3

解答

根据《公路桥涵设计通用规范》(JTG D60—2015)第 4.3.2 条第 6 款,汽车荷载的局部加载及在 T 形梁、箱形梁悬臂板上的冲击系数采用 0.3。

答案:D

📖 **考点分析**

(1)频遇组合、准永久组合,不考虑汽车冲击。

(2)基本组合、偶然组合,要考虑汽车冲击。

(3)填料大于一定值(0.5m)时,不考虑汽车冲击。

(4)汽车荷载的局部加载及在 T 形梁、箱形梁悬臂板上的冲击系数直接采用 0.3。

考点 8　制动力与离心力计算

📖 **条文规定**

《公路桥涵设计通用规范》(JTG D60—2015)规定如下:

4.3.5　汽车荷载制动力应按下列规定计算和分配:

1　汽车荷载制动力按同向行驶的汽车荷载(不计冲击力)计算,并应按表 4.3.1-6 的规定,以使桥梁墩台产生最不利纵向力的加载长度进行纵向折减。

1)一个设计车道上由汽车荷载产生的制动力标准值按本规范第 4.3.1 条规定的车道荷载标准值在加载长度上计算的总重力的 10% 计算,但公路—Ⅰ级汽车荷载的制动力标准值不得小于 165kN,公路—Ⅱ级汽车荷载的制动力标准值不得小于 90kN;

2)同向行驶双车道的汽车荷载制动力标准值应为一个设计车道制动力标准值的 2 倍,同向行驶三车道应为一个设计车道的 2.34 倍,同向行驶四车道应为一个设计车道的 2.68 倍。

2　制动力的着力点在桥面以上 1.2m 处,计算墩台时,可移至支座铰中心或支座底座面上。计算刚构桥、拱桥时,制动力的着力点可移至桥面上,但不应计因此而产生的竖向力和力矩。

3　设有板式橡胶支座的简支梁、连续桥面简支梁或连续梁排架式柔性墩台,应根据支座与墩台的抗推刚度的刚度集成情况分配和传递制动力。设有板式橡胶支座的简支梁刚性墩台,应按单跨两端的板式橡胶支座的抗推刚度分配制动力。

4　设有固定支座、活动支座(滚动或摆动支座、聚四氟乙烯板支座)的刚性墩台传递的制动力,按表 4.3.5 的规定采用。每个活动支座传递的制动力,其值不应大于其摩阻力;当大于摩阻力时,按摩阻力计算。

桥梁墩台及支座类型		应计的制动力	符 号 说 明
简支梁桥台	固定支座	T_1	
	聚四氟乙烯板支座	$0.30T_1$	
	滚动(或摆动)支座	$0.25T_1$	T_1——加载长度为计算跨径时的制动力;
简支梁桥墩	两个固定支座	T_2	T_2——加载长度为相邻两跨计算跨径之和时的制动力;
	一个固定支座,一个活动支座	注	
	两个四氟乙烯板支座	$0.30T_2$	T_3——加载长度为一联长度的制动力
	两个滚动(或摆动)支座	$0.25T_2$	
连续梁桥墩	固定支座	T_3	
	聚四氟乙烯板支座	$0.30T_3$	
	滚动(或摆动)支座	$0.25T_3$	

注:固定支座按 T_4 计算,活动支座按 $0.30T_5$(聚四氟乙烯板支座)或 $0.25T_5$(滚动或摆动支座)计算,T_4 和 T_5 分别为与固定支座或活动支座相应的单跨跨径的制动力,桥墩承受的制动力为上述固定支座与活动支座传递的制动力之和。

第 4.1.5 条第 1 款第 3)项规定如下:

设计弯桥时,当离心力与制动力同时参与组合时,制动力标准值或设计值按 70% 取用。

4.3.3 汽车荷载离心力可按下列规定计算:

1 曲线桥应计算汽车荷载引起的离心力。汽车荷载离心力标准值为按本规范第 4.3.1 条规定的车辆荷载(不计冲击力)标准值乘以离心力系数 C 计算。离心力系数按下式计算:

$$C = \frac{v^2}{127R} \tag{4.3.3}$$

式中:v——设计速度(km/h),应按桥梁所在路线设计速度采用;

R——曲线半径(m)。

2 计算多车道桥梁的汽车荷载离心力时,车辆荷载标准值应乘以表 4.3.1-5 规定的横向车道布载系数。

3 离心力着力点在桥面以上 1.2m 处;为计算简便也可移至桥面上,不计由此引起的作用效应。

📖 典型例题

例题 4-34

已知桥梁设计荷载等级为公路—I 级,行车道宽度为 8m、双向行驶,5 孔连续梁,跨径组合为 5×40m,若该桥桥墩高度均为 10m,且各中墩均采用形状、尺寸相同的盆式橡胶固定支座,桥台采用形状、尺寸相同的盆式橡胶滑动支座。当中墩为柔性墩,且不计桥台支座承受的制动力时,其中 1 号墩所承受的制动力标准值(kN)与( )最为接近。

(A)73   (B)60   (C)165   (D)480

解答

根据《公路桥涵设计通用规范》(JTG D60—2015)第 4.3.1 条,车道荷载应取 $q_k = 10.5kN/m$,$P_k = 2 \times (40 + 130) = 340kN$。

根据《公路桥涵设计通用规范》(JTG D60—2015)表4.3.1-4,行车道宽度为8m、双向行驶,设计车道数为2,故同向行驶的为1个车道。再依据第4.3.5条,200m一联的制动力标准值为:

$1.2 \times (10.5 \times 200 + 340) \times 10\% = 292.8 \text{kN} > 165 \text{kN}$

4个墩均匀承受该制动力,故1号墩承受的制动力标准值为292.8/4 = 73kN。

答案:A

例题 4-35

一联3×40m桥梁,已知桥梁设计荷载等级为公路—Ⅰ级,双向四车道,1号墩、4号墩采用四氟滑板支座,2号墩、3号墩采用板式橡胶支座,其中1号墩所承受的制动力标准值(kN)与( )最为接近。

(A)73　　　　(B)50　　　　(C)165　　　　(D)480

解答

根据《公路桥涵设计通用规范》(JTG D60—2015)第4.3.1条,车道荷载应取 $q_k = 10.5 \text{kN/m}$,$P_k = 2 \times (40 + 130) = 340 \text{kN}$。

根据《公路桥涵设计通用规范》(JTG D60—2015)表4.3.1-4,双向行驶设计车道数为2,再依据第4.3.5条,120m一联的制动力标准值为:

$(10.5 \times 120 + 340) \times 10\% = 160 \text{kN} < 165 \text{kN}$

故取165kN,1号墩制动力为:

$2 \times 165 \times 0.3/2 = 49.5 \text{kN}$

答案:B

例题 4-36

某公路3×16m钢筋混凝土板桥,斜交角为20°,垂直于桥纵轴线的板宽 $b = 7.5 \text{m}$,两侧防撞护栏宽度各0.5m,设计行车速度为40km/h,平曲线半径为65m。为计算桥梁下部结构和桥梁总体稳定的需要,需要计算汽车荷载引起的离心力。假定该匝道桥车辆荷载标准值为550kN,汽车荷载冲击系数为0.15。则该匝道桥的汽车荷载离心力标准值为( )。

(A)108kN　　　(B)118kN　　　(C)128kN　　　(D)148kN

解答

根据《公路桥涵设计通用规范》(JTG D60—2015)第4.3.3条:

(1)离心力标准值取车辆荷载(不计冲击力)标准值,乘以离心力系数 C。

(2)$C = \dfrac{V^2}{127R} = \dfrac{40^2}{127 \times 65} = 0.194$。

(3)车辆荷载标准值为550kN。

(4)计算汽车荷载离心力需考虑横向车道布载系数,本题单车道应取1.2,则 $0.194 \times 550 \times 1.2 = 128 \text{kN}$。

答案:C

📖 **考点分析**

(1)弄清楚是几个计算制动力的车道,制动力只计算同向车道,双向双车道则制动力车道为1,单向双车道制动力车道为2,双向四车道制动力车道为2。看清楚是制动车道不是车道数。

(2)如果制动车道是1,则单车道制动力(也是总制动力) = max(1.2 × G × 10%,165kN)(如为公路—Ⅱ级,则165改为90);如果制动车道是n(n≥2),则单车道制动力F = max(G × 10%,165kN)(如为公路—Ⅱ级,则165改为90),总制动力 = n × F × 横向车道布载系数[《公路桥涵设计通用规范》(JTG D60—2015)表4.3.1-5]。

(3)制动力分配到墩上,固定支座分担所有制动力,聚四氟乙烯板支座分担30%的制动力。也就是说,如果是一跨简支梁,一端固定支座一端聚四氟乙烯板支座,固定支座分担该跨制动力的100%,聚四氟乙烯板支座分担该跨制动的30%;如果是多跨一联连续梁,则固定支座分担该联制动力的100%,聚四氟乙烯板支座分担该联制动力的30%;上述情况分配的总的制动力为130%,偏安全考虑。

(4)离心力计算主要和设计速度、曲线半径相关,特别注意不计冲击力,并且应考虑横向布载系数。

考点9　疲劳荷载、流水压力、温度作用

📖 条文规定

《公路桥涵设计通用规范》(JTG D60—2015)规定如下:

4.3.7　疲劳荷载的计算模型应符合下列规定:

1　疲劳荷载计算模型Ⅰ采用等效的车道荷载,集中荷载为$0.7P_k$,均布荷载为$0.3q_k$。P_k和q_k按本规范第4.3.1条的相关规定取值;应考虑多车道的影响,横向车道布载系数应按本规范第4.3.1条的相关规定计算。

2　疲劳荷载计算模型Ⅱ采用双车模型,两辆模型车轴距与轴重相同,其单车的轴重与轴距布置如图4.3.7-1所示。计算加载时,两模型车的中心距不得小于40m。

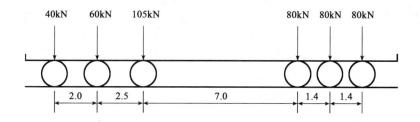

图4.3.7-1　疲劳荷载计算模型Ⅱ(尺寸单位:m)

3　疲劳荷载计算模型Ⅲ采用单车模型,模型车轴载及分布规定如图4.3.7-2所示。

4　当构件和连接不满足疲劳荷载计算模型Ⅰ验算要求时,应按模型Ⅱ验算。

5　桥面系构件的疲劳验算应采用疲劳荷载计算模型Ⅲ。

4.3.9　作用在桥墩上的流水压力标准值可按下式计算:

$$F_w = KA \frac{\gamma v^2}{2g}$$

(4.3.9)

式中：F_w——流水压力标准值(kN)；

　　　γ——水的重度(kN/m³)；

　　　v——设计流速(m/s)；

　　　A——桥墩阻水面积(m²)，计算至一般冲刷线处；

　　　g——重力加速度，$g = 9.81\text{m/s}^2$；

　　　K——桥墩形状系数，见表4.3.9。

流水压力合力的着力点，假定在设计水位线以下0.3倍水深处。

桥墩形状系数 K 表4.3.9

桥墩形状	K	桥墩形状	K
方形桥墩	1.5	尖端形桥墩	0.7
矩形桥墩(长边与水流平行)	1.3	圆端形桥墩	0.6
圆形桥墩	0.8	—	—

4.3.12　计算温度作用时的材料线膨胀系数及作用标准值可按下列规定取用：

1　桥梁结构当要考虑温度作用时，应根据当地具体情况、结构物使用的材料和施工条件等因素计算由温度作用引起的结构效应。各种结构的线膨胀系数规定见表4.3.12-1。

线 膨 胀 系 数 表4.3.12-1

结 构 种 类	线膨胀系数(1/℃)
钢结构	0.000012
混凝土和钢筋混凝土及预应力混凝土结构	0.000010
混凝土预制块砌体	0.000009
石砌体	0.000008

2　计算桥梁结构因均匀温度作用引起的外加变形或约束变形时，应从受到约束时的结构温度开始，考虑最高和最低有效温度的作用效应。当缺乏实际调查资料时，公路混凝土结构和钢结构的最高和最低有效温度标准值可按表4.3.12-2取用。

公路桥梁结构的有效温度标准值(单位：℃) 表4.3.12-2

气 候 分 区	钢桥面板钢桥		混凝土桥面板钢桥		混凝土、石桥	
	最高	最低	最高	最低	最高	最低
严寒地区	46	−43	39	−32	34	−23
寒冷地区	46	−21	39	−15	34	−10
温热地区	46	−9(−3)	39	−6(−1)	34	−3(0)

注：1. 全国气候分区见附录A。

　　2. 表中括弧内数值适用于昆明、南宁、广州、福州地区。

3　计算桥梁结构由于竖向温度梯度引起的效应时，可采用图4.3.12所示的竖向温度梯度曲线，其桥面板表面的最高温度 T_1 规定见表4.3.12-3。

混凝土上部结构和带混凝土桥面板的钢结构的竖向日照反温差为正温差乘以 −0.5。

4　对无悬臂的宽幅箱梁，宜考虑横向温度梯度引起的效应。

6　采用沥青混凝土铺装的混凝土桥面板桥梁必要时应考虑施工阶段沥青摊铺引起的温度影响。

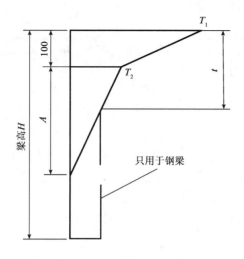

图 4.3.12 竖向梯度温度(尺寸单位:mm)

A-混凝土结构当梁高 H 小于 400mm 时,$A = H - 100$(mm);梁高 H 大于或等于 400mm 时,$A = 300$mm;带混凝土桥面板的钢结构 $A = 300$mm;t-混凝土桥面板的厚度(mm)

竖向日照正温差计算的温度基数　　　　　表 4.3.12-3

结 构 类 型	T_1(℃)	T_2(℃)
水泥混凝土铺装	25	6.7
50mm 沥青混凝土铺装层	20	6.7
100mm 沥青混凝土铺装层	14	5.5

典型例题

例题 4-37

某高速公路有一座钢结构桥梁,计算跨径为 39.2m,采用疲劳—Ⅰ模型对钢结构进行疲劳设计验收时,疲劳等效车道荷载时均布力(kN/m)和集中力(kN)各为(　　)。

(A)10.5,360　　　(B)10.5,338.4　　　(C)3.2,360　　　(D)3.2,236.9

解答

根据《公路桥涵设计通用规范》(JTG D60—2015)第 4.3.7 条,集中荷载为 $0.7P_k$,均布荷载为 $0.3q_k$。因此:

均布荷载为 $0.3 \times 10.5 = 3.2$kN/m

集中荷载为 $0.7 \times 2 \times (130 + 39.2) = 236.9$kN

答案:D

例题 4-38

某桥处于寒冷地区,当地历年最高日平均温度为 34℃,历年最低日平均温度为 -10℃,历年最高温度为 46℃,历年最低温度为 -21℃,该桥为施工中的 3×60m 墩梁固结的刚构式钢桥,施工中采用中跨跨中嵌补段完成全桥合龙。假定预计合龙温度在 $15 \sim 20$℃之间,计算结构均匀温度作用效应时,温度升高和降低数值为(　　)。

(A)14,23   (B)19,30   (C)31,41   (D)26,36

解答

根据《公路桥涵设计通用规范》(JTG D60—2015)第4.3.12条,温度升高时:46-15=31℃;温度降低时:20-(-21)=41℃。

答案:C

例题4-39

某高速公路桥梁,跨径为3孔30m预应力混凝土简支箱梁,采用C50混凝土。桥面铺装为8cm混凝土调平层+10cm沥青混凝土铺装,计算桥梁温度梯度时,距离铺装桥面往下30cm处,竖向温度反温差为(   )。

(A)-5.5℃   (B)-3.5℃   (C)-2.6℃   (D)-1.7℃

解答

根据《公路桥涵设计通用规范》(JTG D60—2015)第4.3.12-3条,$T_1=14℃$,$T_2=5.5℃$,负温差为$-T_1/2=-7℃$,$-T_2/2=-2.75℃$。

主梁顶面往下距离=30-18=12cm;$A=30$;$T=-2.75\times28/30=-2.57℃$。

答案:C

📖 **考点分析**

(1)疲劳荷载一般主要是采用模型Ⅰ进行计算,熟悉模型Ⅰ即可。

(2)温度作用,沥青铺装和混凝土铺装取值不一样,沥青铺装主要根据铺装厚度插值。

考点10 汽车荷载引起的土压力

📖 **条文规定**

《公路桥涵设计通用规范》(JTG D60—2015)规定如下:

4.3.4 汽车荷载引起的土压力采用车辆荷载加载,并可按下列规定计算:

1 汽车荷载在桥台或挡土墙后填土的破坏棱体上引起的土侧压力,可按下式换算成等代均布土层厚度h(m)计算:

$$h=\frac{\sum G}{Bl_0\gamma}\tag{4.3.4-1}$$

式中:γ——土的重度(kN/m³);

$\sum G$——布置在$B\times l_0$面积内的车轮的总重力(kN);

l_0——桥台或挡土墙后填土的破坏棱体长度(m);

B——桥台横向全宽或挡土墙的计算长度(m)。

挡土墙的计算长度B(m)可按下列公式计算,但不应超过挡土墙分段长度:

$$B=13+H\tan30°\tag{4.3.4-2}$$

式中:H——挡土墙高度(m),对墙顶以上有填土的挡土墙,为2倍墙顶填土厚度加墙高。

当挡土墙分段长度小于13m时,B取分段长度,并应在该长度内按不利情况布置轮重。

2 计算涵洞顶上汽车荷载引起的竖向土压力时,车轮按其着地面积的边缘向下作30°角分布。当几个车轮的压力扩散线相重叠时,扩散面积以最外边的扩散线为准。

📖 **典型例题**

例题 4-40

某高速公路桥梁,双幅布置,单幅桥面宽度 13m,与路基等宽。桥台采用 U 形台扩大基础,桥台计算高度为 5m,当计算该桥桥台台背土压力时,假定台背竖直、路基水平,土体内摩擦角为 30°,台后土体破坏棱体上口长度为 3m,土体重度为 18kN/m³,则汽车在台后土体破坏棱体上的作用换算成等代均布土层厚度为( )。

(A)1.0   (B)1.1   (C)1.2   (D)1.3

解答

根据《公路桥涵设计通用规范》(JTG D60—2015)第 4.3.4 条,单向桥宽 13m 时可以布置 3 车道,因此布置在 $13 \times 3m$ 范围内总重力为 $3 \times 2 \times 140 = 840kN$。

根据规范公式,$h = 840/(13 \times 3 \times 18) = 1.2m$。

答案:C

📖 **考点分析**

(1)计算车轮的总重力时,一定要注意根据横向布载的车道数量,轮重采用 140kN。

(2)一般题中会给出土体重度及破坏棱体长度这些参数;B 值对于桥梁简单,只需横向全宽即可,对于挡土墙,要按照规范公式进行计算。

考点 11　偶 然 作 用

📖 **条文规定**

《公路桥涵设计通用规范》(JTG D60—2015)规定如下:

4.4.2　有漂流物的水域中的桥梁墩台,设计时应考虑漂流物的撞击作用,其横桥向撞击力设计值可按下式计算,漂流物的撞击作用点假定在计算通航水位线上桥墩宽度的中点:

$$F = \frac{Wv}{gT} \tag{4.4.2}$$

式中:W——漂流物重力(kN),应根据河流中漂流物情况,按实际调查确定;

v——水流速度(m/s);

T——撞击时间(s),应根据实际资料估计,在无实际资料时,可用 1s;

g——重力加速度,$g = 9.81m/s^2$。

4.4.3　桥梁结构必要时可考虑汽车的撞击作用。汽车撞击力设计值在车辆行驶方向应取 1000kN,在车辆行驶垂直方向应取 500kN,两个方向的撞击力不同时考虑。撞击力应作用于行车道以上 1.2m 处,直接分布于撞击涉及的构件上。

对设有防撞设施的结构构件,可视防撞设施的防撞能力,对汽车撞击力设计值予以折减,但折减后的汽车撞击力设计值不应低于上述规定值的1/6。

例题 4-41

某跨河公路桥梁,主桥为 70m + 100m + 70m 的连续梁,汛期一货船顺流撞击本桥桥墩,货船质量共计38t,水流速度30km/h,为保证桥墩不垮塌,该桥桥墩需承受的撞击力不应小于( )。

(A)33kN   (B)120kN   (C)317kN   (D)540kN

解答

根据《公路桥涵设计通用规范》(JTG D60—2015)第4.4.2条:

$$F = Wv/(gT) = (38g \times 30/3.6)/(g \times 1) = 316.6kN$$

答案:C

(1)套用公式(4.4.2)时,要注意单位的换算。

(2)应注意汽车撞击作用与船舶撞击作用的作用位置不同。

考点 12 作用组合计算

《公路桥涵设计通用规范》(JTG D60—2015)规定如下:

4.1.1 公路桥涵设计采用的作用分为永久作用、可变作用、偶然作用和地震作用四类。

4.1.5 公路桥涵结构按承载能力极限状态设计时,对持久设计状况和短暂设计状况应采用作用的基本组合,对偶然设计状况应采用作用的偶然组合,对地震设计状况应采用作用的地震组合,并应符合下列规定:

公路桥涵结构设计安全等级 表 4.1.5-1

设计安全等级	破坏后果	适用对象
一级	很严重	(1)各等级公路上的特大桥、大桥、中桥; (2)高速公路、一级公路、二级公路、国防公路及城市附近交通繁忙公路上的小桥
二级	严重	(1)三、四级公路上的小桥; (2)高速公路、一级公路、二级公路、国防公路及城市附近交通繁忙公路上的涵洞
三级	不严重	三、四级公路上的涵洞

注:本表所列特大、大、中桥等系按本规范表1.0.5中的单孔跨径确定,对多跨不等跨桥梁,以其中最大跨径为准。

永久作用的分项系数

表 4.1.5-2

序号	作 用 类 别	永久作用分项系数	
		对结构的承载能力不利时	对结构的承载能力有利时
1	混凝土和圬工结构重力 （包括结构附加重力）	1.2	1.0
	钢结构重力（包括结构附加重力）	1.1 或 1.2	

注：本表序号 1 中，当钢桥采用钢桥面板时，永久作用分项系数取 1.1；当采用混凝土桥面板时，取 1.2。

1 基本组合：永久作用设计值与可变作用设计值相组合。

1）作用基本组合的效应设计值可按下式计算：

$$S_{ud} = \gamma_0 S\left(\sum_{i=1}^{m} \gamma_{G_i} G_{ik}, \gamma_{Q_1} \gamma_L Q_{1k}, \psi_c \sum_{j=2}^{n} \gamma_{Lj} \gamma_{Qj} Q_{jk} \right) \qquad (4.1.5\text{-}1)$$

或

$$S_{ud} = \gamma_0 S\left(\sum_{i=1}^{m} G_{id}, Q_{1d}, \sum_{j=2}^{n} Q_{jd} \right) \qquad (4.1.5\text{-}2)$$

式中：S_{ud}——承载能力极限状态下作用基本组合的效应设计值；

$S(\ )$——作用组合的效应函数；

γ_0——结构重要性系数，按表 4.1.5-1 规定的结构设计安全等级采用，按持久状况和短暂状况承载能力极限状态设计时，公路桥涵结构设计安全等级应不低于表 4.1.5-1 的规定，对应于设计安全等级一级、二级和三级分别取 1.1、1.0 和 0.9；

γ_{G_i}——第 i 个永久作用的分项系数，应按表 4.1.5-2 的规定采用；

G_{ik}、G_{id}——第 i 个永久作用的标准值和设计值；

γ_{Q_1}——汽车荷载（含汽车冲击力、离心力）的分项系数。采用车道荷载计算时取 $\gamma_{Q_1} = 1.4$，采用车辆荷载计算时，其分项系数取 $\gamma_{Q_1} = 1.8$。当某个可变作用在组合中其效应值超过汽车荷载效应时，则该作用取代汽车荷载，其分项系数取 $\gamma_{Q_1} = 1.4$；对专为承受某作用而设置的结构或装置，设计时该作用的分项系数取 $\gamma_{Q_1} = 1.4$；计算人行道板和人行道栏杆的局部荷载，其分项系数也取 $\gamma_{Q_1} = 1.4$；

Q_{1k}、Q_{1d}——汽车荷载（含汽车冲击力、离心力）的标准值和设计值；

γ_{Qj}——在作用组合中除汽车荷载（含汽车冲击力、离心力）、风荷载外的其他第 j 个可变作用的分项系数，取 $\gamma_{Qj} = 1.4$，但风荷载的分项系数取 $\gamma_{Qj} = 1.1$；

Q_{jk}、Q_{jd}——在作用组合中除汽车荷载（含汽车冲击力、离心力）外的其他第 j 个可变作用的标准值和设计值；

ψ_c——在作用组合中除汽车荷载（含汽车冲击力、离心力）外的其他可变作用的组合值系数，取 $\psi_c = 0.75$；

$\psi_c Q_{jk}$——在作用组合中除汽车荷载（含汽车冲击力、离心力）外的第 j 个可变作用的组合值；

γ_{Lj}——第 j 个可变作用的结构设计使用年限荷载调整系数。公路桥涵结构的设计使用年限按现行《公路工程技术标准》（JTG B01）取值时，可变作用的设计使用年限荷载调整系数取 $\gamma_{Lj} = 1.0$；否则，γ_{Lj} 取值应按专题研究确定。

2 偶然组合：永久作用标准值与可变作用某种代表值、一种偶然作用设计值相组合；与偶然作用同时出现的可变作用，可根据观测资料和工程经验取用频遇值或准永久值。

1)作用偶然组合的效应设计值可按下式计算：

$$S_{ad} = S(\sum_{i=1}^{m} G_i, A_d, (\psi_{f1} \text{或} \psi_{q1}) Q_{1k}, \sum_{j=2}^{n} \psi_{qj} Q_{jk})$$ (4.1.5-3)

式中：S_{ad}——承载能力极限状态下作用偶然组合的效应设计值；

A_d——偶然作用的设计值；

ψ_{f1}——汽车荷载(含汽车冲击力、离心力)的频遇值系数，取 $\psi_{f1}=0.7$；当某个可变作用在组合中其效应值超过汽车荷载效应时，则该作用取代汽车荷载，人群荷载 $\psi_f=1.0$，风荷载 $\psi_f=0.75$，温度梯度作用 $\psi_f=0.8$，其他作用 $\psi_f=1.0$；

$\psi_{f1}Q_{1k}$——汽车荷载的频遇值；

ψ_{q1}、ψ_{qj}——第 1 个和第 j 个可变作用的准永久值系数，汽车荷载(含汽车冲击力、离心力) $\psi_q=0.4$，人群荷载 $\psi_q=0.4$，风荷载 $\psi_q=0.75$，温度梯度作用 $\psi_q=0.8$，其他作用 $\psi_q=1.0$；

$\psi_{q1}Q_{1k}$、$\psi_{qj}Q_{jk}$——第 1 个和第 j 个可变作用的准永久值。

4.1.6　公路桥涵结构按正常使用极限状态设计时，应根据不同的设计要求，采用作用的频遇组合或准永久组合，并应符合下列规定：

1　频遇组合：永久作用标准值与汽车荷载频遇值、其他可变作用准永久值相组合。

1)作用频遇组合的效应设计值可按下式计算：

$$S_{fd} = S(\sum_{i=1}^{m} G_{ik}, \psi_{f1} Q_{1k}, \sum_{j=2}^{n} \psi_{qj} Q_{jk})$$ (4.1.6-1)

式中：S_{fd}——作用频遇组合的效应设计值；

ψ_{f1}——汽车荷载(不计汽车冲击力)频遇值系数，取 0.7。

2)当作用与作用效应可按线性关系考虑时，作用频遇组合的效应设计值 S_{fd} 可通过作用效应代数相加计算。

2　准永久组合：永久作用标准值与可变作用准永久值相组合。

1)作用准永久组合的效应设计值可按下式计算：

$$S_{qd} = S(\sum_{i=1}^{m} G_{ik}, \sum_{j=1}^{n} \psi_{qj} Q_{jk})$$ (4.1.6-2)

式中：S_{qd}——作用准永久组合的效应设计值；

ψ_{qj}——汽车荷载(不计汽车冲击力)准永久值系数，取 0.4。

📖 典型例题

例题 4-42(2020 年真题)

一桥梁构件截面，结构重力产生的效应为 300kN·m，汽车车道荷载产生的效应为 150kN·m，人群荷载产生的效应为 40kN·m，而风荷载产生的效应为 50kN·m，温度作用产生的效应为 30kN·m，结构重要性系数为 1.0，可变作用的设计使用年限作用调整系数为 1.0，该截面承载能力极限状态下的控制效应设计值是(　　　)。

(A)643.50kN·m　　(B)684.75kN·m　　(C)696.00kN·m　　(D)770.00kN·m

解答

根据《公路桥涵设计通用规范》(JTG D60—2015)第 4.1.5 条第 1 款及表 4.1.5-2，得：

$$S_{ud} = \gamma_0 S(\sum_{i=1}^{m} \gamma_{G_i} G_{ik}, \gamma_{Q_1} \gamma_L Q_{1k}, \psi_c \sum_{j=2}^{n} \gamma_{Lj} \gamma_{qj} G_{jk})$$

$$= 1.0 \times [1.2 \times 300 + 1.0 \times 1.4 \times 150 + 0.75 \times (1.0 \times 1.4 \times 40 + 1.0 \times 1.1 \times 50 + 1.0 \times 1.4 \times 30)]$$

$$= 684.75 \text{kN} \cdot \text{m}$$

答案: D

例题 4-43(2019 年真题)

某公路桥梁控制截面上的永久作用标准值为 400kN·m,汽车荷载效应标准值为 200kN·m,人群荷载标准值相应为 50kN·m,其频遇组合的作用效应设计值为(　　)。

（A）775kN·m　　　（B）650kN·m　　　（C）575kN·m　　　（D）560kN·m

解答

根据《公路桥涵设计通用规范》(JTG D60—2015)第 4.1.6 条第 1 款:

$$S_{fd} = 400 + 200 \times 0.7 + 50 \times 0.4 = 560 \text{kN} \cdot \text{m}$$

答案: D

例题 4-44

某公路中桥,为等高度预应力混凝土箱形梁结构,该梁某截面的自重弯矩标准值为 M_g,汽车引起的弯矩标准值为 M_k。对该桥进行承载能力极限状态计算时,其作用效应的基本组合应为(　　)。

（A）$M_{ud} = 1.1 \times (1.2M_g + 1.4M_k)$　　　　　（B）$M_{ud} = 1.0 \times (1.2M_g + 1.4M_k)$

（C）$M_{ud} = 0.9 \times (1.2M_g + 1.4M_k)$　　　　　（D）$M_{ud} = 1.0 \times (M_g + M_k)$

解答

根据《公路桥涵设计通用规范》(JTG D60—2015)表 4.1.5-1,中桥设计安全等级为　级,结构重要性系数为 1.1,查表 4.1.5-2,当自重对结构承载能力不利时,其分项系数取 1.2,根据第 4.1.5 条,汽车荷载分项系数取 1.4。

答案: A

例题 4-45

假定该桥主梁跨中截面由全部恒载产生的弯矩标准值 $M_{Gik} = 11000 \text{kN} \cdot \text{m}$,汽车车道荷载产生的弯矩标准值 $M_{Qik} = 5000 \text{kN} \cdot \text{m}$(已含冲击系数 $\mu = 0.2$),人群荷载的弯矩标准值 $M_{Qjk} = 500 \text{kN} \cdot \text{m}$。在持久状况下,按正常使用极限状态计算,该桥主梁跨中截面由恒载、汽车车道荷载及人群荷载共同作用产生的频遇组合设计值 M_{fd} 与(　　)最为接近。

[提示:按《公路桥涵设计通用规范》(JTG D60—2015)计算,不计风载、温度及其他可变荷载]

（A）12446kN·m　　　　　　　　　　（B）15218kN·m

（C）14117kN·m　　　　　　　　　　（D）10532kN·m

解答

根据《公路桥涵设计通用规范》(JTG D60—2015)第 4.1.6 条以及第 4.1.5 条,应不计汽车荷载的冲击系数 $\mu = 0.2$,汽车荷载的频遇值系数为 0.7,人群荷载的准永久值系数为 0.4,则有

$$M_{fd} = M_{GK} + \varphi_{fi} M_{Q1k} + \sum_{j=2}^{n} \varphi_{qj} M_{Qjk}$$

$$= 11000 + 0.7 \times 5000/(1 + 0.2) + 0.4 \times 500$$
$$= 14117 \text{kN} \cdot \text{m}$$

答案：C

例题 4-46

某公路中桥，为等高度预应力混凝土箱形梁结构，该梁某截面的自重弯矩标准值为 10500kN·m，汽车引起的弯矩标准值为 6500kN·m（含冲击力），人群荷载引起的弯矩标准值为 7000kN·m，不计风载、温度及其他可变荷载，对该桥进行承载能力极限状态计算时，其作用基本组合的效应设计值 S_{ud} 为（ ）。

(A) 312225kN·m

(B) 26500kN·m

(C) 32148kN·m

(D) 27645kN·m

解答

根据《公路桥涵设计通用规范》（JTG D60—2015）表 4.1.5-1，中桥设计安全等级为一级，结构重要性系数为 1.1，查表 4.1.5-2，当自重对结构承载能力不利时，其分项系数取 1.2；根据第 4.1.5 条，汽车荷载及人群荷载分项系数取 1.4，$\psi_c = 0.75$。因人群荷载引起的弯矩比汽车荷载引起的弯矩大，故人群荷载取代汽车荷载。

$$S_{ud} = \gamma_0 S(\sum_{i=1}^{m} \gamma_{G_i} G_{ik}, \gamma_{Q_1} \gamma_L Q_{1k}, \psi_c \sum_{j=2}^{n} \gamma_{Lj} \gamma_{Q_j} Q_{jk})$$
$$= 1.1 \times (1.2 \times 10500 + 1.4 \times 7000 + 0.75 \times 1.4 \times 6500)$$
$$= 32148 \text{kN} \cdot \text{m}$$

答案：C

例题 4-47

某一级公路上 5 孔 30m 预应力混凝土简支转连续桥梁，边孔标准跨径为 29.92m，计算跨径为 29.2m。根据计算，边跨跨中截面弯矩标准值如下：上部永久作用 $M_{GK} = 5000 \text{kN} \cdot \text{m}$；汽车荷载（含汽车冲击力）$M_{QK} = 3000 \text{kN} \cdot \text{m}$，汽车荷载冲击系数为 0.17；人群荷载为 $M_{RK} = 300 \text{kN} \cdot \text{m}$。按正常使用极限状态设计时，边跨跨中截面由永久作用、汽车荷载、人群荷载作用的准永久组合设计值为（ ）。

(A) 5895kN

(B) 6146kN

(C) 7152kN

(D) 7635kN

解答

(1) 根据《公路桥涵设计通用规范》（JTG D60—2015）式（4.1.6-2），永久作用采用标准值，可变作用采用准永久值。

(2) 汽车荷载标准值为 3000kN·m（含冲击力），准永久值系数为 0.4 [根据《公路桥涵设计通用规范》（JTG D60—2015）式（4.1.5-3）]，汽车荷载应不计冲击力，即：

$$3000 \div 1.17 = 2564 \text{kN} \cdot \text{m}$$

(3) 人群荷载标准值为 300kN·m，准永久值系数为 0.4 [根据《公路桥涵设计通用规范》（JTG D60—2015）式（4.1.5-3）]，则边跨跨中弯矩准永久值组合为：

$$S_{qd} = 5000 + 0.4 \times 2564 + 0.4 \times 300 = 6146 \text{kN} \cdot \text{m}$$

答案：B

（1）结构重要性系数取值依据《公路桥涵设计通用规范》（JTG D60—2015）表4.1.5-1规定的结构设计安全等级，表中所列的大、中桥等按单孔跨径确定，如三级路上 8×16m 的梁桥，该处应属于小桥（二级），而不是大桥（一级）。

（2）基本组合：①计算承载能力，配筋，计算混凝土强度等级，计算结构尺寸，永久作用、可变作用系数均采用设计值，注意乘上结构重要性系数；②汽车荷载以外的可变荷载应乘以0.75的组合值系数，当某个可变作用在组合中其效应值超过汽车荷载效应时，则该作用取代汽车荷载；③计车道荷载汽车分项系数取1.4，采用车辆荷载汽车分项系数取1.8，如汽车荷载局部加载，其冲击系数直接取0.3，汽车分项系数取1.8。

（3）频遇组合：计算裂缝、抗裂和挠度。永久作用采用标准值（系数为1.0），汽车荷载采用频遇值（不计冲击系数，系数为0.7），其他可变作用采用准永久值[系数按《公路桥涵设计通用规范》式（4.1.5-3）取值]。

（4）准永久组合：计算抗裂和基础沉降。永久作用采用标准值（系数为1.0），汽车荷载采用准永久值（不计冲击系数，系数为0.4），其他可变作用采用准永久值[系数按《公路桥涵设计通用规范》（JTG D60—2015）式（4.1.5-3）取值]。

考点13　预应力计算

📖 条文规定

《公路桥涵设计通用规范》（JTG D60—2015）规定如下：

4.2.2　预加力计算应满足下列要求：

1　在结构进行正常使用极限状态设计和使用阶段构件应力计算时，预加力应作为永久作用计算其主效应和次效应，并计入相应阶段的预应力损失，但不计由于预加力偏心距增大引起的附加效应。

2　在结构进行承载能力极限状态设计时，预加力不应作为作用，应将预应力钢筋作为结构抗力的一部分。但在连续梁等超静定结构中，应考虑预加力引起的次效应。

3　预加力标准值可采用下式进行计算：

$$F_{pe} = \sigma_{pe} A_p \tag{4.2.2-1}$$

$$\sigma_{pe} = \sigma_{con} - \sigma_l \tag{4.2.2-2}$$

式中：F_{pe}——预加力标准值（kN）；

　A_p——预应力钢筋的截面面积（m^2）；

　σ_{pe}——预应力钢筋的有效预应力（kPa）；

　σ_{con}——预应力钢筋张拉控制应力（kPa）；

　σ_l——预应力钢筋相应阶段的预应力损失（kPa）。

《公路钢筋混凝土及预应力混凝土桥涵设计规范》（JTG 3362—2018）规定如下：

6.2　钢筋预应力损失

6.2.1　在正常使用极限状态计算中，预应力混凝土构件应考虑由下列因素引起的预应力损失：

预应力钢筋与管道壁之间的摩擦 σ_{l1}

锚具变形、钢筋回缩和接缝压缩 σ_{l2}

预应力钢筋与台座之间的温差 σ_{l3}

混凝土的弹性压缩 σ_{l4}

预应力钢筋的应力松弛 σ_{l5}

混凝土的收缩和徐变 σ_{l6}

此外,尚应考虑预应力钢筋与锚圈口之间的摩擦、台座的弹性变形等因素引起的其他预应力损失。

6.2.8 预应力混凝土构件各阶段的预应力损失值可按表6.2.8的规定进行组合。

各阶段预应力损失值的组合 表6.2.8

预应力损失值的组合	先张法构件	后张法体内预应力混凝土构件	后张法体内体外混合预应力混凝土构件	
			体内预应力钢筋	体外预应力钢筋
传力锚固时的损失(第一批)σ_{lI}	$\sigma_{l2}+\sigma_{l3}+\sigma_{l4}+0.5\sigma_{l5}$	$\sigma_{l1}+\sigma_{l2}+\sigma_{l4}$		
传力锚固后的损失(第二批)σ_{lII}	$0.5\sigma_{l5}+\sigma_{l6}$	$\sigma_{l5}+\sigma_{l6}$		

6.2.3 锚具变形、钢筋回缩和接缝压缩引起的预应力损失,可按下列规定计算:

1 预应力直线钢筋

$$\sigma_{l2}=\frac{\sum \Delta l}{l}E_p \qquad (6.2.3)$$

式中:Δl——张拉端锚具变形、钢筋回缩和接缝压缩值,按表6.2.3采用;

l——张拉端至锚固端之间的距离。

锚具变形、钢筋回缩和接缝压缩值 表6.2.3

锚具、接缝类型		$\Delta l(\mathrm{mm})$	锚具、接缝类型	$\Delta l(\mathrm{mm})$
钢丝束的钢制锥形锚具		6	镦头锚具	1
夹片式锚具	有顶压时	4	每块后加垫板的缝隙	2
	无顶压时	6	水泥砂浆接缝	1
带螺帽锚具的螺帽缝隙		1~3	环氧树脂砂浆接缝	1

注:带螺帽锚具采用一次张拉锚固时,Δl宜取2~3mm,采用二次张拉锚固时,Δl可取1mm。

📖 典型例题

例题 4-48

经计算主梁跨中截面预应力钢绞线截面面积 $A_p=400\mathrm{cm}^2$,钢绞线张拉控制应力 $\sigma_{\mathrm{con}}=0.70f_{\mathrm{pk}}$,又由计算知预应力损失总值 $\sum\sigma_l=300\mathrm{MPa}$,若 $f_{\mathrm{pk}}=1860\mathrm{MPa}$,估算永存预加力与( )最为接近。

(A)400800kN
(B)40080kN
(C)52080kN
(D)62480kN

解答

有效预应力为:

$$\sigma_{pe} = \sigma_{con} - \sigma_l = 0.7 f_{pk} - \sum \sigma_l = 0.7 \times 1860 - 300 = 1002 \text{MPa}$$

永久有效预加力为：

$$N_p = \sigma_{pe} \cdot A_p = 1002 \times 400 \times 10^2 = 40080000 \text{N} = 40080 \text{kN}$$

答案：B

例题 4-49

某公路桥梁为 3×30m 跨连续梁，某一根预应力距底缘 0.2m 直线布置，采用锥形锚具，如果是单端张拉，则锚具变形、钢筋回缩和接缝压缩引起的预应力损失 σ_{l2} 为（　　），如果是双端张拉，则 σ_{l2} 为（　　）。

（A）13MPa，26MPa　　　　　　　（B）13MPa，13MPa

（C）26MPa，26MPa　　　　　　　（D）15MPa，24MPa

解答

根据《公路钢筋混凝土及预应力混凝土桥涵设计规范》（JTG 3362—2018）表 3.2.4，$E_p = 1.95 \times 10^5$MPa，查表 6.2.3，$\Delta l = 6$mm。

两端张拉，则锚固端算在桥梁中间，即 $l = 30 \times 3/2 = 1.5 \times 30$m。

$$\sigma_{l2} = \frac{6}{3 \times 30 \times 1000} \times 1.95 \times 10^5 = 13 \text{MPa}$$

$$\sigma_{l2} = \frac{6}{1.5 \times 30 \times 1000} \times 1.95 \times 10^5 = 26 \text{MPa}$$

答案：A

📖 **考点分析**

（1）预应力有效值 = 预应力张拉值 − 预应力损失。

（2）两端张拉，则锚固端算在桥梁中间。

考 点 14　支 座 计 算

1. 板式橡胶支座承压面积计算

📖 **条文规定**

《公路钢筋混凝土及预应力混凝土桥涵设计规范》（JTG 3362—2018）规定如下：

8.7.3　板式橡胶支座的选择应符合下列规定：

1　有效承压面积应符合下列规定：

$$A_e \geqslant \frac{R_{ck}}{\sigma_c} \qquad (8.7.3\text{-}1)$$

式中：A_e——支座有效承压面积（承压加劲钢板面积）；

R_{ck}——支座反力设计值，汽车荷载应计入冲击系数；

σ_c——使用阶段支座平均压应力限值,按现行《公路桥梁板式橡胶支座》(JT/T 4)取用。

📖 **典型例题**

例题 4-50

某预应力混凝土梁桥,采用矩形板式橡胶支座,若主梁最大支座反力设计值为 1400kN(已计入冲击系数),支座内承压加劲钢板的侧向保护层每侧各为 5mm;支座使用阶段的平均压应力限值为 $\sigma_c = 10.0MPa$。则该主梁的橡胶支座平面尺寸选用(   )较为合理。

(A)450mm × 350mm   (B)400mm × 250mm

(C)450mm × 250mm   (D)310mm × 310mm

解答

有效承压面积 $A_e \geq \dfrac{R_{ck}}{\sigma_c} = \dfrac{1400 \times 10^3}{10} = 140000 mm^2$

选项 A 提供的 $A_e = (450 - 10) \times (350 - 10) = 149600 mm^2$,故较为合理。

答案:A

2. 板式橡胶支座橡胶层总厚度计算

📖 **条文规定**

《公路钢筋混凝土及预应力混凝土桥涵设计规范》(JTG 3362—2018)规定如下:

2 橡胶层总厚度应符合下列规定:

1)从满足剪切变形考虑,应符合下列条件:

不计制动力时

$$t_e \geq 2\Delta_l \qquad (8.7.3-2)$$

计入制动力时

$$t_e \geq 1.43\Delta_l \qquad (8.7.3-3)$$

当板式橡胶支座在横桥向平行于墩台帽或盖梁顶横坡设置时,支座橡胶层总厚度应符合下列条件:

不计制动力时

$$t_e \geq 2\sqrt{\Delta_l^2 + \Delta_t^2} \qquad (8.7.3-4)$$

计入制动力时

$$t_e \geq 1.43\sqrt{\Delta_l^2 + \Delta_t^2} \qquad (8.7.3-5)$$

式中:t_e——支座橡胶层总厚度;

    Δ_l——由上部结构温度变化、混凝土收缩和徐变等作用标准值引起的支座剪切变形和纵向力标准值(计入制动力标准值)产生的支座剪切变形,以及支座直接设置于不大于 1% 纵坡的梁底面下、在支座顶面由支座反力设计值顺纵坡方向分力产生的剪切变形之和;

    Δ_t——支座在横桥向平行于不大于 2% 的墩台帽或盖梁顶横坡上设置,由支座反力设计值平行于横坡方向分力产生的剪切变形。

2）从保证受压稳定考虑,应符合下列条件:

矩形支座

$$\frac{l_a}{10} \leqslant t_e \leqslant \frac{l_a}{5} \qquad (8.7.3\text{-}6)$$

圆形支座

$$\frac{d}{10} \leqslant t_e \leqslant \frac{d}{5} \qquad (8.7.3\text{-}7)$$

式中:l_a——矩形支座短边尺寸;

d——圆形支座直径。

3 板式橡胶支座竖向平均压缩变形应符合下列规定:

$$\delta_{c,m} = \frac{R_{ck}t_e}{A_eE_e} + \frac{R_{ck}t_e}{A_eE_b} \qquad (8.7.3\text{-}8)$$

$$\theta\frac{l_a}{2} \leqslant \delta_{c,m} \leqslant 0.07t_e \qquad (8.7.3\text{-}9)$$

式中:$\delta_{c,m}$——支座竖向平均压缩变形;

E_e——支座抗压弹性模量,按现行《公路桥梁板式橡胶支座》(JT/T 4)取用;

E_b——橡胶弹性体体积模量,按现行《公路桥梁板式橡胶支座》(JT/T 4)取用;

l_a——矩形支座短边尺寸或圆形支座直径;

θ——由上部结构挠曲在支座顶面引起的倾角,以及支座直接设置于不大于1%纵坡的梁底面下,在支座顶面引起的纵坡坡角(rad)。

《公路钢筋混凝土及预应力混凝土桥涵设计规范》(JTG 3362—2018)第8.7.3条条文说明规定如下:

8.7.3 板式橡胶支座各项计算,均按正常使用极限状态和使用阶段计算。这在国际上有些也用这一方式,如《美国 AASHTO LRFD 规范》的14.7.5.3.2也以支座承受的平均压应力验算支座抗压承载力。

第3款关于橡胶支座竖向平均压缩变形计算,《桥规》(JTJ 023—85)第3.5.6条未考虑橡胶弹性体体积模量,这次修订时,参考美国、欧洲的规范、标准,考虑了橡胶弹性体体积模量,其值取2000MPa。公式(8.7.3-9)内,$\delta_{c,m} \geqslant \theta\frac{l_a}{2}$是为了满足转角要求,使之不致脱空;$\delta_{c,m} \leqslant 0.07t_e$是为了限制竖向压缩变形,不致影响支座稳定,见图8-17。

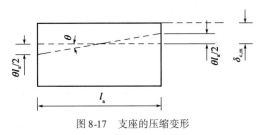

图 8-17 支座的压缩变形

📖 典型例题

例题 4-51

某高速公路上的一座高架桥为 $3 \times 30\text{m}$ 的预应力混凝土简支 T 形梁桥,全长 90m,中墩处设连续桥面,支承采用水平放置的普通板式橡胶支座,支座平面尺寸(长×宽)为350mm×300mm。假定,在桥台处由温度下降、混凝土收缩和徐变引起的梁长缩短量$\Delta_l = 26$mm。当不计制动力时,该处普通板式橡胶支座的橡胶层总厚度t_e,不能小于(   )。

[提示:假定该支座的形状系数、承压面积、竖向平均压缩变形、加劲板厚度及抗滑稳定等均符合《公路钢筋混凝土及预应力混凝土桥涵设计规范》(JTG 3362—2018)的规定]

(A)29mm   (B)45mm

(C)53mm   (D)61mm

解答

从剪切变形角度考虑,$t_e \geq 2\Delta_l = 2 \times 26 = 52$mm。

为保证受压稳定,应满足$\dfrac{l_a}{10} \leq t_e \leq \dfrac{l_a}{5}$,即30mm$\leq t_e \leq$60mm。

答案:C

例题 4-52

某梁梁底设一个矩形板式橡胶支座,支座尺寸为纵桥向0.45m,横桥向0.7m,剪切模量$G_e = 1.0$MPa,支座有效承压面积$A_e = 0.3036$m²,橡胶层总厚度$t_e = 0.089$m,形状系数$S = 11.2$;支座与梁墩相接的支座顶、底面水平,在常温下运营,由结构自重与汽车荷载标准值(已计入冲击系数)引起的支座反力为2500kN,上部结构梁沿纵向梁端转角为0.003rad,验证支座竖向平均压缩变形时,符合下列选项中(   )的情况。

(A)支座会脱空、不致影响稳定   (B)支座会脱空、影响稳定

(C)支座不会脱空、不致影响稳定   (D)支座不会脱空、影响稳定

解答

(1)根据《公路桥梁板式橡胶支座》(JT/T 4—2019)第4.2条:

$E_e = 5.4G_eS^2 = 5.4 \times 1.0 \times 11.2^2 = 677.4$MPa

(2)根据《公路桥梁板式橡胶支座》(JT/T 4—2019)第3.3条:

橡胶弹性体体积模量$E_b = 2000$MPa

(3)根据《公路钢筋混凝土及预应力混凝土桥涵设计规范》(JTG 3362—2018)第8.7.3条第3款板式橡胶支座竖向平均压缩变形公式(8.7.3-8):

$$\delta_{c,m} = \frac{2500 \times 0.089}{0.3036 \times 667.4} + \frac{2500 \times 0.089}{0.3036 \times 2000} = 1.45 \text{mm}$$

(4)根据《公路钢筋混凝土及预应力混凝土桥涵设计规范》(JTG 3362—2018)第8.7.3条第3款板式橡胶支座竖向平均压缩变形公式(8.7.3-9):

$$\theta \cdot \frac{l_a}{2} = 0.003 \times \frac{0.45}{2} = 0.000675 \text{m} = 0.675 \text{mm} < \delta_{c,m}, \text{支座不会脱空;}$$

$0.07t_e = 0.07 \times 0.089 = 0.00623m= 6.23mm> \delta_{c,m}$,竖向变形满足稳定要求。

答案:C

📖 **考点分析**

(1)注意支座面积和支座有效承压面积的区别。

(2)支座反力R_{ck}取设计值,包含冲击系数。

（3）板式橡胶支座橡胶层总厚度既要满足剪切变形，又要满足受压稳定。

（4）板式橡胶支座竖向平均压缩变形既要满足转角要求，使之不致脱空，又要控制竖向压缩变形，亦要限制竖向压缩变形，不致影响支座稳定。

考点 15　伸缩缝计算

📖 条文规定

《公路钢筋混凝土及预应力混凝土桥涵设计规范》(JTG 3362—2018)规定如下：

8.8.2　伸缩装置安装以后的伸缩量，可考虑下列因素进行计算：

1　由温度变化引起的伸缩量，按下列公式计算：

温度上升引起的梁体伸长量 Δl_t^+

$$\Delta l_t^+ = \alpha_c l (T_{max} - T_{set,1}) \tag{8.8.2-1}$$

温度下降引起的梁体缩短量 Δl_t^-

$$\Delta l_t^- = \alpha_c l (T_{set,u} - T_{min}) \tag{8.8.2-2}$$

式中：T_{max}、T_{min}——当地最高、最低有效气温值，按《公路桥涵设计通用规范》(JTG D60—2015)取用；

$T_{set,u}$、$T_{set,l}$——预设的安装温度范围的上限值和下限值；

l——计算一个伸缩装置伸缩量所采用的梁体长度，视桥梁长度分段及支座布置情况而定；

α_c——梁体混凝土材料线膨胀系数，采用 $\alpha_c = 0.00001$。

2　由混凝土收缩引起的梁体缩短量 Δl_s^-，按式(8.8.2-3)计算：

$$\Delta l_s^- = \varepsilon_{cs}(t_u, t_0) l \tag{8.8.2-3}$$

式中：$\varepsilon_{cs}(t_u, t_0)$——伸缩装置安装完成时梁体混凝土龄期 t_0 至收缩终了时混凝土龄期 t_u 之间的混凝土收缩应变，可按本规范附录 C 计算。

3　由混凝土徐变引起的梁体缩短量 Δl_c^- 按式(8.8.2-4)计算：

$$\Delta l_c^- = \frac{\sigma_{pc}}{E_c} \phi(t_u, t_0) l \tag{8.8.2-4}$$

式中：σ_{pc}——由预应力(扣除相应阶段预应力损失)引起的截面重心处的法向压应力，当计算的梁为简支梁时，可取跨中截面与 1/4 跨径截面的平均值；当梁体为连续梁或连续刚构时，可取若干有代表性截面的平均值；

E_c——梁体混凝土弹性模量，按表3.1.5采用；

$\phi(t_u, t_0)$——伸缩装置安装完成时梁体混凝土龄期 t_0 至徐变终了时混凝土龄期 t_u 之间的混凝土徐变系数，可按本规范附录 C 计算。

4　由制动力引起的板式橡胶支座剪切变形而导致的伸缩缝开口量 Δl_b^- 或闭口量 Δl_b^+，其值可按 Δl_b^- 或 $\Delta l_b^+ = F_k t_e / G_e A_g$ 计算，其中 F_k 为分配给支座的汽车制动力标准值，t_e 为支座橡胶层总厚度，G_e 为支座橡胶剪变模量(按本规范第8.7.4条采用)，A_g 为支座平面毛面积。

5 应按照梁体的伸缩量选用伸缩装置的型号。

1)伸缩装置在安装后的闭口量 C^+

$$C^+ = \beta(\Delta l_t^+ + \Delta l_b^+) \qquad (8.8.2-5)$$

2)伸缩装置在安装后的开口量 C^-

$$C^- = \beta(\Delta l_t^- + \Delta l_s^- + \Delta l_c^- + \Delta l_b^-) \qquad (8.8.2-6)$$

3)伸缩装置的伸缩量 C 应满足:

$$C \geq C^+ + C^- \qquad (8.8.2-7)$$

式中:β——伸缩装置伸缩量增大系数,可取 $\beta = 1.2 \sim 1.4$。

📖 典型例题

例题 4-53

某钢筋混凝土桥梁,一联长度为150m,伸缩缝处墩台采用四氟板橡胶支座,其他桥墩采用板式橡胶支座,当地最高有效气温值为35℃,最低有效气温值为1℃,伸缩缝在 15 ~ 10℃时安装,在温度作用下,伸缩缝处最大梁体伸长量和缩短量分别是( )。

(A)1.875cm,1.05cm （B)2.54cm,1.52cm

(C)3.75cm,1.35cm （D)1.25cm,0.55cm

解答

根据《公路钢筋混凝土及预应力混凝土桥涵设计规范》(JTG 3362—2018)式(8.8.2-1)、式(8.8.2-2):

$$\Delta l_t^+ = \alpha_c l(T_{max} - T_{set,1})$$

$$= 0.00001 \times 150/2 \times (35 - 10)$$

$$= 1.875cm$$

$$\Delta l_t^- = \alpha_c l(T_{set,1} - T_{min})$$

$$= 0.00001 \times 150/2 \times (15 - 1)$$

$$= 1.05cm$$

答案:A

例题 4-54

当不计活载、活载离心力、制动力、温度梯度、梁体转角、风荷载及墩台不均匀沉降等因素时,并假定由均匀温度变化、混凝土收缩、混凝土徐变引起的梁体在伸缩缝 A 处的伸缩量分别为 +50mm 与 -130mm。综合考虑各种因素其伸缩量的增大系数 B 取1.3。则该伸缩缝 A 应设置的伸缩量之和为( )。

(A)240mm （B)234mm

(C)180mm （D)160mm

解答

根据《公路钢筋混凝土及预应力混凝土桥涵设计规范》(JTG 3362—2018)式(8.8.2-7),应设置的伸缩量之和为:

$$C \geqslant \beta(\Delta l_c^+ + \Delta l_c^-) = 1.3 \times (50 + 130) = 234\text{mm}$$

答案:B

📖 考点分析

(1)伸缩量计算一定要弄清楚变形零点在哪里,一般的,对于变截面连续梁,或是只有一个固定支座时,变形零点在固定支座处。

(2)有多个固定支座(板式橡胶支座)时,变形零点一般在一联的正中间(墩高不同除外,墩越高,相同尺寸下墩刚度越低,变形零点向墩刚度大的方向偏移)。

考点16 梁板桥构造及计算规定

📖 条文规定

《公路钢筋混凝土及预应力混凝土桥涵设计规范》(JTG 3362—2018)规定如下:

4.2.4 当支承轴线的垂直线与桥纵轴线的夹角即斜交角不大于15°时,整体式斜板桥的斜交板可按正交板计算;当 $l/b \leqslant 1.3$ 时,其计算跨径取两支承轴线间的垂直距离;当 $l/b > 1.3$ 时,其计算跨径取斜跨径长度。以上 l 为斜跨径,b 为垂直于桥纵轴线的板宽。

装配式铰接斜板桥的预制板块,可按宽为两板边间的垂直距离、计算跨径为斜跨径的正交板计算。

9.2.6 斜板的钢筋可按下列规定布置:

1 当整体式斜板的斜交角(支承轴线的垂直线与桥纵轴线的夹角)不大于15°时,主钢筋可平行于桥纵轴线方向布置;当整体式斜板斜交角大于15°时,主钢筋宜垂直于板的支承轴线方向布置,此时,在板的自由边上下应各设一条不少于3根主钢筋的平行于自由边的钢筋带,并用箍筋箍牢。在钝角部位靠近板顶的上层,应布置垂直于钝角平分线的加强钢筋,在钝角部位靠近板底的下层,应布置平行于钝角平分线的加强钢筋,加强钢筋直径不宜小于12mm,间距100~150mm,布置于以钝角两侧1.0~1.5m边长的扇形面积内。

2 斜板的分布钢筋宜垂直于主钢筋方向设置,其直径、间距和数量可按本规范第9.2.4条办理。在斜板的支座附近宜增设平行于支承轴线的分布钢筋;或将分布钢筋向支座方向呈扇形分布,过渡到平行于支承轴线。

3 预制斜板的主钢筋可与桥纵轴线平行,其钝角部位加强钢筋及分布钢筋宜按照第1款及第2款要求布置。

9.4.9 后张法预应力混凝土构件,其预应力钢筋管道的设置应符合下列规定:

1 直线管道的净距不应小于40mm,且不宜小于管道直径的0.6倍;对于预埋的金属或塑料波纹管和铁皮管,在直线管道的竖直方向可将两管道叠置。

2 曲线形预应力钢筋管道在曲线平面内相邻管道间的最小净距应按本规范第9.4.8条第1款计算,其中 P_d 和 r 分别为相邻两管道曲线半径较大的一根预应力钢筋的张拉力设计值和曲线半径,C_{in} 为相邻两曲线管道外缘在曲线平面内净距。当上述计算结果小于其相应直线管道外缘间净距时,应取用直线管道最小外缘间净距。

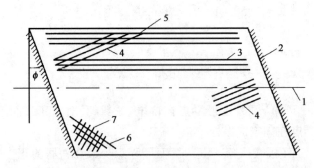

图 9.2.6 斜板桥钢筋布置

1-桥纵轴线;2-支承轴线;3-顺桥纵轴线钢筋;4-与支承轴线正交钢筋;5-自由边钢筋带;6-垂直于钝角平分线的钝角钢筋;
7-平行于钝角平分线的钝角钢筋

曲线形预应力钢筋管道在曲线平面外相邻外缘间的最小净距,应按本规范第9.4.8条第2款计算,其中 C_{out} 为相邻两曲线管道外缘在曲线平面外净距。

3 管道内径的截面面积不应小于2倍预应力钢筋截面面积。

4 按计算需要设置预拱度时,预留管道也应同时起拱。

9.8.2 预制构件的吊环应采用HPB300钢筋制作,严禁使用冷加工钢筋。每个吊环按两肢截面计算,在构件自重标准值作用下,吊环的拉应力不应大于65MPa。当一个构件设有4个吊环时,设计时仅考虑3个吊环同时发挥作用。吊环埋入混凝土的深度不应小于35倍吊环直径,端部应做成180°弯钩,且应与构件内钢筋焊接或绑扎。吊环内直径不应小于3倍钢筋直径,且不应小于60mm。

典型例题

例题 4-55

某公路桥梁,采用整体式现浇板,跨径为10m,斜交角度为60°,桥梁总宽10m。本桥计算跨径与选项( )接近。

(A)10m   (B)8.7m

(C)6m   (D)5m

解答

根据《公路钢筋混凝土及预应力混凝土桥涵设计规范》(JTG 3362—2018)第4.2.4条,支撑线与桥纵轴线交角为30°,$L/B = 1.2 < 1.3$,则计算跨径取垂直长度,即:$10 \times \cos30° = 8.7$m。

答案:B

例题 4-56

某公路桥梁由整体式钢筋混凝土板梁组成,计算跨径为12m,斜交角为30°,总宽度为9m,梁高为0.7m。在支承处每端各设3个支座,其中一端为活动橡胶支座,另一端为固定橡胶支座。平面布置如下图所示。则在恒载(均布荷载)作用下,下列选项中关于各支座垂直反力的大小,叙述正确的是( )。

(A)A_2 与 B_2 的反力最大   (B)A_2 与 B_2 的反力最小

(C)A_1 与 B_3 的反力最大   (D)A_3 与 B_1 的反力最大

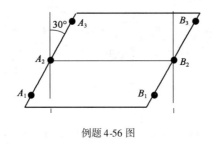

例题 4-56 图

解答

根据斜板桥受力特点,斜桥的钝角处反力大,锐角处 A_1 和 B_3 反力小,甚至有可能脱空。A_2B_2 方向为路轴线方向。

答案: D

例题 4-57

某整体式斜板桥,板支承轴线的垂线与桥纵轴线的夹角为 10°,桥梁斜跨径为 8m,垂直于桥纵轴线方向的板宽为 16m,关于该桥的设计,下列说法错误的有( )处。

①该桥可按正交板计算;

②该桥应按桥梁纵轴线方向的斜跨径计算;

③主筋可平行于桥纵轴线方向布置;

④分布钢筋宜垂直于主钢筋方向设置。

(A)1 处   (B)2 处

(C)3 处   (D)4 处

解答

(1)根据《公路钢筋混凝土及预应力混凝土桥涵设计规范》(JTG 3362—2018)第 4.2.4 条,斜交角不大于 15°时,可按正交板计算,①说法正确。

(2)根据《公路钢筋混凝土及预应力混凝土桥涵设计规范》(JTG 3362—2018)第 4.2.4 条,本题 $l/b = 8/16 = 0.5 < 1.3$,应按两支承轴线间垂直距离的正跨径计算,②说法错误。

(3)根据《公路钢筋混凝土及预应力混凝土桥涵设计规范》(JTG 3362—2018)第 9.2.6 条第 1 款,斜交角不大于 15°时,主筋可平行于桥梁纵轴线方向布置,③说法正确。

(4)根据《公路钢筋混凝土及预应力混凝土桥涵设计规范》(JTG 3362—2018)第 9.2.6 条第 2 款,斜板的分布钢筋宜垂直于主钢筋方向设置,④说法正确。

故只有 1 处说法错误。

答案: A

例题 4-58

某公路桥梁,采用预应力混凝土现浇箱梁,其中每腹板布置预应力钢绞线 6 根,沿腹板竖向布置 3 排,水平布置 2 列,采用外径 90mm 的金属波纹管。按采用后张预应力钢束布置构造要求,腹板最小宽度为( )。

(A)310mm   (B)315mm   (C)324mm   (D)330mm

解答

根据《公路钢筋混凝土及预应力混凝土桥涵设计规范》(JTG 3362—2018)第 9.1.1 条及

第 9.4.9 条：

保护层厚度 $\geqslant D/2 = 45\text{mm}$, 管道净距 $\max(40\text{mm}, 0.6D) = 54\text{mm}$

腹板最小宽度 $= 45 \times 2 + 90 \times 2 + 54 = 324\text{mm}$

答案：C

例题 4-59

某公路桥梁，采用预制空心板，单片空心板自重为 140kN，预埋四个吊环，吊环钢筋采用 HPB300，为保证桥梁吊装安全，吊环钢筋直径应不小于（   ）。

(A) 20mm   (B) 22mm

(C) 25mm   (D) 28mm

解答

根据《公路钢筋混凝土及预应力混凝土桥涵设计规范》（JTG 3362—2018）第 9.8.2 条，四个吊环，考虑 3 个受力，吊环按照双肢截面，则

$3.14 \times d \times d/4 \times 65 \times 3 \times 2/1000 > 140, d > 21.4\text{mm}$

答案：B

📖 **考点分析**

（1）斜板桥、弯桥计算较为复杂，目前考试不太可能考太复杂的计算，主要是了解基本概念，会一些简单的计算即可。

（2）应熟悉梁板桥中的腹板厚度、预拱度、吊环等简单的计算。吊环计算中，四个吊环仅能按照 3 个计算，并且要特别注意是采用单肢截面还是双肢截面。

考点 17　桥梁细部构造及附属设施

📖 **条文规定**

《城市桥梁设计规范》（CJJ 11—2011）（2019 年版）规定如下：

9.2.3　桥面排水设施的设置应符合下列规定：

1　桥面排水设施应适应桥梁结构的变形，细部构造布置应保证桥梁结构的任何部分不受排水设施及泄漏水流的侵蚀；

2　应在行车道较低处设排水口，并可通过排水管将桥面水泄入地面排水系统中；

3　排水管道应采用坚固的、抗腐蚀性能良好的材料制成，管道直径不宜小于 150mm；

4　排水管道的间距可根据桥梁汇水面积和桥面纵坡大小确定：

当纵坡大于 2% 时，桥面设置排水管的截面积不宜小于 $60\text{mm}^2/\text{m}^2$；当纵坡小于 1% 时，桥面设置排水管的截面积不宜小于 $100\text{mm}^2/\text{m}^2$；南方潮湿地区和西北干燥地区可根据暴雨强度适当调整；

5　当中桥、小桥的桥面设有不小于 3% 纵坡时，桥上可不设排水口，但应在桥头引道上两侧设置雨水口。

9.5.1　人行道或安全带临空侧的栏杆高度不应小于 1.10m，非机动车道临空侧栏杆高度

不应小于1.40m。上述栏杆高度为人行道表面至栏杆扶手顶面的距离。栏杆竖直构件间的最大净间距不得大于110mm,不宜采用有蹬踏面的结构。栏杆结构及底座设计必须安全可靠,其设计荷载应按本规范第10.0.7条取值。

10.0.7 作用在桥上人行道栏杆扶手上的竖向荷载应为1.2kN/m;水平荷载应为2.5kN/m。两者应分别计算,且不应与其他可变作用叠加。立柱柱顶推力应为扶手水平荷载集度与柱间距的乘积。

📖 **典型例题**

例题 4-60

某城市桥梁,孔跨布置为5孔20m小箱梁,全长125.8mm,全宽30m,横向布置为3m人行道及栏杆 + 24m车行道 + 3m人行道及栏杆;桥梁单向纵坡为0.8%,车行道双向横坡为1.5%,人行道横坡为1%。该桥每孔桥面设置内径150mm的泄水管时,下列泄水管面积及个数合理的是(   )。

(A)60000,4 (B)45000,3

(C)30000,2 (D)0,0

解答

根据《城市桥梁设计规范》(CJJ 11—2011)(2019年版)第9.2.3条,纵坡小于1%时,桥面泄水管的截面积不小于$100mm^2/m^2$。

每孔应设置泄水管截面积为$100 \times 20 \times (24 + 3 \times 2) = 60000mm^2$。

$N = 60000/(3.14/4 \times 150 \times 150) = 3.4$,采用4个。

答案:A

例题 4-61

某城市桥梁,孔跨布置为5孔20m小箱梁,桥梁全宽为15m,两侧各3m人行道。人行道外侧设置栏杆,栏杆每隔2m设置一个栏杆柱。验算栏杆扶手荷载时,在扶手荷载作用下单个栏杆柱底水平向外剪力标准值(单位kN)为(   )。

(A)2.5 (B)5

(C)6 (D)15

解答

根据《城市桥梁设计规范》(CJJ 11—2011)(2019年版)第10.0.7条,柱底水平向外剪力为$2.5 \times 2 = 5kN$。

答案:B

📖 **考点分析**

(1)城市桥梁的泄水管布置应结合纵坡考虑。中小桥的桥面纵坡不小于3%时,桥面可不设置雨水口;大桥、纵坡小于3%的中小桥需设置雨水口,雨水管的直径不宜小于150mm。

(2)栏杆高度对于人行道侧不小于110cm,对于非机动车道侧不小于140cm;栏杆的水平荷载和竖向荷载计算时概念要清晰,尤其是计算弯矩时,应明确荷载的方向。

考点18　天桥构造与计算

《城市人行天桥与人行地道技术规范》(CJJ 69—1995)规定:

2.2.1　天桥与地道的通道净宽应符合下列规定:

2.2.1.1　天桥与地道的通道净宽,应根据设计年限内高峰小时人流量及设计通行能力计算。

2.2.1.2　天桥桥面净宽不宜小于3m,地道通道净宽不宜小于3.75m。

2.2.2　天桥与地道每端梯道或坡道的净宽之和应大于桥面(地道)的净宽1.2倍以上。梯(坡)道的最小净宽为1.8m。

2.5.4　为避免共振,减少行人不安全感,天桥上部结构竖向自振频率不应小于3Hz。

3.1.3　人群设计荷载值及计算式应符合下列规定:

3.1.3.1　人行桥面板及梯(坡)道面板的人群荷载按5kPa或1.5kN竖向集中力作用在一块构件上计算。

3.1.3.2　梁、桁、拱及其他大跨结构,采用下列公式计算:

当加载长度为20m以下(包括20m)时

$$W = 5 \times \frac{20 - B}{20} (kPa) \tag{3.1.3-1}$$

当加载长度为21~100m(100m以上同100m)时

$$W = \left(5 - 2 \times \frac{L - 20}{80}\right)\left(\frac{20 - B}{20}\right)(kPa) \tag{3.1.3-2}$$

式中:W——单位面积的人群荷载,kPa;

L——加载长度,m;

B——半桥宽度,m,大于4m时仍按4m计。

3.2.6　梯道踏步规格应符合下列规定:

3.2.6.1　梯道踏步最小步宽以0.30m为宜,最大步高以0.15m为宜,螺旋梯内侧步宽可适当减小。

3.2.6.2　踏步的高宽关系按$2R + T = 0.6m$的关系式计算,其中R为踏步高度,T为踏步宽度。

3.4.1　梯道坡度不得大于1:2。

3.4.2　手推自行车及童车的坡道坡度不宜大于1:4。

3.4.3　残疾人坡道设置应符合下列要求:

3.4.3.1　残疾人坡道的设置应以手摇三轮车为主要出行工具,并考虑坐轮椅者、拐杖者、视力残疾者的使用和通行。

3.4.3.2　坡道不宜大于1:12,有特殊困难时不应大于1:10。

3.4.4　梯道宜设休息平台,每个梯段踏步不应超过18级,否则必须加设缓步平台,改向平台深度不应小于桥梯宽度,直梯(坡)平台,其深度不应小于1.5m;考虑自行车推行时,不应小于2m。自行车转向平台宜设不小于1.5m的转弯半径。

3.4.5 栏杆扶手应符合下列规定:

3.4.5.1 栏杆高度不应小于1.05m。

3.4.5.2 栏杆应以坚固、耐久的材料制作,并能承受3.1.11条规定的水平荷载。

3.4.5.3 栏杆构件间的最大净间距不得大于14cm,且不宜采用横线条栏杆。

3.4.5.4 考虑残疾人通行时,应在0.65m高度处另设扶手,在儿童通行较多处,应在0.8m高度处另设扶手。

3.4.5.5 梯宽大于6m,或冬季有积雪的地方,梯(坡)面有滑跌危险时,梯、坡道中间宜增设栏杆扶手。

📖 典型例题

例题 4-62

某市政主干路上的人行天桥,天桥净宽4.0m,全宽4.6m,两端的两侧均设置梯道。当各侧的梯道净宽相同时,梯道最小净宽为( )。

(A)4.0m (B)3.0m

(C)2.4m (D)1.8m

解答

根据《城市人行天桥与人行地道技术规范》(CJJ 69—1995)第2.2.2条,每端梯道的净宽之和应大于桥面净宽的1.2倍以上,最小净宽为1.8m。

因此,$1.2 \times 4.0/2 = 2.4m > 1.8m$。

答案:C

例题 4-63

某城市人行天桥,采用钢桁架结构。该桥上部结构的竖向自振频率(Hz)控制值最小为( )。

(A)1.5 (B)2.5

(C)3.0 (D)4.0

解答

根据《城市人行天桥与人行地道技术规范》(CJJ 69—1995)第2.5.4条,竖向自振频率最小为3Hz。

答案:C

例题 4-64

某市政主干路上的人行天桥,天桥净宽4.0m,全宽4.6m,两端的两侧均设置梯道。梯道底高程为20.0m,梯道顶高程为26.6m,由于梯道场地限制,应尽量减少梯道水平长度,则最小的梯道水平长度 $L(m)$ 与( )接近。

(A)12.6m (B)14.2m

(C)15.6m (D)16.6m

解答

根据《城市人行天桥与人行地道技术规范》(CJJ 69—1995)第 3.2.6 条、第 3.4.1 条、第 3.4.4 条,人行梯道最大坡度 $1:2$,$2R+T=0.6m$,故梯道宽 $0.3m$,高 $0.15m$。台阶数不多于 18,休息平台不小于 $1.5m$。

高差 $26.6-20=6.6m$,需要台阶 $=6.6/0.15=44$ 级,因此得设置 2 个平台。

因此,梯道水平长度 $=42\times0.3+2\times1.5=15.6m$。

答案:C

例题 4-65

某人行天桥采用钢桁架结构,跨径 30m,桥宽 8.5m,人群荷载按照规范要求应为( )。

(A)3.60kN   (B)3.75kN

(C)3.80kN   (D)3.95kN

解答

根据《城市人行天桥与人行地道技术规范》(CJJ 69—1995)第 3.1.3 条,$B=8.5/2>4$,取 4m。

$$W=[5-2\times(30-20)/80]\times[(20-4)/20]=3.80$$

答案:C

📖 考点分析

(1)人行天桥重点要掌握梯道宽度与桥面净宽的关系,以及梯道每层踏步高度控制及台阶数量控制。

(2)人群荷载计算要注意两点:一是加载长度,以 20m 为界采用不同的公式;二是半桥宽度大于 4m 时采用 4m。

考点 19 涵洞的结构计算

📖 条文规定

《公路桥涵设计通用规范》(JTG D60—2015)规定如下:

4.3.1 公路桥涵设计时,汽车荷载的计算图式、荷载等级及其标准值、加载方法和纵横向折减等应符合下列规定:

2 汽车荷载由车道荷载和车辆荷载组成。桥梁结构的整体计算采用车道荷载;桥梁结构的局部加载、涵洞、桥台和挡土墙土压力等的计算采用车辆荷载。车道荷载与车辆荷载的作用不得叠加。

5 车辆荷载的立面、平面尺寸如图 4.3.1-2 所示。

4.3.4 汽车荷载引起的土压力采用车辆荷载加载,并可按下列规定计算:

2 计算涵洞顶上汽车荷载引起的竖向土压力时,车轮按其着地面积的边缘向下作 30°角分布。当几个车轮的压力扩散线相重叠时,扩散面积以最外边的扩散线为准。

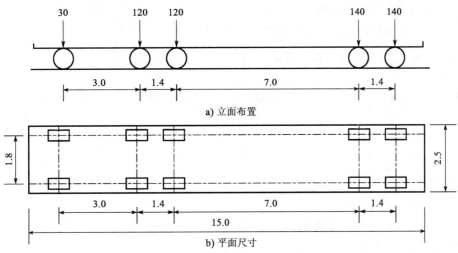

a) 立面布置

b) 平面尺寸

图 4.3.1-2　车辆荷载的立面、平面尺寸(尺寸单位:m;荷载单位:kN)

例题 4-66

某二级公路,设计车速为 60km/h,双向两车道,全宽(B)为 8.5m,汽车荷载等级为公路—Ⅱ级。其下一座现浇普通钢筋混凝土简支实体盖板涵洞,涵洞长度与公路宽度相同,涵洞顶部填土厚度(含路面结构厚度)为 2.6m,若盖板计算跨径 $l=3.0$m。则汽车荷载在该盖板跨中截面每延米产生的活载弯矩标准值与(　　)最为接近。(提示:两车道车轮横桥向扩散宽度取为 8.5m)

(A)16kN·m　　　　(B)21kN·m　　　　(C)25kN·m　　　　(D)27kN·m

解答

(1)根据《公路桥涵设计通用规范》(JTG D60—2015)第 4.3.1 条,涵洞计算应采用车辆荷载,车辆荷载纵横向布置详见图 4.3.1-2。

(2)本题题干中已经给出横向扩散宽度为 8.5m,重点是要计算出纵向扩散宽度,纵向布置详见下图。

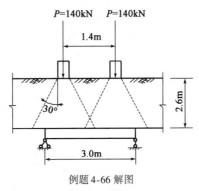

例题 4-66 解图

(3)根据《公路桥涵设计通用规范》(JTG D60—2015)第 4.3.4 条,计算涵洞顶汽车荷载引起的土压力时,车轮在其着地面积的边缘向下作 30°角分布,当几个车轮的压力扩散线重叠时,扩散面积以最外边的扩散线为准。

纵桥向单轴扩散宽度 $= 2.6\tan30° \times 2 + 0.2 = 1.5 \times 2 + 0.2 = 3.2 > 1.4\text{m}$

考虑重叠后纵向扩散宽度 $= 2.6\tan30° \times 2 + 0.1 \times 2 + 1.4 = 4.6\text{m}$

（4）活载引起的压力，考虑双车道 $q_{活} = \dfrac{2 \times 2 \times 140}{4.6 \times 8.5} = 14.32\text{kN/m}^2$。

（5）每延米活载弯矩标准值：$M_{活} = \dfrac{1}{8}ql^2 \times 1.0 = \dfrac{1}{8} \times 14.32 \times 3^2 \times 1.0 = 16\text{kN}$。

答案：A

📖 考点分析

（1）涵洞结构计算采用车辆荷载。

（2）公路—Ⅰ级、公路—Ⅱ级车辆荷载相同。

（3）如涵顶填料厚度小于 0.5m，还需计算冲击力。

（4）要记住简支梁（盖板涵）均布荷载 q 作用下跨中弯矩为 $ql^2/8$，跨中集中力荷载 P 作用下跨中弯矩为 $Pl/4$。

考点20　涵洞孔径（净空）选择

📖 条文规定

《公路圬工桥涵设计规范》（JTG D61—2005）第 7.0.1 条第 3 款规定如下：

涵洞内径或净高不宜小于 0.75m；涵洞长度大于 15m 但小于 30m 时，其内径或净高不宜小于 1.0m；涵洞长度大于 30m 且小于 60m 时，其内径或净高不宜小于 1.25m；涵洞长度大于 60m 时，其内径或净高不宜小于 1.5m。

《公路桥涵设计通用规范》（JTG D60—2015）规定如下：

3.3.6　桥涵跨径在 50m 及以下时，宜采用标准化跨径。采用标准化跨径的桥涵宜采用装配式结构及机械化、工厂化施工。桥涵标准化跨径规定如下：0.75m、1.0m、1.25m、1.5m、2.0m、2.5m、3.0m、4.0m、5.0m、6.0m、8.0m、10m、13m、16m、20m、25m、30m、35m、40m、45m、50m。

3.4.4　涵洞宜设计为无压力式的。无压力式涵洞内顶点至洞内设计洪水频率标准水位的净高应符合表 3.4.4 的规定。

无压力式涵洞内顶点至最高流水面的净高　　　　　　　　　表 3.4.4

涵洞进口净高（或内径）$h(\text{m})$	管涵	拱涵	矩形涵
$h \leq 3$	$\geq h/4$	$\geq h/4$	$\geq h/6$
$h > 3$	$\geq 0.75\text{m}$	$\geq 0.75\text{m}$	$\geq 0.5\text{m}$

《公路工程水文勘测设计规范》（JTG C30—2015）规定如下：

9.4.2　小桥宜设计为非自由出流状态，涵洞应设计为无压力式。桥下净空安全值应符合本规范表 7.4.1 的规定。无压力式涵洞内顶点至最高流水面的净空，应符合表 9.4.2 的规定。涵前水深应小于或等于涵洞净高的 1.15 倍。

涵洞进口净高 h_d (m)	涵洞类型		
	管涵	拱涵	矩形涵
≤3	$\geq h_d/4$	$\geq h_d/4$	$\geq h_d/6$
>3	≥0.75m	≥0.75m	≥0.5m

无压力式涵洞净空高度 表9.4.2

📖 典型例题

例题 4-67（2019 年真题）

某一级公路圆管涵,根据填土高度及涵底纵坡算得涵长为35m,该涵跨越的河沟汇水面积较小,设计流量对应的涵洞孔径为0.5m,该涵洞的设计孔径不宜小于( )。

（A）1.25m （B）1.0m （C）0.75m （D）0.5m

解答

根据《公路圬工桥涵设计规范》（JTG D61—2005）第 7.0.1 条第 3 款,涵洞长度大于 30m 且小于 60m 时,其内径或净高不宜小于 1.25m。

答案:A

例题 4-68

某公路钢筋混凝土预制箱涵,最高流水面高度 $h=3.0$m,采用无压力涵,其进口净高 h_d 最小为( )。

（A）3.4m （B）3.5m （C）4.0m （D）4.5m

解答

箱涵为矩形涵,最高流水面高度 $h=3.0$m,净空高度为 h_0,进口净高 $h_d=h+h_0>3$m,根据《公路桥涵设计通用规范》（JTG D60—2015）表 3.4.4 或《公路工程水文勘测设计规范》（JTG C30—2015）表 9.4.2,净空高度 h_0 最小取 0.5m,其进口净高 h_d 最小值为:

$$h_d = h + h_0 = 3.0 + 0.5 = 3.5\text{m}$$

答案:B

例题 4-69

某公路钢筋混凝土盖板涵,最高流水面高度 $h=2.0$m,采用无压力涵,其进口净高 h_d 最小为( )。

（A）2.2m （B）2.3m （C）2.4m （D）2.75m

解答

盖板涵为矩形涵,最高流水面高度 $h=2.0$m,净空高度为 h_0,假定涵洞进口净高 $h_d=h+h_0\leq 3$m,根据《公路桥涵设计通用规范》（JTG D60—2015）表 3.4.4 或《公路工程水文勘测设计规范》（JTG C30—2015）表 9.4.2,净空高度 h_0 最小取 $h_d/6$,即

$$h_0 = h_d/6 = (2 + h_0)/6$$

解得: $h_0 = 0.4$m

$$h_d = 2 + 0.4 = 2.4\text{m}$$

$h_d \leq 3$m,满足原假定。

答案:C

涵洞孔径与涵洞长度有关,除需满足《公路圬工桥涵设计规范》(JTG D61—2005)要求外,还需满足公路桥涵标准化要求,这点需特别注意。

考点21　桥梁孔径选择及水文计算

条文规定

《公路工程水文勘测设计规范》(JTG C30—2015)规定如下:

7.2.1　桥孔最小净长度宜符合下列规定:

1　峡谷河段,可按河床地形布孔,不宜压缩河槽,可不作桥孔最小净长度计算。

2　开阔、顺直微弯、分汊、弯曲河段及滩、槽可分的不稳定河段,宜按下式计算桥孔最小净长度:

$$L_j = K_q \left(\frac{Q_p}{Q_c}\right)^{n_3} B_c \qquad (7.2.1\text{-}1)$$

式中:L_j——桥孔最小净长度(m);

$\quad Q_p$——设计流量(m^3/s);

$\quad Q_c$——河槽流量(m^3/s);

$\quad B_c$——河槽宽度(m);

$\quad K_q$、n_3——系数和指数,应按表7.2.1采用。

K_q、n_3 值　　　　　　　　　　　　　表7.2.1

河段类型	K_q	n_3
开阔、顺直微弯河段	0.84	0.90
分汊、弯曲河段	0.95	0.87
滩、槽可分的不稳定河段	0.69	1.59

3　宽滩河段,宜按下列公式计算桥孔最小净长度:

$$L_j = \frac{Q_p}{\beta \cdot q_c} \qquad (7.2.1\text{-}2)$$

$$\beta = 1.19 \left(\frac{Q_c}{Q_t}\right)^{0.10} \qquad (7.2.1\text{-}3)$$

式中:β——水流压缩系数;

$\quad q_c$——河槽平均单宽流量[$m^3/(s \cdot m)$];

$\quad Q_t$——河滩流量(m^3/s)。

4　滩、槽难分的不稳定河段,宜按下列公式计算桥孔最小净长度:

$$L_j = C_p \cdot B_0 \qquad (7.2.1\text{-}4)$$

$$B_0 = 16.07 \left(\frac{\overline{Q}^{0.24}}{\overline{d}^{0.3}}\right) \qquad (7.2.1\text{-}5)$$

$$C_p = \left(\frac{Q_p}{Q_{2\%}}\right)^{0.33} \qquad (7.2.1\text{-}6)$$

式中：B_0——基本河槽宽度(m)；

　　　$\overline{Q}$——年最大流量平均值(m^3/s)；

　　　$\overline{d}$——河床泥沙平均粒径(m)；

　　　C_p——洪水频率系数；

　　　$Q_{2\%}$——频率为2%的洪水流量(m^3/s)。

📖 典型例题

例题 4-70

在滩槽明显的平原区不稳定河段，需建一座公路桥梁，桥位处河槽宽31m，设计流量为530m^3/s，其中河槽流量为320m^3/s，该桥按设计流量计算的桥孔最小净长度为(　　)。

(A)31m　　　　(B)41m　　　　(C)46m　　　　(D)48m

解答

根据《公路工程水文勘测设计规范》(JTG C30—2015)第7.2.1条。

滩槽明显的不稳定河段，选择计算公式为：

$$L_j = K_q\left(\frac{Q_p}{Q_c}\right)^{n_3}B_c$$

查表7.2.1得，$K_q = 0.69$，$n_3 = 1.59$，最小桥孔长度为：

$$L_j = K_q\left(\frac{Q_p}{Q_c}\right)^{n_3}B_c$$

$$= 0.69 \times (530/320)^{1.59} \times 31$$

$$= 48\text{m}$$

答案：D

例题 4-71

南方某地区桥位地处分叉、弯曲河段，已知设计水位下天然河槽流量 $Q_c = 1958\text{m}^2/\text{s}$、设计流量 $Q_p = 3468\text{m}^2/\text{s}$，天然河槽宽度 $B_c = 80\text{m}$、桥梁上部结构拟采用标准跨径为13m的钢筋混凝土简支梁，净跨径 $L_0 = 11.8\text{m}$，梁高1m(包括桥面铺装层)，下部为单排双柱钻孔桩墩，墩径 $d = 1.2\text{m}$，采用U形桥台，台长6m，则全桥长最小为(　　)。

(A)100m　　　　(B)124.97m　　　　(C)153.8m　　　　(D)166.8m

解答

根据《公路工程水文勘测设计规范》(JTG C30—2015)第7.2.1条。

桥位地处分叉、弯曲河段，选择计算公式为：

$$L_j = K_q\left(\frac{Q_p}{Q_c}\right)^{n_3}B_c$$

查表7.2.1得，$K_q = 0.95$，$n_3 = 0.87$，则最小桥孔长度为：

$$L_j = K_q\left(\frac{Q_p}{Q_c}\right)^{n_3}B_c$$

$$= 0.95 \times (3468/1958)^{0.87} \times 80$$

$$= 124.97 \text{m}$$

套用标准跨径,桥梁净跨径 11.8m,则桥梁孔数为:

$$124.97/11.8 = 10.59$$

采用 11 孔方案,即两桥台前缘之间的距离为:

$$L_\text{d} = 11.8 \times 11 + (13 - 11.8) \times 10 = 141.8 \text{m}$$

桥梁全长为:

$$L = 141.8 + 2 \times 6 = 153.8 \text{m}$$

答案:C

例题 4-72

某大桥跨越一宽滩河段,桥位断面设计流量 $Q_\text{p} = 12800 \text{m/s}$,断面全宽 $B = 518 \text{m}$,河槽宽度 $B = 315 \text{m}$,河槽流量 $Q = 9600 \text{m}^2/\text{s}$。按单宽流量公式计算该桥的最小桥孔净长 L_j 为(　　)。

（A）316m　　　　（B）301m　　　　（C）295m　　　　（D）286m

解答

根据《公路工程水文勘测设计规范》(JTG C30—2015)单宽流量公式(7.2.1-2):

$$L_\text{j} = \frac{Q_\text{P}}{\beta q_\text{c}}$$

$$\beta = 1.19 \left(\frac{Q_\text{C}}{Q_\text{t}} \right)^{0.10}$$

由给定条件可知,河滩流量:$Q_\text{t} = Q_\text{P} - Q_\text{C} = 12800 - 9600 = 3200 \text{m}^3/\text{s}$

河槽平均单宽流量:$q_\text{c} = \dfrac{9600}{315} = 30.5 \text{m}^3/(\text{s} \cdot \text{m})$

则 $\beta = 1.19 \times \left(\dfrac{9600}{3200} \right)^{0.10} = 1.33$

$$L_\text{j} = \frac{12800}{1.33 \times 30.5} = 316 \text{m}$$

答案:A

考点分析

(1)判断桥位河段类型,按相应河段类型采用相应公式和参数。

(2)$Q_\text{t} + Q_\text{c} = Q_\text{p}$,即:河滩流量 + 河槽流量 = 设计流量。

考点 22　设计洪水频率

条文规定

《公路桥涵设计通用规范》(JTG D60—2015)规定如下:

3.2.9　公路桥涵的设计洪水频率应符合表 3.2.9 的规定,并应符合下列规定:

1　二级公路上的特大桥及三、四级公路上的大桥,在河床比降大、易于冲刷的情况下,宜提高一级洪水频率验算基础冲刷深度。

　　2　沿河纵向高架桥和桥头引道的设计洪水频率应符合现行《公路工程技术标准》(JTG B01)中路基设计洪水频率的有关规定。

　　3　对由多孔中小跨径桥梁组成的特大桥,其设计洪水频率可采用大桥标准。

　　4　三、四级公路,在交通容许有限度的中断时,可修建漫水桥和过水路面。漫水桥和过水路面的设计洪水频率,应根据容许阻断交通的时间长短和对上下游农田、城镇、村庄的影响以及泥沙淤塞桥孔、上游河床的淤高等因素确定。

桥涵设计洪水频率　　　　　　　　　　　　　　　　　表 3.2.9

公路等级	设计洪水频率				
	特大桥	大桥	中桥	小桥	涵洞及小型排水构造物
高速公路	1/300	1/100	1/100	1/100	1/100
一级公路	1/300	1/100	1/100	1/100	1/100
二级公路	1/100	1/100	1/100	1/50	1/50
三级公路	1/100	1/50	1/50	1/25	1/25
四级公路	1/100	1/50	1/50	1/25	不做规定

　　《公路桥涵设计通用规范》(JTG D60—2015)条文说明规定如下:

　　3.2.9　本条有关公路桥涵设计洪水频率的规定,兹说明如下:

　　1　鉴于桥梁水毁的原因之一是基础埋置深度不够,因此规定在水势猛急、河床易冲刷的情况下,对于二级公路上的特大桥和三、四级公路上的工程艰巨、修复困难的大桥,必要时可选用高一等级的设计洪水频率(即分别为 1/300 和 1/100)验算基础冲刷深度。

　　3　国内外的经验表明,洪水频率的选择应考虑结构的重要性与洪水对周边地区的危害程度。比较原规范桥涵设计洪水频率是与桥梁分类标准相关,虽然以跨径或总长标准界定的桥梁分类标准一定程度上反映了桥梁的重要性,但并不全面,特别是总长标准,反映桥梁的技术复杂性与重要性并不充分。因此,本次修订增加对由多孔中小跨径桥梁组成的特大桥,其设计洪水频率可按相同公路等级的大桥标准确定的规定。

　　《公路工程水文勘测设计规范》(JTG C30—2015)规定如下:

　　6.2.3　洪水流量的经验频率计算应符合下列规定:

　　1　对连续系列,可按下式估算:

$$P_{\mathrm{m}} = \frac{m_i}{n+1} \times 100 \tag{6.2.3-1}$$

式中:P_{m}——实测洪水流量的经验频率(%);

　　　m_i——按实测洪水流量系列递减次序排列的序位;

　　　n——实测洪水流量系列项数。

　　2　对不连续系列可按下列方法之一估算:

　　1)调查期 N 年中的特大洪水流量和实测洪水流量分别在各自系列中排位,实测洪水流量的经验频率可按式(6.2.3-1)估算,特大洪水流量的经验频率可按下式估算:

$$P_{\mathrm{M}} = \frac{M}{N+1} \times 100 \tag{6.2.3-2}$$

式中:P_{M}——历史特大洪水流量或实测系列中的特大洪水流量经验频率(%);

M——历史特大洪水流量或实测系列中的特大洪水流量在调查期内的序位；

N——调查期年数。

2)将调查期 N 年中的特大洪水流量和实测洪水流量组成一个不连续系列，特大洪水流量的经验频率可按式(6.2.3-2)估算，其余实测洪水流量经验频率可按下式估算：

$$P_{\mathrm{m}} = \left[\frac{a}{N+1} + \left(1 - \frac{a}{N+1} \right) \frac{m_i - l}{n - l + 1} \right] \times 100 \tag{6.2.3-3}$$

式中：P_{m}——实测洪水流量经验频率(%)；

a——特大洪水的项数；

l——实测洪水流量系列中按特大洪水流量处理的项数。

📖 典型例题

例题 4-73

某水文站具有1970—2008 年的年最大流量资料，其中最大的两次洪水流量为8550m³/s 和4160m³/s。又经洪水调查后得知8550m³/s 是1810 年以来排在第 2 位的特大洪水，而4160m³/s 不是特大洪水。则这两次洪水的重现期 T_1、T_2 分别为(　　)。

(A)$T_1 = 100$ 年、$T_2 = 30$ 年　　　　(B)$T_1 = 200$ 年、$T_2 = 40$ 年

(C)$T_1 = 100$ 年、$T_2 = 35$ 年　　　　(D)$T_1 = 200$ 年、$T_2 = 38$ 年

解答

根据《公路工程水文勘测设计规范》(JTG C30—2015)第6.2.3 条。

(1)特大洪水(8550m³/s)按式(6.2.3-2)估算：

$$P_{\mathrm{M}} = \frac{M}{N+1} \times 100$$

$N = 2008 - 1810 + 1 = 199$ 年，$M = 2$。

$$P_{\mathrm{M}} = \frac{2}{199+1} \times 100 = 1，重现期 T_1 = 100 年。$$

(2)实测洪水(4160m²/s)按式(6.2.3-3)估算：

$$P_{\mathrm{m}} = \left[\frac{a}{N+1} + \left(1 - \frac{a}{N+1} \right) \frac{m_i - l}{n - l + 1} \right] \times 100$$

$a = 2，m_i = 2，l = 1，n = 2008 - 1970 + 1 = 39$。

$P_{\mathrm{m}} = 3.5\%$，重现期 $T_2 \approx 30$ 年。

答案：A

例题 4-74

某一级公路桥梁跨越一河道，采用孔径为 40×30m 的预应力混凝土小箱梁，其设计洪水频率1/25 的设计水位为120.65m，设计洪水频率 1/50 的设计水位为121.50m，设计洪水频率1/100 的设计水位为122.40m，设计洪水频率1/300 的设计水位为123.60m，根据《公路桥涵设计通用规范》(JTG D60—2015)，其设计水位最低为(　　)。

(A)121.50m　　　　　　　　(B)122.40m

(C)123.60m　　　　　　　　(D)120.65m

解答

本桥为特大桥,根据《公路桥涵设计通用规范》(JTG D60—2015)表3.2.9,一级公路特大桥设计洪水频率为1/300,但是根据第3.2.9条第2款,对由多孔中小跨径桥梁组成的特大桥,其设计洪水频率可采用大桥标准,故本桥设计洪水频率可采用1/100,设计水位为122.40m。

答案:B

📖 **考点分析**

(1)洪水流量的经验频率计算有连续系列和非连续系列两种。

(2)小跨组成全长为特大桥的按大桥标准。

(3)水势猛急、河床易冲刷的情况下,对于二级公路上的特大桥和三、四级公路上的工程艰巨、修复困难的大桥,必要时可选用高一等级的设计洪水频率。

考点 23 墩台冲刷计算

1. 墩台一般冲刷计算

📖 **条文规定**

《公路工程水文勘测设计规范》(JTG C30—2015)规定如下:

2.0.17 一般冲刷

因桥孔压缩水流,导致桥下流速增大而引起的桥下河床冲刷。

第8.3.1条规定,对于非黏性土河床,利用64-2简化公式计算墩台一般冲刷,公式介绍如下:

$$h_{\mathrm{p}} = 1.04 \left(A_{\mathrm{d}} \frac{Q_2}{Q_{\mathrm{c}}}\right)^{0.90} \left[\frac{B_{\mathrm{c}}}{(1-\lambda)\mu B_{\mathrm{cg}}}\right]^{0.66} h_{\mathrm{cm}} \qquad (8.3.1\text{-}1)$$

$$Q_2 = \frac{Q_{\mathrm{c}}}{Q_{\mathrm{c}} + Q_{\mathrm{tl}}} Q_{\mathrm{p}} \qquad (8.3.1\text{-}2)$$

$$A_{\mathrm{d}} = \left(\frac{\sqrt{B_{\mathrm{z}}}}{H_{\mathrm{z}}}\right)^{0.15} \qquad (8.3.1\text{-}3)$$

式中:h_{p}——桥下一般冲刷后的最大水深(m);

Q_{p}——设计流量($\mathrm{m^3/s}$);

Q_2——桥下河槽部分通过的设计流量($\mathrm{m^3/s}$),当河槽能扩宽至全桥时取用Q_{p};

Q_{c}——天然状态下河槽部分设计流量($\mathrm{m^3/s}$);

Q_{tl}——天然状态下桥下河滩部分设计流量($\mathrm{m^3/s}$);

B_{c}——天然状态下河槽宽度(m);

B_{cg}——桥长范围内河槽宽度(m),当河槽能扩宽至全桥时取用桥孔总长度;

B_z——造床流量下的河槽宽度(m),对复式河床可取平滩水位时河槽宽度;

λ——设计水位下,在B_{cg}宽度范围内,桥墩阻水总面积与过水面积的比值;

μ——桥墩水流侧向压缩系数,按表8.3.1-1确定;

h_{cm}——河槽最大水深(m);

A_d——单宽流量集中系数,山前变迁、游荡、宽滩河段当$A_d > 1.8$时,A_d值可采用1.8;

H_z——造床流量下的河槽平均水深(m),对复式河床可取平滩水位时河槽平均水深。

桥墩水流侧向压缩系数μ值   表8.3.1-1

设计流速v_s (m/s)	单孔净跨径L_0(m)								
	≤10	13	16	20	25	30	35	40	45
<1	1.00	1.00	1.00	1.00	1.00	1.00	1.00	1.00	1.00
1.0	0.96	0.97	0.98	0.99	0.99	0.99	0.99	0.99	0.99
1.5	0.96	0.96	0.97	0.97	0.98	0.98	0.98	0.99	0.99
2.0	0.93	0.94	0.95	0.97	0.97	0.98	0.98	0.98	0.98
2.5	0.90	0.93	0.94	0.96	0.96	0.97	0.97	0.98	0.98
3.0	0.89	0.91	0.92	0.95	0.96	0.96	0.97	0.97	0.98
3.5	0.87	0.90	0.92	0.94	0.95	0.96	0.96	0.97	0.97
≥4.0	0.85	0.88	0.91	0.93	0.94	0.95	0.96	0.96	0.97

注:1. 系数μ是指墩台侧面因旋涡形成滞留区而减少过水面积的折减系数。

2. 当单孔净跨径$L_0 > 45m$时,可按$\mu = 1 - 0.375\dfrac{v_s}{L_0}$计算。对不等跨的桥孔,可采用各孔$\mu$值的平均值。单孔净跨径$L_0 > 200m$时,取$\mu \approx 1.0$。

📖 典型例题

例题4-75(2020年真题、2019年真题)

某公路桥梁单孔净跨径$L_0 = 49.2m$,所跨河流河床底层为非黏性土,设计流速w_s为5m/s,采用64-2简化式计算河槽部分一般冲刷时,桥墩水流侧向压缩系数宜取(   )。

(A)0.96   (B)0.97   (C)0.98   (D)0.99

解答

根据《公路工程水文勘测设计规范》(JTG C30—2015)表8.3.1-1,可查桥墩水流侧向压缩系数μ值,本题设计流速5m/s,单孔净跨径$L_0 = 49.2m$,单孔跨桥径$L_0 > 45m$时,可按表8.3.1-1注2计算:

$$\mu = 1 - 0.375\frac{v_s}{L_0} = 1 - 0.375 \times \frac{5}{49.2} = 0.96$$

答案:A

2. 墩台局部冲刷计算

📖 条文规定

《公路工程水文勘测设计规范》(JTG C30—2015)规定如下:

2.0.18   局部冲刷

桥墩或桥台阻碍水流,导致其周围河床的冲刷。

8.4.1 非黏性土河床桥墩局部冲刷,可按下列公式计算:

1 65-2 式

当 $v \leqslant v_0$ 时

$$h_b = K_\xi K_{\eta2} B_1^{0.6} h_p^{0.15} \left(\frac{v - v_0'}{v_0} \right) \qquad (8.4.1\text{-}1)$$

当 $v > v_0$ 时

$$h_b = K_\xi K_{\eta2} B_1^{0.6} h_p^{0.15} \left(\frac{v - v_0'}{v_0} \right)^{n_2} \qquad (8.4.1\text{-}2)$$

$$K_{\eta2} = \frac{0.0023}{\overline{d}^{2.2}} + 0.375 \overline{d}^{0.24} \qquad (8.4.1\text{-}3)$$

$$v_0 = 0.28 (\overline{d} + 0.7)^{0.5} \qquad (8.4.1\text{-}4)$$

$$v_0' = 0.12 (\overline{d} + 0.5)^{0.55} \qquad (8.4.1\text{-}5)$$

$$n_2 = \left(\frac{v_0}{v} \right)^{0.23 + 0.19\lg\overline{d}} \qquad (8.4.1\text{-}6)$$

式中:h_b——桥墩局部冲刷深度(m);

K_ξ——墩形系数,可按本规范附录 C 选用;

B_1——桥墩计算宽度(m);

$\overline{d}$——河床泥沙平均粒径(mm);

$K_{\eta2}$——河床颗粒影响系数;

v——一般冲刷后墩前行进流速(m/s),可按本规范第 8.3.3 条规定计算;

v_0——河床泥沙起动流速(m/s);

v_0'——墩前泥沙始冲流速(m/s);

n_2——指数。

📖 典型例题

例题 4-76

某桥位河段汛期含沙量 $p = 5.2 \text{kg/m}^3$,河床泥沙平均粒径 $d = 2\text{mm}$,墩前行进流速 $v = 4.55\text{m/s}$,桥梁下部结构为钢筋混凝土双柱式桥墩,钻孔灌注桩基础,桩径为 1.2m,采用混凝土 U 形桥台,天然地基浅基础,按 64-1 修正式计算出一般冲刷深度 $h_p = 15.2\text{m}$,试按 65-2 公式计算桥墩局部冲刷深度 h 为(　　)。

(A)1.85m　　　　(B)2.31m　　　　(C)2.66m　　　　(D)2.95m

解答

根据《公路工程水文勘测设计规范》(JTG C30—2015)第 8.4.1 条,采用式(8.4.1-4),得

$v_0 = 0.28 (\overline{d} + 0.7)^{0.5} = 0.28 \times (2 + 0.7)^{0.5} = 0.46\text{m/s}$

采用公式(8.4.1-5),得

$v_0' = 0.12 (\overline{d} + 0.5)^{0.55} = 0.12 \times (2 + 0.5)^{0.55} = 0.20\text{m/s}$

因 $v > v_0$,根据《公路工程水文勘测设计规范》(JTG C30—2015)第 8.4.1 条,采用式(8.4.1-2)计算局部冲刷深度,即

$$h_b = K_\xi K_{\eta 2} B_1^{0.6} h_p^{0.15} \left(\frac{v - v'_0}{v_0} \right)^{n2}$$

$$K_{\eta 2} = \frac{0.0023}{\bar{d}^{2.2}} + 0.375 \bar{d}^{0.24}$$

$$= 0.0023/2^{2.2} + 0.375 \times 2^{0.24}$$

$$= 0.44$$

$$n_2 = \left(\frac{v_0}{v} \right)^{0.23 + 0.191 \lg \bar{d}}$$

$$= \left(\frac{0.46}{4.55} \right)^{0.23 + 0.191 \lg 2}$$

$$= 0.51$$

又根据《公路工程水文勘测设计规范》(JTG C30—2015)附录 C,得 $K_\xi = 1.0$,$B_1 = 1.2 \mathrm{m}$,则

$$h_b = K_\xi K_{\eta 2} B_1^{0.6} h_p^{0.15} \left(\frac{v - v'_0}{v_0} \right)^{n2}$$

$$= 1.0 \times 0.44 \times 1.2^{0.6} \times 15.2^{0.15} \times \left(\frac{4.55 - 0.2}{0.46} \right)^{0.51} = 2.31 \mathrm{m}$$

答案:B

📖 **考点分析**

墩台冲刷分为河床自然演变冲刷、一般冲刷、局部冲刷,根据河床土的性质,选择相应的公式即可。

考点 24 基 础 埋 深

1. 非岩石地基

📖 **条文规定**

《公路工程水文勘测设计规范》(JTG C30—2015)规定如下:

8.6.1 在确定桥梁墩台基础埋置深度时,除应根据桥位河段具体情况,取河床自然演变冲刷、一般冲刷和局部冲刷的不利组合确定外,尚应符合现行《公路桥涵地基与基础设计规范》(JTG D63)的相关规定。

8.6.2 非岩石河床墩台基底埋深安全值,可按表8.6.2确定。

基底埋深安全值(单位:m)   表8.6.2

	总冲刷深度(m)	0	5	10	15	20
安全值	大桥、中桥、小桥(不铺砌)	1.5	2.0	2.5	3.0	3.5
	特大桥	2.0	2.5	3.0	3.5	4.0

注:1. 总冲刷深度为自河床面算起的河床自然演变冲刷、一般冲刷与局部冲刷深度之和。

2. 表列数字为墩台基底埋入总冲刷深度以下的最小值。设计流量、水位和原始断面资料无十分把握或河床演变尚不能获得准确资料时,其值可适当加大。

3. 桥位上下游有已建桥梁或属旧桥改建时,应调查旧桥的特大洪水冲刷情况,新桥墩台基础埋置深度应在旧桥最大冲刷深度上酌加必要的安全值。

2. 岩石地基

岩石地基桥墩冲刷及基底埋深参考数据 　　　　表 D

岩石特征				调查资料		建议埋入岩面深度(按施工枯水季平均水位至岩面的距离分级)(m)		
岩石类别	极限抗压强度(MPa)	调查到有冲刷的桥渡岩石特征		桥梁座数	各桥的最大冲刷深度(m)	$h < 2m$	$h = 2 \sim 10m$	$h > 10m$
		岩石名称	特征					
I 极软岩	<5	胶结不良的长石砂岩、炭质页岩等	成分以长石为主,石英凝灰碎屑、云母次之;以黏土及铁质胶结,胶结不良,用手可捏成散砂,淋滤现象明显,但胶质均匀,节理、裂隙不发育。其他岩石如风化严重,节理、裂隙发育,强度小于5MPa,用镐、锹易挖动者	2	0.65 ~ 3.0	3 ~ 4	4 ~ 5	5 ~ 7
II 软质岩	II₁ (软岩) 5 ~ 15	黏土岩、泥质页岩等	成分以黏土为主,方解石、绿泥石、云母次之;胶结成分以泥质为主,钙质铁质次之;干裂现象严重,易风化,处于水下岩石整体性好,不透水,暴露后易干裂成碎块,碎块较坚硬,但遇水后崩解成土状	10	0.4 ~ 2.0	2 ~ 3	3 ~ 4	4 ~ 5
	II₂ (较软岩) 15 ~ 30	砂质页岩、砂页岩互层、砂岩砾岩等	砂页岩成分同上,夹砂颗粒;砂岩以石英为主,长石、云母次之,圆砾石砂粒黏土等组成。胶结物以泥质、钙质为主,砂质次之,层理、节理较明显,砂页岩在水陆交替处易干裂、崩解	9	0.4 ~ 1.25	1 ~ 2	2 ~ 3	3 ~ 4
III 硬质岩(较硬岩、坚硬岩)	>30	板岩、钙质砂岩、矽质岩、石灰岩、花岗岩、流纹岩、石英岩等	岩石坚硬,强度虽大于30MPa,但节理、裂隙、层理非常发育,应考虑冲刷,如岩体完整节理、裂隙、层理少,风化很微弱,可不考虑冲刷,但基底也宜埋入岩面0.2 ~ 0.5m	9	0.4 ~ 0.7	0.2 ~ 1.0	0.2 ~ 2.0	0.5 ~ 3.0

📖 **典型例题**

《公路桥涵地基与基础设计规范》(JTG 3363—2019)规定如下:

5.1.1　公路桥涵墩台基础基底的埋置深度应符合下列规定:

1　非岩石河床桥梁墩台基底埋深安全值不宜小于表5.1.1的规定。

桥 梁 类 别	总冲刷深度(m)				
	0	5	10	15	20
大桥、中桥、小桥(不铺砌)	1.5	2.0	2.5	3.0	3.5
特大桥	2.0	2.5	3.0	3.5	4.0

注:1. 总冲刷深度为自河床面算起的河床自然演变冲刷、一般冲刷与局部冲刷深度之和。

2. 若对设计流量、水位和原始断面资料无把握或不能获得河床演变准确资料时,表中数值宜适当加大。

3. 若桥位上下游有已建桥梁,应调查已建桥梁的特大洪水冲刷情况,新建桥梁墩台基础埋置深度不宜小于已建桥梁的冲刷深度且酌加必要的安全值。

4. 如河床上有铺砌层时,基础底面宜设置在铺砌层顶面以下不小于1m。

2　岩石河床墩台基底最小埋置深度可参考现行《公路工程水文勘测设计规范》(JTG C30)的规定确定。

3　位于河槽的桥台,当其总冲刷深度小于桥墩总冲刷深度时,桥台基底高程应与桥墩相同。位于河滩的桥台,对不稳定河流,桥台基底高程应与桥墩相同;对稳定河流,桥台基底高程可按桥台冲刷计算结果确定。

4　对涵洞基础,在无冲刷处(岩石地基除外),应设在地面或河床底以下埋深不小于1m处;如有冲刷,基底埋深应在局部冲刷线以下不小于1m;如河床上有铺砌层时,基础底面宜设置在铺砌层顶面以下不小于1m。

5.1.2　地基为冻胀土层时,桥涵墩台基础基底埋置深度应符合下列规定:

1　上部结构为超静定结构时,基底应埋入冻结线以下不小于0.25m。

2　当墩台基础容许设置在季节性冻胀土层中时,基底的最小埋置深度可按下式计算:

$$d_{min} = z_d - h_{max} \qquad (5.1.2-1)$$

$$z_d = \psi_{zs}\psi_{zw}\psi_{ze}\psi_{zg}\psi_{zf}z_0 \qquad (5.1.2-2)$$

式中:d_{min}——基底最小埋置深度(m);

z_d——设计冻深(m);

z_0——标准冻深(m),无实测资料时,可按本规范附录E采用;

ψ_{zs}——土的类别对冻深的影响系数,按表5.1.2-1查取;

ψ_{zw}——土的冻胀性对冻深的影响系数,按表5.1.2-2查取,季节性冻胀土分类见本规范表E.0.2;

ψ_{ze}——环境对冻深的影响系数,按表5.1.2-3查取;

ψ_{zg}——地形坡向对冻深的影响系数,按表5.1.2-4查取;

ψ_{zf}——基础对冻深的影响系数,取$\psi_{zf}=1.1$;

h_{max}——基础底面下容许最大冻层厚度(m),按表5.1.2-5查取,季节性冻胀土分类见本规范表E.0.2。

土的类别对冻深的影响系数 ψ_{zs}　　　　　　表 5.1.2-1

土 的 类 别	ψ_{zs}	土 的 类 别	ψ_{zs}
黏性土	1.00	中砂、粗砂、砾砂	1.30
细砂、粉砂、粉土	1.20	碎石土	1.40

土的冻胀性对冻深的影响系数 ψ_{zw}

表 5.1.2-2

土的冻胀性类别	ψ_{zw}	土的冻胀性类别	ψ_{zw}
不冻胀	1.00	强冻胀	0.85
弱冻胀	0.95	特强冻胀	0.80
冻胀	0.90	—	—

环境对冻深的影响系数 ψ_{ze}

表 5.1.2-3

周 围 环 境	ψ_{ze}	周 围 环 境	ψ_{ze}
村、镇、旷野	1.00	城市市区	0.90
城市近郊	0.95	—	—

注:当城市市区人口为 20 万～50 万时,按城市近郊取值;当城市市区人口大于 50 万且小于或等于 100 万时,按城市市区取值;当城市市区人口超过 100 万时,按城市市区取值,5km 以内的郊区按城市近郊取值。

地形坡向对冻深的影响系数 ψ_{zg}

表 5.1.2-4

地形坡向	平坦	阳坡	阴坡
ψ_{zg}	1.0	0.9	1.1

基础底面下容许最大冻层厚度 h_{max}

表 5.1.2-5

土的冻胀性类别	弱冻胀	冻胀	强冻胀	特强冻胀
h_{max}	$0.38z_0$	$0.28z_0$	$0.15z_0$	$0.08z_0$

📖 **典型例题**

例题 4-77

某桥位的设计洪水位为 122.65m,一般冲刷深度为 15.30m,局部冲刷深度为 2.80m,基础安全埋深 3m,其他因素不计,则该桥的桥墩基础底部高程应为(　　)。

(A)104.55m　　　(B)21.1m　　　(C)101.55m　　　(D)125.65m

解答

解:总冲刷深度 h = 一般冲刷深度 + 局部冲刷深度 + 自然演变冲刷

$$= 15.3 + 2.8 + 0 = 18.1m$$

最低冲刷线高程 H_1 = 设计水位 − 总冲刷深度

$$= 122.65 − 18.1 = 104.55m$$

则

桥墩基础底部高程 H_2 = 最低冲刷线高程 − 安全埋深

$$= 104.55 − 3 = 101.55m$$

答案:C

例题 4-78

某桥梁桥墩基础为岩石地基,岩石极限抗压强度为 21MPa,施工枯水季平均水位至岩面的距离 $h = 8.2m$,则该桥的桥墩基础埋入岩面深度为(　　)。

(A)1～2m　　　(B)2～3m　　　(C)3～4m　　　(D)4～5m

解答

桥梁基础为岩石地基,查《公路工程水文勘测设计规范》(JTG C30—2015)附录D,可得,桥墩基础埋入岩面深度为2~3m。

答案:B

📖 考点分析

(1)非岩石地基,基础埋深 = 冲刷总深度 + 基底埋深安全值,冲刷总深度 = 自然演变冲刷 + 一般冲刷 + 局部冲刷,冲刷总深度按《公路工程水文勘测设计规范》(JTG C30—2015)表8.6.2注1理解为从河床面算起,按第8.3.1条条文说明,一般冲刷深度应理解为从设计水位算起至一般冲刷线的水深。

(2)岩石地基,则查《公路工程水文勘测设计规范》(JTG C30—2015)附录D,根据岩石极限抗压强度及按施工枯水季平均水位至岩面的距离分级直接查表取值。

考点25 桥梁地基承载力修正

📖 **条文规定**

《公路桥涵地基与基础设计规范》(JTG 3363—2019)规定如下:

4.3.4 修正后的地基承载力特征值 f_a 可按式(4.3.4)确定。当基础位于水中不透水地层上时,f_a 可按平均常水位至一般冲刷线的水深按10kPa/m提高。

$$f_a = f_{a0} + k_1 \gamma_1 (b-2) + k_2 \gamma_2 (h-3) \tag{4.3.4}$$

式中:f_a——修正后的地基承载力特征值(kPa);

b——基础底面的最小边宽(m),当 $b<2$m 时,取 $b=2$m;当 $b>10$m 时,取 $b=10$m;

h——基底埋置深度(m),从自然地面起算,有水流冲刷时自一般冲刷线起算;当 $h<3$m 时,取 $h=3$m;当 $h/b>4$ 时,取 $h=4b$;

k_1、k_2——基底宽度、深度修正系数,根据基底持力层土的类别按表4.3.4确定;

γ_1——基底持力层土的天然重度(kN/m³),若持力层在水面以下且为透水者,应取浮重度;

γ_2——基底以上土层的加权平均重度(kN/m³),换算时若持力层在水面以下且不透水,则不论基底以上土的透水性质如何,均取饱和重度;当透水时,水中部分土层取浮重度。

地基土承载力宽度、深度修正系数 k_1、k_2 表4.3.4

系数	黏性土				粉土	砂 土								碎 石 土			
	老黏性土	一般黏性土		新近沉积黏性土	—	粉砂		细砂		中砂		砾砂、粗砂		碎石、圆砾、角砾		卵石	
		$I_L \geq 0.5$	$I_L < 0.5$			中密	密实	中密	密实	中密	密实	中密	密实	中密	密实	中密	密实
k_1	0	0	0	0	0	1.0	1.2	1.5	2.0	2.0	3.0	3.0	4.0	3.0	4.0	3.0	4.0
k_2	2.5	1.5	2.5	1.0	1.5	2.0	2.5	3.0	4.0	4.0	5.5	5.0	6.0	5.0	6.0	6.0	10.0

注:1. 对稍密和松散状态的砂、碎石土,k_1、k_2 值可采用表列中密值的50%。

2. 强风化和全风化的岩石,可参照所风化成的相应土类取值;其他状态下的岩石不修正。

4.3.5 软土地基承载力应按下列规定确定：

1 软土地基承载力特征值 f_{a0} 应由载荷试验或其他原位测试取得。载荷试验和原位测试确有困难时，对中小桥、涵洞基底未经处理的软土地基修正后的地基承载力特征值 f_a 可采用下列两种方法确定：

1）根据原状土天然含水率 w，按表 4.3.5 确定软土地基承载力特征值 f_{a0}，然后按式(4.3.5-1)计算修正后的地基承载力特征值 f_a：

$$f_a = f_{a0} + \gamma_2 h \tag{4.3.5-1}$$

软土地基承载力特征值 f_{a0}（单位:kPa） 表 4.3.5

天然含水率 $w(\%)$	36	40	45	50	55	65	75
$f_{a0}(kPa)$	100	90	80	70	60	50	40

2）根据原状土强度指标确定软土地基修正后的地基承载力特征值 f_a：

$$f_a = \frac{5.14}{m} k_p C_u + \gamma_2 h \tag{4.3.5-2}$$

$$k_p = \left(1 + 0.2\frac{b}{l}\right)\left(1 - \frac{0.4H}{blC_u}\right) \tag{4.3.5-3}$$

式中：m——抗力修正系数，可视软土灵敏度及基础长宽比等因素选用 1.5～2.5；

C_u——地基土不排水抗剪强度标准值(kPa)；

k_p——系数；

H——由作用(标准值)引起的水平力(kN)；

b——基础宽度(m)，有偏心作用时，取 $b - 2e_b$；

l——垂直于 b 边的基础长度(m)，有偏心作用时，取 $l - 2e_l$；

e_b、e_l——偏心作用在宽度和长度方向的偏心距。

📖 典型例题

例题 4-79

某桥梁采用扩大基础，基础尺寸为 11m×15m，基础埋置深度为 2.5m，基底持力层为中密细砂，地基承载力特征值为 130kPa，天然重度为 18kN/m³，基底以上土层加权重度为18kN/m³，常水位至一般冲刷线 5m 高度。修正后的地基承载力特征值与（　　）最接近。

（A）130kPa　　　　（B）180kPa　　　　（C）230kPa　　　　（D）250kPa

解答

根据《公路桥涵地基与基础设计规范》(JTG 3363—2019)第 4.3.4 条：

$B = 11m > 10m$，取 10m；$h = 2.5m < 3m$，取 3m；

中密细砂，$k_1 = 1.5$，$k_2 = 3$；

由于中密细砂是透水的，因此需取浮重度。

$f_a = 130 + 1.5 \times (18 - 10) \times (10 - 2) + 3.0 \times (18 - 10) \times (3 - 3) = 226$

答案:C

（1）地基承载力特征值修正，一定要和建筑地基基础规范区分开来，两本规范中的宽度、深度修正的基础不一样，桥梁中考虑了冲刷要求。

（2）在宽度修正上，宽度取值必须在 2 ~ 10m 之间；深度修正上，最小为 3m，不足 3m 时取 3m，即不修正深度。

（3）有关重度选取，要考虑是否透水。

考点 26　桥梁墩台基底合力偏心距验算

《公路桥涵地基与基础设计规范》（JTG 3363—2019）规定如下：

5.2.5　桥涵墩台应验算作用于基底的合力偏心距，并应符合下列规定：

1　桥涵墩台基底的合力偏心距容许值 $[e_0]$ 应符合表 5.2.5 的规定。

墩台基底的合力偏心距容许值 $[e_0]$ 　　　　　　　　　表 5.2.5

作用情况	地基条件	$[e_0]$	备注
仅承受永久作用标准值组合	非岩石地基	桥墩，0.1ρ	拱桥、刚构桥墩台，其合力作用点应尽量保持在基底重心附近
		桥台，0.75ρ	
承受作用标准值组合或偶然作用标准值组合	非岩石地基	ρ	拱桥单向推力墩不受限制，但应符合本规范表 5.4.3 规定的抗倾覆稳定安全系数
	较破碎 ~ 极破碎岩石地基	1.2ρ	
	完整、较完整岩石地基	1.5ρ	

2　基底以上外力作用点对基底重心轴的偏心距 e_0 可按式（5.2.5-1）计算：

$$e_0 = \frac{M}{N} \leqslant [e_0] \qquad\qquad (5.2.5\text{-}1)$$

式中：M——所有外力（竖向力、水平力）对基底截面重心轴的弯矩（kN·m）；

N——作用于基底的竖向力（kN）。

3　基底承受单向或双向偏心受压的截面核心半径 ρ 值可按下列公式计算：

$$\rho = \frac{e_0}{1 - \dfrac{p_{min}A}{N}} \qquad\qquad (5.2.5\text{-}2)$$

$$p_{min} = \frac{N}{A} - \frac{M_x}{W_x} - \frac{M_y}{W_y} \qquad\qquad (5.2.5\text{-}3)$$

式中：p_{min}——基底最小压应力，当为负值时表示拉应力（kPa）。

例题 4-80

某桥梁采用扩大基础,基础位于较完整岩石地基上,承受作用为标准组合时,基底以上外力作用点对基底中心轴偏心距为 0.8m,基底最小压应力 0,则基底合力偏心距容许值为( )。

（A）0.67m　　　（B）0.83m　　　（C）0.96m　　　（D）1.20m

解答

根据《公路桥涵地基与基础设计规范》（JTG 3363—2019）第 5.2.5 条,查表 5.2.5,位于较完整岩石地基上,容许值为 1.5 倍的基底截面核心半径为 $1.5 \times 0.8 = 1.20$m。

答案:D

考点分析

（1）偏心距容许值,关键因素是荷载作用情况及地基情况。先看是什么样的作用,再看是什么样的地基。

（2）如果要计算基底偏心距,一般也会给出弯矩和竖向力。

考点 27　桥梁墩台稳定性验算

条文规定

《公路桥涵地基与基础设计规范》（JTG 3363—2019）规定如下:

5.4.1　桥涵墩台基础的抗倾覆稳定应按下列公式计算（图 5.4.1）:

$$k_0 = \frac{s}{e_0} \tag{5.4.1-1}$$

$$e_0 = \frac{\sum P_i e_i + \sum H_i h_i}{\sum P_i} \tag{5.4.1-2}$$

式中:k_0——墩台基础抗倾覆稳定性系数;

　　　s——在截面重心至合力作用点的延长线上,自截面重心至验算倾覆轴的距离（m）;

　　　e_0——所有外力的合力 R 在验算截面的作用点对基底重心轴的偏心距（m）;

　　　P_i——不考虑其分项系数和组合系数的作用标准值组合或偶然作用标准值组合引起的竖向力（kN）;

　　　e_i——竖向力 P_i 对验算截面重心的力臂（m）;

　　　H_i——不考虑其分项系数和组合系数的作用标准值组合或偶然作用标准值组合引起的水平力（kN）;

　　　h_i——水平力对验算截面的力臂（m）。

注:1. 弯矩应视其绕验算截面重心轴的不同方向取正负号。

　　2. 对矩形凹缺的多边形基础,其倾覆轴应取基底截面的外包线。

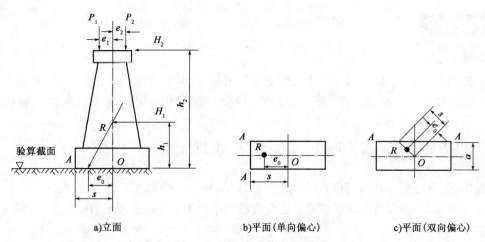

a)立面   b)平面(单向偏心)   c)平面(双向偏心)

图5.4.1 墩台基础的稳定验算示意图

O-截面重心;R-合力作用点;A—A-验算倾覆轴

5.4.2 桥涵墩台基础的抗滑动稳定性系数 k_c 应按下式计算:

$$k_c = \frac{\mu \sum P_i + \sum H_{iP}}{\sum H_{ia}} \tag{5.4.2}$$

式中:k_c——桥涵墩台基础的抗滑动稳定性系数;

$\sum P_i$——竖向力总和(kN);

$\sum H_{iP}$——抗滑稳定水平力总和(kN);

$\sum H_{ia}$——滑动水平力总和(kN);

μ——基础底面与地基土之间的摩擦系数,通过试验确定;当缺少实际资料时,可参照表 5.4.2采用。

注:$\sum H_{iP}$ 和 $\sum H_{ia}$ 分别为两个相对方向的各自水平力总和,绝对值较大者为滑动水平力 $\sum H_{ia}$,另一为抗滑稳定力 $\sum H_{iP}$。$\mu \sum P_i$ 为抗滑动稳定力。

基底摩擦系数   表5.4.2

地基土分类	μ
黏性土(流塑~坚硬)、粉土	0.25~0.35
砂土(粉砂~砾砂)	0.30~0.40
碎石土(松散~密实)	0.40~0.50
软岩(极软岩~较软岩)	0.40~0.60
硬岩(较硬岩、坚硬岩)	0.60、0.70

5.4.3 验算墩台抗倾覆和抗滑动稳定性时,稳定安全系数不应小于表5.4.3规定的限值。

抗倾覆和抗滑动稳定安全系数限值   表5.4.3

作 用 组 合		验 算 项 目	稳定安全系数限值
使用阶段	仅计永久作用(不计混凝土收缩及徐变、浮力)和汽车、人群作用的标准值组合	抗倾覆	1.5
		抗滑动	1.3
	各种作用的标准值组合	抗倾覆	1.3
		抗滑动	1.2

作 用 组 合	验 算 项 目	稳定安全系数限值
施工阶段作用的标准值组合	抗倾覆	1.2
	抗滑动	

📖 **典型例题**

例题 4-81（2020 年真题）

某重力式桥墩,基底截面为矩形,截面尺寸为纵向 $D = 230\text{cm}$,横向 $B = 350\text{cm}$,竖向力 $N = 12700\text{kN}$,水平力 $P = 3140\text{kN}$。基础与土壤的摩擦系数 $f = 0.35$。基底的滑动稳定系数为( )。并请判断其滑动稳定性。

（A）1.32　　　　（B）1.42　　　　（C）1.48　　　　（D）2.10

解答

根据《公路桥涵地基与基础设计规范》(JTG 3363—2019)第 5.4.2 条,得基底的滑动稳定系数:

$$k_c = \frac{\mu \sum P_i + \sum H_{iP}}{\sum H_{ia}}$$

$$= (0.35 \times 12700 + 0)/3140 = 1.42 > 1.3$$

根据表 5.4.3, $k_c > [k_c]$,故滑动稳定性满足要求。

答案: B

📖 **考点分析**

（1）抗滑验算中,抗力和作用力要区分清楚,竖向力乘以摩擦系数加上水平抗滑动力为抗力,促进滑动的水平力为作用力。

（2）抗滑和抗倾覆稳定性安全系数限制,要根据不同阶段及不同作用组合进行选取。

考点 28　桩基构造与计算

📖 **条文规定**

《公路桥涵地基与基础设计规范》(JTG 3363—2019)规定如下:

6.2.6　桩的布置和中距应符合下列规定:

1　群桩的布置可采用对称形、梅花形或环形。

2　摩擦型桩的中距应符合下列规定:

1)锤击、静压沉桩,在桩端处的中距不小于桩径(或边长)的 3 倍,对软土地基宜适当增大;振动沉入砂土内的桩,在桩端处的中距不应小于桩径(或边长)的 4 倍。桩在承台底面处的中距不应小于桩径(或边长)的 1.5 倍。

2)钻孔桩中距不应小于桩径的 2.5 倍。

3)挖孔桩中距可按钻孔桩采用。

3 支承或嵌固在基岩中的端承型钻(挖)孔桩的中距不宜小于桩径的2倍。

4 钻(挖)孔扩底灌注桩的中距不应小于1.5倍扩底直径和扩底直径加1m的较大者。

5 对边桩(或角桩)外侧与承台边缘的距离,桩直径(或边长)小于或等于1m时,不应小于0.5倍桩径(或边长)且不应小于250mm;桩直径大于1m时,不应小于0.3倍桩径(或边长)且不应小于500mm。

6.2.7 承台和横系梁的构造应符合下列规定:

1 承台的厚度不宜小于桩直径的1.5倍,且不宜小于1.5m。混凝土强度等级不应低于C25,当采用强度标准值400MPa及以上钢筋时不应低于C30。

2 当桩顶直接埋入承台连接时,应在每根桩的顶面上设1~2层钢筋网。当桩顶主筋伸入承台时,承台底面内宜设一层钢筋网,底面内每一方向的钢筋用量宜为1200~1500mm²/m,钢筋直径宜采用12~16mm。

3 当用横系梁加强桩之间的整体性时,横系梁的高度可取0.8~1.0倍的桩直径,宽度可取0.6~1.0倍的桩直径。混凝土的强度等级不应低于C25,当采用强度标准值400MPa及以上钢筋时不应低于C30。纵向钢筋不应少于横系梁截面面积的0.15%。箍筋直径不应小于8mm,且其间距不应大于400mm。

6.3.3 对支承在土层中的钻(挖)孔灌注桩,其单桩轴向受压承载力特征值R_a可按下列公式计算:

$$R_a = \frac{1}{2}u\sum_{i=1}^{n}q_{ik}l_i + A_p q_r \qquad (6.3.3\text{-}1)$$

$$q_r = m_0\lambda\left[f_{a0} + k_2\gamma_2(h-3)\right] \qquad (6.3.3\text{-}2)$$

式中:R_a——单桩轴向受压承载力特征值(kN),桩身自重与置换土重(当自重计入浮力时,置换土重也计入浮力)的差值计入作用效应;

u——桩身周长(m);

A_p——桩端截面面积(m²),对扩底桩,可取扩底截面面积;

n——土的层数;

l_i——承台底面或局部冲刷线以下各土层的厚度(m),扩孔部分及变截面以上$2d$长度范围内不计;

q_{ik}——与l_i对应的各土层与桩侧的摩阻力标准值(kPa),宜采用单桩摩阻力试验确定,当无试验条件时按表6.3.3-1选用,扩孔部分及变截面以上$2d$长度范围内不计摩阻力;

q_r——修正后的桩端土承载力特征值(kPa),当持力层为砂土、碎石土时,若计算值超过下列值,宜按下列值采用:粉砂1000kPa;细砂1150kPa;中砂、粗砂、砾砂1450kPa;碎石土2750kPa;

f_{a0}——桩端土的承载力特征值(kPa),按本规范第4.3.3条确定;

h——桩端的埋置深度(m),对有冲刷的桩基,埋深由局部冲刷线起算;对无冲刷的桩基,埋深由天然地面线或实际开挖后的地面线起算;h的计算值不应大于40m,大于40m时,取40m;

k_2——承载力特征值的深度修正系数,根据桩端持力层土的类别按表4.3.4选用;

γ_2——桩端以上各土层的加权平均重度(kN/m^3),当持力层在水位以下且不透水时,均应取饱和重度;当持力层透水时,水中部分土层应取浮重度;

λ——修正系数,按表6.3.3-2选用;

m_0——清底系数,按表6.3.3-3选用。

6.3.4 对符合本规范附录K规定的后压浆灌注桩单桩轴向受压承载力特征值R_a,可按下式计算:

$$R_a = \frac{1}{2}u\sum_{i=1}^{n}\beta_{si}q_{ik}l_i + \beta_p A_p q_r \qquad (6.3.4)$$

式中:R_a——后压浆灌注桩的单桩轴向受压承载力特征值(kN)。桩身自重与置换土重(当自重计入浮力时,置换土重也计入浮力)的差值计入作用效应;

β_{si}——第i层土的侧阻力增强系数,可按表6.3.4取值。在饱和土层中桩端压浆时,仅对桩端以上$10.0 \sim 12.0m$范围内的桩侧阻力进行增强修正;在非饱和土层中桩端压浆时,仅对桩端以上$5.0 \sim 6.0m$的桩侧阻力进行增强修正;饱和土层中桩侧压浆时,仅对压浆断面以上$10.0 \sim 12.0m$范围内的桩侧阻力进行增强修正;在非饱和土层中桩侧压浆时,仅对压浆断面上下各$5.0 \sim 6.0m$范围内的桩侧阻力进行增强修正;对非增强影响范围,$\beta_{si}=1$;

β_p——端阻力增强系数,可按表6.3.4取值。

6.3.5 支承在土层中的沉桩单桩轴向受压承载力特征值R_a可按下式计算:

$$R_a = \frac{1}{2}(u\sum_{i=1}^{n}\alpha_i l_i q_{ik} + \alpha_r \lambda_p A_p q_{rk}) \qquad (6.3.5)$$

式中:R_a——单桩轴向受压承载力特征值(kN),桩身自重与置换土重(当自重计入浮力时,置换土重也计入浮力)的差值计入作用效应;

u——桩身周长(m);

n——土的层数;

l_i——承台底面或局部冲刷线以下各土层的厚度(m);

q_{ik}——与l_i对应的各土层与桩侧摩阻力标准值(kPa),宜采用单桩摩阻力试验或静力触探试验测定,当无试验条件时按表6.3.5-1选用;

q_{rk}——桩端土的承载力标准值(kPa),宜采用单桩试验或静力触探试验测定,当无试验条件时按表6.3.5-2选用;

α_i、α_r——分别为振动沉桩对各土层桩侧摩阻力和桩端承载力的影响系数,按表6.3.5-3取用;对锤击、静压沉桩其值均取1.0;

λ_p——桩端土塞效应系数。对闭口桩取1.0;对开口桩,$1.2m < d \leqslant 1.5m$时取$0.3 \sim 0.4$,$d > 1.5m$时取$0.2 \sim 0.3$。

6.3.7 对支承在基岩上或嵌入基岩中的钻(挖)孔桩、沉桩,其单桩轴向受压承载力特征值R_a可按下式计算:

$$R_a = c_1 A_p f_{rk} + u\sum_{i=1}^{m}c_{2i}h_i f_{rki} + \frac{1}{2}\zeta_s u\sum_{i=1}^{n}l_i q_{ik} \qquad (6.3.7)$$

式中:c_1——根据岩石强度、岩石破碎程度等因素而确定的端阻力发挥系数,见表6.3.7-1;

A_p——桩端截面面积(m^2),对扩底桩,取扩底截面面积;

f_{rk}——桩端岩石饱和单轴抗压强度标准值(kPa),黏土岩取天然湿度单轴抗压强度标准值,f_{rk}小于2MPa时按支承在土层中的桩计算;

f_{rki}——第 i 层的 f_{rk} 值;

c_{2i}——根据岩石强度、岩石破碎程度等因素而定的第 i 层岩层的侧阻发挥系数,见表6.3.7-1;

u——各土层或各岩层部分的桩身周长(m);

h_i——桩嵌入各岩层部分的厚度(m),不包括强风化层、全风化层及局部冲刷线以上基岩;

m——岩层的层数,不包括强风化层和全风化层;

ζ_s——覆盖层土的侧阻力发挥系数,其值应根据桩端 f_{rk} 确定,见表6.3.7-2;

l_i——承台底面或局部冲刷线以下各土层的厚度(m);

q_{ik}——桩侧第 i 层土的侧阻力标准值(kPa),应采用单桩摩阻力试验值,当无试验条件时,对钻(挖)孔桩可按表6.3.3-1选用,对沉桩可按表6.3.5-1选用,扩孔部分不计摩阻力;

n——土层的层数,强风化和全风化岩层按土层考虑。

发挥系数 c_1、c_2 表 6.3.7-1

岩石层情况	c_1	c_2
完整、较完整	0.6	0.05
较破碎	0.5	0.04
破碎、极破碎	0.4	0.03

注:1. 入岩深度小于或等于0.5m时,c_1 乘以0.75的折减系数,$c_2=0$。

　　2. 对钻孔桩,系数 c_1、c_2 值降低20%采用。对桩端沉渣厚度 t,$d \leqslant 1.5$m时,$t \leqslant 50$mm;$d > 1.5$m时,$t \leqslant 100$mm。

　　3. 对中风化层作为持力层的情况,c_1、c_2 分别乘以0.75的折减系数。

覆盖层土的侧阻力发挥系数 ζ_s 表 6.3.7-2

f_{rk}(MPa)	2	15	30	60
侧阻力发挥系数 ζ_s	1.0	0.8	0.5	0.2

注:ζ_s 值可内插计算。当 $f_{rk} > 60$MPa 时,ζ_s 可按 $f_{rk} = 60$MPa 取值。

6.3.8 桩基按嵌岩设计时,其嵌入基岩中的有效深度可按下列公式计算:

1 对圆形桩,可按下式计算:

$$h_r = \frac{1.27H + \sqrt{3.81\beta f_{rk}dM_H + 4.84H^2}}{0.5\beta f_{rk}d} \tag{6.3.8-1}$$

2 对矩形桩,可按下式计算:

$$h_r = \frac{H + \sqrt{3\beta f_{rk}bM_H + 3H^2}}{0.5\beta f_{rk}b} \tag{6.3.8-2}$$

式中:h_r——桩嵌入基岩中(不计强风化层、全风化层及局部冲刷线以上基岩)的有效深度(m),不应小于0.5m;

H——基岩顶面处的水平力(kN);

M_H——基岩顶面处的弯矩(kN·m);

b——垂直于弯矩的平面桩边长(m);

β——岩石的垂直抗压强度换算为水平抗压强度的折减系数,取0.5~1.0,应根据岩层

侧面构造确定,节理发育岩石取小值,节理不发育岩石取大值;

f_{rk}——岩石饱和单轴抗压强度标准值(kPa)。

📖 典型例题

例题 4-82(2020 年真题)

某重力式桥墩,基底截面为矩形,截面尺寸为纵向 $D = 230cm$,横向 $B = 350cm$,竖向力 $N = 12700kN$,水平力 $P = 3140kN$。基础与土壤的摩擦系数 $f = 0.35$。基底的滑动稳定系数为( )。并判断其滑动稳定性。

(A)1.32　　　　(B)1.42　　　　(C)1.48　　　　(D)2.10

解答

根据《公路桥涵地基与基础设计规范》(JTG 3363—2019)第 5.4.2 条,得基底的滑动稳定系数:

$$k_c = \frac{\mu \sum P_i + \sum H_{iP}}{\sum H_{ia}}$$

$$= (0.35 \times 12700 + 0)/3140 = 1.42 > 1.3$$

根据表 5.4.3,$k_c > [k_c]$,故滑动稳定性满足要求。

答案:B

例题 4-83(2020 年真题)

某公路桥设计拟采用柱式桥墩、桩基础,桩基直径拟采用 1.50m,下列拟定的桩基承台厚度数据中,符合规范要求的是( )。

(A)1.40m　　　　(B)1.60m　　　　(C)2.10m　　　　(D)2.50m

解答

根据《公路桥涵地基与基础设计规范》(JTG 3363—2019)第 6.2.7 条第 1 款:承台的厚度不宜小于桩直径的 1.5 倍,且不宜小于 1.5m,故,承台厚度不小于 $1.5 \times 1.50 = 2.25m$。

答案:D

例题 4-84(2020 年真题)

某公路桥的桥墩拟采用 1.5m 直径的钻孔灌注桩,已知单桩桩顶轴向承载力特征值 R_a 为 12000kN。桩基处土层从上到下分为三层,第一层为硬塑黏土,$q_{1k} = 50kPa$,层厚为 5m。第二层为中砂层,$q_{2k} = 70kPa$,层厚为 6m。第三层为卵石层,$q_{3k} = 160kPa$,该土层修正后的桩端土承载力特征值 $q_r = 2000kPa$,其单桩长度应取( )。

(A)30m　　　　(B)26m　　　　(C)25m　　　　(D)20m

解答

根据《公路桥涵地基与基础设计规范》(JTG 3363—2019)第 6.3.3 条:

$$R_a = \frac{1}{2}\mu \sum_{i=1}^{n} q_{ik}l_i + A_p q_r$$

设桩基进入第三层长度为 l_3(m),代入数据,得

$$12000 = 1/2 \times (3.14 \times 1.5) \times (50 \times 5 + 70 \times 6 + 160 \times l_3) + (3.14 \times 1.5 \times 1.5/4) \times 2000$$

得 $l_3 = 18.3m$; 桩长 $l = 5 + 6 + 18.3 = 29.3m$

即桩长不小于 $29.3m$。

答案:A

📖 **考点分析**

(1)地基承载力应根据具体情况进行修正。

(2)基底平均应力、最大应力、偏心及倾覆稳定性、滑动稳定性应认真区分水平力和弯矩的方向。

(3)单桩轴向受压承载力特征值应根据不同类型桩基选用对应的公式及参数。

考点 29 桥 梁 抗 震

《公路工程抗震规范》(JTG B02—2013)规定如下:

3.1 桥梁工程抗震设防标准

3.1.1 桥梁抗震设防类别应按表 3.1.1 确定。

桥梁抗震设防类别   表 3.1.1

桥梁抗震设防类别	桥 梁 特 征
A 类	单跨跨径超过 150m 的特大桥
B 类	单跨跨径不超过 150m 的高速公路、一级公路上的桥梁,单跨跨径不超过 150m 的二级公路上的特大桥、大桥
C 类	二级公路上的中桥、小桥,单跨跨径不超过 150m 的三、四级公路上的特大桥、大桥
D 类	三、四级公路上的中桥、小桥

3.1.2 桥梁抗震设防目标应按表 3.1.2 确定。

各设防类别桥梁的抗震设防目标   表 3.1.2

桥梁抗震设防类别	设 防 目 标	
	E1 地震作用	E2 地震作用
A 类	不受损坏或不需修复可继续使用	可发生局部轻微损伤,不需修复或经简单修复可继续使用
B 类、C 类	不受损坏或不需修复可继续使用	不致倒塌或产生严重结构损伤,经临时加固后可供维持应急交通使用
D 类	不受损坏或不需修复可继续使用	—

3.1.3 桥梁抗震重要性修正系数 C_i 应按表 3.1.3 确定。

桥梁抗震重要性修正系数 C_i 表 3.1.3

桥梁抗震设防类别	E1 地震作用	E2 地震作用
A 类	1.0	1.7
B 类	0.43(0.5)	1.3(1.7)
C 类	0.34	1.0
D 类	0.23	—

注:高速公路和一级公路上单跨跨径不超过 150m 的大桥、特大桥,其抗震重要性修正系数取 B 类括号内的值。

3.1.4 桥梁抗震措施设防烈度应按表3.1.4确定。

桥梁抗震措施设防烈度　　　　　　　　　　表3.1.4

地震基本烈度		6	7		8		9
对应设计基本地震动峰值加速度		≥0.05g	0.10g	0.15g	0.20g	0.30g	≥0.40g
桥梁类别	A类	7	8	8	9	更高,专门研究	
	B类	7	8	8	9	9	≥9
	C类	6	7	7	8	8	9
	D类	6	7	7	8	8	9

3.1.5 立体交叉的跨线桥梁的抗震设防标准应不低于下线工程对桥梁结构的抗震设防标准。

📖 典型例题

例题 4-85

某地震峰值加速度为 0.1g 的地区,高速公路上修建一座 70m + 100m + 70m 的连续梁桥,根据《公路工程抗震规范》(JTG B02—2013),对该桥在 E1 抗震设计时,抗震重要性系数和抗震设防烈度分别为(　　)。

(A)0.43,7 度　　　　　　　　　　(B)0.5,7 度
(C)0.43,8 度　　　　　　　　　　(D)0.5,8 度

解答

根据《公路工程抗震规范》(JTG B02—2013)第3.1.1条,高速公路,主跨100m,属于 B 类桥梁,查表3.1.3 和表3.1.4,重要性系数为0.5,8 度设防。

答案:D

📖 考点分析

(1)抗震计算比较复杂,目前不会考到太复杂的计算。但是要对抗震的概念清晰,对采用的参数熟悉。

(2)考试时应带齐规范,考到了有些不熟悉的内容在单行本规范中一般可以找得到。

考点 30　钢结构桥梁构造及计算

📖 条文规定

《公路钢结构桥梁设计规范》(JTG D64—2015)规定如下:

4.2.3 计算竖向挠度时,应按结构力学的方法并应采用不计冲击力的汽车车道荷载频遇值,频遇值系数为 1.0。计算挠度值不应超过表4.2.3 规定的限值。

竖向挠度限值

表4.2.3

桥梁结构形式	简支或连续桁架	简支或连续板梁	梁的悬臂端部	斜拉桥主梁	悬索桥加劲梁
限值	$\dfrac{l}{500}$	$\dfrac{l}{500}$	$\dfrac{l_1}{300}$	$\dfrac{l}{400}$	$\dfrac{l}{250}$

注:1. 表中 l 为计算跨径,l_1 为悬臂长度。

　　2. 当荷载作用于一个跨径内有可能引起该跨径正负挠度时,计算挠度应为正负挠度绝对值之和。

　　3. 挠度按毛截面计算。

5.1.4　构件容许最大长细比应符合表5.1.4的规定。

构件容许最大长细比

表5.1.4

类　别	杆　件	长　细　比
主桁架	受压弦杆 受压或受压—拉腹杆	100
	仅受拉力的弦杆	130
	仅受拉力的腹杆	180
联结系构件	纵向联结系、支点处横向联结系和制动联结系的受压或受压—拉构件	130
	中间横向联结系的受压或受压—拉构件	150
	各种联结系的受拉构件	200

注:长细比按附录A计算。

5.5.2　疲劳荷载应符合下列规定:

1　疲劳荷载计算模型Ⅰ采用等效的车道荷载,集中荷载为 $0.7P_k$,均布荷载为 $0.3q_k$。P_k 和 q_k 按公路—Ⅰ级车道荷载标准取值;应考虑多车道的影响,横向车道布载系数应按现行《公路桥涵设计通用规范》(JTG D60)的相关规定选用。

2　疲劳荷载计算模型Ⅱ采用双车模型,两辆模型车轴距与轴重相同,其单车的轴重与轴距布置如图5.5.2-1所示。加载时,两模型车的中心距不得小于40m。

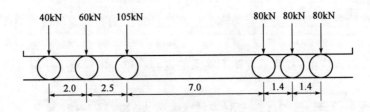

图5.5.2-1　疲劳荷载计算模型Ⅱ(尺寸单位:m)

3　疲劳荷载计算模型Ⅲ采用单车模型,模型车轴载及分布规定如图5.5.2-2所示。

4　当构件和连接不满足疲劳荷载模型Ⅰ验算要求时,应按模型Ⅱ验算。

5　桥面系构件应采用疲劳荷载计算模型Ⅲ验算。

6.3.3　螺栓或铆钉应对称于构件的轴线布置。螺栓或铆钉的间距应符合表6.3.3的规定。

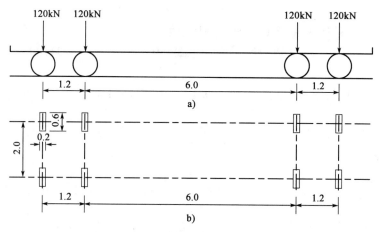

图 5.5.2-2　疲劳荷载模型Ⅲ(尺寸单位:m)

螺栓或铆钉的容许间距　　　　　　　　　表 6.3.3

尺寸名称	方　　　向		构件应力种类	容　许　间　距	
				最大	最小
栓、钉中心间距	沿对角线方向		拉力或压力	—	$3.5d_0$
	靠边行列			$7d_0$ 和 $16t$ 的较小者	$3d_0$
	中间行列	垂直内力方向		$24t$	
		顺内力方向	拉力	$24t$	
			压力	$16t$	

注:1. 表中符号 d_0 为螺栓或铆钉的孔径,t 为栓(或铆)合部分外层较薄钢板或型钢厚度。
　　2. 表中所列"靠边行列"系指沿板边一行的螺栓或铆钉线;对于角钢,距角钢背最近一行的螺栓或铆钉线也作为"靠边行列"。
　　3. 有角钢镶边的翼肢上交叉排列的螺栓或铆钉,其靠边行列最大中心间距可取 $14d_0$ 或 $32t$ 中的较小者。
　　4. 由两个角钢或两个槽钢中间夹以垫板或垫圈并用螺栓或铆钉连接组成的构件,顺内力方向的螺栓或铆钉之间的最大中心间距,对受压或受压—拉构件规定为 $40r$,不应大于 160mm;对受拉构件规定为 $80r$,不应大于 240mm。其中 r 为一个角钢或槽钢平行于垫板或垫圈所在平面轴线的回转半径。

📖 **典型例题**

例题 4-86

计算钢桥的竖向挠度时,有关汽车荷载取法正确的是(　　　)。

(A)采用计入冲击力的汽车车道荷载频遇值,频遇值系数为 1.0

(B)采用不计入冲击力的汽车车道荷载频遇值,频遇值系数为 0.7

(C)采用计入冲击力的汽车车道荷载频遇值,频遇值系数为 0.7

(D)采用不计入冲击力的汽车车道荷载频遇值,频遇值系数为 1.0

解答

根据《公路钢结构桥梁设计规范》(JTG D64—2015)第 4.2.3 条。

答案:D

例题 4-87

某钢桁架桥,主桁架仅受拉力的弦杆长细比最大为(　　)。

(A)100　　　　　　(A)130　　　　　　(C)150　　　　　　(D)180

解答

根据《公路钢结构桥梁设计规范》(JTG D64—2015)第 5.1.4 条。

答案:B

📖 考点分析 ━━━━━━━━━━━━━━━━━━━━━━━━━━

(1)应了解疲劳荷载的几个模型对应的荷载取值,尤其是模型 I 采用的车道荷载,例题可以参照考点 9 中的例题。

(2)螺栓或者铆钉的容许间距,要注意布置的方向,根据不同的方向按照表 6.3.3 取值。

第5章 隧 道 工 程

考点1 隧道基本概念

📖 条文规定

《公路隧道设计规范 第一册 土建工程》(JTG 3370.1—2018)规定如下:

1.0.2 本规范适用于以钻爆法为主要开挖手段的各等级新建和改扩建公路隧道。

1.0.4 公路隧道可按其长度划分为四类,划分标准应符合表1.0.4的规定。

公路隧道按长度分类　　　　　　　　　　　　　　　表1.0.4

分类	特长隧道	长隧道	中隧道	短隧道
长度(m)	$L>3000$	$3000 \geqslant L>1000$	$1000 \geqslant L>500$	$L \leqslant 500$

注:隧道长度系指两端洞口衬砌端面与隧道轴线在路面顶交点间的距离。

📖 典型例题

例题 5-1

某改扩建公路隧道两端洞口衬砌端面与隧道轴线在路面顶交点的距离为1km,根据《公路隧道设计规范 第一册 土建工程》(JTG 3370.1—2018),其属于( )。

(A)特长隧道　　　　　　　　　　　(B)长隧道

(C)中隧道　　　　　　　　　　　　(D)短隧道

解答

《公路隧道设计规范 第一册 土建工程》(JTG 3370.1—2018)适用于扩建隧道路面,根据规范表1.0.4,隧道长度为1000m时,为中隧道。

答案:C

📖 考点分析

(1)注意《公路隧道设计规范 第一册 土建工程》(JTG 3370.1—2018)修订内容中将适用范围由原规范的"以钻爆法为主要开挖手段的各级公路双车道隧道"扩大到"以钻爆法为主要开挖手段的各等级新建和改扩建公路隧道"。

(2)考生应注意隧道长度的定义以及隧道长度的分类界限。

考点 2　岩石质量指标 RQD

📖 **条文规定**

《岩土工程勘察规范》(GB 50021—2001)(2009 年版)规定如下:

2.1.8　岩石质量指标(RQD)

用直径为 75mm 的金刚石钻头和双层岩芯管在岩石中钻进,连续取芯,回次钻进所取岩芯中,长度大于 10cm 的岩芯段长度之和与该回次进尺的比值,以百分数表示。

3.2.5　岩石的描述应包括地质年代、地质名称、风化程度、颜色、主要矿物、结构、构造和岩石质量指标 RQD。对沉积岩应着重描述沉积物的颗粒大小、形状、胶结物成分和胶结程度;对岩浆岩和变质岩应着重描述矿物结晶大小和结晶程度。

根据岩石质量指标 RQD,可分为好的($RQD > 90$)、较好的($RQD = 75 \sim 90$)、较差的($RQD = 50 \sim 75$)、差的($RQD = 25 \sim 50$)和极差的($RQD < 25$)。

📖 **典型例题**

例题 5-2

采用直径 75mm 的双管单动金刚石钻头在岩层中钻进,在 1m 回次深度内取得岩心长度分别为 20cm、15cm、25cm、8cm、3cm、25cm、4cm,该岩石的质量指标 RQD 应取(　　)。

(A)65%　　　　　　　　　　　　(B)85%

(C)100%　　　　　　　　　　　 (D)96%

解答

$RQD = (20 + 15 + 25 + 25)/100 = 85\%$。

答案:B

例题 5-3

ZKl 号钻孔的岩石钻进中,采用外径 75mm 的双层岩芯管,金刚石钻头。某回次进尺 1.0m 芯样长度分别为 6cm、12cm、11cm、8cm、13cm、15cm 和 19cm。该段岩石质量指标 RQD 最接近(　　)。

(A)84%　　　　　　　　　　　　(B)70%

(C)60%　　　　　　　　　　　　(D)55%

解答

$RQD = (12 + 11 + 13 + 15 + 19)/100 = 70\%$。

答案:B

📖 **考点分析**

RQD 在《公路隧道设计规范　第一册　土建工程》(JTG 3370.1—2018)已取消,其规定见《岩土工程勘察规范》(GB 50021—2001)(2009 年版)。

考点3 围岩分级

条文规定

《公路隧道设计规范 第一册 土建工程》(JTG 3370.1—2018)规定如下：

3.6 围岩分级

3.6.1 隧道围岩级别的综合评判宜采用下列两步分级：

1 根据岩石的坚硬程度和岩体完整程度两个基本因素的定性特征和定量的岩体基本质量指标 BQ，进行初步分级。

2 在岩体基本质量分级基础上，考虑修正因素的影响，修正岩体基本质量指标值，得出基本质量指标修正值 $[BQ]$，再结合岩体的定性特征进行综合评判，确定围岩的详细分级。

3.6.2 岩质围岩基本质量指标 BQ 应根据分级因素的定量指标 R_c 值和 K_v 值，按式(3.6.2)计算：

$$BQ = 100 + 3R_c + 250K_v \tag{3.6.2}$$

并应遵守下列限制条件：

1 当 $R_c > 90K_v + 30$ 时，应以 $R_c = 90K_v + 30$ 和 K_v 代入计算 BQ 值。

2 当 $K_v > 0.04R_c + 0.4$ 时，应以 $K_v = 0.04R_c + 0.4$ 和 R_c 代入计算 BQ 值。

R_c、K_v 值，可分别按本规范第 A.0.1 条和第 A.0.2 条确定。

3.6.3 岩质围岩详细定级时，应根据地下水、主要软弱结构面、初始应力状态的影响程度，对岩体基本质量指标 BQ 进行修正，按式(3.6.3)计算：

$$[BQ] = BQ - 100(K_1 + K_2 + K_3) \tag{3.6.3}$$

式中：$[BQ]$——岩体修正质量指标；

K_1——地下水影响修正系数；

K_2——主要软弱结构面产状影响修正系数；

K_3——初始应力状态影响修正系数。

K_1、K_2、K_3 值，可分别按本规范附录 A 中表 A.0.3-1、表 A.0.3-2、表 A.0.3-3 确定。

3.6.4 可根据调查、勘探、试验等资料，隧道岩质围岩定性特征、岩体基本质量指标 BQ 或岩体修正质量指标 $[BQ]$、土质围岩中的土体类型、密实状态等定性特征，按表 3.6.4 确定围岩级别，并应符合下列规定：

1 围岩分级中岩石坚硬程度、岩体完整程度两个基本因素的定性划分，可按本规范第 A.0.5 条和第 A.0.6 条确定。

2 围岩岩体主要特征定性划分与根据 BQ 或 $[BQ]$ 值确定的级别不一致时，应重新审查定性特征和定量指标计算参数的可靠性，并对它们重新观察、测试。

3 在工可和初勘阶段，可采用定性或工程类比方法进行围岩级别划分。

公路隧道围岩级别划分　　　　　　　　　　　　　　　　表3.6.4

围岩级别	围岩岩体或土体主要定性特征	岩体基本质量指标 BQ 或岩体修正质量指标 $[BQ]$
I	坚硬岩，岩体完整	>550

围岩级别	围岩岩体或土体主要定性特征	岩体基本质量指标 BQ 或岩体修正质量指标 $[BQ]$
II	坚硬岩,岩体较完整; 较坚硬岩,岩体完整	550~451
III	坚硬岩,岩体较破碎; 较坚硬岩,岩体较完整; 较软层,岩体完整,整体状或巨厚层状结构	450~351
IV	坚硬岩,岩体破碎; 较坚硬岩,岩体较破碎~破碎; 较软岩,岩体较完整~较破碎; 软岩,岩体完整~较完整	350~251
IV	土体:1. 压密或成岩作用的黏性土及砂性土; 　　　2. 黄土(Q_1、Q_2); 　　　3. 一般钙质、铁质胶结的碎石土、卵石土、大块石土	
V	较软岩,岩体破碎; 软岩,岩体较破碎~破碎; 全部极软岩和全部极破碎岩	≤250
V	一般第四系的半干硬至硬塑的黏性土及稍湿至潮湿的碎石土、卵石土、圆砾、角砾土及黄土(Q_3、Q_4);非黏性土呈松散结构,黏性土及黄土呈松软结构	
VI	软塑状黏性土及潮湿、饱和粉细砂层、软土等	

注:本表不适用于特殊条件的围岩分级,如膨胀性围岩、多年冻土等。

A.0.1　岩石坚硬程度定量指标用岩石单轴饱和抗压强度(R_c)表达,宜采用实测值;若无实测值时,可采用实测的岩石点荷载强度指数($I_{S(50)}$)的换算值,即按式(A.0.1)计算:

$$R_c = 22.82 I_{S(50)}^{0.75} \qquad (A.0.1)$$

A.0.2　岩体完整程度的定量指标用岩体完整性系数(K_v)表达,应符合下列规定:

1　K_v 宜用弹性波探测值;若无探测值时,可用岩体体积节理数(J_v)按表 A.0.2 确定对应的 K_v 值。

J_v 与 K_v 对照表　　　　　　　　　　　　　　　　表 A.0.2

J_v(条/m³)	<3	3~10	10~20	20~35	≥35
K_v	>0.75	0.75~0.55	0.55~0.35	0.35~0.15	≤0.15

2　岩体完整性指标 K_v 测试和计算方法,应针对不同的工程地质岩组或岩性段,选择有代表性的点、段,测试岩体弹性纵波速度,并应在同一岩体取样测定岩石纵波速度,按式(A.0.2-1)计算:

$$K_v = (v_{pm}/v_{pr})^2 \qquad (A.0.2-1)$$

式中:v_{pm}——岩体弹性纵波速度(km/s);

v_{pr}——岩石弹性纵波速度(km/s)。

《工程岩体分级标准》(GB/T 50218—2014)规定如下:

A.0.1　岩石饱和单轴抗压强度 R_c 的测试应符合下列规定:

4　未经修正的岩石点荷载强度指数应按下式计算:

$$I_s = \frac{P}{D_e^2} \qquad\qquad (A.0.2-1)$$

式中: I_s ——未经修正的点荷载强度指数(MPa);

$\quad$ P ——破坏载荷(N);

$\quad$ D_e ——等价岩心直径(mm)。

岩心径向加载、岩心轴向加载、方块体及不规则块体加载试验,其等效岩心直径 D_e 应分别按下列公式计算:

$$D_e = D \qquad\qquad (A.0.2-2)$$

$$D_e = \sqrt{\frac{4A}{\pi}} \qquad\qquad (A.0.2-3)$$

$$D_e = \sqrt{\frac{4WD}{\pi}} \qquad\qquad (A.0.2-4)$$

式中: D ——加载点间的距离(mm);

$\quad$ A ——通过两加载点的最小截面积(mm^2);

$\quad$ W ——通过两加载点的最小截面平均宽度(mm)。

5 岩石点荷载强度指数应换算成直径为 50mm 的标准试件的点荷载强度指数 $I_{s(50)}$ 。 $I_{s(50)}$ 可按下列公式计算:

$$I_{s(50)} = K_d I_s \qquad\qquad (A.0.2-5)$$

$$K_d = \left(\frac{D_e}{50}\right)^m \qquad\qquad (A.0.2-6)$$

式中: K_d ——尺寸效应修正系数;

$\quad$ m ——修正指数,可取 $0.40 \sim 0.45$,也可根据同类岩石的实测资料,通过在对数坐标图上绘制不同等效直径的 $P \sim D_e^2$ 关系图,并用作图法确定。

📖 典型例题

例题 5-4

取直径为 50mm、长度为 70mm 的标准岩石试件,进行径向点荷载强度试验,测得破坏时的极限荷载为 4000N,破坏瞬间加荷点未发生贯入现象。试分析判断该岩石的坚硬程度属于( )。

(A)软岩 $\qquad\qquad$ (B)较软岩 $\qquad\qquad$ (C)较坚硬岩 $\qquad\qquad$ (D)坚硬岩

解答

根据《工程岩体分级标准》(GB/T 50218—2014)附录 A、第 3.3.3 条。

(1)点荷载强度

$$I_{s(50)} = \frac{P}{D_e^2} = \frac{4000}{50^2} = 1.6\text{MPa}$$

(2)饱和单轴抗压强度

$$R_c = 22.82 I_{s(50)}^{0.75} = 22.82 \times 1.6^{0.75} = 32.5\text{MPa} > 30\text{MPa}$$

(3)坚硬程度

查规范表 3.3.3,为较坚硬岩。

答案: C

例题 5-5

隧道围岩分级中,岩体完整程度的定量指标用岩体完整性系数 K_v 表达。某隧道有代表性地段的岩体弹性纵波速度为 2600m/s,在同一地段岩体取样测定岩石的纵波速度为 3000m/s。则该地段的岩体完整性系数 K_v 为(   )。

(A)0.70   (B)0.75   (C)0.80   (D)0.87

解答

根据《公路隧道设计规范 第一册 土建工程》(JTG 3370.1—2018)第 A.0.2 条:

$$K_v = (2.6 \div 3)^2 = 0.75$$

答案:B

例题 5-6

两车道公路隧道采用复合式衬砌,埋深 12m,开挖高度分别为 6m 和 5m,围岩重度为 22kN/m³,岩石单轴饱和抗压强度为 35MPa,岩体和岩石的弹性纵波速度分别为 2.8km/s 和 4.2km/s。根据《公路隧道设计规范 第一册 土建工程》(JTG 3370.1—2018)判别其围岩分级为(   )。

(A)Ⅰ   (B)Ⅱ   (C)Ⅲ   (D)Ⅳ

解答

根据《工程岩体分级标准》(GB/T 50218—2014)第 B.0.1 条,《公路隧道设计规范 第一册 土建工程》(JTG 3370.1—2018)第 3.6.2 条、表 3.6.4:

$$K_v = \left(\frac{v_{pm}}{v_{pr}}\right)^2 = \left(\frac{2.8}{4.2}\right)^2 = 0.44$$

$$R_c = 35\text{MPa}$$

$$BQ = 100 + 3R_c + 250K_v = 100 + 105 + 110 = 315$$

属于Ⅳ级围岩。

答案:D

例题 5-7

隧道围岩分级中,岩体完整程度的定量指标用岩体完整性系数 K_v 表达。某隧道有代表性地段,岩体和岩石的弹性纵波速度分别为 2.6km/s 和 3.0km/s,则该地段岩体完整性系数 K_v 与(   )最为接近。

(A)0.70   (B)0.75   (C)0.80   (D)0.85

解答

根据《公路隧道设计规范 第一册 土建工程》(JTG 3370.1—2018)第 A.0.2 条:

$$K_v = \left(\frac{v_{pm}}{v_{pr}}\right)^2 = \left(\frac{2.6}{3.0}\right)^2 = 0.75$$

答案:B

📖 考点分析

根据分级因素的定量指标对岩体质量进行定量分级的方法有很多,《公路隧道设计规范

第一册　土建工程》(JTG 3370.1—2018)中采用多参数法,以两个分级因素的定量指标 R_c 及 K_v 为参数,计算求得岩体基本质量指标 BQ ,作为分级的定量依据, R_c 、 K_v 值的定量确定方法见规范附录 A,请熟练掌握。

考点 4　小净距隧道要求和特点

📖 条文规定

《公路隧道设计规范　第一册　土建工程》(JTG 3370.1—2018)规定如下:

4.3.3　分离式隧道间的净距,宜按两洞结构彼此不产生有害影响的原则,并应结合隧道洞口接线、围岩地质条件、断面形状和尺寸、结构设计、施工方法、工期要求等因素综合确定。两洞间净距宜取 0.8~2.0 倍开挖宽度,围岩条件总体较好时取较小值,围岩条件总体较差时取较大值。两洞跨度不同时,以较大跨度控制。

《公路隧道设计规范　第一册　土建工程》(JTG 3370.1—2018)条文说明规定如下:

4.3.3　分离隧道间的净距是指两隧道间未开挖岩体的厚度。分离式隧道间距过大,会造成洞外路线占地增加;洞外地形狭窄地段将会产生大量人工边坡;对设有横通道的隧道也将增加横通道长度,投资增加,管理不便。相邻两洞间的净距过小,形成小净距隧道,两洞间的结构和施工将产生一定影响,施工进度减缓,也会增加一些投资。

本次修订取消了《公路隧道设计规范　第一册　土建工程》(JTG D70—2004)中“分离式独立双洞间的最小净距”表(表 4-1),基于下列原因:

分离式独立双洞间的最小净距　　　　　　　　　　表 4-1

围岩级别	I	II	III	IV	V	VI
净距(m)	$1.0 \times B$	$1.5 \times B$	$2.0 \times B$	$2.5 \times B$	$3.5 \times B$	$4.0 \times B$

注:B-隧道开挖断面的宽度。

由于隧道是线状结构物,往往穿越几种不同级别的围岩,单纯依据表 4-1 布置双洞间的距离,两洞间不产生影响,常出现线位布置困难,造成较大浪费。事实上,进入 21 世纪以来,我国高速公路两平行隧道间的距离越来越靠近,两车道隧道两洞之间的距离在 8~20m 也经常出现,围岩条件也多有 IV、V 级的情况,虽然两洞之间围岩应力影响区域有交叉,相互存在一定影响,但这种影响是有限的,也是可控的,只是在施工开挖和支护顺序上加以适当限制,尽管两平行隧道间的净距小于表 4-1 所列值,实际也多按分离式隧道考虑。

📖 典型例题

例题 5-8(2019 年真题,按新规范改编)

某山区高速公路设计速度为 80km/h,采用双向四车道技术标准,拟建一处特长隧道,单洞建筑限宽 10.25m,该处代表性围岩级别为 I 级。开挖宽度增加 1m,下列净距的取值不在合理范围之内的是(　　)。

(A)8m　　　　　(B)10m　　　　　(C)12m　　　　　(D)14m

解答

根据《公路隧道设计规范　第一册　土建工程》(JTG 3370.1—2018)第 4.3.3 条:

开挖宽度 $w = 10.25 + 1 = 11.25\text{m}$

合理净距取值为 $0.8w \leqslant B \leqslant 2w$

即 $9 \leqslant B \leqslant 22.5$

答案：A

📖 考点分析

《公路隧道设计规范　第一册　土建工程》(JTG 3370.1—2018)取消了原 2004 年版中"分离式独立双洞间的最小净距"表,改为"两洞间净距宜取 0.8~2.0 倍开挖宽度"。

考点 5　隧道行程和过渡

📖 条文规定

《公路隧道设计规范　第一册　土建工程》(JTG 3370.1—2018)规定如下：

4.4.9　洞口外相接路段应设置距洞口不小于 3s 设计速度行程长度且不小于 50m 的过渡段,保持横断面的顺适过渡。

《公路隧道设计规范　第一册　土建工程》(JTG 3370.1—2018)条文说明规定如下：

4.4.9　本条与《公路工程技术标准》(JTG B01—2014)规定一致。通常情况下,隧道与洞外连接线路基建筑限界不同,断面的变化形成通行瓶颈,影响通行能力和服务水平。因此,需采取土建工程措施来解决路基和隧道内路面宽度的顺适过渡问题。比如,在隧道建筑限界宽度大于所在公路的建筑限界宽度时,过渡段采用同隧道等宽的路基加宽;在隧道限界宽度小于所在公路建筑限界宽度时,过渡段路基宽度采用公路标准设计,以适应横断面顺适过渡,并结合交通工程标志、标线、警示牌、护栏等,以使驾驶员逐渐适应驾驶环境变化。

📖 典型例题

例题 5-9

某设计速度为 80km/h 的公路的建筑限界宽 11m,其中某隧道的建筑限界宽 10m。按规范,隧道两端连接线的路基宽度仍按公路标准设计,其建筑限界宽度应有(　　)的过渡段与隧道洞口衔接,以保持隧道洞口内外横断面顺适过渡。

(A)50m　　　　　(B)60m　　　　　(C)70m　　　　　(D)80m

解答

根据《公路隧道设计规范　第一册　土建工程》(JTG 3370.1—2018)第 4.4.9 条,按设计速度 80km/h 计算,每秒行程为 22.22m,3s 行程为 66.66m(>50m),取整为 70m。

答案：C

📖 考点分析

2004 年版《公路隧道设计规范》规定,当隧道的建筑限界宽度小于公路建筑限界宽时,设有4s设计速度行程的过渡段,而2018年规范则是设不小于3s设计速度行程且不小于50m的过渡段,并保持横断面的顺适过渡。

考点6　隧道横断面设计

条文规定

《公路隧道设计规范　第一册　土建工程》(JTG 3370.1—2018)规定如下:

4.4　隧道横断面设计

4.4.1　各级公路隧道建筑限界如图4.4.1所示,在建筑限界内不得有任何土建工程部件侵入。各级公路两车道隧道建筑限界宽度应不小于表4.4.1的基本宽度,并应符合下列规定:

1　建筑限界高度:高速公路、一级公路、二级公路取5.0m;三、四级公路取4.5m。

2　设检修道或人行道时,检修道或人行道宜包含余宽;不设置检修道或人行道时,应设不小于0.25m的余宽。

3　隧道路面横坡:隧道为单向交通时,应设置为单面坡;隧道为双向交通时,可设置为双面坡;横坡坡率可采用1.5%～2.0%,宜与洞外路面横坡坡率一致。

4　路面采用单面坡时,建筑限界底边线与路面重合;采用双面坡时,建筑限界底边线应水平置于路面最高处。

5　单车道四级公路的隧道应按双车道四级公路标准修建。

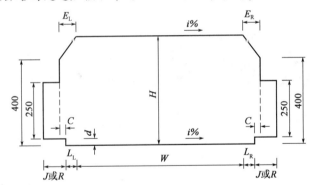

图4.4.1　公路隧道建筑限界(尺寸单位:cm)

H-建筑限界高度;W-行车道宽度;L_L-左侧侧向宽度;L_R-右侧侧向宽度;C-余宽;J-检修道宽度;R-人行道宽度;d-检修道或人行道的高度;E_L-建筑限界左顶角宽度,包含余宽C;E_R-建筑限界右顶角宽度,包含余宽C。

注:当$L_L \leq 1m$时,$E_L = L_L$;当$L_L > 1m$时,$E_L = 1m$。

当$L_R \leq 1m$时,$E_R = L_R$;当$L_R > 1m$时,$E_R = 1m$。

两车道公路隧道建筑限界横断面组成及基本宽度(m)　　　　表4.4.1

公路等级	设计速度(km/h)	车道宽度W	侧向宽度		余宽C	检修道宽度J或人行道宽度R		建筑限界基本宽度
			左侧L_L	右侧L_R		左侧	右侧	
高速公路、一级公路	120	3.75×2	0.75	1.25	0.50	1.00	1.00	11.50
	100	3.75×2	0.75	1.00	0.25	0.75	0.75	10.75
	80	3.75×2	0.50	0.75	0.25	0.75	0.75	10.25

公 路 等 级	设计速度（km/h）	车道宽度 W	侧 向 宽 度		余宽 C	检修道宽度 J 或人行道宽度 R		建筑限界基本宽度
			左侧 L_L	右侧 L_R		左侧	右侧	
高速公路、一级公路	60	3.50×2	0.50	0.75	0.25	0.75	0.75	9.75
二级公路	80	3.75×2	0.75	0.75	0.25	1.00	1.00	11.00
	60	3.50×2	0.50	0.50	0.25	1.00	1.00	10.00
三级公路	40	3.50×2	0.25	0.25	0.25	0.75	0.75	9.00
	30	3.25×2	0.25	0.25	0.25	0.75	0.75	8.50
四级公路	20	3.00×2	0.50	0.50	0.25	—	—	7.50

注：三车道、四车道隧道除增加车道数外，其他宽度同表4.4.1；增加车道的宽度不应小于3.5m。

📖 典型例题

例题 5-10

一般来说，对于Ⅰ～Ⅲ级围岩，隧道内轮廓宜选用(   )的边墙和曲率较大的顶拱。对Ⅳ～Ⅵ级软弱破碎围岩来说，隧道内轮廓宜选用(   )的边墙。

（A）曲率较大，曲率较大　　　　　（B）曲率较大，曲率较小

（C）曲率较小，曲率较小　　　　　（D）曲率较小，曲率较大

解答

内轮廓设计通常根据隧道限界，先将内轮廓拟定为三心圆形式，再综合考虑设备、通风、受力条件等因素调整 R_1、R_2、α、β 等相关尺寸进行优化。例如，当围岩坚硬完整且水平侧向压力较小时，可通过适当增大 R_2，以减小左右边墙的曲率。反之当围岩软弱破碎且水平侧向压力较大时，可适当减小 R_2 以增大左右边墙的曲率。

答案：D

例题 5-11

二级公路两车道单洞隧道，长600m，洞口段为Ⅴ级围岩，洞身段为Ⅳ级围岩，围岩完整。Ⅳ级围岩地段边墙衬砌厚度（含初期支护、防水层、二次衬砌）为50cm，隧道内轮廓净宽10m。则合理的隧道Ⅳ级围岩开挖断面的宽度为(   )。

（A）11.0m　　　　　（B）11.1m　　　　　（C）11.2m　　　　　（D）11.3m

解答

开挖断面宽度为内轮廓净宽10m加上两侧衬砌厚度0.5m×2＝1.0m，以及根据《公路隧道设计规范　第一册　土建工程》（JTG 3370.1—2018）表8.4.1规定的预留变形量0.05～0.08m，围岩完整取0.05m，共计约11.1m。

答案：B

📖 考点分析

（1）连拱隧道行车方向左侧、四级公路隧道可不设检修道或人行道，但应保留不小于

0.25m的余宽。

(2)清楚隧道建筑限界横断面组成,以及建筑限界宽度、内轮廓宽度、开挖面宽度的意义。

考点7　隧道判别及隧道压力

1. 浅埋深埋隧道、隧道压力

📖 **条文规定**

《公路隧道设计规范　第一册　土建工程》(JTG 3370.1—2018)规定如下:

D.0.1　浅埋和深埋隧道的分界可按荷载等效高度值,并结合地质条件、施工方法等因素综合判定。按荷载等效高度的判定可按式(D.0.1-1)、式(D.0.1-2)计算:

$$H_p = (2 \sim 2.5)h_q \tag{D.0.1-1}$$

$$h_q = \frac{q}{\gamma} \tag{D.0.1-2}$$

式中:H_p——浅埋隧道分界深度(m);

h_q——荷载等效高度(m);

q——用式(6.2.3)算出的深埋隧道垂直均布压力(kN/m²);

γ——围岩重度(kN/m³)。

在钻爆法或浅埋暗挖法施工的条件下,Ⅳ ~ Ⅵ级围岩取:

$$H_p = 2.5h_q \tag{D.0.1-3}$$

Ⅰ ~ Ⅲ级围岩取:

$$H_p = 2h_q \tag{D.0.1-4}$$

D.0.2　浅埋隧道围岩压力可按下列两种情况分别计算:

1　埋深 H 小于或等于等效荷载高度 h_q 时,垂直压力视为均布:

$$q = \gamma H \tag{D.0.2-1}$$

式中:q——垂直均布压力(kN/m²);

γ——隧道上覆围岩重度(kN/m³);

H——隧道埋深,指隧道顶至地面的距离(m)。

侧向压力 e 按均布考虑时,其值为:

$$e = \gamma\left(H + \frac{1}{2}H_t\right)\tan^2\left(45 - \frac{\varphi_c}{2}\right) \tag{D.0.2-2}$$

式中:e——侧向均布压力(kN/m²);

H_t——隧道高度(m);

φ_c——围岩计算摩擦角(°),其值见表 A.0.7-1 和表 A.0.7-2。

1　各级岩质围岩物理力学参数可按表 A.0.7-1 选用。

围岩级别	重度 γ (kN/m³)	弹性抗力系数 k(MPa/m)	变形模量 E (GPa)	泊松比 μ	内摩擦角 φ (°)	黏聚力 c (MPa)	计算摩擦角 φc (°)
Ⅰ	>26.5	1800~2800	>33	<0.2	>60	>2.1	>78
Ⅱ		1200~1800	20~33	0.2~0.25	50~60	1.5~2.1	70~78
Ⅲ	26.5~24.5	500~1200	6~20	0.25~0.3	39~50	0.7~1.5	60~70
Ⅳ	24.5~22.5	200~500	1.3~6	0.3~0.35	27~39	0.2~0.7	50~60
Ⅴ	17~22.5	100~200	<1.3	0.35~0.45	20~27	0.05~0.2	40~50
Ⅵ	15~17	<100	<1	0.4~0.5	<20	<0.2	30~40

注:1. 本表数值不包括黄土地层。

2. 选用计算摩擦角时,不再计内摩擦角和黏聚力。

6.2 永久荷载

6.2.1 隧道结构自重可按结构设计尺寸及材料标准重度计算,结构附加恒载应按实际情况计算。

6.2.2 深埋隧道松散荷载垂直均布压力及水平均布压力,在不产生显著偏压及膨胀力的围岩条件下,可按下列公式计算:

1 垂直均布压力可按式(6.2.2-1)和式(6.2.2-2)计算确定:

$$q = \gamma h \tag{6.2.2-1}$$

$$h = 0.45 \times 2^{S-1} \omega \tag{6.2.2-2}$$

式中:q——垂直均布压力(kN/m²);

γ——围岩重度(kN/m³);

h——围岩压力计算高度(m);

S——围岩级别,按1、2、3、4、5、6整数取值;

ω——宽度影响系数,按式(6.2.2-3)计算:

$$\omega = 1 + i(B - 5) \tag{6.2.2-3}$$

B——隧道宽度(m);

i——隧道宽度每增减1m时的围岩压力增减率,以 $B=5$m 的围岩垂直均布压力为准,按表6.2.2-1取值。

围岩压力增减率 i 取值表　　　　　　　　　　　　　　　表 6.2.2-1

隧道宽度 B(m)	B<5	5≤B<14	14≤B<25	
围岩压力增减率 i	0.2	0.1	考虑施工过程分导洞开挖	0.07
			上下台阶法或一次性开挖	0.12

3 围岩水平均布压力可按表6.2.2-3的规定确定。

围岩水平均布压力　　　　　　　　　　　　　　　表 6.2.2-3

围岩级别	Ⅰ、Ⅱ	Ⅲ	Ⅳ	Ⅴ	Ⅵ
水平均布压力 e	0	<0.15q	(0.15~0.3)q	(0.3~0.5)q	(0.5~1.0)q

例题 5-12

某公路Ⅳ级围岩中的单线隧道,拟采用矿山法开挖施工。其标准断面衬砌顶距地面13m,隧道开挖宽度为6.4m,衬砌结构高度6.5m,围岩重度为24kN/m³,计算摩擦角为50°。根据《公路隧道设计规范 第一册 土建工程》(JTG 3370.1—2018)计算,该隧道水平围岩压力最小值最接近( )。

(A)14.8kPa   (B)41.4kPa   (C)46.8kPa   (D)98.5kPa

解答

根据《公路隧道设计规范 第一册 土建工程》(JTG 3370.1—2018)第6.2.2条、第D.0.1条。

(1)深埋浅埋隧道判别

$\omega = 1 + i(B - 5) = 1 + 0.1 \times (6.4 - 5) = 1.14$

$h = 0.45 \times 2^{S-1} \omega = 0.45 \times 2^{4-1} \times 1.14 = 4.1\text{m}$

在矿山法施工的条件下,Ⅳ ~ Ⅵ级围岩取 $H_p = 2.5h = 2.5 \times 4.1 = 10.25\text{m}$。

隧道覆盖层厚度13m > 10.25m,判定为深埋隧道。

(2)水平均布压力计算

Ⅳ级围岩,水平均布压力 e 可取(0.15 ~ 0.3)q。

$q = \gamma h = 24 \times 4.1 = 98.4\text{kPa}$

$e = 0.15q = 0.15 \times 98.4 = 14.76\text{kPa}$

答案:A

例题 5-13

二级公路两车道深埋隧道,埋深200m,隧道开挖宽度为11m,宽度影响系数为1.6,Ⅴ级围岩的重度为19kN/m³。则正确的围岩垂直均布压力为( )。

(A)200kN/m²   (B)203kN/m²   (C)219kN/m²   (D)246kN/m²

解答

根据《公路隧道设计规范 第一册 土建工程》(JTG 3370.1—2018)第6.2.2条:

$q = \gamma h$

$h = 0.45 \times 2^{S-1} \omega$

式中:q——垂直均布压力(kN/m²);

   γ——围岩重度(kN/m³);本题 $\gamma = 19$kN/m³;

   S——围岩级别;本题 $S = 5$;

   ω——宽度影响系数,$\omega = 1 + i(B - 5)$;为简化考题,本题直接给出了 $\omega = 1.6$;

   B——隧道开挖宽度(m);本题 $B = 11$m。

将已知数代入上式,得 $h = 11.52$,再求得 $q = 19 \times 11.52 = 218.88$kN/m²,取整为219kN/m²。

答案:C

例题 5-14

某公路隧道进口段,围岩等级为Ⅳ级,重度为25kN/m³,拟采用矿山法施工开挖断面宽度为

12m,净高为8m,隧道顶部岩体厚度6m,则该断面处隧道属于(　　),垂直均布压力应为(　　)。

(A)浅埋,153kPa
(B)深埋,153kPa
(C)浅埋,150kPa
(D)深埋,150kPa

解答

根据《公路隧道设计规范　第一册　土建工程》(JTG 3370.1—2018)第6.2.2条、第D.0.1条。

(1)深埋浅埋隧道判别

$$\omega = 1 + i(B-5) = 1 + 0.1 \times (12-5) = 1.7$$

$$h = 0.45 \times 2^{s-1}\omega = 0.45 \times 2^{4-1} \times 1.7 = 6.12m$$

在矿山法施工的条件下,Ⅳ级围岩取 $H_p = 2.5h = 2.5 \times 6.12 = 15.3m$。

隧道覆盖层厚度6m < 15.3m,判定为浅埋隧道。

(2)垂直均布压力计算

根据附录D.0.2-1,因 $H < h_q$,则

$$q = \gamma h = 25 \times 6 = 150kPa$$

答案:C

例题 5-15(2020年真题)

某二级公路隧道,长度为2700m,其中一段埋深为300m(属深埋隧道),隧道宽度为11m,Ⅴ级围岩,围岩重度为20kN/m³。不考虑偏压等,则围岩的垂直均布压力为(　　)。(取整数)

(A)204kPa
(B)230kPa
(C)248kPa
(D)317kPa

解答

根据《公路隧道设计规范　第一册　土建工程》(JTG 3370.1—2018)第6.2.2条:

查表6.2.2-1, $i = 0.1$

$$\omega = 1 + i(B-5) = 1 + 0.1 \times (11-5) = 1.6$$

$$h = 0.45 \times 2^{s-1}\omega = 0.45 \times 2^{5-1} \times 1.6 = 11.52m$$

$$q = \gamma h = 20 \times 11.52 = 230.4kPa,取整数230kPa。$$

答案:B

例题 5-16(2020年真题)

某公路四级围岩中的单线隧道,拟采用钻爆法进行施工。某断面衬砌结构顶部埋深为160m(属深埋隧道),隧道开挖宽度为12m,围岩的重度为24kN/m³,不考虑偏压等影响,则该隧道衬砌所受到的围岩水平均布压力合理的是(　　)。

(A)15kPa
(B)21kPa
(C)35kPa
(D)60kPa

解答

根据《公路隧道设计规范　第一册　土建工程》(JTG 3370.1—2018)第6.2.2条:

查表6.2.2-1, $i = 0.1$;

$$\omega = 1 + i(B-5) = 1 + 0.1 \times (12-5) = 1.7$$

$$h = 0.45 \times 2^{s-1}\omega = 0.45 \times 2^{4-1} \times 1.7 = 6.12m$$

$$q = \gamma h = 24 \times 6.12 = 146.88kPa$$

查表6.2.2-3, $e = (0.15 \sim 0.3)q = (0.15 \sim 0.3) \times 146.88 = 22 \sim 44kPa$

答案:C

2. 明洞设计荷载的计算方法

📖 条文规定

《公路隧道设计规范 第一册 土建工程》(JTG 3370.1—2018)规定如下：

附录 H 明洞回填荷载计算方法

H.0.1 拱圈回填土石垂直压力可按式(H.0.1)计算：

$$q_i = \gamma_1 h_i \tag{H.0.1}$$

式中：q_i——明洞结构上任意点 i 的回填土石垂直压力值(kN/m^2)；

γ_1——拱背回填土石重度(kN/m^3)；

h_i——明洞结构上任意点 i 的土柱体高度(m)。

H.0.2 拱圈回填土石侧压力可按式(H.0.2-1)计算：

$$e_i = \gamma_1 h_i \lambda \tag{H.0.2-1}$$

式中：e_i——任意点 i 的侧压力值(kN/m^2)；

γ_1, h_i——符号意义同前；

λ——侧压力系数。

侧压力系数可按下列两种情况计算：

1)填土坡面向上倾斜(图 H.0.2-1)，按无限土体计算：

$$\lambda = \cos\alpha \frac{\cos\alpha - \sqrt{\cos^2\alpha - \cos^2\varphi_1}}{\cos\alpha + \sqrt{\cos^2\alpha - \cos^2\varphi_1}} \tag{H.0.2-2}$$

式中：α——设计填土面坡度角(°)；

φ_1——拱背回填土石计算摩擦角(°)。

2)填土坡面向下倾斜(图 H.0.2-2)，按有限土体计算：

$$\lambda = \frac{1 - \mu n}{(\mu + n)\cos\rho + (1 - \mu n)\sin\rho} \cdot \frac{mn}{m - n} \tag{H.0.2-3}$$

式中：ρ——侧压力作用方向与水平线夹角(°)；

n——开挖边坡坡率；

m——回填土石面坡率；

μ——回填土石与开挖边坡面间的摩擦系数。

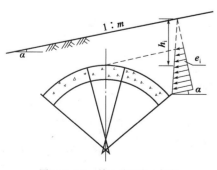

图 H.0.2-1 填土坡面向上倾斜

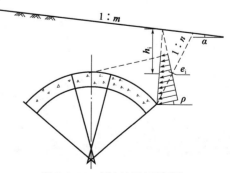

图 H.0.2-2 填土坡面向下倾斜

例题 5-17

某隧道通过地质条件较差地段,拟采用明洞通过,明洞边墙回填浆砌片石,重度为22kN/m³,拱圈上设计填土面坡角为10°,填土重度为18kN/m³,填土计算摩擦角取42°,按《公路隧道设计规范 第一册 土建工程》(JTG 3370.1—2018),作用在右侧拱脚上的侧压力最接近( )。

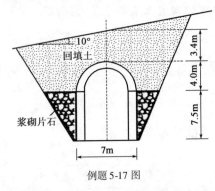

例题 5-17 图

(A)27kPa   (B)30kPa   (C)62kPa   (D)68kPa

解答

根据《公路隧道设计规范 第一册 土建工程》(JTG 3370.1—2018)附录 H,填土坡面向上,按无限土体计算。

$$\lambda = \cos\alpha \frac{\cos\alpha - \sqrt{\cos^2\alpha - \cos^2\varphi_1}}{\cos\alpha + \sqrt{\cos^2\alpha - \cos^2\varphi_1}} = \cos 10° \times \frac{\cos 10° - \sqrt{\cos^2 10° - \cos^2 42°}}{\cos 10° + \sqrt{\cos^2 10° - \cos^2 42°}} = 0.204$$

$$h = 4.0 + 3.4 + \frac{7}{2} \times \tan 10° = 8.02\text{m}$$

$$e_i = \gamma_1 h_i \lambda = 18 \times 8.02 \times 0.204 = 29.45\text{kPa}$$

答案:B

考点分析

(1)深埋浅埋隧道分界值计算方法见《公路隧道设计规范 第一册 土建工程》(JTG 3370.1—2018)附录 D。

(2)《公路隧道设计规范 第一册 土建工程》(JTG 3370.1—2018)新增连拱隧道围岩压力计算方法,可按规范附录 G 计算。

考点8 衬砌及衬砌加强段

条文规定

《公路隧道设计规范 第一册 土建工程》(JTG 3370.1—2018)规定如下:

8.1.1 公路隧道应设置衬砌,根据隧道围岩级别、施工条件和使用要求选择采用喷锚衬砌、整体式衬砌、复合式衬砌。高速公路、一级公路、二级公路的隧道应采用复合式衬砌;三级及三级以下公路的隧道洞口段、Ⅳ~Ⅵ级围岩洞身段应采用复合式衬砌或整体式衬砌,Ⅰ~Ⅲ级围岩洞身段可采用喷锚衬砌。

8.1.4 隧道衬砌设计应符合下列规定:

1 衬砌断面宜采用曲边墙拱形断面。

2 围岩较差、侧压力较大、地下水丰富的地段可设仰拱,仰拱曲率半径应根据地质条件、地下水、隧道断面形状、隧道宽度等条件确定。路面与仰拱之间可采用混凝土或片石混凝土填充。隧底围岩较好、边墙基底承载力和稳定性满足要求时,可不设仰拱。

3 洞口段应设加强衬砌,加强衬砌段长度应根据地形、地质和环境条件确定,两车道隧道不应小于10m,三车道隧道不应小于15m。

4 围岩较差地段衬砌应向围岩较好地段延伸5~10m。

5 偏压衬砌段应向一般衬砌段延伸,延伸长度应根据偏压情况确定,不宜小于10m。

6 净宽大于3.0m的横通道与主洞的交叉段,主洞与横通道衬砌均应加强。加强段衬砌应向各交叉洞延伸,主洞延伸长度不应小于5.0m,横通道延伸长度不应小于3.0m。延伸长度范围内不宜设变形缝。

8.4 复合式衬砌

8.4.1 复合式衬砌设计应符合下列规定:

1 初期支护应按永久支护结构设计,宜采用喷射混凝土、锚杆、钢筋网和钢架等支护单独或组合使用,并应符合本规范第8.2节的规定。

2 二次衬砌应采用模筑混凝土或模筑钢筋混凝土衬砌结构,并应符合本规范第8.3节的规定。

3 在确定开挖断面时,除应满足隧道净空和结构尺寸外,尚应考虑围岩及初期支护的变形,预留适当的变形量。预留变形量大小应根据围岩级别、断面大小、埋置深度、施工方法和支护情况等,通过计算分析确定或采用工程类比法预测,预测值可参照表8.4.1的规定选用。预留变形量还应根据现场监控量测结果进行调整。

预留变形量(单位:mm)　　　　　　　　　　　　　　　　表8.4.1

围 岩 级 别	两车道隧道	三车道隧道	围 岩 级 别	两车道隧道	三车道隧道
Ⅰ	—	—	Ⅳ	50~80	60~120
Ⅱ	—	10~30	Ⅴ	80~120	100~150
Ⅲ	20~50	30~80	Ⅵ	现场量测确定	

注:1.围岩软弱、破碎取大值;围岩完整取小值。
　　2.四车道隧道应通过工程类比和计算分析确定。

8.4.2 复合式衬砌,可采用工程类比法进行设计,必要时,可通过理论分析进行验算。两车道隧道、三车道隧道支护参数可按附录P中表P.0.1、表P.0.2选用。四车道隧道应通过工程类比和计算分析确定。在施工过程中应根据超前地质预报及现场围岩监控量测信息对设计支护参数进行必要的调整。

《公路隧道设计规范　第一册　土建工程》(JTG 3370.1—2018)条文说明规定如下:

8.1.1 隧道衬砌形式主要有喷锚衬砌、整体式衬砌、复合式衬砌。

（1）喷锚衬砌是①喷射混凝土支护、②喷射混凝土＋锚杆支护、③喷射混凝土＋锚杆＋钢筋网支护、④喷射混凝土＋锚杆＋钢筋网＋钢架支护的统称,是一种加固围岩,控制围岩变形,能充分利用和发挥围岩自承能力的支护衬砌形式,具有支护及时、柔性、紧贴围岩、与围岩共同变形等特点,在受力条件上比整体式衬砌优越,对加快施工进度、节约劳力及原材料、降低工程成本等效果显著,能保证围岩的长期稳定。但是,由于喷锚衬砌刚度较小,在围岩自稳能力较差的Ⅳ～Ⅵ级围岩中,长期稳定性和防止水侵蚀能力方面有一定的局限性,材料及施工工艺还有待进一步提高。因此,条文规定"在Ⅳ～Ⅵ级围岩中应采用复合式衬砌或整体式衬砌",不单独采用喷锚支护作永久衬砌。

（2）整体式衬砌是被广泛采用的衬砌形式,具有较强的支护能力、防水能力和耐久性,具有长期可靠的支护作用,有长期的工程实践经验,技术成熟,适应多种围岩条件。因此,在隧道洞口段、浅埋段及围岩条件很差的软弱围岩中采用整体式衬砌较为稳妥可靠。目前,山岭隧道中整体式衬砌采用模筑混凝土衬砌或模筑钢筋混凝土衬砌。

（3）复合式衬砌是由内外两层衬砌组合而成,第一层称为初期支护(一般是喷锚衬砌),第二层为二次衬砌(一般是整体式衬砌),初期支护与二次衬砌之间夹防水层,我国高等级公路隧道已普遍采用复合式衬砌。

复合式衬砌的二次衬砌,外观成型较好,满足隧道对外观的基本要求,在初期支护与二次衬砌之间铺设防水层,解决隧道衬砌渗漏水问题。因此条文规定,在"高速公路、一级公路、二级公路中的隧道衬砌应采用复合式衬砌"。

三级及三级以下公路隧道,由于交通量较小,使用频率较低,围岩条件较好时,为控制投资,可采用喷锚衬砌。

隧道洞口段是指隧道洞口暗挖进洞一定长度覆盖层厚度小于1～2倍开挖宽度(图8-1)的地段,一般较洞身围岩条件差,埋深浅,受地形、环境条件影响较大。洞口段要求具有很高的抗风化能力和耐久性。喷锚衬砌在稳定性和防止水侵蚀方面经验不多,材料及施工工艺还有待进一步提高。所以条文规定"隧道洞口段应采用整体式衬砌或复合式衬砌"。

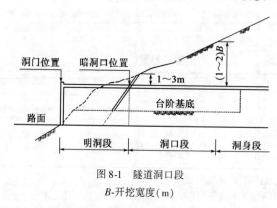

图8-1　隧道洞口段
B-开挖宽度(m)

8.1.4

1　隧道及地下工程衬砌断面形式常用的有曲墙拱形衬砌和直墙拱形衬砌。公路隧道一般跨度较大,荷载、变形也较大,根据大量工程实例和力学分析表明,公路隧道曲墙拱形衬砌较直墙拱形衬砌结构受力合理,围岩及结构稳定性较好,抵抗侧压力的能力较强,适应多种围岩条件;在严寒地区调查,曲墙式衬砌墙部破坏的情况远小于直墙式衬砌,所以推荐采用曲边墙拱形断面。

对于车行横通道、人行横通道、通风道等断面较小的隧道,风机洞室、工作室,一般地质条件较好、对净空断面有特殊要求,一般采用直墙拱形衬砌。

2 在Ⅴ围岩条件下,围岩自稳能力差、侧压力较大、地基承载力弱,为保证结构整体安全、控制沉降,采用有仰拱的封闭式衬砌断面。对Ⅳ级围岩情况较为复杂,根据隧道断面、地质构造、地层岩性、地下水等条件确定是否设仰拱。在工程实际中,有很多情况(特别是洞口段)拱部围岩条件很差,甚至还需采用管棚等辅助工程措施,但边墙脚及以下围岩地质条件较好,基底承载能力和稳定性均能满足结构受力要求,这时,为节约投资,简化施工,不设仰拱。所以,规范提出"隧底围岩较好、边墙基底承载力和稳定性满足要求时,可不设仰拱"。

3 隧道洞口段,一般埋置较浅,地质条件较差,受环境影响较大,岩石易风化,围岩长期稳定性较洞内差,衬砌受力情况也较洞内不利,有时还要承受仰坡方向的纵向推力,因此,"洞口段应设加强衬砌",规定加强段最小长度是保证加强段衬砌的有效作用。加强衬砌结构设计一般是将洞口围岩级别降低一级考虑。

4 洞身围岩地质条件不同,围岩压力和变形也不相同,加之围岩级别分界里程很难准确划分,围岩级别的变化有时是渐变的,围岩较差段的衬砌向围岩较好段延伸是使衬砌能适应这种条件变化,起过渡作用。

5 偏压衬砌段向一般衬砌段延伸也是基于上述原因考虑。

6 隧道内交叉段是指两相交洞室在拱部相交的岔洞结构,受力关系复杂,计算和施工都比较烦琐,为保证岔洞结构的安全,净宽大于3.0m的车行横通道、避难支洞以及通风横通道等与主洞的交叉段需作加强处理。交叉段范围是交叉口边缘向各交叉洞延伸,主洞延伸长度不小于5.0m,横通道延伸长度不小于3.0m,是为了保证交叉段的结构稳定,如图8-2所示。跨度越大延伸长度也相应增加。

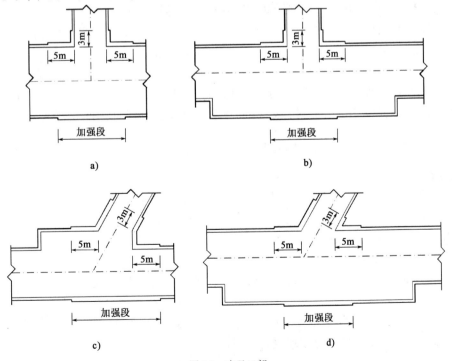

图8-2 交叉口部

例题 5-18

某二级公路两车道单洞隧道长 800m,隧道里程桩号为 K10 + 000 ~ K10 + 800,其中,K10 + 000 ~ K10 + 200 为Ⅳ级围岩,K10 + 200 ~ K10 + 700 为Ⅲ级围岩,K10 + 700 ~ K10 + 800 为Ⅳ级围岩。隧道按复合式衬砌设计,初期支护和二次衬砌厚度等支护参数符合《公路隧道设计规范 第一册 土建工程》(JTG 3370.1—2018)的要求,并在 K10 + 000 ~ K10 + 010 和 K10 + 790 ~ K10 + 800 设置了Ⅳ级围岩加强段衬砌。下列剩余地段正确的衬砌布置桩号为( )。

(A)K10 + 010 ~ K10 + 210 和 K10 + 690 ~ K10 + 790 为Ⅳ级围岩衬砌;K10 + 210 ~ K10 + 690 为Ⅲ级围岩段衬砌

(B)K10 + 010 ~ K10 + 200 和 K10 + 700 ~ K10 + 790 为Ⅳ级围岩衬砌;K10 + 200 ~ K10 + 700 为Ⅲ级围岩段衬砌

(C)K10 + 010 ~ K10 + 200 和 K10 + 710 ~ K10 + 790 为Ⅳ级围岩衬砌;K10 + 200 ~ K10 + 710 为Ⅲ级围岩段衬砌

(D)K10 + 010 ~ K10 + 190 和 K10 + 710 ~ K10 + 790 为Ⅳ级围岩衬砌;K10 + 190 ~ K10 + 710 为Ⅲ级围岩段衬砌

解答

根据《公路隧道设计规范 第一册 土建工程》(JTG 3370.1—2018)第 8.1.4 条,较差围岩地段衬砌应向较好围岩地段延伸 5 ~ 10m。本题取延伸 10m。

答案:A

例题 5-19

公路隧道设置衬砌时,下列情况下可以不用设置加强衬砌的是( )。

(A)Ⅲ级围岩洞口段   (B)净宽大于 3m 的横通道与主洞的交叉段

(C)Ⅴ级围岩洞口段   (D)Ⅴ级围岩洞身段

解答

根据《公路隧道设计规范 第一册 土建工程》(JTG 3370.1—2018)第 8.1.4 条,隧道洞口段应设加强衬砌,横通道与主洞的交叉段,主洞与横通道衬砌均应加强。

答案:D

例题 5-20

关于公路隧道衬砌的设置,下列说法错误的是( )。

(A)在Ⅳ ~ Ⅵ级围岩中应采用复合式衬砌或整体式衬砌

(B)围岩较差地段衬砌应向围岩较好地段延伸 5 ~ 10m

(C)隧道洞口段应采用喷锚衬砌

(D)隧道围岩条件较好、边墙基底承载力和稳定性满足要求时,可不设仰拱

解答

根据《公路隧道设计规范 第一册 土建工程》(JTG 3370.1—2018)第 8.1.1 条条文说明,隧道洞口段应采用整体式衬砌或复合式衬砌。

答案:C

例题 5-21(2020 年真题)

某两车道公路隧道,其中一段的围岩为较软质岩,但岩体完整,初步判断为Ⅳ级围岩。在隧道复合式衬砌设计开挖时,预留变形量的预测值宜为(　　)。

(A)40～50　　　　(B)50～60　　　　(C)70～80　　　　(D)80～90

解答

根据《公路隧道设计规范　第一册　土建工程》(JTG 3370.1—2018)第 8.4.1 条表 8.4.1 注 1:

(1)Ⅳ级围岩两车道时,预留变形量为 50～80mm;

(2)因为是较软质岩,且岩体完整,变形量取小值 50～60mm。

答案:B

📖 **考点分析**

(1)衬砌形式和衬砌加强段都在规范的条文说明中。

(2)本题型中的种种概念大多是规范中的条文,请仔细翻阅。

考点 9　隧道选址的原则和要求

📖 **条文规定**

《公路隧道设计规范　第一册　土建工程》(JTG 3370.1—2018)规定如下:

3.3.4　地形、地质调查工作应符合下列规定:

1　当隧道地区存在区域性断裂构造时,特别是存在全新活动的断裂和发震断层时,应调查新构造活动的痕迹、特点和与地震活动的关系,并查明其对隧道工程的影响程度。

2　当隧址区存在影响隧道方案的重大不良地质、特殊岩土情况时,应进一步搜集调查地质资料,综合分析,预测隧道开挖后可能出现塌方、滑动、高地应力、岩溶、突水突泥、流沙及有害气体溢出等地段,并提出相应的工程措施。

3　水文地质条件复杂的隧道除应按一般隧道进行调查、勘探、试验外,必要时还应进行水文地质动态观测或进行专题研究。

4　沿河傍山地段的隧道,应调查分析斜坡地质结构特征及其稳定性、水流冲刷对山体及洞身稳定的影响。

5　濒临水库的隧道,应查明岸坡的稳定性、水库库容及水位(含浪高和壅水高)等。当隧道洞口位于岩溶洼地或冲沟谷底时,应查明洼地或谷底季节性壅水的最高水位。

4.2　隧道位置选择

4.2.1　隧道位置应选择在稳定的地层中,避免穿越工程地质和水文地质极为复杂以及严重不良地质地段。必须通过时,应采取切实可靠的工程技术措施。

4.2.2　穿越山岭的长、特长隧道,应在较大范围地质测绘和综合地质勘探的基础上,拟订不同的越岭高程及其相应的展线方案,结合两端路线接线条件及施工、运营条件等因素,进行全面技术经济比较后,确定路线走向和隧道平面位置。

4.2.3　路线沿河傍山地段以隧道通过时,应对长隧道方案与短隧道群或桥隧群方案、高边坡与棚洞方案进行技术经济比较。

4.2.4 隧道洞口位置不宜设在滑坡、崩坍、岩堆、危岩落石、泥石流等不良地质地段,以及排水困难的沟谷低洼处和不稳定的悬崖陡壁下。

4.2.5 濒临水库、沿河、沿溪的隧道,其洞口路肩设计高程应高出计算洪水位(含浪高和壅水高)不小于0.5m。长期浸泡造成岸坡坍塌对隧道稳定有不利影响时,应采取相应的工程措施。

4.2.6 隧道设计洪水位频率标准可按表4.2.6取值;当观测洪水位高于频率标准洪水位值时,应按观测洪水位设计。

隧道设计水位的洪水频率标准　　　　　　　　　表4.2.6

隧道类别	公 路 等 级			
	高速公路、一级公路	二级公路	三级公路	四级公路
特长隧道	1/100	1/100	1/50	1/50
长隧道	1/100	1/50	1/50	1/25
中、短隧道	1/100	1/50	1/25	1/25

典型例题

例题 5-22

某二级公路濒临水库地区的中隧道,该水库300年一遇的洪水位为29.8m,100年一遇的洪水位为28.6m,50年一遇的洪水位为26.8m,25年一遇的洪水位为24.0m,实际观测洪水位为29.3m。则设计洪水位应取( )。

(A)26.8m　　　(B)28.6m　　　(C)29.3m　　　(D)29.8m

解答

根据《公路隧道设计规范 第一册 土建工程》(JTG 3370.1—2018)第4.2.6条,二级公路的中隧道,洪水频率标准为1/50,当观测洪水位高于频率标准洪水位时,应按观测洪水位设计。

答案:C

例题 5-23(2019年真题,根据新规范改编)

某濒临水库地区高速公路拟建一处长隧道,经外业勘测,该处50年一遇洪水位为776.52m,100年一遇洪水位为778.12m,300百年一遇洪水位为782.52m,调查走访发现最高洪水位为782.80m。波浪侵袭高0.5m(不考虑壅水高)。则隧道洞口路肩设计高程采用( )。

(A)778.62m　　　(B)779.12m　　　(C)783.80m　　　(D)783.52m

解答

根据《公路隧道设计规范 第一册 土建工程》(JTG 3370.1—2018)第4.2.5条、第4.2.6条:高速公路长隧道设计洪水频率为1/100,观测洪水位782.80m>百年一遇洪水位778.12m,采用观测洪水位设计。

路基高度 = 设计洪水位 + 波浪高 + 壅水高 + 安全高度 = 782.80 + 0.5 + 0 + 0.5 = 783.80m

答案:C

（1）本题型中的种种概念大多是规范中的条文,请仔细翻阅。

（2）条文中提出的隧道设计洪水频率标准,参考了《公路桥涵设计通用规范》(JTG D60—2015)的有关规定。

考点 10　隧道洞口位置的选择原则

1.洞口工程

条文规定

《公路工程技术标准》(JTG B01—2014)规定如下:

8.0.5　洞口之间小于6s 设计速度行程长度的相邻隧道,应系统考虑通风、照明、安全、管理等设施及防灾、救援等需要进行整体设计。

《公路隧道设计规范　第一册　土建工程》(JTG 3370.1—2018)规定如下:

7.2.1　洞口位置确定应符合下列规定:

1　应设于山体稳定、地质条件较好的位置。

2　隧道轴线宜与地形等高线呈大角度相交。

3　跨沟或沿沟进洞时,应考虑水文情况,结合防护工程、防排水工程,综合分析确定。

4　缓坡地段进洞时,应结合隧道进洞条件、洞外路堑设置条件、边仰坡防护、排水、施工和占用耕地等因素,综合分析确定。

7.2.2　洞口设计应符合下列规定:

1　减少洞口边坡及仰坡开挖,避免形成高边坡、高仰坡,最大限度地减少对原地面的扰动。

2　洞口边坡、仰坡根据情况采取放坡、喷锚、设置支挡结构物、接长明洞等措施进行防护,宜采用绿化护坡。

3　受暴雨、洪水、泥石流影响时,应设置防洪设施。

4　位于陡崖下的洞口,应清除危石,不宜切削山坡,宜接长明洞。

5　附近地面建筑及地下埋设物与洞口相互影响时,应采取防范措施。

《公路隧道设计规范　第一册　土建工程》(JTG 3370.1—2018)条文说明规定如下:

7.1.2　隧道洞口地质条件一般较差,岩体破碎、风化较为严重,常遇有松散堆积体。隧道洞口开挖后,改变了地表形态,形成洞口边坡、仰坡,可能引起坍塌、产生偏压、诱发滑坡等地质灾害。处理这些灾害困难、费用高,投入运营后,也极易受自然灾害的威胁,且洞口各部位施工还存在与洞口相邻工程施工干扰、影响居民生活等问题。因此,选择好洞门位置,是保护环境、保证营运安全、节省工程造价和顺利施工的重要条件。

隧道洞口位置从地形上看有下列形式(图7-1):

(1)坡面正交型——隧道洞口轴线与地形等高线正交的形式,最为理想。

(2)坡面斜交型——隧道洞口轴线与地形等高线斜交,边坡斜面与洞门斜交,往往存在偏压,洞门形式要考虑可能存在的偏压影响。

(3)坡面平行型——隧道洞口轴线与地形等高线近平行,是一种较为极端的斜交情况,隧道洞口段在较长区段的外侧覆盖层较薄,偏压问题突出。当出现这种情况时,按图7-2考虑偏压影响。

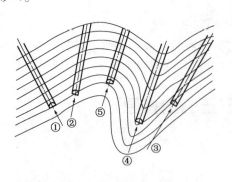

图7-1 隧道洞口与地形的关系示意图
①坡面正交型;②坡面斜交型;③坡面平行型;④山脊突出部进入型;⑤沟谷部进入型

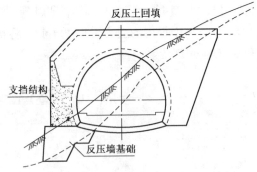

图7-2 抗偏压结构示意图

📖 典型例题

例题5-24

某隧道开挖宽度为11.25m,洞口暗挖进洞5m距离对应覆盖层厚度为10m,8m距离对应覆盖层厚度为17m,10m距离对应覆盖层厚度为23m,则下列距洞口距离,仍然算作洞口段的最大值为(   )。

(A)5m   (B)8m   (C)17m   (D)23m

解答

根据《公路隧道设计规范 第一册 土建工程》(JTG 3370.1—2018)第8.1.1条条文说明,隧道洞口段是指隧道洞口暗挖进洞一定长度覆盖层厚度小于1~2倍开挖宽度的地段。

答案:B

例题5-25(2019年真题,按新规范改编)

关于公路隧道洞口位置与洞口设计的说法,下列选项错误的是(   )。

(A)洞口应设于山体稳定、地质条件较好的位置

(B)减少洞口边坡及仰坡开挖、避免形成高边坡、高仰坡、最大限度地减少对原地面的扰动

(C)从地形上看,隧道洞口轴线与地形等高线成正交的形式,最为理想

(D)为保证隧道洞口的边坡及仰坡的稳定,需按规范控制隧道洞口围岩等级及坡率

解答

根据《公路隧道设计规范 第一册 土建工程》(JTG 3370.1—2018)第7.2条,A、B、C选项为规范中的条文。D选项在规范条文中没有明确说明。

答案:D

2.洞门工程

📖 条文规定

《公路隧道设计规范 第一册 土建工程》(JTG 3370.1—2018)规定如下:

7.3.3 端墙式洞门设计应符合下列规定:

1 洞门端墙和翼墙应具有抵抗来自仰坡、边坡土压力的能力,应按挡土墙结构进行设计。洞门墙墙身最小厚度不应小于0.5m,翼墙墙身厚度不应小于0.3m。

2 洞顶仰坡与洞顶回填顶面的交线至洞门端墙墙背的水平距离不宜小于1.5m;洞顶排水沟沟底至拱顶衬砌外缘的最小厚度不应小于1.0m;洞门端墙墙顶应高出墙背回填面0.5m。

3 洞门端墙应根据需要设置伸缩缝、沉降缝和泄水孔。

4 洞门端墙基础应置于稳固地基上,并埋入地面下一定深度。嵌入岩石地基的深度不应小于0.2m;埋入土质地基的深度不应小于1.0m。基底埋置深度应大于靠墙设置的各种沟、槽底的埋置深度。地基为冻胀土层时,基底高程应在最大冻结深度以下不小于0.25m。

5 地基承载能力不足时,应进行加固处理。

6 洞门结构设计应满足抗震要求。

《公路隧道设计规范 第一册 土建工程》(JTG 3370.1—2018)条文说明规定如下:

7.3.1 洞门是隧道唯一的外露部分,也是联系洞内衬砌与洞外路基的结构;是隧道结构的重要组成部分,也是标志隧道的建筑物。隧道洞门的作用是支挡洞口正面仰坡和路堑边坡,拦截仰坡上方少量剥落、掉块,维护边坡、仰坡的稳定,并将坡面汇水引离隧道。隧道洞门是根据隧道跨度、地形地质条件、水文条件、周围建(构)筑物以及当地自然景观和人文景观等进行设计。

公路隧道的洞门形式主要有两类,即:端墙式洞门和明洞式洞门。

端墙式洞门包括:墙式洞门、翼墙式洞门、台阶式洞门、柱式洞门、拱翼式洞门。一般垂直于隧道轴线设置;翼墙是隧道洞口平行于路线的路基边坡支挡结构,与洞门端墙相连,见表7-1。

端 墙 式 洞 门
表7-1

分类	名 称	简 图	说 明
端墙式洞门	墙式洞门	正面　　侧面	适用于仰坡陡峻、山凹地形、斜交地形的狭窄地带
端墙式洞门	翼墙式洞门	正面　　侧面	适用于仰坡陡峻、山凹地形、斜交地形的狭窄地带
	台阶式洞门	正面　　侧面	

399

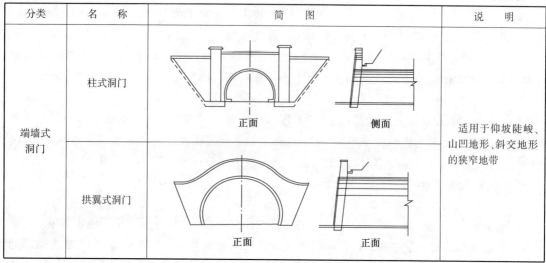

明洞式洞门包括:直削式洞门、削竹式洞门、倒削竹式洞门、喇叭口式洞门、棚洞式洞门和框架式洞门。明洞式洞门(除棚洞式洞门和框架式洞门外)是隧道洞口段衬砌突出于山体坡面的结构,见表7-2。

明 洞 式 洞 门   表7-2

分类	名　　称	简　　图	说　　明
明洞式洞门	直削式洞门	正面　　侧面	适用于地形开阔、边仰坡不高、仰坡较平缓、隧道轴线与地形等高线正交或接近正交的地带
	削竹式洞门	正面　　侧面	
	倒削竹式洞门	正面　　侧面	
	喇叭式洞门	正面　　侧面	

例题 5-26(2019 年真题)

某隧道洞门位于零开挖处,其土层厚为 2.2m,下伏砂岩,最大冻结线为地表下 2.0m,洞门墙基础埋深不应小于( )。

(A)1.0m   (B)2.0m   (C)2.25m   (D)2.4m

解答

根据《公路隧道设计规范 第一册 土建工程》(JTG 3370.1—2018)第 7.3.3 条第 4 款,2.0 + 0.25 = 2.25m。冻结线以下 0.25m 属于嵌入岩石地基,2.2 + 0.2 = 2.4m。

答案:D

考点分析

(1)《公路隧道设计规范 第一册 土建工程》(JTG 3370.1—2018)中修改了原 2004 版规范中对于隧道洞门形式适用条件的表格(见第 7.3.1 条条文说明),考生复习时对于以前的这类题目应注意新老规范的区别。

(2)例题 5-25 中,D 选项中洞门边、仰坡控制高度在 2018 版隧道规范中已取消,即边、仰坡高度及坡率不再指定控制值,以实际分析结果为准。

考点 11   喷锚支护类型的选择

条文规定

《公路隧道设计规范 第一册 土建工程》(JTG 3370.1—2018)规定如下:

P.0.1   两车道隧道复合式衬砌设计参数可按表 P.0.1 取值。

两车道隧道复合式衬砌设计参数   表 P.0.1

围岩级别	初期支护								二次衬砌厚度(cm)	
	喷射混凝土厚度(cm)		锚杆(m)			钢筋网间距(cm)	钢架		拱、墙混凝土	仰拱混凝土
	拱、墙	仰拱	位置	长度	间距		间距(m)	截面高(cm)		
I	5	—	局部	2.0~3.0	—	—	—	—	30~35	—
II	5~8	—	局部	2.0~3.0	—	—	—	—	30~35	—
III	8~12	—	拱、墙	2.0~3.0	1.0~1.2	局部@25×25	—	—	30~35	—
IV	12~20	—	拱、墙	2.5~3.0	0.8~1.2	拱、墙@25×25	拱、墙0.8~1.2	0 或14~16	35~40	0 或35~40
V	18~28	—	拱、墙	3.0~3.5	0.6~1.0	拱、墙@20×20	拱、墙、仰拱0.6~1.0	14~22	35~50 钢筋混凝土	0 或35~50 钢筋混凝土

围岩级别	初 期 支 护								二次衬砌厚度(cm)	
	喷射混凝土厚度(cm)		锚杆(m)			钢筋网间距(cm)	钢架		拱、墙混凝土	仰拱混凝土
	拱、墙	仰拱	位置	长度	间距		间距(m)	截面高(cm)		
Ⅵ	通过试验或计算确定									

注:1.有地下水时可取大值,无地下水时可取小值。

    2.采用钢架时,宜选用格栅钢架。

    3.喷射混凝土厚度小于 18cm 时,可不设钢架。

    4."0 或…"表示可以不设;要设时,应满足最小厚度要求。

P.0.3 采用喷锚支护作永久支护时设计参数可按表 P.0.3 取值。

喷锚永久支护设计参数表   表 P.0.3

围岩级别	Ⅰ	Ⅱ	Ⅲ
人行通道	喷混凝土 5cm	喷混凝土 5cm	①喷混凝土 6~8cm ②锚杆 Φ22,长 1.0~2.0m
汽车横通道	喷混凝土 5cm	①喷混凝土 5cm ②锚杆 Φ22,长 1.5~2.0m ③间距 1.0×1.0m	①喷混凝土 8~10cm ②锚杆 Φ22,长 2.0~2.5m ③锚杆间距 1.0×1.0m
两车道隧道	喷混凝土 5cm	①喷混凝土 5~8cm ②锚杆 Φ22,长 2.0~2.5m ③锚杆间距 1.2×1.2m	①混凝土 8~15cm ②锚杆 Φ22,长 2.0~3.5m ③锚杆间距 1.0×1.0m ④钢筋网 Φ6.5,@25×25cm

注:Ⅳ~Ⅵ级围岩,地质软弱、破碎,一般多地下水,宜采用复合式衬砌。

《公路隧道设计规范 第一册 土建工程》(JTG 3370.1—2018)条文说明规定如下:

8.1.1 隧道衬砌形式主要有喷锚衬砌、整体式衬砌、复合式衬砌。

(1)喷锚衬砌是①喷射混凝土支护、②喷射混凝土+锚杆支护、③喷射混凝土+锚杆+钢筋网支护、④喷射混凝土+锚杆+钢筋网+钢架支护的统称,是一种加固围岩,控制围岩变形,能充分利用和发挥围岩自承能力的支护衬砌形式,具有支护及时、柔性、紧贴围岩、与围岩共同变形等特点,在受力条件上比整体式衬砌优越,对加快施工进度、节约劳力及原材料、降低工程成本等效果显著,能保证围岩的长期稳定。但是,由于喷锚衬砌刚度较小,在围岩自稳能力较差的Ⅳ~Ⅵ级围岩中,长期稳定性和防止水侵蚀能力方面有一定的局限性,材料及施工工艺还有待进一步提高。因此,条文规定"在Ⅳ~Ⅵ级围岩中应采用复合式衬砌或整体式衬砌",不单独采用喷锚支护作永久衬砌。

(2)整体式衬砌是被广泛采用的衬砌形式,具有较强的支护能力、防水能力和耐久性,具有长期可靠的支护作用,有长期的工程实践经验,技术成熟,适应多种围岩条件。因此,在隧道洞口段、浅埋段及围岩条件很差的软弱围岩中采用整体式衬砌较为稳妥可靠。目前,山岭隧道中整体式衬砌采用模筑混凝土衬砌或模筑钢筋混凝土衬砌。

(3)复合式衬砌是由内外两层衬砌组合而成,第一层称为初期支护(一般是喷锚衬砌),第二层为二次衬砌(一般是整体式衬砌),初期支护与二次衬砌之间夹防水层,我国高等级公路隧道已普遍采用复合式衬砌。

复合式衬砌的二次衬砌,外观成型较好,满足隧道对外观的基本要求,在初期支护与二次衬砌之间铺设防水层,解决隧道衬砌渗漏水问题。因此条文规定,在"高速公路、一级公路、二级公路中的隧道衬砌应采用复合式衬砌"。

三级及三级以下公路隧道,由于交通量较小,使用频率较低,围岩条件较好时,为控制投资,可采用喷锚衬砌。

隧道洞口段是指隧道洞口暗挖进洞一定长度覆盖层厚度小于1~2倍开挖宽度(图8-1)的地段,一般较洞身围岩条件差,埋深浅,受地形、环境条件影响较大。洞口段要求具有很高的抗风化能力和耐久性。喷锚衬砌在稳定性和防止水侵蚀方面经验不多,材料及施工工艺还有待进一步提高。所以条文规定"隧道洞口段应采用整体式衬砌或复合式衬砌"。

8.2.6 局部锚杆的主要作用是阻止部分不稳定岩块崩落或滑移,通过锚杆将岩块锚固在稳定的岩体上(图8-4)。有效锚固端必须置于稳定的岩体内。锚固力 T 根据现场地质调查,由下式计算:

$$T \geq W - f \tag{8-3}$$

$$T = \frac{T'}{\cos\theta} \tag{8-4}$$

$$T' \geq w - f' \tag{8-5}$$

$$f' = f\cos\alpha \tag{8-6}$$

当单根锚杆锚固力 t 小于 T 时,

$$n \times t \geq T \tag{8-7}$$

式中:W——滑动岩体的重力(kN);

　　f——滑动岩体与稳定岩体间的摩擦力(kN);

　　n——锚杆根数(根);

　　θ——锚杆锚固方向与竖直方向的夹角(°);

　　α——滑动岩体的滑动面与竖直方向的夹角(°)。

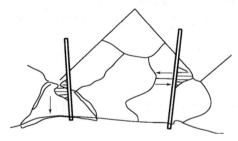

图8-4　局部锚杆锚固作用示意图

📖 典型例题

例题 5-27

隧道某段围岩有不稳定岩块,经现场勘察,滑动岩体重力约为260kN,滑动岩体与稳定岩体间的摩擦力约为70kN。拟设置局部锚杆将此部分不稳定岩块锚固在稳定的岩体上,采用全长黏结型锚杆,单根锚杆锚固力为65kN,则计算应设置的锚杆根数为(　　)。

(A)1 根　　　　　　(B)2 根　　　　　　(C)3 根　　　　　　(D)4 根

解答

根据《公路隧道设计规范　第一册　土建工程》(JTG 3370.1—2018)第 8.2.6 条,有如下关系：

$$n \times t \geqslant T \geqslant W - f$$

则 $n \times 65 \geqslant 260 - 70$

$n \geqslant 2.9$

答案：C

例题 5-28

两车道公路隧道采用复合式衬砌，埋深 150m，据勘察报告：围岩重度为 $22kN/m^2$，围岩基本质量指标 BQ 为 290，有淋雨状出水，单位出水量为 8L/min，结构面走向与洞轴线夹角为 65°，结构面倾角为 80°，围岩初始应力不高。施筑初期支护时，拱部和边墙喷射混凝土厚度范围宜选用（　　）。

(A)5～8cm

(B)8～12cm

(C)12～15cm

(D)18～28cm

解答

根据《公路隧道设计规范　第一册　土建工程》(JTG 3370.1—2018)第 3.6.3 条，第 A.0.3 条，第 3.6.4 条，第 P.0.1 条。

(1)围岩基本质量指标修正值 $[BQ] = BQ - 100(K_1 + K_2 + K_3)$

(2)K_1 为地下水修正系数查附录 A，查表 A.0.3-1，$BQ = 290$，淋水，出水量为 8L/min，$K_1 = 0.4 \sim 0.6$。

(3)K_2 为主要软弱结构面产状影响系数，$K_2 = 0 \sim 0.2$。

(4)K_3 为初始应力状态影响修正系数。

初始应力不高，$K_3 = 0$。

(5)$[BQ] = 290 - 100(0.4 \sim 0.8) = 210 \sim 250$。查表 3.6.4，为 V 级围岩。

(6)查表 P.0.1，V 级围岩拱部、边墙喷射混凝土厚度应为 18～28cm。

答案：D

例题 5-29

两车道公路隧道采用复合式衬砌，围岩基本质量指标修正值 $[BQ] = 220$，则二次衬砌时仰拱混凝土厚度宜为（　　）。

(A)15cm　　　　(B)25cm　　　　(C)30cm　　　　(D)45cm

解答

根据《公路隧道设计规范　第一册　土建工程》(JTG 3370.1—2018)表 3.6.4，表 P.0.1。

查表 3.6.4，围岩等级为 V 级。

查表 P.0.1，二次衬砌时仰拱混凝土厚度为 35～50cm。

答案：D

📖 考点分析

(1)局部不稳定的岩块宜设置局部锚杆，锚杆根数的计算见条文说明。

(2)复合衬砌的喷射混凝土厚度与围岩类别有关，因此要先确定围岩级别。

考点 12　隧道衬砌结构构造要求

📖 条文规定

《公路隧道设计规范　第一册　土建工程》(JTG 3370.1—2018)规定如下：

8.2.7　在围岩条件较差地段、洞口段、浅埋段或地面沉降有严格限制地段,可在喷射混凝土层内增设钢架。钢架设计应符合下列规定：

1　钢架支护应有足够的刚度和强度,能够承受隧道施工期间可能出现的荷载。

2　宜选用格栅钢架支护。

3　钢架间距宜为 0.5 ~ 1.2m。

4　连续使用钢架的数量不应少于 3 榀。

5　相邻钢架之间应设横向连接,采用钢筋作横向连接时,钢筋直径不宜小于 20mm,间距不应大于 1m,并在钢架内缘、外缘交错布置。

6　钢架应分节段制作,节段之间应采用钢板连接。

7　钢架与围岩之间的混凝土保护层厚度不应小于 40mm;临空一侧的混凝土保护层厚度不应小于 20mm。当采用喷锚单层衬砌时,临空一侧的混凝土保护层厚度不应小于 40mm。

8.6.1　隧道建筑物各部结构的截面最小厚度,应符合表 8.6.1 的规定。两车道、三车道隧道及地下风机房的衬砌圬工结构最小厚度不宜小于 300mm。

截面最小厚度(mm)　　　　　　　　　　　　　　　　　　　表 8.6.1

建筑材料种类	隧道和明洞衬砌			洞门端墙、翼墙和洞口挡土墙
	拱圈	边墙	仰拱	
混凝土	200	200	200	300
片石混凝土	—	—	—	500

📖 典型例题

例题 5-30(2019 年真题)

某公路隧道衬砌结构采用复合式衬砌,其中一段 V 级围岩衬砌的初期支护采用锚喷支护,内设 I20b 工字钢拱架(工字钢厚度为 200mm),该初期支护喷射混凝土的厚度至少应为(　　)。

(A)22cm　　　　　　　　　　　　(B)24cm

(C)26cm　　　　　　　　　　　　(D)28cm

解答

根据《公路隧道设计规范　第一册　土建工程》(JTG 3370.1—2018)第 8.2.7 条第 7 款,保护层厚度距围岩 40mm,临空一侧不小于 20mm,故最小厚度为：

$40 + 200 + 20 = 260mm$

答案:C

例题 5-31（2020 年真题）

某公路两车道隧道，其衬砌结构采用复合式衬砌，其中一段 V 级围岩衬砌，初期支护采用喷锚支护，内设 I20b 工字钢拱架（工字钢厚度为 200mm），则该初期支护喷射混凝土厚度至少应为（　　）。

(A)20cm　　　　　　　　　　　　(B)22cm

(C)24cm　　　　　　　　　　　　(D)26cm

解答

根据《公路隧道设计规范　第一册　土建工程》(JTG 3370.1—2018)第 8.2.7 条第 7 款：

钢架与围岩之间混凝土保护层厚度不应小于 40mm；

临空一侧混凝土保护层厚度不应小于 20mm；

初期喷混凝土厚度 = 40 + 200 + 20 = 260mm = 26cm。

答案：D

例题 5-32

在岩体破碎、节理裂隙发育的砂岩岩体内修建的两车道公路隧道，拟采用复合式衬砌，岩石饱和单轴抗压强度为 30MPa，岩体和岩石的弹性纵波速度分别为 2400ms 和 3500ms，按工程类比法进行设计。满足《公路隧道设计规范　第一册　土建工程》(JTG 3370.1—2018)要求时，最合理的复合式衬砌设计数据是（　　）。

(A)拱部和边墙喷射混凝土厚度 8cm；拱、墙二次衬砌混凝土厚 30cm

(B)拱部和边墙喷射混凝土厚度 10cm；拱、墙二次衬砌混凝土厚 35cm

(C)拱部和边墙喷射混凝土厚度 15cm；拱、墙二次衬砌混凝土厚 35cm

(D)拱部和边墙喷射混凝土厚度 20cm；拱、墙二次衬砌混凝土厚 45cm

解答

根据《工程岩体分级标准》(GB/T 50218—2014)第 B.0.1 条，《公路隧道设计规范　第一册　土建工程》(JTG 3370.1—2018)第 3.6.2 条、表 3.6.4、第 P.0.1 条。

(1)围岩分级。

$$K_v = \left(\frac{v_{pm}}{v_{pr}}\right)^2 = \left(\frac{2400}{3500}\right)^2 = 0.47$$

$R_c = 30\text{MPa}$

$BQ = 100 + 3R_c + 250K_c = 100 + 90 + 117.5 = 307.5$

属于 Ⅳ 级围岩。

(2)根据附录 P，Ⅳ 级围岩拱、墙的喷射混凝土厚度为 12~20cm，拱、墙二次衬砌混凝土厚度为 35~40cm。

答案：C

📖 考点分析

复合式衬砌设计与围岩等级有关，因此要先确定围岩级别。

考点 13　隧道高地应力区

《公路隧道设计规范　第一册　土建工程》(JTG 3370.1—2018)规定如下：

14.8.2　高地应力区隧道应结合地应力大小、水文地质及围岩条件,按照硬质岩段可能发生岩爆、软质岩段可能发生大变形进行分级,针对不同的等级选择相应的开挖方式与防治措施。岩爆及大变形分级可按表 14.8.2-1、表 14.8.2-2 确定。

岩　爆　分　级　表　　　　　　　　　　表 14.8.2-1

岩 爆 分 级	名　　称	判　　据
I	轻微岩爆	$0.3 \leq \sigma_{\theta max}/R_b < 0.5$
II	中等岩爆	$0.5 \leq \sigma_{\theta max}/R_b < 0.7$
III	强烈岩爆	$0.7 \leq \sigma_{\theta max}/R_b < 0.9$
IV	剧烈岩爆	$0.9 \leq \sigma_{\theta max}/R_b$

注:$\sigma_{\theta max}$ 为洞壁最大切向应力;R_b 为岩石单轴抗压强度。

大变形分级表　　　　　　　　　　表 14.8.2-2

大变形分级	名　　称	判据(%)
I 级	轻微大变形	$2 \leq U_a/a < 3$
II 级	中等大变形	$3 \leq U_a/a < 5$
III 级	强烈大变形	$5 \leq U_a/a$

注:U_a 为变形量;a 为隧道宽度。

14.8.3　岩爆处置应遵循"以防为主、防治结合"的原则,对可能发生岩爆段应进行监测、预报,应根据岩爆分级采取下列措施:

1　轻微岩爆和中等岩爆段的初期支护可采用钢筋网喷混凝土或纤维喷混凝土、系统锚杆、超前锚杆等联合处置措施。

2　中等岩爆段,可对掌子面及附近围岩喷洒水或对围岩及前方掌子面打设注水孔注水,可增设格栅钢架。

3　强烈岩爆段,可对掌子面及附近围岩喷洒水或对围岩打设注水孔注水、在掌子面上打应力释放孔,可采取钢筋网喷混凝土或纤维喷混凝土、系统锚杆、多排超前锚杆、加强钢架支护等综合治理措施。

4　剧烈岩爆段,应采用可屈服的支护系统,并应采取超前应力解除、高压注水等降低地应力量级的措施。

14.8.4　大变形防治应遵循"加固围岩、预留变形、先柔后刚、先放后抗、分次支护、及早封闭、底部加强"的综合整治原则,应根据大变形不同情况采取下列措施:

1　轻微大变形段,可采取长短锚杆组合、钢筋网喷混凝土或纤维喷混凝土、设置钢架、加强二次衬砌等措施。

2　中等大变形段,可采取长锚杆、钢筋网喷混凝土或纤维喷混凝土、可缩式钢架、二次衬砌采用钢筋混凝土等措施。

3　强烈大变形段,可采取预加固地层、分部开挖、长锚杆、钢筋网喷混凝土或纤维喷混凝土、喷混凝土层留纵缝、可缩式钢架、增设缓冲层、二次衬砌采用钢筋混凝土等措施。

4 中等、强烈大变形段,可根据变形情况,采用两次或多次喷锚支护、增加锚索、加大预留变形量等措施。

《公路隧道设计规范 第一册 土建工程》(JTG 3370.1—2018)条文说明规定如下:

14.8.2 高地应力地区隧道围岩失稳特征主要表现为:硬岩地层产生岩爆、剥离现象,软岩中发生大变形、使洞室净空变小。目前对于岩爆与大变形分级方法很多,还没有形成统一的指标。对于岩爆分级有:强度理论、刚度理论、能量理论、失稳理论、断裂理论、冲击波引发理论等。对于大变形分级:一是通过工程类比、经验判据;二是利用数值分析,主要有剪切抗压强度比法、应力比法、临界深度法等。

(1)对岩爆发生条件,一般具备以下5个方面条件:

①岩石强度 $R_b \geqslant 50$MPa。

②岩层中的原始初应力 $\sigma_0 \geqslant (0.15 \sim 0.2) R_b$,最大主应力一般大于20MPa。

③围岩级别:Ⅰ级、Ⅱ级、Ⅲ级。

④岩石干燥无水,呈脆性,节理基本不发育。

⑤施工开挖释放弹性应变能。

(2)对大变形发生条件,一般具备以下5个方面条件:

①围岩软弱,单轴抗压强度低,内摩擦角、黏聚力都较小,具有明显的塑性和流变特性,属Ⅳ级、Ⅴ级、Ⅵ级围岩。

②处于高地应力($R_c / \sigma_{max} < 7$ 时)区内,地应力远大于围岩强度。

③侧压力系数(λ)大于1。

④围岩含水量大。

⑤支护结构刚度不足、强度不够,支护时间滞后,支护封闭不及时。

根据岩爆、大变形发生条件,结合近年来高地应力隧道修建经验及科研成果资料,提出了岩爆与大变形分级标准。

📖 典型例题

例题 5-33(2020年真题)

某公路隧道围岩为坚硬岩石,岩体较完整,岩石单轴抗压强度为26MPa,洞壁最大切向应力为20MPa。该围岩的岩爆分级应是( )。

(A)Ⅰ级 　　　　(B)Ⅱ级 　　　　(C)Ⅲ级 　　　　(D)Ⅳ级

解答

根据《公路隧道设计规范 第一册 土建工程》(JTG 3370.1—2018)第14.8.2条,表14.8.2-1:

$$\frac{\sigma_{\theta max}}{R_b} = \frac{20}{26} = 0.769$$

查表14.8.2-1,属Ⅲ级强烈岩爆。

答案:C

例题 5-34

某公路隧道开挖宽度12m,某处围岩软弱、含水量大,施工中支护时间滞后,导致隧道初期支护变形量达到40cm。则该处围岩大变形等级为( )。

(A) Ⅰ级 (B) Ⅱ级 (C) Ⅲ级 (D) 不算大变形

解答

根据《公路隧道设计规范 第一册 土建工程》(JTG 3370.1—2018)第14.8.2条，表14.8.2-2：

$$\frac{U_a}{a} = \frac{40}{1200} = 0.033 = 3.3\%$$

查表14.8.2-2，属Ⅱ级中等大变形。

答案：B

考点14 隧道通风

条文规定

《公路隧道设计规范 第二册 交通工程与附属设施》(JTG D70/2—2014)规定如下：

5.2.1 CO设计浓度应满足下列要求：

1 正常交通时，CO设计浓度可按表5.2.1取值。

CO设计浓度δ_{CO} 表5.2.1

隧道长度(m)	≤1000	>3000
δ_{CO}(cm³/m³)	150	100

注：隧道长度为1000m<L≤3000m时，可按线性内插法取值。

2 交通阻滞时，阻滞段的平均CO设计浓度可取150cm³/m³，同时经历时间不宜超过20min。长度大于1000m的隧道，阻滞段宜按每车道长度为1000m计算；长度不大于1000m的隧道可不考虑交通阻滞。

3 人车混合通行的隧道，洞内CO设计浓度不应大于70cm³/m³。

5.2.2 隧道内烟尘设计浓度应满足下列要求：

1 采用显色指数33≤Ra≤60、相关色温2000~3000K的钠光源时，烟尘设计浓度K应按表5.2.2-1取值。

烟尘设计浓度K 表5.2.2-1

设计速度v_t(km/h)	≥90	60≤v_t<90	50≤v_t<60	30<v_t<50	10≤v_t≤30
烟尘设计浓度K(m⁻¹)	0.0065	0.0070	0.0075	0.0090	0.0120

2 采用显色指数Ra≥65、相关色温3300~6000K的荧光灯、LED灯等光源时，烟尘设计浓度K应按表5.2.2-2取值。

烟尘设计浓度K 表5.2.2-2

设计速度v_t(km/h)	≥90	60<v_t<90	50<v_t<60	30<v_t<50	10≤v_t≤30
烟尘设计浓度K(m⁻¹)	0.0050	0.0065	0.0070	0.0075	0.0120

5.2.3 隧道空间最小换气频率不应低于3次/h。

5.3.1 单向交通隧道的设计风速不宜大于10m/s，特殊情况不应大于12m/s；双向交通隧道的设计风速不应大于8m/s;行人与车辆混合通行的隧道设计风速不应大于7m/s。

5.3.2 公路隧道通风系统的排风口设计风速不宜大于8m/s;排烟口设计风速不宜大于10m/s;纵向式通风的顶部送风口设计风速宜取25～30m/s,送风方向应与隧道轴向一致。

5.3.3 排烟道内的设计风速不宜大于15m/s。

典型例题

例题5-35(2020年真题)

某城市过境双车道二级公路隧道长1680m,隧道路面宽8.5m,设双侧人行道1.25m,隧道总宽11.00m,该隧道通风设计风速是(　　　)。

(A)不宜大于10.0m/s　　　　　　(B)不应大于12.0m/s

(C)不应大于8.0m/s　　　　　　(D)不应大于7.0m/s

解答

根据《公路隧道设计规范　第二册　交通工程与附属设施》(JTG D70/2—2014)第5.3.1条:行人与车辆混合通行的隧道设计风速不应大于7m/s。

答案:D

考点15　隧道照明洞口适应距离

条文规定

《公路隧道设计规范　第二册　交通工程与附属设施》(JTG D70/2—2014)条文说明如下:

6.1.1 通常情况下,单向交通隧道照明系统分段如图6-1所示,双向交通隧道照明系统分段如图6-2所示。

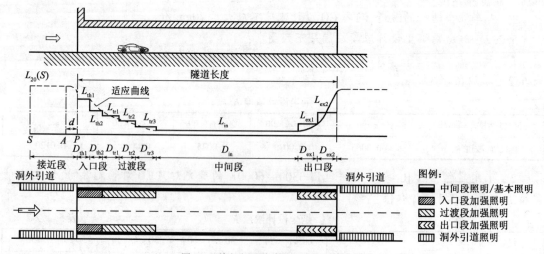

图6-1　单向交通隧道照明系统分段简图

P-洞口;S-接近段起点;A-适应点;d-适应距离;$L_{20}(S)$-洞外亮度;L_{th1}、L_{th2}-入口段亮度;L_{tr1}、L_{tr2}、L_{tr3}-过渡段亮度;L_{in}-中间段亮度;L_{ex1}、L_{ex2}-出口段亮度;D_{th1}、D_{th2}-入口段TH_1、TH_2分段长度;D_{tr1}、D_{tr2}、D_{tr3}-过渡段TR_1、TR_2、TR_3分段长度;D_{in}-中间段长度;D_{ex1}、D_{ex2}-出口段EX_1、EX_2分段长度

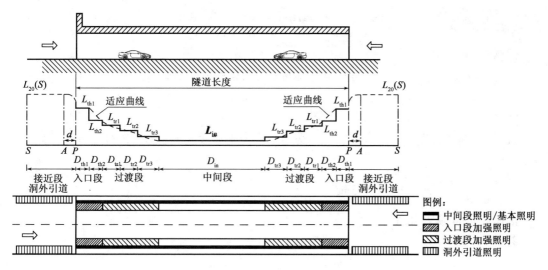

图6-2　双向交通隧道照明系统分段简图

6.2.2　入口段长度 D_{th} 根据照明停车视距 D_s、最小衬托长度、洞口净空高度、适应距离进行计算。为保证机动车驾驶员对路面上障碍物($0.2m \times 0.2m \times 0.2m$)的视认能力,在障碍物背后应有一段最小长度为 b 的明亮路面,如图6-3所示。

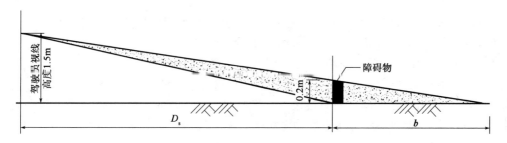

图6-3　照明停车视距与最小衬托长度

车辆驶至洞外适应点 A 时,机动车驾驶员的 $20°$ 视场范围内,洞外景物基本消失,开始适应隧道暗环境。适应点 A 与洞口 P 间的距离 d 称为适应距离,$d = \dfrac{h-1.5}{\tan 10°}$,如图6-4所示。

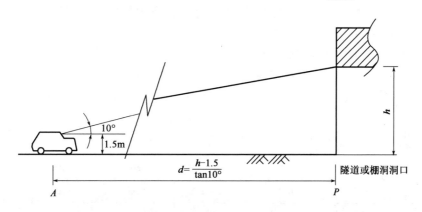

图6-4　适应距离

例题 5-36

某公路隧道洞口接长明洞,明洞净空高度8m,则洞外适应距离取(　　)较合适。

（A）30m　　　　　（B）35m　　　　　（C）40m　　　　　（D）45m

解答

根据《公路隧道设计规范　第二册　交通工程与附属设施》（JTG D70/2—2014）第6.2.2条条文说明:

$$d = \frac{h - 1.5}{\tan 10°} = \frac{8 - 1.5}{\tan 10°} = 36.863 \text{m}$$

因而取40m较为合适。

答案:C

考点 16　隧道照明入口段计算

《公路隧道设计规范　第二册　交通工程与附属设施》（JTG D70/2—2014）规定如下:

6.1.4　各等级公路隧道照明设置条件应符合下列要求:

1　长度 $L > 200$m 的高速公路隧道、一级公路隧道应设置照明。

2　长度 100m $< L \leqslant 200$m 的高速公路光学长隧道、一级公路光学长隧道应设置照明。

3　长度 $L > 1000$m 的二级公路隧道应设置照明;长度 500m $< L \leqslant 1000$m 的二级公路隧道宜设置照明;三级、四级公路隧道应根据实际情况确定。

4　有人行需求的隧道,应根据隧道长度和环境条件设置满足行人通行需求的照明设施。

6.2.1　入口段宜划分为 TH_1、TH_2 两个照明段,与之对应的亮度应分别按式(6.2.1-1)及式(6.2.1-2)计算:

$$L_{th1} = k \times L_{20}(S) \qquad (6.2.1-1)$$

$$L_{th2} = 0.5 \times k \times L_{20}(S) \qquad (6.2.1-2)$$

式中:L_{th1}——入口段 TH_1 的亮度(cd/m^2);

　　L_{th2}——入口段 TH_2 的亮度(cd/m^2);

　　k——入口段亮度折减系数,可按表6.2.1-1取值;

　$L_{20}(S)$——洞外亮度(cd/m^2),如无实测资料可按表6.2.1-2取值。

入口段亮度折减系数 k　　　　　　　　　　　　　　　　　　　　表6.2.1-1

设计交通量 N[veh/(h·ln)]		设计速度 v_t(km/h)				
单向交通	双向交通	20 ~ 40	60	80	100	120
≥1200	≥650	0.012	0.022	0.035	0.045	0.070
≤350	≤180	0.010	0.015	0.025	0.035	0.050

注:当交通量为其中间值时,按线性内插取值。

天空面积百分比（%）	洞口朝向或洞外环境	设计速度 v_{t}（km/h）				
		20～40	60	80	100	120
35～50	南洞口	—	—	4000	4500	5000
	北洞口	—	—	5500	6000	6500
25	南洞口	3000	3500	4000	4500	5000
	北洞口	3500	4000	5000	5500	6000
10	暗环境	2000	2500	3000	3500	4000
	亮环境	3000	3500	4000	4500	5000
0	暗环境	1500	2000	2500	3000	3500
	亮环境	2000	2500	3000	3500	4000

注：1. 天空面积百分比指 20°视场中天空面积百分比。

2. 南洞口指北行车辆驶入的洞口，北洞口指南行车辆驶入的洞口。

3. 东洞口与西洞口取用南洞口与北洞口之中间值。

4. 暗环境指洞外景物（包括洞门建筑）反射率低的环境；亮环境指洞外景物（包括洞门建筑）反射率高的环境。

5. 当天空面积百分比处于表中两档之间时，按线性内插取值。

6.2.2　入口段 $\mathrm{TH_1}$、$\mathrm{TH_2}$ 长度应按式（6.2.2）计算：

$$D_{th1} = D_{th2} = \frac{1}{2}\left(1.154 D_s - \frac{h-1.5}{\tan 10°}\right) \qquad (6.2.2)$$

式中：D_{th1}——入口段 $\mathrm{TH_1}$ 长度（m）；

　　　D_{th2}——入口段 $\mathrm{TH_2}$ 长度（m）；

　　　D_s——照明停车视距（m）；

　　　h——隧道内净空高度（m）。

6.2.3　长度 $L > 500\mathrm{m}$ 的非光学长隧道及长度 $L > 300\mathrm{m}$ 的光学长隧道，入口段 $\mathrm{TH_1}$、$\mathrm{TH_2}$ 的亮度应分别按式（6.2.1-1）及式（6.2.1-2）计算。

6.2.4　长度 $300\mathrm{m} < L \leqslant 500\mathrm{m}$ 的非光学长隧道及长度 $100\mathrm{m} < L \leqslant 300\mathrm{m}$ 的光学长隧道，入口段 $\mathrm{TH_1}$、$\mathrm{TH_2}$ 的亮度宜分别按式（6.2.1-1）和式（6.2.1-2）计算值的 50% 取值。

6.2.5　长度 $200\mathrm{m} < L \leqslant 300\mathrm{m}$ 的非光学长隧道，入口段 $\mathrm{TH_1}$、$\mathrm{TH_2}$ 的亮度宜分别按式（6.2.1-1）和式（6.2.1-2）计算值的 20% 取值。

6.2.6　当两座隧道间的行驶时间按设计速度计算小于 15s，且通过前一座隧道的行驶时间大于 30s 时，后续隧道入口段亮度应进行折减，亮度折减率可按表 6.2.6 取值。

后续隧道入口段亮度折减率 表 6.2.6

两隧道之间行驶时间 t（s）	$t < 2$	$2 \leqslant t < 5$	$5 \leqslant t < 10$	$10 \leqslant t < 15$
后续隧道入口段亮度折减率（%）	50	30	25	20

📖 典型例题

例题 5-37

某高速公路上一非光学隧道，长度 400m，设计速度 80km/h，上行单洞纵坡 2%，入口朝向正南方，天空面积 25%，设计交通量 800veh/(h·ln)，则该隧道入口段 $\mathrm{TH_1}$、$\mathrm{TH_2}$ 的亮度宜取为

( )cd/m²。

(A)240、120 　　　　　　　　　　(B)120、60

(C)60、30 　　　　　　　　　　(D)30、15

解答

根据《公路隧道设计规范　第二册　交通工程与附属设施》(JTG D70/2—2014)
第6.2.1条:

根据表6.2.1-1,设计速度80km/h,设计交通量800veh/(h·ln),线性内插可取 $k = 0.03$。

根据表6.2.1-2,设计速度80km/h,洞口朝南,天空面积25%,可取洞外亮度 $L_{20}(S) = 4000$cd/m²,则

$$L_{th1} = k \times L_{20}(S) = 0.03 \times 4000 = 120 \text{cd/m}^2$$

$$L_{th2} = 0.5 \times k \times L_{20}(S) = 0.5 \times 0.03 \times 4000 = 60 \text{cd/m}^2$$

根据第6.2.4条,400m的非光学隧道入口亮度应折减50%,所以有:

$$L_{th1} = 0.5 \times 120 = 60 \text{cd/m}^2$$

$$L_{th2} = 0.5 \times 60 = 30 \text{cd/m}^2$$

答案:C

例题 5-38

题干同例题5-37,入口洞内净高8m,则入口 TH_1、TH_2 的长度为( )。

(A)40、20 　　　　　　　　　　(B)37、37

(C)37、18 　　　　　　　　　　(D)18、18

解答

设计速度80km/h,纵坡2%时,隧道停车视距取95m,则有

$$
\begin{aligned}
D_{th1} = D_{th2} &= \frac{1}{2}\left(1.154 D_s - \frac{h - 1.5}{\tan 10°}\right) \\
&= \frac{1}{2}\left(1.154 \times 95 - \frac{8 - 1.5}{\tan 10°}\right) \\
&= 36.38 \text{m}
\end{aligned}
$$

取为37m。

答案:B

考点 17　隧道照明过渡段计算

📖 **条文规定**

《公路隧道设计规范　第二册　交通工程与附属设施》(JTG D70/2—2014)规定如下:

6.3.1　过渡段宜划分为 TR_1、TR_2、TR_3 三个照明段,与之对应的亮度应按式(6.3.1-1)~
式(6.3.1-3)计算:

$$L_{tr1} = 0.15 \times L_{th1} \tag{6.3.1-1}$$

$$L_{tr2} = 0.05 \times L_{th1} \tag{6.3.1-2}$$

$$L_{tr3} = 0.02 \times L_{th1} \tag{6.3.1-3}$$

6.3.2　长度 $L \leqslant 300m$ 的隧道,可不设置过渡段加强照明;长度 $300m < L \leqslant 500m$ 的隧道,当在过渡段 TR_1 能完全看到隧道出口时,可不设置过渡段 TR_2、TR_3 加强照明;当 TR_3 的亮度 L_{tr3} 不大于中间段亮度 L_{in} 的 2 倍时,可不设置过渡段 TR_3 加强照明。

6.3.3　过渡段长度计算应符合下列规定:

1　过渡段 TR_1 长度应按式(6.3.3-1)计算:

$$D_{tr1} = \frac{D_{th1} + D_{th2}}{3} + \frac{v_t}{1.8} \tag{6.3.3-1}$$

式中:D_{tr1}——过渡段 TR_1 长度(m);

　　　v_t——设计速度(km/h);

　　$v_t/1.8$——2s 内的行驶距离。

2　过渡段 TR_2 长度应按式(6.3.3-2)计算:

$$D_{tr2} = \frac{2v_t}{1.8} \tag{6.3.3-2}$$

式中:D_{tr2}——过渡段 TR_2 长度(m)。

3　过渡段 TR_3 长度应按式(6.3.3-3)计算:

$$D_{tr3} = \frac{3v_t}{1.8} \tag{6.3.3-3}$$

式中:D_{tr3}——过渡段 TR_3 长度(m)。

📖 **典型例题**

例题 5-39

某高速公路隧道长 800m,设计速度 80km/h,设计交通量 500veh/(h·ln)。照明设计中,入口段 $L_{th1} = 120cd/m^2$,D_{th1}、D_{th2} 均为 40m,隧道过渡段长度 D_{tr1}、D_{tr2}、D_{tr3} 可分别取为(　　)m。

(A)72、89、135　　　　　　　　(B)72、89、0

(C)135、89、72　　　　　　　　(D)135、89、0

解答

$$D_{tr1} = \frac{D_{th1} + D_{th2}}{3} + \frac{v_t}{1.8} = \frac{40 + 40}{3} + \frac{80}{1.8} = 71.11m$$

$$D_{tr2} = \frac{2v_t}{1.8} = \frac{2 \times 80}{1.8} = 88.89m$$

$$D_{tr3} = \frac{3v_t}{1.8} = \frac{3 \times 80}{1.8} = 133.33m$$

$$L_{tr3} = 0.02 \times L_{th1} = 0.02 \times 120 = 2.4cd/m^2$$

中间段亮度根据表 6.4.1 取为 $L_{in} = 2.5cd/m^2$

根据第 6.3.2 条,因为 $L_{tr3} < 2L_{in}$,所以可以不设过渡段 TR_3,取 $D_{tr3} = 0$。

答案:B

考点18 隧道照明中间段计算

📖 条文规定

《公路隧道设计规范　第二册　交通工程与附属设施》(JTG D70/2—2014)规定如下:

6.4.1　中间段亮度宜按表6.4.1取值。

中间段亮度 L_{in} (cd/m²)　　　　　　　　　表6.4.1

设计速度 v_t (km/h)	L_{in}		
	单向交通		
	$N \geqslant 1200\text{veh}/(\text{h} \cdot \text{ln})$	$350\text{veh}/(\text{h} \cdot \text{ln}) < N < 1200\text{veh}/(\text{h} \cdot \text{ln})$	$N \leqslant 350\text{veh}/(\text{h} \cdot \text{ln})$
	双向交通		
	$N \geqslant 650\text{veh}/(\text{h} \cdot \text{ln})$	$180\text{veh}/(\text{h} \cdot \text{ln}) < N < 650\text{veh}/(\text{h} \cdot \text{ln})$	$N \leqslant 180\text{veh}/(\text{h} \cdot \text{ln})$
120	10.0	6.0	4.5
100	6.5	4.5	3.0
80	3.5	2.5	1.5
60	2.0	1.5	1.0
40	1.0	1.0	1.0

注:1. 当LED光源(显色指数 Ra≥65,色温介于 3300~6000K)用于隧道中间段照明时,设计亮度可按表6.4.1所列亮度标准的50%取值,但不应低于1.0cd/m²。

2. 当单端无极荧光灯(显色指数 Ra≥65,色温介于3300~6000K)用于隧道中间段照明时,设计亮度可按表6.4.1所列亮度标准的80%取值,但不应低于1.0cd/m²。

3. 当中间段采用逆光照明方式时,设计亮度可按表6.4.1所列亮度标准的80%取值,但不应低于1.0cd/m²。

4. 当设计速度为100km/h时,中间段亮度可按80km/h对应亮度取值。

5. 当设计速度为120km/h时,中间段亮度可按100km/h对应亮度取值。

6.4.2　行人与车辆混合通行的隧道,中间段亮度不应小于2.0cd/m²。

6.4.3　单向交通且以设计速度通过隧道的行车时间超过135s时,隧道中间段宜分为两个照明段,与之对应的长度及亮度取值不应低于表6.4.3要求。

中间段各照明段长度及亮度取值　　　　　　　表6.4.3

项　　目	长度(m)	亮度(cd/m²)	适 用 条 件
中间段第一照明段	设计速度下30s行车距离	L_{in}	—
中间段第二照明段	余下的中间段长度	$L_{in} \times 80\%$,且不低于1.0cd/m²	—
		$L_{in} \times 50\%$,且不低于1.0cd/m²	采用连续光带布灯方式,或隧道壁面反射系数不小于0.7时

6.4.4　中间段照明灯具布置应符合下列规定:

1　当隧道内行车时间超过20s时,照明灯具布置间距应满足闪烁频率低于2.5Hz或高于15Hz的要求。

2　路面亮度总均匀度不应低于表6.4.4-1所示值。

路面亮度总均匀度 U_0 表 6.4.4-1

设计交通量 $N[\text{veh}/(\text{h}\cdot\text{ln})]$		U_0
单向交通	双向交通	
≥ 1200	≥ 650	0.4
≤ 350	≤ 180	0.3

注:当交通量为其中间值时,按线性内插取值。

3 路面中线亮度纵向均匀度不应低于表 6.4.4-2 所示值。

路面中线亮度纵向均匀度 U_1 表 6.4.4-2

设计交通量 $N[\text{veh}/(\text{h}\cdot\text{ln})]$		U_1
单向交通	双向交通	
≥ 1200	≥ 650	0.6
≤ 350	≤ 180	0.5

注:当交通量为其中间值时,按线性内插取值。

6.5.1 出口段宜划分为 EX_1、EX_2 两个照明段,每段长度宜取 30m,与之对应的亮度应按式(6.5.1-1)、式(6.5.1-2)计算:

$$L_{ex1} = 3 \times L_{in} \tag{6.5.1-1}$$
$$L_{ex2} = 5 \times L_{in} \tag{6.5.1-2}$$

6.5.2 长度 $L \leq 300m$ 的直线隧道可不设置出口段加强照明;长度 $300m < L \leq 500m$ 的直线隧道可仅设置 EX_2 出口段加强照明。

📖 典型例题

例题 5-40

某高速公路隧道长 3500m,设计行车速度 80km/h,设计交通量 500veh/(h·ln)。洞内照明采用连续光带布灯,其中间段照明亮度可设为(　　)cd/m²。

(A)3.5　　　　　　　　　　　(B)2.5

(C)2.5、1.25　　　　　　　　(D)3.5、1.75

解答

根据第 6.4.1 条,$L_{in} = 2.5\text{cd}/\text{m}^2$。

根据第 6.4.3 条,$80 \times 1000 \div 3600 \times 135 = 3000m < 3500m$,中间段照明应设计为两段:

第一段取 $L_{in} = 2.5\text{cd}/\text{m}^2$;

采用连续光带布灯,第二段取 $50\% L_{in} = 1.25\text{cd}/\text{m}^2 > 1.0\text{cd}/\text{m}^2$(符合要求)。

答案:C

考点 19　城市地道最大横净距计算

📖 条文规定

《城市地下道路工程设计规范》(CJJ 221—2015)规定如下:

5.3.3 城市地下道路设置平曲线及凹型竖曲线路段,必须进行停车视距验算。

《城市地下道路工程设计规范》(CJJ 221—2015)第5.3.3条条文说明如下:

当计算的最大横净距大于实际横间距时表明该曲线行车视距不满足要求。

不含检修道或人行道时,隧道实际横净距 = 车道宽度/2 + 侧向宽度;

含有检修道或人行道时,隧道实际横净距 = 车道宽度/2 + 路缘带宽度 + 检修道或人行道宽度。

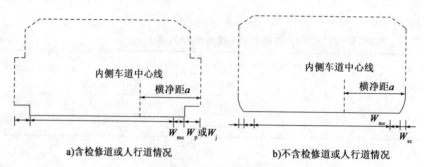

a)含检修道或人行道情况   b)不含检修道或人行道情况

图10 视距验算时的驾驶者视点位置

平曲线路段的横净距可按表11所列公式计算,详见图11。

平曲线路段最大横净距   表11

不设缓和曲线	停车视距 S_1 小于圆曲线长度 L_c $a = R_1\left(1 - \cos\dfrac{\psi}{2}\right)$	$\psi = S_1\dfrac{180}{\pi R_1}$
	停车视距 S_1 大于圆曲线长度 L_c $a = R_1\left(1 - \cos\dfrac{\alpha}{2}\right) + \dfrac{S_1 - L_1}{2}\sin\dfrac{\alpha}{2}$	$L_1 = \dfrac{R_1\pi\alpha}{180}$
设缓和曲线	停车视距 S_1 小于圆曲线长度 L_c $a = R_1\left(1 - \cos\dfrac{\psi}{2}\right)$	$\psi = S_1\dfrac{180}{\pi R_1}$
	停车视距 S_1 大于圆曲线长度 L_c $a = R_1\left(1 - \cos\dfrac{\alpha - 2\beta}{2}\right) + (L_s - a_m)\sin\left(\dfrac{\alpha}{2} - \theta\right)$	$a_m = \dfrac{L_1 - S_1}{2}$ $\theta = \arctan\left\{\dfrac{L_s}{\sigma R_1\left[1 + \dfrac{a_m}{L_s} + \left(\dfrac{a_m}{L_s}\right)^2\right]}\right\}$
	停车视距 S_1 大于圆曲线长度 L $a = R_1\left(1 - \cos\dfrac{\alpha - 2\beta}{2}\right) + L_s\sin\left(\dfrac{\alpha}{2} - \theta\right) +$ $\dfrac{1}{2}(S_1 - L_1)\sin\left(\dfrac{\alpha}{2}\right)$	$\theta = \arctan\dfrac{L_s}{6R_1}$

注:a-最大横净距(m);R_1-平曲线内侧汽车行驶轨迹半径(m);ψ-视距线所对的圆心角(°);S_1-停车视距(m);α-道路中线转角(°);L_1-曲线内侧汽车行驶轨迹长度(m);β-回旋线角(°);L_s-缓和曲线长度(m);a_m-汽车计算位置 M 或 N 到缓和曲线起点的距离(m);θ-通过汽车计算位置 M(或 N)与平曲线切线的平行线和 M(或 N)至缓和曲线终点间弦线的夹角或平曲线切线与缓和曲线的弦线的夹角(°)。

418

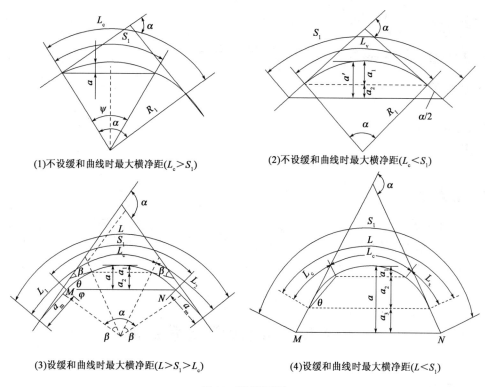

(1)不设缓和曲线时最大横净距($L_c > S_1$)　　　(2)不设缓和曲线时最大横净距($L_c < S_1$)

(3)设缓和曲线时最大横净距($L > S_1 > L_c$)　　　(4)设缓和曲线时最大横净距($L < S_1$)

图11　横净距计算

典型例题

例题 5-41

某城市地下道路设计中,有一曲线路段设计条件如下,单向双车道,设计速度80km/h,车道宽度7.0m,检修道宽度0.75m,不设缓和曲线,圆曲线半径为2000m,长度为100m,则该曲线路段的最大横净距为(　　)。

(A)0.63m　　　　　　　　　　　(B)0.65m

(C)0.73m　　　　　　　　　　　(D)0.75m

解答

根据《城市地下道路工程设计规范》(CJJ 221—2015)表3.5.1:

$W_{mc} = 0.5m, W_j = 0.75m$

根据《城市道路工程设计规范》(CJJ 37—2012)(2016年版)第6.2.7条:

$S_1 = 110m$

则有 $R_1 = R - W_c/2 = 2000 - 3.5/2 = 1998.25m$

根据第5.3.3条条文说明,当 $S_1 > L_c$,则根据表11:

$$\alpha = \frac{180L_c}{\pi R} = \frac{180 \times 100}{3.14 \times 2000} = 2.87°$$

$$L_1 = \frac{R_1 \pi \alpha}{180} = \frac{1998.25 \times 3.14 \times 2.87}{180} = 99.91m$$

$$a = R_1\left(1 - \cos\frac{\alpha}{2}\right) + \frac{S_1 - L_1}{2}\sin\frac{\alpha}{2}$$

$$= 1998.25 \times \left(1 - \cos\frac{2.87}{2}\right) + \frac{110 - 99.91}{2}\sin\frac{2.87}{2}$$

$$= 0.6267 + 0.1263$$

$$= 0.753\text{m}$$

取 $a = 0.75\text{m}$

答案：D

📖 考点分析

　　最大横净距意为汽车行驶轨迹上，为保证停车视距而可能出现的横净距最大值，可以理解为车辆行驶通过曲线路段过程中，为满足停车视距要求出现的横净距最大值。实际使用这一概念时，可根据横净距最大值确定最小曲线半径；或根据设计曲线半径验算横净距是否满足要求。

考点 20　城市地道分合流端

📖 条文规定

　　《城市地下道路工程设计规范》(CJJ 221—2015)规定如下：

　　6.3.2　城市地下道路主线分流鼻前的识别视距不宜小于 2 倍的主线停车视距，条件受限时不应小于 1.5 倍的主线停车视距。

　　6.3.3　城市地下道路主线汇流鼻前的识别视距不应小于 1.5 倍的主线停车视距。

　　6.3.4　匝道接入主线入口处从汇流鼻端开始应设置与主线直行车道的隔离段，隔离段长度不应小于主线的停车视距值，隔离设施不应遮挡视线(图 6.3.4)。

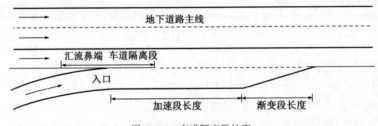

图 6.3.4　车道隔离段长度

　　6.3.5　城市地下道路设计不应在驾驶人进入地下道路后的视觉变化适应范围内设置合流点，合流段的汇流鼻端与洞口的距离不应小于表 6.3.5 的规定(图 6.3.5)。

城市地下道路洞口与汇流鼻端最小距离　　　　表 6.3.5

设计速度(km/h)	最小间距(m)	设计速度(km/h)	最小间距(m)
80	165	50	60
60	85	≤40	35

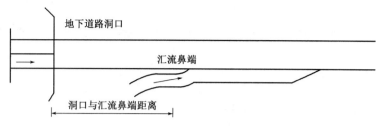

图 6.3.5　城市地下道路洞口与汇流鼻端最小距离

例题 5-42

某城市地下快速路,设计速度 80km/h,某路段处有一汇流入口,则该处汇流鼻端的识别视距不应小于(　　)。

(A)110m
(B)125m
(C)165m
(D)220m

解答

根据《城市地下道路工程设计规范》(CJJ 221—2015)第 6.3.3 条:

汇流鼻端识别视距 $= 1.5 \times 110 = 165$m

答案:C

考点 21　城市地道与地面道路衔接

条文规定

《城市地下道路工程设计规范》(CJJ 221—2015)规定如下:

6.5.1　城市地下道路出口接地点处与下游地面道路平面交叉口距离应符合下列规定:

1　与无信号控制平面交叉口的停车线距离不宜小于 2 倍停车视距。当视线条件好、具有明显标志时,不应小于 1.5 倍停车视距;

2　与信号控制交叉口的停车线距离不宜小于 1.5 倍停车视距,条件受限时不得小于 1 倍停车距离。

6.5.2　城市地下道路出洞口与邻接地面道路出口匝道减速车道渐变段起点的距离应满足设置出口预告标志的需要。当条件受限时,不应小于 1.5 倍主线停车视距,并应在地下道路内提前设置预告标志(图 6.5.2)。

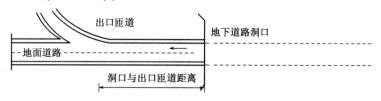

图 6.5.2　地下道路出口与地面道路匝道距离

例题 5-43

某城市地下道路设计速度 60km/h,出口邻接地面道路一出口减速匝道,则洞口与减速车道渐变段起点的距离最小可设为(   )。

(A)90m   (B)105m

(C)110m   (D)120m

解答

根据《城市道路路线设计规范》(CJJ 193—2012)表 6.6.1:

主线设计速度 60km/h,停车视距为 70m;

根据《城市地下道路工程设计规范》(CJJ 221—2015)第 6.5.2 条:

洞口与出口匝道距离 $= 1.5 \times 70 = 105\text{m}$

答案:B

📖 考点分析

本考点可结合城市道路交叉考点进行出题,2020 年真题考到了该类综合性题目,详见交叉工程相关考点。

第6章 交叉工程

考点1 交叉工程的交错点与交通流线数量计算

📖 **基本知识**

根据进出交叉口的车辆不同的交通流向之间,车辆与车辆交错的性质不同,可以分为合流点、分流点、冲突点(统称交错点),无交通管制时,交错点与交叉道数之间的关系如下:

$$分流点 = 合流点 = n(n-2)$$

$$冲突点 = \frac{n^2(n-1)(n-2)}{6}$$

式中:n——交叉口相交道路的条数。

《公路立体交叉设计细则》(JTG/T D21—2014)第3.2.2条条文说明规定如下:

完全互通型即所有交通流方向均被连通。不完全互通型则尚有部分交通流方向未被连通,即缺省部分交通流线。交通流线数目与交叉岔数之间具有如下关系:

$$N = n(n-1)$$

式中:N——交通流线数目;

n——交叉岔数。

📖 **典型例题**

例题 6-1

某十字形交叉口,无信号灯控制,该路口不同转向车辆之间的冲突点个数为(　　　);分(合)流点个数为(　　　)。

(A)16,8　　　　　(B)8,16　　　　　(C)24,12　　　　　(D)32,16

解答

冲突点的个数 $= n^2(n-1)(n-2)/6 = 4^2 \times (4-1) \times (4-2)/6 = 16$ 个

分(合)点的个数 $= n(n-2) = 4 \times (4-2) = 8$ 个

答案:A

例题 6-2

某 T 字形交叉口,无信号灯控制,该路口不同转向车辆之间的冲突点个数为(　　　):分(合)流点个数为(　　　)。

(A)3,3　　　　　(B)6,3　　　　　(C)12,6　　　　　(D)16,8

解答

冲突点的个数 $= n^2(n-1)(n-2)/6 = 3^2 \times (3-1) \times (3-2)/6 = 3$ 个

分(合)点的个数 $= n(n-2) = 3 \times (3-2) = 3$ 个

答案：A

例题 6-3

某高速公路与二级公路形成十字互通立交,设置了 4 条右转弯和 2 条左转弯匝道,关于该立交,下列说法正确的是(　　　)。

(A)为完全互通型立交

(B)为不完全互通型立交,缺少 2 条交通流线

(C)为不完全互通型立交,缺少 4 条交通流线

(D)为不完全互通型立交,缺少 6 条交通流线

解答

十字互通,交叉岔数 $n=4$,交通流线数目 $N = n(n-1) = 4 \times (4-1) = 12$ 个

直行流线为 4 条,$4 + 4 + 2 = 10$

为不完全互通型立交,缺少 2 条交通流线。

答案：B

📖 **考点分析**

(1)交叉工程设计的核心是通过各种方法减少或消除冲突点,设置满足所有交通流线的完全互通型立交是解决交叉问题的根本办法。

(2)由计算公式可知,冲突点和交通流线数量随交叉道路条数(岔数)的增加呈几何倍增加,无论是平交还是立交,应尽量避免交叉岔数超过 4 的多路交叉口。

考点 2　交叉口间距及纵坡要求

1. 公路交叉口间距及纵坡要求

📖 **条文规定**

《公路路线设计规范》(JTG D20—2017)规定如下:

10.1.7　平面交叉间距的控制应符合下列规定:

1　平面交叉的间距应根据公路功能、技术等级,及其对行车安全、通行能力和交通延误的影响确定。

2　一级公路、二级公路的平面交叉最小间距应符合表 10.1.7 的规定。

平面交叉最小间距　　　　　　　　　　　　　　　　　　　表 10.1.7

公路技术等级	一级公路			二级公路	
公路功能	干线公路		集散公路	干线公路	集散公路
	一般值	最小值			
间距(m)	2000	1000	500	500	300

10.2.2 纵面线形设计应符合下列规定：

1 平面交叉范围内，两相交公路的纵面宜平缓。纵面线形应满足停车视距的要求。

2 主要公路在交叉范围内的纵坡应在0.15% ~3%的范围内；次要公路紧接交叉的引道部分应以0.5% ~2%的上坡通往交叉。

📖 **典型例题**

例题6-4（2019年真题）

某T形平面交叉，主路为具集散功能的一级公路，设计速度采用80km/h，在选择与该路的交叉位置时，有4个方案可供选择，各交点平面交叉范围内的主路纵坡及与相邻平面交叉的距离如下表，在各交点方案中，合适的方案为（　　　）。

例题6-4表

交 点 方 案	路纵坡（%）	相邻平面交叉距离（m）
（A）交点1	0.5	1020
（B）交点2	2.0	280
（C）交点3	3.1	580
（D）交点4	3.5	2100

解答

（1）根据《公路路线设计规范》（JTG D20—2017）第10.1.7条，具有集散功能的一级公路平面交叉最小间距为500m。

（2）根据《公路路线设计规范》（JTG D20—2017）第10.2.2条，主要公路在交叉范围内的纵坡应在0.15% ~3%内。

答案:A

2.城市道路交叉口间距及纵坡要求

📖 **条文规定**

《城市道路交叉口设计规程》（CJJ 152—2010）规定如下：

4.1.3 平面交叉口间距应根据城市规模、路网规划、道路类型及其在城市中的区域位置而定；干路交叉口间距宜大致相等；各类交叉口最小间距应能满足转向车辆变换车道所需最短长度、满足红灯期车辆最大排队长度，以及满足进出口道总长度的要求，且不宜小于150m。

4.3.4 平面交叉进口道的纵坡度，宜小于或等于2.5%，困难情况下不宜大于3%。山区城市等特殊情况，在保证行车安全的条件下，可适当增加。

📖 **典型例题**

例题6-5

A、B两条城市次干路十字形平面交叉，设计速度均采用40km/h，在选择两条道路的交点位置时，有4个方案可供选择，各交点平面交叉范围内的道路纵坡（无变坡点）及与相邻平面交叉的距离如下表,在各交点方案中,合适的方案为(　　　)。

例题 6-5 表

交点方案	A/B 路纵坡(%)	A/B 与相邻平面交叉距离(m)
(A)交点 1	0.5/2.0	120/300
(B)交点 2	0.6/1.8	240/250
(C)交点 3	2.0/3.5	360/180
(D)交点 4	2.0/0.2	500/150

解答

根据《城市道路交叉口设计规程》(CJJ 152—2010),交叉口间距不宜小于150m,交点 1 不合理。道路纵坡宜小于或等于 2.5%,困难情况下不宜大于 3.0%,交点 3 不合理。道路最小纵坡不应小于0.3%,交点 4 不合理。

答案:B

📖 **考点分析**

相邻交叉口的最小间距及最大纵坡要求,注意城市道路和公路的区别。

考点 3　平面交叉口视距

1. 公路平面交叉口处视距类型及视距三角形计算

📖 **条文规定**

《公路路线设计规范》(JTG D20—2017)规定如下:

10.3.1　引道视距应符合下列规定:

1　每条岔路上都应提供与行驶速度相适应的引道视距,如图 10.3.1 所示。

2　引道视距在数值上等于停车视距。

图 10.3.1　引道视距

10.3.2 通视三角区的视距应符合下列规定：

1 两相交公路间,由各自停车视距所组成的三角区内不得存在任何有碍通视的物体,如图10.3.2-1所示。

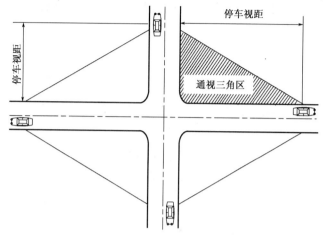

图10.3.2-1 通视三角区

2 条件受限制不能保证由停车视距所构成的通视三角区时,应保证主要公路的安全交叉停车视距和次要公路至主要公路边车道中心线5~7m所组成的通视三角区,如图10.3.2-2所示。安全交叉停车视距值应符合表10.3.2的规定。

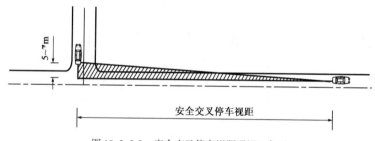

图10.3.2-2 安全交叉停车视距通视三角区

安全交叉停车视距 表10.3.2

设计速度(km/h)	100	80	60	40	30	20
停车视距(m)	160	110	75	40	30	20
安全交叉停车视距(m)	250	175	115	70	55	35

📖 典型例题

例题 6-6

一条设计速度为30km/h的四级公路,与一条设计速度为60km/h的二级公路垂直相交。下列做法能满足路口处通视三角区要求的是( )。

(A)四级路按20m提供视距,二级路按75m提供视距

(B)四级路按30m提供视距,二级路按65m提供视距

(C)四级路距离二级公路边车道中心线6m,二级路按115m提供视距

（D）四级路距离二级公路边车道中心线6m,二级路按75m提供视距

解答

根据《公路路线设计规范》(JTG D20—2017)第10.3.2条,两条路的引道视距应满足各自停车视距组成的三角区,条件困难时,按次要道路5～7m和主要公路的安全交叉停车视距组成的三角区。

答案:C

例题 6-7

路段设计速度80km/h的公路平面交叉,计算的引道视距最接近(　　)。(纵向摩阻系数取0.30)

（A）113　　　　　　　　　　　　（B）140

（C）108　　　　　　　　　　　　（D）118

解答

根据《公路路线设计规范》(JTG D20—2017)第10.3.1条和第7.9.1条条文说明、表7-3、公式(7-6),设计速度为80km/h,行驶速度为68km/h,则

$$S_{停} = \frac{v}{3.6}t + \frac{(v/3.6)^2}{2gf_t}$$

$$S_{停} = 68/3.6 \times 2.5 + (68/3.6)^2/(2 \times 9.8 \times 0.3) = 107.9m$$

答案:C

2. 城市道路平面交叉口处视距类型及视距三角形计算

📖 **条文规定**

《城市道路交叉口设计规程》(CJJ 152—2010)规定如下:

4.3.3　平面交叉口视距三角形范围内(图4.3.3),不得有任何高出路面1.2m的妨碍驾驶员视线的障碍物。交叉口视距三角形要求的停车视距应符合表4.3.3的规定。

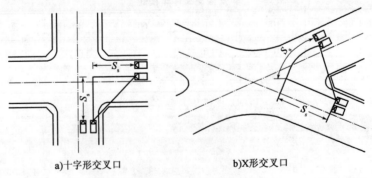

a)十字形交叉口　　　　　　　　b)X形交叉口

图4.3.3　视距三角形

交叉口视距三角形要求的停车视距　　　　　　　　　　表4.3.3

交叉口直行车设计速度(km/h)	60	50	45	40	35	30	25	20	15	10
安全停车视距 S_s(m)	75	60	50	40	35	30	25	20	15	10

例题 6-8(2019 年真题)

城市道路平面交叉口视距三角形范围内,不得有任何高出路面 1.2m 的妨碍驾驶员视线的障碍物。两条设计速度均为 50km/h 的城市道路相交,下列视距三角形图示和尺寸标注正确的是( )。

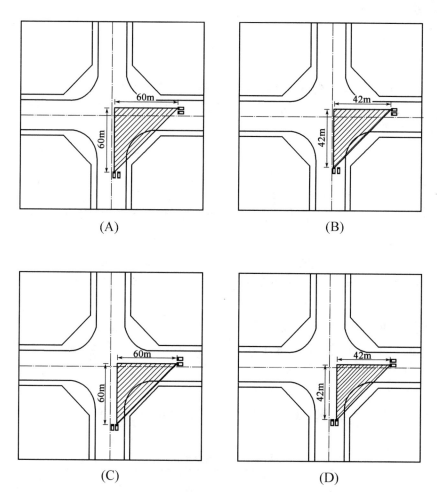

(A)   (B)

(C)   (D)

解答

设计速度为 50km/h,安全停车视距为 60m,按最不利车辆布置视距三角形。

答案:C

考点分析

注意规范图中视距三角形计算起终点的位置,公路在条件受限时,为主要公路的安全交叉停车视距和次要公路至主要公路边车道中心线 5~7m 组成的三角区,城市道路交叉口三角区由停车视距形成,按最不利车辆布置视距三角形。

考点 4　平面交叉设计速度与转弯半径

1. 公路设计速度与转弯半径

条文规定

《公路路线设计规范》(JTG D20—2017)规定如下：

10.1.4　平面交叉设计速度的确定应符合下列规定：

1　平面交叉范围内主要公路的设计速度,宜与路段设计速度相同。

2　两相交公路的功能、等级相同或交通量相近时,平面交叉范围内的直行车道的设计速度可适当降低,但不应低于路段的70%。

3　次要公路因交角等原因改线,或因条件受限采用较低的线形指标时,可适当降低设计速度。

10.4.2　转弯曲线所采用的设计车辆及设计速度应符合下列规定：

1　各级公路应根据对应设计车辆的行迹进行转弯设计,必要时应对弯道的路面加宽、转向净空等进行检验。

2　左转弯曲线应采用载重汽车的行迹控制设计,转弯设计速度宜采用5~15km/h。大型车比例很少或条件受限的公路,可采用5km/h速度时载重汽车的行迹控制设计,但左转弯内缘曲线的最小半径不应小于12.5m。

3　设置分隔的右转弯车道时,其转弯设计速度不宜大于40km/h;当主要公路设计速度小于或等于60km/h时,其右转弯设计速度不宜低于其50%。公路技术等级低、交通量不大时,可不设右转弯专用行车道。

10.4.3　转弯路面内缘的最小圆曲线半径和线形应符合下列规定：

1　载重汽车在各种转弯速度情况下,路面内缘的最小圆曲线半径应根据转弯速度按表10.4.3确定。

路面内缘的最小半径　　　　　　　　　　　　　　表10.4.3

转弯速度(km/h)	≤15	20	25	30	40	50	60	70
最小半径(m)	15	20(15)	25(20)	30	45	60	75	90
最小超高(%)	2	2	2	2	3	4	5	6
最大超高(%)	一般值:6,极限值:8							

注:条件受限制时可采用括号内的值。

根据第10.4.1条条文说明,五种设计车辆中的载重汽车最小行驶转弯半径如图10-6所示。

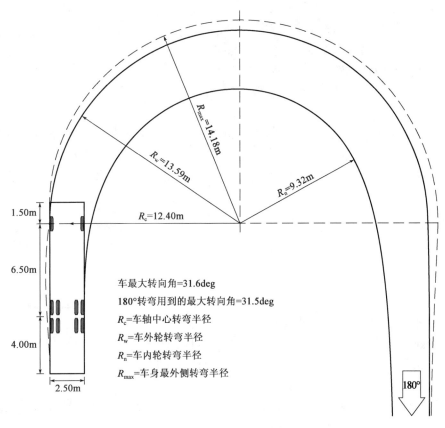

图 10-6　载重汽车最小转弯半径(尺寸单位:m)

车最大转向角=31.6deg

180°转弯用到的最大转向角=31.5deg

R_c=车轴中心转弯半径

R_w=车外轮转弯半径

R_n=车内轮转弯半径

R_{max}=车身最外侧转弯半径

📖 典型例题

例题 6-9

两条设计速度均为 40km/h 的三级公路平面交叉口处,因两侧用地条件有限,只能采用较小转弯半径,则该路口处直行车道的设计速度最低为(　　)。路口的右转弯路面内缘最小圆曲线半径为(　　)。

(A)20km/h,15m

(B)24km/h,15m

(C)28km/h,15m

(D)28km/h,20m

解答

根据《公路路线设计规范》(JTG D20—2017)第 10.1.4 条第 2 款,两相交公路的功能、等级相同或交通量相近时,平面交叉范围内的直行车道的设计速度可适当降低,但不应低于路段的 70%。0.7×40=28km/h。根据第 10.4.2 条第 3 款,右转弯设计速度最小为 0.5×40=20km/h。根据表 10.4.3 知条件受限时,最小圆曲线半径取 15m(条件受限时采用括号内数据)。

答案:C

例题 6-10

受地形限制的某一级集散公路(设计速度为 60km/h)与交通量大的二级公路平交,下列设置合理的是(　　)。

（A）渠化分隔的右转弯车道,转弯半径 30m

（B）渠化分隔的右转弯车道,转弯半径 25m

（C）非渠化分隔的右转弯车道,转弯半径 30m

（D）非渠化分隔的右转弯车道,转弯半径 25m

解答

根据《公路路线设计规范》(JTG D20—2017)第 10.5.1 条第 2 款,两条一级公路相交或与交通量大的二级公路相交时,其右转弯运行应设置经渠化分隔的右转弯车道。根据第 10.4.2 条第 3 款,右转弯设计速度最小:0.5 × 60 = 30km/h,查表 10.4.3,最小转弯半径取 30m。

答案:A

例题 6-11

某土地资源紧缺的地区新建一条二级干线公路,与某二级集散公路相交叉。二级干线公路设计速度为 60km/h,二级集散公路设计速度为 40km/h,拟在二级干线公路右转弯处设置分隔的右转弯车道,其右转弯设计速度最适宜采用(　　)。

（A）50km/h　　　　　　　　　　　　（B）45km/h

（C）30km/h　　　　　　　　　　　　（D）25km/h

解答

(1)《公路路线设计规范》(JTG D20—2017)第 10.4.2 条,设置分隔的右转弯车道,其转弯设计速度不宜大于 40km/h,A、B 错误。

(2)当主要公路设计速度小于或等于 60km/h 时,其右转弯设计速度不宜低于其 50%,60 × 0.5 = 30km/h,D 错误。

答案:C

2. 城市道路设计速度与转弯半径

条文规定

《城市道路交叉口设计规程》(CJJ 152—2010)规定如下:

3.3.3　平面交叉口内的设计速度在保证安全的前提下,应按组成交叉口的各条道路的设计速度的 50% ~ 70% 计算,转弯车取小值,直行车取大值。

4.3.2　平面交叉口转角处缘石宜为圆曲线或复曲线,其转弯半径应满足机动车和非机动车的行驶要求,可按下表选定。当平面交叉口为非机动车专用路交叉口时,路缘石转弯半径可取 5 ~ 10m。

路缘石转弯半径　　　　　　　　　　表 4.3.2

右转弯设计速度(km/h)	30	25	20	15
无非机动车道路缘石推荐半径(m)	25	20	15	10

注:有非机动车道时,推荐转弯半径可减去非机动车道及机非分隔带的宽度。

例题 6-12

两条设计速度均为 50km/h 的城市次干路相交。交叉口处断面布置形式相同,均为中间 15m 的机动车道,两侧各 2.5m 的机非分隔带,4m 的非机动车道,3m 的人行道。则该路口处最小路缘石转弯半径是(   )。

(A)10m   (B)12m   (C)13.5m   (D)15.5m

解答

根据《城市道路交叉口设计规程》(CJJ 152—2010)第 3.3.3 条,右转弯设计速度为 $0.5 \times 50 = 25km/h$;由表 4.3.2 知,无非机动车路缘石推荐半径为 20m;$20 - (2.5 + 4) = 13.5m$。

答案:C

例题 6-13

某城市支路设计速度为 30km/h,横断面采用单幅路形式:车行道总宽 14.0m,人行道宽 3m。机动车道、非机动车道通过划线实现,其中非机动车道宽为 3.5m。与之相交的支路采用同样的横断面布置及划线方式。该两支路交叉口转角处缘石半径采用圆曲线,则该处转角半径最小取值应为(   )。

(A)5m   (B)6.5m

(C)8m   (D)10m

解答

根据《城市道路交叉口设计规程》(CJJ 152—2010)第 3.3.3 条,右转车设计速度取 15km/h。根据表 4.3.2,无非机动车道路缘石转弯推荐半径为 10m;该交叉口处设有非机动车道,则推荐半径可减去非机动车道宽,即 $10 - 3.5 = 6.5m$。

答案:B

考点分析

(1)掌握公路及城市道路关于路口处直行车道及转弯车道上设计速度的规定。

(2)根据路段的设计速度,确定右转弯设计速度,并由此得到相应的右转弯路面内缘(路缘石)半径最小值(若含非机动车道及机非分隔带,应减去相应的宽度)。

(3)注意题目中关键字的提示(排除干扰项),如"交通量大的二级公路"等规范中的重点提示。

考点 5 平交变速车道长度的计算

1. 公路平交变速车道长度计算

条文规定

《公路路线设计规范》(JTG D20—2017)规定如下:

10.5.1 右转弯附加车道设计应符合下列规定：

1 主要公路设计速度大于或等于60km/h时，应在主要公路上增设减速分流车道和加速汇流车道。

2 两条一级公路相交或一级公路与交通量大的二级公路相交时，其右转弯运行应设置经渠化分隔的右转弯车道。

10.5.2 左转弯车道设计应符合下列规定：

1 四车道公路除左转交通量很小且对直行交通不造成阻碍或延误者外，均应在平面交叉范围内设置左转弯车道。

2 二级公路符合下列情况之一时，应设置左转弯车道：

1) 与高速公路或一级公路互通式立体交叉连接线相交的平面交叉；

2) 非机动车较多且未设置慢车道的平面交叉；

3) 左转弯交通会引起交通拥阻或交通事故。

3 左转弯车道应由渐变段、减速段和等候段组成。左转弯等候段长度应不小于30m。当左转弯交通量很小时，可不考虑等候长度。

10.5.3 变速车道设计应符合下列规定：

1 变速车道的长度应根据相交公路类别、设计速度和变速条件等，按表10.5.3-1确定。

变速车道长度　　　　　　　　　　　　表10.5.3-1

公路类别	设计速度（km/h）	减速车道长度（m）			加速车道长度（m）		
		末速（km/h）			始速（km/h）		
		0	20	40	0	20	40
主要公路	100	100	95	70	250	230	190
	80	60	50	32	140	120	80
	60	40	30	20	100	80	40
	40	20	10	—	40	20	—
次要公路	80	45	40	25	90	80	50
	60	30	20	10	65	55	25
	40	15	10	—	25	15	—
	30	10	—	—	10	—	—

注：表列变速车道长度不包括渐变段的长度。

2 变速车道渐变段设计应符合下列规定：

1) 变速车道为等宽车道时，其长度应另增加表10.5.3-2所列的渐变段长度。

渐变段长度　　　　　　　　　　　　表10.5.3-2

设计速度（km/h）	100	80	60	40
渐变段长度（m）	60	50	40	30

2) 变速车道为非等宽渐变式时，其长度应不小于按减速时1.0m/s或加速时0.6m/s的侧移率变换车道的计算值。

3) 公路的设计速度大于或等于80km/h，且直行交通量较大时，右转弯变速车道应采用附渐变段的等宽车道；其他情况宜采用渐变式变速车道。

434

4)当直行车道的通行能力有富余,或条件受限制而难以设置应有长度的加速车道时,可采用较短的渐变式加速车道。

《公路路线设计规范》(JTG D20—2017)第10.5.3条条文说明规定如下:

当直行车道的通行能力有较大富裕且行驶速度低,或条件受限制而难以设置足够长度的加速车道时,可采用不短于50m的渐变段。

📖 典型例题

例题 6-14

山东某一级公路,设计速度为60km/h,与二级公路相交,左转交通量较大,考虑主线车速较快,一级公路进口采用渠化的专用左转车道,左转弯减速车道末速为0,渠化方案如下图所示,一级公路左转弯车道长度最小为( )。

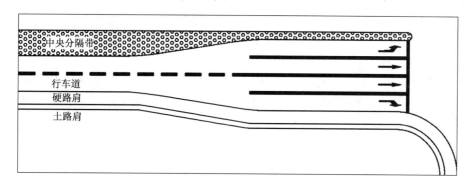

例题 6-14 图

(A)110   (B)80
(C)140   (D)70

解答

根据《公路路线设计规范》(JTG D20—2017)第10.5.2条第3款,左转弯车道应由渐变段、减速段和等候段组成。左转弯等候段长度应不小于30m。当左转弯交通量较大时,等候段长度最小取30m;主线设计速度为60km/h,末速为0,根据表10.5.3-1查得减速段长40m;根据表10.5.3-2查得渐变段长度为40m;计算得左转弯车道长度 = 30 + 40 + 40 = 110m。

答案:A

例题 6-15

某设计速度为80km/h的一级公路与设计速度为60km/h的二级公路平面交叉,两条公路上直行交通量均较大,均设置了经渠化分隔的右转弯车道,右转弯设计速度为40km/h。交叉口设计时,一级公路进入二级公路的右转减速车道长度最合理的是( )。

(A)32m   (B)82m
(C)25m   (D)75m

解答

(1)根据《公路路线设计规范》(JTG D20—2017)第10.5.3条,题中一级公路为主要公路,设计速度80km/h采用附渐变段的等宽式变速车道。

(2)查表10.5.3-1,变速车道长度取32m;查表10.5.3-2,渐变段长度取50m;减速车道总长为 32 + 50 = 82m。

答案:B

例题 6-16

某公路平面交叉口,主要公路等级为二级公路,设计速度为60km/h,在其上设置了右转弯附加车道,包括等宽减速分流车道和加速汇流车道,其中,减速分流车道要求右转车末速为20km/h,加速汇流车道的始速为20km/h,则右转弯附加车道的等宽减速分流车道和等宽加速汇流车道长度最小应设计为(   )。

(A)60m,80m   (B)60m,120m

(C)70m,120m   (D)70m,140m

解答

(1)等宽减速分流车道

根据《公路路线设计规范》(JTG D20—2017)表 10.5.3-2,渐变段长度取 40m;根据表 10.5.3-1,变速车道长度取 30m;等宽减速分流车道长度为 40 + 30 = 70m。

(2)等宽加速汇流车道

根据《公路路线设计规范》(JTG D20—2017)表 10.5.3-2,渐变段长度取 40m;根据表 10.5.3-1,变速车道长度取 80m;等宽加速汇流车道长度为 40 + 80 = 120m。

答案:C

例题 6-17

某两条二级公路平面交叉,二级公路的设计速度均为60km/h,交叉口设置渠化分隔右转弯车道,右转弯车道宽度为5.0m,右转弯路面内缘半径为30m,采用渐变式变速车道,则加速车道长度宜采用(   )。

(A)42m   (B)63m

(C)70m   (D)105m

解答

根据《公路路线设计规范》(JTG D20—2017)第 10.4.2 条,右转弯设计速度宜采用 30km/h;加速车道平均行驶速度 $V_a = (60 + 30)/2 = 45$km/h,根据第 10.5.3 条第 2 款,加速车道长度为 $(45/3.6) \times (5/0.6) = 104.17$m。

答案:D

例题 6-18

某两条三级公路平面交叉,三级公路的设计速度均为30km/h,右转弯设计速度为20km/h,交叉口设置渠化分隔右转弯车道,右转弯车道宽度为3.5m,采用渐变式变速车道,加速车道长度宜采用(   )。

(A)41m   (B)50m   (C)70m   (D)105m

解答

根据《公路路线设计规范》(JTG D20—2017)第 10.5.3 条,加速车道平均行驶速度 $V_a = (30 + 20)/2 = 25$km/h,加速车道长度为 $(25/3.6) \times (3.5/0.6) = 40.5$m,又根据条文说明,长度不短于 50m,因此采用 50m。

答案:B

2. 城市道路平交进口道长度及宽度计算

《城市道路交叉口设计规程》(CJJ 152—2010)规定如下:

4.2.9　平面交叉口一条进口车道的宽度宜为3.25m,困难情况下最小宽度可取3.0m;当改建交叉口用地受到限制时,一条进口车道的最小宽度可取2.80m,转角导流交通岛右侧右转专用车道应按设计速度及转弯半径大小设置车道加宽。

4.2.13　进口道长度由展宽渐变段长度(L_t)与展宽段(L_d)组成(图4.2.12)。渐变段长度(L_t)按车辆以70%路段设计车速行驶3s横移一条车道时来计算确定。渐变段最小长度不应少于:支路20m,次干路25m,主干路30~35m。展宽段最小长度应保证左转或右转车不受相邻候驶车辆排队长度的影响。相邻候驶车辆排队长度(L_s)可由下式确定:

$$L_s = 9N \tag{4.2.13}$$

式中:N——高峰15min内每信号周期的左转或右转车的排队车辆数。

当需设两条转弯专用车道时,展宽段长度可取一条专用车道长度的60%。无交通量资料时,展宽段最小长度不应小于:支路30~40m,次干路50~70m,主干路70~90m,与支路相交取下限,与主干路相交取上限。

4.2.15　出口道每条车道宽度不应小于路段车道宽度,宜为3.50m,条件受限的改建交叉口出口道每条车道宽度不宜小于3.25m。

4.2.16　出口道长度由出口道展宽段和展宽渐变段组成,展宽段最小长度不应小于30~60m,交通量大的主干路取上限,其他可取下限;当设置公交停靠站时,应再加上站台长度。渐变段最小长度不应小于20m。

4.4.5　当公交停靠站设置在进口道,且进口道右侧有展宽增加的车道时,停靠站应设在该车道展宽段之后不少于20m处,并将公交站台与展宽车道作一体化设计;当进口道右侧无展宽增加的车道时,停靠站应在右侧车道最大排队长度再加20m处布设。

4.4.6　当公交停靠站设置在出口道,且出口道右侧展宽增加车道时,停靠站应设在展宽段向前不少于20m处,当出口道右侧无展宽时,停靠站在干路上距对向进口车道停止线不应小于50m,在支路上不应小于30m。

4.4.8　公共汽(电)车港湾式停靠站应符合下列规定:

2 停靠站候车站台的长度可按下式确定:

$$L_b = n(l_b + 2.5) \tag{4.4.8}$$

式中:L_b——公共汽(电)车停靠站站台长度(m);

n——同时在站台停靠的公交车辆数,无实测数据时,取n = 公交线路数 + 1;

l_b——公交车辆长度,一般为15~20m。

例题6-19(2020年真题)

某城市主干路,设计速度为60km/h,在信号控制平面交叉口进口道设置一条宽为3.25m的右转专用车道,高峰15min内每信号周期右转车的排队车辆数为9辆,则进口展宽右转专用

车道的设置长度为(　　　)。(取整数)

(A)111m
(B)116m

(C)125m
(D)131m

解答

根据《城市道路交叉口设计规程》(CJJ 152—2010)第4.2.13条,渐变段长度 $L_t = 3 \times 60 \times 70\%/3.6 = 35$,满足主干道最小长度 $30 \sim 35$m 的要求;展宽段 $L_d = 9 \times 9 = 81$m;进口展宽右转专用车道长度 $L_y = 35 + 81 = 116$m。

答案:B

例题 6-20

某城市次干路平面交叉口,在北向西进口道设置一条右转专用道,已知该道路路段设计速度为40km/h,高峰15min内每信号周期右转车的排队车辆数为8辆,直行排队车辆数为9辆,设计右转专用车道最小长度接近(　　　)。

(A)95m
(B)102m

(C)106m
(D)110m

解答

根据《城市道路交叉口设计规程》(CJJ 152—2010)第4.2.13条,渐变段长度 $L_t = 3 \times (0.7 \times 40)/3.6 = 23$m,城市次干路展宽渐变段最小长度应取25m;排队长度 $L_s = 9N = 9 \times 9 = 81$m,展宽段不小于排队长,$L_d$ 取 $L_s = 81$m,右转专用车道最小长度为 $25 + 81 = 106$m。

答案:C

例题 6-21

某城市主干路道路平面交叉口在南向东进口道设置一条右转专用车道,右转车道宽为3.25m。已知路段设计速度为60km/h,高峰15min内每信号周期右转车的排队车辆数为8辆,直行排队车辆为7辆,则进口道右转专用道的计算长度最接近(　　　)。

(A)100m
(B)107m

(C)110m
(D)115m

解答

根据《城市道路交叉口设计规程》(CJJ 152—2010)第4.2.13条,渐变段长度: $L_t = 3 \times (0.7 \times 60)/3.6 = 35$m,城市主干路展宽渐变段最小长度应取 $30 \sim 35$m,结果取计算值和规定值两者的大值35m。

展宽段长 $L_d = L_s = 9N = 9 \times 8 = 72$m。

右转专用车道长 $L_y = 35 + 72 = 107$m。

答案:B

例题 6-22

某主干路与次干路相交,主干路设置右转专用车道,次干路结合出口右转专用车道设置公交港湾式停靠站,则出口道总长度最小为(　　　)。

(A)85m
(B)125m

(C)105m
(D)110m

438

解答

根据《城市道路交叉口设计规程》(CJJ 152—2010)第4.2.16条,出口道长度由出口道展宽段和展宽渐变段组成。展宽段长度不应小于30~60m,交通量大的主干路取上限,其他可取下限;当设置公交停靠站时,应再加上站台长度。渐变段最小长度不应小于20m。根据题意,出口道在次干路上,展宽段长度最小30m,渐变段最小长度取20m。

根据《城市道路交叉口设计规程》(CJJ 152—2010)第4.4.6条,停靠站应设置在展宽段向前不少于20m处。

公交站台长度根据《城市道路交叉口设计规程》(CJJ 152—2010)公式(4.4.8),取最小一条线路,$L_b = n(l_b + 2.5) = 2 \times (15 + 2.5) = 35m$,渐变段取20m,出口道长度最小值 $L'_y = 30 + 20 + 35 + 20 = 105m$。

答案:C

例题 6-23

为提高路口通行效率,某地对老城区现有道路路口进行渠化改造,现有道路为双向四车道的四幅路,改造后进口道增加专用左、右转车道,同时直行车道数量同路段一致,受到两侧用地影响,考虑两侧路缘带宽度时进口道车行道路面最小宽度可采用(　　　)。

(A)12m　　　　(B)12.5m　　　　(C)13m　　　　(D)13.5m

解答

进口道共设置4条车道,根据《城市道路交叉口设计规程》(CJJ 152—2010)第4.2.9条,按照题意,项目为旧路改建交叉口,两侧受到限制,进口道最小宽度可取2.8m,考虑两侧路缘带宽度0.25m,计算:0.25 + 2.8×4 + 0.25 = 11.7m,可以采用12m。

答案:A

📖 **考点分析**

(1)公路等宽式变速车道(设计速度≥80km/h,且直行交通量较大时采用)的长度:根据公路主次类别和变速条件查表10.5.3-1得变速段长度,根据设计速度,查表10.5.3-2得渐变段长度,二者相加才是总的变速车道长度。

(2)非等宽渐变式(其余情况采用)车道长度计算:确定转弯车道路段平均速度后,用平均速度乘以根据减速按1.0m/s的侧移率变换车道或者加速按0.6m/s的侧移率变换车道所用时间(右转弯车道宽/侧移率)。公式如下:$l_d = \dfrac{V_A}{3.6J}B$(m),V_A 为路段平均行驶速度(km/h),B 为右转车道宽度(m),J 为车辆行驶时变换车道的侧移率(m/s)。

(3)公路非等宽渐变式加速车道长度不短于50m,与计算得到的长度比较,两者取大值;城市道路右转专用车道分为渐变段和展宽段,渐变段按车辆以70%路段设计车速行驶3s横移一条车道时来计算,且不应小于规程规定的最小值,两者取大值。

(4)公路左转车道等候段长度不小于30m,左转车辆很小时,左转车道可以不设等候长度。

(5)城市道路左右转车道展宽段最小长度应保证左右转车不受相邻候驶车辆排队长度的影响,与公式(4.2.13)有一定矛盾。

(6)在城市道路交叉口规划和设计工作中,进口道也可以不设置路缘带。

考点6 与铁路、乡村道路的平交处变坡点及交点最小距离计算

1.公路与铁路、乡村道路平交处变坡点、交点最小距离计算

📖 **条文规定**

《公路路线设计规范》(JTG D20—2017)规定如下:

12.3.3 道口附近的铁路路线以直线为宜。公路路线宜为直线,道口两侧公路的直线长度,从最外侧钢轨算起,不应小于50m。

12.3.4 道口两侧公路的水平路段长度(不包括竖曲线),从铁路最外侧钢轨外侧算起,不应小于16m,乡村道路不应小于10m。紧接水平路段的公路纵坡,不应大于3%;当受地形条件及其他特殊情况限制时,不得大于5%。对于重车驶向道口一侧的公路下坡路段,紧邻道口水平路段的纵坡不应大于3%。

12.4.8 平面交叉设计应符合下列规定:

1 平面交叉以正交为宜。当必须斜交时,其交叉的锐角应不小于70°;受地形条件或其他特殊情况限制时,应不小于60°。

2 交叉处公路两侧的乡村道路直线长度应各不小于20m。

3 交叉处公路两侧的乡村道路应分别设置不小于10m的水平段或缓坡段,缓坡段的纵坡应不大于2%。紧接水平段或缓坡段的纵坡不应大于3%,困难地段不应大于6%。

4 平面交叉处应使驾驶者在距交叉20m处,能看到两侧二级、三级公路相应停车视距并不小于50m范围内的汽车。视线范围内不得有障碍物。

5 经常有履带耕作机械通行时,交叉范围内的公路路面、路肩应进行加固,且公路路基边缘外侧的乡村道路应各设置不小于10m的加固段。

📖 **典型例题**

例题 6-24

某三级公路与设计速度为30km/h的乡村道路平面交叉,该乡村公路的路拱横坡为1.5%,与交叉口两侧相接的第一个平曲线转角为20°,其半径为400m;交叉口两侧的水平路段之后接5%的纵坡,竖曲线半径为1200m,则该平曲线交点和变坡点距乡村道路的最小距离分别为( )。

(A)75m、25m   (B)85m、30m

(C)90m、35m   (D)95m、40m

解答

(1)根据《公路路线设计规范》(JTG D20—2017)第12.4.8条,可知交叉公路两侧的直线长度应都不小于20m。

(2)乡村道路按四级公路技术标准采用技术指标,根据《公路路线设计规范》(JTG D20—2017)第7.4.1条,半径400m大于不设超高最小半径,切线长 $T = 400 \times \tan 10° = 70.53$m。

(3)该平曲线交点距乡村道路的最小距离为 $20 + 70.53 = 90.53$m。

（4）根据《公路路线设计规范》（JTG D20—2017）第 12.4.8 条，交叉公路两侧的乡村道路应分别设置不小 10m 的水平段。

（5）竖曲线的切线长 $T = 1200 \times 0.05 / 2 = 30m$。

（6）该变坡点距乡村道路的最小距离为 $10 + 30 = 40m$。

答案：D

2. 城市道路与铁路平交处变坡点、交点最小距离计算

📖 条文规定

《城市道路交叉口设计规程》（CJJ 152—2010）规定如下：

6.2.3 道路与铁路平面交叉时，道路线形应为直线。直线段从最外侧钢轨外缘算起应大于或等于 30m。道路平面交叉口的缘石转弯曲线切点距最外侧钢轨外缘不应小于 30m。

无栏木设施的铁路道口，停止线位置距最外侧钢轨外缘不应小于 5m。

6.2.4 道口两侧应设置平台。自最外侧钢轨外缘到最近竖曲线切点间的平台应符合下列规定：

1 通行各类汽车的道口平台不应小于 16m，并应满足设计速度的要求。

2 平台纵坡度应小于或等于 0.5%。

3 紧接道口平台两端的道路纵坡度不应大于表 6.2.4 规定的数值。

紧接道口平台两端的道路纵坡度（%）　　　　　　　表 6.2.4

道 路 类 型	机动车与非机动车混合车道	机 动 车 道
一般值	2.5	3.0
限制值	3.5	5.0

📖 典型例题

例题 6-25

某城市次干路（设计速度为 30km/h）与铁路平面交叉，该次干路与道口两侧相接的第一个平曲线转角为 10°，其半径为 200m；道口两侧的水平路段之后接 2% 的纵坡，竖曲线半径为 4000m，则该平曲线交点和变坡点距铁路最外侧钢轨外缘的最小距离为（　　　）。

（A）87m、96m
（B）55m、76m

（C）48m、68m
（D）48m、56m

解答

（1）根据《城市道路交叉口设计规程》（CJJ 152—2010）第 6.2.3 条，可知铁路两侧道路直线段长度大于或等于 30m。

（2）根据《城市道路交叉口设计规程》（CJJ 152—2010）第 6.2.4 条，半径大于不设超高最小半径，切线长 $T = 200 \times \tan 5° = 17.5m$。

（3）该平曲线交点距铁路最外侧钢轨外缘的最小距离为 $30 + 17.5 = 47.5m$。

（4）根据《城市道路交叉口设计规程》（CJJ 152—2010），自最外侧钢轨外缘到最近竖曲线切点间的道口平台不应小于 16m。

（5）竖曲线的切线长 $T = 4000 \times 0.02 / 2 = 40m$。

（6）该变坡点距铁路最外侧钢轨外缘的最小距离为 $16 + 40 = 56m$。

答案：D

📖 **考点分析**

（1）本考点可能结合路线平面、纵断面曲线要素综合出题，相关计算公式详见路线章节。

（2）与铁路相交时，公路、城市道路、乡村道路距离外侧钢轨的直线和缓坡段均有不同要求，计算方法相同。

考点7 环形交叉口中心岛半径计算

📖 **条文规定**

《城市道路交叉口设计规程》（CJJ 152—2010）规定如下：

4.6.2 中心岛的形状根据交通条件可采用圆形、椭圆形、圆角菱形、卵形等。中心岛最小半径（或当量半径）应同时满足环道设计速度和最小交织长度的要求，并应符合下列要求：

1 满足环道设计速度中心岛最小半径可由下式确定：

$$R_1 = \frac{V^2}{127(\mu \pm i)} - \frac{b_i}{2} \tag{4.6.2-1}$$

式中：V——环道设计速度（km/h）；环道设计速度应按相交道路中最大设计速度的 50% ~ 70% 计取，车速较大的，宜取较小的系数值；

μ——横向摩阻力系数，取 0.14 ~ 0.18；

i——路面横坡，取 1.5% ~ 2%；

b_i——内侧车道宽（含车道加宽），可取 5.5m（大型车）。

中心岛最小半径与相应的环道设计速度应符合表 4.6.2-1 的规定。

环道设计速度与中心岛最小半径　　　　　　　　表 4.6.2-1

环道设计速度（km/h）	20	25	30	35	40
中心岛最小半径（m）	20	25	35	50	65

2 最小交织长度不应小于以环道设计速度行驶 4s 的距离，行驶铰接车时，最小交织长度应不小于30m。最小交织长度应符合表 4.6.2-2 的规定。

最小交织长度　　　　　　　　表 4.6.2-2

环道设计速度（km/h）	20	25	30	35	40
最小交织长度（m）	25	30	35	40	45

满足相邻两条道路交角间的交织段长度对应的中心岛圆弧半径 R_2 可由下式确定：

$$R_2 = \frac{360 l_g}{2\pi \omega} \tag{4.6.2-2}$$

式中：ω——相邻两条相交道路间的交角（°）；

l_g——最小交织长度（m）。

例题 6-26

某两条市政道路垂直相交,交叉角度为 70°,采用环形交叉口,已知相交道路的设计速度均为 40km/h,环道设计速度为 20km/h,最内侧环道的宽度为 5.0m,为了交叉排水顺畅,设置由环岛中心向外侧的 2% 横坡(内高外低),环形交叉有铰接车通行,则其中心岛最小半径(横向力系数取 0.15)为(　　)。

(A)20m (B)22m

(C)25m (D)30m

解答

(1)按满足环道设计速度计算

根据题意可知,环道的设计速度 $V = 20$km/h,横向力系数 $i = 0.15$,环道横坡 $i = 2.0\%$,最内侧环道的宽度 $b = 5.0$m,则满足设计速度要求的中心岛半径为:

$R_1 = 20^2/[127 \times (0.15 - 0.02)] - 5.0/2 = 21.7$m(大于表 4.6.2-1 中给的最小值,取 21.7m)

(2)按满足交织段长度计算

环道速度 4s 行车:(20/3.6)×4 = 22.2,行驶铰接车需要,最小交织段长度应 ≥30m,30m 满足表 4.6.2-2 要求,因此,满足最小交织段要求的中心岛半径为:

$R_2 = 360 \times 30/(2 \times 3.14 \times 70) = 24.5$m

取二者大值 24.5m。

答案:C

(1)计算 R_1 的公式(4.6.2-1)即为路线章节中平曲线最小半径的计算原理,应注意以下三方面:

①环道设计速度的取值规定。

②路面横坡的正负号问题(内高外低取"－",内低外高取"＋")。

③内侧车道宽度规定,若题目没有给出,采用规范中的"可取 5.5m(大型车)",计算值应与表 4.6.2-1 相比较,取大值得到 R_1,同时还应满足公式(4.6.2-2)计算得到的 R_2。

(2)由满足交织段长度计算环岛最小半径时,注意最小交织段长度的取值,应按 4s 行车距离和表 4.6.2-2 的规定进行控制(双控),如果行驶的是铰接列车,最小交织段长度还应不小于 30m,相当于三控。

考点8　匝道设计小时交通量计算

《公路立体交叉设计细则》(JTG/T D21—2014)规定如下:

4.5.1 在工程可行性研究阶段，公路立体交叉方案设计可采用年平均日交通量。年平均日交通量应采用主线交通量预测年限或立体交叉建成通车后第20年的预测交通量。

4.5.2 在设计阶段，公路立体交叉设计应采用设计小时交通量，并应符合下列规定：

1 设计小时交通量宜采用年第30位小时交通量，也可根据立体交叉功能和当地小时交通量的变化特征采用20~40位小时之间最为经济合理时位的小时交通量。设计小时交通量应按式(4.5.2)换算：

$$DDHV = AADT \cdot K \cdot D \tag{4.5.2}$$

式中：$DDHV$——设计小时交通量(pcu/h)；

  $AADT$——年平均日交通量(pcu/d)；

   K——设计小时交通量系数，根据交叉公路功能、交通量、地区气候和地形等条件确定；

   D——方向不均匀系数，根据当地交通量观测资料确定，当资料缺乏时，可在50%~60%范围内选取。

2 互通式立体交叉设计应提供节点交通量分布图，明确各方向和各路段的设计小时交通量。

条文说明

本细则所涉及交通量均指单位时间内的当量小客车数量。

《公路路线设计规范》(JTG D20—2017)规定如下：

3.3.4 新建公路的设计小时交通量系数可参照公路功能、交通量、地区气候、地形等条件相似的公路观测数据确定，缺乏观测数据地区可参照表3.3.4取值。改扩建公路的设计小时交通量系数宜结合既有公路的观测数据综合确定。

各地区的设计小时交通量系数　　　　　　　　表3.3.4

地　区		华北	东北	华东	中南	西南	西北
		京、津、冀、晋、蒙	辽、吉、黑	沪、苏、浙、皖、闽、赣、鲁	豫、湘、鄂、粤、桂、琼	川、滇、黔、藏、渝	陕、甘、青、宁、新
近郊	高速公路(%)	8.0	9.5	8.5	8.5	9.0	9.5
	一级公路(%)	9.5	11.0	10.0	10.0	10.5	11.0
	二级公路、三级公路(%)	11.5	13.5	12.0	12.5	13.0	13.5
城间	高速公路(%)	12.0	13.5	12.5	12.5	13.0	13.5
	一级公路(%)	13.5	15.0	14.0	14.0	14.5	15.0
	二级公路、三级公路(%)	15.5	17.5	16.0	16.5	17.0	17.5

📖 **典型例题**

例题 6-27（2020 年真题）

某高速公路互通式立体交叉，其中一双向年平均日交通量 $AADT$ 为10000pcu/d，方向不均匀系数 D 为60%，设计小时交通量系数 K 为0.10，则该方向匝道设计小时交通量 $DDHV$ 为（　　）。

（A）400pcu/h　　　　（B）500pcu/h　　　　（C）600pcu/h　　　　（D）1000pcu/h

解答

根据《公路立体交叉设计细则》（JTG/T D21—2014）第4.5.2条：

$DDHV = 1000 \times 0.1 \times 60\% = 600\text{pcu/h}$

答案：C

例题 6-28

已知成都某城郊高速公路喇叭式互通平面示意图及匝道编号如右图所示，已知 B 匝道预测年度的年平均日交通量为10000pcu/d，该匝道的单向设计小时交通量最接近（　　）。

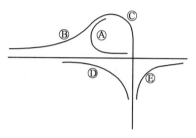

（A）450pcu/h　　　　（B）650pcu/h

（C）900pcu/h　　　　（D）1300pcu/h

解答

由题意知此公路为四川城郊高速公路，查《公路路线设

例题 6-28 图

计规范》（JTG D20—2017）表3.3.4，设计小时交通量系数 K 取 0.09，根据平面图示，B 匝道为单向匝道，则

$DDHV = 10000 \times 9\% = 900\text{pcu/h}$

答案：C

例题 6-29

其他条件与例题 6-28 相同，已知 C 匝道预测年度的年平均日交通量为20000pcu/d，方向分布为55/45，该匝道的单向设计小时交通量最接近（　　）。

（A）450pcu/h　　　　（B）650pcu/h　　　　（C）990pcu/h　　　　（D）1300pcu/h

解答

由题意知此公路为四川城郊高速公路，查《公路路线设计规范》（JTG D20—2017）表3.3.4，设计小时交通量系数 K 取 0.09，根据平面图示，C 匝道为双向匝道，方向不均匀系数为 0.55，则

$DDHV = 20000 \times 9\% \times 55\% = 990\text{pcu/h}$

答案：C

📖 **考点分析**

（1）匝道设计小时交通量与各级公路设计小时交通量计算公式一致，解题时应注意判断匝道是单向还是双向交通，双向交通时应乘以方向不均匀系数 D 得到单向设计小时交通量。

（2）设计小时交通量系数 K 可通过查《公路路线设计规范》（JTG D20—2017）表3.3.4得到，还可以采用条文说明的公式进行计算。

（3）D 值选择如果题目给的是方向分布（如55/45），应当选择交通量大的方向计算单向设计小时交通量（D = 0.55）。

（4）注意题目给的交通量单位是 pcu（当量小客车）还是 veh（自然车辆），如果单位一致，

可以直接代入公式,如果不一致,还需采用《公路路线设计规范》(JTG D20—2017)交通组成修正系数 f_{HV} 进行修正(详见路线章节);但《公路立体交叉设计细则》(JTG/T D21—2014)所涉及的交通量均是 pcu。

考点9 立交通行能力计算

1. 按公路计算立交通行能力

条文规定

《公路立体交叉设计细则》(JTG/T D21—2014)规定如下:

4.5.3 公路立体交叉范围内的交叉公路、匝道、分流区、合流区、交织区和集散道的服务水平分为六级。交叉公路设计服务水平应按相应公路功能及等级选取;匝道、分流区、合流区、交织区和集散道的设计服务水平可比主线低一级,但不应低于四级。

4.5.4 当设计服务水平采用四级时,匝道基本路段单车道和双车道的设计通行能力可由表4.5.4取值。

匝道基本路段的设计通行能力 表4.5.4

匝道设计速度(km/h)		80	70	60	50	40	35	30
设计通行能力 (pcu/h)	单车道	1500	1400	1300	1200	1000	900	800
	双车道	2900	2600	2300	2000	1700	1500	1300

《公路路线设计规范》(JTG D20—2017)规定如下:

11.3.1 互通式立体交叉的匝道设计速度应符合表11.3.1的规定。

匝道设计速度 表11.3.1

匝道类型		直连式	半直连式	环形匝道
匝道设计速度 (km/h)	枢纽互通式立体交叉	80、70、60、50	80、70、60、50、40	40
	一般互通式立体交叉	60、50、40	60、50、40	40、35、30

注:1. 右转变匝道宜采用上限或中间值。
   2. 直连式或半直连式左转弯匝道宜采用上限或中间值。

典型例题

例题 6-30
某高速设计服务水平为三级,其中枢纽立交匝道的设计通行能力不合适的为(   )。
(A)1000pcu/h   (B)900pcu/h   (C)1200pcu/h   (D)1300pcu/h
解答
根据《公路路线设计规范》(JTG D20—2017)表11.3.1[或《公路立体交叉设计细则》(JTG/T D21—2014)表4.3.2],枢纽立交匝道最小设计速度为40km/h。
根据《公路立体交叉设计细则》(JTG/T D21—2014)第4.5.3条,匝道设计服务水平可比主线低一级,根据表4.5.4,选项B不满足要求。
答案:B

例题 6-31（2020 年真题）

某高速公路互通式立体交叉 4 条匝道的设计小时交通量和设计速度见下表,设计服务水平为四级,若各匝道均采用单车道,不满足基本路段设计通行能力要求的匝道是(　　)。

例题 6-31 表

匝道名称	A 匝道	B 匝道	C 匝道	D 匝道
设计小时交通量(pcu/h)	1150	800	1150	800
设计速度(km/h)	40	40	60	60

(A)A 匝道　　　　　　　　　　(B)B 匝道

(C)C 匝道　　　　　　　　　　(D) D 匝道

解答

查《公路立体交叉设计细则》(JTG/T D21—2014)表 4.5.4,路基匝道设计速度为 40km/h,单车道通行能力为 1000pcu/h;设计速度为 60km/h,单车道通行能力为 1300pcu/h。A 匝道:1150 > 1000,不满足要求,B、C、D 匝道均满足。

答案:A

例题 6-32

某高速公路与二级公路组成的三岔交叉,匝道设计速度均为 40km/h,左转弯出口匝道交通量为 1200pcu/h,左转弯入口匝道交通量为 500pcu/h,最适合的立交形式为(　　)。

(A)A 型单喇叭　　　　　　　　(B)B 型单喇叭

(C)叶形　　　　　　　　　　　(D)梨形

解答

根据《公路立体交叉设计细则》(JTG/T D21—2014)表 4.5.4 可知,设计速度为 40km/h 时单车道设计通行能力为 1000km/h,又根据第 6.4.1 条,左转弯出口匝道交通量大于单车道匝道设计通行能力,该方向匝道适合半直连式,左转弯入口匝道交通量小于单车道匝道设计通行能力,该方向匝道适合环形,故最适合的立交形式应为 A 形单喇叭。

答案:A

📖 **考点分析**

(1)按公路规范规定,立交通行能力计算仅涉及匝道,相对简单,并且规范直接给出了一定服务水平下的设计通行能力,相关题目可直接查表。

(2)公路立交通行能力一般结合立交选型来出题,题目给出左转弯匝道交通量,对比通行能力来做出立交形式选择。

2. 按城市道路计算立交通行能力

📖 **条文规定**

《城市道路交叉口设计规程》(CJJ 152—2010)规定如下:

5.6.1　立交通行能力分为可能通行能力和设计通行能力,设计通行能力等于可能通行能力(N_p)乘以相应设计服务水平"交通量/通行能力"比率(α)。

5.6.2 立交主线一条车道可能通行能力可采用表5.6.2-1的数值。

主线一条车道可能通行能力(N_p)　　　　　　　表5.6.2-1

设计速度(km/h)	40	50	60	70	80	100	120
可能通行能力(pcu/h)	2020	2050	1950	1870	1800	1760	1720

立交匝道一条车道可能通行能力可采用表5.6.2-2的数值。

匝道一条车道可能通行能力(N_p)　　　　　　　表5.6.2-2

设计速度(km/h)	20~25	30	40	50	60
可能通行能力(pcu/h)	1550 (1400~1250)	1650 (1550~1450)	1700	1730	1750

注:括号内为机非立交(其直行非机动车流量为1000~2000辆/h),考虑非机动车影响时的取值。当非机动车流量<1000辆/h时,可在括号内上限值与机非分行值之间内插求得;当流量为3000~5000辆/h时,每增加1000辆/h,括号内下限值应再降低7%。

若当地有可靠的平均车头时距观测值,也可由下式计算主线或匝道一条车道的可能通行能力:

$$N_p = 3600/t_i \tag{5.6.2}$$

式中:N_p——一条车道可能通行能力(pcu/h);

　　　t_i——连续小客车车流平均车头时距(s/pcu)。

5.6.3 立交主线及其匝道的服务水平可划分为四个等级,服务水平标准分级应符合表5.6.3的规定。

立交服务水平标准　　　　　　　表5.6.3

等级		交通运行特征	(服务交通量/可能通行能力)比率 α						
			设计速度(km/h)						
			100	80	60	50	40	30	20
Ⅰ	Ⅰ1	自由流,行车自由度大	0.33	0.29	0.26	0.24	—	—	—
	Ⅰ2	自由流,行车自由度适中	0.56	0.50	0.43	0.40	0.37	—	—
Ⅱ	Ⅱ1	接近自由流,变换车道或超车自由度受到一定限制	0.76	0.69	0.62	0.58	0.55	0.51	—
	Ⅱ2	行车自由度受限,车速有所下降	0.91	0.82	0.75	0.71	0.67	0.63	0.59
Ⅲ		饱和车流,行车没有自由度	1.00						
Ⅳ		拥塞状况,强制车流	无意义						

5.6.4 立A₁、立A₂类立交宜采用服务水平Ⅱ1级,立B类立交服务水平可采用Ⅱ2级。一般匝道服务水平宜采用Ⅱ2级,定向匝道服务水平宜采用Ⅱ1级。对个别线形受限制的立A₂、立B类立交的匝道,经论证确有困难时,可采用Ⅲ级。

5.6.5 立交设计通行能力应为组成该立交的主线直行车道、转向匝道设计通行能力的组合值,与服务水平采用等级相关。不同形式的立交宜符合下列规定:

1　苜蓿叶立交设计通行能力

1)直行车道无附加车道情况:

$$N = (n_1 - 2)N_{S1} + (n_2 - 2)N_{S2} + 4N_R \tag{5.6.5-1}$$

式中:N——立交总的设计通行能力(pcu/h);

N_{S1}、N_{S2}——立交两条相交道路各自一条直行车道设计通行能力(pcu/h);

n_1、n_2——立交两条相交道路各自进入立交的车道条数;

N_R——一条匝道设计通行能力(pcu/h)。

2)直行车道设有附加车道情况:

$$N = n_1 N_{S1} + n_2 N_{S2} \qquad (5.6.5-2)$$

2 环形立交设计通行能力

1)一方向直行车道穿越(或跨越)环道时(无附加车道):

$$N = (m - 2)N_{S1} + N_r \qquad (5.6.5-3)$$

式中:m——穿越(或跨越)环道的直行车道车道数;

N_{S1}——穿越(或跨越)环道的直行车道一条车道设计通行能力(pcu/h);

N_r——环道设计通行能力(pcu/h)。

机非分行的环道设计通行能力取2000~2700pcu/h,车道为4条时,取上限值,车道为3条时,取下限值。

2)两方向直行车道分别上跨、下穿环道时(无附加车道):

$$N = (n_1 - 2)N_{S1} + (n_2 - 2)N_{S2} + N_r \qquad (5.6.5-4)$$

3)一方向直行车道穿越(或跨越)环道时(有附加车道):

$$N = n_1 N_{S1} + N_r \qquad (5.6.5-5)$$

4)两方向直行车道分别上跨、下穿环道时(有附加车道):

$$N = n_1 N_{S1} + n_2 N_{S2} \qquad (5.6.5-6)$$

3 喇叭形立交设计通行能力

1)无附加车道(A、B面进入立交的直行车道无附加车道):

$$N = (n - m_1)N_S + m_1 N_R \qquad (5.6.5-7)$$

式中:n——直行车道数;

m_1——C面进口车道数;

N_S——一条直行车道设计通行能力(pcu/h);

N_R——一条匝道设计通行能力(pcu/h)。

2)有附加车道(C面进口车道数大于A、B面附加车道数):

$$N = (n - m_1 + m_2)N_S + (m_1 - m_2)N_R \qquad (5.6.5-8)$$

式中:m_2——附加车道数。

3)有附加车道(C面进口车道数小于或等于A、B面附加车道数):

$$N = n N_S \qquad (5.6.5-9)$$

📖 规范条文解析 ▬▬▬▬▬▬

(1)立交的通行能力,本质是所有进入立交的车道通行能力总合(一般匝道为立交内部交通转换用,是主线的"入口匝道",同时是被交路的"出口匝道",因此,不认为"匝道"是进入立交的车道)。进入立交的所有车道中,位于外侧的车道受车辆在匝道流出、流入的影响,因此,在没有附加车道的情况下,进入立交的最外侧车道应按匝道的通行能力来考虑。如果有附加车道,则进入立交的车道都不受匝道出入的影响,全部按主车道通行能力计算。

(2)规范中公式(5.6.5-8)有误,且通行能力单位 puc 应为 pcu,本书均已更正。

例题 6-33（2020 年真题）

两条城市快速路设计速度均为 80km/h，其相交处设置立体交叉如下图所示，定向、半定向匝道的设计速度为 50km/h，其他匝道设计速度为 40km/h。根据下表中的交通量及匝道长度，计算 Z1、Z4、Z6 匝道图中所示断面处的车道数并说明选择依据和理由。

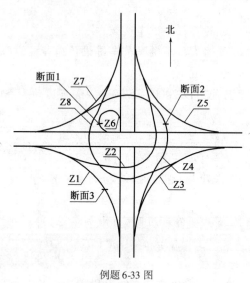

例题 6-33 图

例题 6-33 表 1

名称	南进口			北进口			西进口			东进口		
方向	左	直	右	左	直	右	左	直	右	左	直	右
高峰小时交通量（pcu/h）	887	2542	934	926	2431	1010	928	2193	1191	543	2298	845

例题 6-33 表 2

匝道名称	Z1	Z4	Z6
匝道长度	213	340	252

（A）Z1 单车道，Z4 单车道，Z6 单车道

（B）Z1 双车道，Z4 单车道，Z6 单车道

（C）Z1 单车道，Z4 双车道，Z6 单车道

（D）Z1 双车道，Z4 双车道，Z6 单车道

解答

（1）根据《城市道路交叉口设计规程》（CJJ 152—2010）第 5.6 节，Z1、Z4 为定向、半定向匝道，设计速度为 50km/h，可能通行能力为 1730pcu/h；Z6 为环形匝道，设计速度为 40km/h，可能通行能力为 1700pcu/h；立交类型为两条城市快速路相交的立 A1 类，定向匝道服务水平采用 Ⅱ 1 级，环形匝道服务水平采用 Ⅱ 2 级，Z1、Z4 匝道取 $a = 0.58$，Z6 匝道取 $a = 0.67$，计算 Z1、Z4 匝道设计通行能力为 $1730 \times 0.58 = 1003 \text{pcu/h}$，Z6 匝道设计通行能力为 $1700 \times 0.67 = 1139 \text{pcu/h}$。

（2）根据《城市道路交叉口设计规程》（CJJ 152—2010）第5.3.1第4款，Z1匝道交通量1191pcu/h＞单车道匝道设计通行能力1003pcu/h，选用双车道匝道；Z4匝道交通量887pcu/h＜单车道匝道设计通行能力1003pcu/h，匝道长度340m＞300m，选用双车道匝道；Z6匝道交通量543pcu/h＜单车道匝道设计通行能力1139pcu/h，匝道长度252m＜300m，且为环形匝道，选用单车道匝道。故选D。

答案：D

例题6-34

某城市B类喇叭互通，如右图所示，主线为单向两车道，设计速度为60km/h；匝道设计速度为40km/h，均为单车道匝道，主线有1条附加车道，C面2个进口道。试计算立交设计通行能力为（ ）。

（A）5600pcu/h 　　　（B）5530pcu/h

（C）5440pcu/h 　　　（D）4500pcu/h

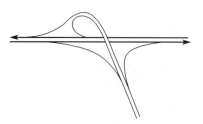

例题6-34 图

解答

根据《城市道路交叉口设计规程》（CJJ 152—2010）表5.6.3，B类喇叭设计服务水平比率 α 主线为0.75，匝道为0.67。

分别查表5.6.2-1及表5.6.2-2，主线 $N_p = 1950$pcu/h，匝道 $N_p = 1700$pcu/h。

主线一条车道设计通行能力 $N_S = 1950 \times 0.75 = 1462$pcu/h

单车道匝道设计通行能力 $N_R = 1700 \times 0.67 = 1139$pcu/h

主线有一条附加车道，此时立交通行能力为：

$$N = (4 - 2 + 1) \times 1462 + (2 - 1) \times 1139 = 5525\text{pcu/h}$$

答案：B

例题6-35

其他条件同例题6-34，匝道设计速度为30km/h，匝道供机非通行，非机动车流量为800辆/h。则立交设计通行能力为（ ）。

（A）5600pcu/h 　　（B）5530pcu/h 　　（C）6530pcu/h 　　（D）5380pcu/h

解答

查《城市道路交叉口设计规程》（CJJ 152—2010）表5.6.2-2，匝道 $N_p = 1550 + (1650 - 1550) \times (1000 - 800)/1000 = 1570$pcu/h

单车道匝道设计通行能力 $N_R = 1570 \times 0.63 = 989$pcu/h

主线有一条附加车道，此时立交通行能力为：

$$N = (4 - 2 + 1) \times 1462 + (2 - 1) \times 989 = 5375\text{pcu/h}$$

答案：D

例题6-36

某城市快速路与快速路交叉的完全苜蓿叶立交，两条道路均为双向八车道，设计速度为80km/h，直行无附加车道；匝道设计速度为40km/h，均为单车道匝道，则计算立交设计通行能力为（ ）。

（A）18644pcu/h　　　　（B）5530pcu/h　　　　（C）6530pcu/h　　　　（D）14500pcu/h

解答

快速路与快速路交叉，为立 A_1 类，宜采用服务水平Ⅱ1级，查《城市道路交叉口设计规程》（CJJ 152—2010）表 5.6.3，主线设计速度 80km/h 对应比率 $\alpha = 0.69$，匝道设计速度 40km/h 对应比率 $\alpha = 0.55$。

分别查表 5.6.2-1 及表 5.6.2-2，主线 $N_p = 1800\text{pcu/h}$，匝道 $N_p = 1700\text{pcu/h}$。

$N_S = 1800 \times 0.69 = 1242\text{pcu/h}$，$N_R = 1700 \times 0.55 = 935\text{pcu/h}$

直行无附加车道，立交通行能力为：

$N = 1242 \times (8 - 2) \times 2 + 4 \times 935 = 18644\text{pcu/h}$

答案：A

例题 6-37

其他条件同例题6-36，据当地可靠资料，主线及匝道连续小客车车流平均车头时距分别为 2、2.12（s/pcu），则立交设计通行能力为（　　）。

（A）18644pcu/h　　　　（B）5530pcu/h　　　　（C）6530pcu/h　　　　（D）4500pcu/h

解答

根据《城市道路交叉口设计规程》（CJJ 152—2010）公式（5.6.2）：

主线 $N_p = 3600/2 = 1800\text{pcu/h}$

匝道 $N_p = 3600/2.12 = 1700\text{pcu/h}$

其他计算过程与例题 6-34 相同。

答案：A

📖 **考点分析**

（1）城市道路通行能力计算较公路复杂，容易出案例计算题，该类考点主要按《城市道路交叉口设计规程》（CJJ 152—2010）解题，步骤如下：

①根据相交道路的类型、立交类型，根据第 3.1.4 条、第 3.1.5 条判别属于 A 类还是 B 类立交。

②根据第 5.6.4 条查立交服务设计服务水平。

③根据设计服务水平、设计速度，查表 5.6.3，分别得到主线和匝道的比率。

④根据主线、匝道的设计速度，分别查表 5.6.2-1 及表 5.6.2-2 得到主线和匝道一条车道的可能通行能力。

⑤比率乘以可能通行能力，得到主线和匝道一条车道的设计通行能力。

⑥是否有附加车道情况，根据立交类型按第 5.6.5 条相应公式计算。

（2）机非通行匝道应根据非机动车流量，采用表 5.6.2-2 注的方法取得可能通行能力。

（3）立交通行能力可能结合连续车流平均车头时距来出题，如果题目给出连续车流平均车头时距，应按《城市道路交叉口设计规程》（CJJ 152—2010）公式（5.6.2）来计算，不再查表。

考点 10　立交主线线形条件

《公路立体交叉设计细则》（JTG/T D21—2014）规定如下：

5.5 主线线形条件

5.5.1 互通式立体交叉范围内,设有变速车道路段的主线圆曲线半径不应小于表5.5.1的规定值。

变速车道路段的主线圆曲线最小半径 表5.5.1

主线设计速度(km/h)		120	100	80	60
圆曲线最小半径 (m)	一般值	2000	1500	1100	500
	极限值	1500	1000	700	350

条文说明

(1)主线圆曲线最小半径的控制,实质为控制弯道外侧变速车道连接部的横坡差,以提高车辆运行的安全性。因此,主线圆曲线最小半径的控制主要针对设有变速车道的路段。

(2)确定主线圆曲线最小半径的主要依据为:当设计速度大于或等于80km/h 时,一般值按超高不大于3%取值,极限值按超高不大于4%取值;当设计速度小于80km/h 时,一般值按超高不大于4%取值,极限值按超高不大于5%取值。

5.5.2 互通式立体交叉范围内,减速车道下坡路段和加速车道上坡路段的主线纵坡不应大于表5.5.2的规定值。

减速车道下坡路段和加速车道上坡路段的主线最大纵坡 表5.5.2

主线设计速度(km/h)		120	100	80	60
最大纵坡 (%)	一般值	2.0	2.0	3.0	4.5(4.0)
	最大值	2.0	3.0	4.0(3.5)	5.0(4.5)

注:当互通式立体交叉位于主线连续长大下坡路段底部时,减速车道下坡路段取表中括号内的值。

条文说明

主线最大纵坡的控制,主要为流出主线的车辆提供平稳减速的运行条件,对于流入主线的车辆则有利于平稳加速和安全合流。因此,主线最大纵坡的控制主要针对没有减速车道的下坡路段和加速车道上坡路段。

5.5.3 互通式立体交叉范围内,主线竖曲线半径不应小于表5.5.3的规定值(图5.5.3)。

互通式立体交叉范围内主线竖曲线最小半径 表5.5.3

竖曲线最小半径 (m)			120	100	80	60
	主线设计速度(km/h)		120	100	80	60
	凸形	一般值	45000	25000	12000	6000
		极限值	23000(29000)	15000(17000)	6000(8000)	3000(4000)
	凹形	一般值	16000	12000	8000	4000
		极限值	12000	8000	4000	2000

注:在分流鼻端前识别视距控制路段,主线凸形竖曲线最小半径取表中括号内的值。

条文说明

在互通式立体交叉范围内,由于运行条件复杂且变化频繁需有比其他路段更大的视距,主线竖曲线最小半径的控制,即基于保证足够视距的考虑,确定竖曲线最小半径的主要依据如下:

(1)凸形竖曲线最小半径一般值按2倍停车视距计算确定,极限值按1.5倍停车视距计算确定,物高取值为0.1m。

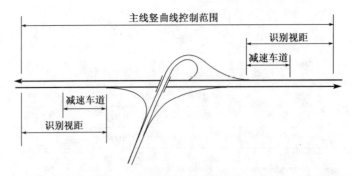

图 5.5.3　主线竖曲线半径控制范围示意图

（2）分流鼻端前识别视距范围内的凸形竖曲线最小半径按识别视距计算确定，识别视距取停车视距的 1.25 倍，物高取值为 0。

（3）凹形竖曲线最小半径一般值按基本路段凹形竖曲线一般值的 4 倍确定，极限值按基本路段的 2~3 倍确定。

📖 典型例题

例题 6-38

某设计速度为 80km/h 的高速公路，设置互通式立交一座，位于连续长大下坡路段选择的以下几处位置，互通立交交叉范围内其主线线形参数如下，位置最佳的为（　　　）。

选　项	平曲线（半径）	坡　度
（A）	直线	4.0%
（B）	600	2.0
（C）	1500	2.5
（D）	700	3.5

解答

根据《公路立体交叉设计细则》（JTG/T D21—2014）表 5.5.1，立交范围内主线圆曲线半径极限为 700m，因此选项 B 不满足要求，根据表 5.5.2 和题意，主线最大纵坡为 3.5%，因此选项 A 不满足要求；选项 D，平曲线和纵坡均为极限值，按照题意选项 C 位置最佳。

答案：C

例题 6-39

某高速公路，设计速度为 100km/h，在某处设置互通式立交一座，在主线分流鼻前方设置一处变坡点，相邻两段纵坡 $i_1 = 1.0\%$，$i_2 = -2.5\%$，则该变坡点极限最小竖曲线长度为（　　　）。

（A）595m　　　　　（B）525m　　　　　（C）420m　　　　　（D）875m

解答

根据《公路立体交叉设计细则》（JTG/T D21—2014）第 5.5.3 条，主线分流鼻前方凸形竖曲线应满足识别视距要求，设计速度 100km/h，根据表 5.5.3，极限凸形竖曲线最小半径为 17000m，此时，竖曲线长度 $L = 17000 \times (2.5\% + 1.0\%) = 595$m。

答案：A

考点11 立交形式选择

1. 左转弯出口、入口匝道形式选择

条文规定

《公路立体交叉设计细则》(JTG/T D21—2014)规定如下：

6.3.2 三岔交叉左转弯出口匝道形式的采用应符合下列规定：

1 当交通量大小相当的两条多车道公路呈三岔交叉时，宜采用直连式[图6.3.2a)]。

2 当主次分明的两条多车道公路呈三岔交叉，且左转弯交通量在合流交通量中为主交通流时，宜采用右出左进半直连式[图6.3.2b)]；当左转弯交通量在合流交通量中为次交通流时，宜采用右出右进半直连式[图6.3.2c)]。

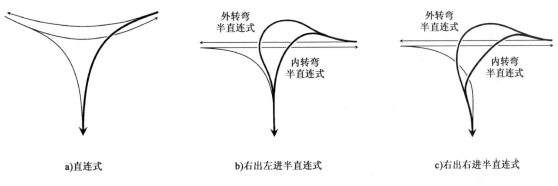

a)直连式　　　　　　　b)右出左进半直连式　　　　　　　c)右出右进半直连式

图6.3.2 三岔交叉左转弯出口匝道形式

3 当被交叉公路为双车道公路，或被交叉公路交通量较小时，可采用右出左进半直连式或环形。

6.3.3 三岔交叉左转弯入口匝道形式的采用应符合下列规定：

1 当交通量大小相当的两条多车道公路呈三岔交叉时，宜采用直连式[图6.3.3a)]。

2 当主次分明的两条多车道公路呈三岔交叉，且左转弯交通量在分流交通量中为主交通流时，宜采用左出右进半直连式[图6.3.3b)]；当左转弯交通量在分流交通量中为次交通流时，宜采用右出右进半直连式[图6.3.3c)]。

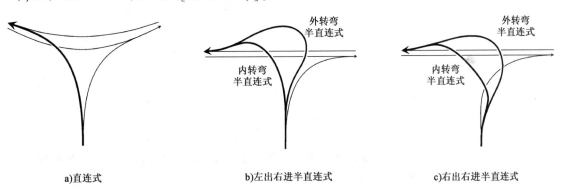

a)直连式　　　　　　　b)左出右进半直连式　　　　　　　c)右出右进半直连式

图6.3.3 三岔交叉左转弯入口匝道形式

3 当被交叉公路为双车道公路,或被交叉公路交通量较小时,可采用左出右进半直连式或环形。

📖 **典型例题**

例题 6-40

某一级干线公路,在 K21 +200 处设有一条连接线,连接线为二级公路,准备在该处设置一座三岔立体交叉,左转弯交通量较少,为次要交通流,关于该立交左转弯匝道的形式选择有:

①主线出口匝道在合流交通量中为次要交通流,采用右出右进半直连式。

②主线出口匝道采用右出左进半直连式。

③主线入口匝道在分流交通量中为次要交通流,采用右出右进半直连式。

④主线入口匝道采用环形匝道。

以上四种形式,方案较为合理的为(　　　　)。

(A)①③　　　　　　　　　　　　　　　(B)②④

(C)①②③　　　　　　　　　　　　　　(D)①③④

解答

被交路为双车道公路,根据《公路立体交叉设计细则》(JTG/T D21—2014)第 6.3.2 条和第 6.3.3 条,①③合理,②不合理;由于左转弯交通量较少,主线入口匝道可采用环形匝道(相当于 A 型单喇叭)。

答案:D

2.根据交通量选择立交形式

📖 **条文规定**

《公路立体交叉设计细则》(JTG/T D21—2014)规定如下:

6.3.4 左转弯匝道形式应根据匝道设计小时交通量 *DDHV* 确定,并应符合下列规定:

1 当 *DDHV* ≥1500pcu/h 时,左转弯匝道宜选用内转弯半直连式。

2 当 1000pcu/h ≤ *DDHV* < 1500pcu/h 时,左转弯匝道宜选用外转弯半直连式,亦可选用内转弯半直连式。

3 当 *DDHV* < 1000pcu/h 时,左转弯匝道可选用环形、外转弯半直连式或迂回型半直连式。

4 当各左转弯匝道 *DDHV* < 1000pcu/h,且有部分匝道需采用半直连式时,交通量较大者或出口匝道宜选用半直连式。

6.4 一般互通式立体交叉

6.4.1 当三岔交叉至少有一条左转弯匝道的交通量小于单车道匝道设计通行能力时,可选用三岔喇叭形。交叉类型的选用应符合下列规定:

1 当左转弯出口匝道交通量大于单车道匝道设计通行能力时,应选用 A 型[图 6.4.1a)]。

2 当左转弯入口匝道交通量大于单车道匝道设计通行能力时,宜选用 B 型[图 6.4.1b)]。

3 当左转弯交通量均小于单车道匝道设计通行能力时,宜选用 A 型。

4 当左转弯交通量均小于单车道匝道设计通行能力,且左转弯入口匝道交通量相对较大或受现场条件的限制时,可选用 B 型。

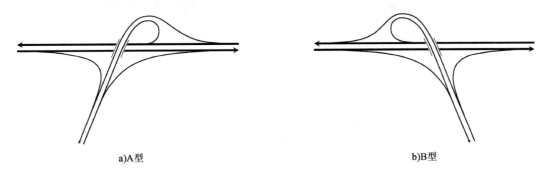

a)A型   b)B型

图6.4.1　三岔喇叭形互通式立体交叉

6.4.2　当三岔交叉左转弯交通量均小于单车道匝道设计通行能力,或被交叉公路远期将延伸形成四岔交叉且规划为苜蓿叶形时,可采用叶形(图6.4.2)。

6.4.3　当三岔交叉各左转弯交通量大小相当,且主线侧用地受限时,可采用梨形(图6.4.3)。

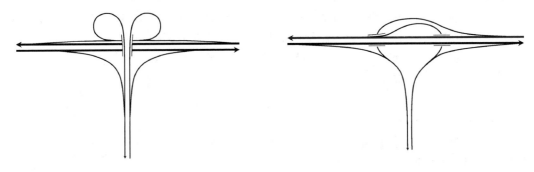

图6.4.2　叶形互通式立体交叉   图6.4.3　梨形互通式立体交叉

📖 典型例题

例题 6-41(2019 年真题)

某三岔一般互通式立体交叉,匝道设计服务水平采用四级,设计速度采用40km/h,根据下图交通量分布情况,初拟四个方案,根据左转弯交通量大小及分布,方案中与交通量分布最适应的为(　　)。

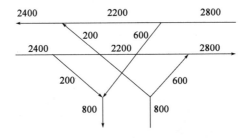

例题6-41 图(尺寸单位:pcu/h)

457

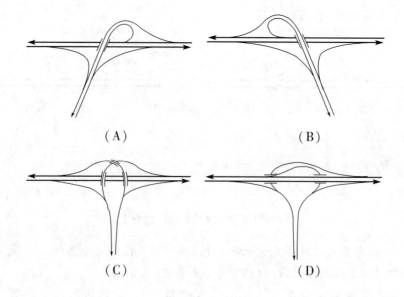

（A）　　　　　　　　　　　　　（B）

（C）　　　　　　　　　　　　　（D）

解答

根据《公路立体交叉设计细则》（JTG/T D21—2014）表 4.5.4 和第 6.4.1 条，主要公路左转流量为 600pcu/h，次要公路左转流量为 200pcu/h，匝道设计速度为 40km/h 时，单车道设计通行能力为 1000pcu/h，左转弯出口匝道交通量大于左转弯入口匝道交通量，两者差异较大，且左转车道流量均小于单车道设计通行能力，宜选用 A 型喇叭方案一。

答案：A

例题 6-42

某三岔互通式立交各流向的设计小时交通量如下图所示，设计速度采用 40km/h，则该立交设计方案最合理的是（　　　）。

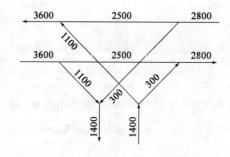

例题 6-42 图（单位：pcu/h）

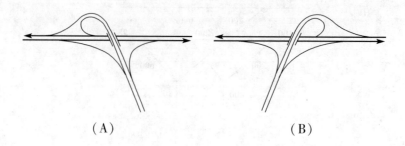

（A）　　　　　　　　　　　　　（B）

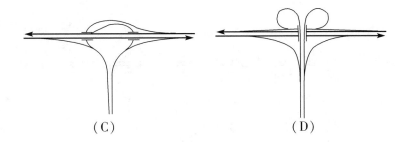

$$（C）\qquad\qquad（D）$$

解答

三岔立交,左转入口交通量为 1100pcu/h,大于单车道环形匝道设计通行能力(1000pcu/h),入口不应采用环形匝道,排除选项 B 和 D。左转出口交通量和左转入口交通量大小差异较大,并且未交代主线侧条件受限,因此,不适用梨形立交。宜采用 B 型喇叭形,选项 A 符合条件。

答案:A

例题 6-43

某四岔互通式立交各流向的设计小时交通量如下图所示,则该立交设计方案最合理的是( )。

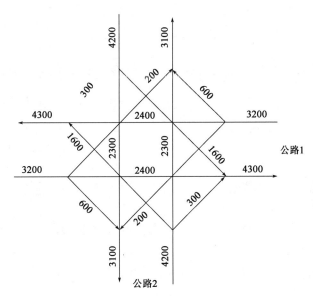

例题 6-43 图(单位:pcu/h)

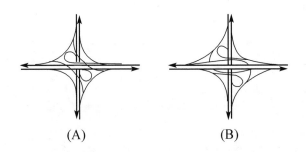

$$（A）\qquad\qquad（B）$$

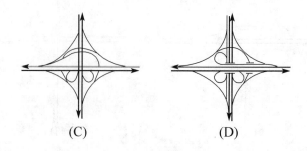

(C)　　　　　　　　　(D)

解答

四岔立交,路 2 至路 1 的左转交通量为 1600pcu/h,大于 1500pcu/h,因此这两个方向的匝道宜采用内转弯半直连式匝道,只有选项 A 符合条件。

答案:A

📖 **考点分析**

(1)立交选型要点在于转弯匝道的形式选择,由于右转弯匝道一般采用右出右进的直连式,解题主要依据左转弯的交通量和选择左转弯匝道形式。

(2)通过左转弯交通量与单车道通行能力的对比,选出可以采用环形匝道的方向,以及需采用半直连式匝道的方向。

(3)左转弯交通量大于 1500pcu/h 时,该方向应特别注意,需采用内转弯半直连式匝道。

考点 12　基本车道数与车道平衡的计算

📖 **条文规定**

《公路立体交叉设计细则》(JTG/T D21—2014)规定如下:

5.8.1　分、合流连接部应保持车道平衡,分、合流前后的车道数应连续或变化最小,主线每次增减的车道数不应超过一条。

5.8.2　在合流连接部,合流后与合流前车道数之间的关系应符合式(5.8.2-1)或式(5.8.2-2)的规定(图 5.8.2)。

$$N_C = N_F + N_E - 1 \tag{5.8.2-1}$$
$$N_C = N_F + N_E \tag{5.8.2-2}$$

式中:N_C——合流后的主线车道数;

　　　N_F——合流前的主线车道数;

　　　N_E——匝道车道数。

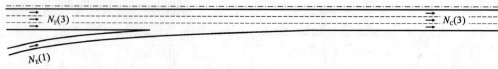

a)单车道入口

图　5.8.2

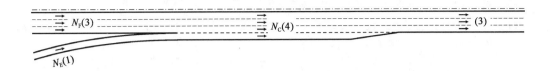

b)带辅助车道的单车道入口

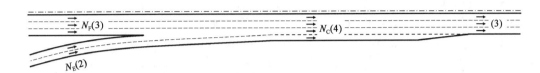

c)带辅助车道的双车道入口

d)带双车道辅助车道的双车道入口

图5.8.2　合流连接部的车道平衡

5.8.3　在分流连接部,分流前与分流后车道数之间的关系应符合式(5.8.3)的规定(图5.8.3)。

$$N_C = N_F + N_E - 1 \tag{5.8.3}$$

式中:N_C——分流前的主线车道数;

N_F——分流后的主线车道数;

N_E——匝道车道数。

a)单车道出口

b)带辅助车道的双车道出口

图5.8.3　分流连接部的车道平衡

《公路路线设计规范》(JTG D20—2017)规定如下:

11.4.1　高速公路应在全长范围内或重要节点之间的较长路段内保持固定基本车道数。

相邻的两路段间,一个方向行车道上的基本车道数的变化不得大于1。

11.4.2　高速公路上,主线与匝道的分、汇流处应保持车道数的平衡,即图11.4.2所示的各部分的车道数,应满足式(11.4.2)的规定。

$$N_C \geq N_F + N_E - 1 \tag{11.4.2}$$

式中:N_C——分流前或汇流后的主线车道数;

　　N_F——分流后或汇流前的主线车道数;

　　N_E——匝道车道数。

《城市道路交叉口设计规程》(CJJ 152—2010)规定如下:

5.4.2　在城市快速路的全长或较长的路段内基本车道数应保持一致,相邻两段同一方向的增减必须符合基本车道数连续和车道数平衡原则,每次增减不得多于一条,分、合流处(图5.4.2)应按下式进行计算:

$$N_c \geq N_f + N_e - 1 \tag{5.4.2}$$

式中:N_c——分流前或合流后的主线车道数;

　　N_f——分流后或合流前的主线车道数;

　　N_e——匝道车道数。

📖 规范条文解析 ▬▬▬▬▬▬▬▬▬▬▬

(1)基本车道数连续和车道数平衡是立交设计的基本原则,应当严格遵守,公路设计中不满足该原则就必须设置辅助车道,《城市道路交叉口设计规程》(CJJ 152—2010)第5.3.5条中的双车道匝道出口、入口图均不满足车道数平衡的原则,为城市立交特有的例子,《城市道路交叉口设计规程》(CJJ 152—2010)规定枢纽立交的定向匝道在双车道出入口交通量很大时,应增设辅助车道。

(2)《公路路线设计规范》(JTG D20—2017)与《城市道路交叉口设计规程》(CJJ 152—2010)对车道平衡的计算公式相同,为了满足分合流车道数平衡的同时保证基本车道数固定,实际设计工作中,均按《公路立体交叉设计细则》(JTG/T D21—2014)的方法设计分合流的车道数。

📖 典型例题 ▬▬▬▬▬▬▬▬▬▬▬

例题 6-44(2019 年真题)

某互通式立体交叉合流连接部的4个初步方案如下图所示(括号中数字为车道数)。在各方案中,不符合合流连接部车道平衡原则的方案是(　　)。

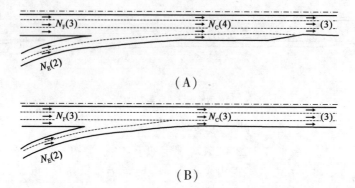

(A)

(B)

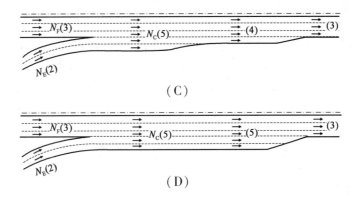

（C）

（D）

解答

根据《公路路线设计规范》（JTG D20—2006）第 11.4.2 条：

$N_C \geqslant N_F + N_E - 1$

选项 A：$4 = 3 + 2 - 1 = 4$，满足规范要求。

选项 B：$3 < 3 + 2 - 1 = 4$，不满足规范要求。

选项 C：$5 > 3 + 2 - 1 = 4$，满足规范要求。

选项 D：$5 > 3 + 2 - 1$，满足规范要求。

答案：B

例题 6-45（2019 年真题）

城市快速路段为基本车道保持一致，其分流处主线单向分为三车道，匝道为单向两车道，如下图所示。如果要保持主线车道平衡，那么，分流处主路的车道数 N_c 应不小于（　　）。

例题 6-45 图

（A）3 条 　　　　　　　　　　　　（B）4 条

（C）5 条 　　　　　　　　　　　　（D）6 条

解答

根据《城市道路交叉口设计规范》（CJJ 152—2010）第 5.4.2 条，在城市快速路的全长或较长的路段内基本车道数应保持一致，相邻两段同一方向的增减必须符合基本车道数连续和车道数平衡原则，每次增减不得多于一条，分、合流处应按下式进行计算：

$N_c \geqslant N_f + N_e - 1$

代入参数求得，$N_c \geqslant 3 + 2 - 1$，即 $N_c \geqslant 4$。

答案：B

例题 6-46（2020 年真题）

下列为某高速公路河流连接部车道布置方案示意图，其中不符合车道平衡原则的方案是（　　）。

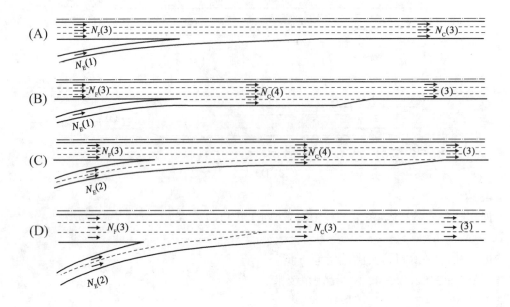

解答

根据《公路路线设计规范》(JTG D20—2017)第11.4.2条,$N_C \geqslant N_F + N_E - 1$。

选项 D,$N_C = 3 < 3 + 2 - 1 = 4$,不满足车道平衡,选项 A、B、C 均满足车道平衡原则。

答案:D

例题 6-47

某立交合流连接部,合流前主线车道数为3条车道,则合流后连接部所有可能车道数量为
(　　)。

(A)3 条 　　　　　　　　　　(B)3 条或 4 条

(C)4 条或 5 条 　　　　　　　(D)3 条、4 条或 5 条

解答

根据《公路立体交叉设计细则》(JTG/T D21—2014)第5.8.2条:

合流后的连接部车道需满足公式:$N_C = N_F + N_E - 1$,$N_C = N_F + N_E$。

当为单车道匝道时,N_C 可取 3 条或 4 条车道。

当为双车道匝道时,N_C 可取 4 条或 5 条车道。

所有可能的车道数为 3 条、4 条或 5 条。

答案:D

📖 考点分析

此类考点应注意三点:

(1)主线基本车道数保持固定。

(2)主线每次增减的车道数不应超过一条。

(3)$N_c \geqslant N_f + N_e - 1$。

考点 13　各类车道的路面宽度计算

条文规定

《公路立体交叉设计细则》(JTG/T D21—2014)规定如下：

7.2.1　匝道横断面应由车道、路缘带、硬路肩和土路肩等组成，各组成部分的宽度应符合下列规定：

1　当匝道设计速度小于70km/h时，车道宽度应采用3.50m；当匝道设计速度大于或等于70km/h时，应采用3.75m。

2　路缘带宽度应采用0.50m。

3　设紧急停车带的单向双车道匝道，左侧硬路肩宽度宜采用0.75m；其余匝道应采用1.00m。

4　当设紧急停车带时，右侧硬路肩宽度宜采用3.00m，条件受限时可适当减小，但单向单车道和单向双车道匝道不应小于1.50m，对向分隔式双车道匝道不应小于2.00m；当不设紧急停车带时，可采用1.00m。

5　土路肩宽度宜采用0.75m；当条件受限时，可采用0.50m。

6　中央分隔带宽度不应小于1.00m。

10.2.2　变速车道横断面各组成部分的宽度应符合下列规定(图10.2.2)：

1　变速车道的车道宽度宜采用匝道车道宽度。

2　变速车道与主线直行车道之间宜设置路缘带，宽度可采用0.50m。

3　右侧硬路肩宽度宜采用主线与匝道硬路肩中较宽者的宽度。当条件受限时，右侧硬路肩宽度可适当减窄，但不应小于1.50m。

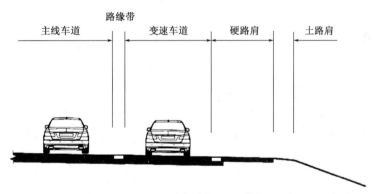

图10.2.2　变速车道一个车道宽度处的横断面示意图

10.6.1　主线侧合分流连接部的辅助车道宽度宜采用与主线直行车道相同的宽度，与主线直行车道间可不设路缘带。辅助车道右侧硬路肩宽度宜与主线基本路段的右侧硬路肩相同，当条件受限时，可适当减窄，但宽度不应小于1.5m。

典型例题

例题6-48

某早年建成的高速公路上新增一处立交，主线设计速度为100km/h，采用双向四车道，中分带宽度为2m,车道宽3.75m,左侧路缘带宽度为0.5m,右侧硬路肩宽度为2.5m,匝道设计速度为40km/h,采用规范Ⅰ型断面,硬路肩宽度3m;入口采用单车道平行式加速车道,在该加速车道段,高速公路半幅路面宽度一般值为(   )。

(A)14m　　　　(B)15.5m　　　　(C)14.5m　　　　(D)15m

解答

根据《公路立体交叉设计细则》(JTG/T D21—2014)第10.2.2条,该处高速公路半幅路面宽度应为主线车道+路缘带+变速车道宽+硬路肩,硬路肩取主线与匝道硬路肩中的较宽者,故一般取3m,变速车道宽采用匝道车道宽,为3.5m,该处宽度一般值为0.5+3.75×2+0.5+3.5+3=15m。

答案:D

例题 6-49

某早年建成的高速公路上新增一处立交,主线设计速度为100km/h,采用双向四车道,中分带宽度为2m,车道宽3.75m,左侧路缘带宽度为0.5m,右侧硬路肩宽度为2.5m,匝道设计速度为40km/h,采用规范Ⅱ型断面;入口采用双车道平行式加速车道,并设置了辅助车道,在该辅助车道段,高速公路半幅路面宽度一般值为(   )。

(A)14m　　　　(B)15.5m　　　　(C)14.25m　　　　(D)15m

解答

根据《公路立体交叉设计细则》(JTG/T D21—2014)第10.6.1条,该处高速公路半幅路面宽度应为主线车道+辅助车道宽+硬路肩,硬路肩宽与主线硬路肩相同,故一般取2.5m,辅助车道宽采用与主线直行车道相同的宽度,为3.75m,该处宽度一般值为0.5+3.75×2+3.75+2.5=14.25m。

答案:C

📖 **考点分析**

(1)《公路路线设计规范》(JTG D20—2017)的规定与《公路立体交叉设计细则》(JTG/T D21—2014)一致,解答此类题目,无论参考哪本规范,解题过程与结果一致。

(2)变速车道一个车道宽度处路面宽度计算为立交设计的基础,在路线设计软件中,该处宽度称为W_2值,一般W_2宽度指主线设计线至匝道设计线的距离,与例题中宽度略有区别。W_3值一般为分合流鼻端的该宽度,还涉及C_1、C_2加宽值以及鼻端半径,C_1、C_2的取值两本规范不一致。

(3)变速车道与辅助车道的路面宽度区别为:与主线直行车道间前者设路缘带,后者不设;车道宽度及硬路肩宽度选取方法不一样。

考点14　匝道横断面类型选择

📖 **条文规定**

《公路立体交叉设计细则》(JTG/T D21—2014)规定如下:

7.3.1 单向匝道横断面类型和变速车道的车道数选择应符合下列规定：

1 匝道横断面类型和变速车道的车道数宜根据匝道设计速度、设计小时交通量和匝道长度由表7.3.1选取。

单向匝道横断面类型和变速车道的车道数选择条件 表7.3.1

匝道设计速度（km/h）	80	70	60	50	40	35	30	匝道长度（m）	匝道横断面类型	变速车道的车道数
匝道设计小时交通量 DDHV（pcu/h）	DDHV<400	DDHV<400	DDHV<400	DDHV<400	DDHV<400	DDHV<400	DDHV<400	≤500	I	单车道
								>500	II	单车道
	400≤DDHV<1500	400≤DDHV<1400	400≤DDHV<1300	400≤DDHV<1200	400≤DDHV<1100	400≤DDHV<900	400≤DDHV<800	≤350	I	单车道
								>350	II	单车道
	1500≤DDHV<1800	1400≤DDHV<1700	1300≤DDHV<1600	1200≤DDHV<1500	1000≤DDHV<1400	900≤DDHV<1350	800≤DDHV<1300	不限	II	双车道
	1800≤DDHV≤2900	1700≤DDHV≤2600	1600≤DDHV≤2300	1500≤DDHV≤2000	1400≤DDHV≤1700	1350≤DDHV≤1500	—	不限	III	双车道

注：匝道长度指分、合流鼻端之间的长度。

7.3.2 对向匝道横断面类型的选用应符合下列规定：

1 对向匝道各单向车道数及横断面类型宜符合表7.3.1的有关规定。

2 当对向双车道匝道连接多车道公路时，宜采用Ⅳ型。

3 当对向双车道匝道连接双车道公路时，可采用Ⅱ型。

10.7.3 集散道横断面（图10.7.3）设计应符合下列规定：

1 互通式立体交叉集散道车道数及横断面类型的选择宜按本细则第7章的有关规定执行。

2 集散道与主线之间应设置分隔带，分隔带宽度不宜小于2.0m。

3 主线在设有集散道路段应维持原有硬路肩的宽度。

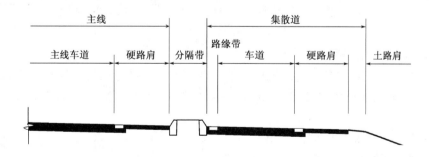

图10.7.3 集散道横断面示意图

《公路路线设计规范》(JTG D20—2017)规定如下：

11.3.2 匝道横断面设计应符合下列规定：

467

2 匝道横断面应采用图 11.3.2 所示的四种类型,并按下列条件选用:

1) 交通量小于 100pcu/h 时,或交通量大于或等于 100pcu/h 但小于 1200pcu/h、匝道长度小于或等于 500m 时,应采用Ⅰ型。

2) 交通量大于或等于 100pcu/h 但小于 1200pcu/h、匝道长度大于 500m 时,应考虑超车之需而采用Ⅱ型,此时采用单车道出入口。

3) 交通量大于或等于 1200pcu/h 但小于 1500pcu/h 时,应采用Ⅱ型。

4) 交通量大于或等于 1500pcu/h 时,应采用Ⅲ型。

5) 对向分隔式双车道匝道,应采用Ⅳ型。当设计速度小于或等于 40km/h,且位于非高速公路一方时,可选用对向非分隔式双车道匝道,可采用Ⅱ型。

6) 对向分隔式匝道各单向车道数及横断面组成,宜符合匝道横断面基本类型及尺寸的规定。

7) 环形匝道采用单车道匝道,其设计通行能力为 800～1000pcu/h。

📖 典型例题

例题 6-50(2019 年真题)

某互通式立体交叉匝道设计服务水平采用四级,其中一条出口匝道设计速度为 40km/h,设计小时交通量为 600pcu/h,从减速车道起点到该匝道合流鼻端之间的总长度为 593m,其中减速车道全长为 245m。下列匝道类型,符合规范要求的匝道横断面类型为( )。

(A)Ⅰ型,单向单车道匝道

(B)Ⅱ型,无紧急停车带的单向双车道匝道

(C)Ⅲ型,有紧急停车带的单向双车道匝道

(D)Ⅳ型,对向分隔式双车道匝道

解答

根据《公路立体交叉设计细则》(JTG/T D21—2014)表 7.3.1 注:匝道长度指分、合流鼻端之间的长度,因此匝道长度 = 593 – 245 = 348m ≤ 350m。

$V = 40$km/h,查表 7.3.1,400 ≤ $DDHV$ = 600pcu/h < 1100。

故选Ⅰ型,单车道。

答案:A

注:也可依据《公路路线设计规范》(JTG D20—2017)第 11.3.2 条计算。

例题 6-51(2020 年真题)

高速公路互通式立体交叉某匝道设计速度为 40km/h,设计小时交通量为 580pcu/h,分、合流鼻端桩号分别为 AK0 + 132.510 和 AK0 + 450.310,根据规范规定,该匝道宜选用的横断面类型是( )。

(A)Ⅰ型—单向单车道匝道

(B)Ⅱ型—无紧急停车带的单向双车道匝道

(C)Ⅲ型—有紧急停车带的单向双车道匝道

(D)Ⅳ型—对向分隔式双车道匝道

解答

分合流鼻端匝道长度为:450.31 – 132.51 = 317.8m < 350m

根据《公路立体交叉设计细则》(JTG/T D21—2014)第 7.3.1 条,匝道设计速度 40km/h,设计小时交通量 580pcu/h 大于 400pcu/h 但小于 1100pcu/h,采用 I 型匝道。

答案:A

例题 6-52

位于成都城郊的某高速立交,其中 D 匝道为从 A 高速转向 B 高速的右转匝道,该匝道设计速度为 40km/h,起点桩号 DK0 + 000,终点桩号 DK0 + 830,出口分流鼻桩号 DK0 + 120,入口合流鼻桩号 DK0 + 670,该匝道预测年度的年平均日交通量为 4000pcu/d,该匝道应选用的横断面类型及出入口的变速车道的车道数应为(   )。

(A) I 型,单车道变速车道   (B) II 型,单车道变速车道
(C) II 型,双车道变速车道   (D) III 型,双车道变速车道

解答

计算匝道设计小时交通量 $DDHV = 4000 \times 9\% = 360pcu/h < 400pcu/h$

分、合流鼻端之间的匝道长度 670 – 120 = 550m > 500m

匝道设计速度为 40km/h,查《公路立体交叉设计细则》(JTG/T D21—2014)表 7.3.1,采用 II 型,单车道变速车道,选项 B 正确。

答案:B

例题 6-53

某高速公路两处互通立交距离为 1.5km,采用集散车道连接组成复合式立体交叉,该集散车道设计速度 60km/h,长度为 2.3km,经过交通量分析,集散车道预测交通量为 900pcu/h,该集散道应选用的横断面类型及出入口的变速车道的车道数应为(   )。

(A) I 型,单车道变速车道   (B) II 型,单车道变速车道
(C) II 型,双车道变速车道   (D) III 型,双车道变速车道

解答

集散车道设计小时交通量 $DDHV = 900pcu/h < 1300pcu/h$

集散车道长度 2300m > 350m

集散车道设计速度 60km/h,查《公路立体交叉设计细则》(JTG/T D21—2014)表 7.3.1,采用 II 型,单车道变速车道,选项 B 正确。

答案:B

📖 考点分析

(1)匝道横断面基本类型划分为四类,《公路立体交叉设计细则》(JTG/T D21—2014)与《公路路线设计规范》(JTG D20—2017)完全一致,答题的原则均为交通量与单车道或双车道设计通行能力对比,并结合匝道长度综合选择。

(2)《公路立体交叉设计细则》(JTG/T D21—2014)与《公路路线设计规范》(JTG D20—2017)在具体的匝道横断面选择标准上不一致,交通量大小与匝道长度的标准均不一样,以后的考试可能会明确依据哪本规范,避免歧义,如果没有明确规范,在考试做题时,建议如果题目

给了匝道设计速度,则依据《公路立体交叉设计细则》(JTG/T D21—2014),如果没有给出设计速度,则依据《公路路线设计规范》(JTG D20—2017)。

(3)《公路立体交叉设计细则》(JTG/T D21—2014)还规定了变速车道的车道数选择标准,匝道设计交通量大于单车道设计通行能力时,变速车道应取双车道,此时,为了满足车道数平衡的原则,应设置辅助车道。

(4)集散车道的车道数及横断面类型选择与匝道一致,题目如果改为集散车道,解题过程一致。

考点 15　立交变速车道长度的计算

1. 按公路立交计算变速车道长度

条文规定

《公路立体交叉设计细则》(JTG/T D21—2014)规定如下:

10.2.5　变速车道各路段最小长度及出、入口最大渐变率应符合表 10.2.5 的规定。

变速车道各路段最小长度及出、入口最大渐变率　表 10.2.5

变速车道类型		主线设计速度 (km/h)	变速段长度 L_1(m)	渐变段长度 L_2(m)	出、入口 渐变率	辅助车道长度 L_3(m)	全长 L(m)
减速车道	单车道	120	145	100	1/25	—	245
		100	125	90	1/22.5	—	215
		80	110	80	1/20	—	190
		60	95	70	1/17.5	—	165
	双车道	120	225	90	1/22.5	300	615
		100	190	80	1/20	250	520
		80	170	70	1/17.5	200	440
		60	140	60	1/15	180	380
加速车道	单车道	120	230	90(180)	1/45	—	320(410)
		100	200	80(160)	1/40	—	280(360)
		80	180	70(160)	1/40	—	250(340)
		60	155	60(140)	1/35	—	215(295)
	双车道	120	400	180	1/45	400	980
		100	350	160	1/40	350	860
		80	310	150	1/37.5	300	760
		60	270	140	1/35	250	660

注:1. 括号内数值为直接式单车道加速车道的渐变段长度或全长,平行式采用括号外的值。
　　2. 表中符号意义见图 10.2.3 和图 10.2.4。

10.2.6　在下列情况下应对变速车道长度进行调整:

　　1　当变速车道位于纵坡大于 2% 的路段时,应按表 10.2.6 规定的系数对变速车道长度进行修正。

<table>
<tr><td colspan="5" align="center">大纵坡路段变速车道长度的修正系数 表 10.2.6</td></tr>
<tr><td colspan="2" align="center">主线纵坡 i(%)</td><td align="center">2 < i ≤ 3</td><td align="center">3 < i ≤ 4</td><td align="center">i > 4</td></tr>
<tr><td rowspan="2" align="center">修正系数</td><td align="center">下坡减速车道</td><td align="center">1.10</td><td align="center">1.20</td><td align="center">1.30</td></tr>
<tr><td align="center">上坡加速车道</td><td align="center">1.20</td><td align="center">1.30</td><td align="center">1.40</td></tr>
</table>

2 当减速车道纵坡小于 2% 但紧接主线纵坡大于 4% 的下坡路段时,减速车道长度宜采用 1.1 ~ 1.2 的系数进行修正。

3 当匝道基本路段设计速度小于 40km/h 时,减速车道最小长度宜按高一级主线设计速度取值。

4 当双车道匝道采用单车道加速车道时,加速车道的长度应增加 10 ~ 20m。

📖 规范条文解析

《公路路线设计规范》(JTG D20—2017)的规定与《公路立体交叉设计细则》(JTG/T D21—2014)一致,仅在宜增长变速车道的情况中增加了一条:"主线、匝道的预测交通量接近通行能力,或载重汽车和大型客车比例较高。"该条没有增长多少的量化指标,有可能按专业知识出题。

📖 典型例题

例题 6-54

某公路互通式立体交叉,主线设计速度为 80km/h,入口匝道 A 位于主线纵坡 3% 的上坡路段,匝道为双车道匝道单车道变速车道,匝道设计速度为 35km/h,该入口匝道变速车道至少应设(   )。

(A)250m   (B)300m

(C)310m   (D)335m

解答

主线设计速度为 80km/h,匝道设计速度为 35km/h(如果为减速车道,应按主线 100km/h 设计速度取值,本题目为加速车道,无须提高),查《公路立体交叉设计细则》(JTG/T D21—2014)表 10.2.5,应设置变速段长度 180m,渐变段长度 70m。

上坡加速车道,按 1.2 系数修正变速车道,修正后长度为 180 × 1.2 = 216m。

双车道匝道单车道变速车道,应至少再增加 10m,增加后总长为 216 + 70 + 10 = 296m。

答案:B

例题 6-55

某公路互通式立体交叉,主线设计速度 100km/h,出口匝道 A 为直接式双车道变速车道,匝道设计速度为 40km/h,该出口匝道变速车道全长应为(   )。

(A)450m   (B)520m

(C)500m   (D)4335m

解答

主线设计速度为 100km/h,出口为减速车道,查《公路立体交叉设计细则》(JTG/T D21—

2014）表10.2.5，应设置变速段长度190m，渐变段长度80m，辅助车道长度250m。

该出口匝道变速车道全长 190 + 80 + 250 = 520m（与直接查表10.2.5一致）。

答案：B

📖 **考点分析**

（1）公路立交变速车道长度计算应查《公路立体交叉设计细则》（JTG/T D21—2014）表10.2.5，出口匝道为减速车道，入口匝道为加速车道，这与城市道路平交口的出口道为加速车道正好相反，市政设计的技术人员经常混淆，要注意分别。

（2）在查表基础上应注意表注1，区别平行式与直接式，取值不一样。

（3）注意第10.2.6条的各修正条件：大纵坡修正，匝道设计速度小于40km/h的减速车道提高一级取值，双车道匝道采用单车道加速车道时，变速车道长度应增加。

（4）例题6-54中大纵坡修正系数，是对整个变速车道长度的修正还是对变速段的修正，存在争议，从加减速车道的实际意义出发，应修正在变速段上，实际工程中多修正加长变速段。

（5）双车道变速车道为了满足车道数平衡条件，需设置辅助车道，在计算全长时应加上辅助车道长。

2. 按城市立交计算变速车道

📖 **条文规定**

《城市道路交叉口设计规程》（CJJ 152—2010）规定如下：

5.2 主线的平纵线形

5.2.1 立交主线平面线形技术要求应与路段一致。在进出立交的主线路段，其行车视距宜大于或等于1.25倍的停车视距。

5.2.2 机动车道最大纵坡应符合表5.2.2的规定。

机动车道最大纵坡度 表5.2.2

设计速度（km/h）	100	80	60	50	40
最大纵坡度推荐（%）	3	4	5	5.5	6
最大纵坡度限制（%）	5	6	7		8

注：1. 机动车道最大纵坡应采用小于或等于最大纵坡度推荐值；受地形条件或特殊情况限制时，方可采用最大纵坡限制值。

2. 山区城市设计速度为40km/h的道路，经技术经济论证，最大纵坡可增加1%。

3. 越岭路线连续上坡（或下坡）路段，地形相对高差为200~500m时，平均纵坡不应大于5.5%；地形相对高差大于500m时，平均纵坡不应大于5%，且连续3km路段的平均纵坡不应大于5.5%。

4. 海拔3000m以上高原城市道路的最大纵坡推荐值可按表列值减小1%，最大纵坡折减后若小于4%，则仍采用4%。

5. 冰冻积雪地区快速路最大纵坡不得超过4%，其他道路不得超过6%。

5.3.2 立交匝道平面线形设计应符合下列规定：

1 匝道的圆曲线最小半径值应符合表5.3.2-1的规定。

匝道圆曲线最小半径（单位:m）   表 5.3.2-1

匝道设计速度(km/h)		80	70	60	50	40	35	30	25	20
积雪冰冻地区		—	—	240	150	90	70	50	35	25
一般地区	不设超高	420	300	200	130	80	60	45	30	20
	$i_{max}=0.02$	315	230	160	105	65	50	35	25	20
	$i_{max}=0.04$	280	205	145	95	60	45	35	25	15
	$i_{max}=0.06$	255	185	130	90	55	40	30	25	15

注:不设缓和曲线的匝道圆曲线极限最小半径与不设超高情况相同,积雪冰冻地区超高不大于4%。

5.3.5 匝道端部出入口设计应符合下列规定:

4 驶出匝道出口端部,在减速车道终点,应设置缓和曲线。

分流点的曲率半径与回旋线参数应符合表 5.3.5-1 的规定。

分流点的曲率半径与回旋线参数   表 5.3.5-1

主线设计速度 （km/h）	分流点的行驶速度 （km/h）	分流点的最小曲半径 （m）	回旋参数 A(m)	
			一般值	低限值
120	80	250	110	100
	60	150	70	65
100	55	120	60	55
80	50	100	50	45
60	≤40	70	35	30

5.5.3 变速车道应符合下列要求:

3 变速车道长度为加速或减速车道长度与过渡段长度之和,应根据主线设计速度采用大于表 5.5.3-1 所列值。

变速车道长度及出、入口渐变率   表 5.5.3-1

主线设计速度(km/h)		120	100	80	60	50	40
除宽度缓和部分外的 减速车道规定长度(m)	1 车道	100	90	80	70	50	30
	2 车道	150	130	110	90	—	—
除宽度缓和部分外的 加速车道规定长度(m)	1 车道	200	180	160	120	90	50
	2 车道	300	260	220	160	—	—
宽度缓和路段长度(m)	1 车道	70	60	50	45	40	40
出口角度	1 车道	1/25		1/20	1/15		
	2 车道						
入口角度	1 车道	1/40		1/30	1/20		
	2 车道						

下坡路段的减速车道和上坡路段的加速车道,其长度应按表 5.5.3-2 所列修正系数予以修正。

变速车道长的修正系数   表 5.5.3-2

纵坡度(%)	$0<i≤2$	$2<i≤3$	$3<i≤4$	$4<i≤6$
下坡减速车道修正系数	1.00	1.10	1.20	1.30
上坡加速车道修正系数	1.00	1.20	1.30	1.40

473

例题 6-56（2020 年真题）

某城市快速路位于非积雪冰冻地区，设计速度为 100km/h，设立体交叉处受用地条件限制，其中一条匝道最小圆曲线半径为 35m，如下图所示，则出口匝道端部与匝道圆曲线相接的缓和曲线长度 L（取整数）为（　　　）。

[$L = (V_0^2 - V_1^2)/2a$，V_0 为通过分流点的行驶速度，V_1 为通过匝道最小半径设计速度，减速度 $\alpha = 1\text{m/s}^2$]

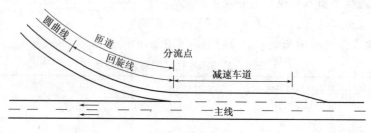

例题 6-56 图

(A) 62m
(B) 70m
(C) 82m
(D) 86m

解答

根据《城市道路交叉口设计规程》（CJJ 152—2010）第 5.3.5 条第 4 款，$V_0 = 55\text{km/h}$，查表 5.3.2-1，匝道最小圆曲线半径 35m 对应的匝道设计速度 $V_1 = 30\text{km/h}$，车辆需要在回旋线内从分流点速度 $V_0 = 55\text{km/h}$ 降速至 $V_1 = 30\text{km/h}$，匝道端部缓和曲线 $L = (V_0^2 - V_1^2)/2\alpha = [(55/3.6)^2 - (30/3.6)^2]/(2 \times 1) = 82\text{m}$。

答案：C

（注意公式中 V_0、V_1 的单位均为 m/s）

例题 6-57（2020 年真题）

某城市地下快速路，主线设计速度为 60km/h，地下道路出洞后紧接地面道路，在其下游布置单车道平行式出口匝道，如下图所示。已知匝道鼻端设计速度为 40km/h，变速车道位于 4% 的上坡段。条件受限时，该地下道路出洞口与邻接出口匝道鼻端的最小距离 L 的值为（　　　）。（计算结果取整）

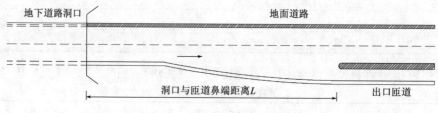

例题 6-57 图

(A) 175m
(B) 220m
(C) 234m
(D) 240m

解答

根据《城市地下道路工程设计规范》(CJJ 221—2015)第 6.5.2 条,当条件受限制时,城市地下道路出洞口与邻接地面道路出口匝道减速车道渐变段起点的距离不应小于 1.5 倍主线停车视距;根据《城市道路路线设计规范》(CJJ 193—2012)表 6.6.1,主线设计速度 60km/h,停车视距为 70m;根据《城市道路交叉口设计规程》(CJJ 152—2010)表 5.5.3-1,主线设计速度 60km/h,减速车道为 1 车道时,长度为 70m,渐变段长度为 45m;上坡减速车道,无须修正;因此,$L = 1.5 \times 70 + 45 + 70 = 220$(m)。

答案:B

例题 6-58(2019 年真题)

某一城市道路立交,主路设计速度为 80km/h,采用单车道平行式入口形式,其加速车道正好处于纵坡坡度为 2.3% 的上坡路段,过渡段长度为 50m,那么,该段变速车道长度是( ),并简单画出单车道匝道平行式入口示意图。

(A)160m   (B)210m

(C)226m   (D)242m

解答

根据《城市道路交叉口设计规程》(CJJ 152—2010)第 5.5.3 条第 3 款,变速车道长度为加速或减速车道长度与过渡段长度之和。查表 5.5.3-1,加速车道长为 160m,按表 5.5.3-2 修正后为 192m,加上过渡段长度 50m,则该段变速车道长度是 242m。入口示意图见下图。

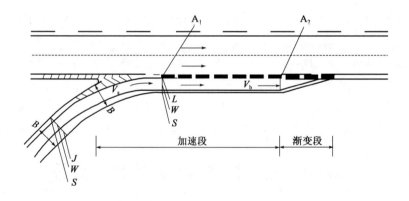

例题 6-58 解图

答案:D

例题 6-59

某一城市道路立交,主路设计速度为 80km/h,采用双车道直接式出口形式,未增设辅助车道,鼻端半径 $R = 1$m,主线右侧路缘带宽 0.5m,匝道车道宽 3.5m,匝道左侧路缘带宽 0.5m,不考虑分流点偏置加宽,如下图所示,那么,除宽度缓和部分外的减速段长度是( )。

(A)120m   (B)110m

(C)200m   (D)140m

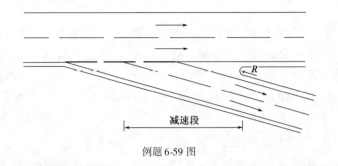

例题 6-59 图

解答

根据《城市道路交叉口设计规程》(CJJ 152—2010)表5.5.3-1,减速段长度不小于110m;同时需满足 1:20 渐变率角度,按匝道设计中线,在鼻端处距离主线行车道外边线的 $W_3 = 0.5 + 2 \times 1 + 0.5 + 3.5 = 6.5$,在减速段起点处距离主线行车道外边线的 $W_3 = 0.5$(路缘带宽),因此,减速段长度 $= (6.5 - 0.5) \times 20 = 120m > 110m$,因此长度为120m。

答案:A

📖 **考点分析**

(1)城市立交变速车道长计算与公路的步骤一致,只是两本规范参数取值不一样,应查《城市道路交叉口设计规程》(CJJ 152—2010)表5.5.3-1。

(2)上下坡对变速车道的修正系数,是对整个变速车道长度的修正还是对变速段的修正,存在争议,2019 年真题只对变速段修正。

(3)在计算直接式变速车道长时,应按《城市道路交叉口设计规程》(CJJ 152—2010)表5.5.3-1的1或2条车道最小长度及出入口角度两方面控制,如果双车道变速车道增设辅助车道,计算全长时应加上辅助车道长。

(4)在采用出口角度渐变率来控制变速车道长度时,如果分流点设置了偏置加宽,还应结合《城市道路交叉口设计规程》(CJJ 152—2010)图 5.3.5-3,考虑 C_1、C_2 的加宽值,注意 C_1 包含了主线右侧路缘带,C_2 未包括匝道左侧路缘带。

考点 16　连续分合流鼻端间距的计算

1. 按公路立交计算分合流鼻端间距

📖 **条文规定**

《公路立体交叉设计细则》(JTG/T D21—2014)规定如下:

10.5.1　匝道上相邻分流鼻端之间的距离(图 10.5.1)不应小于表10.5.1的规定值。

匝道上相邻分流鼻端最小间距　　　　表 10.5.1

主线设计速度(km/h)	120	100	80	60
相邻分流鼻端最小间距(m)	240	210	190	170

10.5.2　匝道上相邻合流鼻端之间的距离(图 10.5.2)不应小于表10.5.2的规定值。

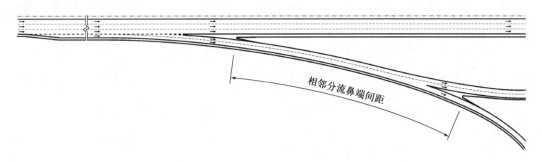

图 10.5.1　匝道上相邻分流鼻端间距示意图

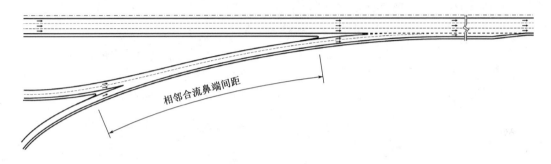

图 10.5.2　匝道上相邻合流鼻端间距示意图

匝道上相邻合流鼻端最小间距　　　　　　　　　　　　　　表 10.5.2

匝道设计速度(km/h)	80	70	60	50	40	35	30
相邻合流鼻端最小间距(m)	210	180	160	140	120	110	100

10.5.3　当因条件限制、主线侧按连续分流或连续合流设置时,连续分、合流鼻端之间的距离不应小于表 10.5.3 的规定值,当连续合流的上游加速车道为双车道时,连续合流鼻端之间的距离不应小于表中一般值。

主线侧连续分、合流鼻端最小间距　　　　　　　　　　　　表 10.5.3

主线设计速度(km/h)		120	100	80	60
连续分、合流鼻端 最小间距(m)	一般值	400	350	310	270
	极限值	350	300	260	220

📖 **典型例题**

例题 6-60

某高速公路立交,主路设计速度为 80km/h,匝道设计速度为 60km/h,匝道上相邻分流鼻端最小间距是(　　)。

（A）210m　　　　　（B）190m　　　　　（C）170m　　　　　（D）160m

解答

题目需要求分流鼻端最小间距,根据主线设计速度为 80km/h,查表 10.5.1,最小间距为190m。

答案:B

例题 6-61

某高速公路立交,主路设计速度为 80km/h,匝道设计速度为 60km/h,匝道上相邻合流鼻端最小间距是(   )。

(A)210m   (B)190m   (C)170m   (D)160m

解答

题目需要求合流鼻端最小间距,根据匝道设计速度为 60km/h,查表 10.5.2,最小间距为 160m。

答案:D

例题 6-62

某高速公路立交,主路设计速度为 80km/h,匝道设计速度为 60km/h;主线上按连续分流设置两处匝道,则两匝道的分流鼻端最小间距一般值为(   )。

(A)310m   (B)190m   (C)160m   (D)120m

解答

题目需要求合流鼻端最小间距,根据主线设计速度为 80km/h,查表 10.5.3,最小间距为 310m。

答案:A

📖 考点分析 ▶

(1)公路立交的连续分合流鼻端间距要求相对简单,仅对连续分流、连续合流做出了要求。

(2)此类考点首先要看清是匝道上的连续分合流,还是主线上的分合流。如果是匝道上的分流按主线设计速度控制,匝道上的合流按匝道设计速度控制;如果是主线上的连续分流或合流,按照主线设计速度控制。

2. 按城市立交计算匝道出入口之间的最小净距

📖 条文规定 ▶

《城市道路交叉口设计规程》(CJJ 152—2010)规定如下:

5.3.5 匝道端部出入口设计应符合下列规定:

6 相邻匝道出入口之间的最小净距 L(图 5.3.5-4)应符合表 5.3.5-4 的要求。

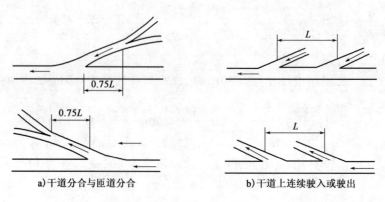

a)干道分合与匝道分合   b)干道上连续驶入或驶出

图 5.3.5-4

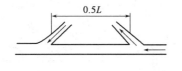

c)干道上先驶出后驶入

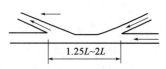

d)干道上先驶入后驶出

图 5.3.5-4　匝道口最小净距

相邻匝道口最小净距 *L*　　　　　　　　　表 5.3.5-4

距离 *L*(m) ＼ 干道设计速度(km/h)	120	100	80	60	50	40
极限值	165	140	110	80	70	55
一般值	330	280	220	160	140	110

注:图5.3.5-4中的b)、d)情况不宜采用极限值。

匝道出入口之间最小净距还应满足下列要求:

1)相邻驶入或驶出匝道之间的间距还应考虑变速道长度及标志之间需要的距离,并按最长需要距离决定取用值。

2)驶入匝道紧接着有驶出匝道的情况下[图5.3.5-4(d)],枢纽立交匝道间距取上限,一般立交取下限;并应根据交织交通量计算其交织所需长度,按最长需要距离决定取用值。对于延伸交织长度不能达到足够通行能力或是首蓿叶立交相邻环形匝道,应设置集散车道。

典型例题

例题 6-63(2020 年真题)

某城市道路枢纽立交,其中一条主路设计速度为80km/h,设置先驶入后驶出的单车道匝道出入口,加减速车道均采用平行式,加速车道处于主路纵坡为 +3.0% 的路段,减速车道处于主路纵坡为 -2.5% 的路段,不考虑其他因素影响,则该相邻匝道出入口之间的最小净距及匝道出口、入口变速车道的最小长度为(　　)。

(A)275m,130m,210m　　　　　　　(B)340m,130m,210m

(C)380m,138m,242m　　　　　　　(D)440m,138m,242m

解答:

根据《城市道路交叉口设计规程》(CJJ 152—2010)第 5.3.5 条第 6 款,先驶入后驶出,最小间距需满足 $1.25L \sim 2L$,*L* 不宜采用极限值,取一般值220m,枢纽立交取上限:$2L = 440m$;查表 5.5.3-1、表 5.5.3-2,出口:驶出减速段长度为 80m,纵坡修正系数为 1.1,$80 \times 1.1 + 50 = 138$;入口:主线设计速度为 80km/h,驶入加速段长 160m,纵坡修正系数 1.2,$160 \times 1.2 + 50 = 242$;$242 + 138 = 380m < 440m$。

答案: D

例题 6-64

如右图所示,设计速度为80km/h的城市道路干道上,先驶出后驶入的相邻匝道口距离一般值为(　　)。

(A)220m　　　　　　　　　　　(B)210m

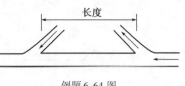

（C）165m （D）110m

解答

根据《城市道路交叉口设计规程》（CJJ 152—2010）第
5.3.5 条第 6 款，城市道路干道上先驶出后驶入的匝道口
最小间距一般值为 0.5 倍的相邻匝道口最小净距 L，设计
速度为 80km/h 的先驶出后驶入的匝道口最小净距 L 的一般值为 220m，因此 0.5 × 220 =
110m。

例题6-64 图

答案： D

例题 6-65

如下图所示，某城市一般立交的相邻匝道出入口设置了集散车道，集散车道的设计速度为
60km/h，该处先驶入后驶出的相邻匝道口最小距离宜为（　　）。

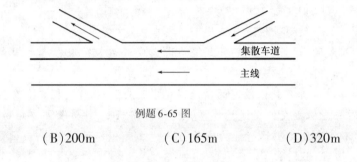

例题 6-65 图

（A）220m （B）200m （C）165m （D）320m

解答

根据《城市道路交叉口设计规程》（CJJ 152—2010）第 5.3.5 第 6 款，城市道路干道上先驶
入后驶出的匝道口最小间距一般值为 1.25 ～ 2 倍的相邻匝道口最小净距 L，设计速度为
60km/h 的先驶出后驶入的匝道口最小净距 L 的一般值为 160m（规范规定，本例情况不宜采用
极限值），又因为一般立交匝道间距取下限，因此最小值为 1.25 × 160 = 200m。

答案： B

📖 **考点分析**

（1）《城市道路交叉口设计规程》（CJJ 152—2010）对各类出入口之间的最小净距均做出
了规定，遇到此类考点，对照相应的出入口类型，查表即可计算结果。

（2）集散车道上先驶入后驶出的出入口间距计算在实际工程中很常见，比如全首蓿叶立
交两个环形匝道形成的交织段，《公路立体交叉设计细则》（JTG/T D21—2014）第 10.8 条对交
织区长度未给出具体计算，城市立交参照本条规范计算。

（3）《城市道路交叉口设计规程》（CJJ 152—2010）与《城市快速路设计规范》（CJJ 129—
2009）在出入口间距计算上有较大的差别，由于考试未列入快速路规范，本书只按《城市道路
交叉口设计规程》（CJJ 152—2010）进行分析计算。

第7章 交通工程及沿线设施

考点1 净区宽度计算

《公路交通安全设施设计规范》(JTG D81—2017)规定如下：

A.0.1 净区宽度可分为计算净区宽度和实际净区宽度。

A.0.2 计算净区宽度应根据公路平面线形指标状况、路基填挖情况、运行速度确定，并符合下列规定：

1 直线段计算净区宽度宜根据路基的填方、挖方情况分别由图 A.0.2-1 和图 A.0.2-2确定。

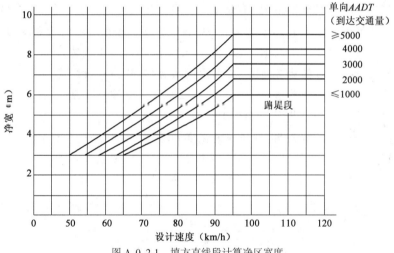

图 A.0.2-1 填方直线段计算净区宽度

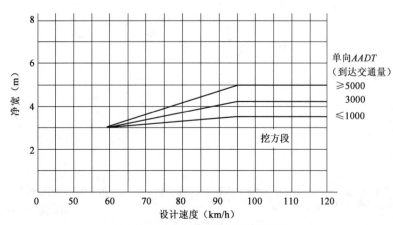

图 A.0.2-2 挖方直线段计算净区宽度

2 曲线段计算净区宽度宜采用相同路基类型对应的直线段计算净区宽度乘以调整系数 F_c 进行修正,其中 F_c 由图 A.0.2-3 查得。

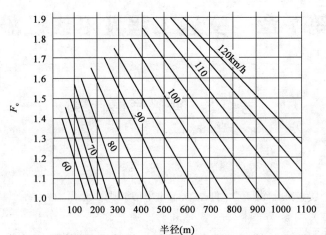

图 A.0.2-3　曲线段计算净区宽度调整系数 F_c

A.0.3　实际净区宽度应为从外侧车行道边缘线开始,向公路外侧延伸的平缓、无障碍物区域的有效宽度,包括硬路肩、土路肩及可利用的路侧边坡,并应符合下列规定:

1　当路侧边坡坡度缓于1:6时,有效宽度为整个边坡坡面宽度。

2　当路侧边坡坡度在1:4和1:6之间时,有效宽度为整个边坡坡面宽度的1/2。

3　当路侧边坡坡度陡于1:4时,边坡上不能行车,不作为有效宽度。

4　路侧存在未设盖板的砌石边沟、排水沟区域时,不作为有效宽度。

5　路侧存在不可移除的行道树、花坛、标志立柱或其他障碍物时,不作为有效宽度。

《公路交通安全设施设计规范》(JTG D81—2017)条文说明规定如下:

2.0.1　国内外研究成果表明:保证一定宽度的净区可以使绝大多数驶出路外的车辆恢复正常行驶。净区宽度可分为计算净区宽度和实际净区宽度,附录 A 提供了计算方法。前者为驶出车行道的车辆重返公路提供了容错空间,为理想值,如图 2-1 所示;后者为实际路况可达到的宽度值。中央分隔带和分离式路基左侧净区宽度的含义与路侧相同,如图 2-2 所示。

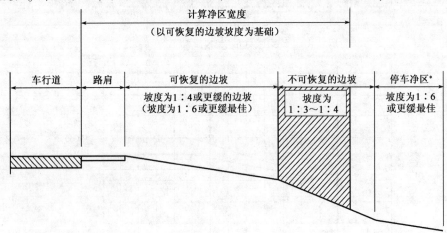

*由于推荐的净区宽度中有一部分为不可恢复的边坡(图中阴影部分),因此需要附加的停车净区,其宽度等于阴影部分的宽度

图 2-1　计算净区宽度示意

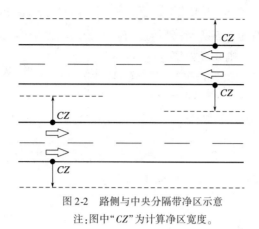

图 2-2　路侧与中央分隔带净区示意

注:图中"CZ"为计算净区宽度。

典型例题

例题 7-1

某高速公路设计速度为 100km/h,双向年平均日交通量 $AADT$ 为 5000 辆/日,方向不均匀系数为 0.6,某填方段平面转弯处平曲线半径为 700m,则在该平曲线曲中点计算净区宽度为（　　）。

（A）8.9m　　　　（B）8.74m　　　　（C）6.55m　　　　（D）7.12m

解答

单向 $AADT = 5000 \times 0.6 = 3000$ 辆/日。

查《公路交通安全设施设计规范》(JTG D81—2017)图 A.0.2-1,直线段净宽为 7.6m。

查《公路交通安全设施设计规范》(JTG D81—2017)图 A.0.2-3,曲线段调整系数 $F_c = 1.15$。

计算净区宽度 $= 7.6 \times 1.15 = 8.74$m。

答案:B

例题 7-2

某二级公路设计速度为 60km/h,单向设计小时交通量为 360 辆/h,设计小时交通量系数为 0.12,某挖方段平面转弯处平曲线半径为 100m,则在该平曲线段计算净区宽度为（　　）。

（A）8.9m　　　　（B）5.7m　　　　（C）3.6m　　　　（D）5.2m

解答

根据《公路路线设计规范》(JTG D20—2017)第3.3.3条,单向 $AADT = 360/0.12 = 3000$ 辆/日。

查《公路交通安全设施设计规范》(JTG D81—2017)图 A.0.2-2,直线段净宽为 3m。

查《公路交通安全设施设计规范》(JTG D81—2017)图 A.0.2-3,曲线段调整系数 $F_c = 1.19$。

计算净区宽度 $= 3 \times 1.19 = 3.57$m。

答案:C

例题 7-3

某一级公路硬路肩宽度为 2.5m，土路肩宽度为 0.75m，填方采用缓坡，坡比为 1:5，路堤高 3m，坡脚 2m 以外为排水明沟，则在该处实际净区宽度为（　　）。

（A）18.9m　　　　　（B）13.7m　　　　　（C）12.8m　　　　　（D）15.2m

解答

根据《公路交通安全设施设计规范》（JTG D81—2017）第 A.0.3 条，实际净区宽度 = 2.5 + 0.75 + 3 × 5/2 + 2 = 12.75m。

答案：C

📖 **考点分析**

（1）《公路交通安全设施设计规范》（JTG D81—2017）相比老规范新增了计算净区和实际净区宽度计算方法，遇到此类考点，按照附录 A 即可计算结果；必要时还应按照第 2.0.1 条条文说明进行分析计算。

（2）《公路交通安全设施设计规范》（JTG D81—2017）第 6.1.1 条规定，计算净区宽度得不到满足时，应按护栏设置原则进行安全处理；第 6.2.1 条规定，实际净区宽度与计算宽度不同时，按照事故风险确定是否设置护栏。

（3）计算净区宽度根据规范查图确定时，涉及单向 AADT，可能结合路线章节交通量分析来出题，交通量分析详见路线章节。

考点 2　护栏防护等级选取

1. 路基护栏防护等级选取

📖 **条文规定**

《公路交通安全设施设计规范》（JTG D81—2017）规定如下：

6.2.3　路侧计算净区宽度范围内有高速铁路、高速公路、高压输电线塔、危险品储藏仓库等设施时，事故严重程度等级为高，必须设置护栏。

6.2.4　路侧计算净区宽度范围内有下列情况时，事故严重程度等级为中，应设置护栏：

1　二级及二级以上公路边坡坡度和路堤高度在图 6.2.4 的 Ⅰ区、Ⅱ区阴影范围之内的路段，三级、四级公路路侧有深度 30m 以上的悬崖、深谷、深沟等的路段；

2　有江、河、湖、海、沼泽等水深 1.5m 以上水域的路段；

3　有 Ⅰ级铁路、一级公路等；

4　高速公路、一级公路路外设有车辆不能安全越过的照明灯、摄像机、交通标志、声屏障、上跨桥梁的桥墩或桥台、隧道入口处的检修道或洞门等设施的路段。

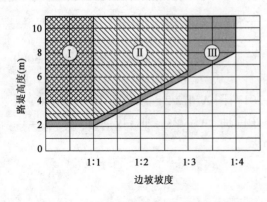

图 6.2.4　边坡坡度、路堤高度与设置护栏的关系

6.2.5 路侧计算净区宽度范围内有下列情况时,事故严重程度等级为低,宜设置护栏:

1 二级及二级以上公路边坡坡度和路堤高度在图 6.2.4 的Ⅲ区阴影范围之内的路段,三级、四级公路边坡坡度和路堤高度在图 6.2.4 的Ⅰ区阴影范围之内的路段;

2 二级及二级以上公路路侧边沟无盖板、车辆无法安全越过的挖方路段;

3 高出路面或开挖的边坡坡面有 30cm 以上的混凝土砌体或大孤石等障碍物;

4 出口匝道的三角地带有障碍物。

6.2.6 高速公路和作为干线的一级公路,整体式断面中间带宽度小于或等于 12m,或者 12m 宽度范围内有障碍物时,必须设置中央分隔带护栏。中央分隔带事故严重程度可根据下列条件确定:

1 中央分隔带宽度小于 2.5m 且采用整体式护栏形式时,事故严重程度等级为高。

2 符合下列条件时,事故严重程度等级为中:

1) 对双向 6 车道高速公路,或未设置左侧硬路肩的双向 8 车道及以上高速公路,中央分隔带宽度小于 2.5m 并采用分设式护栏形式,同时中央分隔带内设有车辆不能安全穿越的障碍物的路段。

2) 对双向 6 车道及以上一级公路,中央分隔带宽度小于 2.5m 并采用分设式护栏形式,同时中央分隔带内设有车辆不能安全穿越的障碍物的路段。

3 不符合本条第 1、2 款规定的条件时,事故严重程度为低。

6.2.7 作为集散的一级公路,整体式断面中间带应设置保障行车安全的隔离设施。根据交通安全综合分析结果,可考虑是否设置中央分隔带护栏,事故严重程度等级可参考本规范第 6.2.6 条的规定选取。

6.2.10 设置路基护栏的防护等级应符合表 6.2.10 的规定。

路基护栏防护等级的选取   表 6.2.10

公 路 等 级	设计速度（km/h）	事故严重程度等级		
		低	中	高
高速公路	120	三（A、Am）级	四（SB、SBm）级	六（SS、SSm）级
	100、80			五（SA、SAm）级
一级公路	60	二（B、Bm）级	三（A、Am）级	四（SB、SBm）级
二级公路	80、60		三（A）级	
三级公路、四级公路	40	一（C）级	二（B）级	三（A）级
	30、20		一（C）级	二（B）级

注:括号内为护栏防护等级的代码。

6.2.11 存在下列情况时,导致事故发生可能性增加或后果更严重的路段,宜在表 6.2.10 的防护等级上提高 1 个等级:

1 二级及二级以上公路纵坡等于或接近于现行《公路工程技术标准》(JTG B01)规定的最大纵坡值的下坡路段;二级及二级以上公路圆曲线半径等于或接近于现行《公路工程技术标准》(JTG B01)规定的最小半径的路段外侧。

2 设计交通量中,总质量大于或等于 25t 的车辆自然数所占比例大于 20% 时。

6.2.12 年平均日设计交通量(AADT)小于 2000 辆小客车且设计速度小于或等于 60km/h 的公路,宜进行交通安全及经济综合分析,确定是否设置护栏及护栏的防护等级。需要设置护栏时,其防护等级可在表 6.2.10 的基础上降低 1 个等级,但最小不得低于一(C)级。

例题 7-4

某一级公路设计速度为 100km/h,硬路肩宽度为 2.5m,土路肩宽度为 0.75m,单向年平均日交通量 $AADT$ 为 3000 辆/日,填方坡比为 1:1.5,路堤高 4m,路堤段地势平坦。某平面转弯处平曲线半径为 700m,在距离路基坡脚线 1m 处有一高压铁搭。路基护栏应采用的防护等级为( )。

(A)SS 级 　　　　(B)SB 级 　　　　(C)A 级 　　　　(D)SA 级

解答

查《公路交通安全设施设计规范》(JTG D81—2017)图 A.0.2-1,直线段计算净区宽度为 7.6m。

查图 A.0.2-3,曲线段调整系数 F_c 为 1.15,计算净区宽度为 $7.6 \times 1.15 = 8.74m$。

高压铁塔距离外侧车行道边缘:$2.5 + 0.75 + 4 \times 1.5 + 1 = 10.25 > 8.74$,说明高压铁塔位于计算净区宽度以外。

查图 6.2.4,边坡坡度与路堤高度在 Ⅱ 区,事故严重程度等级为中。

查表 6.2.10,路基护栏防护等级应为四级(SB 级)。

答案:B

例题 7-5

某一级公路设计速度为 80km/h,右侧硬路肩宽度为 1.5m,土路肩宽度为 0.75m,预测年度的年平均日交通量约为 8500 辆/日,设计交通量中,总质量大于 25t 的车辆自然数占比为 23%。其中,K6 + 200 ~ K6 + 260 路段为直线填方路段,填方边坡坡率为 1:1.5,路堤高度为 5.0 ~ 6.0m,该路段如果设置路侧波形梁护栏,则波形梁护栏的等级选择最合理的是( )。

(A)SB 级 　　　　(B)A 级 　　　　(C)SA 级 　　　　(D)SS 级

解答

该公路设计速度为 80km/h,查《公路交通安全设施设计规范》(JTG D81—2017)图 A.0.2-1,平均日交通量 8500 辆/日所对应的填方直线段计算净区宽度约为 6.7m。

该路段实际净区宽度 = 1.5 + 0.75 = 2.25m,小于计算净区宽度。

查图 6.2.4,边坡坡度与路堤高度在 Ⅱ 区,事故严重程度等级为中。

查表 6.2.10,路基护栏防护等级应为四级(SB 级),由于交通量中总质量大于 25t 的车辆自然数占比为 23%,应提高 1 个等级,因此该处护栏防护等级应为五级(SA 级)。

答案:C

例题 7-6

某高速公路设计速度为 100km/h,采用整体式断面,中央分隔带宽度为 3m,该路段是否必须设置中央分隔带护栏,如果设置护栏,则防护等级选择最合理的是( )。

(A)Am 级 　　　　(B)A 级 　　　　(C)SBm 级 　　　　(D)可不设置

解答

根据《公路交通安全设施设计规范》(JTG D81—2017)第 6.2.6 条,中间带小于 12m,必须设置中央分隔带护栏。

中央分隔带宽度3m,事故严重程度为低。

查表6.2.10,护栏防护等级为三(Am)级。

答案:A

📖 **考点分析**

(1)路基护栏防护等级选取考点首选要判断事故严重程度等级,再查《公路交通安全设施设计规范》(JTG D81—2017)表6.2.10选择防护等级;事故严重程度分为高、中、低三个等级。

(2)查表6.2.10时应结合第6.2.11条、第6.2.12条进行修正,审题时注意题目给出的条件,可能会在表6.2.10的防护等级上提高或降低1个等级。

(3)事故严重程度高、中、低等级要先得到计算净区宽度,依照计算净区宽度范围内的情况,根据第6.2.3条、第6.2.4条、第6.2.5条和查图6.2.4判定事故严重程度。

(4)中央分隔带护栏等级选取也是查表6.2.10,只是防护等级代号多了一个字母 m (medium),对于中间带事故严重程度等级根据第6.2.6条进行判断。

(5)中央分隔带采用整体式护栏时比分设式护栏事故严重程度要高一个等级,设计中优先采用分设式护栏。

2. 桥梁护栏防护等级选取

📖 **条文规定**

《公路交通安全设施设计规范》(JTG D81—2017)规定如下:

6.3.2 根据车辆驶出桥外或进入对向车行道可能造成的事故严重程度等级,应按表6.3.2的规定选取桥梁护栏的防护等级,并应符合下列规定:

1 二级及二级以上公路小桥、通道、明涵的护栏防护等级宜与相邻的路基护栏相同。

2 公路桥梁采用整体式上部结构时,中央分隔带护栏的防护等级可按路基中央分隔带护栏的条件来确定。

3 因桥梁线形、桥梁高度、交通量、车辆构成、运行速度或其他不利现场条件等因素易造成更严重碰撞后果的路段,经综合论证,可在表6.3.2的基础上提高1个或以上等级。其中,跨越大型饮用水水源一级保护区和高速铁路的桥梁以及特大悬索桥、斜拉桥等缆索承重桥梁,防护等级宜采用八(HA)级。

桥梁护栏防护等级的选取　　　　　　　　　　　　　　　表6.3.2

公 路 等 级	设计速度 (km/h)	车辆驶出桥外或进入对向车行道的事故严重程度等级	
		高:跨越公路、铁路或饮用水水源一级保护区等路段的桥梁	中:其他桥梁
高速公路	120	六(SS、SSm)级	五(SA、SAm)级
一级公路	100、80	五(SA、SAm)级	四(SB、SBm)级
	60	四(SB、SBm)级	三(A、Am)级
二级公路	80、60	四(SB)级	三(A)级
三级公路	40、30	三(A)级	二(B)级
四级公路	20		

注:括号内为护栏防护等级的代码。

487

例题 7-7

某高速公路设计速度为 120km/h,高速公路某桥梁为单塔斜拉桥,主跨跨径为 620m,该桥梁路段护栏防护等级选择最合理的是(   )。

(A)A 级　　　　　(B)B 级　　　　　(C)SS 级　　　　　(D)HA 级

解答

根据《公路交通安全设施设计规范》(JTG D81—2017)第 6.3.2 条,该桥梁为特大斜拉桥,宜选取八(HA)级护栏。

答案:D

例题 7-8

某一级公路设计速度为 80km/h,该公路某桥梁上跨铁路,此桥梁路段护栏防护等级选择最合理的是(   )。

(A)A 级　　　　　(B)SA 级　　　　　(C)SS 级　　　　　(D)SB 级

解答

根据《公路交通安全设施设计规范》(JTG D81—2017)第 6.3.2 条,查表 6.3.2,该桥梁事故严重程度等级为高,应选取五(SA)级护栏。

答案:B

例题 7-9

某高速公路设计速度为 100km/h,桥梁采用整体式断面,中央分隔带宽度为 3m,该桥梁路段是否必须设置中央分隔带护栏,如果设置护栏,则防护等级选择最合理的是(   )。

(A)Am 级　　　　　　　　　　(B)A 级

(C)SBm 级　　　　　　　　　(D)可不设置

解答

根据《公路交通安全设施设计规范》(JTG D81—2017)第 6.3.2 条,整体式桥梁中央分隔带护栏防护等级可按路基中央分隔带护栏条件来确定,根据第 6.2.6 条,中间带小于 12m,必须设置中央分隔带护栏。

中央分隔带宽度 3m,事故严重程度为低。

查表 6.2.10,护栏防护等级为三(Am)级。故该桥梁中央分隔带护栏防护等级为三(Am)级。

答案:A

考点分析

(1)桥梁护栏防护等级选取考点相对简单,事故严重程度等级按照《公路交通安全设施设计规范》(JTG D81—2017)表 6.3.2 的条件判断即可。

(2)查表 6.3.2 时应结合第 6.3.2 条的第 1、2、3 款进行判断,审题时注意题目给出的条件,如桥梁中分带护栏的防护等级可按路基中分带护栏的方法进行判断。

(3)《公路交通安全设施设计规范》(JTG D81—2017)相比老规范,护栏防护等级由原来的五级修改为八级,新增了一(C)级、七(HB)级、八(HA)级护栏,斜拉桥、悬索桥一般均为特大桥,宜采用八(HA)级护栏。

考点3　护栏结构碰撞荷载计算

📖 条文规定

《公路交通安全设施设计规范》(JTG D81—2017)规定如下:

3.5.5　偶然作用应符合下列规定:

1　护栏结构设计和安全性能评价采用的碰撞车型、碰撞速度和碰撞角度应满足现行《公路护栏安全性能评价标准》(JTG B05—01)的规定。当公路具体路段的车辆构成不包括规定的某种碰撞车型时,护栏结构设计和安全性能评价可不考虑该车型。

2　设计桥梁护栏试件时,其所承受的汽车横向碰撞荷载标准值应符合表3.5.5的规定。在综合分析公路线形、路侧危险度、运行速度、交通量和车辆构成等因素的基础上,采用的护栏防护等级低于一(C)级时,汽车横向碰撞荷载应按一(C)级计算;采用的护栏防护等级高于八(HA)级时,汽车横向碰撞荷载应根据实际的碰撞条件确定。

桥梁护栏的汽车横向碰撞荷载标准值　　　　　　　　　　　表3.5.5

防护等级	代码	标准值(kN)		分布长度(m)
		$D = 0\text{m}$	$D = 0.3 \sim 0.6\text{m}$	
一	C	70	55 ~ 45	1.2
二	B	95	75 ~ 60	1.2
三	A	170	140 ~ 120	1.2
四	SB	350	285 ~ 240	2.4
五	SA	410	345 ~ 295	2.4
六	SS	520	435 ~ 375	2.4
七	HB	650	550 ~ 500	2.4
八	HA	720	620 ~ 550	2.4

注:D为桥梁护栏的最大横向动态变形值。

3　防撞限高架的汽车碰撞荷载可按式(3.5.5)计算,作用方向与行车方向一致,作用点位于横梁几何中心。

$$F' = \frac{m|v_\text{t} - v_0|}{T} \tag{3.5.5}$$

式中:F'——限高架的汽车碰撞荷载(kN);

m——设计车辆总质量(t),应结合设置路段交通流实际调查结果确定;

v_0——碰撞前车辆运行速度(m/s),应结合设置路段交通流实际调查结果确定;

v_t——碰撞后车辆运行速度(m/s),应满足紧急制动情况下车辆在限高桥梁或隧道之前停车的要求;

T——车辆碰撞限高架的时间(s),可在0.1~1s范围内取值,柔性限高架取值1s,刚性限高架取值0.1s。

《公路交通安全设施设计规范》(JTG D81—2017)第3.5.5条条文说明规定如下:

3.5.5 阻挡功能是护栏最基本和最重要的功能,根据汽车碰撞荷载按承载能力极限状态的偶然荷载效应组合进行设计验算,能够大体估算出护栏能否有效阻挡该防护等级的碰撞车辆,而护栏缓冲功能和导向功能的检验需要经过实车足尺碰撞试验。

$F_{横}$单位取kN时,

$$F_{横} = \frac{m(v_1 \sin\theta)^2}{2000[C\sin\theta - b(1-\cos\theta) + D]} \tag{3-1}$$

假设车辆和护栏的刚度可理想化为线性弹簧,则碰撞荷载与时间的关系曲线是正弦曲线,车辆横向最大加速度$G_{横max}$为:

$$G_{横max} = \pi/2(G_{横})$$

$$F_{横max} = \frac{\pi}{2} \cdot \frac{mv_1^2\sin^2\theta}{2000[C\sin\theta - b(1-\cos\theta) + D]} \tag{3-2}$$

式中:$F_{横max}$——车辆作用在护栏上的最大横向力(kN);

m——车辆质量(kg);

v_1——车辆的碰撞速度(m/s);

θ——车辆的碰撞角度(°);

C——车辆重心距前保险杠的距离(m);

b——车辆宽度的一半(m);

D——护栏的最大横向动态变形值(m),混凝土护栏$D=0$,金属制护栏$D=0.3\sim0.6$m。

典型例题

例题 7-10

某高速公路设计速度为120km/h,桥梁上跨铁路,桥梁防撞护栏采用混凝土护栏。该桥梁护栏的汽车横向碰撞荷载标准值为( )。

(A)520kN (B)600kN (C)720kN (D)170kN

解答

查《公路交通安全设施设计规范》(JTG D81—2017)表6.3.2,桥梁护栏防护等级为六(SS)级;混凝土护栏,最大横向动态变形值$D=0$。

查表3.5.5,汽车横向碰撞荷载标准值为520kN。

答案:A

例题 7-11

某高速公路桥梁刚性防撞护栏,已知车辆质量为2.043t,碰撞速度为96km/h,碰撞角度为15°,车辆重心距前保险杠距离为2.7m,车辆宽度为1.8m。假设车辆碰撞护栏,则碰撞力和最大横向力为( )。

(A)72.2kN,114.4kN (B)72.8kN,114.4kN

(C)72.8kN,119.6kN (D)73.5kN,119.6kN

解答

根据《公路交通安全设施设计规范》(JTG D81—2017)第3.5.5条条文说明：

$$F_横 = \frac{m(v_1\sin\theta)^2}{2000[C\sin\theta - b(1-\cos\theta) + D]}$$

$$F_{横\max} = \frac{\pi}{2} \cdot \frac{mv_1^2\sin^2\theta}{2000[C\sin\theta - b(1-\cos\theta) + D]}$$

$V_1 = 96/3.6 = 26.67\text{m/s}, D = 0$。

代入求得：碰撞力为72.8kN，最大横向力为114.4kN。

答案：B

例题7-12

某二级公路设置刚性防撞限高架，该路段实际运行速度为60km/h，交通流设计车辆总质量不超过30t，假设车辆碰撞限高架后运行速度为20km/h，则限高架的汽车碰撞荷载为（　　）。

(A)4000kN　　　　(B)2500kN　　　　(C)900kN　　　　(D)3330kN

解答

根据《公路交通安全设施设计规范》(JTG D81—2017)公式(3.5.5)：

$v_0 = 60/3.6 = 16.67\text{m/s}, v_t = 20/3.6 = 5.56\text{m/s}$

刚性限高架，$T = 0.1\text{s}$，则

$F' = 30 \times (16.67 - 5.56)/0.1 = 3334\text{kN}$

答案：D

📖 **考点分析**

(1)护栏结构碰撞荷载计算过程较复杂，《公路交通安全设施设计规范》(JTG D81—2017)表3.5.5给出了桥梁护栏的横向碰撞荷载标准值的查表方法，根据防护等级和最大横向动态变形值 D 即可查表得到，注意混凝土护栏 $D = 0$，金属制护栏 $D = 0.3 \sim 0.6\text{m}$；同时在条文说明公式(3-1)、公式(3-2)中给出了横向碰撞力和最大横向力的计算方法，通过题目给出的条件代入公式可求解。

(2)用查表3.5.5的方法计算碰撞荷载标准值时，可能结合桥梁护栏等级选取来出题，考生应熟练掌握相关考点，融会贯通。

(3)防撞限高架碰撞荷载的考点，代入公式(3.5.5)即可求解，注意公式中的单位换算。

考点4　护栏构造设计

1. 护栏类型选择、长度及高度要求

📖 **条文规定**

《公路交通安全设施设计规范》(JTG D81—2017)规定如下：

6.2.18 大型车辆所占比例较大的路段,除位于冬季风雪较大的地区外,中央分隔带护栏宜使用混凝土护栏。

6.2.21 护栏最小结构长度应根据下列因素确定:

1 发挥护栏整体作用的最小结构长度应符合表6.2.21的规定,或根据护栏产品使用说明书确定。

护栏最小结构长度 表6.2.21

公 路 等 级	护 栏 类 型	最小长度(m)
高速公路、一级公路	波形梁护栏	70
	混凝土护栏	36
	缆索护栏	300
二级公路	波形梁护栏	48
	混凝土护栏	24
	缆索护栏	120
三级公路、四级公路	波形梁护栏	28
	混凝土护栏	12
	缆索护栏	120

5 通过过渡段连接的两种形式护栏的长度之和不应小于两种形式护栏的最小结构长度的大值。

6.3.4 桥梁护栏的构造应符合下列规定:

1 金属梁柱式护栏的构造应满足下列规定:

①所有横梁横向承载力距桥面的加权平均高度$\overline{Y}$不应小于表6.3.4-1的规定值。

②四(SB)级及以下防护等级的金属梁柱式护栏总高度不应小于1.00m;五(SA)级金属梁柱式护栏总高度不应小于1.25m;六(SS)级及以上防护等级的金属梁柱式护栏高度不应小于1.5m。

2 混凝土护栏和组合式护栏的构造应符合下列规定:

2)各防护等级混凝土护栏的高度不应小于表6.3.4-3的规定值。

混凝土护栏的高度 表6.3.4-3

防 护 等 级	高度(cm)
二(B)	70
三(A)	81
四(SB)	90
五(SA)	100
六(SS)	110
七(HB)	120
八(HA)	130

注:混凝土护栏高度的基线为内侧与路面的相交线。

各等级组合式护栏的总高度可在上述高度基础上增加10cm。

《公路交通安全设施设计规范》(JTG D81—2017)第6.2.18条条文说明规定如下:

至于具体采用整体式还是分设型混凝土护栏,主要根据中央分隔带内需要防护的设施或结构物类型确定。如中央分隔带内存在上跨桥梁中墩、交通标志、照明灯杆等障碍物,或者需要经常性地与桥梁或隧道过渡,或者与通信管道的协调较困难时,可采用分设型混凝土护栏的形式,如图6-6a)所示;否则可采用整体型混凝土护栏,如图6-6b)所示。

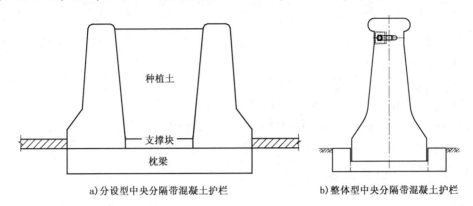

a)分设型中央分隔带混凝土护栏　　　　b)整体型中央分隔带混凝土护栏

图6-6　中央分隔带混凝土护栏示例

典型例题

例题 7-13

某二级公路路段,路侧护栏拟采用混凝土护栏与缆索护栏两种形式,并通过过渡段连接,两种护栏的长度之和不应小于(　　)。

(A)110m　　　　(B)70m　　　　(C)144m　　　　(D)120m

解答

根据《公路交通安全设施设计规范》(JTG D81—2017)第6.2.21条,通过过渡段连接的两种形式护栏长度之和不应小于两种形式护栏的最小结构长度的大值,查表6.2.21,护栏最小长度为120m。

答案:D

例题 7-14

某双向六车道高速公路路段,大型车占比较大,中央分隔带内宽度为2m,中间带内设有天桥桥墩,中央分隔带护栏宜采用的形式及最小长度和高度合理值为(　　)。

(A)分设型,36m,100cm　　　　　　(B)整体型,24m,100cm

(C)整体型,36m,81cm　　　　　　　(D)分设型,36m,90cm

解答

根据《公路交通安全设施设计规范》(JTG D81—2017)第6.2.6条,双向六车道高速公路,中间带小于2.5m,中间带内设有天桥桥墩障碍物,需设置分设型中央分隔带护栏,且事故严重程度度等级为中,查表6.2.10,中央分隔带护栏防护等级选取四(SBm)级。

根据第6.2.18条,大型车占比较大,中央分隔带需采用混凝土护栏。

查表6.2.21,护栏最小结构长度为36m。

查表6.3.4-3,混凝土护栏高度为90cm。

答案:D

（1）为发挥护栏整体作用,护栏应满足最小结构长度,查《公路交通安全设施设计规范》（JTG D81—2017)表6.2.21即可区别不同公路等级和护栏类型。

（2）护栏类型可分为刚性护栏(混凝土护栏)、半刚性护栏(波形护栏)、柔性护栏(缆索护栏),在某些特定条件下最适合选择某种护栏,审题时应注意给出的特别条件。

（3）护栏构造要求与护栏防护等级有关,此类考点可能结合防护等级选取的考点来出题,综合题型首先要判断护栏防护等级,再分析护栏构造要求。

（4）中央分隔带护栏采用分设型还是整体式应综合中间带宽度、中间带障碍物、通信管道布设情况等,按照第6.2.18条条文说明进行选择。

2. 桥梁路缘石设置要求

《公路交通安全设施设计规范》（JTG D81—2017)规定如下:

6.3.4 桥梁护栏的构造应符合下列规定:

5)高速公路、一级公路的桥梁不宜设置路缘石。为减少护栏受到撞击而对桥面板产生的影响需要设置路缘石时,其高度宜控制在5～10cm之间。路缘石内侧宜与横梁迎撞面保持在同一平面内,或位于立柱和横梁迎撞面之间的适当位置。

6)带有路缘石的人行道(自行车道)只能用于设计速度小于或等于60km/h且防护等级为二(B)级的桥梁,路缘石高度宜为15cm,不应超过20cm。路基路缘石与桥梁路缘石高度不一致时,应在其高差的20倍及以上的距离内进行过渡。设计速度大于60km/h的桥梁,人行道(自行车道)与车行道之间应设置桥梁护栏。

《公路交通安全设施设计规范》（JTG D81—2017)第6.3.4条条文说明规定如下:

路缘石与人行道可以分开设置,也可以合并设置,其结构如图6-9所示。

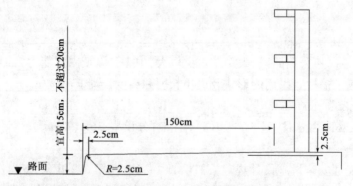

图6-9 典型的采用路缘石与人行道合并设置的结构示意

《公路交通安全设施设计细则》（JTG/T D81—2017)规定如下:

6.3.1 桥梁护栏和栏杆设置应遵循下列原则:

3 设置人行道的桥梁,可通过路缘石或桥梁护栏将人行道和车行道分离:

1)设计速度为不大于60km/h的公路桥梁,可采用路缘石将人行道(自行车道)和车行道分离,路缘石与人行道也可合并设置,路侧采用满足车辆防护和行人(自行车)通行需求的组合栏杆,如图 6.3.1a)所示。

2)设计速度大于 60km/h 的公路桥梁,应采用满足车辆防护和行人通行需求的组合护栏,路侧采用栏杆,如图 6.3.1b)所示。

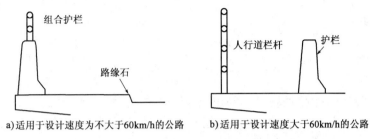

a)适用于设计速度为不大于60km/h的公路   b)适用于设计速度大于60km/h的公路

图 6.3.1　带有人行道的桥梁护栏和栏杆设置示意图

📖 典型例题

例题 7-15

某三级公路设计速度为 40km/h,设置跨普通河流中桥一座,桥梁段采用 2m 宽人行道,按照《公路交通安全设施设计规范》(JTG D81—2017),该桥路缘石及护栏设置最合理的为(　　)。

(A)路缘石高 25cm,人行道与车行道之间设置防撞护栏

(B)路缘石高 35cm,人行道外侧设置人行栏杆

(C)路缘石高 15cm,人行道外侧设置组合护栏

(D)路缘石高 25cm,人行道外侧设置防撞护栏

解答

查表 6.3.2,桥梁护栏防护等级为二(B)级。

根据《公路交通安全设施设计规范》(JTG D81—2017)第 6.3.4 条第 1 款、6)项,设计速度小于或等于 60km/h,且防护等级为二(B)级的桥梁,路缘石高度为 15cm,不应超过 20cm,人行道外侧设置满足车辆和行人的组合护栏。

综上所述,答案 C 为最合理设置。

答案:C

例题 7-16

某一级公路设计速度为 100km/h,设置特大桥一座,桥梁段采用 2m 宽人行道,按照《公路交通安全设施设计规范》(JTG D81—2017),该桥路缘石及护栏设置最合理的为(　　)。

(A)路缘石高 5cm,人行道与车行道之间设置防撞护栏

(B)路缘石高 35cm,人行道外侧设置人行栏杆

(C)路缘石高 15cm,人行道外侧设置组合护栏

(D)路缘石高 25cm,人行道外侧设置防撞护栏

解答

根据《公路交通安全设施设计规范》(JTG D81—2017)第 6.3.4 条第 1 款、5)项,一级公路桥梁不宜设置路缘石,需设置时高度控制在 5~10cm 之间。

根据《公路交通安全设施设计规范》(JTG D81—2017)第 6.3.4 条第 1 款、6)项,设计速度

大于60km/h的桥梁,人行道与车行道之间应设置桥梁护栏。

综上所述,选项A为最合理设置。

答案:A

📖 **考点分析**

(1)桥梁路缘石设置高度考点,区别公路等级和设计速度,根据《公路交通安全设施设计规范》(JTG D81—2017)第6.3.4条第1款、5)及6)项即可解答。

(2)桥梁专业考生做此类题很容易出错,原因是《公路桥涵设计通用规范》(JTG D60—2015)第3.4.2条规定路缘石高度可取用25~35cm,与《公路交通安全设施设计规范》(JTG D81—2017)相矛盾,出题专家为了回避此问题,题目应该会给出依据哪本规范,或者根据题目意图和备选项随机应变。

考点5 防眩板遮光角(间距)计算

📖 **条文规定**

《公路交通安全设施设计规范》(JTG D81—2017)规定如下:

10.1.1 防眩设施应按部分遮光原理设计,直线路段遮光角不小于8°,平、竖曲线路段遮光角为8°~15°,计算防眩设施的眩光距离采用120m。

《公路交通安全设施设计规范》(JTG D81—2017)第10.1.1条条文说明规定如下:

直线路段遮光角β_0如图10-1,需要按式(10-1)计算。

$$\beta_0 = \tan^{-1}\left(\frac{b}{L}\right) \tag{10-1}$$

式中:b——防眩板的宽度(m);

L——防眩板的纵向间距(m)。

平曲线路段遮光角β要按式(10-2)计算。

$$\beta = \cos^{-1}\left(\frac{R - B_3}{R}\cos\beta_0\right) \tag{10-2}$$

式中:R——平曲线半径(m);

B_3——车辆驾驶人与防眩设施的横向距离(m)。

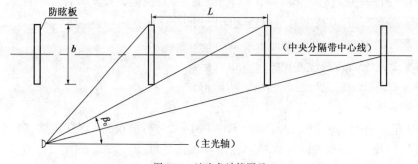

图10-1 遮光角计算图示

例题 7-17

高速公路直线段,中央分隔带采用的防眩板宽度为20cm,若要满足遮光角要求,防眩板间距最大为( )。

(A)1.5m　　　　(B)1.4m　　　　(C)1.9m　　　　(D)2m

解答

按照《公路交通安全设施设计规范》(JTG D81—2017)第10.1.1条规定,直线路段遮光角 β_0 不小于8°,则

$$\beta_0 = \tan^{-1}(0.2/L) \geq 8°$$

故 $L \leq 1.42\text{m}$。

答案:B

例题 7-18

高速公路平曲线段圆曲线半径为700m,中央分隔带采用的防眩板宽度为20cm,假定驾驶人与防眩板横向距离为3.5m,防眩板间距范围为( )。

(A)1~3m　　　　(B)0.8~2.5m　　　　(C)1~2m　　　　(D)0.8~2m

解答

按照《公路交通安全设施设计规范》(JTG D81—2017)第10.1.1条规定,曲线路段遮光角 β 为 8°~15°,则

$$\beta = \cos^{-1}\{(700-3.5)/700 \times \cos[\tan^{-1}(0.2/L)]\} = 8°~15°$$

故 $L = 0.8~2.04\text{m}$。

答案:D

考点分析

防眩板遮光角度或间距计算根据《公路交通安全设施设计规范》(JTG D81—2017)第10.1.1条及其条文说明,套用公式即可解答。

考点6　公共停车场和广场设计

条文规定

《城市道路工程设计规范》(CJJ 37—2012)(2016年版)规定如下:

11.2.5　机动车停车场的设计应符合下列规定:

1　机动车停车场设计应根据使用要求分区、分车型设计。如有特殊车型,应按实际车辆外廓尺寸进行设计。

2　机动车停车场内车位布置可按纵向或横向排列分组安排,每组停车不应超过50veh。当各组之间无通道时,应留出大于或等于6m的防火通道。

3　机动车停车场的出入口不宜设在主干路上,可设在次干路或支路上,并应远离交叉口;不得设在人行横道、公共交通停靠站及桥隧引道处。出入口的缘石转弯曲线切点距铁路道口的最外侧钢轨外缘不应小于30m。距人行天桥和人行地道的梯道口不应小于50m。

4　停车场出入口位置及数量应根据停车容量及交通组织确定,且不应少于2个,其净距宜大于30m;条件困难或停车容量小于50veh时,可设一个出入口,但其进出口应满足双向行驶的要求。

5　停车场进出口净宽,单向通行的不应小于5m,双向通行的不应小于7m。

6　停车场出入口应有良好的通视条件,视距三角形范围内的障碍物应清除。

7　停车场的竖向设计应与排水相结合,坡度宜为0.3%～3.0%。

8　机动车停车场出入口及停车场内应设置指明通道和停车位的交通标志、标线。

11.2.6　非机动车停车场的设计应符合下列规定:

1　非机动车停车场出入口不宜少于2个。出入口宽度宜为2.5～3.5m。场内停车区应分组安排,每组场地长度宜为15～20m。

2　非机动车停车场坡度宜为0.3%～4.0%。停车区宜有车棚、存车支架等设施。

11.3.4　广场竖向设计应符合下列规定:

1　竖向设计应根据平面布置、地形、周围主要建筑物及道路高程、排水等要求进行,并兼顾广场整体布置的美观。

2　广场设计坡度宜为0.3%～3.0%。地形困难时,可建成阶梯式。

3　与广场相连接的道路纵坡宜为0.5%～2.0%。困难时纵坡不应大于7.0%,积雪及寒冷地区不应大于5.0%。

4　出入口处应设置纵坡小于或等于2.0%的缓坡段。

📖 典型例题

例题 7-19
某公共停车场,计划停车容量为120辆,下列停车场设计最为合理的是(　　　)。
(A)按两组布置停车位,设置1处双向通行的出入口,出入口净宽7m
(B)按三组布置停车位,设置2处双向通行的出入口,出入口净宽6m
(C)按两组布置停车位,设置2处双向通行的出入口,出入口净宽7m
(D)按三组布置停车位,设置2处单向通行的出入口,出入口净宽6m

解答
根据《城市道路工程设计规范》(CJJ 37—2012)(2016年版)第11.2.5条:
每组停车不应超过50辆,应按三组布置停车位;
停车容量超过50veh时,出入口应不少于2个;
出入口净宽,单向通行不应小于5m,双向通行不应小于7m。
综上所述,答案D为最合理设计。
答案:D

例题 7-20(2019年真题)
某城市广场与拟建道路相连,广场高于道路,广场中心竖向高程为58.8m,无特殊控制条件,根据广场竖向设计要求,距离广场中心 120m 处,与广场边缘相连的道路宜控制的高程范围是( )。

(A)56.4~58.20m   (B)55.20~58.44m

(C)52.80~58.20m   (D)50.40~58.44m

解答

根据《城市道路工程设计规范》(CJJ 37—2012)(2016 年版)第 11.3.4 条第 2 款,广场纵坡宜为 $0.3\% \sim 3\%$。距离广场中心 120m,$120 \times 0.3\% = 0.36m$,$120 \times 3.0\% = 3.6m$,则

$58.8 - 0.36 = 58.44m$,$58.8 - 3.6 = 55.2m$

答案:B

例题 7-21

某寒冷地区,拟在北高南低、东西向地势平缓的区域,修建一城市广场,广场南北向长 300m,东西向长 400m。广场南侧与一条城市支路垂直相接。由于受地形限制,距离广场南侧 200m 处因受四周建筑控制,道路中心高程设计为 125.36m。为尽量减少广场的挖方量,则该广场南侧拟定的最大高程应为( )。

(A)135.36m   (B)139.86m   (C)137.36m   (D)141.86m

解答

根据《城市道路工程设计规范》(CJJ 37—2012)(2016 年版)第 11.3.4 条第 3 款,与广场相连的道路纵坡,在积雪及寒冷地区不应大于 5%,则

$125.36 + 200 \times 0.05 = 135.36m$

答案:A

考点分析

(1)公共停车场和城市广场设计为大纲要求掌握的内容,相关内容主要在《城市道路工程设计规范》(CJJ 37—2012)(2016 年版)第 11 章。

(2)不少考生将例题 7-20 中纵坡要求错误看成第 11.3.4 条第 3 款,按 $0.5\% \sim 2\%$ 计算,因此得到错误答案。

考点 7 无障碍设计

条文规定

《无障碍设计规范》(GB 50763—2012)规定如下:

3.1.1 缘石坡道应符合下列规定:

1 缘石坡道的坡面应平整、防滑;

2 缘石坡道的坡口与车行道之间宜没有高差;当有高差时,高出车行道的地面不应大于 10mm;

3 宜优先选用全宽式单面坡缘石坡道。

3.1.2 缘石坡道的坡度应符合下列规定:

1　全宽式单面坡缘石坡道的坡度不应大于1:20；

2　三面坡缘石坡道正面及侧面的坡度不应大于1:12；

3　其他形式的缘石坡道的坡度均不应大于1:12。

3.1.3　缘石坡道的宽度应符合下列规定：

1　全宽式单面坡缘石坡道的宽度应与人行道宽度相同；

2　三面坡缘石坡道的正面坡道宽度不应小于1.20m；

3　其他形式的缘石坡道的坡口宽度均不应小于1.50m。

3.2.2　行进盲道应符合下列规定：

1　行进盲道应与人行道的走向一致；

2　行进盲道的宽度宜为250～500mm；

3　行进盲道宜在距围墙、花台、绿化带250～500mm处设置；

4　行进盲道宜在距树池边缘250～500mm处设置；如无树池，行进盲道与路缘石上沿在同一水平面时，距路缘石不应小于500mm，行进盲道比路缘石上沿低时，距路缘石不应小于250mm；盲道应避开非机动车停放的位置；

5　行进盲道的触感条规格应符合表3.2.2的规定。

行进盲道的触感条规格　　　　　　　　表3.2.2

部　位	尺寸要求(mm)	部　位	尺寸要求(mm)
面宽	25	高度	4
底宽	35	中心距	62～75

3.2.3　提示盲道应符合下列规定：

1　行进盲道在起点、终点、转弯处及其他有需要处应设提示盲道，当盲道的宽度不大于300mm时，提示盲道的宽度应大于行进盲道的宽度；

2　提示盲道的触感圆点规格应符合表3.2.3的规定。

提示盲道的触感圆点规格　　　　　　　　表3.2.3

部　位	尺寸要求(mm)	部　位	尺寸要求(mm)
表面直径	25	圆点高度	4
底面直径	35	圆点中心距	50

3.14　无障碍机动车停车位

3.14.1　应将通行方便、行走距离路线最短的停车位设为无障碍机动车停车位。

3.14.2　无障碍机动车停车位的地面应平整、防滑、不积水，地面坡度不应大于1:50。

3.14.3　无障碍机动车停车位一侧，应设宽度不小于1.20m的通道，供乘轮椅者从轮椅通道直接进入人行道和到达无障碍出入口。

3.14.4　无障碍机动车停车位的地面应涂有停车线、轮椅通道线和无障碍标志。

4.4　人行天桥及地道

4.4.1　盲道的设置应符合下列规定：

1　设置于人行道中的行进盲道应与人行天桥及地道出入口处的提示盲道相连接；

2　人行天桥及地道出入口处应设置提示盲道；

3　距每段台阶与坡道的起点与终点250～500mm处应设提示盲道，其长度应与坡道、梯道相对应。

4.4.2 人行天桥及地道处坡道与无障碍电梯的选择应符合下列规定：

1 要求满足轮椅通行需求的人行天桥及地道处宜设置坡道，当设置坡道有困难时，应设置无障碍电梯；

2 坡道的净宽度不应小于2.00m；

3 坡道的坡度不应大于1:12；

4 弧线形坡道的坡度，应以弧线内缘的坡度进行计算；

5 坡道的高度每升高1.50m时，应设深度不小于2.00m的中间平台；

6 坡道的坡面应平整、防滑。

4.4.5 人行天桥桥下的三角区净空高度小于2.00m时，应安装防护设施，并应在防护设施外设置提示盲道。

5.2.1 城市广场的公共停车场的停车数在50辆以下时应设置不少于1个无障碍机动车停车位，100辆以下时应设置不少于2个无障碍机动车停车位，100辆以上时应设置不少于总停车数2%的无障碍机动车停车位。

5.2.2 城市广场的地面应平整、防滑、不积水。

5.2.3 城市广场盲道的设置应符合下列规定：

1 设有台阶或坡道时，距每段台阶与坡道的起点与终点250～500mm处应设提示盲道，其长度应与台阶、坡道相对应，宽度应为250～500mm；

2 人行道中有行进盲道时，应与提示盲道相连接。

8.10.1 公共停车场（库）应设置无障碍机动车停车位，其数量应符合下列规定：

1 Ⅰ类公共停车场（库）应设置不少于停车数量2%的无障碍机动车停车位；

2 Ⅱ类及Ⅲ类公共停车场（库）应设置不少于停车数量2%，且不少于2个无障碍机动车停车位；

3 Ⅳ类公共停车场（库）应设置不少于1个无障碍机动车停车位。

📖 典型例题

例题 7-22（2019年真题）

下图为无障碍设施设计图，在以下选项中，不符合规范规定的是（　　　）。

（图中尺寸单位除注明外，均以 m 计）

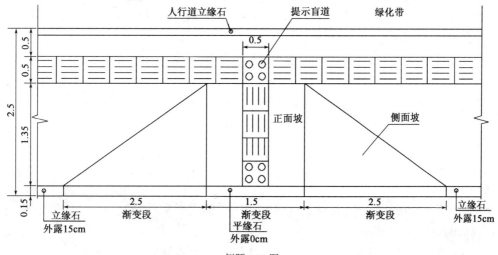

例题 7-22 图

（A）正面坡坡度　　　　　　　　（B）侧面坡坡度
（C）坡口宽度　　　　　　　　　（D）提示盲道宽度

解答

根据《无障碍设计规范》（GB 50763—2012），该图示为三面坡缘石坡道，按第 3.1.2 条，三面坡缘石坡道正面不应大于 1 : 12。

选项 A，正面坡坡度为 0.15/(2.5 − 1.0) = 1 : 10，大于 1 : 12，不符合规范要求。

选项 B，侧面的坡度为 0.15/2.5 = 1 : 16.67，小于 1 : 12，符合规范要求。

选项 C，按第 3.1.3 条，正面坡道宽度不应小于 1.2m，1.5m > 1.2m，符合规范要求。

选项 D，按第 3.2.3 条，提示盲道的宽度大于 300mm，符合规范要求。

答案：A

例题 7-23（2019 年真题）

下图为无障碍设施设计图，在以下选项中，不符合规范规定的是（　　　）。

（图中尺寸单位除注明外，均以 m 计）

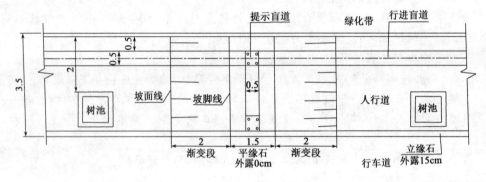

例题 7-23 图

（A）缘石坡道的坡度　　　　　　（B）全宽式单面坡宽度
（C）行进盲道宽度　　　　　　　（D）提示盲道宽度

解答

根据《无障碍设计规范》（GB 50763—2012），该图示为全宽式单面坡缘石坡道。

选项 A 按第 3.1.2 条，全宽式单面坡缘石坡道的坡度不应大于 1 : 20，坡度为 0.15/2 = 1 : 13.3，大于 1 : 20，不满足规范要求。

选项 B 按第 3.1.3 条，全宽式单面坡缘石坡道的宽度应与人行道宽度相同，符合规范要求。

选项 C 按第 3.2.2 条，行进盲道的宽度宜为 250 ~ 500mm，符合规范要求。

选项 D 按第 3.2.3 条，提示盲道的宽度大于 300mm，符合规范要求。

答案：A

例题 7-24

下图为无障碍设施设计图，在以下选项中，不符合规范规定的是（　　　）。

（A）正面坡坡度　　　　　　　　（B）侧面坡坡度
（C）盲道距平缘石的距离　　　　（D）提示盲道宽度

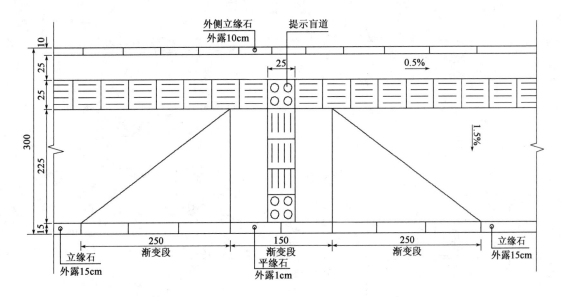

例题 7-24 图(尺寸单位:cm)

解答

根据《无障碍设计规范》(GB 50763—2012),该图示为三面坡缘石坡道,按第 3.1.2 条,三面坡缘石坡道正面坡坡度不应大于 1:12。

选项 A,正面坡坡度为 $(0.15 - 0.01 + 2.25 \times 0.015)/2.25 = 1:12.95$,小于 1:12,符合规范要求。

选项 B,侧面坡坡度为 $(0.15 - 0.01)/2.5 = 1:17.86$,小于 1:12,符合规范要求。

选项 C,按第 3.2.2 条第 4 款,行进盲道宜在距树池边缘 250 ~ 500mm 处设置,本题 250mm 符合规范要求。

选项 D,第 3.2.3 条规定,行进盲道在起点、终点、转弯处及其他有需要处应设提示盲道,当盲道的宽度不大于 300mm 时,提示盲道的宽度应大于行进盲道的宽度。本题提示盲道宽仅为 250mm,不符合规范要求。

答案:D

例题 7-25(2020 年真题)

某城市道路平面交叉口无障碍设计见下图,图中不符合规范规定的共有( )处。(图中尺寸单位除注明外,均以 m 计)

(A)1   (B)2

(C)3   (D)4

解答

根据《无障碍设计规范》(GB 50763—2012)第 3.1.1 条 ~ 第 3.2.3 条。

(1)第 3.1.1 条 2 款,缘石坡道的坡口与车行道之间地面高差不应大于 10mm,本图缘石外露 20mm,不符合规范要求。

(2)第 3.1.2 条 1 款,坡度不应大于 1/20,本图侧面坡为 $(20 - 2)/300 = 1/16.7$,不符合规范要求。

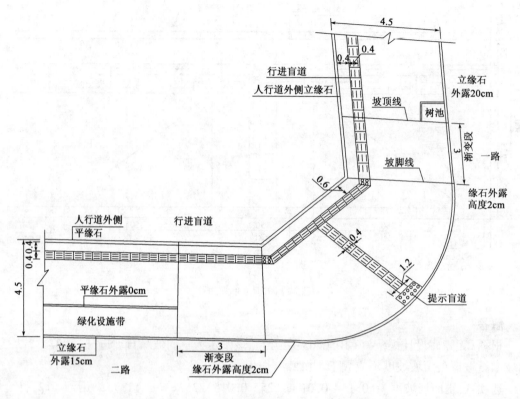

例题 7-25 图

（3）第 3.2.2 条 4 款，行进盲道距离平缘石的距离不应小于 0.5m，本图距离 0.4m，不符合规范要求。

（4）提示盲道设置位置有误，不符合规范要求。

答案：D

例题 7-26（2020 年真题）

下列城市道路无障碍设计图中，无障碍设计全部符合规范规定的是（　　）。（图中尺寸单位除注明外，均以 m 计）

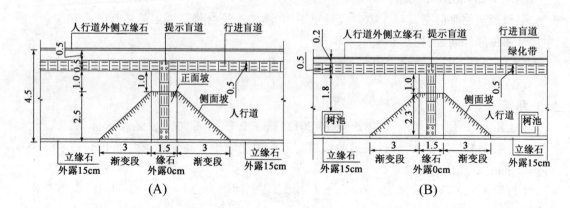

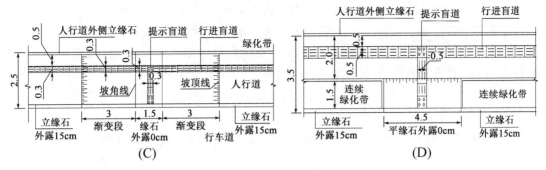

(C)   (D)

解答

根据《无障碍设计规范》(GB 50763—2012)第3.1.1条~第3.2.3条。

选项B:行进盲道距离立缘石的水平距离0.2m,不符合规范第3.2.2条4款最小0.25m规定。

选项C:行进盲道宽度同提示盲道宽度均为300mm,不符合规范第3.2.3条1款行进盲道宽度不大于300mm时提示盲道宽度应大于行进盲道宽度的规定。

选项D:单面坡坡度0.15/1.5 = 0.1 = 1:10≥1:20,不符规范第3.1.2条1款的规定。

答案:A

考点分析

(1)无障碍设计考试内容均为《无障碍设计规范》(GB 50763—2012)中的基本规定,理解好各类无障碍设施的含义,通过对照规范即可较好解答该类题目。

(2)人行道一般均设计有横坡,2019年真题未考虑该情况,后面的例题进行了深化改进,注册工程师考试的实质是考察工程师对专业知识的熟悉程度,以后的考试综合性将越来越强。

(3)当行进盲道小于300mm时,注意提示盲道宽度应大于行进盲道宽度。

(4)行进盲道与路缘石上沿在同一水平面时,距离路缘石的距离不应小于500mm。

考点8 城市工程管线间距计算

条文规定

《城市工程管线综合规划规范》(GB 50289—2016)规定如下:

4.1.1 工程管线的最小覆土深度应符合表4.1.1的规定。当受条件限制不能满足要求时,可采取安全措施减少其最小覆土深度。

工程管线的最小覆土深度(单位:m)   表4.1.1

管线名称		给水管线	排水管线	再生水管线	电力管线		通信管线		直埋热力管线	燃气管线	管沟
					直埋	保护管	直埋及塑料、混凝土保护管	钢保护管			
最小覆土深度	非机动车道(含人行道)	0.60	0.60	0.60	0.70	0.50	0.60	0.50	0.70	0.60	—
	机动车道	0.70	0.70	0.70	1.00	0.50	0.90	0.60	1.00	0.90	0.50

注:聚乙烯给水管线机动车道下的覆土深度不宜小于1.00m。

4.1.3 工程管线从道路红线向道路中心线方向平行布置的次序宜为:电力、通信、给水(配水)、燃气(配气)、热力、燃气(输气)、给水(输水)、再生水、污水、雨水。

4.1.4 工程管线在庭院内由建筑线向外方向平行布置的顺序,应根据工程管线的性质和埋设深度确定,其布置次序宜为:电力、通信、污水、雨水、给水、燃气、热力、再生水。

4.1.5 沿城市道路规划的工程管线应与道路中心线平行,其主干线应靠近分支管线多的一侧。工程管线不宜从道路一侧转到另一侧。

道路红线宽度超过40m的城市干道宜两侧布置配水、配气、通信、电力和排水管线。

4.1.9 工程管线之间及其与建(构)筑物之间的最小水平净距应符合本规范表4.1.9(略)的规定。

4.1.10 工程管线与综合管廊最小水平净距应按现行国家标准《城市综合管廊工程技术规范》(GB 50838)执行。

4.1.11 对于埋深大于建(构)筑物基础的工程管线,其与建(构)筑物之间的最小水平距离,应按下式计算,并折算成水平净距后与表4.1.9的数值比较,采用较大值。

$$L = (H - h)/\tan\alpha + B/2 \qquad (4.1.11)$$

式中:L——管线中心至建(构)筑物基础边水平距离(m);

H——管线敷设深度(m);

h——建(构)筑物基础底砌置深度(m);

B——沟槽开挖宽度(m);

α——土壤内摩擦角(°)。

4.1.12 当工程管线交叉敷设时,管线自地表面向下的排列顺序宜为:通信、电力、燃气、热力、给水、再生水、雨水、污水。给水、再生水和排水管线应按自上而下的顺序敷设。

4.1.13 工程管线交叉点高程应根据排水等重力流管线的高程确定。

4.1.14 工程管线交叉时的最小垂直净距,应符合本规范表4.1.14(略)的规定。当受现状工程管线等因素限制难以满足要求时,应根据实际情况采取安全措施后减少其最小垂直净距。

📖 典型例题

例题 7-27(2019 年真题)

城市工程污水管线敷设深度为6m,污水管线开挖管沟宽度为2m,相邻建筑物基础底砌置深度为4m。在不考虑其他因素情况下,污水管线中心与建筑物基础之间的最小水平距离应为( )。(土壤内摩擦角 α,$\tan\alpha = 0.45$)

(A)2.5m   (B)3.5m

(C)4.4m   (D)5.4m

解答

根据《城市工程管线综合规划规范》(GB 50289—2016) 式(4.1.11):

$L = (H - h)/\tan\alpha + B/2 = (6 - 4)/0.45 + 2/2 = 5.4m$

查表4.1.9,污水管与建筑物最小水平净距为2.5m,5.4m 的间距能满足要求。

答案:D

例题 7-28

城市工程 0.6MPa 燃气管线,管径 300mm,敷设深度为 1.5m,燃气管线开挖管沟宽度为 1.5m,相邻建筑物基础底砌置深度为 1m。在不考虑其他因素情况下,燃气管线中心与建筑物基础之间的最小水平距离应为( )。(土壤内摩擦角 α,$\tan\alpha = 0.45$)

(A)1.86m   (B)3.5m   (C)5m   (D)5.15m

解答

根据《城市工程管线综合规划规范》(GB 50289—2016)式(4.1.11):

$L = (H - h)/\tan\alpha + B/2 = (1.5 - 1)/0.45 + 1.5/2 = 1.86\text{m}$

查表 4.1.9,次高压 B 燃气管与建筑物最小水平净距为 5m,则

$5 + 0.3/2 = 5.15\text{m} > 1.86\text{m}$

故燃气管线中心与建筑物基础之间的最小水平距离为 5.15m。

答案:D

例题 7-29(2020 年真题)

某城市道路车行道下敷设有热力管线,管外径为 250mm,敷设深度为 1.4m,现拟敷设给水管线与该热力管线相交叉,给水管线管外径为 350mm,无其他措施时,给水管线最小敷设深度应为( )。(敷设深度为路面至管线外底距离)

(A)1.00m   (B)1.55m   (C)1.90m   (D)2.15m

解答

根据《城市工程管线综合规划规范》(GB 50289—2016)第 4.1.12 条给水管线布置在热力管线之下。

根据第 4.1.14 条(表),热力管线与给水管线最小垂直净距为 0.15m。

给水管敷设深度 = 1.4 + 0.15 + 0.35 = 1.9m

答案:C

例题 7-30(2020 年真题)

某城市道路管线设计见下图,其中热力管沟的外廓尺寸为长×高 = 1.3m×0.65m,12 孔 +4 孔电信管块外廓尺寸为 0.68m×0.68m,不考虑检查井的断面尺寸,则满足规范规定的图是( )。

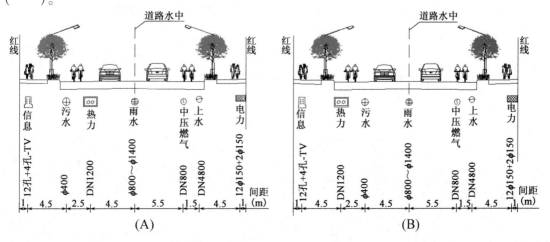

(A)   (B)

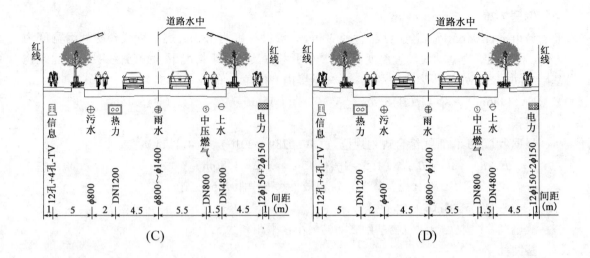

(C)   (D)

解答

根据《城市工程管线综合规划规范》(GB 50289—2016)第4.1.9条(表),污水和热力管水平净距≥1.5m;选项C和选项D,污水和热力的净距=2-0.4-1.3/2=0.95m,不符合第4.1.9条(表)的规定。

根据第4.1.3条,从道路红线向道路中心线宜先布置热力再布置污水,选项A不符合第4.1.3条的规定;选项B符合第4.1.3条的规定。

答案:B

📖 考点分析

(1)管线在横断面中的布置顺序,根据情况参考《城市工程管线综合规划规范》(GB 50289—2016)第4.1.3条和第4.1.4条。

(2)城市工程管线水平间距一般查《城市工程管线综合规划规范》(GB 50289—2016)表4.1.9来确定,当遇到管线埋深大于建筑物基础的情况,应采用式(4.1.11)来双控。

(3)式(4.1.11)求得的是管线中心与建筑物基础边的水平距离,表4.1.9是水平净距,两者应注意换算。

第8章 公路勘测与地质勘察、安全性评价、道路工程施工组织与概预算

考点1 运行速度计算

📖 条文规定 ━━━━━━━━━━━━━━

《公路项目安全性评价规范》(JTG B05—2015)规定如下:

4.5 设计要素评价

4.5.1 设计速度80km/h及以下的公路应进行运行速度协调性评价。运行速度协调性评价应符合下列规定:

1 运行速度协调性评价应包括相邻路段运行速度协调性评价和同一路段运行速度与设计速度协调性评价。

2 运行速度应按本规范附录B提供的方法进行预测,并应根据项目所在地区特点对计算模型进行参数标定。条件不具备时,相关参数可按本规范附录B取值。

3 相邻路段运行速度协调性采用相邻路段运行速度差值的绝对值 $|\Delta v_{85}|$ 及运行速度梯度的绝对值 $|\Delta I_v|$ 进行评价。相邻路段运行速度协调性评价标准应符合表4.5.1的规定。

相邻路段运行速度协调性评价标准   表4.5.1

相邻路段运行速度协调性	评 价 标 准	对 策 与 建 议
高速公路、一级公路		
好	$\|\Delta v_{85}\|$ <10km/h 且 $\|\Delta I_v\|$ ≤10km/(h·m)	
较好	10km/h≤ $\|\Delta v_{85}\|$ <20km/h 且 $\|\Delta I_v\|$ ≤10km/(h·m)	相邻路段为减速时,宜对相邻路段平纵面设计进行优化,或采取安全改善措施
不良	$\|\Delta v_{85}\|$ ≥20km/h 或 $\|\Delta I_v\|$ >10km/(h·m)	相邻路段为减速时,应调整相邻路段平纵面设计;当调整困难时,应采取安全改善措施
二级公路、三级公路		
好	$\|\Delta v_{85}\|$ <20km/h 且 $\|\Delta I_v\|$ ≤15km/(h·m)	
不良	$\|\Delta v_{85}\|$ ≥20km/h 或 $\|\Delta I_v\|$ >15km/(h·m)	相邻路段为减速时,应调整相邻路段平纵面设计,或采取安全改善措施

4 运行速度与设计速度协调性采用同一路段运行速度与设计速度的差值进行评价。当差值大于20km/h时,应根据运行速度对该路段的相关技术指标进行评价。

5 改扩建公路应对新建路段与利用的既有路段整体考虑评价运行速度协调性。

《公路项目安全性评价规范》(JTG B05—2015)第4.5.1条条文说明规定如下:

3 相邻路段运行速度差值为分析单元起点、终点的运行速度差值,分析单元划分方法见

本规范附录 B。运行速度梯度是指一定长度(本规范采用 100m)路段的运行速度变化值,体现了运行速度在一定长度区间内的变化敏感程度,是对相邻路段运行速度协调性评价指标的补充。

运行速度梯度绝对值$|\Delta I_v|$采用式(4-1)进行计算。

$$|\Delta I_v| = \frac{|\Delta v_{85}|}{L} \times 100 \tag{4-1}$$

式中:$|\Delta I_v|$——运行速度梯度绝对值$[km/(h \cdot m)]$;

$\quad\quad |\Delta v_{85}|$——分析单元起点、终点运行速度差值的绝对值$(km/h)$;

$\quad\quad L$——数值上等于以米计量的分析单元路段长度,但不含量纲。

4 同一路段是指设计速度及横断面相同的路段。

附录 B 运行速度计算方法

B.1 一般规定

B.1.1 初步设计阶段和施工图设计阶段公路运行速度预测所采用的代表车型应符合表 B.1.1 的规定。

运行速度代表车型 表 B.1.1

车 型	高速公路、一级公路	二级公路、三级公路
小型车	轴距≤7m 且比功率>15kW/t	轴距≤3.5m
大型车	轴距>7m 或比功率≤15kW/t	轴距>3.5m

B.1.2 根据曲线半径和纵坡坡度的大小等,可将公路划分为平直路段、纵坡路段、平曲线路段、弯坡组合路段、隧道路段、互通式立体交叉路段等若干个分析单元。其中,平曲线路段、弯坡组合路段宜分别以曲线中点拆分为两个分析单元。

B.1.3 应按行车方向分别计算小型车和大型车的运行速度v_{85},分析单元的起、终点宜作为运行速度v_{85}计算的特征点,分析单元的纵坡方向应与行车方向相一致。

B.1.4 进行运行速度v_{85}计算时,应首先确定路段第一个分析单元的起点初始运行速度v_0,然后根据行车方向和分析单元对应的运行速度预测模型,计算出第 个分析单元末端的运行速度v_{85},并以此作为第二个分析单元的初始运行速度,接着代入第二个分析单元对应的计算公式计算出该单元末端的运行速度,并以此方法依次迭代计算直到最后一个分析单元。

B.1.5 分析单元运行速度计算应符合下列规定:

1 第一个分析单元的起点初始运行速度v_0和期望速度v_e宜采用本附录规定值或根据项目所在地区类似公路项目观测结果确定。本规范中的期望速度v_e是指在天气晴好、路面干燥、公路及附属设施完好、自由流状态、无干扰等理想通行条件下,驾驶人在平直路段行驶时期望达到的最高行驶速度。

2 运行速度预测模型宜根据项目所在地区类似公路观测结果建立,并进行参数标定。当条件受限时,可采用本附录模型。

3 运行速度预测模型分为基本模型和修正模型,其中基本模型包含平直路段模型、纵坡路段折算模型、平曲线路段模型、弯坡组合路段模型、隧道路段模型、互通式立体交叉路段模型。对于需要进行修正的分析单元,宜在基本模型计算结果的基础上进行修正,以修正后的结果作为计算结果。

4 采用运行速度预测模型计算的运行速度应符合下列规定:

1)分析单元起点和终点的运行速度均不大于期望速度 v_e，也不小于分析单元对应的最低运行速度或最低限速值；

2)当计算结果大于或等于期望速度 v_e 时，宜以期望速度 v_e 代表分析单元终点的运行速度 v_e；当计算结果小于分析单元对应的最低运行速度或最低限速值时，宜以分析单元对应的最低运行速度或最低限速值代表分析单元终点的运行速度。

B.2 高速公路运行速度

B.2.1 分析单元划分宜符合下列规定：

1 宜将公路划分为平直路段、平曲线路段、纵坡路段、弯坡组合路段、隧道路段和互通式立体交叉路段等分析单元。

2 平直路段、纵坡路段、弯坡组合路段划分宜符合表 B.2.1 的规定。

分析单元划分原则 表 B.2.1

车型	纵断面	平面	
		圆曲线半径 >1000m	圆曲线半径 ≤1000m
小型车或大型车	坡度 <3%	长度 >200m 平直路段 长度 ≤200m 短平直路段	平曲线路段
	坡度 ≥3%	纵坡路段	弯坡组合路段

3 隧道路段宜为驶入隧道洞口前 200m 至驶出隧道洞口后 100m。

4 互通式立体交叉区主线路段宜为减速车道渐变段起点至加速车道渐变段终点，匝道路段宜为匝道与主线连接点到匝道终点。

B.2.2 小型车或大型车的初始运行速度 v_0、期望速度 v_e、最低运行速度 v_{min} 和加速度 a 宜符合下列规定：

1 初始运行速度 v_0 宜根据设计速度按表 B.2.2-1 确定。

初始运行速度（单位：km/h） 表 B.2.2-1

设计速度		120	100	80	60
初始运行速度 v_0	小型车	120	100	80	60
	大型车	80	75	65	50

2 期望速度 v_e 宜按表 B.2.2-2 确定。

期望速度（单位：km/h） 表 B.2.2-2

设计速度		100 或 120	80	60
期望速度 v_e	小型车	120	110	90
	大型车	80	80	75

3 推荐加速度 a 宜按表 B.2.2-3 确定。

推荐加速度（单位：m/s²） 表 B.2.2-3

车型	a_{min}	a_{max}
小型车	0.15	0.50
大型车	0.20	0.25

4 小型车最低运行速度不宜低于 50km/h,大型车最低运行速度不宜低于 30km/h。

B.2.3 平直路段运行速度预测宜符合下列规定:

1 当分段后的平直路段长度大于 200m 时,平直路段终点的运行速度模型宜按式(B.2.3-1)确定。

$$v_{out} = 3.6 \sqrt{\left(\frac{v_{in}}{3.6}\right)^2 + 2as} \tag{B.2.3-1}$$

式中:v_{out}——平直路段终点速度(km/h);

$\quad\quad v_{in}$——平直路段起点速度(km/h);

$\quad\quad s$——平直路段长度(m);

$\quad\quad a$——车辆加速度(m/s²),按式(B.2.3-2)计算:

$$a = a_{min} + (a_{max} - a_{min})\left(1 - \frac{v_{in}}{v_e}\right) \tag{B.2.3-2}$$

$\quad\quad a_{max}$——最大加速度(m/s²);

$\quad\quad a_{min}$——最小加速度(m/s²);

$\quad\quad v_e$——期望速度(km/h)。

2 当分段后的平直路段长度不大于 200m 时,宜视为短平直路段。该路段起终点的运行速度保持不变。

B.2.4 平曲线路段运行速度预测宜符合下列规定:

1 宜确定平曲线连接形式,其形式分为入口直线—曲线、入口曲线—曲线、出口曲线—直线、出口曲线—曲线。

2 宜从曲中点分段,分别对曲中点和曲线出口的运行速度进行预测。

3 曲中点和曲线出口运行速度宜按表 B.2.4 中模型预测。

平曲线路段运行速度预测模型 表 B.2.4

平曲线连接形式	车　型	预　测　模　型
入口直线—曲线	小型车	$v_{middle} = -24.212 + 0.834v_{in} + 5.729\ln R_{now}$
	大型车	$v_{middle} = -9.432 + 0.963v_{in} + 1.522\ln R_{now}$
入口曲线—曲线	小型车	$v_{middle} = 1.277 + 0.942v_{in} + 6.19\ln R_{now} - 5.959\ln R_{back}$
	大型车	$v_{middle} = -24.472 + 0.990v_{in} + 3.629\ln R_{now}$
出口曲线—直线	小型车	$v_{out} = 11.946 + 0.908v_{middle}$
	大型车	$v_{out} = 5.217 + 0.926v_{middle}$
出口曲线—曲线	小型车	$v_{out} = -11.299 + 0.936v_{middle} - 2.060\ln R_{now} + 5.203\ln R_{front}$
	大型车	$v_{out} = 5.899 + 0.925v_{middle} - 1.005\ln R_{now} + 0.329\ln R_{front}$

注:1. v_{middle} 为曲中点运行速度(km/h)。

$\quad$2. v_{out} 为曲线出口运行速度(km/h)。

$\quad$3. R_{front} 为即将驶入的曲线半径(m)。

$\quad$4. R_{now} 为所在曲线半径(m)。

$\quad$5. R_{back} 为驶入所在曲线前的曲线半径(m)。

B.2.5 纵坡路段终点的运行速度宜按表 B.2.5 模型折算。

纵坡路段运行速度折算模型　　　　　　　表 B.2.5

纵　坡		运行速度调整值	
		小型车	大型车
上坡	坡度≥3%且≤4%	每 1000m 降低 5km/h，直至最低运行速度	每 1000m 降低 10km/h，直至最低运行速度
	坡度 >4%	每 1000m 降低 8km/h，直至最低运行速度	每 1000m 降低 20km/h，直至最低运行速度
下坡	坡度≥3%且≤4%	每 500m 增加 10km/h，直至期望速度	每 500m 增加 7.5km/h，直至期望速度
	坡度 >4%	每 500m 增加 20km/h，直至期望速度	每 500m 增加 15km/h，直至期望速度

B.2.6 弯坡组合路段运行速度预测宜符合下列规定：

1 宜根据前后线形衔接方式确定弯坡组合形式，其形式分为入口直线—曲线、入口曲线—曲线、出口曲线—直线、出口曲线—曲线。

2 宜从圆曲线曲中点分段，分别对曲中点和曲线出口的运行速度进行预测。

3 曲中点和曲线出口运行速度宜按表 B.2.6 中模型预测。

弯坡组合路段运行速度预测模型　　　　　　　表 B.2.6

弯坡组合形式	车　型	预　测　模　型
入口直线—曲线	小型车	$v_{middle} = -31.67 + 0.547v_{in} + 11.71\ln R_{now} - 0.176I_{now1}$
	大型车	$v_{middle} = 1.782 + 0.859v_{in} - 0.51I_{now1} + 1.196\ln R_{now}$
入口曲线—曲线	小型车	$v_{middle} = 0.750 + 0.802v_{in} + 2.717\ln R_{now} - 0.281I_{now1}$
	大型车	$v_{middle} = 1.798 + 0.248\ln R_{now} + 0.977v_{in} - 0.133I_{now1} + 0.23\ln R_{back}$
出口曲线—直线	小型车	$v_{out} = 27.294 + 0.720v_{middle} - 1.444I_{now2}$
	大型车	$v_{out} = 13.490 + 0.797v_{middle} - 0.697I_{now2}$
出口曲线—曲线	小型车	$v_{out} = 1.819 + 0.839v_{middle} + 1.427\ln R_{now} + 0.782\ln R_{front} - 0.48I_{now2}$
	大型车	$v_{out} = 26.837 + 0.109\ln R_{front} - 3.039\ln R_{now} - 0.594I_{now2} + 0.830v_{middle}$

注：1. 表中 $R \in [250,1000]$，且 $I \in [3\%,6\%]$。

2. v_{in}、v_{middle}、v_{out} 为曲线入口运行速度、曲中点运行速度、曲线出口运行速度（km/h）。

3. R_{back}、R_{now}、R_{front} 为驶入所在曲线前的曲线半径、所在曲线半径、即将驶入的曲线半径（m）。

4. I_{now1}、I_{now2} 为曲线前后两段的不同坡度（%），上坡为正、下坡为负。将带正负号但不带百分号的坡度值代入公式，如上坡"4%"代入数值"4"，下坡"-4%"代入数值"-4"。

5. 若前半段或后半段含有两个不同纵坡值，则取纵坡坡度加权平均值代入公式。

B.2.7 隧道路段运行速度宜按表 B.2.7 中模型预测。

隧道路段运行速度预测模型　　　　　　　表 B.2.7

车　型	特　征　点	预　测　模　型
小型车	隧道洞口	$v_1 = 0.99v_{in} - 11.07$
	隧道内	$v_2 = 0.81v_{in} + 8.22$
	驶出隧道洞口后 100m	$v_3 = 0.74v_{in} + 16.43$
大型车	隧道洞口	$v_1 = 0.98v_{in} - 6.56$
	隧道内	$v_2 = 0.85v_{in} + 3.89$
	驶出隧道洞口后 100m	$v_3 = 0.45v_{in} + 42.61$

注：表中 v_{in} 为距离驶入隧道洞口 200m 衔接路段单元的速度（km/h）。除短隧道按照短平直路段计算外，其他隧道均按上述模型计算。相邻隧道出口与入口间距小于 200m 的隧道群，可视为同一个隧道路段。

B.2.8 互通式立体交叉区运行速度预测宜符合下列规定：

1 主线路段运行速度宜在不考虑划分互通式立体交叉分析单元之前的运行速度预测基础上，按表 B.2.8 进行折减。

表 B.2.8 互通式立体交叉主线路段运行速度折减值

车型	小型车	大型车
最大折减值(km/h)	−8	−5

2 匝道路段运行速度宜根据项目所在地区类似公路项目观测确定，或按本规范第 B.4.5 条～第 B.4.8 条的有关规定执行。匝道路段的初始运行速度宜采用分流鼻端通过速度。

B.3 一级公路运行速度

B.3.1 作为干线公路的一级公路运行速度预测宜符合下列规定：

1 无平面交叉口、无路侧干扰、类似全部控制出入的路段，运行速度预测可按本规范第 B.2 节高速公路的有关规定执行。

2 有平面交叉口、有路侧干扰、部分控制出入的路段，宜观测项目所在地区类似公路受到平面交叉口的影响，对运行速度预测结果进行修正，或按本规范第 B.3.2 条的规定确定。

B.3.2 作为集散公路的一级公路运行速度预测宜符合下列规定：

1 按本规范第 B.2 节高速公路的有关规定预测分析单元的运行速度。

2 宜根据路侧干扰和平面交叉口密度情况，并按本规范第 B.3.3 条和第 B.3.4 条的规定，对分析单元运行速度进行修正。

B.3.3 宜根据路侧干扰情况对分析单元运行速度进行修正，并应符合下列规定：

1 路侧干扰应分析行人、非机动车、摩托车、农用车等交通流对主线小型车和大型车的干扰。

2 宜用路侧冲突等级来量化路侧冲突的严重程度，并按表 B.3.3-1 确定路侧冲突等级对运行速度的影响。宜根据分析单元的路侧冲突等级，乘以表 B.3.3-1 中相应的影响系数对运行速度进行修正。

路侧干扰等级对运行速度的影响系数表　　　　　　　　　　表 B.3.3-1

路侧冲突等级	影 响 系 数	路侧冲突等级	影 响 系 数
0	1.00	2	0.82
1	0.91	3	0.73

3 路侧冲突等级宜按表 B.3.3-2 对应的路侧冲突因素加权值 FRIC 确定。

路侧冲突等级分级表　　　　　　　　　　表 B.3.3-2

路侧冲突等级	FRIC	公路两侧用地性质通常情况说明
0	$0 < FRIC \leqslant 50$	两侧为农田或山体峡谷等
1	$50 < FRIC \leqslant 100$	有稀落的农舍，少量行人出入等
2	$100 < FRIC \leqslant 150$	有少量行人、车辆出入，有加油站、小店铺等
3	$FRIC \geqslant 150$	路侧街道化严重，存在居民区、商业中心等，出入行人和车辆较多等

4 路侧冲突因素加权值 FRIC 表示单位时间内观测断面发生的路侧冲突加权值。路侧冲突因素加权值 FRIC 可按式(B.3.3)确定。

$$FRIC = 0.129bic + 0.164psv + 0.185tra + 0.148ped + 0.171smv + 0.202mot \quad (\text{B}.3.3)$$

式中:bic——自行车数量(辆/h);

psv——路侧停车数量(辆/h);

tra——慢行车辆(拖拉机等农用车辆)数量(辆/h);

ped——行人数量(人/h);

smv——电动自行车数量(辆/h);

mot——摩托车数量(辆/h)。

B.3.4 宜根据当量化平面交叉口密度情况对分析单元运行速度进行修正,并宜符合下列规定:

1 宜按表 B.3.4-1 确定当量化平面交叉口密度对运行速度的影响。宜根据分析单元的当量化平面交叉口密度,乘以表 B.3.4-1 中相应的影响系数对运行速度进行修正。

当量化平面交叉口密度对运行速度的影响系数表　　　　表 B.3.4-1

当量化平面交叉口密度 d（个/km）	影 响 系 数		
	$v_{85} \geqslant 100\text{km/h}$	$80 \leqslant v_{85} < 100\text{km/h}$	$60 \leqslant v_{85} < 80\text{km/h}$
$0 < d \leqslant 1.0$	0.99	0.99	1.00
$1.0 < d \leqslant 2.5$	0.98	0.98	0.99
$2.5 < d \leqslant 5.0$	0.95	0.96	0.97
$d > 5.0$	0.90	0.92	0.94

2 当量化平面交叉口密度为分析单元内当量化平面交叉口个数之和除以分析单元长度。

3 当量化平面交叉口个数宜根据进入平面交叉口的支路机动车交通量,按表 B.3.4-2 进行折算。

平面交叉口折算系数　　　　表 B.3.4-2

支路机动车交通量 vol(veh/h)	平面交叉口折算系数
$vol \leqslant 30$	0.5
$30 < vol \leqslant 70$	1.0
$70 < vol \leqslant 150$	2.0
$vol > 150$	3.0

B.4 二级公路、三级公路运行速度

B.4.1 设计速度 40km/h 及以上的二级公路、三级公路、互通式立体交叉匝道路段运行速度预测宜符合本节的有关规定。当设计速度小于 40km/h 时,宜根据项目所在地区类似公路建立模型或对本节运行速度预测模型进行修正。

B.4.2 分析单元划分宜符合下列规定:

1 宜将公路划分为平直路段、平曲线路段、纵坡路段、弯坡组合路段、隧道路段等分析单元。

2 平直路段、平曲线路段、纵坡路段、弯坡组合路段划分宜符合表 B.4.2 的规定。

3 隧道路段宜为驶入隧道洞口前200m 至驶出隧道洞口后100m。

分析单元划分原则   表 B.4.2

车　型	纵　断　面	平　面	
		圆曲线半径 >600m	圆曲线半径 ≤600m
小型车或大型车	坡度 <3%	长度 >100m 平直路段； 长度 ≤100m 短平直路段	平曲线路段
	坡度 ≥3%	纵坡路段	弯坡组合路段

B.4.3 分析单元运行速度预测宜符合下列规定：

1 平直路段、平曲线路段、纵坡路段、弯坡组合路段的运行速度宜按本规范第 B.4.5 条～第 B.4.8 条相应的模型进行预测。

2 平直路段、平曲线路段、纵坡路段、弯坡组合路段分析单元的运行速度尚宜根据路侧净区宽度、平面交叉口密度、路侧干扰情况，按本规范第 B.4.9 条～第 B.4.11 条进行修正。

3 隧道路段的运行速度宜根据项目所在地区类似公路实际观测结果确定，或按公路项目的设计速度计算。

B.4.4 小型车或大型车的初始运行速度 v_0、期望速度 v_e、最低运行速度 v_{min} 和加速度 a 宜符合下列规定：

1 初始运行速度 v_0 宜按表 B.4.4-1 确定。

初始运行速度（单位：km/h）   表 B.4.4-1

设计速度		80	60	40
初始运行速度 v_0	小型车	80	60	40
	大型车	60	40	30

2 期望速度 v_e 宜按表 B.4.4-2 确定。

期望速度（单位：km/h）   表 B.4.4-2

设计速度		80	60	40
期望速度 v_e	小型车	105	85	65
	大型车	75	70	50

3 推荐加速度 a 宜按表 B.4.4-3 确定。

推荐加速度（单位：m/s²）   表 B.4.4-3

车　型	a_{min}	a_{max}
小型车	0.15	0.50
大型车	0.20	0.25

4 小型车最低运行速度 v_{min} 不宜低于 30km/h，大型车最低运行速度 v_{min} 不宜低于 15km/h。

B.4.5 平直路段运行速度预测宜符合本规范第 B.2.3 条的有关规定。

B.4.6 平曲线路段的运行速度预测宜符合下列规定：

1 宜从曲中点分段，分别对曲中点和曲线出口的运行速度进行预测。

2 曲中点和曲线出口运行速度宜按表 B.4.6 中模型预测。

平曲线路段运行速度预测模型 表 B.4.6

特 征 点	车 型	预 测 模 型
曲中点	小型车	$v_{middle} = -244.123 + 0.6v_{in} + 40\ln(R_{now} + 500)$
	大型车	$v_{middle} = -80.179 + 0.7v_{in} + 15\ln(R_{now} + 250)$
曲线出口	小型车	$v_{out} = -183.092 + 0.7v_{middle} + 30\ln(R_{front} + 500)$
	大型车	$v_{out} = -53.453 + 0.8v_{middle} + 10\ln(R_{front} + 250)$

注:1. v_{in} 为曲线入口运行速度(km/h);v_{middle} 为曲中点运行速度(km/h);v_{out} 为曲线出口运行速度(km/h)。

　2. R_{now} 为所在曲线半径(m);R_{front} 为即将驶入的曲线半径(m),当前方为直线时,取 $R_{front} = 600$m。

　3. 小型车若 $R_{front} > 5R_{now}$,则按 $R_{front} = 5R_{now}$ 取值;大型车若 $R_{front} > 4R_{now}$,则按 $R_{front} = 4R_{now}$ 取值。

B.4.7 纵坡路段终点的运行速度宜按表 B.4.7 中模型预测。

纵坡路段运行速度折算模型　　　　表 B.4.7

纵 坡		运行速度调整值	
		小型车	大型车
上坡	坡度≥3%且≤4%	每1000m降低5km/h,直至最低运行速度	每1000m降低10km/h,直至最低运行速度
	坡度>4%	每1000m降低8km/h,直至最低运行速度	每1000m降低20km/h,直至最低运行速度
下坡	坡度≥3%且≤4%	每500m增加10km/h,直至期望速度	每500m增加7.5km/h,直至期望速度
	坡度>4%	每500m增加20km/h,直至期望速度	每500m增加15km/h,直至期望速度

B.4.8 弯坡组合路段运行速度预测宜符合下列规定:

1 宜从圆曲线的曲中点分开,分别对弯坡组合路段曲中点和曲线出口运行速度进行预测。

2 宜根据前后线形衔接方式确定弯坡组合形式,其形式分为弯坡前半段上坡、弯坡前半段下坡、弯坡后半段上坡、弯坡后半段下坡。

3 弯坡组合路段曲中点和曲线出口运行速度宜按表 B.4.8 中模型预测。

弯坡组合路段运行速度预测模型　　　　表 B.4.8

弯坡组合形式		车型	预 测 模 型
曲中点	前半段上坡	小型车	$v_{middle} = -244.123 + 0.6v_{in} + 40\ln(R_{now} + 500) - \dfrac{(600 - R_{now})(i_1 - 3)}{600} - 0.324i_2$
		大型车	$v_{middle} = -80.179 + 0.7v_{in} + 15\ln(R_{now} + 250) - \dfrac{1.2(600 - R_{now})(i_1 - 2)}{600} - 0.106i_2$
	前半段下坡	小型车	$v_{middle} = -244.123 + 0.6v_{in} + 40\ln(R_{now} + 500) - \dfrac{0.6R_{now}(i_1 + 3)}{600} - 0.324i_2$
		大型车	$v_{middle} = -80.179 + 0.7v_{in} + 15\ln(R_{now} + 250) - \dfrac{0.8R_{now}(i_1 + 2)}{600} - 0.106i_2$

弯坡组合形式		车型	预 测 模 型
曲线出口	后半段上坡	小型车	$v_{\text{out}} = -183.092 + 0.7v_{\text{middle}} + 30\ln(R_{\text{front}} + 500) - \dfrac{1.2(600 - R_{\text{now}})(i_2 - 3)}{600} - 0.324i_3$
		大型车	$v_{\text{out}} = -53.453 + 0.8v_{\text{middle}} + 10\ln(R_{\text{front}} + 250) - \dfrac{1.5(600 - R_{\text{now}})(i_2 - 2)}{600} - 0.106i_3$
	后半段下坡	小型车	$v_{\text{out}} = -183.092 + 0.7v_{\text{middle}} + 30\ln(R_{\text{front}} + 500) - \dfrac{0.8R_{\text{now}}(i_2 + 3)}{600} - 0.324i_3$
		大型车	$v_{\text{out}} = -53.453 + 0.8v_{\text{middle}} + 10\ln(R_{\text{front}} + 250) - \dfrac{R_{\text{now}}(i_2 + 2)}{600} - 0.106i_3$

注:1. v_{in}为曲线入口的运行速度(km/h);v_{middle}为曲中点运行速度(km/h);v_{out}为曲线出口运行速度(km/h)。

2. R_{now}为所在曲线半径(m);R_{front}为即将驶入的曲线半径(m),当前方为直线时,取$R_{\text{front}} = 600$m。

3. 小型车若$R_{\text{front}} > 5R_{\text{now}}$,则按$R_{\text{front}} = 5R_{\text{now}}$取值;大型车若$R_{\text{front}} > 4R_{\text{now}}$,则按$R_{\text{front}} = 4R_{\text{now}}$取值。

4. i_1为弯坡组合中点前纵坡(%);i_2为弯坡组合中点后纵坡(%);i_3为弯坡组合前方的纵坡(%)。坡度上坡为正,下坡为负。将带正负号但不带百分号的坡度值代入公式,如上坡"4%"代入数值4,下坡"-4%"代入数值"-4"。

5. 若v_{middle}、v_{out}计算结果小于最低运行速度,则按最低运行速度取值;若大于期望速度,则按期望速度取值。

6. 若前半段或后半段含有两个不同纵坡值,则取纵坡坡度加权平均值代入公式。

B.4.9 宜按表B.4.9确定路侧净区宽度对运行速度的影响。宜根据分析单元的路侧净区宽度,乘以表B.4.9中相应的影响系数,对运行速度结果进行修正。

路侧净区宽度对运行速度的影响系数表 表B.4.9

路侧净区宽度(m)	0.5	0.75	1.00	1.25	1.5	1.75	2	2.5
影响系数	0.88	0.93	0.97	1.00	1.02	1.04	1.06	1.09
路侧净区宽度(m)	3	4	5	6	7	8	9	
影响系数	1.11	1.15	1.17	1.20	1.22	1.23	1.25	

B.4.10 宜按表B.4.10确定平面交叉口密度对运行速度的影响。平面交叉口密度为分析单元内平面交叉口数量之和除以分析单元长度。宜根据平面交叉口密度,乘以表B.4.10中相应的影响系数,对运行速度结果进行修正。

平面交叉口密度对运行速度的影响系数表 表B.4.10

平面交叉口密度（个/km）	影 响 系 数				
	90km/h	80km/h	70km/h	60km/h	50km/h
5.0	0.89	0.92	0.94	0.96	0.97
2.5	0.93	0.94	0.96	0.97	0.98
2.0	0.94	0.94	0.96	0.98	0.98
1.0	0.97	0.97	0.98	0.99	0.99
0.5	0.98	0.99	0.99	0.99	0.99
0.3	0.99	1.00	1.00	1.00	1.00

B.4.11 宜根据路侧干扰物数量和路侧干扰横向间距,按图B.4.11-1~图B.4.11-3确定影响系数,对运行速度结果进行修正。

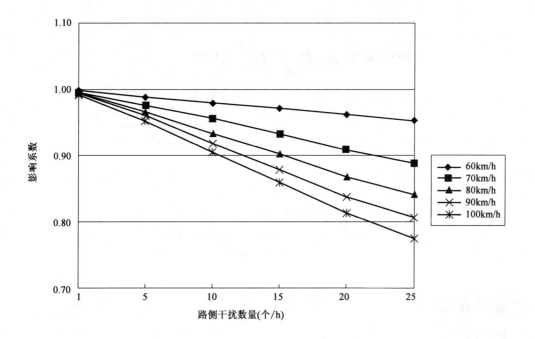

图 B.4.11-1 路侧干扰对运行速度的影响曲线($W = 1.5$m)

注:1.路侧干扰横向间距 $W = ($ 硬路肩 + 土路肩 $)/2 + 1.0($ m $)$,取 0.5 的倍数。

2.进入路侧干扰区段的运行速度 $v_{in} < 60$km/h 或者 $W > 2.5$m 时,可以认为不受路侧干扰的影响。

3.路侧干扰物数量 = 行人数量 + 自行车数量/3 + 摩托车数量/12 + 路侧停车数量 $\times 1.25($ 个/h $)$。

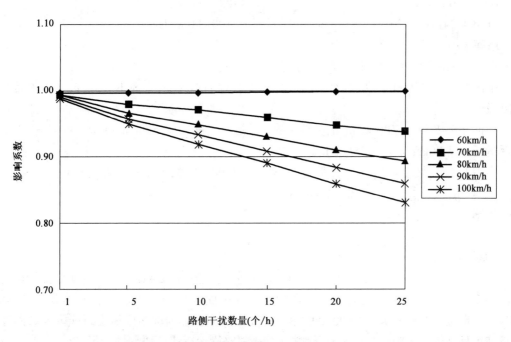

图 B.4.11-2 路侧干扰对运行速度的影响曲线($W = 2.0$m)

注:同图 B.4.11-1。

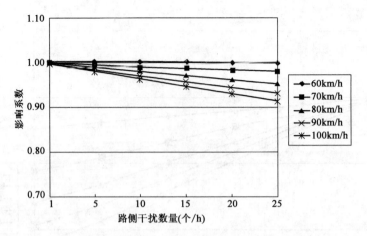

图 B.4.11-3　路侧干扰对运行速度的影响曲线($W = 2.5\text{m}$)

注:同图 B.4.11-1。

典型例题

例题 8-1

某设计速度为 80km/h 的双向六车道高速公路,在桩号 K12 +600 ~ K13 +600 路段的道路纵坡为 4%(桩号增大方向爬坡),该路段包含一个圆曲线半径为 2000m 的平曲线,曲线两端均与直线衔接。若桩号 K12 +600 处的运行速度为 75km/h,则 K13 +600 桩号处,沿桩号增大方向行驶的大型车的运行速度是( )。

(A)65.00km/h
(B)85.00km/h
(C)94.34km/h
(D)100.38km/h

解答

根据《公路项目安全性评价规范》(JTG B05—2015):

平曲线半径 >1000m,纵坡 4% ≥3%,路段总长度为 1000m,查表 B.2.1,该分析单元为纵坡路段。

根据 B.2.2,设计速度 80km/h,大型车的初始运行速度 $v_0 = 65\text{km/h}$,期望速度 $v_e = 80\text{km/h}$,最低运行速度 30km/h;$v_{in} = 75\text{km/h}$。

查表 B.2.5,坡度 4% 时,上坡路段,大型车每 1000m 降低 10km/h,直至最低运行速度;则 $v_{out} = v_{in} - 10 = 75 - 10 = 65\text{km/h} > 30\text{km/h}$。

答案:A

例题 8-2

某设计速度为 80km/h 的双向六车道高速公路,在桩号 K12 +600 ~ K13 +100 路段的道路纵坡为 2%(桩号增大方向爬坡),该路段包含一个圆曲线半径为 2000m 的平曲线,曲线两端均与直线衔接。若桩号 K12 +600 处的运行速度为 65km/h,则该路段沿上行线方向大型车的运行速度梯度绝对值为( )km/h。并评价相邻路段运行速度协调性结果为( )。

(A)3;好
(B)3;较好
(C)3.56;较好
(D)3.56;好

解答

根据《公路项目安全性评价规范》(JTG B05—2015)表 B.2.1:

平曲线半径 $>1000m$,纵坡 $2\%<3\%$,路段总长度为 $500m>200m$,该分析单元为平直路段。

根据 B.2.3,$a=0.2+(0.25-0.2)\times(1-65/80)=0.209$

$$v_{out}=3.6\sqrt{\left(\frac{v_{in}}{3.6}\right)^2+2as}=3.6\sqrt{\left(\frac{65}{3.6}\right)^2+2\times0.209\times500}=83.27km/h>80km/h$$

取 $v_{out}=80km/h$

$|\Delta v_{85}|=v_{out}-v_{in}=80-65=15km/h<20km/h$,且 $>10km/h$

$|\Delta I_v|=\dfrac{\Delta v_{85}}{L}\times100=15\times100/500=3.0km/(h\cdot m)<10km/(h\cdot m)$

查表 4.5.1,由于为加速路段,相邻路段运行速度协调性为好。

答案:A

例题 8-3

某设计速度为 80km/h 的双向六车道高速公路,某平曲线半径为 800m 的平曲线长度为 500m,平曲线起点桩号为 K1+225.05,该段道路纵坡为 4%(桩号增大方向爬坡),曲线两端均与直线线形衔接。若桩 K1+225.05 桩号处小型车运行速度为 90km/h,则在桩号 K1+475.05 和桩号 K1+725.05 处沿桩号增大方向行驶的小型车的运行速度分别是(   )。

(A)89.14km/h;91.75km/h   (B)87.89km/h;90.50km/h

(C)96.54km/h;102.57km/h   (D)95.13km/h;90.01km/h

解答

(1)计算桩号 K1+475.05 运行速度。

根据《公路项目安全性评价规范》(JTG B05—2015):

平曲线半径 $<1000m$,纵坡 $4\%>3\%$,路段总长度为 500m,查表 B.2.1,该分析单元为弯坡路段。

根据 B.2.2,设计速度 80km/h,小型车的期望速度 $v_e=110km/h$,$v_{min}=50km/h$;$v_{in}=90km/h$。

查表 B.2.6,$v_{middle}=-31.67+0.547v_{in}+11.71\ln R_{now}-0.176I_{now1}$

桩号 K1+475.05 处,小型车的运行速度

$v_{middle}=-31.67+0.547\times90+11.71\times\ln800-0.176\times4=95.13km/h<110km/h$

(2)计算桩号 K1+725.05 处,小型车的运行速度。

$v_{out}=27.294+0.720v_{middle}-1.444I_{now2}=27.294+0.72\times95.13-1.444\times4=90.01km/h<110km/h$

答案:D

例题 8-4

某高速公路,设计速度为 80km/h,分别在 K11+356.08 ~ K11+656.08 和 K11+830.00 ~ K12+230.00 段连续设置了两处隧道。若 K11+356.08 桩号处的小型车运行速度为 70km/h,则 K11+656.08 和 K12+330.00 桩号处,上行方向行驶的小型车的运行速度分别是(   )。

(A)64.92km/h;68.23km/h　　　　　　(B)81.89km/h;77.03km/h

(C)74.55km/h;77.03km/h　　　　　　(D)81.89km/h;68.23km/h

解答

根据《公路项目安全性评价规范》(JTG B05—2015)B.2.7:

应按照距离驶入隧道洞口200m衔接路段单元的速度作为隧道单元各运行速度的计算起点。

隧道洞口 $v_1 = 0.99v_{in} - 11.07$

$v_{in} = (70 + 11.07)/0.99 = 81.89km/h$

根据 B.2.2:

设计速度80km/h,小型车的期望速度 $v_e = 110km/h$;$v_{min} = 50km/h$。

两隧道出入口间距 $11830 - 11656.08 = 173.92m < 200m$,按照同一个隧道来计算。隧道总长度 $12230 - 11356.08 = 873.92m > 500m$,不属于短隧道。

K11+656.08 桩号处,属于隧道内,查表 B.2.7:

$v_2 = 0.81v_{in} + 8.22 = 0.81 \times 81.89 + 8.22 = 74.55km/h < 110km/h$

K12+330.00 桩号处属于隧道洞口100m处,则

$v_3 = 0.74v_{in} + 16.43 = 0.74 \times 81.89 + 16.43 = 77.03km/h < 110km/h$

答案:C

例题 8-5

某二级公路,设计速度为60km/h;硬路肩宽0.5m,土路肩宽0.5m,K5+220.50 ~ K5+521.56 路段,为半径400m的平曲线,道路纵坡2%(桩号增大方向上坡),曲线两端均与直线线形衔接。该区段的路侧净区宽度为1.0m,平均每公里有2个交叉口(交叉口密度影响系数取0.95),每小时路侧干扰物:行人0个,自行车3辆,摩托车13辆,停车2辆(路侧干扰影响系数取0.97)。若 K5+220.50 桩号处前一单元末端的运行速度为66km/h,则桩号 K5+521.56 处,沿桩号增大方向行驶的小型车的运行速度是(　　　)。

(A)66.41km/h　　　　　　(B)74.30km/h

(C)74.55km/h　　　　　　(D)85.00km/h

解答

根据《公路项目安全性评价规范》(JTG B05—2015):

平曲线半径<600m,纵坡2%<3%,路段总长度为301.06m,查表 B.4.2,该分析单元为平曲线路段。

根据 B.4.4,设计速度60km/h,小型车的期望速度 $v_e = 85km/h$,$v_{min} = 30km/h$;$v_{in} = 66km/h$。

根据 B.4.6,$v_{middle} = -244.123 + 0.6v_{in} + 40\ln(R_{now} + 500)$

$v_{middle} = -244.123 + 0.6 \times 66 + 40\ln(400 + 500) = 67.57km/h < 85km/h$

$v_{out} = -183.092 + 0.7v_{middle} + 30\ln(R_{front} + 500)$

即将驶入直线,$R_{front} = 600m$

$v_{out} = -183.092 + 0.7 \times 67.57 + 30\ln(600 + 500) = 74.30km/h < 85km/h$

路侧净区宽度为1.0,其影响系数为0.97;交叉口密度影响系数取0.95。

路侧干扰横向间距 $W = (0.5 + 0.5)/2 + 1 = 1.5$

路侧干扰物数量 $= 0 + 3/3 + 13/12 + 2 \times 1.5 = 5$

查图 B.4.11-1，路侧干扰影响系数取 0.97。

桩号 K5 + 521.56 处沿桩号增大方向行驶的小型车的运行速度：

$0.97 \times 0.95 \times 0.97 \times 74.30 = 66.41 \mathrm{km/h} < 85 \mathrm{km/h}$，且 $> 30 \mathrm{km/h}$。

答案：A

考点分析

(1)运行速度预测模型分为基本模型和修正模型，一定首先根据题目给的条件判别该分析单元属于哪种基本模型(包含平直路段模型、纵坡路段折算模型、平曲线路段模型、弯坡组合路段模型、隧道路段模型、互通式立体交叉路段模型)，理解计算模型中每个符号的含义。对于需要进行修正的分析单元，宜在基本模型计算结果的基础上进行修正，以修正后的结果作为计算结果。

(2)注意计算出来的分析单元的起点和终点的运行速度均不大于期望速度，也不小于分析单元对应的最低运行速度或最低限速值。

(3)当计算结果大于或等于期望速度 v_e 时，宜以期望速度 v_e 代表分析单元终点的运行速度；当计算结果小于分析单元对应的最低运行速度或最低限速值时，宜以分析单元对应的最低运行速度或最低限速值代表分析单元终点的运行速度。

(4)注意判别分析单元属不属于短平直路段，若属于则该路段起终点的运行速度保持不变。

考点 2　流水施工工期计算

1. 流水作业法概念

流水作业法是指当有若干个施工任务时，各个施工任务相隔一定时间依次进行施工生产，相同的工序依次进行，不同的工序平行进行的一种施工作业方式。

流水作业法是比较先进的一种施工作业方法，借用工业流水生产的概念，以施工专业化为基础，将不同工程对象的同一施工工序交给专业施工队(组)执行，各专业队(组)在统一计划安排下，依次在各个作业面上完成指定的操作。前一操作结束后转移至另一作业面，执行同样的操作，后一操作则由其他专业队继续执行。各专业队按大致相同的时间(流水节拍)和速度(流水速度)，协调而紧凑地相继完成全部施工任务。流水作业符合工艺流程，组织紧凑，有利于专业化施工。

流水作业法的特点是：实现了专业化生产，有利于提高劳动生产率，保证工程质量；专业施工队能够连续作业，相邻工作队的开工时间能最大限度地搭接；尽可能地利用工作面进行施工，工期较短；每天投入的资源量较为均衡，有利于资源供应的组织；需要较强的组织管理；满足施工过程的组织原则。

这种方法可以充分利用工作面，有效地缩短工期，一般适用于工序繁多、工程量大而又集中的大型建筑物的施工，如大型桥梁、立交桥、隧道等工程的施工组织。

2. 流水施工的主要参数

（1）工艺参数

①施工过程数 n

根据具体情况，把一个综合的施工过程划分为若干具有独自工艺特点的个别施工过程，划分的数量 n 称为施工过程数（工序数）。由于每一个施工过程一般由专业班组承担，故施工班组（或队）数等于 n。

②流水强度 V

流水强度又称流水能力、生产能力，即每一施工过程在单位时间内所完成的工程量。根据流水强度，我们可以确定各施工段上相应工程量的流水节拍、所需施工机械设备台数及专业队伍工人的人数。

（2）时间参数

①流水节拍 t

流水节拍是某个施工过程在某个施工段上的持续时间。它的大小关系着投入的劳动力、机械和材料量的多少，决定着施工的速度和施工的节奏。

②流水步距 B

两个相邻的施工队（组）先后进入第一个施工段进行流水施工的时间间隔叫流水步距。

③流水施工工期 T

流水施工工期是指从第一个专业工作队投入流水施工开始，到最后一个专业工作队完成流水施工为止的整个持续时间。

（3）空间参数

①工作面 A

工作面的大小可表明施工对象上能安置多少工人操作，又可表明布置机械地段的大小，也就是反映施工过程在空间上布置的条件。

②施工段数 m

组织流水作业时，通常把施工对象划分为劳动量大致相同的若干段，称作施工段。施工段的数目通常用 m 表示。

3. 全等节拍流水施工

📖 **基本知识**

（1）所有施工过程在各个施工段上的流水节拍均相等。

（2）相邻施工过程的流水步距相等，且等于流水节拍。

（3）专业工作队数等于施工过程数，即每一个施工过程成立一个专业工作队，由该队完成相应施工过程所有施工段上的任务。

（4）各个专业工作队在各施工段上能够连续作业，施工段之间没有空闲时间。

（5）计算工期：$T = (m + n - 1)t$。

例题 8-6

某项目部承揽工程有 4 道工序,按照工程界面划分为 3 个工作段,各工序在每个工作段上所需要的时间均为 3 天。该项目部完成该项目按照流水施工组织所需要的时间为( )天。

(A)12   (B)18   (C)21   (D)36

解答

因为各工序在每个工作段上所需要的时间相等,故本题为全等节拍流水施工,根据题意,本题施工过程数 $n=4$,流水步距 $B=3$,施工段数 $m=3$,流水节拍 $t=3$,则

$$T=(m+n-1)t=(4+3-1)\times3=18 \text{ 天}$$

答案:B

4. 成倍节拍流水施工

📖 基本知识

(1)同一施工过程在其各个施工段上的流水节拍均相等;不同施工过程的流水节拍不等,但其值为倍数关系。

(2)相邻施工过程的流水步距相等,且等于流水节拍的最大公约数(K)。

(3)专业工作队数大于施工过程数,即有的施工过程只成立一个专业工作队;而对于流水节拍大的施工过程,可按其倍数增加相应专业工作队数目。

(4)各个专业工作队在施工段上能够连续作业,施工段之间没有空闲时间。

(5)计算工期:$T=(b-1+m)K,b=\sum t/K$,(其中,$K=$最大公约数,t 为各工序流水节拍)。

📖 典型例题

例题 8-7

已知某基础工程由开挖、垫层、砌基础和回填夯实四个过程组成,按平面划分为四段顺序施工,各过程流水节拍分别为 12 天、4 天、10 天和 6 天,按等步距异节奏组织流水施工的工期则为( )天。

(A)19   (B)26   (C)32   (D)38

解答

根据题目知:$m=4$,流水步距 B 等于各流水节拍的最大公约数,即 $B=MOD[12,4,10,6]=2$,施工队数量 $b=12/2+4/2+10/2+6/2=16$,流水施工工期为:

$$T=(b-1+m)B=(16-1+4)\times2=38 \text{ 天}$$

答案:D

5. 无节拍流水施工

📖 基本知识

(1)各施工过程在各施工段的流水节拍不全相等。

（2）相邻施工过程的流水步距不尽相等。

（3）专业工作队数等于施工过程数。

（4）各专业工作队能够在施工段上连续作业,但有的施工段之间可能有空闲时间。

（5）计算工期:累加数列错位相减取大差。

📖 **典型例题**

例题 8-8

某工程项目由 3 个施工过程组成,分为 4 个施工段进行流水施工,其流水节拍如下表所示。

例题 8-8 表

施 工 过 程	施 工 段			
	①	②	③	④
Ⅰ	2	3	2	1
Ⅱ	3	2	4	2
Ⅲ	3	4	2	2

试问,该项目计算工期为( )天。

（A）16　　　　　（B）19　　　　　（C）21　　　　　（D）22

解答

从上表可知,本项目为无节奏流水施工,依据以下步骤计算工期:

（1）累加数列:施工过程Ⅰ:2,5,7,8;施工过程Ⅱ:3,5,9,11;施工过程Ⅲ:3,7,9,11。

（2）错位相减:

$$
\begin{array}{r}
Ⅰ与Ⅱ: 2,5,7,8 \\
- \quad 3,5,9,11 \\
\hline
2,2,2,-1,-11
\end{array}
\qquad
\begin{array}{r}
Ⅱ与Ⅲ: 3,5,9,11 \\
- \quad 3,7,9,11 \\
\hline
3,2,2,2,-11
\end{array}
$$

（3）取大差: $K_{Ⅰ,Ⅱ} = \max[2,2,2,-1,-11] = 2$; $K_{Ⅱ,Ⅲ} = \max[3,2,2,2,-11] = 3$ 。

（4）计算工期: $T = \sum K + \sum t = (2+3) + (3+4+2+2) = 16$ 。

答案:A

6. 流水施工最优工期计算

📖 **基本知识**

（1）填列"工序工期表"。

（2）绘制"施工次序排列表"的表格。

（3）填表排序,可将各项任务的施工次序排列出来。

（4）累加、错位、相减、取大求 K_{AB} 。

📖 **典型例题**

例题 8-9

某施工队对相邻几个构造物的基础工程进行流水施工,工序均为挖基 A、砌基础 B 及回填

C,在一、二、三、四、五 5 个施工段施工,其持续时间如下表,试尝试确定最短工期为( )。

工序	一	二	三	四	五
A	6	9	3	4	6
B	6	4	3	3	5
C	8	8	6	9	8

(A)51 天   (B)53 天   (C)55 天   (D)57 天

解答

绘制施工次序列表:本例中是三行,所以相加变成两行。

例题 8-9 解表(1)

工序	一	二	三	四	五
A + B	12	13	6	7	11
B + C	14	12	9	12	13
排序	三	四	五	一	二

排序方法:这 10 个数字中最小的是 6,如在第一排,向前排,如在第二排,向后排。

本题 6 在第一排,向前排,把 6 对应的三写到最前面,这下三这列数字不参与后面的排序了。下面 8 个数字最小是 7,第一排,向前排,把 7 对应的四写前面,依次进行。

排完序的表如下。

例题 8-9 解表(2)

工序	三	四	五	一	二
A	3	4	6	6	9
B	3	3	5	6	4
C	6	9	8	8	8

按常规的错位相减取大差求出 K_{AB}。

A   3   7   13   19   28

B   －   3   6   11   17   21

    3   4   7   8   11   －21 $K_{AB} = 11$

B   3   6   11   17   21

C   －   6   15   23   31   39

    3   0   －   －   －   － $K_{BC} = 3$

$T = K_{AB} + K_{BC} + T_C = 11 + 3 + 39 = 53$ 天

答案:B

📖 **考点分析**

熟悉各种类型流水施工的定义,套用相应的工期计算公式即可。

考点3 双代号网络图时间参数计算

📖 基本知识

双代号网络计划时间参数的计算方法有按工作计算法、按节点计算法及标号法三种,以下为按节点计算法绘制网络图的步骤。

节点计算法是以网络计划的节点为对象,先计算节点的最早时间和最迟时间,再计算出各项工作的时间参数和网络计划的计算工期。

以图8-1所示网络计划为例,说明按节点计算法计算时间参数的过程,其结果如图8-2所示(其中 ES 为最早开始时间,LS 为最迟开始时间)。

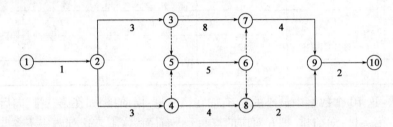

图8-1 网络计划

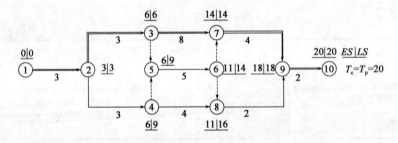

图8-2 双代号网络计划(按节点计算法)

《公路施工组织与概预算》(人民交通出版社)关于各参数的规定如下:

1)计算节点的最早时间

计算节点的最早时间应从网络计划的起点节点开始,顺着箭线方向依次进行计算。

(1)网络计划的起点节点的最早时间如无规定时,其值等于零,即:$ET_1 = 0$。

(2)其他节点的最早时间按式(4-12)计算:

$$ET_j = \max\{ET_i + D_{i-j}\} \tag{4-12}$$

式中:ET_j——工作 i—j 的完成节点 j 的最早时间;

ET_i——工作 i—j 的开始节点 i 的最早时间;

D_{i-j}——工作 i—j 的持续时间。

在本例中,节点③和节点⑧的最早时间分别为:$ET_3 = ET_2 + D_{2-3} = 3 + 3 = 6$;$ET_8 = \max\{ET_6 + D_{6-8}, ET_4 + D_{4-8}\} = \max\{11 + 0, 6 + 4\} = 11$。

(3)网络计划的计算工期等于网络计划终点节点的最早时间,即:

$$T_c = ET_n \tag{4-13}$$

式中：T_c——网络计划的计算工期；

ET_n——网络计划终点节点 n 的最早时间。

在本例中，计算工期为：$T_c = ET_{10} = 20$。

2）确定网络计划的计划工期

网络计划的计划工期按式(4-1)或式(4-2)确定。在本例中，假设未规定要求工期，则计划工期等于计算工期，即：

$$T_p = T_c = ET_{10} = 20 \tag{4-14}$$

3）计算节点的最迟时间

节点的最迟时间应从网络图的终点节点开始，逆着箭线的方向依次逐项计算。

(1)终点节点的最迟时间等于网络计划的计划工期，即：

$$LT_n = T_p \tag{4-15}$$

式中：LT_n——网络计划终点节点 n 的最迟时间；

T_p——网络计划的计划工期。

在本例中，$LT_{10} = T_p = 20$。

(2)其他节点的最迟时间按下式计算：

$$LT_i = \min\{LT_j - D_{i-j}\} \tag{4-16}$$

式中：LT_i——工作 i—j 的开始节点 i 的最迟时间；

LT_j——工作 i—j 的完成节点 j 的最迟时间；

D_{i-j}——工作 i—j 的持续时间。

在本例中，节点⑨和节点⑥的最迟时间分别为：$LT_9 = LT_{10} - D_{9-10} = 20 - 2 = 18$；$LT_6 = \min\{LT_8 - D_{6-8}, LT_7 - D_{6-7}\} = \min\{16 - 0, 14 - 0\} = 14$。

4）计算工作的六个时间参数

(1)工作最早开始时间的计算。工作的最早开始时间等于该工作开始节点的最早时间，即：

$$ES_{i-j} = ET_i \tag{4-17}$$

在本例中，$ES_{2-3} = ET_2 = 3$；$ES_{5-6} = ET_5 = 6$。

(2)工作最早完成时间的计算。工作的最早完成时间等于该工作开始节点的最早时间与其持续时间之和，即：

$$EF_{i-j} = ET_i + D_{i-j} \tag{4-18}$$

在本例中，$EF_{2-3} = ET_2 + D_{2-3} = 3 + 3 = 6$；$EF_{5-6} = ET_5 + D_{5-6} = 6 + 5 = 11$。

(3)工作最迟完成时间的计算。工作的最迟完成时间等于该工作完成节点的最迟时间，即：

$$LF_{i-j} = LT_j \tag{4-19}$$

在本例中，$LF_{2-3} = LT_3 = 6$；$LF_{5-6} = LT_6 = 14$。

(4)工作最迟开始时间的计算。工作的最迟开始时间等于该工作完成节点的最迟时间与其持续时间之差，即：

$$LS_{i-j} = LT_j - D_{i-j} \tag{4-20}$$

在本例中，$LS_{2-3} = LT_3 - D_{2-3} = 6 - 3 = 3$；$LS_{5-6} = LT_6 - D_{5-6} = 14 - 5 = 9$。

（5）工作总时差的计算。根据前面讲过的工作总时差的含义，以及根据式（4-19）和式（4-18）即可得到如下公式：

$$TF_{i-j} = LF_{i-j} - EF_{i-j} = LT_j - (ET_i + D_{i-j}) = LT_j - ET_i - D_{i-j} \tag{4-21}$$

在本例中，$TF_{2-3} = LT_3 - ET_2 - D_{2-3} = 6 - 3 - 3 = 0$；$TF_{5-6} = LT_6 - ET_5 - D_{5-6} = 14 - 6 - 5 = 3$。

（6）工作自由时差的计算。根据工作自由时差的含义，以及根据式（4-17）和式（4-11）即可得到如下公式：

$$FF_{i-j} = \min\{ES_{j-k} - ES_{i-j} - D_{i-j}\} = \min\{ES_{j-k}\} - ES_{i-j} - D_{i-j}$$
$$= \min\{ET_j\} - ET_i - D_{i-j} \tag{4-22}$$

在本例中，$FF_{2-3} = ET_3 - ET_2 - D_{2-3} = 6 - 3 - 3 = 0$；$FF_{5-6} = ET_6 - ET_5 - D_{5-6} = 11 - 6 - 5 = 0$。

这里需要指出的是，如果本工作与其紧后工作之间存在虚工作时，其中的 ET_j 为本工作紧后工作开始节点的最早时间，而不是本工作完成节点的最早时间。

5）关键线路和关键工作的确定

在双代号网络计划中，关键线路上的节点称为关键节点。关键工作两端的节点必为关键节点；两端为关键节点的工作不一定是关键工作。关键节点的最迟时间与最早时间的差值最小。当网络计划的计划工期等于计算工期时，关键节点的最早时间和最迟时间相等。在本例中，①、②、③、⑦、⑨、⑩就是关键节点，关键节点必然在关键线路上，但由关键节点组成的线路不一定是关键线路。

当利用关键节点判别关键线路和关键工作时，还应满足下列判别式：

$$ET_i + D_{i-j} = ET_j \tag{4-23}$$
$$LT_i + D_{i-j} = LT_j \tag{4-24}$$

如果两个关键节点之间的工作符合上述判别式，则该工作必为关键工作。否则，该工作就不是关键工作，关键线路就不会从此处通过。本例关键线路为①—②—③　⑦—⑨—⑩。

📖 典型例题

例题 8-10

某分部工程双代号网络计划如下图所示，其中关键线路是（　　　　）。

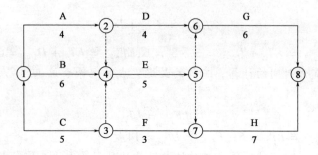

例题 8-10 图

（A）14568 （B）14378 （C）14568 （D）14578

解答

双代号节点参数计算到结束节点,结束节点的时间为工期,可以计算总时差,也可以从节点参数上判断关键节点,从而找到关键线路。

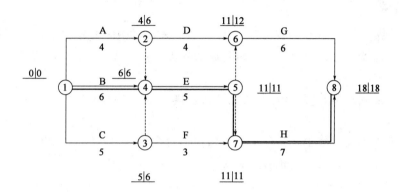

例题8-10 解图

线路14578 总时差为0,故其为关键线路。

答案:D

例题 8-11

下图中关键线路、时差判断错误的是（　　　）。

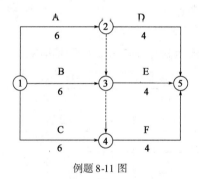

例题8-11 图

（A）关键线路有六条　　　　　　（B）A、B 是关键工作
（C）C 工作 $TF \neq 0$　　　　　　（D）F 工作 $TF = 0$

解答

该图上所有工作都是关键工作,所有工作总时差 TF 都为0,因此 C 项总时差不为零即为错。该图上前三个工作持续时间为6天,后三个工作持续时间为4天,计划工期都是10天,计算总时差后发现 A、B、C、D、E、F 六个工作均为0,所以只有 C 答案总时差不为0。

答案:C

📖 **考点分析**

（1）这类例题主要是对时间参数进行计算。
（2）总时差为0的线路为关键线路,关键线路可能只有1条,也可能有多条。

考点 4 材料费计算

《公路工程建设项目概算预算编制办法》(JTG 3830—2018)规定如下:

3.1.2 直接费指施工过程中耗费的构成工程实体和有助于工程形成的各项费用,包括人工费、材料费、施工机械使用费。

1 人工费指列入概算、预算定额的直接从事建筑安装工程施工的生产工人开支的各项费用。

2 材料费指施工过程中耗用的构成工程实体的原材料、辅助材料、构配件、零件、半成品或成品等,按工程所在地的材料价格计算的费用。

1) 材料预算价格由材料原价、运杂费、场外运输损耗、采购及保管费组成。

2) 材料预算价格 = (材料原价 + 运杂费) × (1 + 场外运输损耗率) × (1 + 采购及保管费率) - 包装品回收价值。

——各种材料原价按下列规定计算:

b) 自采材料:自采的砂、石、黏土等,按定额中开采单价加辅助生产间接费和矿产资源税(如有)计算。

——运杂费指材料自供应地点至工地仓库(施工地点存放材料的地方)的费用,包括装卸费、运费,如果发生,还应计囤存费及其他杂费(如过磅、标签、支撑加固、路桥通行等费用)。

c) 有容器或包装的材料及长大轻浮材料,应按表 3.1.2-1 规定的毛质量计算。桶装沥青、汽油、柴油按每吨摊销一个旧汽油桶计算包装费(不计回收)。

材料毛质量系数及单位毛质量表   表 3.1.2-1

材料名称	单位	毛质量系数	单位毛质量
爆破材料	t	1.35	—
水泥、块状沥青	t	1.01	—
铁钉、铁件、焊条	t	1.10	—
液体沥青、液体燃料、水	t	桶装 1.17,油罐车装 1.00	—
木料	m³	—	原木 0.750t,锯材 0.650t
草袋	个	—	0.004t

——场外运输损耗指有些材料在正常的运输过程中发生的损耗。材料场外运输操作损耗率见表 3.1.2-2。

材料场外运输操作损耗率表(%)   表 3.1.2-2

材料名称	场外运输(包括一次装卸)	每增加一次装卸
块状沥青	0.5	0.2
石屑、碎砾石、砂砾、煤渣、工业废渣、煤	1.0	0.4
砖、瓦、桶装沥青、石灰、黏土	3.0	1.0
草皮	7.0	3.0

材 料 名 称		场外运输(包括一次装卸)	每增加一次装卸
水泥(袋装、散装)		1.0	0.4
砂	一般地区	2.5	1.0
	风沙地区	5.0	2.0

注:汽车运水泥,当运距超过500km时,袋装水泥损耗率增加0.5个百分点。

——采购及保管费:

c)钢材的采购及保管费费率为0.75%,燃料、爆破材料为3.26%,其余材料为2.06%。商品水泥混凝土、沥青混合料和各类稳定土混合料、外购的构件、成品及半成品的预算价格计算方法与材料相同。商品水泥混凝土、沥青混合料和各类稳定土混合料不计采购及保管费,外购的构件、成品及半成品的采购及保管费费率为0.42%。

3.1.6 措施费包括冬季施工增加费、雨季施工增加费、夜间施工增加费、特殊地区施工增加费、行车干扰施工增加费、施工辅助费、工地转移费。

8 辅助生产间接费指由施工单位自行开采加工的砂、石等自采材料及施工单位自办的人工、机械装卸和运输的间接费。

1)辅助生产间接费按定额人工费的3%计。该项费用并入材料预算单价内构成材料费,不直接出现在概(预)算中。

📖 典型例题

例题 8-12

某路面工程用桶装石油沥青,调查价格为5000元/t,运价为1.2元/(t·km),装卸费为24.0元/t,运距为80km,回收沥青桶按200元/t计,场外运输损耗率为3%,采购及保管费率为2.06%,材料毛质量系数为1.17,则石油沥青的预算价格为( )。

(A)5110.20元/t

(B)5203.68元/t

(C)5534.87元/t

(D)5891.62元/t

解答

根据《公路工程建设项目概算预算编制办法》(JTG 3830—2018)第3.1.2条关于材料价格的计算:

单位运杂费 = (1.2 × 80 + 24) × 1.17 = 140.4 元/t

材料预算价格 = (材料原价 + 运杂费) × (1 + 场外运输损耗率) ×

(1 + 采购及保管费率) – 包装品回收价值

= (5000 + 140.4) × 1.03 × 1.0206 – 200

= 5203.68 元/t

答案:B

例题 8-13

某公路工程项目用水泥,出厂价为450元/t,运杂费0.35元/(t·km),运距45km,毛质量系数为1.01;场外运输损耗率为1%,采购及保管费率为2.06%,其他不计,则该水泥预算价格为（　　　）。

　　（A）469.9元/t　　　　（B）471.2元/t　　　　（C）477.5元/t　　　　（D）480.3元/t

解答

根据《公路工程建设项目概算预算编制办法》（JTG 3830—2018）第3.1.2条关于材料价格的计算：

运杂费 $= 1 \times 1.01 \times 0.35 \times 45 = 15.9$ 元；1.01为毛质量系数。

$$
\begin{aligned}
材料预算价格 &= （材料原价 + 运杂费）\times（1 + 场外运输损耗）\times \\
&\quad （1 + 采购及保管费率）- 包装品回收价值 \\
&= （450 + 15.9）\times 1.01 \times 1.0206 - 0 \\
&= 480.3 \text{ 元/t}
\end{aligned}
$$

答案：D

例题 8-14

某路面工程用桶装石油沥青，调查价格为5000元/t，运价为1.2元/(t·km)，装卸费为24.0元/t，运距为80km，回收沥青桶按200元/t计，则石油沥青的预算价格为（　　　）。

　　（A）5110.20元/t　　　（B）5203.68元/t　　　（C）5534.87元/t　　　（D）5891.62元/t

解答

根据《公路工程建设项目概算预算编制办法》（JTG 3830—2018）表3.1.2-1，桶装石油沥青毛质量系数为1.17，故单位运杂费为：

$$（1.2 \times 80 + 24）\times 1.17 = 140.4 \text{ 元/t}$$

根据《公路工程建设项目概算预算编制办法》（JTG 3830—2018）第3.1.2条，桶装石油沥青场外运输损耗率为3%，采购及保管费费率为2.06%。

$$
\begin{aligned}
材料预算价格 &= （材料原价 + 运杂费）\times（1 + 场外运输损耗率）\times \\
&\quad （1 + 采购及保管费率）- 包装品回收价值 \\
&= （5000 + 140.4）\times（1 + 3\%）\times（1 + 2.06\%）- 200 \\
&= 5203.68 \text{ 元/t}
\end{aligned}
$$

答案：B

例题 8-15

已知人工单价为43.5元/工日，片石的预算单价为45元/m³，电动碎石机的台班单价为163.13元/台班，滚筒式筛分机的台班单价为135.11元/台班。定额消耗：生产100m³的4cm碎石消耗人工45工日，片石114.9m³，电动碎石机3.42台班，筛分机3.48台班。则机械轧碎石的料场单价为（　　　）。

　　（A）76.25元/m³　　　　　　　　　　　（B）82.16元/m³

　　（C）86.58元/m³　　　　　　　　　　　（D）84.25元/m³

解答

$$
\begin{aligned}
碎石料场单价 &= ［人工耗量 \times 人工单价 \times（1 + 辅助生产间接费率）+ \\
&\quad 材料费 + 机械费］/定额单位
\end{aligned}
$$

每立方米机轧碎石：

人工费:45/100×43.5=19.58元

辅助生产间接费:19.58×3%=0.59元

材料费:114.9/100×45=51.71元

机械费:

碎石机:3.42/100×163.13=5.58元

筛分机:3.48/100×135.11=4.70元

碎石的料场单价:

19.58+0.59+51.71+5.58+4.70=82.16元/m³

答案:B

📖 **考点分析**

(1)这类例题较为简单,直接代入公式计算即可。

(2)如考题中没给出材料毛质量系数、损耗率、采购及保管费率等参数,可通过查找规范相关表格或条文得到。

(3)考生应注意,汽车运水泥时,当运距超过500km时,袋装水泥损耗率增加0.5个百分点。

(4)自采材料应特别注意加上辅助生产间接费,该费用并入材料预算单价内构成材料费,不直接出现在概(预)算中。

考点5 措施费计算

📖 **条文规定**

《公路工程建设项目概算预算编制办法》(JTG 3830—2018)规定如下:

3.1.4 工程类别划分如下:

1 土方:指人工及机械施工的土方工程、路基掺灰、路基换填及台背回填。

2 石方:指人工及机械施工的石方工程。

3 运输:指用汽车、拖拉机、机动翻斗车、船舶等运送土石方、路面基层和面层混合料、水泥混凝土及预制构件、绿化苗木等。

4 路面:指路面所有结构层工程、路面附属工程、便道以及特殊路基处理(不含特殊路基处理中的圬工构造物)。

5 隧道:指隧道土建工程(不含隧道的钢材及钢结构)。

6 构造物Ⅰ:指砍树挖根、拆除工程、排水、防护、特殊路基处理中的圬工构造物、涵洞、交通安全设施、拌和站(楼)安拆工程、便桥、便涵、临时电力和电信设施、临时轨道、临时码头、绿化工程等工程。

7 构造物Ⅱ:指小桥、中桥、大桥、特大桥工程。

8 构造物Ⅲ:指商品水泥混凝土的浇筑、商品沥青混合料和各类商品稳定土混合料的铺筑、外购混凝土构件、设备安装工程等。

9 技术复杂大桥:指钢管拱桥、斜拉桥、悬索桥、单孔跨径在120m以上(含120m)和基础水深在10m以上(含10m)的大桥主桥部分的基础、下部和上部工程(不含桥梁的钢材及钢结构)。

10　钢材及钢结构：指所有工程的钢材及钢结构等工程。

3.1.6　措施费包括冬季施工增加费、雨季施工增加费、夜间施工增加费、特殊地区施工增加费、行车干扰施工增加费、施工辅助费、工地转移费。

1　冬季施工增加费指按照公路工程施工及验收规范所规定的冬季施工要求，为保证工程质量和安全生产所需采取的防寒保温设施、工效降低和机械作业效率降低以及技术操作过程的改变等所增加的有关费用。

5)冬季施工增加费以各类工程的定额人工费和定额施工机械使用费之和为基数，按工程所在地的气温区选用表3.1.6-1的费率计算。

冬季施工增加费费率表(%)　　　　　　　　　　　表3.1.6-1

工程类别	冬季期平均温度(℃)								准一区	准二区
	−1以上		−1～−4		−4～−7	−7～−10	−10～−14	−14以下		
	冬一区		冬二区		冬三区	冬四区	冬五区	冬六区		
	Ⅰ	Ⅱ	Ⅰ	Ⅱ						
土方	0.835	1.301	1.800	2.270	4.288	6.094	9.140	13.720	—	—
石方	0.164	0.266	0.368	0.429	0.859	1.248	1.861	2.801	—	—
运输	0.166	0.25	0.354	0.437	0.832	1.165	1.748	2.643	—	—
路面	0.566	0.842	1.181	1.371	2.449	3.273	4.909	7.364	0.073	0.198
隧道	0.203	0.385	0.548	0.710	1.175	1.52	2.269	3.425	—	—
构造物Ⅰ	0.652	0.940	1.265	1.438	2.607	3.527	5.291	7.936	0.115	0.288
构造物Ⅱ	0.868	1.240	1.675	1.902	3.452	4.693	7.028	10.542	0.165	0.393
构造物Ⅲ	1.616	2.296	3.114	3.523	6.403	8.680	13.020	19.520	0.292	0.721
技术复杂大桥	1.019	1.444	1.975	2.230	4.057	5.479	8.219	12.338	0.170	0.446
钢材及钢结构	0.04	0.101	0.141	0.181	0.301	0.381	0.581	0.861	—	—

注：绿化工程不计冬季施工增加费。

2　雨季施工增加费指雨季期间施工为保证工程质量和安全生产所需采取的防雨、排水、防潮和防护措施、功效降低和机械作业率降低以及技术操作过程的改变等，所需增加的有关费用。

5)雨季施工增加费以各类工程的定额人工费和定额施工机械使用费之和为基数，按工程所在地的雨量区、雨季期选用表3.1.6-2的费率计算。

雨季施工增加费费率表(%)　　　　　　　　　　　表3.1.6-2

工程类别	雨季期(月数)																			
	1	1.5	2		2.5		3		3.5		4		4.5		5		6		7	8
	雨量区																			
	Ⅰ	Ⅰ	Ⅰ	Ⅱ	Ⅰ	Ⅱ	Ⅰ	Ⅱ	Ⅰ	Ⅱ	Ⅰ	Ⅱ	Ⅰ	Ⅱ	Ⅰ	Ⅱ	Ⅰ	Ⅱ	Ⅱ	Ⅱ
土方	0.140	0.175	0.245	0.385	0.315	0.455	0.385	0.525	0.455	0.595	0.525	0.700	0.595	0.805	0.665	0.939	0.764	1.114	1.289	1.499
石方	0.105	0.140	0.212	0.349	0.280	0.420	0.349	0.491	0.418	0.563	0.487	0.667	0.555	0.772	0.626	0.876	0.701	1.018	1.194	1.373
运输	0.142	0.178	0.249	0.391	0.320	0.462	0.391	0.568	0.462	0.675	0.533	0.781	0.604	0.888	0.675	0.959	0.781	1.136	1.314	1.527
路面	0.115	0.153	0.230	0.366	0.306	0.480	0.366	0.557	0.425	0.634	0.501	0.710	0.578	0.825	0.654	0.940	0.749	1.093	1.267	1.459
隧道	—																			
构造物Ⅰ	0.098	0.131	0.164	0.262	0.196	0.295	0.229	0.360	0.262	0.426	0.327	0.491	0.393	0.557	0.458	0.622	0.524	0.753	0.884	1.015

工程类别	雨季期(月数)																			
	1	1.5	2		2.5		3		3.5		4		4.5		5		6		7	8
	雨量区																			
	Ⅰ	Ⅰ	Ⅰ	Ⅱ	Ⅰ	Ⅱ	Ⅰ	Ⅱ	Ⅰ	Ⅱ	Ⅰ	Ⅱ	Ⅰ	Ⅱ	Ⅰ	Ⅱ	Ⅰ	Ⅱ	Ⅱ	Ⅱ
构造物Ⅱ	0.106	0.141	0.177	0.282	0.247	0.353	0.282	0.424	0.318	0.494	0.388	0.565	0.459	0.636	0.530	0.742	0.600	0.883	1.059	1.201
构造物Ⅲ	0.200	0.266	0.366	0.565	0.466	0.699	0.565	0.832	0.665	0.998	0.765	1.164	0.898	1.331	1.031	1.497	1.164	1.730	1.996	2.295
技术复杂大桥	0.109	0.181	0.254	0.363	0.290	0.435	0.363	0.508	0.435	0.580	0.508	0.689	0.580	0.798	0.653	0.907	0.725	1.052	1.233	1.414
钢材及钢结构	—	—	—	—	—	—	—	—	—	—	—	—	—	—	—	—	—	—	—	—

注:室内和隧道内工程及设备安装工程不计雨季施工增加费。

3 夜间施工增加费指根据设计、施工技术规范和合理的施工组织要求,必须在夜间施工或必须昼夜连续施工而发生的夜班补助费、夜间施工降效、施工照明设备摊销及照明用电等费用。夜间施工增加费以夜间施工工程项目的定额人工费与定额施工机械使用费之和为基数,按表3.1.6-3的费率计算。

夜间施工增加费费率表(%)　　　　　　　　　　表3.1.6-3

工程类别	费率	工程类别	费率
构造物Ⅱ	0.903	构造物Ⅲ	1.702
技术复杂大桥	0.928	钢材及钢结构	0.874

注:设备安装工程及金属标志牌、防撞钢护栏、防眩板(网)、隔离栅、防护网等不计夜间施工增加费。

4 特殊地区施工增加费包括高原地区施工增加费、风沙地区施工增加费和沿海地区施工增加费三项。

1)高原地区施工增加费指在海拔2000m以上地区施工,由于受气候、气压的影响,致使人工、机械效率降低而增加的费用。

——一条路线通过两个以上(含两个)不同的海拔分区时,应分别计算高原地区施工增加费或按工程量比例求得平均的增加率,计算全线高原地区施工增加费。

——高原地区施工增加费以各类工程的定额人工费与定额施工机械使用费之和为基数,按表3.1.6-4的费率计算。

高原地区施工增加费费率表(%)　　　　　　　　　　表3.1.6-4

工程类别	海拔(m)						
	2001~2500	2501~3000	3001~3500	3501~4000	4001~4500	4501~5000	5000以上
土方	13.295	19.709	27.455	38.875	53.102	70.162	91.853
石方	13.711	20.358	29.025	41.435	56.875	75.358	100.223
运输	13.288	19.666	26.575	37.205	50.493	66.438	85.040
路面	14.572	21.618	30.689	45.032	59.615	79.500	102.640
隧道	13.364	19.850	28.490	40.767	56.037	74.302	99.259
构造物Ⅰ	12.799	19.051	27.989	40.356	55.723	74.098	95.521
构造物Ⅱ	13.622	20.244	29.082	41.617	57.214	75.874	101.408

工程类别	海拔(m)						
	2001~2500	2501~3000	3001~3500	3501~4000	4001~4500	4501~5000	5000以上
构造物Ⅲ	12.786	18.985	27.054	38.616	53.004	70.217	93.371
技术复杂大桥	13.912	20.645	29.257	41.670	57.134	75.640	100.205
钢材及钢结构	13.204	19.622	28.269	40.492	55.699	73.891	98.930

2)风沙地区施工增加费指在沙漠地区施工时,由于受风沙影响,按照施工及验收规范的要求,为保证工程质量和安全生产而增加的有关费用。内容包括防风、防沙及气候影响的措施费,人工、机械效率降低增加的费用,以及积沙、风蚀的清理修复等费用。

——风沙地区施工增加费以各类工程的定额人工费和定额施工机械使用费之和为基数,根据工程所在地的风沙区划及类别,按表3.1.6-5的费率计算。

风沙地区施工增加费费率表(%)　　　　　表3.1.6-5

工程类别	风沙一区			风沙二区			风沙三区		
	沙漠类型								
	固定	半固定	流动	固定	半固定	流动	固定	半固定	流动
土方	4.558	8.056	13.674	5.618	12.614	23.426	8.056	17.331	27.507
石方	0.745	1.490	2.981	1.014	2.236	3.959	1.490	3.726	5.216
运输	4.304	8.608	13.988	5.38	12.912	19.368	8.608	18.292	27.976
路面	1.364	2.727	4.932	2.205	4.932	7.567	3.365	7.137	11.025
隧道	0.261	0.522	1.043	0.355	0.783	1.386	0.522	1.304	1.826
构造物Ⅰ	3.968	6.944	11.904	4.96	10.912	16.864	6.944	15.872	23.808
构造物Ⅱ	3.254	5.694	9.761	4.067	8.948	13.828	5.694	13.015	19.523
构造物Ⅲ	2.976	5.208	8.928	3.720	8.184	12.648	5.208	11.904	17.226
技术复杂大桥	2.778	4.861	8.333	3.472	7.638	11.805	8.861	11.110	16.077
钢材及钢结构	1.035	2.07	4.14	1.409	3.105	5.498	2.07	5.175	7.245

3)沿海地区施工增加费指工程项目在沿海地区施工受海风、海浪和潮汐的影响,致使人工、机械效率降低等所需增加的费用。本项费用,由沿海各省份省级交通运输主管部门制定具体的适用范围(地区)。沿海地区施工增加费以各类工程的定额人工费和定额施工机械使用费之和为基数,按表3.1.6-6的费率计算。

沿海地区施工增加费费率表(%)　　　　　表3.1.6-6

工程类别	费率	工程类别	费率
构造物Ⅱ	0.207	构造物Ⅲ	0.195
技术复杂大桥	0.212	钢材及钢结构	0.200

注:1.表中的构造物Ⅲ系指桥梁工程所用的商品水泥混凝土浇筑及混凝土构件、钢构件的安装。
　　2.表中的钢材及钢结构指桥梁工程所用的钢材及钢结构。

5　行车干扰施工增加费指由于边施工边维持通车,受行车干扰的影响,致使人工、机械效率降低而增加的费用。该费用以受行车影响部分的工程项目的定额人工费和定额施工机械使用费之和为基数,按表3.1.6-7的费率计算。

表 3.1.6-7

行车干扰施工增加费费率表(%)

工 程 类 别	施工期间平均每昼夜双向行车次数(机动车、非机动车合计)							
	51~100	101~500	501~1000	1001~2000	2001~3000	3001~4000	4001~5000	5000以上
土方	1.499	2.343	3.194	4.118	4.775	5.314	5.885	6.468
石方	1.279	1.881	2.618	3.479	4.035	4.492	4.973	5.462
运输	1.451	2.230	3.041	4.001	4.641	5.164	5.719	6.285
路面	1.390	2.098	2.802	3.487	4.046	4.496	4.987	5.475
隧道	—	—	—	—	—	—	—	—
构造物Ⅰ	0.924	1.386	1.858	2.320	2.693	2.988	3.313	3.647
构造物Ⅱ	1.007	1.516	2.014	2.512	2.915	3.244	3.593	3.943
构造物Ⅲ	0.948	1.417	1.896	2.365	2.745	3.044	3.373	3.713
技术复杂大桥	—	—	—	—	—	—	—	—
钢材及钢结构	—	—	—	—	—	—	—	—

注:新建工程、中断交通进行封闭施工或为保证交通正常通行而修建保通便道的改(扩)建工程,不计行车干扰施工增加费。

6 施工辅助费包括生产工具用具使用费、检验试验费和工程定位复测、工程点交、场地清理等费用。施工辅助费以各类工程的定额直接费为基数,按表3.1.6-8的费率计算。

施工辅助费费率表(%)

表 3.1.6-8

工 程 类 别	费 率	工 程 类 别	费 率
土方	0.521	构造物Ⅰ	1.201
石方	0.470	构造物Ⅱ	1.537
运输	0.154	构造物Ⅲ	2.729
路面	0.818	技术复杂大桥	1.677
隧道	1.195	钢材及钢结构	0.564

7 工地转移费指施工企业迁至新工地的搬迁费用。

2) 工地转移费以各类工程的定额人工费和定额施工机械使用费之和为基数,按表3.1.6-9的费率计算。

工地转移费费率表(%)

表 3.1.6-9

工 程 类 别	工地转移距离(km)					
	50	100	300	500	1000	每增加100
土方	0.224	0.301	0.470	0.614	0.815	0.036
石方	0.176	0.212	0.363	0.476	0.628	0.030
运输	0.157	0.203	0.315	0.416	0.543	0.025
路面	0.321	0.435	0.682	0.891	1.191	0.062
隧道	0.257	0.351	0.549	0.717	0.959	0.049
构造物Ⅰ	0.262	0.351	0.552	0.720	0.963	0.051
构造物Ⅱ	0.333	0.449	0.706	0.923	1.236	0.066
构造物Ⅲ	0.622	0.841	1.316	1.720	2.304	0.119
技术复杂大桥	0.389	0.523	0.818	1.067	1.430	0.073
钢材及钢结构	0.351	0.473	0.737	0.961	1.288	0.063

3）高速公路、一级公路及独立大桥、独立隧道项目转移距离按省级人民政府所在城市至工地的里程计算；二级及二级以下公路项目转移距离按地级城市所在地至工地的里程计算。

4）工地转移里程数在表列里程之间时，费率可内插计算。工地转移距离在50km以内的工程按50km计算。

📖 典型例题

例题 8-16

某高速公路桥桩基础工程，卷扬机带冲抓锥冲孔施工，经概算分析其定额人工费20万元，定额材料费46万元，定额施工机械使用费75万元。省会城市至工地的里程为75km，地级城市所在地至工地的里程为30km，则按《公路工程建设项目概算预算编制办法》（JTG 3830—2018）的规定计算，其工地转移费接近（　　）万元。

（A）0.372

（B）0.258

（C）0.473

（D）0.551

解答

根据《公路工程建设项目概算预算编制办法》（JTG 3830—2018）：

（1）按第3.1.4条工程类别划分，本工程的类别属于构造物Ⅱ。

（2）按第3.1.6条第7款，本工程为高速公路桥梁，转移距离按省会城市至工地的里程计算，为75km。

（3）按第3.1.6条第7款，工地转移费率按表3.6.1-9内插计算。

工地转移费率 = 0.333% + （0.449% - 0.333%）×（75 - 50）/（100 - 50）= 0.391%

（4）按第3.1.6第7款，工地转移费 = （定额人工费 + 定额施工机械使用费）× 工地转移费费率 = （20 + 75）× 0.391% = 0.37145 万元。

答案：A

例题 8-17

某公路桥桩基础工程，卷扬机带冲抓锥冲孔施工，已知桩径1.5m，水深30m，全桥共40根桩。经概算分析其定额人工费20万元，定额材料费46万元，定额施工机械使用费75万元。该桥位于东部沿海地区，地理位置为冬一区Ⅱ，雨季期2个月，雨量区为Ⅱ。由于工期紧张，工程需昼夜连续施工，施工期间有行车干扰，昼夜双向行车800辆。工地转移距离30km。则按《公路工程建设项目概算预算编制办法》（JTG 3830—2018）的规定计算，其措施费接近（　　）万元。

（A）5.45

（B）6.12

（C）6.90

（D）7.23

解答

根据《公路工程建设项目概算预算编制办法》（JTG 3830—2018）第3.1.6条，措施费包括冬季施工增加费、雨季施工增加费、夜间施工增加费、特殊地区施工增加费、行车干扰施工增加费、施工辅助费、工地转移费。此外，根据第3.1.4条由工程类别划分，可知该工程项目属构造物Ⅱ，具体各项费用计算如下：

冬季施工增加费：（20 + 75）× 1.24% = 1.178 万元

雨季施工增加费:$(20+75)\times0.282\%=0.2679$ 万元

夜间施工增加费:$(20+75)\times0.903\%=0.85785$ 万元

特殊地区施工增加费:$(20+75)\times0.207\%=0.19665$ 万元

行车干扰工程施工增加费:$(20+75)\times2.014\%=1.9133$ 万元

施工辅助费:$(20+46+75)\times1.537\%=2.16717$ 万元

工地转移费:$(20+75)\times0.333\%=0.31635$ 万元

措施费 = 冬季施工增加费 + 雨季施工增加费 + 夜间施工增加费 + 特殊地区施工增加费 + 行车干扰施工增加费 + 施工辅助费 + 工地转移费 $=1.178+0.2679+0.85785+0.19665+1.9133+2.16717+0.31635=6.89722$ 万元

答案:C

📖 考点分析

(1)解答这类题目,首先根据《公路工程建设项目概算预算编制办法》(JTG 3830—2018)第3.1.4条确定工程类别。

(2)各项措施费按取费基数乘以相应的费率计算,注意工地转移费的计算要点:一是工地转移距离与项目类型有关,二是工地转移里程50km以内按50km计,50km以上,在表列里程之间时,费率内插计算。

考点6 企业管理费计算

📖 条文规定

《公路工程建设项目概算预算编制办法》(JTG 3830—2018)规定如下:

3.1.7 企业管理费由基本费用、主副食运费补贴、职工探亲路费、职工取暖补贴和财务费用五项组成。

1 基本费用指建筑安装企业组织施工生产和经营管理所需的费用。

2)基本费用以各类工程的定额直接费为基数,按表3.1.7-1的费率计算。

基本费用费率表(%)   表3.1.7-1

工 程 类 别	费　率	工 程 类 别	费　率
土方	2.747	构造物Ⅰ	3.587
石方	2.792	构造物Ⅱ	4.726
运输	1.374	构造物Ⅲ	5.976
路面	2.427	技术复杂大桥	4.143
隧道	3.569	钢材及钢结构	2.242

2 主副食运费补贴指施工企业在远离城镇及乡村的野外施工购买生活必需品所需增加的费用。该费用以各类工程的定额直接费为基数,按表3.1.7-2的费率计算。

工程类别	综合里程(km)										
	3	5	8	10	15	20	25	30	40	50	每增加10
土方	0.122	0.131	0.164	0.191	0.235	0.284	0.322	0.377	0.444	0.519	0.07
石方	0.108	0.117	0.149	0.175	0.218	0.261	0.293	0.346	0.405	0.473	0.063
运输	0.118	0.13	0.166	0.192	0.233	0.285	0.322	0.379	0.447	0.519	0.073
路面	0.066	0.088	0.119	0.13	0.165	0.194	0.224	0.259	0.308	0.356	0.051
隧道	0.096	0.104	0.13	0.152	0.185	0.229	0.26	0.304	0.359	0.418	0.054
构造物Ⅰ	0.114	0.12	0.145	0.167	0.207	0.254	0.285	0.338	0.394	0.463	0.062
构造物Ⅱ	0.126	0.14	0.168	0.196	0.242	0.292	0.338	0.394	0.467	0.54	0.073
构造物Ⅲ	0.225	0.248	0.303	0.352	0.435	0.528	0.599	0.705	0.831	0.969	0.132
技术复杂大桥	0.101	0.115	0.143	0.165	0.205	0.245	0.28	0.325	0.389	0.452	0.063
钢材及钢结构	0.104	0.113	0.146	0.168	0.207	0.247	0.281	0.331	0.387	0.449	0.062

注:综合里程 = 粮食运距 × 0.06 + 燃料运距 × 0.09 + 蔬菜运距 × 0.15 + 水运距 × 0.70,粮食、燃料、蔬菜、水的运距均为全线平均运距;当综合里程数在表列里程之间时,费率可内插;综合里程在 3km 以内的工程,按 3km 计取本项费用。

　　3　职工探亲路费指按照有关规定发放给施工企业职工在探亲期间发生的往返交通费和途中住宿费等费用。该费用以各类工程的定额直接费为基数,按表 3.1.7-3 的费率计算。

职工探亲路费费率表(%)　　　　　　　　　　　表 3.1.7-3

工程类别	费率	工程类别	费率
土方	0.192	构造物Ⅰ	0.274
石方	0.204	构造物Ⅱ	0.348
运输	0.132	构造物Ⅲ	0.551
路面	0.159	技术复杂大桥	0.208
隧道	0.266	钢材及钢结构	0.164

　　4　职工取暖补贴指按规定发放给施工企业职工的冬季取暖费和为职工在施工现场设置的临时取暖设施的费用。该费用以各类工程的定额直接费为基数,按工程所在地的气温区(见本办法附录 D)选用表 3.1.7-4 的费率计算。

职工取暖补贴费率表(%)　　　　　　　　　　　表 3.1.7-4

工程类别	气温区						
	准二区	冬一区	冬二区	冬三区	冬四区	冬五区	冬六区
土方	0.060	0.130	0.221	0.331	0.436	0.554	0.663
石方	0.054	0.118	0.183	0.279	0.373	0.472	0.569
运输	0.065	0.130	0.228	0.336	0.444	0.552	0.671
路面	0.049	0.086	0.155	0.229	0.302	0.376	0.456
隧道	0.045	0.091	0.158	0.249	0.318	0.409	0.488
构造物Ⅰ	0.065	0.130	0.206	0.304	0.390	0.499	0.607
构造物Ⅱ	0.070	0.153	0.234	0.352	0.481	0.598	0.727
构造物Ⅲ	0.126	0.264	0.425	0.643	0.849	1.067	1.297
技术复杂大桥	0.059	0.120	0.203	0.310	0.406	0.501	0.609
钢材及钢结构	0.047	0.082	0.141	0.222	0.293	0.363	0.433

5　财务费用指施工企业为筹集资金提供投标担保、预付款担保、履约担保、职工工资支付担保等所发生的各种费用,包括企业经营期间发生的短期贷款利息净支出、汇兑净损失、调剂外汇手续费、金融机构手续费,以及企业筹集资金发生的其他财务费用。财务费用以各类工程的定额直接费为基数,按表3.1.7-5的费率计算。

财务费用费率表(%)　　　　　　　　　表3.1.7-5

工程类别	费　率	工程类别	费　　率
土方	0.271	构造物Ⅰ	0.466
石方	0.259	构造物Ⅱ	0.545
运输	0.264	构造物Ⅲ	1.094
路面	0.404	技术复杂大桥	0.637
隧道	0.513	钢材及钢结构	0.653

📖 **典型例题**

例题 8-18

某省公路工程公司承包沥青混凝土路面施工,公司驻地距工地35km,其中粮食运距35km,燃料运距40km,蔬菜运距30km,水运距18km。经预算分析其定额人工费25万元,定额材料费100万元,定额机械使用费80万元,则主副食运费补贴费为(　　)万元。

(A)0.258　　　　　(B)0.374　　　　　(C)0.432　　　　　(D)0.517

解答

根据《公路工程建设项目概算预算编制办法》(JTG 3830—2018)第3.1.7条表3.1.7-2附注:

综合里程 = 粮食运距×0.06 + 燃料运距×0.09 + 蔬菜运距×0.15 + 水运距×0.70

　　　　　= 35×0.06 + 40×0.09 + 30×0.15 + 18×0.70

　　　　　= 22.8km

查表3.1.7-2,采用内插法,费率为:

$0.194\% + (0.224\% - 0.194\%) \times (22.8 - 20)/(25 - 20) = 0.2108\%$

主副食运费补贴 = 定额直接费×费率

　　　　　　　= (定额人工费 + 定额材料费 + 定额机械使用费)×费率

　　　　　　　= (25 + 100 + 80)×0.2108% = 0.432 万元

答案:C

例题 8-19

某省公路工程公司承包沥青混凝土路面施工(冬三区),其中粮食运距为10km,燃料运距为8km,蔬菜运距为4km,水运距为1km。经预算分析其定额人工费为25万元,定额材料费为100万元,定额机械使用费为80万元。则企业管理费为(　　)万元。

(A)4.877　　　　　(B)5.025　　　　　(C)6.733　　　　　(D)7.125

解答

根据《公路工程建设项目概算预算编制办法》(JTG 3830—2018)第3.1.7条,企业管理费由基本费用、主副食运费补贴、职工探亲路费、职工取暖补贴和财务费用五项组成。其基本费用费率、职工探亲路费费率、职工取暖补贴费率、财务费用费率可直接查相应费率表。主副食运费补贴费率需求算综合里程后,再查表内插计算。

定额直接费=定额人工费+定额材料费+定额机械使用费=25+100+80=205 万元

主副食运费综合里程=10×0.06+8×0.09+4×0.15+1×0.7=2.62km<3km

根据表 3.1.7-2 附注,当综合里程小于 3km 时,按 3km 计,故主副食运费综合里程为 3km

基本费用=定额直接费×基本费用费率=205×2.427%=4.975 万元

主副食运补贴=定额直接费×主副食运费补贴费率=205×0.066%=0.135 万元

职工探亲路费=定额直接费×职工探亲路费费率=205×0.159%=0.326 万元

职工取暖补贴=定额直接费×职工取暖补贴费费率=205×0.229%=0.469 万元

财务费用=定额直接费×财务费费率=205×0.404%=0.828 万元

企业管理费=4.975+0.135+0.326+0.469+0.828=6.733 万元

答案:C

考点分析

(1)定额直接费=定额人工费+定额材料费+定额机械使用费,题目可能直接给出定额直接费,也可能不直接给出定额直接费,只给出定额人工费、定额材料费、定额机械使用费,让考生自己计算。

(2)注意《公路工程建设项目概算预算编制办法》(JTG 3830—2018)表 3.1.7-2 附注中关于主副食运费补贴费率选取注意事项。

考点7 利润、税金计算

条文规定

《公路工程建设项目概算预算编制办法》(JTG 3830—2018)规定如下:

3.1.9 利润指施工企业完成所承包工程获得的盈利,按定额直接费及措施费、企业管理费之和的 7.42% 计算。

3.1.10 税金指国家税法规定应计入建筑安装工程造价的增值税销项税额。

税金=(直接费+设备购置费+措施费+企业管理费+规费+利润)×10%   (3.1.10)

关于调整《公路工程建设项目投资估算编制办法》(JTG 3820—2018)和《公路工程建设项目概预算预算编制办法》(JTG 3830—2018)中"税金"有关规定的公告(交通运输部公告 2019 年第 26 号)如下:

按照党中央、国务院关于深化增值税改革,推进增值税实质性减税决策部署,财政部、税务总局等有关部门决定将建筑业增值税税率由 10% 调整为 9%。

为抓好公路行业的贯彻落实,现将《公路工程建设项目投资估算编制办法》(JTG 3820—2018)和《公路工程建设项目概算预算编制办法》(JTG 3830—2018)中 3.1.10 的"税金=(直接费+设备购置费+措施费+企业管理费+规费+利润)×10%"调整为:"税金=(直接费+设备购置费+措施费+企业管理费+规费+利润)×建筑业增值税税率"。

例题 8-20

某公路工程项目概预算编制,某工程细目费用组成如下,定额直接费 180 万元,直接费 200 万元,设备购置费 80 万元,措施费 20 万元,企业管理费 8 万元,规费 5 万元,则该工程的税金接近( )万元。

(A)26.5　　　　(B)28.4　　　　(C)29.6　　　　(D)31.8

解答

根据《公路工程建设项目概算预算编制办法》(JTG 3830—2018)第 3.1.9 条:

利润 =(定额直接费 + 措施费 + 企业管理费)×7.42%

　　　=(180 + 20 + 8)×7.42% = 15.4336 万元

根据《公路工程建设项目概算预算编制办法》(JTG 3830—2018)第 3.1.10 条:

税金 =(直接费 + 设备购置费 + 措施费 + 企业管理费 + 规费 + 利润)×9%

　　　=(200 + 80 + 20 + 8 + 5 + 15.4336)×9% = 29.559 万元

答案:C

考点分析

2019 年 4 月 26 日交通运输部关于调整《公路工程建设项目投资估算编制办法》(JTG 3820—2018)和《公路工程建设项目概预算预算编制办法》(JTG 3830—2018)中"税金"有关规定的公告中,已将建筑业增值税税率由"10%"调整为"9%",特别要注意。

考点 8　施工场地建设费计算

条文规定

《公路工程建设项目概算预算编制办法》(JTG 3830—2018)规定如下:

3.1.11　专项费用包括施工场地建设费和安全生产费。

施工场地建设费以施工场地计费基数,按表 3.1.11 的费率,以累进方法计算。施工场地计费基数为定额建筑安装工程费减去专项费用。

施工场地建设费费率表　　　　　　　　　　表 3.1.11

施工场地计费基数 (万元)	费率 (%)	算例(万元)	
		施工场地计费基数	施工场地建设费
500 及以下	5.338	500	500×5.338% = 26.69
500～1000	4.228	1000	26.69 +(1000 − 500)×4.228% = 47.83
1000～5000	2.665	5000	47.83 +(5000 − 1000)×2.665% = 154.43
5000～10000	2.222	10000	154.43 +(10000 − 5000)×2.222% = 265.53
10000～30000	1.785	30000	265.53 +(30000 − 10000)×1.785% = 622.53
30000～50000	1.694	50000	622.53 +(50000 − 30000)×1.694% = 961.33
50000～100000	1.579	100000	961.33 +(100000 − 50000)×1.579% = 1750.83

施工场地计费基数 （万元）	费率 （%）	算例（万元）	
		施工场地计费基数	施工场地建设费
100000～150000	1.498	150000	$1750.83+(150000-100000)\times1.498\%=2499.83$
150000～200000	1.415	200000	$2499.83+(200000-150000)\times1.415\%=3207.33$
200000～300000	1.348	300000	$3207.33+(300000-200000)\times1.348\%=4555.33$
300000～400000	1.289	400000	$4555.33+(400000-300000)\times1.289\%=5844.33$
400000～600000	1.235	600000	$5844.33+(600000-400000)\times1.235\%=8314.33$
600000～800000	1.188	800000	$8314.33+(800000-600000)\times1.188\%=10690.33$
800000～1000000	1.149	1000000	$10690.33+(1000000-800000)\times1.149\%=12988.33$
1000000 以上	1.118	1200000	$12988.33+(1200000-1000000)\times1.118\%=15224.33$

📖 典型例题

例题 8-21

某公路工程项目概算编制，其施工场地建设费计费基数为 800 万元，则该工程的施工场地建设费接近（　　）万元。

（A）26.5　　　　　（B）31.4　　　　　（C）39.4　　　　　（D）42.8

解答

根据《公路工程建设项目概算预算编制办法》（JTG 3830—2018）表 3.1.11：

施工场地建设费 = 施工场地计费基数 × 费率

$$=500\times5.338\%+(800-500)\times4.228\%=39.374\ 万元$$

答案：C

📖 考点分析

累进法计算，即相应区间内的计费基数乘以相应区间内的费率，最后再累加，假设计费基数为 X，其在 5000～10000 区间内，则该施工场地建设费为 $500\times5.338\%+(1000-500)\times4.228\%+(5000-1000)\times2.665\%+(X-5000)\times2.222\%$。

考点 9　价差预备费计算

📖 条文规定

《公路工程建设项目概算预算编制办法》（JTG 3830—2018）规定如下：

3.4.3　价差预备费指设计文件编制年至工程交工年期间，建筑安装工程费中的人工费、材料费、设备费、施工机械使用费、措施费、企业管理费等由于政策、价格变化可能发生上浮而预留的费用，及外资贷款汇率变动部分的费用。

1　计算方法：价差预备费以建筑安装工程费总额为基数，按设计文件编制年始至建设项目工程交工年终的年数和年工程造价增长率计算。计算公式见式（3.4.3）。

$$价差预备费 = P\times[(1+i)^{n-1}-1] \tag{3.4.3}$$

式中：P——建筑安装工程费总额（元）；

i——年工程造价增长率（%）；

n——设计文件编制年至建设项目开工年 + 建设项目建设期限(年)。

2　年工程造价增长率按有关部门公布的工程投资价格指数计算。

3　设计文件编制至工程交工在 1 年以内的工程,不列此项费用。

例题 8-22

某高速公路 2018 年初开始启动设计,预备于 2020 年初开始动工,建设期为 4 年,概算建安费为 76.8 亿元。经测算未来 10 年内,工程造价增长率为 2.8%。则该工程的价差预备费为(　　)亿元。

（A）10.98　　　　　（B）11.37　　　　　（C）12.54　　　　　（D）12.66

解答

根据《公路工程建设项目概算预算编制办法》(JTG 3830—2018)公式(3.4.3):

$n = (2020 - 2018) + 4 = 6$

价差预备费 $= P \times [(1 + i)^{n-1} - 1] = 76.8 \times [(1 + 0.028)^{6-1} - 1] = 11.37$ 亿元

答案:B

如果设计文件编制至工程交工在 1 年以内的工程,不列此项费用。

考点 10　建设期利息计算

《公路工程建设项目概算预算编制办法》(JTG 3830—2018)规定如下:

3.5.1　建设期贷款利息指工程项目使用的贷款部分在建设期内应计取的贷款利息,包括各种金融机构贷款、建设债券和外汇贷款等的利息。

3.5.2　利息计算方法:根据不同的资金来源分年度投资计算所需支付的利息。计算公式见式(3.5.2)。

　　建设期贷款利息 $= \sum($ 上年末付息贷款本息累计 $+$ 本年度付息贷款额 $\div 2) \times$ 年利率

即:
$$S = \sum_{n=1}^{N} (F_{n-1} + b_n \div 2) \times i \qquad (3.5.2)$$

式中:S——建设期贷款利息;

　　N——项目建设期(年);

　　n——施工年度;

　F_{n-1}——建设期第 $n-1$ 年末需付息贷款本息累计;

　　b_n——建设期第 n 年度付息贷款额;

　　i——中国人民银行公布的贷款基准年利率。

例题 8-23

某项目建设期 3 年,该项目固定资产投资来源为自有资金和贷款。贷款本金为 50000 万元,贷款按年度投资比例发放,各年的投资比例为:第一年为30%,第二年为50%,第三年为20%,第四年投产。贷款年利率为8%,估算建设期贷款利息为(   )万元。

(A)6638.55   (B)6675.84   (C)6596.83   (D)6701.12

解答

(1)每年投资贷款本金数额计算:

第一年:50000×30% = 15000 万元

第二年:50000×50% = 25000 万元

第三年:50000×20% = 10000 万元

(2)计算每年应计利息:

根据《公路工程建设项目概算预算编制办法》(JTG 3830—2018)公式(3.5.2):

建设期贷款利息 = ∑(上年末付息贷款本息累计 + 本年度付息贷款额÷2)×年利率

第一年:(0 + 15000÷2)×8% = 600 万元

第二年:(15000 + 600 + 25000÷2)×8% = 2248 万元

第三年:(15000 + 600 + 25000 + 2248 + 10000÷2)×8% = 3827.84 万元

贷款利息合计:600 + 2248 + 3827.84 = 6675.84 万元

答案:B

例题 8-24

某新建项目建设期为 3 年,第一年贷款 3000 万元,第二年贷款 2000 万元,第三年贷款 1000 万元,贷款年利率7%,则建设期前两年应计利息之和为(   )万元。

(A)392.35   (B)416.25   (C)567.65   (D)624.05

解答

根据《公路工程建设项目概算预算编制办法》(JTG 3830—2018)公式(3.5.2):

建设期贷款利息 = ∑(上年末付息贷款本息累计 + 本年度付息贷款额÷2)×年利率

第一年建设期贷款利息 = (0 + 3000/2)×7% = 105 万元

第一年建设期贷款利息 = (3000 + 105 + 2000/2)×7% = 287.35 万元

建设期前两年应计利息之和 = 105 + 287.35 = 392.35 万元

答案:A

📖 **考点分析**

本年度贷款利息 = (本年度付息贷款额÷2)×年利率,是因为假定本年度贷款均衡发放,相当于年中发放,故本年度贷款利息要除以2。

考点 11　建筑安装工程费计算

📖 **条文规定**

《公路工程建设项目概算预算编制办法》(JTG 3830—2018)规定如下:

2.5.1 概算、预算的费用组成如图2.5.1所示。

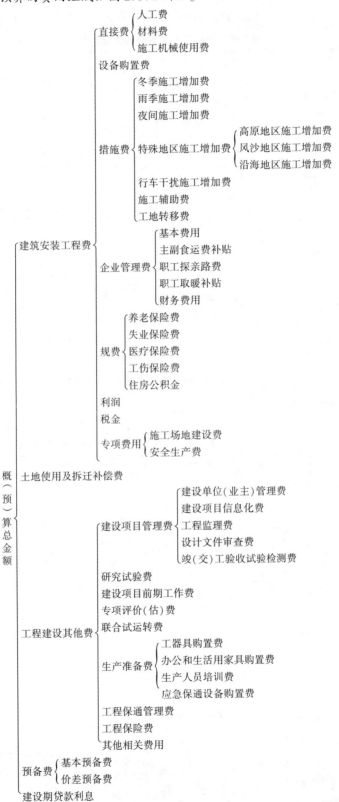

图2.5.1 概算、预算费用的组成

549

3.6 公路工程建设项目各项费用计算程序及计算方式

3.6.1 公路工程建设项目各项费用计算程序及计算方式见表3.6.1。

公路工程建设各项费用计算程序及计算方式　　　　　　　　　　表3.6.1

序号	项　目	说明及计算式
（一）	定额直接费	Σ人工消耗量×人工基价 + Σ（材料消耗量×材料基价 + 机械台班消耗量×机械台班基价）
（二）	定额设备购置费	Σ设备购置数量×设备基价
（三）	直接费	Σ人工消耗量×人工单价 + Σ（材料消耗量×材料预算单价 + 机械台班消耗量×机械台班预算单价）
（四）	设备购置费	Σ设备购置数量×预算单价
（五）	措施费	（一）×施工辅助费费率 + 定额人工费和定额施工机械使用费之和×其余措施费综合费率
（六）	企业管理费	（一）×企业管理费综合费率
（七）	规费	各类工程人工费(含施工机械人工费)×规费综合费率
（八）	利润	[（一）+（五）+（六）]×利润率
（九）	税金	[（三）+（四）+（五）+（六）+（七）+（八）]×10%
（十）	专项费用	
	施工场地建设费	[（一）+（二）×40% +（五）+（六）+（七）+（八）+（九）]×累进费率
	安全生产费	建筑安装工程费(不含安全生产费本身)×(≥1.5%)
（十一）	定额建筑安装工程费	（一）+（二×40%）+（五）+（六）+（七）+（八）+（九）+（十）
（十二）	建筑安装工程费	（三）+（四）+（五）+（六）+（七）+（八）+（九）+（十）
（十三）	土地使用及拆迁补偿费	按规定计算
（十四）	工程建设其他费	
	建设项目管理费	
	建设单位(业主)管理费	（十一）×累进费率
	建设项目信息化费	（十一）×累进费率
	工程监理费	（十一）×累进费率
	设计文件审查费	（十一）×累进费率
	竣(交)工验收试验检测费	按规定计算
	研究试验费	
	建设项目前期工作费	（十一）×累进费率
	专项评价(估)费	按规定计算
	联合试运转费	（十一）×费率
	生产准备费	
	工器具购置费	按规定计算
	办公和生活用家具购置费	按规定计算
	生产人员培训费	按规定计算
	应急保通设备购置费	
	工程保通管理费	按规定计算

序号	项　目	说明及计算式
	工程保险费	[(十二) - (四)] × 费率
	其他相关费用	
(十五)	预备费	
	基本预备费	[(十二) + (十三) + (十四)] × 费率
	价差预备费	(十二) × 费率
(十六)	建设期贷款利息	按实际货款额度及利率计算
(十七)	公路基本造价	(十二) + (十三) + (十四) + (十五) + (十六)

典型例题

例题 8-25

某公路工程项目概预算编制,某工程细目费用组成如下,定额直接费 100 万元,定额设备购置费 50 万元,直接费 120 万元,设备购置费 20 万元,措施费 10 万元,企业管理费 8 万元,规费 5 万元,利润率 7.42%,税金税率 9%,安全生产费费率 1.5%,则该工程的建筑安装工程费接近( )万元。

(A)153 　　　　　　　　　　　(B)163

(C)171 　　　　　　　　　　　(D)199

解答

根据《公路工程建设项目概算预算编制办法》(JTG 3830—2018)表 3.6.1 关于建筑安装工程费的计算:

利润 = (定额直接费 + 措施费 + 企业管理费) × 利润率

$\qquad$ = (100 + 10 + 8) × 0.0742 = 8.7556 万元

税金 = (直接费 + 设备购置费 + 措施费 + 企业管理费 + 规费 + 利润) × 税率

$\qquad$ = (120 + 20 + 10 + 8 + 5 + 8.7556) × 9% = 15.458 万元

专项费用 = 施工场地建设费 + 安全生产费

(1)施工场地建设费

根据《公路工程建设项目概算预算编制办法》(JTG 3830—2018)表 3.6.1:

施工场地计费基数 = (定额直接费 + 定额设备购置费 × 40% + 措施费 + 企业管理费 + 规费 + 利润 + 税金) = 100 + 50 × 40% + 10 + 8 + 5 + 8.7556 + 15.458 = 167.2136 万元 < 500 万元

查表 3.1.11,得施工场地建设费费率为 5.338%。

施工场地建设费 = (定额直接费 + 定额设备购置费 × 40% + 措施费 + 企业管理费 + 规费 + 利润 + 税金) × 施工场地建设费费率 = 167.2136 × 5.338% = 8.9259 万元

(2)安全生产费

根据《公路工程建设项目概算预算编制办法》(JTG 3830—2018)表 3.6.1:

安全生产费计费基数 = (直接费 + 设备购置费 + 措施费 + 企业管理费 + 规费 + 利润 + 税金 + 施工场地建设费) = 120 + 20 + 10 + 8 + 5 + 8.7556 + 15.458 + 8.9259 = 196.1395 万元

安全生产费 =（直接费 + 设备购置费 + 措施费 + 企业管理费 + 规费 + 利润 + 税金 + 施工场地建设费）× 安全生产费费率 = 196.1395 × 1.5% = 2.9421 万元

建筑安装工程费 = 直接费 + 设备购置费 + 措施费 + 企业管理费 + 规费 + 利润 + 税金 + 专项费用 = 120 + 20 + 10 + 8 + 5 + 8.7556 + 15.458 + 8.9259 + 2.9421 = 199.081 万元

答案：D

例题 8-26

某公路工程项目概预算编制，其中某工程细目费用组成如下，定额直接费 100 万元，定额设备购置费 50 万元，人工费 30 万元，材料费 50 万元，机械使用费 40 万元，设备购置费 20 万元，措施费 10 万元，企业管理费 8 万元，规费 5 万元，安全生产费费率 1.5%，则该工程的建筑安装工程费接近（　　）万元。

(A)153　　　　　　　(B)163　　　　　　　(C)171　　　　　　　(D)199

解答

根据《公路工程建设项目概算预算编制办法》(JTG 3830—2018)表 3.6.1 关于建筑安装工程费的计算：

直接费 = 人工费 + 材料费 + 机械使用费 = 30 + 50 + 40 = 120 万元

利润 =（定额直接费 + 措施费 + 企业管理费）× 利润率

根据第 3.1.9 条，得利润率为 7.42%，因此

(100 + 10 + 8) × 0.0742 = 8.7556 万元

根据关于调整《公路工程建设项目投资估算编制办法》(JTG 3820—2018)和《公路工程建设项目概预算预算编制办法》(JTG 3830—2018)中"税金"有关规定的公告（交通运输部公告 2019 年第 26 号），建筑业增值税税率为 9%，则

税金 =（直接费 + 设备购置费 + 措施费 + 企业管理费 + 规费 + 利润）× 税率
　　 =（120 + 20 + 10 + 8 + 5 + 8.7556）× 9% = 15.458 万元

专项费用 = 施工场地建设费 + 安全生产费

(1)施工场地建设费

根据《公路工程建设项目概算预算编制办法》(JTG 3830—2018)表 3.6.1：

施工场地计费基数 =（定额直接费 + 定额设备购置费 × 40% + 措施费 + 企业管理费 + 规费 + 利润 + 税金）= 100 + 50 × 40% + 10 + 8 + 5 + 8.7556 + 15.458 = 167.2136 万元 < 500 万元

查表 3.1.11，得施工场地建设费费率为 5.338%，则

施工场地建设费 =（定额直接费 + 定额设备购置费 × 40% + 措施费 + 企业管理费 + 规费 + 利润 + 税金）× 施工场地建设费费率 = 167.2136 × 5.338% = 8.9259 万元

(2)安全生产费

根据《公路工程建设项目概算预算编制办法》(JTG 3830—2018)表 3.6.1：

安全生产费计费基数 =（直接费 + 设备购置费 + 措施费 + 企业管理费 + 规费 + 利润 + 税金 + 施工场地建设费）= 120 + 20 + 10 + 8 + 5 + 8.7556 + 15.458 + 8.9259 = 196.1395 万元

安全生产费 =（直接费 + 设备购置费 + 措施费 + 企业管理费 + 规费 + 利润 + 税金 + 施工场地建设费）× 安全生产费费率 = 196.1395 × 1.5% = 2.9421 万元

建筑安装工程费 = 直接费 + 设备购置费 + 措施费 + 企业管理费 + 规费 + 利润 + 税金 + 专项费用 = 120 + 20 + 10 + 8 + 5 + 8.7556 + 15.458 + 8.9259 + 2.9421 = 199.081 万元

答案:D

例题 8-26 为例题 8-25 的改编,例题 8-26 中没有直接给出直接费、利润率、税率,需要考生在规范中查找,直接费 = 人工费 + 材料费 + 机械使用费。

附录 2021年注册道路专业考试规范目录

一、核心规范(对应2020年考试案例题数量)

1.《公路工程技术标准》(JTG B01—2014)(简称《技术标准》)(2题)

2.《公路路线设计规范》(JTG D20—2017)(简称《路线规范》)(9题)

3.《公路路基设计规范》(JTG D30—2015)(简称《路基规范》)(7题)

4.《公路排水设计规范》(JTG/T D33—2012)(简称《排水规范》)(1题)

5.《公路水泥混凝土路面设计规范》(JTG D40—2011)(简称《水泥路面规范》)(4题)

6.《公路沥青路面设计规范》(JTG D50—2017)(简称《沥青路面规范》)(1题)

7.《公路桥涵设计通用规范》(JTG D60—2015)(简称《桥涵通规》)(3题)

8.《公路桥涵地基与基础设计规范》(JTG 3363—2019)(简称《公路地基规范》)(3题)

9.《公路工程水文勘测设计规范》(JTG C30—2015)(简称《水文规范》)(2题)

10.《公路隧道设计规范　第一册》(JTG 3370.1—2018)(简称《隧道规范一》)(5题)

11.《公路隧道设计规范　第二册》(JTG D70/2—2014)(简称《隧道规范二》)(1题)

12.《公路立体交叉设计细则》(JTG/T D21—2014)(简称《立交细则》)(2题)

13.《城市道路工程设计规范》(CJJ 37—2012)(2016年版)(简称《城市设计规范》)(1题)

14.《城市道路路线设计规范》(CJJ 193—2012)(简称《城市路线规范》)(7题)

15.《城市道路交叉口设计规程》(CJJ 152—2010)(简称《城市交叉规程》)(3题)

16.《城市道路路基设计规范》(CJJ 194—2013)(简称《城市路基规范》)(2题)

17.《城镇道路路面设计规范》(CJJ 169—2012)(简称《城镇路面规范》)(2题)

18.《无障碍设计规范》(GB 50763—2012)(简称《无障碍规范》)(2题)

19.《城市工程管线综合规划规范》(GB 50289—2016)(简称《城市管线规范》)(2题)

20.《城市桥梁设计规范》(CJJ 11—2011)(2019年版)(简称《城市桥梁规范》)(1题)

21.《城市地下道路工程设计规范》(CJJ 221—2015)(简称《城市地道规范》)(1题,结合《城市交叉规程》)

二、较重要规范(无案例真题)

1.《公路项目安全性评价规范》(JTG B05—2015)(简称《安评规范》)

2.《公路工程抗震规范》(JTG B02—2013)(简称《公路抗震规范》)

3.《公路环境保护设计规范》(JTG B04—2010)(简称《公路环保规范》)

4.《公路工程基本建设项目设计文件编制办法》(交公路发〔2007〕358号)(简称《编制办法》)

5.《公路自然区划标准》(JTJ 003—86)(简称《区划标准》)

6.《公路工程地质勘察规范》(JTG C20—2011)(简称《勘察规范》)

7.《公路勘测规范》(JTG C10—2007)(简称《勘测规范》)

8.《公路路基施工技术规范》(JTG/T 3610—2019)(简称《路基施工规范》)

9.《公路钢筋混凝土及预应力混凝土桥涵设计规范》(JTG 3362—2018)(简称《公路混凝土规范》)

10.《公路钢结构桥梁设计规范》(JTG D64—2015)(简称《钢桥规范》)

11.《公路隧道抗震设计规范》(JTG 2232—2019)(简称《隧道抗震规范》)

12.《公路交通安全设施设计规范》(JTG D81—2017)(简称《交安规范》)

13.《高速公路交通工程及沿线设施设计通用规范》(JTG D80—2006)(简称《高速交通设施规范》)

14.《公路工程建设项目概算预算编制办法》(JTG 3830－2018)(简称《概预算编办》)

15.《城市道路工程技术规范》(GB 51286—2018)(简称《城市技术规范》)

16.《城市道路绿化规划与设计规范》(CJJ 75—97)(简称《绿化规范》)

17.《城市人行天桥与人行地道技术规范》(CJJ 69—95)(简称《天桥地道规范》)

18.《城市道路交通设施设计规范》(GB 50688—2011)(2019 年版)(简称《城市设施规范》)

19.《城市道路交通标志和标线设置规范》(GB 51038—2015)(简称《城市标志标线规范》)